中国象棋特色丛书

中国象棋 实战奇趣谱

孙尔康 编著

经济管理出版社
ECONOMY & MANAGEMENT PUBLISHING HOUSE

图书在版编目(CIP)数据

中国象棋实战奇趣谱/孙尔康编著．—北京：经济管理出版社，2009.3

ISBN 978－7－5096－0583－7

Ⅰ．中…　Ⅱ．孙…　Ⅲ．中国象棋—棋谱
Ⅳ．G891.2

中国版本图书馆 CIP 数据核字(2009)第 032076 号

出版发行：经济管理出版社
北京市海淀区北蜂窝 8 号中雅大厦 11 层
电话：(010)51915602　　邮编：100038

印刷：文阁印刷厂印刷　　经销：新华书店

组稿编辑：郝光明　　责任编辑：郝光明　陈钟升
技术编辑：黄　铄　　责任校对：郭　佳

880mm×1230mm/32　　17.375 印张　465 千字
2009 年 5 月第 1 版　　2009 年 5 月第 1 次印刷
印数：1—11000 册　　定价：33.00 元
书号：ISBN 978－7－5096－0583－7

前　言

中国象棋是一项高尚的智力游戏和体育运动，有悠久的历史和丰富的内涵，集文化、军事、艺术、哲理、科学等为一体，长期以来深受各阶层人士的喜爱，具有广泛的群众基础。进入新时代，中国象棋一直在健康发展，其内容无论在广度和深度上都有极大的提高。

“中国象棋特色丛书”就是以时代为背景，立足于实战，与时俱进，从趣局、长局、短局三个领域反映中国象棋特有的艺术魅力和技术成就，从而使读者的棋艺得到升华。

《中国象棋实战奇趣谱》是“中国象棋特色丛书”中的第一部。作者从上万盘实战对局素材中，撷取提炼了形形色色的奇趣景观，分门别类为：车步桑巴，马步迪斯科，炮步伦巴，兵（卒）步恰恰，仕（士）相（象）帅（将）步华尔兹，千姿百态、万花留香六大部分，展示了一幅幅真实又可爱的画面，从中可以领略到无穷乐趣和艺术享受，感受中国象棋文化的深厚底蕴。

奥妙的棋艺一定会令你发挥无限的想象力。

孙尔康

2008 年 7 月 26 日于上海

目　录

一、车步桑巴

1. 四车夹马同直线（2例）

图1，弈自1975年6省市象棋友谊赛，由中炮进三兵对半途列炮形成的基本定式。红方进攻：

浙江沈芝松

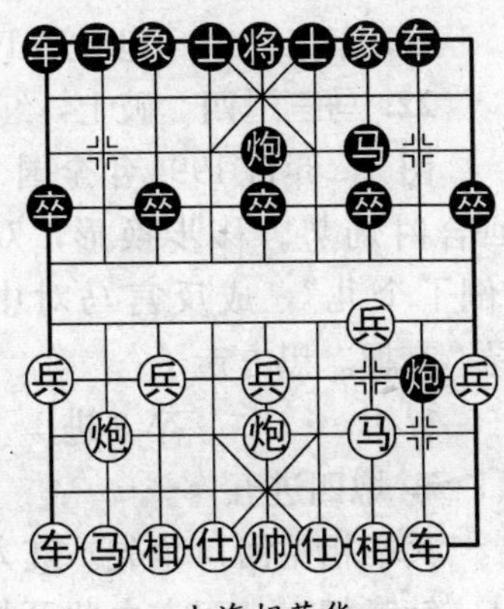

上海胡荣华

图1

1. 马三进四　车1进1

2. 兵三进一　车1平6

3. 马四退二　卒7进1

4. 车九进一　车6平8?

黑方弃炮反击，势在必行。现在平车缓着，使红方有机会不失子。可改走炮5进4，仕六进五（如炮五平三，车6进5，炮三进五，炮5退2，黑有强大攻势），卒7进1，黑将追回失子，走势乐观。

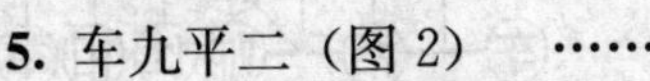

5. 车九平二（图2）　……

夺与保，四车一条直线上双双相峙而隔马相望，形成有趣奇景，妙。

5. ……　　卒7进1　　**6.** 炮五平二！前车平2

7. 炮二进七　车2进6　　**8.** 马二进三　士4进5

9. 前车进五　马7退8　　**10.** 前车进三　车2进2

一阵拼抢，红方多子确立优势。

11. 前车平三　车2平3　　**12.** 马三进二　车3退3

浙江沈芝松

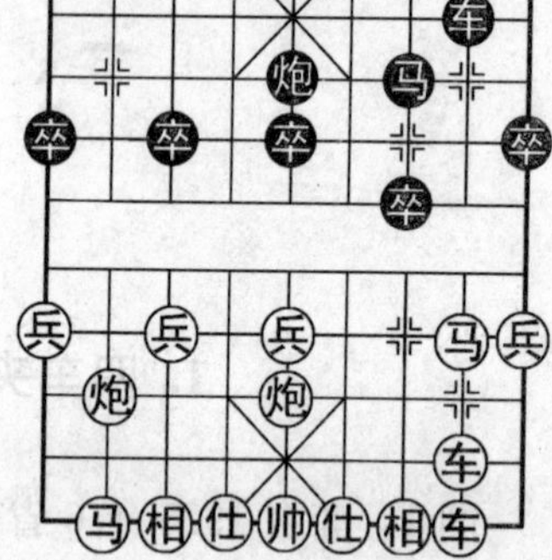

上海胡荣华

图 2

13. 车三退五　车 3 平 5
14. 仕四进五　马 2 进 1
15. 马二进一　将 5 平 4
16. 马一退三　炮 5 平 4
17. 车三平六　卒 1 进 1
18. 车二进七！……

进车，形成双车马入局之势。

18. ……　　将 4 进 1
19. 车六平八　车 5 退 2
20. 车八进四　将 4 退 1
21. 车二进二　炮 4 退 1
22. 马三退四　破士，红胜。

图 3，弈自 1994 年全国个人赛，由中炮进三兵对反宫马至第 8 回合时局势。移步换形，双方阵式“倒了个儿”，成反宫马对中炮夹马局，有趣。黑方走子：

湖北柳大华

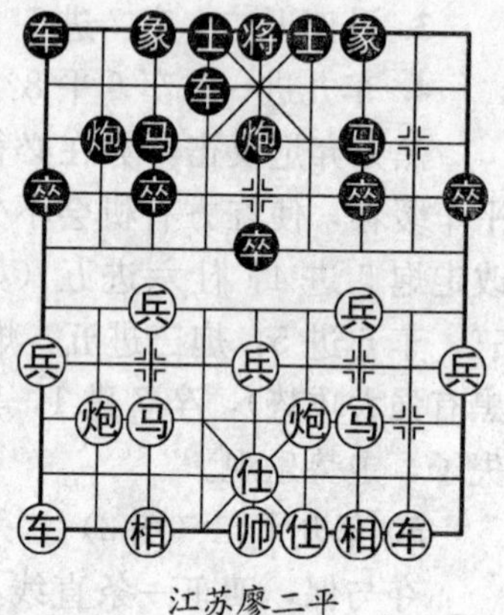

江苏廖二平

图 3

1. ……　　卒 3 进 1
2. 炮四进五　……

兵卒相见河口争先。红方伸炮打马，针锋相对，双方由此开打。红如改走兵七进一，马 3 进 5，黑方反先。

2. ……　　卒 3 进 1
3. 炮四平七　马 7 进 5
4. 炮七退一　车 4 平 3
5. 炮七平三　卒 3 进 1

黑方弃子抢攻，争势不恋子，好。

6. 马七退六　卒 3 进 1　　7. 炮八进二　车 3 进 4
8. 相七进五　……

还子去卒，保持局面相对稳定，正确。如逃炮，黑有攻势。

8. ……　　车 3 平 2　　9. 马六进七　车 2 进 2

10. 马七进六　马 5 进 3

11. 车二进五　炮 5 退 1

12. 车二平五　象 3 进 5

13. 车五平六　车 2 退 4

14. 马三进四　炮 2 平 4

15. 炮三退一　炮 4 进 3

16. 炮三平七　象 5 进 3

17. 车六退一　象 3 退 5

大兑子，局面简化，红方多兵稍好。

18. 马四进六　车 2 平 4

19. 车九平八　车 1 进 2

20. 兵五进一　车 1 平 4

21. 车八平六（图 4）　……

四车同肋一条直线，当中夹马牵两头，奇景趣象，好玩。

湖北柳大华

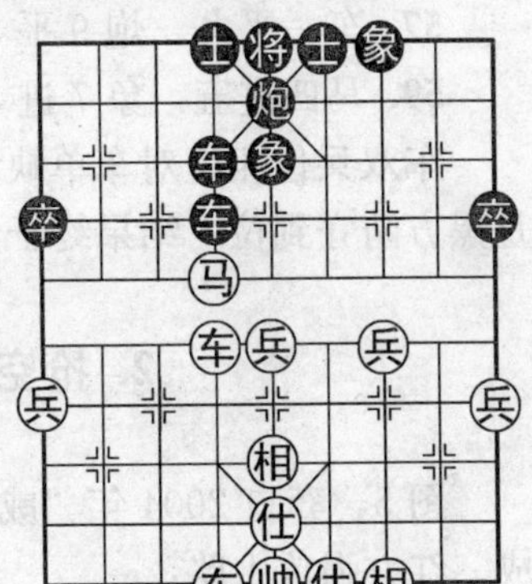

江苏廖二平

图 4

21. ……　后车退 1

22. 兵三进一　象 5 进 7

23. 兵五进一　……

舍兵过兵，力图开拓。

23. ……　象 7 退 5

24. 兵五平四　炮 5 平 9

25. 后车进三　卒 1 进 1

26. 兵一进一　炮 9 平 8

27. 兵四平五　炮 8 平 5

28. 兵五平四　炮 5 平 9

29. 相三进一　炮 9 平 8

30. 兵四进一　士 4 进 5

31. 相一退三　炮 8 平 9

32. 帅五平六　炮 9 平 8

33. 帅六平五　炮 8 进 3

34. 后车退一　炮 8 退 3

35. 前车退一　炮 8 平 9

36. 前车进一　后车平 2

四车夹马同肋，长达 20 个回合（其中重复着法已删去 4 个回合），才发生变动，这在实战中极为罕见，奇也。

37. 兵四平五　车 4 退 1

38. 马六进四　车 4 进 3

39. 马四进三　将 5 平 4

40. 车六进二　车 2 平 4

41. 车六平八　车 4 进 1

42. 马三退二　炮 9 进 1

43. 马二退四　车 4 进 2

44. 车八进五　将 4 进 1

45. 马四进六　车 4 平 5

46. 车八退三　车 5 平 3

47. 车八平九　车3平4　48. 车九进二　将4退1
49. 车九进一　将4进1　50. 车九退三　将4退1
51. 马六进七　象5退3　52. 车九平七　车4进1
53. 马七退六　象3进5　54. 兵五进一　象7进5
55. 马六退四　车4退3　56. 车七平一　象5退7
57. 车一平九　炮9平5　58. 车九进三　将4进1
59. 马四进五　象7进5　60. 车九退四　车4平3

车双兵仕相全对车单缺象，一是兵未过河，二是时限紧张，三是黑方防守到位，结果终于走成和局，着法从略。

2. 抢空争夺　四车巡河

图5，弈自2004年“威凯房地产杯”。由仙人指路对起马局走成。红方强攻中路：

天津李智屏

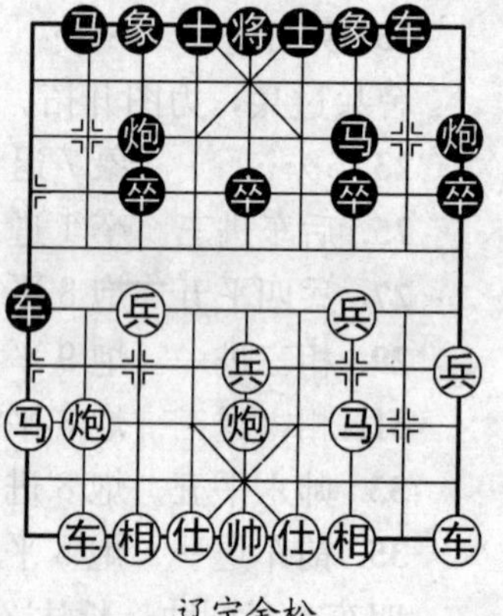

辽宁金松

图5

1. 炮五进四　马7进5
2. 炮八平五　车1平3
3. 炮五进四　车3平7
4. 车一进一　……

红方兑子抢空头，黑方车扫三、七兵，由此展开争夺。红方弃马出车，力争主动。另有三种着法：①马三退五，车8进6，相三进五，车7平4，红方无势。②车一进二，马2进1，相三进五，车7进1，马九进八，车8进4，黑方占先。③车八进九，炮3进7，仕六进五，车7进2，车八退二，车7平1，车八平五，士4进5，车五平二，将5平4！车二进二，炮9平2！黑胜。

4. ……　车7进2　5. 车一平六　车8进6
6. 兵五进一　车8退1　7. 车六进三　车7退2
8. 车八进四（图6）　……

争夺中路，各不相让；四车巡河，隔兵拉锯，有趣。

天津李智屏

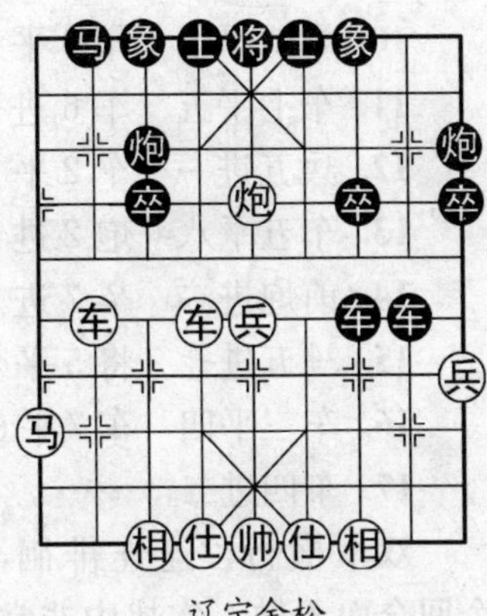

辽宁金松

图 6

8. …… 炮 3 进 7

9. 仕六进五 马 2 进 3

10. 炮五退一 卒 3 进 1

11. 帅五平六 炮 3 平 6!

轰仕突破，先手发难，好棋。

12. 相三进一 车 7 平 6

13. 马九进七 炮 6 平 9

14. 车八进二 车 8 进 4

15. 帅六进一 前炮退 1

16. 仕五进四 后炮平 8!

17. 马七退五 炮 8 进 6

18. 帅六进一 车 8 平 3!

一气呵成杀局，黑胜。

3. 双车横行 长连称奇

图 7，弈自 1984 年第 2 届“避暑山庄杯”，由中炮七路马对屏风马左象横车走成。红方走子：

1. 车二进一 ……

抬右车，成双横车阵式，从内线发力。

河北黄勇

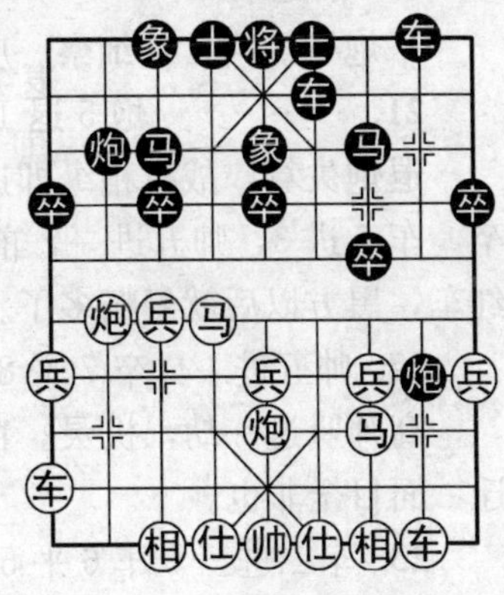

江苏徐天红

图 7

1. …… 车 6 进 6

2. 车二平三 士 6 进 5

3. 仕六进五 车 6 退 4

4. 炮五平七 卒 5 进 1

5. 马六进七 车 6 平 4

6. 仕五退六 车 4 进 3

7. 马七退五 车 4 平 3

8. 车九平七 马 3 进 5

9. 炮八进二　车 8 平 6

10. 炮八平七　车 3 平 2

11. 车七平五　车 6 进 4

12. 兵五进一　车 2 平 7

13. 车五平八　炮 2 进 4

14. 前炮进二　卒 7 进 1

15. 马五进七　将 5 平 6

16. 车三平四　车 7 平 6（图 8）

17. 车四进二　……

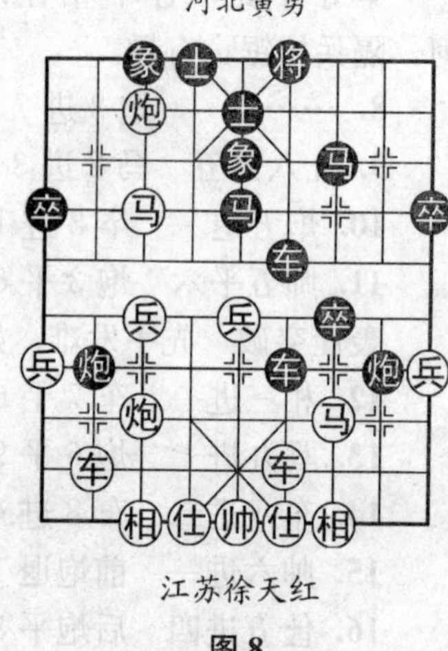

图 8

双车横行，连连徘徊，长达 16 个回合而不散，实战中非常罕见，令人称奇。现在四车相见，双方交换，继续对抗。

17. ……　车 6 进 2　　**18.** 兵五进一　炮 2 平 5

红方冲中兵似乎太急，让黑方乘机立空心炮，后宫有麻烦。可改走相七进五，炮 2 平 5，仕六进五，红方仍持先手。

19. 马三进五　炮 8 平 5　　**20.** 车八平二　马 5 进 7

21. 前炮平八？……

平炮有疑问，欠细察。应改走帅五进一。

21. ……　炮 5 退 1？

退炮失算，战机稍纵即逝。应改走卒 7 平 8！红如车二进三吃卒，车 6 进 3，帅五进一，前马进 6，黑方抽车胜。如果及时挡住红车，黑方以后就舒畅多了。

22. 帅五进一！卒 7 平 8

高帅躲过一劫，机灵，由此雄风向前。黑此时平卒已时过境迁，面目全非也。

23. 车二进三　车 6 平 5

如改走车 6 进 2，帅五进一，有惊无险，红方占优。

24. 帅五平六　车 5 平 2　　**25.** 仕六进五　车 2 平 3

26. 炮七平四　车 3 进 2　　**27.** 帅六退一　车 3 进 1

28. 帅六进一　将 6 平 5　　**29.** 兵五平四　后马进 6

30. 车二进五　……

一攻到位。下面：士 5 退 6，车二平四，将 5 进 1，马七进六，红胜。

4. 四车相见　卒林称奇

图 9，弈自 2005 年“威凯房地产杯”全国象棋排名赛，由仙人指路对卒底炮走成。红方中路进攻，抢先得势，续走：

1. 前炮平一　马 8 进 9　　**2.** 兵五进一　炮 8 平 6

3. 仕六进五　马 4 进 3　　**4.** 兵五平四　炮 6 平 7

5. 兵四进一！车 6 退 3　　**6.** 炮一平七　……

炮轰兵攻抢子占优，攻着到位。

6. ……　　车 2 进 3　　**7.** 车九平八！……

先取后弃，抢出主力，好棋。

7. ……　　车 2 平 3　　**8.** 车八进九　炮 3 退 2

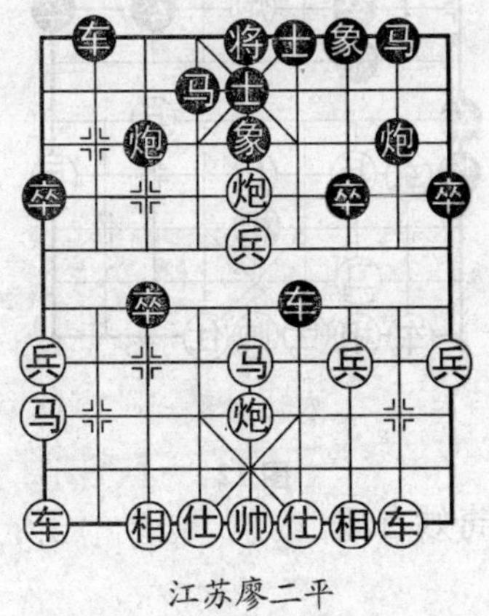

图 9

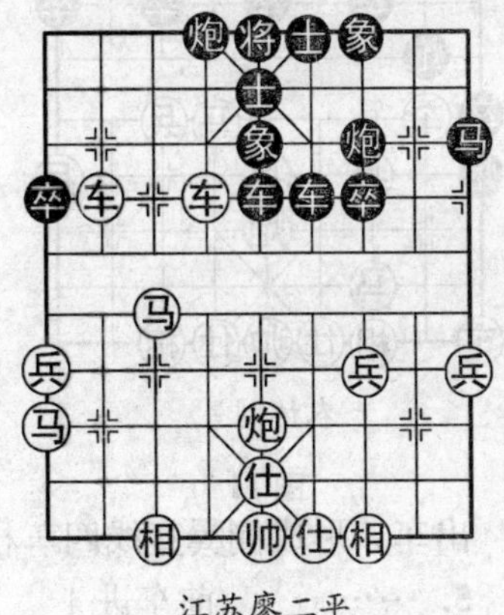

图 10

如改走士 5 退 4，马五进七，士 6 进 5，马七进五，踏双夺车，红胜。

9. 车二进四　炮 3 平 4　　**10.** 马五进七　车 6 进 2
11. 车二平六　车 3 平 5　　**12.** 车六进二！车 6 退 1
13. 车八退三！（图 10）……

四车相见，打兑抢攻，妙；卒林称奇，趣。下面：车 5 平 4，马七进六，红胜。

5. 直线四车　巧顶制胜

图 11，弈自 2000 年全国团体赛，由中炮对龟背炮走成。红方退车牵制：

1. 车八退一　车 9 平 2　　**2.** 马四进五　马 7 进 5
3. 炮五进四　士 4 进 5　　**4.** 相三进五　炮 2 平 3
5. 车九平八（图 12）　……

云南王跃飞

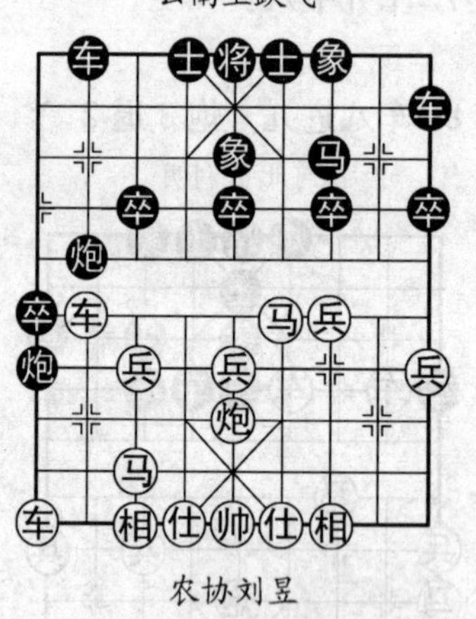

农协刘昱

图 11

云南王跃飞

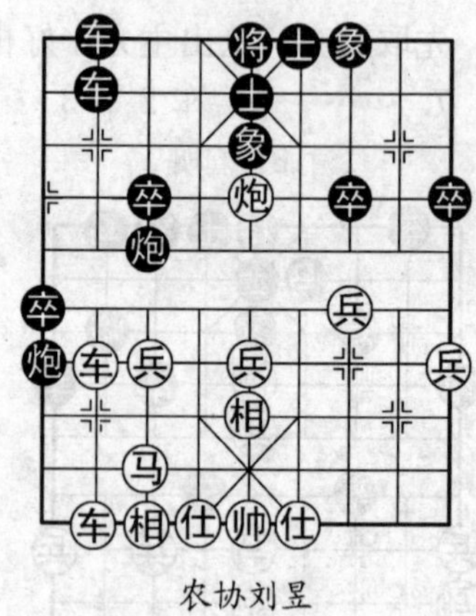

农协刘昱

图 12

出车，形成侧翼直线四车相见，奇妙有趣。

5. ……　　前车进 4

顶车，巧。如前车进 5，车八进三，车 2 进 6，马七进八，卒 1 平 2（如炮 1 平 3，马八进九，红先），马八退九，炮 1 平 5，仕六进五，卒 9 进 1，帅五平六，红方兵种好，稍先。

6. 前车进一　卒1平2　　7. 马七退九　炮1平5

8. 仕四进五　卒2进1　　9. 兵七进一　炮3平8

此时应改走卒2进1，马九进八（如兵七进一，卒2进1捉死车），车2进7（如炮3进5，车八平七，车2进7，车七进三，黑无便宜），车八平九，炮3平4，黑夺子胜。好在不久黑方又获良机：

10. 帅五平四　车2进4　　11. 车八进一　炮8进2

12. 车八平六　车2平6　　13. 帅四平五　车6平8

14. 车六进五？炮8平7　　15. 帅五平四　炮5平9

16. 车六平七　将5平4　　17. 车七平六　将4平5

18. 车六平八　将5平4　　19. 马九进七　车8进4!

20. 车八进三　将4进1

车双炮杀局，红方无还击手段，黑胜。

6. 四车相见　纵横拼杀（2例）

图13，弈自2007年全国象甲联赛，由顺炮直车对横车走成。红方走子：

1. 车二进六　炮2退1
2. 车二平三　卒3进1
3. 车八平七　马7退5
4. 车七平六　车6进3
5. 炮五平六　炮2进2
6. 车三退一（图14）　……

红方双车联动抢兑。四车相见，同时邀兑，可称奇景。

河北谢业枧

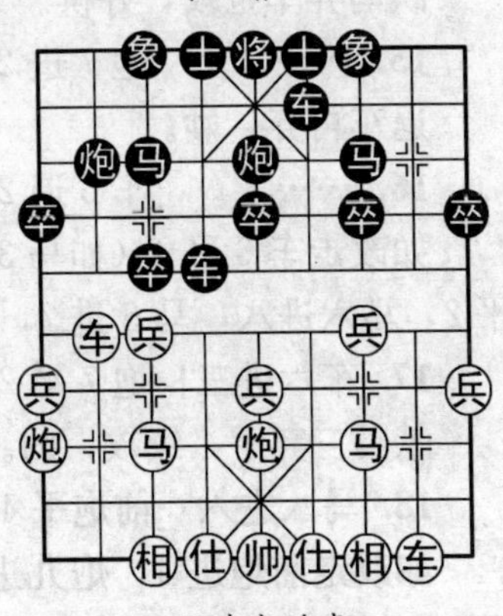

福建李鸿嘉

图13

6. ……　　　　车6平7

7. 兵三进一　车4平7　　8. 相三进五　炮5平7

9. 马七进八　象7进5　　10. 车六进四　炮7退1

11. 车六退二　炮2进1　　**12.** 马三进四　车7平6

13. 马四进六　象5退7

14. 车六进一　炮2退2（图15）

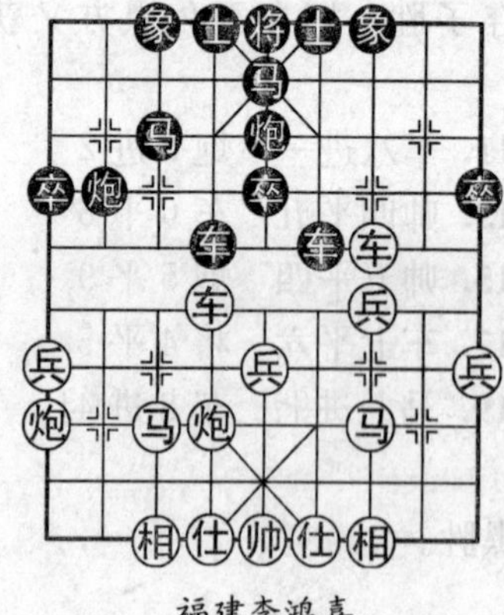

图14

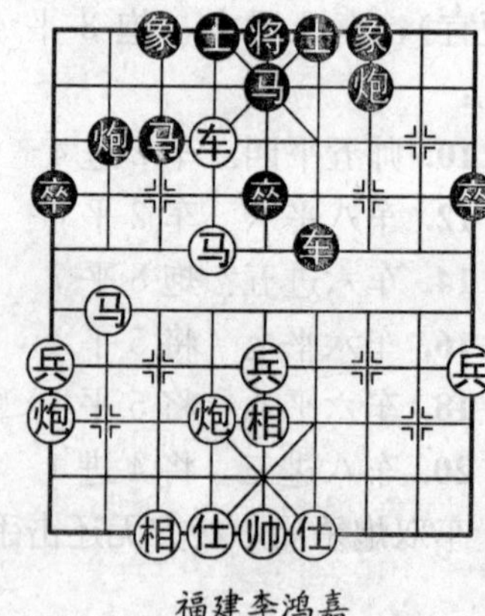

图15

15. 马六进八！……

跃马弃车抢攻，好棋。

15. ……　　炮7进2　　**16.** 车六退二！……

退车再弃，妙。

16. ……　　车6退2

如改走车6平4（如马3进4，前马进六杀），后马进六，炮7平2，马六进八，马5进7，炮九进四，红方占优。

17. 车六进三！炮7平2

献马三弃手，续攻，凶。

18. 马八进六　前炮平4

如改走前炮进4，炮九进四，后炮进4（如后炮平1，红炮九平七），炮九进三，后炮平4，马六进七，红胜。

19. 马六进八　车6进2

如改走炮4平3，车六平八，炮2平1，炮九进四，炮3进1，车八退一，车6平7，炮九平五，马3进5，车八平五！车7平5，马八进七，红胜。

20. 车六进一！……

弃车杀。下面：马3退4，马八进六，红胜。

图16，弈自1987年全国团体赛，由中炮过河车对屏风马平炮兑车走成。黑方弃子抢攻：

1. …… 炮7平9 **2.** 帅五平四 车8进1

3. 帅四进一 车8退6 **4.** 炮八进四 ……

如改走马五进三，炮2平7，车四平三，炮7平6。车双炮归边，黑方有攻势。

4. …… 车3平4 **5.** 车九进三 炮9平3

6. 车四平二 炮3退1 **7.** 帅四退一 车8平6

8. 车九平四 车4进6！（图17）

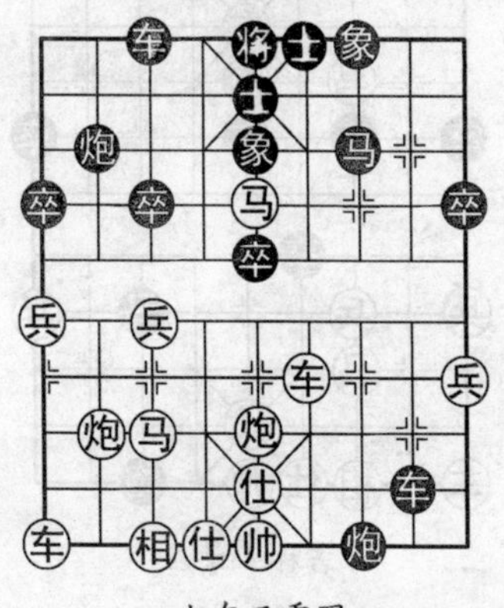

图16

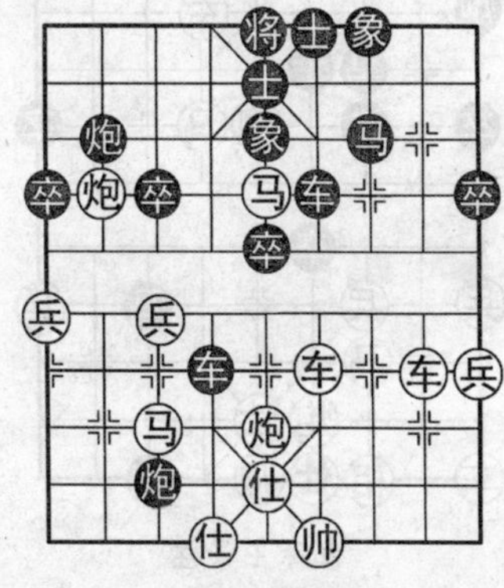

图17

纵横交叉，四车相见，奇妙。黑方牵制推进，好棋。

9. 车四进三 车4平8 **10.** 仕五进六 马7进8

11. 车四进二 炮2退1 **12.** 车四退六 炮3进1

13. 仕六进五 车8进3 **14.** 帅四进一 马8进7

15. 车四平三 车8平7 **16.** 仕五进四 车7退1

17. 帅四退一 马7进5

杀炮夺车，黑胜。

7. 左车未动已胜局

图 18，弈自 1995 年第 7 届“棋友杯”，由中炮过河车对屏风马走成。对攻中，红方发力：

1. 马四进五　将 5 平 4　　**2.** 马五退七　炮 1 平 3

3. 车四平七　将 4 平 5

如车 2 进 2，炮六进六，红胜。

4. 炮六进六　车 8 进 3　　**5.** 炮六平五　车 8 平 5

6. 车七平五（图 19）

黑龙江王连第

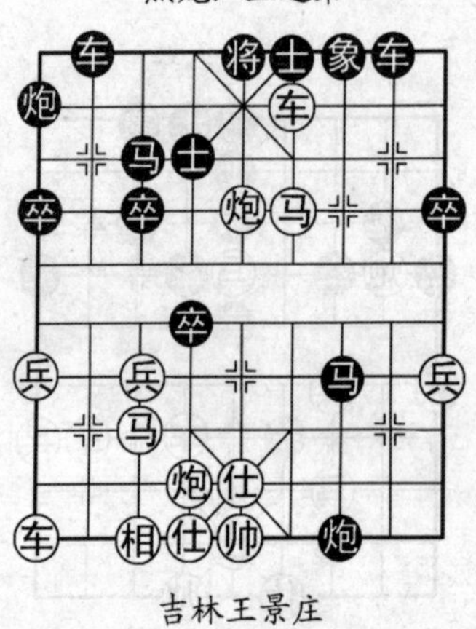

吉林王景庄

图 18

黑龙江王连第

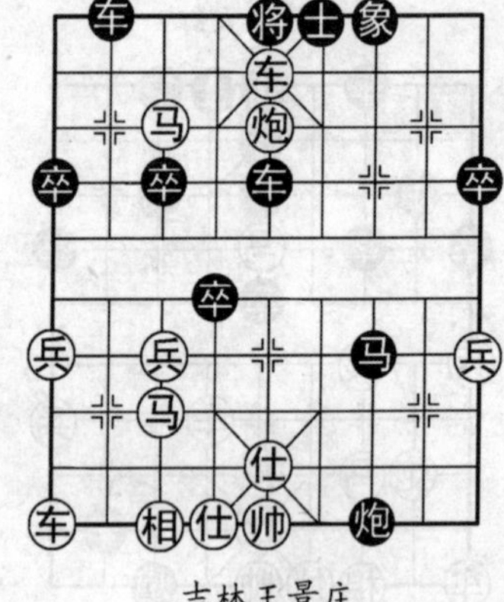

吉林王景庄

图 19

红胜。至图 19，红方左车一步未动，车马炮却已在前线夺城擒将，而且一马踩双车，同时弃车炮，真是妙极、趣足。

8. 左车未动已输局（3 例）

图 20，弈自 1991 年第 5 届亚洲城市名手邀请赛，由五七炮过河车对屏风马演成。红方走子：

1. 车二平三　象 3 进 5

平车压马准备夺子，但引起强烈反击，改走车九进二则相对平稳。

2. 车三进一　炮 2 平 7

3. 车三退一　炮 8 进 6!

进炮相腰封车亮车，凶招。

4. 车三平四　车 1 平 4

5. 炮五退一　炮 7 退 2

6. 相七进五　车 8 进 7!

7. 车四退四　炮 8 平 9!

8. 炮五平七　车 4 进 7!

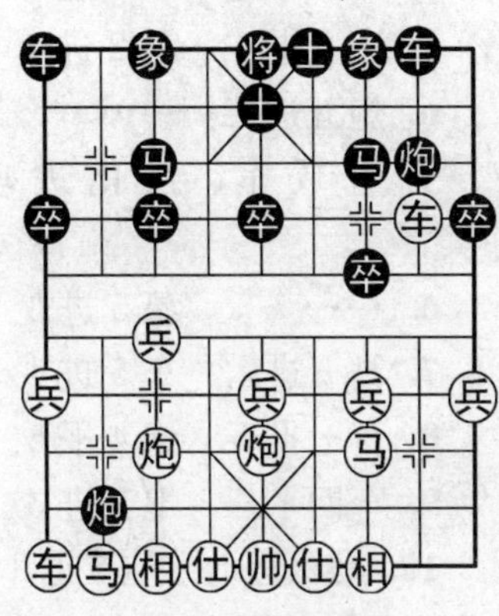

图 20

双车双炮重拳切入，红方九宫告急。

9. 仕六进五　车 4 平 5!

10. 马三退二　炮 9 进 1!

11. 马二进一　车 8 平 9!

12. 帅五平六　车 9 平 6

13. 前炮平四　车 5 进 1!

14. 马八进六

车 5 平 7!（图 21）

弃车绝杀，妙，黑胜。至图 21，红方左车一步未动已输棋，你说奇不奇？有趣。又黑方 5 卒齐全未损，更是罕奇也。

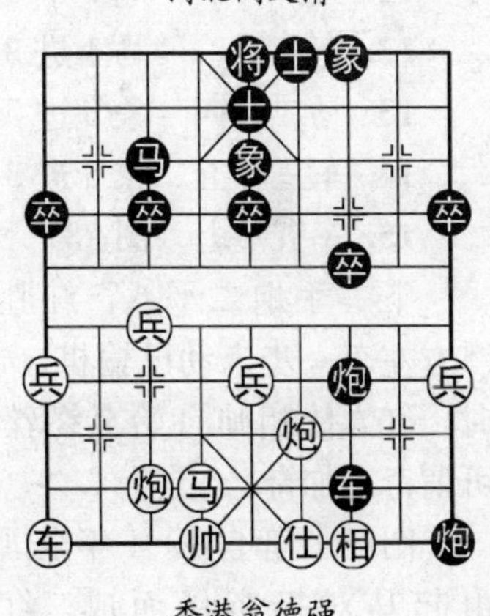

图 21

图 22，出自 2004 年全国象甲联赛，由中炮过河车对屏风马两头蛇形成。红方走子：

1. 兵五进一　卒 3 进 1　　**2.** 车六进二　车 2 平 3

3. 兵五进一！车 3 平 5

冲中兵直线进攻，佳着。黑如改走卒 5 进 1，红炮二平三兑子，以后有踏马攻势。

4. 车六平七　马3退2

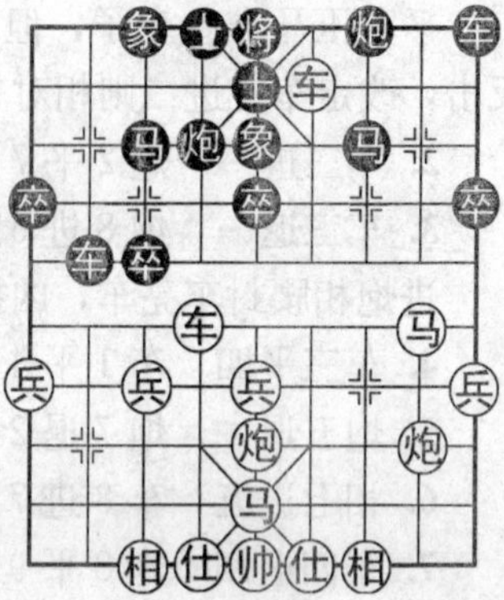

5. 车七退二　马2进1

6. 炮五进二！……

升炮攻车，强化进攻力度，好棋。

6. ……　　象5进3

7. 马五进六　车5进1

8. 车七平五　炮4平5

9. 车四平三　炮5进3

10. 马六进七　炮5退1

11. 车三退一　……

兑子后，双方子力虽然相仿，但黑方子散象残，红方攻子位置俱佳，明显占优。

甘肃何刚

江苏徐超

图22

11. ……　　炮7平6

12. 车三退一　马1进3

13. 马二进四　象3进5

14. 车三平五　象5进3

15. 车五平七（图23）　……

下一手炮二平八，红胜。至此，黑方左车一步未动已输棋，奇也。同时，红方仕相帅自始至终丝毫未动，可谓奇上加奇。

甘肃何刚

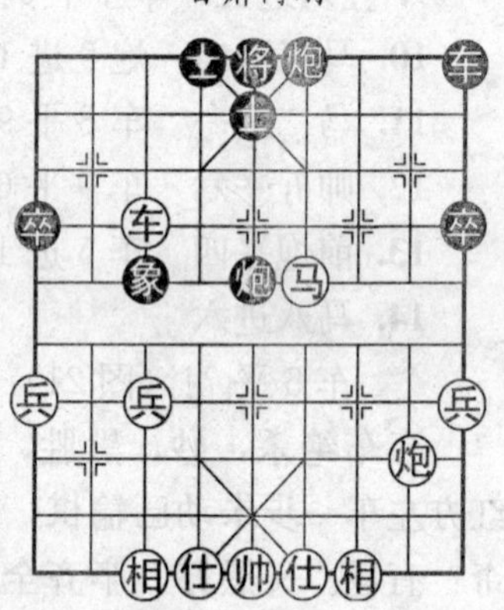

江苏徐超

图23

图24，弈自1991年全国个人赛，由起马对挺卒局而成。红方组织进攻：

1. 车七退一　炮8进1　　2. 兵四平五　炮1平5

3. 兵五进一　……

打通中路，舍兵杀象，红方取得优势。

3. ……　　象3进5　　4. 车七进一　马3进5

5. 车一进一　炮8退1　　6. 车七进二　马5进4

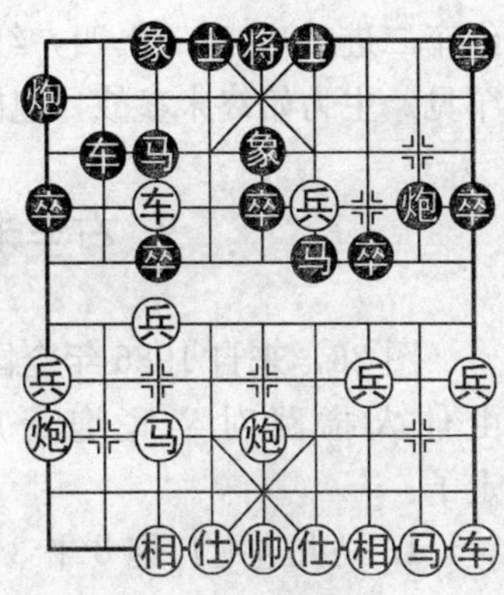

图 24

7. 马七进六　马 6 进 4

8. 车一平六　炮 8 平 3

平炮轰相，准备弃马一搏。如马 4 进 5，相三进五，炮 8 平 5（如炮 5 进 6，红车六进五捉双夺炮），仕六进五，车 9 平 8，马二进三，车 2 进 7，车六平七，红优。

9. 车七平六　炮 3 进 6

10. 仕六进五　车 2 进 7

11. 马二进三　炮 5 进 6

12. 相三进五　士 6 进 5

13. 后车进三　炮 3 平 6

14. 仕五退六　炮 6 平 9　**15.** 后车平二！炮 9 平 4

红方攻守兼备，黑方再弃炮孤注一掷，无其他更好的选择。

16. 车六退八　车 2 退 2　**17.** 炮九进四　车 2 平 5

18. 马三退五　卒 7 进 1　**19.** 车六进八！……

黑方独车难成事，红方虽损光仕相，但独马护驾，安然无恙。现在叫杀反击，佳着。

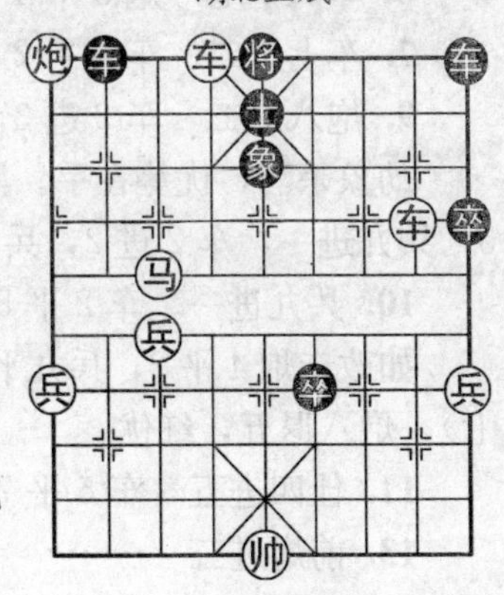

图 25

19. ……　车 5 平 2

20. 车二退二！车 2 进 2

21. 车六退八！车 2 退 6

22. 炮九进三　车 2 退 3

23. 炮九退三　卒 7 进 1

24. 马五进六　车 2 进 3

25. 马六进七！……

献马保炮，妙。黑如象 5 进 3，炮九进三，车 2 退 3，车六进九，红胜。

25. ……　卒 7 平 6

26. 车二进四！车 2 进 4

27. 炮九进三　车 2 退 7　**28.** 车六进九！（图 25）……

弃车杀。下面：士 5 退 4，马七进六，将 5 平 6（如将 5 进 1，红车二进二），车二平四，红胜。局已终，而黑方左车却一步未动，罕见。主力始终未参战，岂能不败？

9. 右车未动已胜局（2 例）

图 26，来自 1986 年全国个人赛，由仙人指路对卒底炮走成。红方走子：

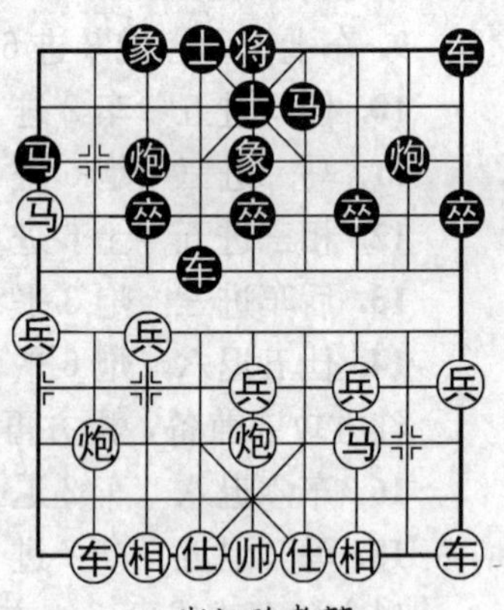

图 26

1. 马九进七！ 炮 8 平 3

2. 炮八进六！ 炮 3 退 1

3. 车八进七　车 9 平 6

4. 炮五平九！ ……

兑子侧攻擒马，找准切入点，走得漂亮。

4. ……　马 1 退 2

5. 相三进五　卒 5 进 1

6. 车八平七　炮 3 平 4

7. 车七进二　车 4 平 2　**8.** 车七平八　炮 4 进 7

9. 炮八退二　车 2 进 3

劫象杀马，优势在手。黑如改走炮 4 平 2，车一进一，炮 2 退 5，兵九进一，车 2 进 2，兵九平八，炮 2 平 1，炮九进三，红优。

10. 兵九进一　车 2 平 5

如改走炮 4 平 2，兵九平八，车 2 平 1（如车 2 退 3，红炮九进七），炮八退五，红优。

11. 仕四进五　车 5 平 7　**12.** 炮八平九　车 7 退 1

13. 前炮进三　……

黑虽夺回一子，但红方底线侧攻有势，黑处境困难。

13. ……　马 6 进 5　**14.** 后炮进一　车 7 退 1

15. 车八退八　……

抽将夺炮，红方胜势。

15. ……　　　象 5 退 3
16. 车八平六　卒 5 进 1
17. 车六平八　车 6 平 8
18. 车八进八　士 5 退 6
19. 前炮平七　士 4 进 5
20. 车八退二（图 27）　……

下面平兵后，车双炮杀，黑方认输。红方右车未动，却已高奏凯歌，奇也。

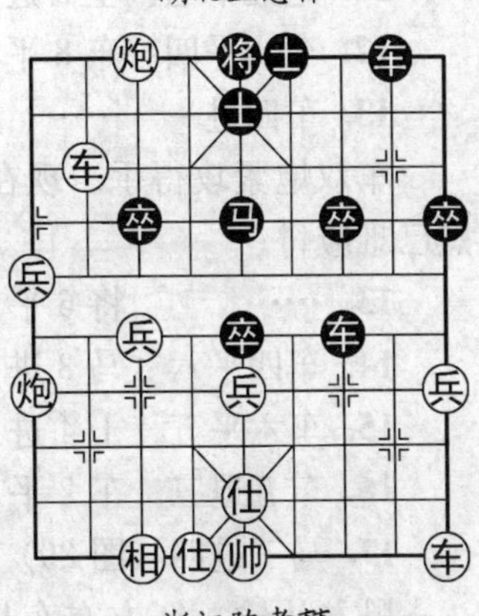

图 27

图 28，选自 1987 年全国女子团体赛，由中炮对半途列炮走成。红方突发奇兵：

1. 兵七进一！……

弃七兵，河沿争抢，旨在通车攻中，好棋。

1. ……　　　卒 3 进 1
2. 马六进五！……

踏象攻城，先舍后取，弃兵后的连续动作，佳着。

2. ……　　　象 3 进 5
3. 炮五进五　将 5 平 6
4. 炮五平三　马 3 进 4

如改走炮 6 进 3，车八平四，将 6 平 5，炮三平五，红优。

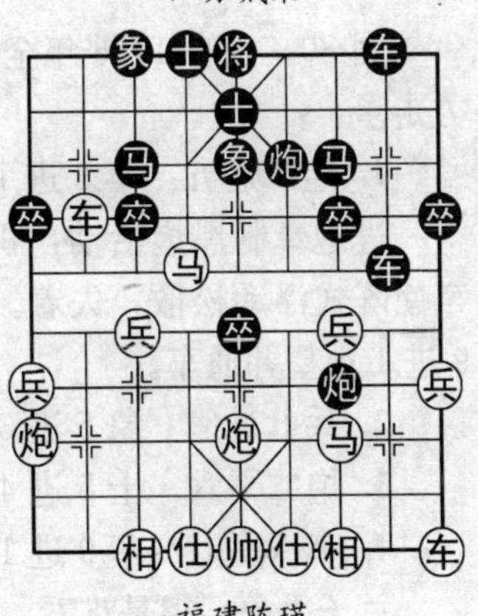

图 28

5. 兵三进一！……

再献兵，欺车夺炮，妙。

5. ……　　　卒 7 进 1
6. 炮三退四　车 8 进 2
7. 炮九进四！车 8 进 4
8. 炮九进三　将 6 进 1
9. 炮九退一　将 6 退 1
10. 炮三平八！马 4 退 3

11. 炮九平七！ 士5进4
12. 车八平四　车8平2
13. 车四进一　……

车双炮紧攻得手。现在打将破士，黑已难应付。

13. ……　　　将6平5
14. 车四平六　马3进1
15. 车六平五　士4进5
16. 车五退三　车2平4
17. 马三进四（图29）　……

黑方认输。红方右车以及仕相帅都寸步未动便已赢棋，奇哉。

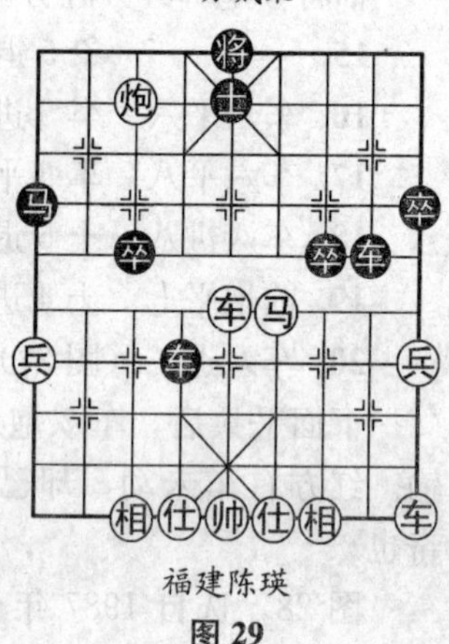

图 29

10. 右车未动已输棋（4例）

图30，出自1986年全国个人赛，由飞相局对过宫炮弈成。红方走子：

1. 炮二进五　卒3进1？

进炮牵制黑炮活动，积极。黑挺卒使阵式浮动松散，失着。应改走卒9进1观望并通车。

2. 兵七进一　象5进3
3. 炮二平六　士5进4
4. 车六平七　车9进1

兑子丢象，很是难看。

5. 车二进七　车9平7
6. 车七平三　马7退5
7. 兵三进一　车7进3
8. 兵三进一　马5进3
9. 车二平六　……

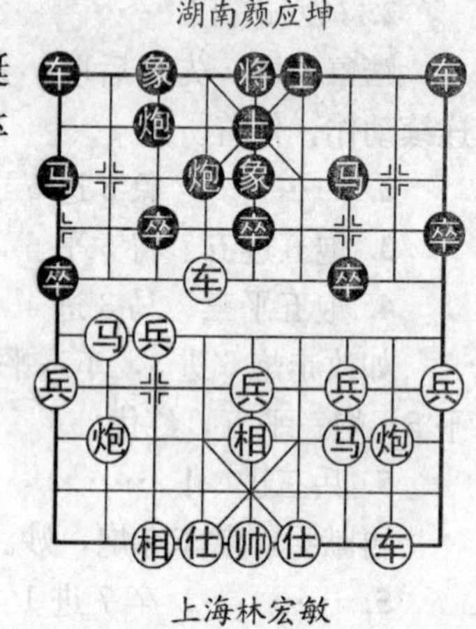

图 30

兑车再丢士，黑方败象已露。

9. …… 马 3 进 2 **10.** 马三进四 炮 3 平 5

11. 马四进六 马 2 进 4

12. 马六进七（图 31） ……

进马叫杀夺马，红胜。已终局，黑方右车一步未动，虽奇，但岂能不输？

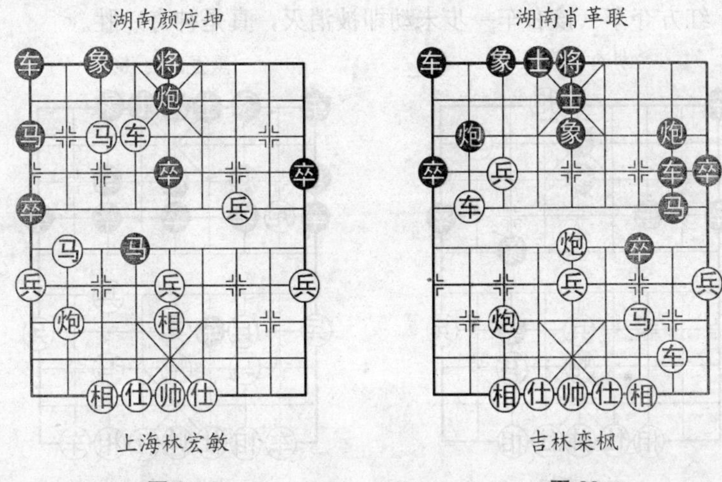

图 31 **图 32**

图 32，弈自 1999 年全国个人赛，由中炮七路马对屏风马走成。红方进攻：

1. 车八平三！ 车 8 平 5

平车叫杀，黑如将 5 平 6，车三平四，将 6 平 5（如炮 8 平 6，红炮七平四），兵七进一，红优。

2. 车二进四 象 5 进 7 **3.** 车二进二！ ……

一车换双，推进攻势，好棋。

3. …… 炮 2 平 5

如改走象 7 退 5，车二进二，士 5 退 6，兵七平六，车 5 进 1，车二退四，红方夺车胜。

4. 车二进二 士 5 退 6 **5.** 炮七平五！ ……

再架中炮，力在其中，黑难应付也。

5. ……　　卒 7 进 1　　**6.** 前炮进三　车 5 平 3

7. 前炮平三　象 3 进 5　　**8.** 炮三进二　士 6 进 5

9. 炮三平六　士 5 退 6　　**10.** 炮六平四　将 5 进 1

车炮摧宫势不可当。黑如车 1 进 1，炮四退一；如车 1 进 2，炮四退二，黑方都得丢车。

11. 车二退一（图 33）　……

红方夺车（该右车一步未动即被消灭，真是神奇）胜。

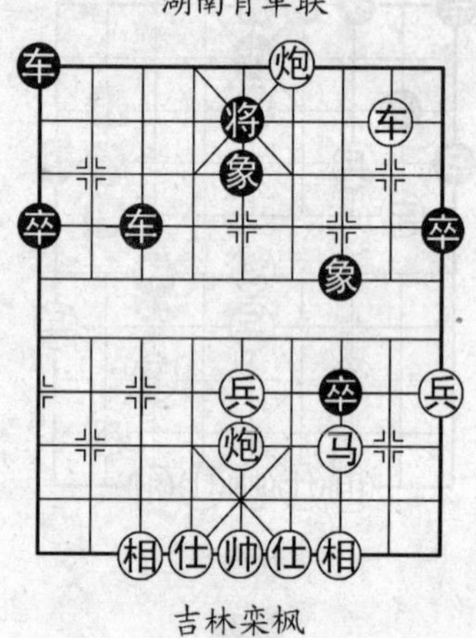

图 33

黑龙江赵伟

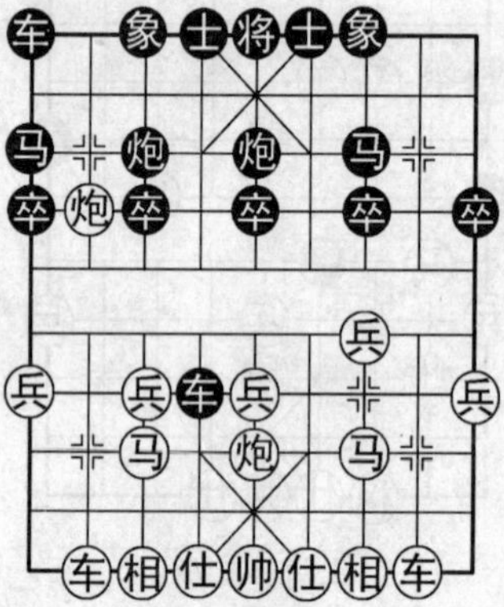

湖南罗忠才

图 34

图 34，弈自 1990 年全国个人赛，由斗顺炮形成。红方抢先：

1. 马三进四　车 4 平 3?

快马窜出，黑方吃兵压马失着，局面迅速崩溃。应改走车 4 退 1，虽吃后手，但阵形尚可稳定。

2. 马四进六！车 3 进 1　　**3.** 炮八平五　马 7 进 5?

兑炮不当，应士 4 进 5。

4. 炮五进四　士 4 进 5　　**5.** 马六进七　车 3 退 1

如车 3 平 4，车八进八，车 4 退 5，车二进九，红胜。

6. 车八进八！车 3 平 5　　**7.** 相三进五　车 5 平 4

8. 车二进九！马 1 退 3　　**9.** 车八平七　车 4 平 6

10. 车二平三　车 6 退 5　　**11.** 仕四进五　卒 9 进 1

12. 车七平五！（图 35）……

下面：车 6 平 5，帅五平四，红胜。全局弈完，黑方右车一步未动，奇也。

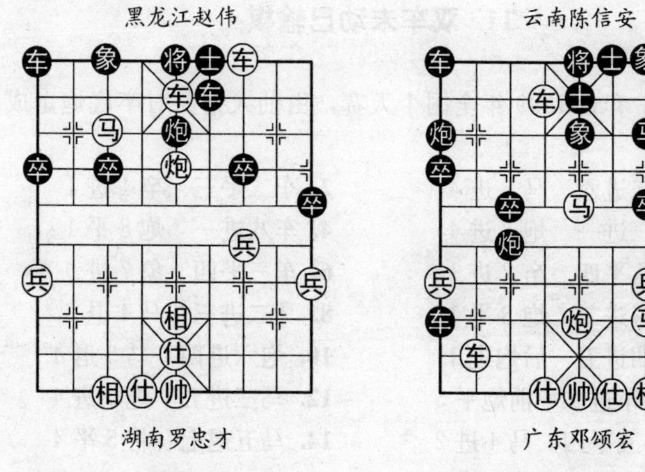

图 35　　图 36

图 36，出自 1986 年全国个人赛，由仙人指路对金钩炮形成。红方进攻：

1. 炮五进二！马 7 进 5　　**2.** 马三进五　炮 3 进 4

3. 仕六进五　前车进 2

4. 炮五进二　炮 1 进 4

中路强攻，发威夺子。黑如改走炮 3 平 6，仕五退六，炮 6 退 8，车六退二，红方胜势。

5. 前马进三　炮 1 退 2

6. 马三进二　炮 3 平 6

7. 仕五退六　炮 6 退 8

8. 车八平四！车 1 退 3

9. 车四进七　车 1 平 5

10. 帅五平四！（图 37）……

杀局。下面：车 5 退 3，车四进

云南陈信安

广东邓颂宏

图 37

一，士5退6，马二退四，红胜。全局弈完，黑方右车一步未动，奇哉。

11. 双车未动已输棋

图38，弈自1999年全国个人赛，由仙人指路对卒底炮走成。红方走子：

1. 车二进六　马5进4　　2. 车二平三　卒1进1
3. 兵三进一　炮8进4　　4. 车八进一　炮8平1
5. 车八平四　卒2进1　　6. 车三平四　象7进9
7. 马三进二　炮3平1　　8. 马二进三　马4退5
9. 仕四进五　后炮进1　　10. 炮六进四　马3退4
11. 前车进二　前炮平5　　12. 马三进五　炮1进4
13. 帅五平四　马4进2　　14. 马五退七　将5平4
15. 马七进八　将4进1
16. 后车进六（图39）……

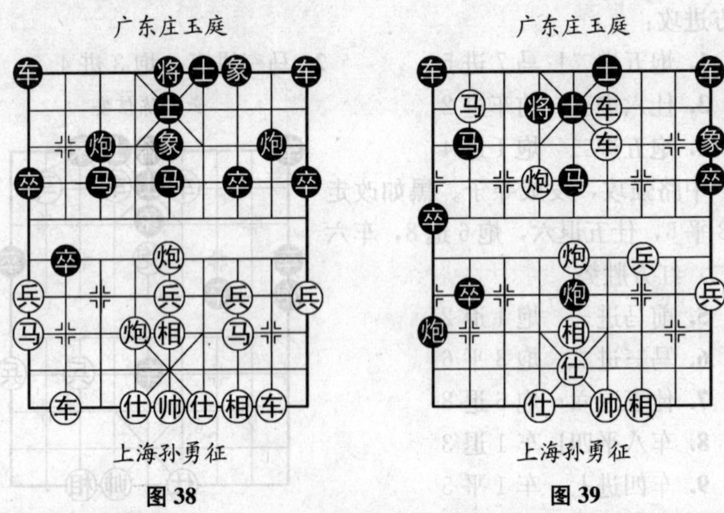

图38　　图39

双车马炮杀局，红胜。直至终局，黑方双车都未动，却已输棋。此种情景在高手之战中极为罕见，奇异令人惊叹也。

12. 左车绕宫变右车

图 40，选自 2002 年第 21 届省港澳埠际赛，由金钩炮对挺卒走成。双方斗散手：

香港梁达民

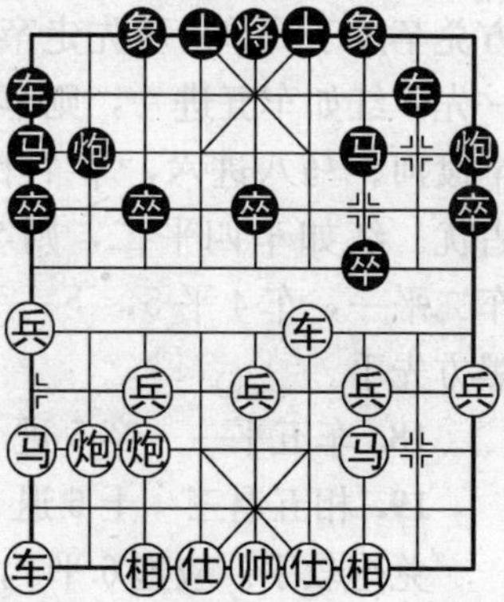

广东庄玉庭

图 40

1. 车九进一　车 1 平 4

2. 相三进五　车 4 进 2

3. 车九平四　象 7 进 5

4. 仕四进五　士 6 进 5

5. 炮七平六　……

同样动炮，不如改走炮八退一，下一手后车平二兑车，调整子力结构和阵形，则局面较易改观。

5. ……　　　炮 9 退 2

6. 炮八平七　……

平炮失先，仍应改走炮八退一。黑如炮 9 平 6，后车平二，兑车后局势平稳。

6. ……　　　炮 9 平 6

7. 前车平八　士 5 进 6!

两步轰车，佳着。

8. 车四平一　炮 2 平 4

9. 炮六进五　车 4 退 1

10. 车一退一（图 41）　……

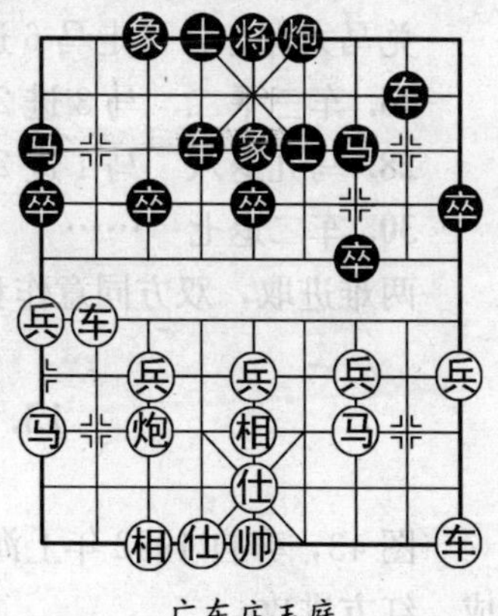

香港梁达民

广东庄玉庭

图 41

至此，出现有趣景象：红方左车走完 4 步，绕宫落位到右车出生地，左右错位，妙。令人捧腹，好玩。

10. ……　　　马 7 进 6

11. 车一平二　车 8 进 8

12. 马三退二　马 6 进 5

13. 炮七平六　马 5 退 6

14. 车八平五　车 4 进 1

15. 马二进一　卒 9 进 1

16. 马九进八　卒 3 进 1

17. 兵一进一（图 42）

卒 9 进 1?

红方兑兵不及炮六平九积极。黑方兑卒过于简单。应先走卒 5 进 1 抢一先，红如车五进一，则卒 9 进 1 边卒渡河。马八进六，车 4 平 8，黑方占优。红如车四平二，则卒 9 进 1，车二平一，车 4 平 5，下一手冲中卒，黑方先手。

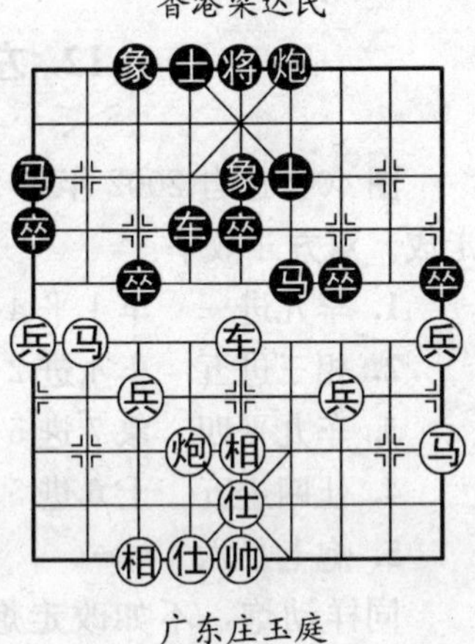

图 42

18. 车五平一　卒 5 进 1

19. 相五退三　士 6 退 5　　**20.** 炮六平四　炮 6 进 7

兑炮软手。应炮 6 平 7，车一平四，马 6 退 7，相七进五，车 4 平 5，保存战斗力，黑方多卒占先。

21. 仕五进四　车 4 平 5　　**22.** 兵三进一　卒 7 进 1

23. 车一平三　卒 5 进 1　　**24.** 仕四退五　马 1 退 3

25. 马一进二　马 6 进 8

兑马太保守，可走马 6 进 4，寻求战机。

26. 车三平二　马 3 进 2　　**27.** 马八进九　马 2 进 1

28. 马九退八　马 1 进 2　　**29.** 车二进五　士 5 退 6

30. 车二退七　……

两难进取，双方同意作和。

13. 双车制双车

图 43，弈自 1982 年上海市象棋锦标赛，由飞相局对过宫炮而成。红方进攻：

1. 马六进四　炮 4 进 2　　**2.** 马四进三　车 6 进 1

3. 车二进一　士 5 退 6　　**4.** 车五平四　车 4 退 5

5. 仕五进六（图 44） ……

先攻后兑，形成双车制双车奇观，妙。

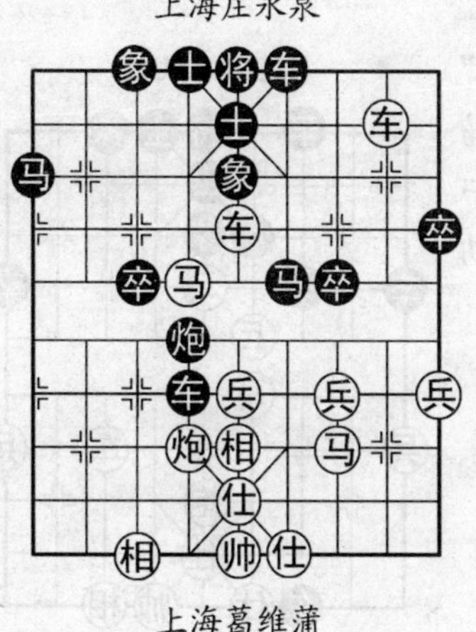

图 43

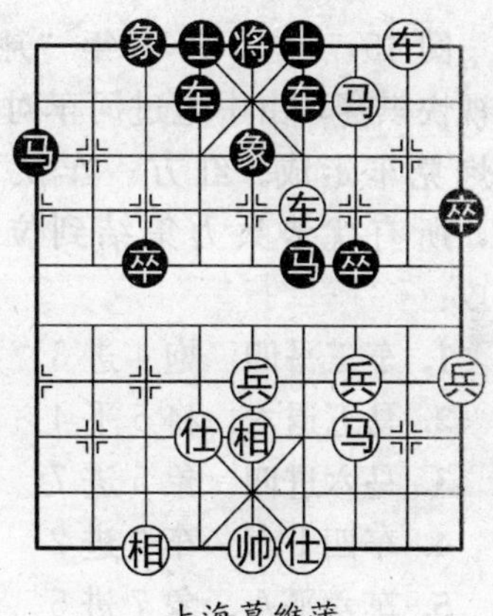

图 44

5. …… 马 6 进 4 **6.** 兵三进一 卒 7 进 1

7. 相五进三 马 1 进 3 **8.** 兵五进一！……

挺兵挡双马，好棋。

8. …… 马 4 进 2 **9.** 仕四进五 将 5 进 1

高将无奈。否则红马三进二，黑难应付。

10. 车四进二 将 5 平 6 **11.** 车二退一 马 2 进 3

12. 帅五平六 士 6 进 5 **13.** 马三退四 将 6 退 1

14. 车二进一 将 6 进 1

如改走象 5 退 7，车二平三，将 6 进 1，马四进二，将 6 进 1，车三退二，将 6 退 1，车三退一，红胜。

15. 马三进四 ……

“侧面虎”杀。下面为：士 5 进 6，车二平五，士 6 退 5，后马进三，将 6 进 1，马三进二，将 6 退 1，马四进二，红胜。

14. 马炮戏双车

图 45，出自 2000 年“翔龙杯”电视快棋赛，由中炮过河车对屏风马平炮兑车走成。红方一车换双渡中兵，所有优势兵力集结到位，发动总攻：

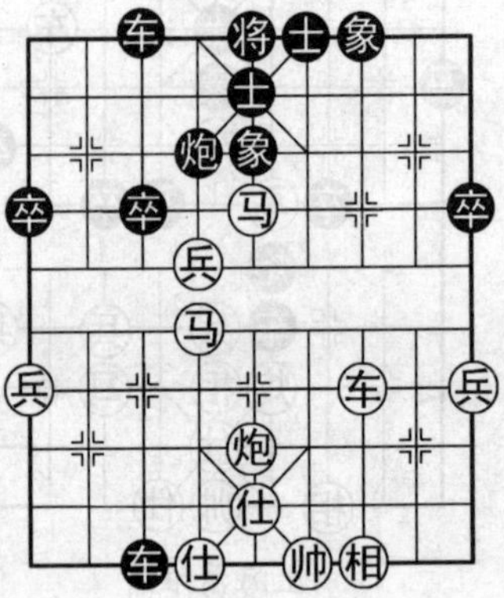

辽宁卜凤波

广东吕钦

图 45

1. 车三平四　炮 4 进 3

2. 马五退六　将 5 平 4

3. 马六进四　象 5 进 7

4. 车四平六　车 3 进 2

5. 车六平八　象 7 进 5

6. 炮五平二　……

车马炮斗双车，左右夹击，又有肋兵“瞭望”，黑方防不胜防，走得漂亮。

6. ……　　后车退 2

7. 马四进三　象 5 退 7

8. 炮二进七　前车退 4

如改走后车进 2（如将 4 平 5，红车八进五），车八进六，将 4 进 1，炮二退一，士 5 进 6，马三进四，将 4 平 5，兵六进一，红方胜势。

9. 马三进五　车 3 平 6

10. 帅四平五　车 3 进 1

11. 车八进六　将 4 进 1

12. 炮二退一

车 6 退 4（图 46）

辽宁卜凤波

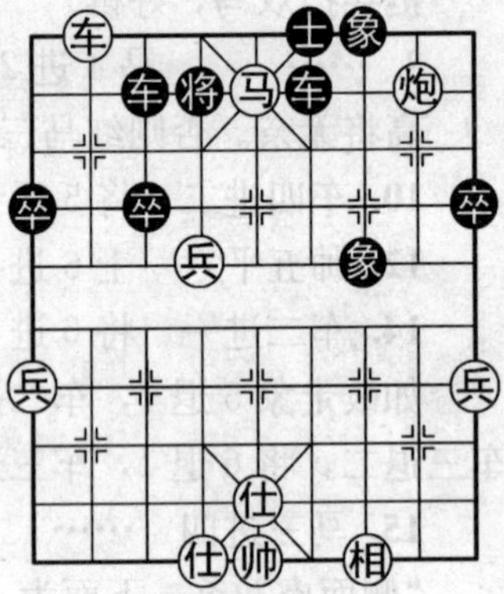

广东吕钦

图 46

马炮戏双车，奇异壮观，罕见妙哉也。

13. 马五退六　车 6 平 8　　**14.** 马六进七　红方多子胜。

15. 车走窝心巧兑车

图 47，选自 1990 年全国个人赛，由中炮横车七路马对屏风马走成。红方走子：

1. 车二进一　卒 3 进 1　　**2.** 炮五平六　车 4 平 6

3. 兵七进一　车 6 进 6　　**4.** 相七进五　炮 8 平 5

5. 车二平五（图 48）　……

甘肃李家华

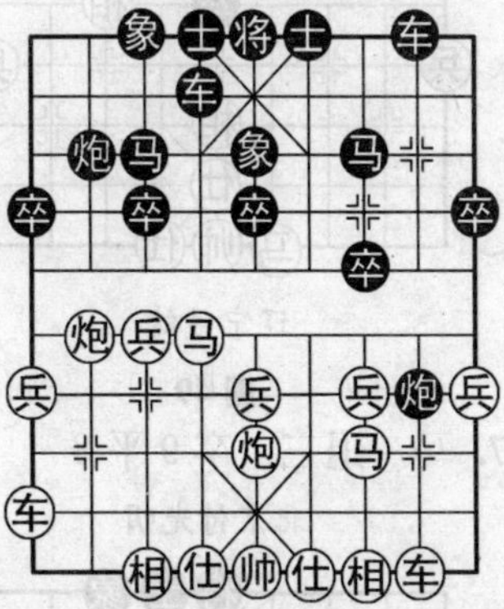

广东宗永生

图 47

甘肃李家华

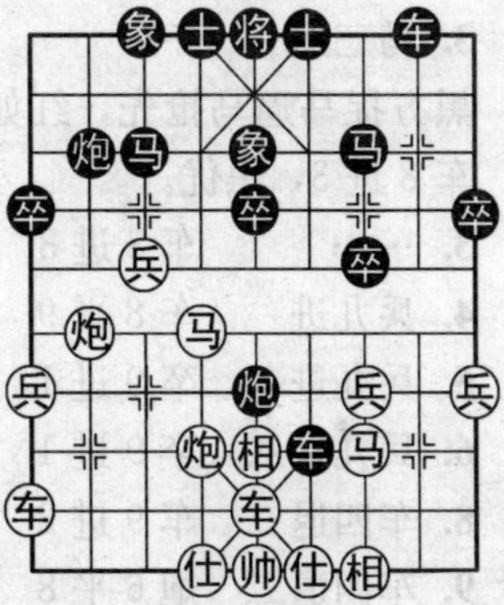

广东宗永生

图 48

车走窝心巧兑车，精妙，奇趣景象也。

5. ……　车 6 平 7　　**6.** 炮六平三　象 5 进 3

7. 车九平七　象 3 进 5　　**8.** 车七进二　炮 5 进 2

9. 仕六进五　……

兑子化势之后，红方逐步建立攻势，再战 30 余回合，终于获胜。因为着法过长，故从略。

16. “瓮中捉车”

图 49，出自 1991 年全国个人赛，由中炮横车七路马对屏风马演成。双方兵力相仿，但红方子位差，黑方趁势反击：

北京付光明

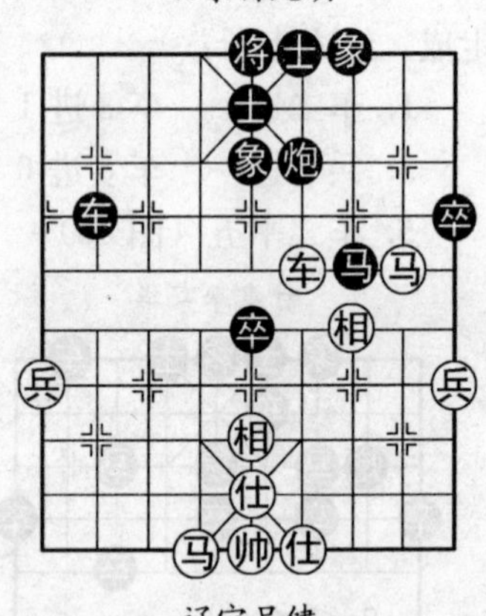

辽宁吕健

图 49

1. …… 车 2 平 8

2. 马二退三 卒 5 平 4

3. 马三退一 ……

黑方捉马逼马抢先，红如马三退四，车 8 进 3，黑优。

3. …… 车 8 进 3

4. 兵九进一 车 8 平 9

5. 兵九进一 卒 9 进 1

6. 兵九平八 卒 9 进 1

7. 马一退三 卒 9 平 8

8. 车四退二 车 9 进 2

9. 车四退二 炮 6 平 8

黑方捉马为手段，拖车为目的，走得好。

10. 仕五进四 马 7 进 5

11. 马六进七 卒 8 平 7

12. 相五进三 炮 8 进 7

13. 仕四进五

马 5 进 7（图 50）

北京付光明

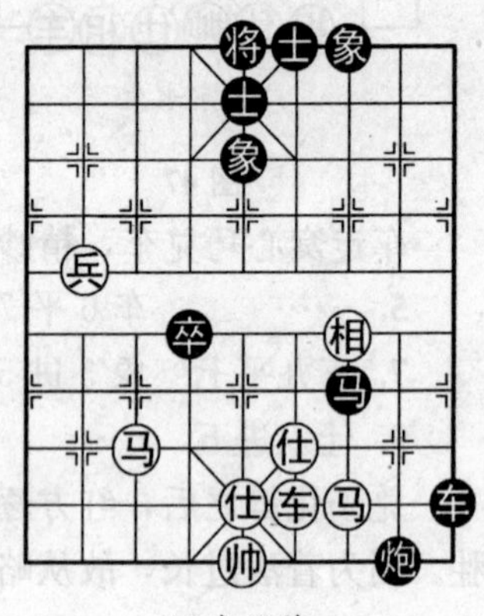

辽宁吕健

图 50

“瓮中捉车”，妙！妙在红车困在“瓮”中无法动弹，束手就擒，真是奇景趣象也。黑胜。

17. 强车连动 11 步

图 51，弈自 1984 年“三楚杯”，由五六炮对反宫马走成。正当红方过河车吃卒压马之际，黑方反击：

1. ……　　炮 6 进 7!

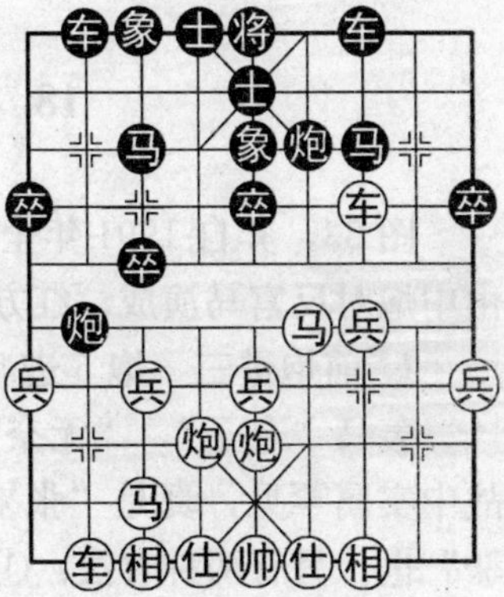

弃炮轰仕，突破红宫又谋车，好棋。

2. 帅五平四　炮 2 退 2

3. 炮六进四　卒 5 进 1!

4. 炮六进一　炮 2 平 6!

打帅夺车，谋子成功。

5. 车三平四　车 2 进 9

6. 炮六平三　车 2 平 3!

上海胡荣华

河北黄勇

图 51

杀相舍马，凶。如车 7 进 2 吃炮，炮五进三，红方有反攻之力，黑有顾忌。

7. 炮三平七　……

如改走炮五进三，马 3 进 2，马七进五，马 2 进 3，马五进七，车 3 退 3，黑方优势。

7. ……　　车 3 平 4

8. 马七退五（图 52）

车 7 进 5!

9. 相三进一　车 7 进 1!

10. 马四进三　车 7 平 8!

11. 炮五平三　车 8 进 1!

12. 炮三退一　车 8 平 5!

上海胡荣华

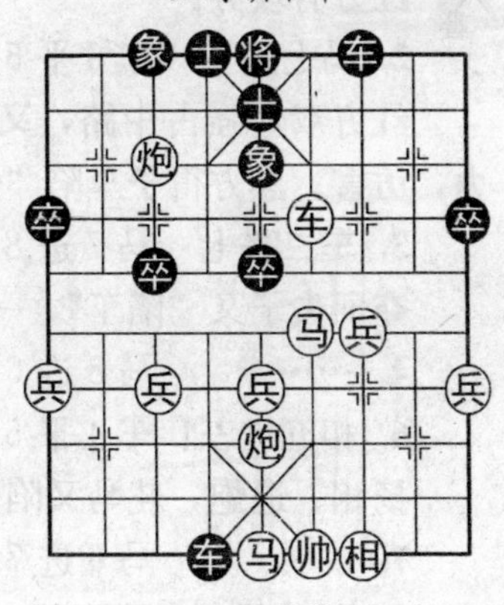

河北黄勇

图 52

13. 炮三退一　车 5 平 9!　**14.** 马三退二　车 9 进 2!

15. 车四平三　车 9 退 3!　**16.** 车三平二　车 9 平 7!

17. 炮三进二　车7平8!　**18.** 炮三平五　车8进3!

强车连动11步，势不可当。奇也，妙哉。

19. 帅四进一　车4退1　**20.** 炮五退一　车8退1

双车攻杀，黑胜。

18. 妙手困车18步

图53，弈自1991年全国个人赛，由中炮对反宫马演成。红方进攻：

1. 前炮进三　炮5进5

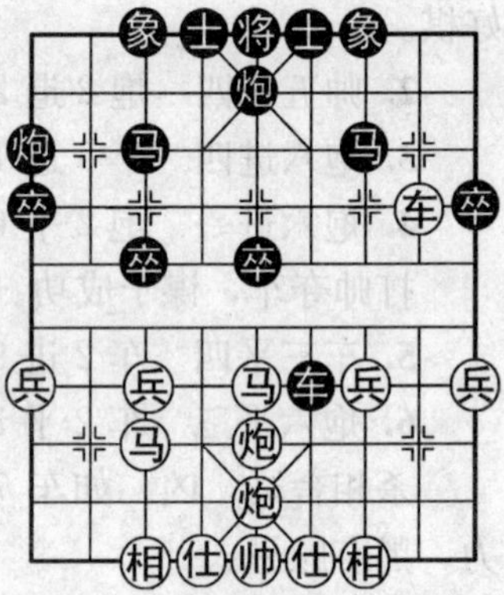

轰马"夺子"，"无奈"。这在实战中实属罕见，真是"张果老倒骑毛驴"也。另有两种着法：①马3进5，前炮进三，士4进5，炮五进五，红方夺子。②象3进5，前炮进三，士4进5，车二平七，马3退4，马五进六，红方有攻势。

广东庄玉腾

安徽蒋志梁

图53

2. 马七进五　车6平5

红方双炮强占中路，又有空头威力，厉害；黑方得子车陷"炮阵"，难过。

3. 车二平七　马7进8　**4.** 车七进一　……

夺回失子又"陷车"，一举两得。

4. ……　马8进6　**5.** 相三进五！车5平4

6. 相五进三！车4平5　**7.** 前炮退一！……

扬相、退炮，轧马又陷车，妙。

7. ……　马6进7　**8.** 后炮进一　炮1进4

9. 车七进二　马7退9　**10.** 车七退三　将5进1

11. 车七平九　炮1平2　**12.** 车九平八　炮2平1

13. 兵七进一！……

弃兵巧。黑如吃兵，车八退三，捉双夺子。

13. ……　　炮1平7　　14. 兵七进一　马9退7
15. 仕四进五　卒9进1　　16. 车八进二　将5进1
17. 车八平四　炮7平9　　18. 兵七进一　炮9进3
19. 兵七进一　……

“炮阵陷车18步”，下一手平炮杀，红胜。

19. 巧使困车术

图54，也是弈自1991年全国个人赛，由中炮对反宫马形成。双方对攻，红方出手：

1. 兵三进一！……

兵杀底象又控将，妙手，可谓是攻守兼备。如仕四进五，将5平6，黑方出将后即有反扑之势。

1. ……　　马2进4　　2. 车六退三！……

以车换马炮，消除黑方攻势，解除后顾之忧。算准以后炮兵双马可以斗车炮，好棋。

2. ……　　炮2平4　　3. 帅五平六　车6进1
4. 帅六进一　车6退7

陕西张惠民
煤矿孙树成
图54

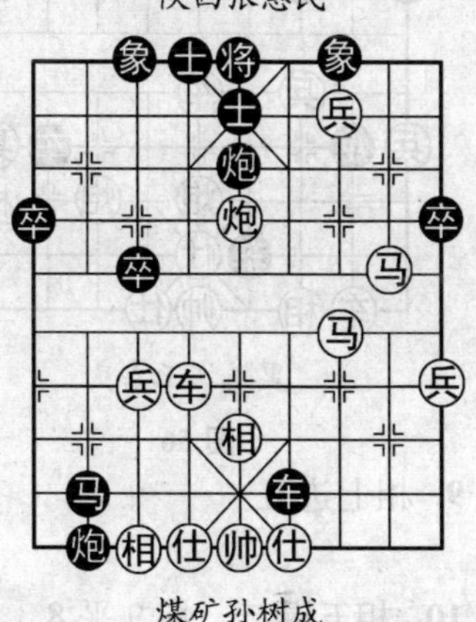

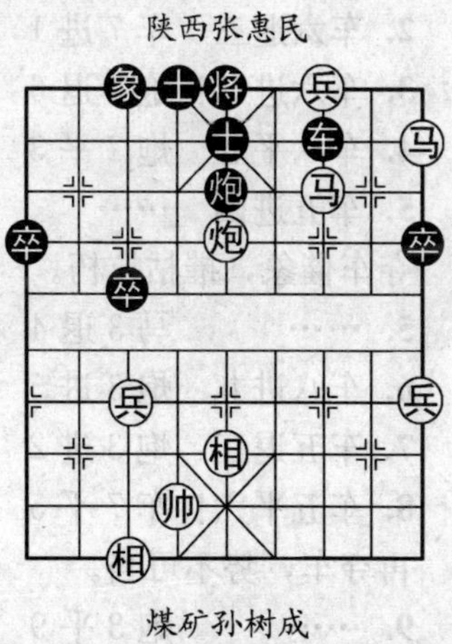

陕西张惠民
煤矿孙树成
图55

如车 6 平 3 吃相，马二进一，红胜。

5. 马三进二　车 6 平 7　　**6.** 前马进一！车 7 退 1

7. 马二进三！（图 55）……

双马戏车，步步杀机；无车攻有车，精彩。双马兵巧困黑车，奇妙而有趣。

7. ……　　卒 1 进 1　　**8.** 兵一进一　卒 1 进 1

9. 兵七进一　卒 3 进 1　　**10.** 相五进七　卒 1 平 2

11. 相七退五　卒 2 进 1　　**12.** 兵三平四！……

献兵打将擒车，一举拿下胜局。下面为：将 5 平 6，炮五平三，车 7 进 1，马一退三，将 6 进 1，马三退一，马炮兵必胜炮卒单缺象，黑方缴械。

20. 双车灭双车　连动 15 步

图 56，出自 1958 年全国赛，由中炮过河车对屏风马左马盘河走成。红方得势抢攻：

山东方孝臻

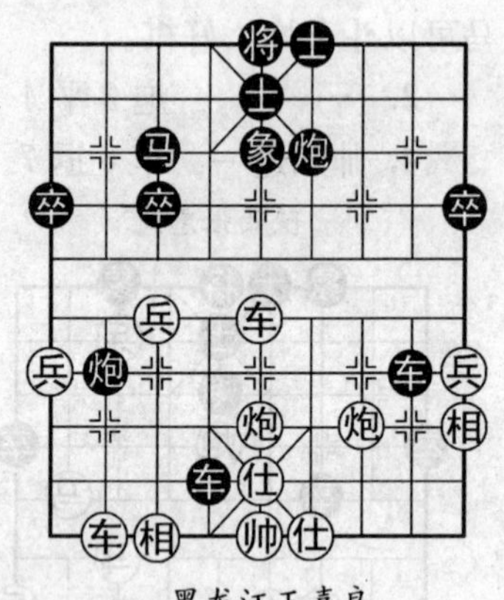

黑龙江王嘉良

图 56

1. 车五平六！车 8 平 7

2. 车六退三　车 7 进 1

3. 车六进二！炮 2 退 6

4. 车六平五　炮 2 平 3

5. 车五进四　……

夺车催象，摧枯拉朽。

5. ……　　马 3 退 4

6. 车八进九　炮 3 进 5

7. 车五退三　炮 3 进 2

8. 车五平六！车 7 平 5　　**9.** 相七进五　……

再夺车，势不可当。

9. ……　　炮 3 平 9　　**10.** 相五退三　炮 9 平 8

11. 仕五进四！炮 6 平 5　　**12.** 车六平二　炮 8 平 7

13. 车二进三！ 炮5进2　　**14.** 车二平五！ 炮5平4

15. 车五退一　炮7退5　　**16.** 车五平一　卒3进1

17. 车一平六　炮4平5　　**18.** 车六平五　炮5平4

双车联动15步，灭掉双车定胜局。下面可边兵直冲，红胜定。

21. 双献车妙杀

图57，弈自1981年上海市象棋锦标赛，由仙人指路对起马演成。红方组织进攻：

1. 炮六平九！……

弃炮平炮侧攻，好棋。

1. ……　　车6平8　　**2.** 炮九进二　将5进1

3. 车八进八　卒5进1　　**4.** 炮九退一　车7退4

5. 马六进八！ 象5进3　　**6.** 车一平四　将5退1

7. 车八平六　士4进5　　**8.** 炮九进一　……

攻中夺回弃子再攻，凶狠。

8. ……　　炮8退1

上海韩国振

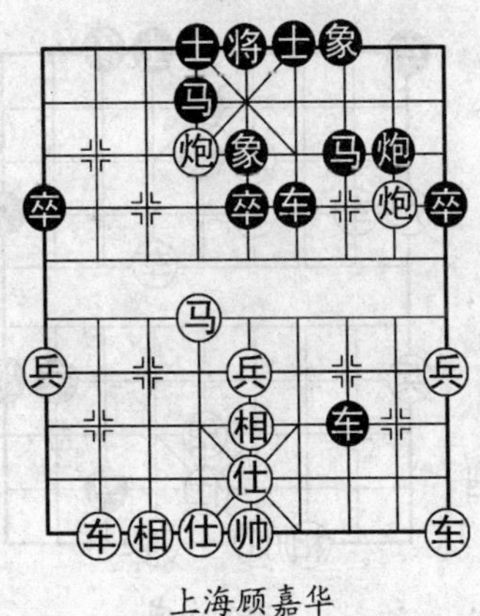

上海顾嘉华

图57

上海韩国振

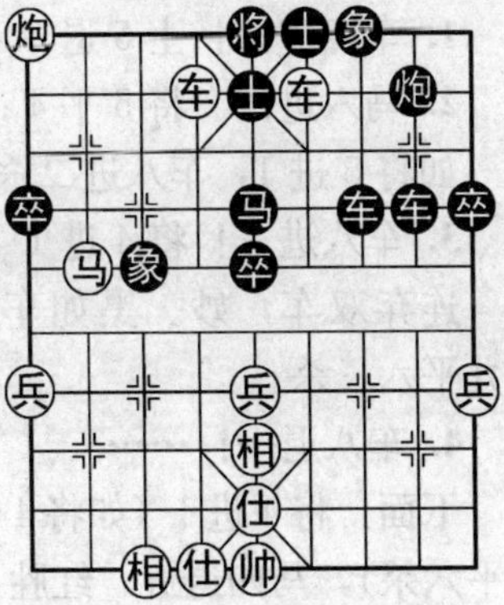

上海顾嘉华

图58

如改走车7平2，车六平七，将5平4，车七进一，将4进1，车七退四，红方胜势。

9. 车四进八！马7进5（图58）

10. 马八进七！……

双献车，进马叫杀，奇妙。

10. ……　　马5退3

如改走马5退4（如马5退6，车六进一杀），马七进八，士5退4，车四平六，下一手马八退七杀。

11. 车六平七　车8进6　　**12.** 仕五退四　车7退1

13. 车七进一　马3退4　　**14.** 车四退二　车7平3

平车速败，成全红方构成妙胜趣局。黑此时如改走车7平1准备弃车换炮，则成双车双兵对车马炮卒士象全，以后战程犹长。

15. 车七退一！　黑方丢车，红胜。

22. 弃双车妙杀（5例）

图59，选自1998年全国个人赛，由对兵（卒）局走成。红方抢杀：

1. 车四进四！士5退6

2. 马六进四　将5平4

如将5进1，车八进二杀。

3. 车八进三！将4进1

连弃双车，妙。黑如车1平2，炮九平六，杀。

4. 车八退一！……

下面：将4进1（如将4退1，炮九平六杀），马四退五，红胜。

北京张强

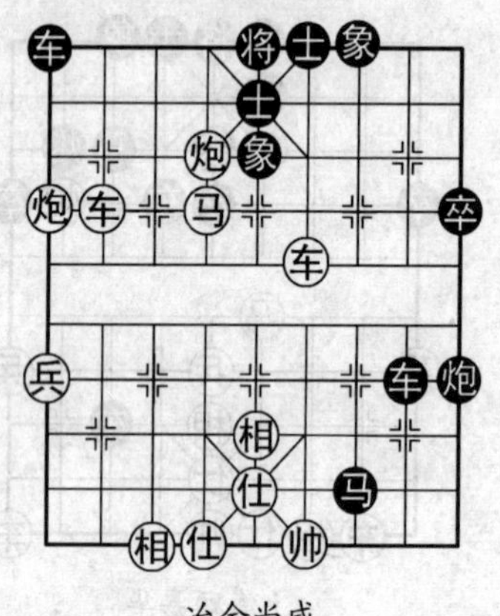

冶金尚威

图59

图60，弈自1991年全国个人赛，由中炮过河车对屏风马平炮兑车形成。面临黑炮轰车牵炮，红方施出妙手：

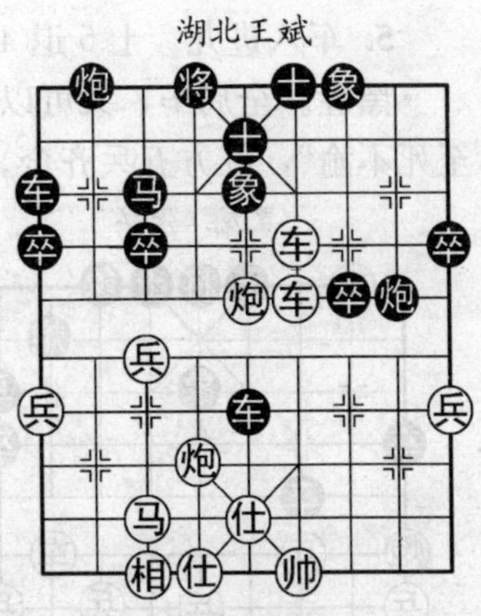

图 60

1. 前车进三！ 炮 2 平 6

弃车杀士强攻，凶狠而稳且准。黑如改走士 5 退 6，马七进六杀。

2. 车四进四！ 将 4 进 1

红再弃车攻杀，厉害，击中要害。黑如士 5 退 6 吃车，马七进六，还是要杀。

3. 炮五平六　车 5 平 4

4. 马七进六　……

夺回弃车仍弃车，黑方不敢吃矣。

4. ……　　　炮 8 平 4

5. 马六进四　炮 4 平 5　　**6.** 马四进六　士 5 进 4

7. 车四退一　将 4 退 1　　**8.** 马六进五　……

车马炮杀。下面：将 4 平 5，马五进三，士 4 退 5，车四进一，红胜。

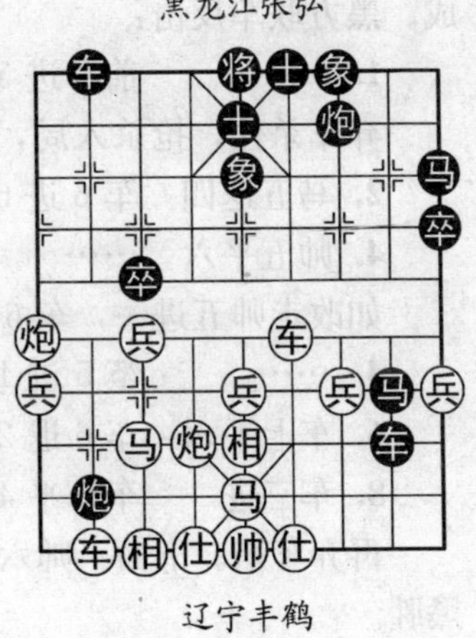

图 61

图 61，弈自 2001 年全国团体赛，由中炮过河车对屏风马平炮兑车演成。红方马塞窝心，出现险情，黑方抓住战机，出击：

1. ……　　　车 8 平 6！

2. 炮六平四　……

黑方弃车通马，妙。红如改走车四退二，马 8 进 7，车四退一，炮 2 平 6！车八进九，士 5 退 4，红方无解杀手段，黑胜。

2. ……　　　马 8 进 7

3. 炮四退一　炮 7 平 8！

4. 车四平二　炮 2 平 6！

再弃车绝杀，精妙。

5. 车八进九　士 5 退 4（图 62）

黑胜。全局毕，又可以看到：七路对头兵（卒）“相拥而吻、至死不渝”，红方五兵齐全。一局有三奇，令人称奇哉。

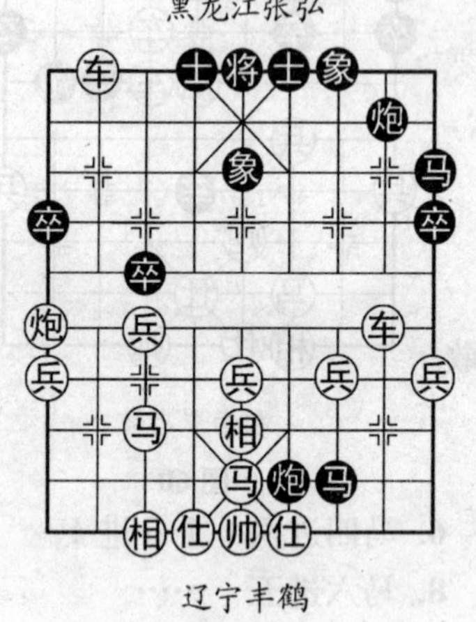

图 62

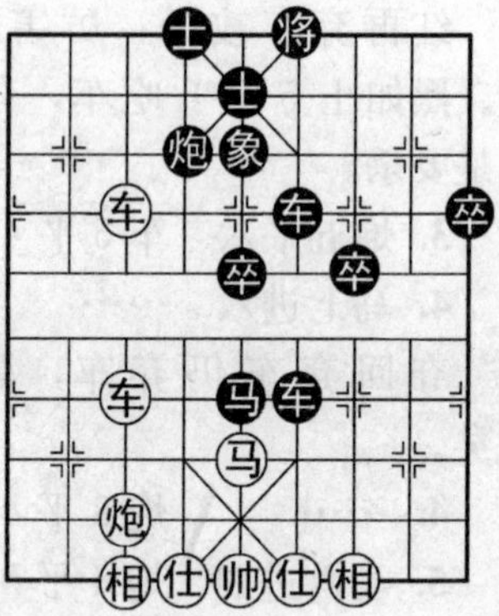

湖南万福初

湖北王想林

图 63

图 63，选自 1986 年全国个人赛，由五七炮进三兵对屏风马形成。黑方联车反击：

1. ……　前车进 3!

弃车杀仕，抢杀入局，佳着。

2. 马五退四　车 6 进 6　**3.** 帅五进一　马 5 进 7

4. 帅五平六　……

如改走帅五进一，车 6 退 2，帅五退一，卒 5 进 1，黑胜。

4. ……　卒 5 进 1　**5.** 后车平三　卒 5 平 4

6. 车七平六　车 6 退 2　**7.** 炮七平九　卒 7 进 1!

8. 车三进一　车 6 平 4!

再弃车杀。下面：帅六进一，卒 4 进 1，帅六平五，卒 4 平 5! 黑胜。

图 64，弈自 2002 年全国团体赛，由中炮对三步虎走成。现在轮到黑方走子：

1. ……　炮 2 平 7?

平炮轰兵窥底相，意在对攻，但过急失察，让红方左车通头，不明显的败着。应改走炮 9 平 5，局面相对平稳。

2. 炮九进四！……

边炮轰出，顿现攻击凶势。一石激起千层浪，有一着定乾坤之感觉也。一个回合，得失尽现瞬间。

2. …… 炮 7 进 3

如马 3 进 1，车八进九，象 7 进 5，炮五进五，黑难应付。

3. 仕四进五 炮 7 平 9

上海孙勇征

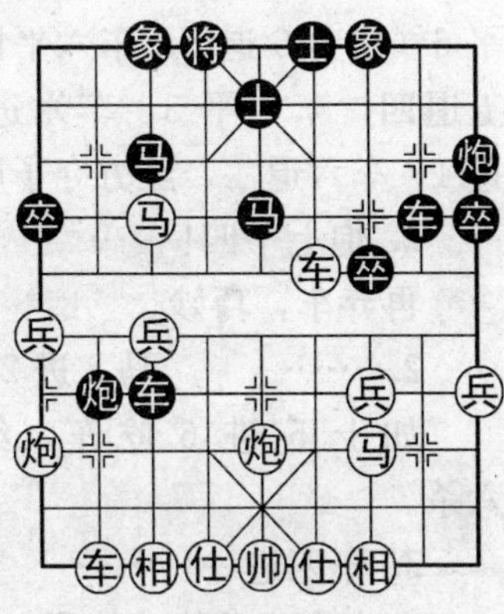

福建蔡忠诚

图 64

4. 车四平六 后炮平 4
5. 炮九进三 象 3 进 5
6. 车八进九 将 4 进 1
7. 车六平八！炮 4 进 3
8. 后车进三！将 4 进 1
9. 炮九退二！……

侧攻凶猛异常。现弃车打将，厉害，下面入局。

9. …… 马 3 退 2
10. 车八退一 马 2 进 3
11. 车八平七 将 4 退 1
12. 车七平六！……

再弃车，妙。

12. …… 将 4 进 1
13. 马七进八 将 4 退 1
14. 炮九进一 ……

马后炮杀，红胜。

23. 三度弃车 演绎杀局（3 例）

图 65，选自 1989 年全国个人赛，由中炮横车七路马对屏风马走成。红方乘势而进：

1. 车四进二！……

弃车杀炮，妙。

1. …… 炮 6 退 8

如改走士5进6，炮四退八，车2平6（如士6退5，车六平四杀），仕五退四，车8平3，车六进六，将6进1，车六退二，红方夺子胜。

2. 炮七平四！……

再弃车，巧妙。

2. ……　　马3进2

如士5进6吃车，红车六进六杀。

3. 车四进一！……

三弃车成杀势，精彩。

3. ……　　将6进1

广东庄玉腾

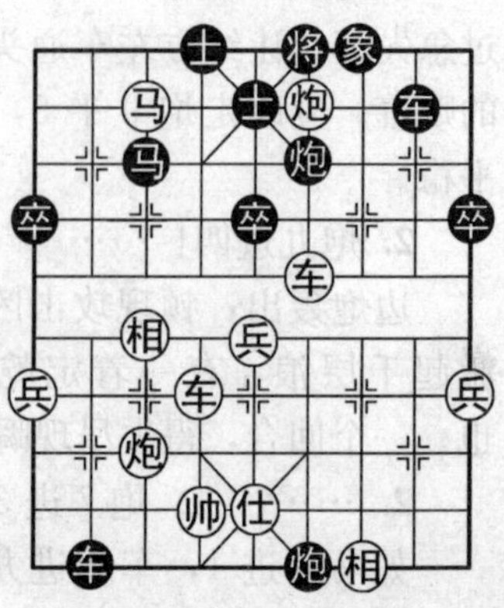

上海胡荣华

图65

4. 车六平四　士5进6　　**5.** 车四平二　士6退5

6. 车二进五　将6退1　　**7.** 车二退五　红胜。

图66，也是弈自1989年全国个人赛，由飞相局对士角炮走成。现在轮到红方走子：

1. 马一进三！象5进7

弃车跃马，凶。黑如车4退4吃车，马三进四，红方速胜。

2. 马三进四！车4平6

二度跃马再弃车，狠。黑方还是不能吃车。

3. 炮二平一！炮8退2

如改走马5进4，炮一进三，士6进5，炮一平五，红胜。

林业张明忠

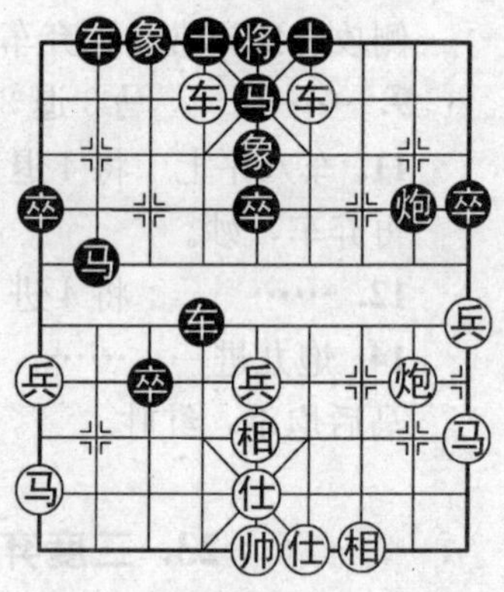

湖北柳大华

图66

4. 炮一进三　象7退9　　**5.** 马四进二！……

三度跃马三弃车，好棋。

5. ……　　车6退4　　**6.** 炮一平五　马5进4

7. 车六平四　马2进4

红方先弃后取，获得凌厉攻势。黑如改走炮 8 进 1，马二进四，车 2 进 2，车四进一，将 5 进 1（如将 5 平 6，炮五平四杀），车四平五，将 5 平 6，马四进二，红方胜势。

8. 车四平二　马 4 退 5　　**9.** 马二进四　马 5 退 6

10. 马四退六　……

攻中夺子，红方胜定。下面着法从略。

图 67，弈自 1966 年全国赛，由中炮过河车对屏风马走成。黑方抢攻反击：

广东杨官璘

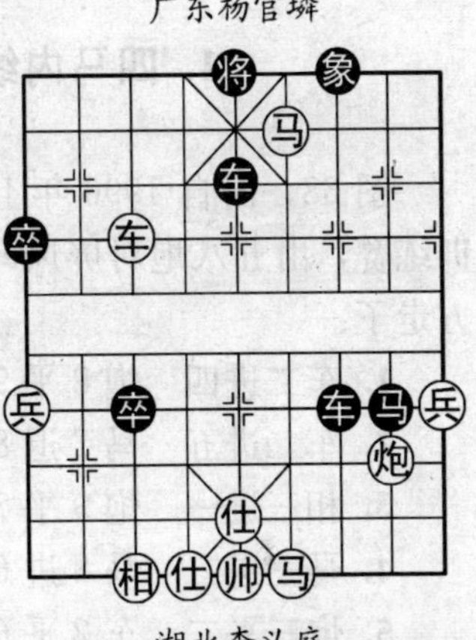

湖北李义庭

图 67

1. ……　车 7 退 3!

献车催杀，妙在其中。

2. 车七进三　将 5 进 1

3. 车七退一　将 5 退 1

4. 相七进五　车 5 进 5!

杀相再弃车，妙哉。红如马四进五，车 7 进 6，仕五退四，马 8 进 6，帅五进一，车 7 退 1，杀。

5. 马四退六　将 5 平 4

6. 车七平四　车 5 平 8　　**7.** 车四进一　将 4 进 1

8. 马六进四　将 4 平 5　　**9.** 马四退三　车 8 平 6

三弃车立定胜局，精彩。

二、马步迪斯科

1. 四马内线同卧　紧靠对称奇趣

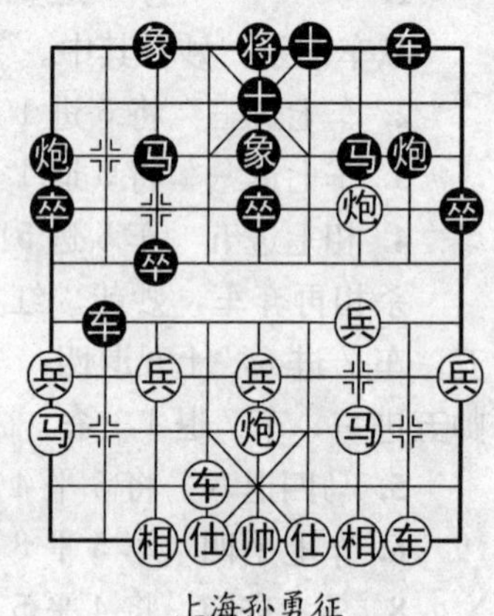
上海宇兵

上海孙勇征

图 68

图 68，出自 1996 年上海市热身训练赛，由五八炮对屏风马走成。红方走子：

1. 车二进四　炮 8 平 9

2. 车二进五　马 7 退 8

3. 相三进一　炮 9 平 7

4. 马三进二　马 8 进 6

5. 炮三平二　车 2 平 6

6. 炮二进二　炮 1 进 4

改走炮 7 退 2 先避一手比较稳当。

7. 炮二平三　士 5 退 4

8. 兵五进一　炮 7 平 8

如改走车 6 平 5，车六平四，红方有攻势。

9. 马二退三　车 6 进 1　　**10.** 车六平二　炮 8 进 4

11. 马三进二　马 3 进 4

改走车 6 退 2 较稳。

12. 兵三进一　车 6 退 1　　**13.** 马二进四　士 6 进 5

14. 马四进六　马 4 退 6?

退马失着，应改走士 5 进 4 挡马。

15. 炮五进一！……

兑子抢先，好棋。

15. …… 炮1平5　16. 车二进二 炮5平4

17. 马九进八 卒3进1　18. 马八进七 马6退7

19. 马六进七 炮4退5

20. 马七进六（图69） ……

四马同线紧靠横卧槽，而且红黑两侧排列分明，奇妙，罕见之趣景。

20. …… 士5进4

21. 车二进五 将5进1（图70）

一将乘车左右扛四马，有趣之极。

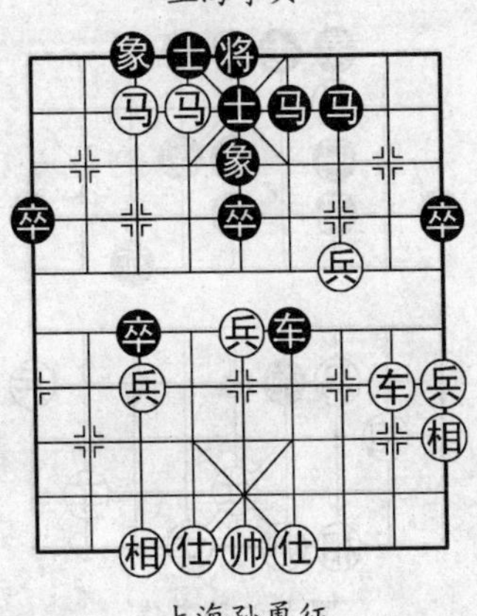

图69

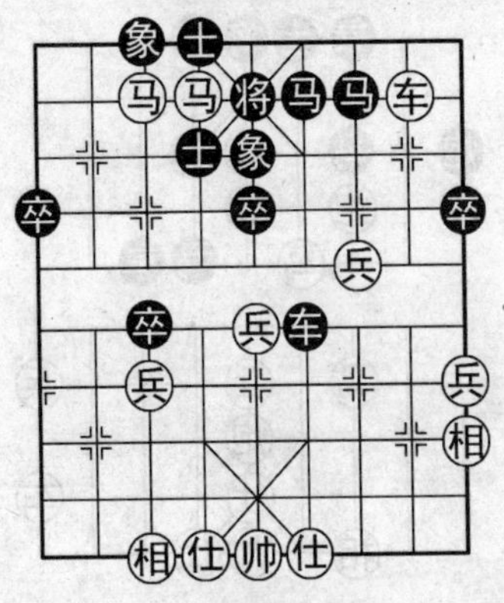

图70

22. 车二平三 卒3进1　23. 兵五进一！卒5进1

24. 兵三平四！将5平4

连弃两兵，妙。黑如车6退1，马七退六，车6退1，前马退八，红方多子优势。

25. 车三平四 士4进5　26. 马七退六 卒5进1

挺卒不当，应将4退1。

27. 车四平一 将4退1　28. 车一进一 士5退6

29. 车一平四 将4进1　30. 车四平五 红胜。

2. 四马同直线（7 例）

图 71，弈自 1985 年全国团体赛，由中炮进三兵对反宫马走成。黑方子畅反击：

1. …… 马 6 进 4　　2. 车一平二　炮 1 进 4
3. 炮五平八　炮 1 平 5　　4. 帅五平六　炮 5 平 4
5. 马六进八　马 4 退 3

马攻炮轰，反攻夺子，一举得势。

6. 马八进七（图 72）　……

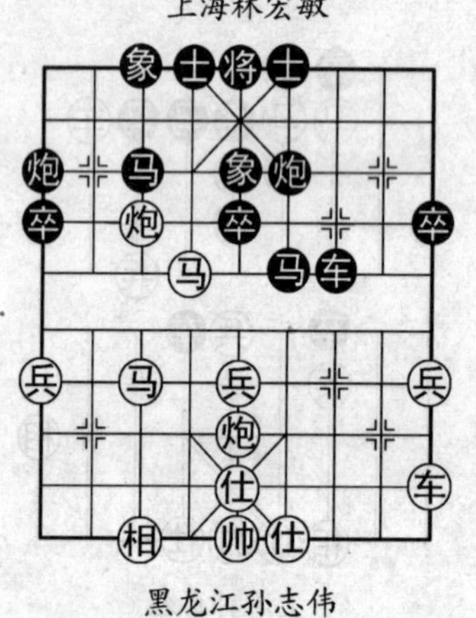

图 71

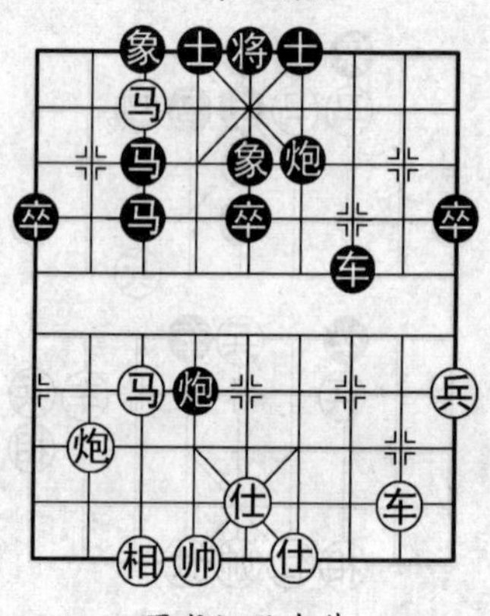

图 72

卧槽打将，形成四马同直线奇景，趣也。

6. ……　炮 4 退 5　　7. 炮八进六　后马退 1
8. 车二进七　士 6 进 5　　9. 车二进一　炮 6 退 2
10. 炮八平六　马 3 退 4
11. 帅六平五　车 7 平 3　再夺马，黑胜。

图 73，选自 1986 年全国个人赛，由仙人指路对卒底炮形成。红方走子：

1. 马一退三　马 9 进 8

2. 兵五进一　马 8 进 7（图 74）

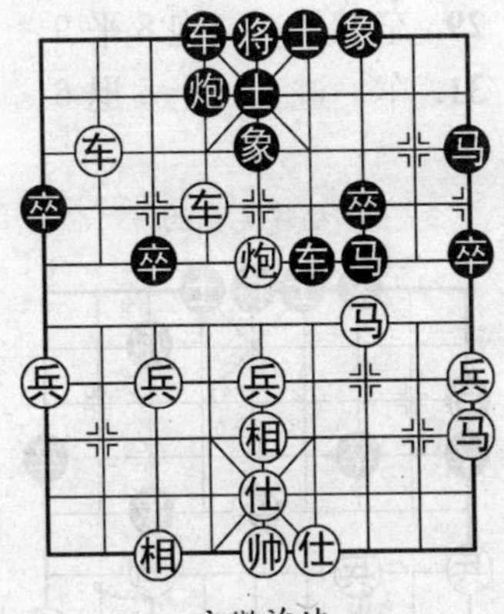

图 73

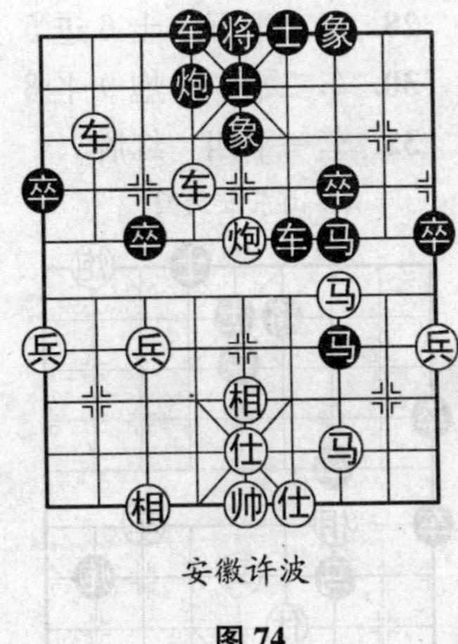

图 74

四马侧路同直线，有趣。

3. 车八进一　炮 4 进 1　　4. 车八退四　车 6 进 1
5. 后马进二　车 6 平 5　　6. 车八平五　马 7 退 5
7. 车六平三　炮 4 进 4　　8. 马二进三　炮 4 平 7
9. 车三进三　……

一番纠缠拼抢交换，红方破象取得优势。

9. ……　马 5 退 7　　10. 车三退二　车 4 进 5
11. 仕五进六　马 7 进 5　　12. 马三退五　炮 7 平 3
13. 车三退三　将 5 平 4　　14. 仕四进五　炮 3 平 9
15. 炮五平二　卒 9 进 1?

弃边卒似无实际意义，宜炮 9 平 1 争取对攻。

16. 兵九进一　车 4 平 1　　17. 炮二进四　将 4 进 1
18. 车三平一　炮 9 平 8　　19. 车一平三　马 5 进 3
20. 相五进七！（图 75）……

飞相挡车，妙。下面车马炮入局。

20. ……　卒 3 进 1　　21. 马五进四　象 5 退 7
22. 车三退一　炮 8 退 4　　23. 炮二退一　将 4 退 1

24. 车三进六　马3退5　25. 马四进五　将4平5
26. 车三退五　士5进6　27. 马五进七　将5平4
28. 车三平五　士6进5　29. 车五平二　炮8平9
30. 车二平一　炮9平8　31. 车一进五　士5退6
32. 车一平四　红胜。

山东王秉国

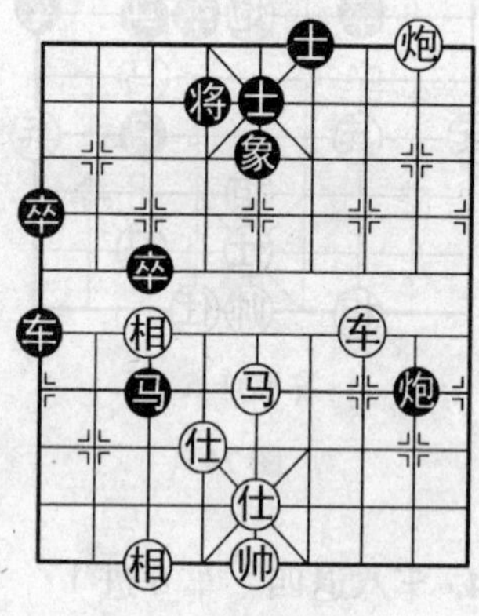

安徽许波

图75

福建吴克西

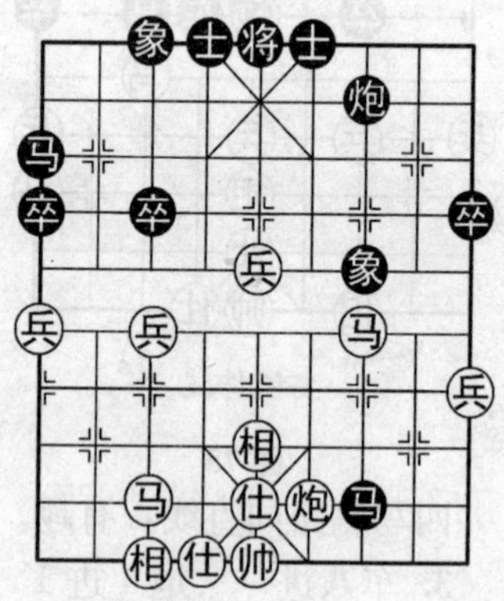

上海孙勇征

图76

图76，出自1999年全国团体赛，由过宫炮对中炮走成的无车棋。红方阵势开扬又有中兵渡河，先手在握而走子：

1. 马七进六　马1退3
2. 兵五平六　马3进5
3. 马六进四　炮7平1
4. 马四进五　炮1进4
5. 马三退五　马5进7
6. 前马退三　炮1进1
7. 马五退三（图77）　……

红方退马拦马，形成四马遥望同直线奇景，妙也。

7. ……　卒9进1

福建吴克西

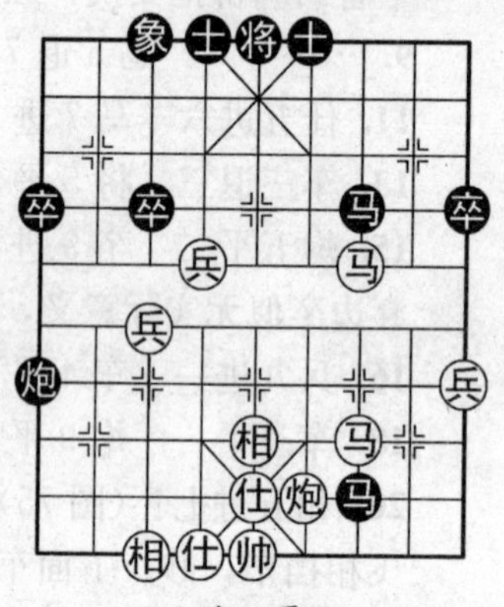

上海孙勇征

图77

8. 帅五平四　炮1退2　　**9.** 马三退四　前马退9

10. 马四退二！ 卒9进1

退马轧马好棋，黑送卒救马无奈，否则红相五进三，黑方丢马。

11. 兵一进一　炮1进2　　**12.** 仕五进六　马9退8

13. 马三进二　马7进8　　**14.** 马二进三　……

红方兵多子活，胜定。下略。

图78，弈自1999年第2届“西门控杯”，由起马对挺卒局走成。此际但见四马同立七路直线，一炮四驮，煞是有趣。现在轮到红方走子：

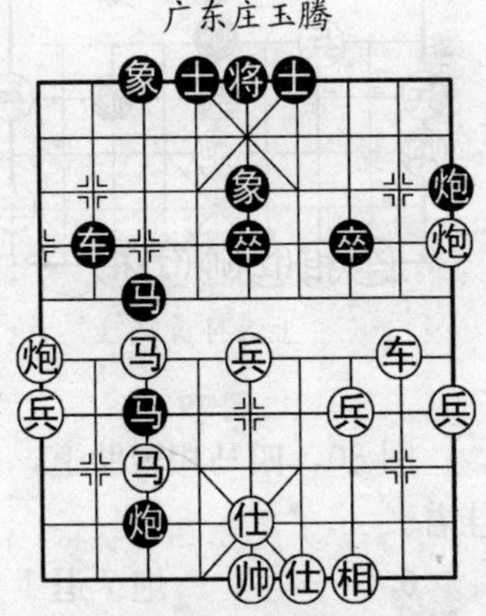

广东庄玉腾

北京龚晓民

图78

1. 兵五进一　车2进6

2. 仕五退六　卒5进1

3. 前马进五　象5退7！

退象拖马通炮，好棋。

4. 相三进五　炮9平5

5. 炮九平三　象7进9

6. 仕四进五　炮5进5

7. 帅五平四　车2退7

8. 炮三平四　后马进5　　**9.** 马五退七　炮3进1

10. 帅四进一　炮5平4！　　**11.** 前马退五　……

黑方献炮攻杀，佳着。红如仕五进六，马4进3，帅四进一，车2平5，黑胜。

11. ……　　炮4退6　　**12.** 车二进四　车2平6

下面：车二平六，车6进3，仕五进四，车6平8，黑胜。

图79，出自2003年“威凯房地产杯”全国象棋排名赛，由中炮横车七路马对屏风马形成。纠缠中，红方抢先：

1. 车一平六　卒3进1　　**2.** 炮五进二　卒5进1

3. 马六进四　……

控肋入卧槽抢攻，由此切入。

3. ……　　马 7 进 6　　　　4. 马五退四　车 8 进 8
5. 车八进六　马 5 进 6（图 80）6. 车六平八　……

北京张申宏

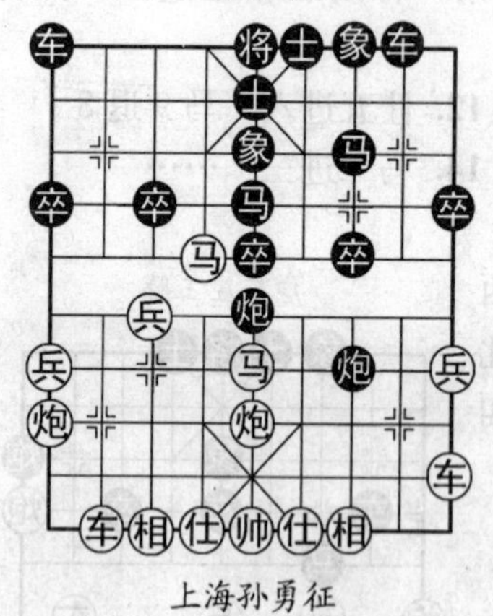

上海孙勇征

图 79

北京张申宏

上海孙勇征

图 80

图 80，四马相聚肋道，四骑同槽，有趣。红方开车准备强攻，佳着。

6. ……　　炮 7 退 1　　　　7. 前车进三　车 1 平 2
8. 车八进八　象 5 退 3　　　9. 车八平七　士 5 退 4
10. 炮九进四！……

边炮轰出，献马抢杀，好棋。

10. ……　　车 8 平 6　　　　11. 马四进六　将 5 进 1
12. 炮九进一！将 5 平 4　　13. 马六进八　……

红胜。至此，棋盘上的对头兵卒紧拥不散，可谓“至死不渝”，悲壮也。

图 81，来自 2003 年全国象甲联赛，由飞相局对士角炮形成。红方走子：

1. 马四进五　卒 2 平 3　　　2. 炮三平一　马 6 进 7
3. 马五进三　前卒平 4　　　4. 前马退一　炮 4 平 8

斗无车棋，抢夺边卒，力量上趋于平衡。黑如改走马 7 退 9，炮一进四，大体和棋。

5. 马一退二　炮 8 平 5

6. 马二退三　马 5 进 7（图 82）

河北阎文清

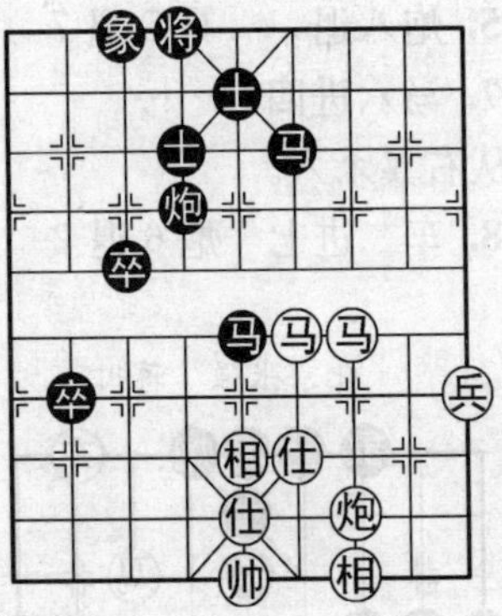

河北景学义

图 81

河北阎文清

河北景学义

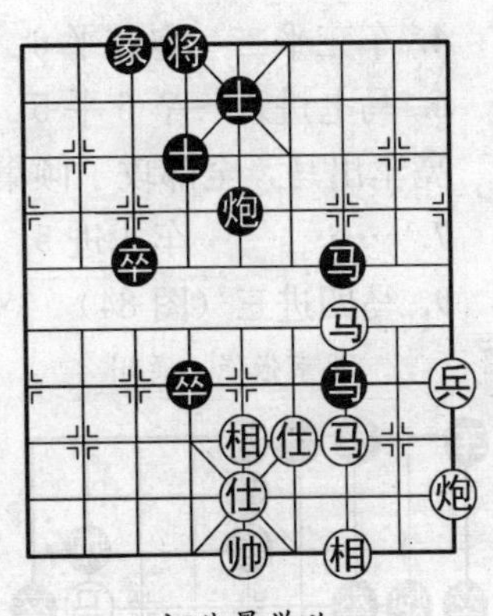

图 82

四马夹花直线紧列，形成“四驾马车”，奇景壮观也。

7. 帅五平六　卒 3 进 1　　**8.** 炮一平三　后马进 5

9. 前马进四　马 7 退 6　　**10.** 马四退二　卒 3 进 1

11. 马三进四　炮 5 平 1　　**12.** 马二退三　马 5 退 4

13. 马三进四　……

兑马简化，趋势走向平和。

13. ……　马 4 进 6　　**14.** 兵一进一　将 4 平 5

15. 兵一进一　卒 4 平 5　　**16.** 兵一平二　象 3 进 5

17. 马四进六　卒 3 平 4　　**18.** 炮三进三　炮 1 平 9

19. 相五退七　炮 9 平 5　　**20.** 马六进四　卒 5 平 6

21. 相七进五　士 5 进 6　　**22.** 炮三进二　……

再兑子，下面：炮 5 平 7，兵二平三，炮 7 退 2，兵三平四，和局。

图 83，出自 2007 年首都居家联盟全国象棋男子双打表演赛，由中炮横车七路马对屏风马左象走成。红方走子：

1. 马二退三　后马进 5

如改走后马退 6，炮五退一，车 1 进 1（如马 6 进 7，红炮八平四），马七进六，车 1 平 4，马六进七，红优。

2. 仕四进五　车 1 进 1　　**3.** 车三进一　车 1 平 4

4. 车三平二　炮 8 平 6　　**5.** 炮八退一　马 5 退 7

6. 马七进六　卒 6 平 5　　**7.** 马六进四　……

亮车出马，全部攻子倾巢而出，从右翼杀入。

7. ……　车 4 进 5　　**8.** 车二进七　炮 6 退 2

9. 马四进三（图 84）　……

北京张强　蒋川

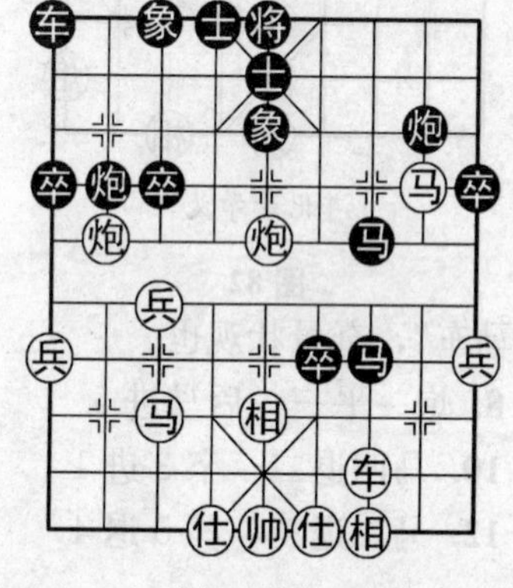

江苏徐天红　王斌

图 83

北京张强　蒋川

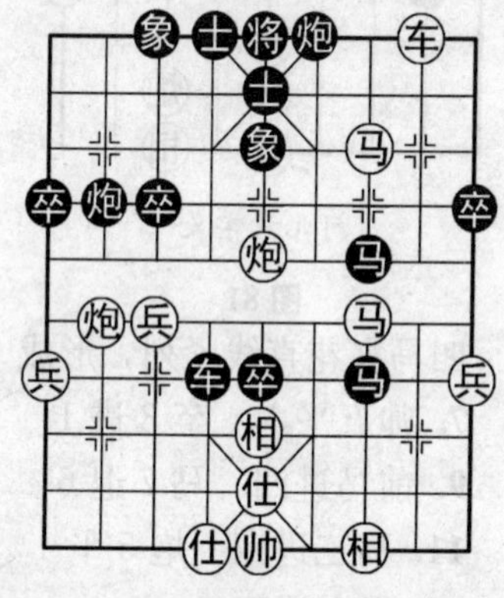

江苏徐天红　王斌

图 84

进马催杀，如图 84，四马夹花同列直线，有趣。

9. ……　后马退 5　　**10.** 后马进二！炮 6 平 7

11. 车二平三！……

弃车杀炮，下面：象 5 退 7，马二进四，红胜。

3. 四马立中　气壮山河（2 例）

图 85，选自 1990 年全国团体赛，由中炮过河车对屏风马右炮过河走成。双方兵力对等，但黑方子位好，抢先：

1. ……　车 5 进 1　　**2.** 马三进五　车 5 平 1

3. 后马进七　车 1 进 4　　**4.** 马七退五　后马进 5

5. 车四平七　马 3 进 5（图 86）

北京殷广顺

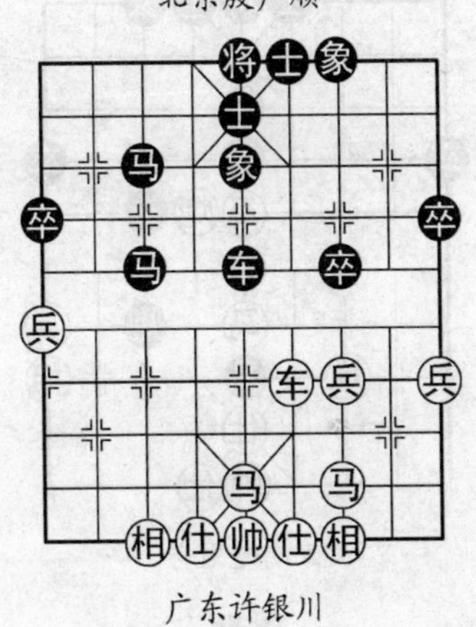

广东许银川

图 85

北京殷广顺

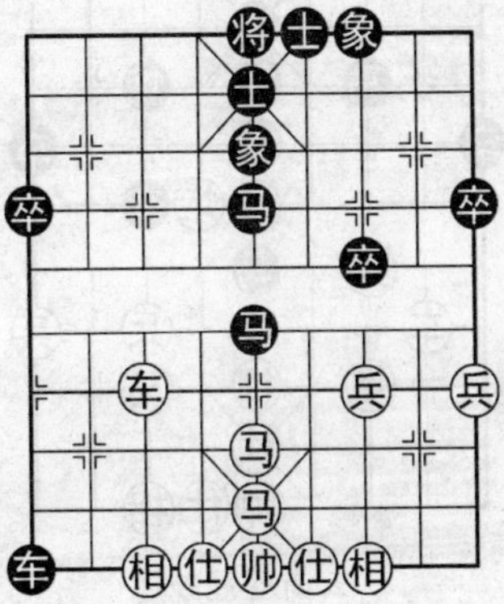

广东许银川

图 86

四马同立中直线，难得的景象，令人称奇，趣得可爱。

6. 车七平五　后马进 3　　**7.** 前马退七　车 1 退 3

8. 马五进七　车 1 平 5

9. 马七进五　马 5 进 7

抢兵，净多双卒，马位又好，黑方优势明显。以后获胜，但着法冗长，从略。

图 87，弈自 2002 年全国女子个人赛，由仕角炮对过宫炮走成。相峙中，黑方反击：

1. ……　　　炮 7 进 4!

2. 相三进一　……

7 路炮轰出，暗藏杀机，佳着。红如误走炮七进五，炮 7 进 3! 相五退三，马 5 进 6，黑胜。

2. ……　　　马 3 进 4　　**3.** 车八平六　马 4 进 3!

兑车抢攻，好棋。

4. 车六进六　士 5 退 4　　**5.** 马三进五　……

如相一退三，卒 7 进 1，黑优。

5. ……　　马 3 进 5（图 88）

四川郭瑞霞

云南赵冠芳

图 87

四川郭瑞霞

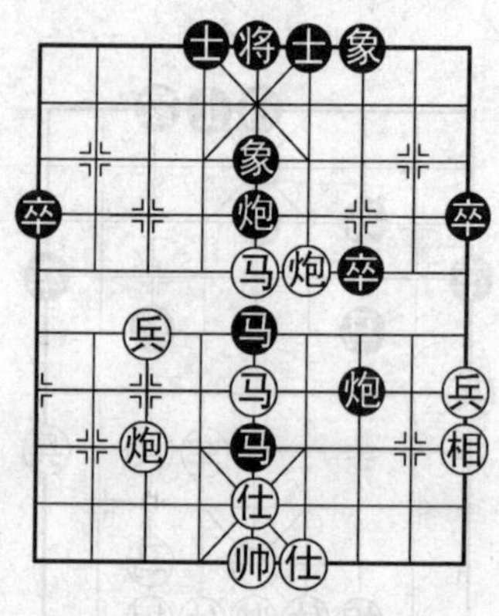

云南赵冠芳

图 88

踏相而进，遂成四马夹花紧靠立中线的巍巍壮观，绝妙佳景。

6. 炮七平六　前马进 7　　**7.** 帅五平六　马 7 退 6

8. 前马进七　炮 7 平 5　　**9.** 炮六进一　前炮进 1

多子有势，黑胜。

4. 四马骑河雄赳赳（7 例）

图 89，出自 1985 年全国团体赛，由飞相局对边马走成。轮到红方走子：

1. 马六退五　马 8 进 6　　**2.** 马五进三　卒 9 进 1

3. 马七进六　马 2 进 3　　**4.** 车六平八　炮 2 进 6

5. 车八平七　马 3 退 5（图 90）

四马盘河，横线同槽紧偎，奇趣妙景，好看。

6. 车七平八　炮 2 平 3　　**7.** 车八进一　车 5 平 4

8. 车八平七　车 4 进 1　　**9.** 炮九平八　车 4 退 1

10. 炮八退二　车 4 平 5　　**11.** 车七平六　马 5 进 3

12. 车六进一　车 5 平 6　　**13.** 马三进二　车 6 退 1

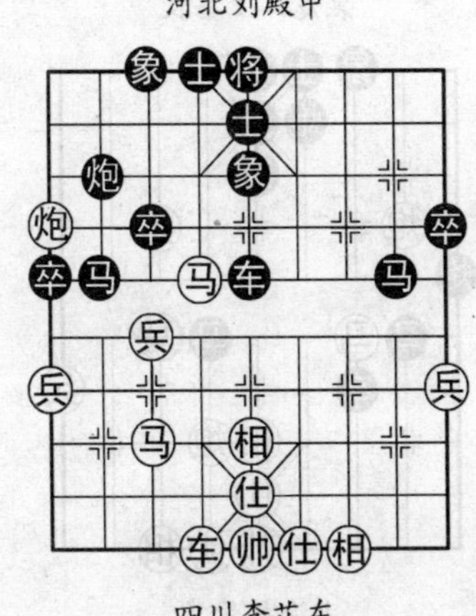

图 89

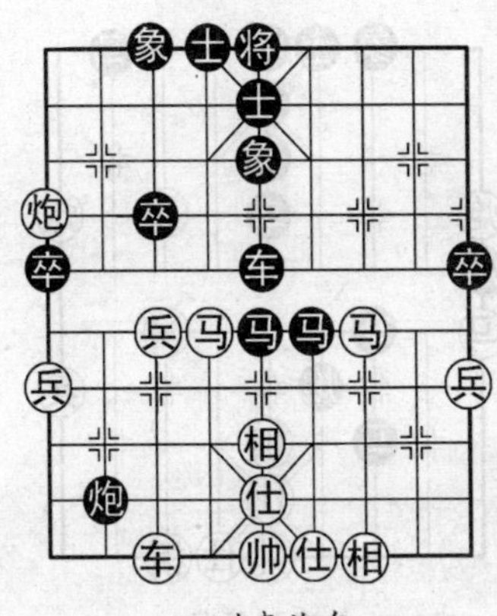

图 90

14. 马二进三　车 6 退 2　　**15.** 炮八平四　车 6 平 7

大兑子，局势简化，呈平稳态势。

16. 车六进一　马 3 进 1　　**17.** 炮四退二　马 1 进 3

18. 车六退二　马 3 退 2　　**19.** 炮四平一　车 7 进 3

20. 炮一退一　车 7 进 2　　**21.** 炮一进四　车 7 平 9

均势无戏，和棋。下略。

图 91，选自 1992 年“华山杯”，由仙人指路对中炮走成。双方斗无车棋，红方走子：

1. 炮一平五　卒 3 平 2　　**2.** 马九退八　马 8 进 6

3. 炮五平四　卒 2 进 1　　**4.** 马八退九　马 6 进 5

5. 炮四退四　马 3 退 2　　**6.** 炮九平八　卒 2 平 3

7. 马九进八　炮 4 退 5

8. 马八进七　马 5 进 6（图 92）

四马骑河，同横线“夹花”相望，甚是有趣。

9. 马三进四　马 6 进 4　　**10.** 炮四退一　马 2 进 1?

弃炮抢攻，意在一搏，但难以得逞，不当。应改走炮 1 平 3，相峙待变为妥。

11. 马七进九　马 1 进 3　　**12.** 炮四平七　马 4 进 3

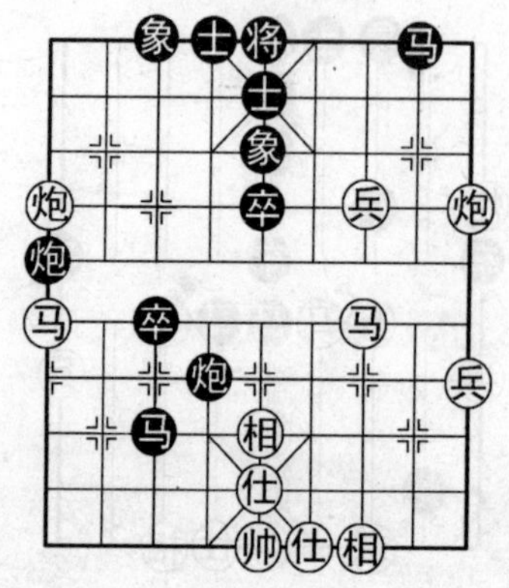

图 91

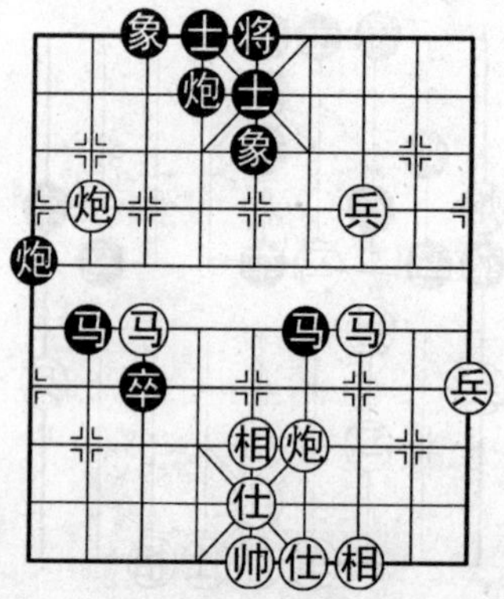

图 92

13. 帅五平六　炮 4 进 4　　**14.** 马九进七　象 5 进 3
15. 帅六进一　卒 3 平 4　　**16.** 仕五进六　卒 4 进 1
17. 帅六平五　炮 4 平 2　　**18.** 帅五平四　将 5 平 6
19. 相五进七　马 3 退 4　　**20.** 帅四平五　炮 2 进 4
21. 兵三进一　卒 4 平 3　　**22.** 帅五平六　炮 2 平 7
23. 兵三进一　士 5 进 6　　**24.** 马七进六　士 4 进 5
25. 炮八平五　……

黑方马炮卒联攻，劳而无功。红方双马炮兵适时反击已成杀势。红胜，下略。

图 93，出自 2003 年全国个人赛，由仙人指路对飞象局走成。斗散手，黑方反击：

1. ……　　　车 3 平 7　　**2.** 马三进二　炮 5 进 4
3. 仕六进五　马 5 进 6

捉子调马，炮抢中兵，马跃奔河，黑方抢攻得势，着法有力。

4. 车八平七　马 3 进 5　　**5.** 炮三平四　炮 5 平 8
6. 炮四退一　马 5 进 4（图 94）

攻守争夺，双方四匹马等距离排列楚河，整齐壮观，形成枰场一道靓丽风景线，妙。

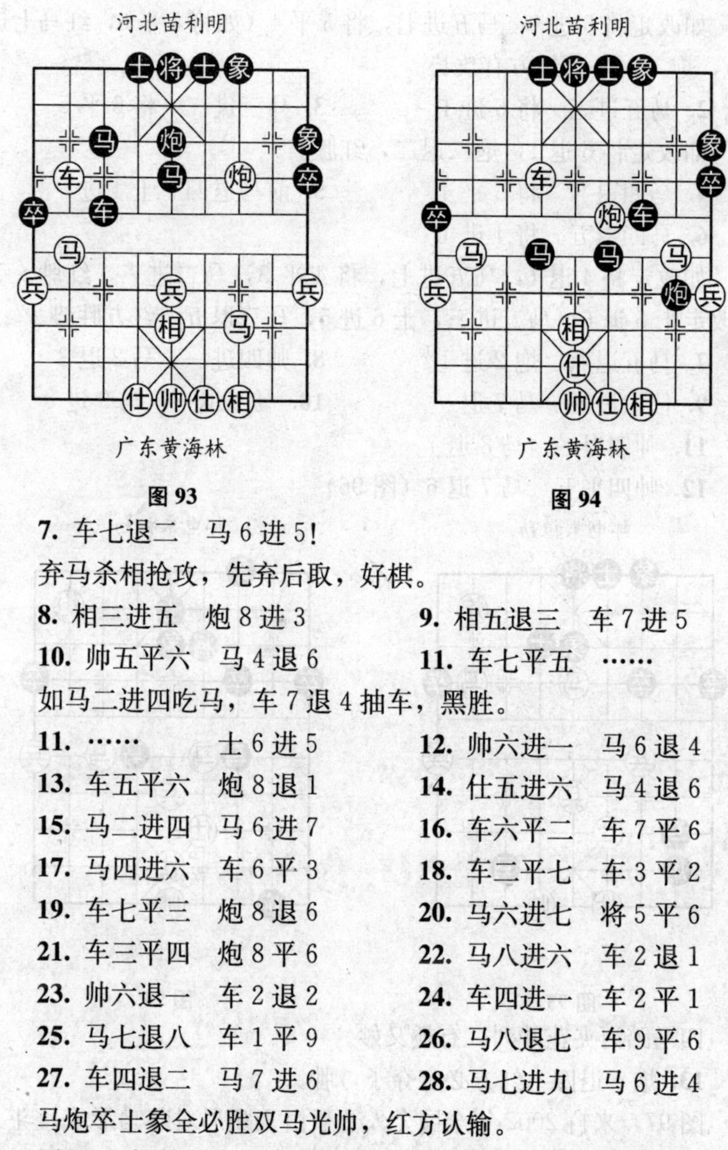

图 93　　　图 94

7. 车七退二　马 6 进 5!

弃马杀相抢攻，先弃后取，好棋。

8. 相三进五　炮 8 进 3　　**9.** 相五退三　车 7 进 5

10. 帅五平六　马 4 退 6　　**11.** 车七平五　……

如马二进四吃马，车 7 退 4 抽车，黑胜。

11. ……　士 6 进 5　　**12.** 帅六进一　马 6 退 4

13. 车五平六　炮 8 退 1　　**14.** 仕五进六　马 4 退 6

15. 马二进四　马 6 进 7　　**16.** 车六平二　车 7 平 6

17. 马四进六　车 6 平 3　　**18.** 车二平七　车 3 平 2

19. 车七平三　炮 8 退 6　　**20.** 马六进七　将 5 平 6

21. 车三平四　炮 8 平 6　　**22.** 马八进六　车 2 退 1

23. 帅六退一　车 2 退 2　　**24.** 车四进一　车 2 平 1

25. 马七退八　车 1 平 9　　**26.** 马八退七　车 9 平 6

27. 车四退二　马 7 进 6　　**28.** 马七进九　马 6 进 4

马炮卒士象全必胜双马光帅，红方认输。

图 95，弈自 1991 年全国团体赛，由对兵（卒）局演成。斗无车棋，红方抢攻：

1. 马二进四　将 5 平 6

如改走将 5 进 1，马五进七，将 5 平 4（如将 5 平 6，红马七进六），炮二平一，红方有攻势。

2. 马五进三　将 6 进 1　　**3.** 马三进二　将 6 平 5

如改走将 6 退 1，炮二退二，红胜。

4. 马四退二　将 5 平 4　　**5.** 前马退四　士 4 进 5

6. 马四退五　将 4 进 1

如改走将 4 退 1，马五进七，将 4 平 5，马二进三，红胜。又如改走士 5 退 6，马二进三，士 6 进 5，马三退五，红方胜势。

7. 马五退六　炮 2 进 1　　**8.** 帅四进一　马 2 退 3

9. 仕六进五　马 7 退 9　　**10.** 马二退三　马 9 进 8

11. 帅四退一　马 8 退 7

12. 帅四平五　马 7 退 6（图 96）

邮电朱祖勤

辽宁金波

图 95

邮电朱祖勤

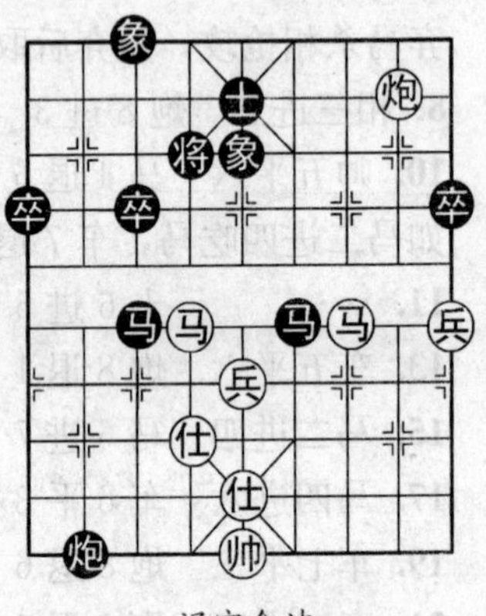

辽宁金波

图 96

四马踏河夹花并列，有趣又妙。

13. 炮二退四　红方必定夺子，胜。

图 97，来自 2002 年全国个人赛，由飞相局对起马形成。斗无车棋，黑方走子：

1. ……　　卒 5 进 1　　**2.** 兵五进一　马 7 退 5

3. 马一进二（图 98）　……

上海孙勇征

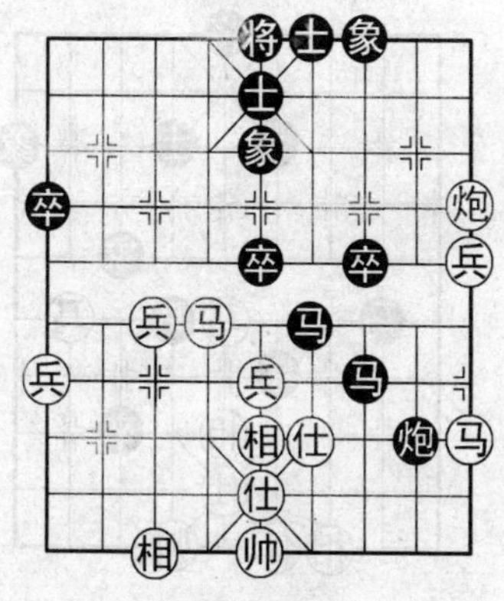

广西冯明光

图 97

上海孙勇征

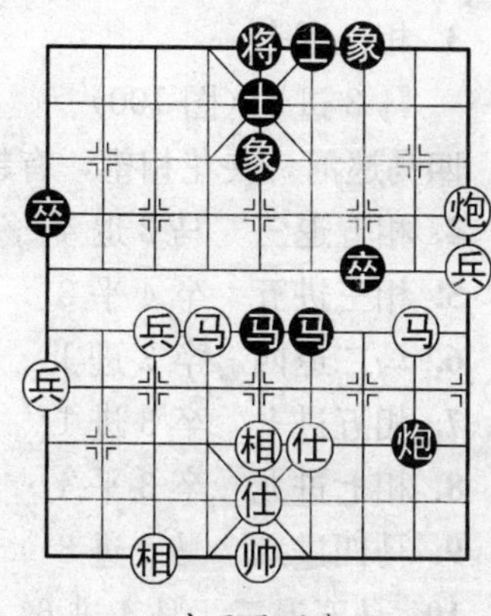

广西冯明光

图 98

四马驻河沿，同槽一条线，有趣的奇景。

3. …… 炮 8 退 1　　**4.** 马二进四　炮 8 平 6

5. 马六进五　……

进马似不及炮一平四兑子，红势不差。

5. …… 马 6 进 8　　**6.** 马四退六？……

退马失算，应改走炮一平三防卧槽，尚无大碍。

6. …… 炮 6 平 5！

7. 帅五平六　炮 5 平 4

以下着法为：帅六进一，马 8 进 7，相五退三，马 7 退 6，仕五退四，马 6 进 4，帅六平五，马 4 进 3，帅五退一，马 5 进 6，帅五平六，马 3 退 4，黑胜。

图 99，出自 2003 年全国象甲联赛，由起马对挺卒斗散手而成的残局。四马相斗，黑方净多双过河卒，红方走子：

1. 马六退五　卒 7 进 1

河北李鸿嘉

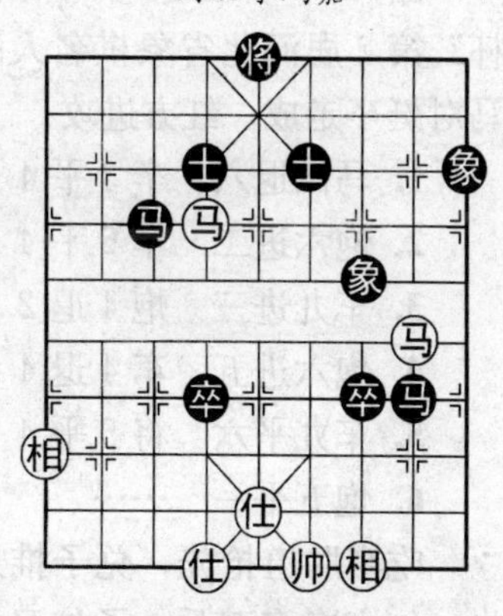

云南黎德志

图 99

2. 相三进五　马 8 退 6

3. 相九退七

马 3 进 2（图 100）

四马巡河，夹花相望，有趣。

4. 相五退三　马 2 退 4

5. 相三进五　卒 4 平 3

6. 马二退四　卒 3 进 1

7. 相五进七　卒 3 进 1

8. 相七进九　卒 3 平 4

9. 马四进六　马 6 进 8

10. 马五退三　马 4 进 6

11. 马六退七　马 6 退 4

河北李鸿嘉

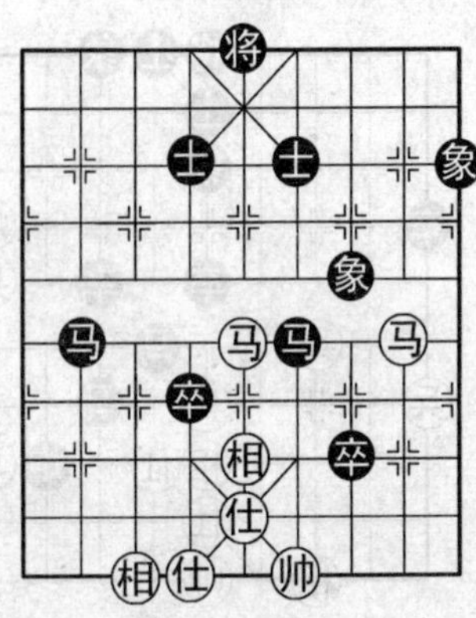

云南黎德志

图 100

12. 相九退七　卒 7 进 1　**13.** 马三退五　马 4 退 6

14. 相七进九　马 6 进 5　**15.** 马七进五　将 5 进 1

16. 相九退七　卒 7 平 8　**17.** 前马退三　将 5 退 1

18. 相七进九　士 6 退 5

黑方双卒虽然深入，但红方防守严密，又是快棋，黑方难以突破，故握手言和，皆大欢喜。

图 101，弈自 2007 年“沧州棋院杯”第 2 届河北省象棋名人战，由起马对挺卒走成。红方进攻：

1. 马四退六！卒 3 平 4

2. 炮六进二　车 6 平 4

3. 车九进三　炮 4 退 2

4. 炮六进五　车 4 退 4

5. 车九平六　将 5 平 4

6. 炮五平一　……

吃卒肋道抢先，兑子推进斗无车棋，红方净多双兵，子位又好，优势已定。

河北王斌

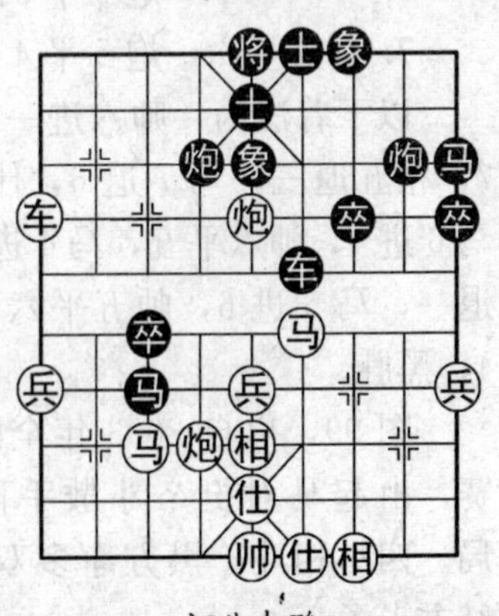

河北申鹏

图 101

6. …… 炮8进5　7. 仕五进四 卒7进1
8. 炮一平六 马9进7　9. 马六进七 将4平5
10. 前马退五 马3退4　11. 炮六平五 马4进6
12. 炮五平四 卒7进1
13. 马七进八 卒7进1
14. 马八进六 马6退8
15. 炮四平六 马7进5
16. 马五进七（图102） ……

无车攻杀，炮双马纵横驰骋，无可抵挡。至图102，四马巡河，楚河之上同列，有趣。

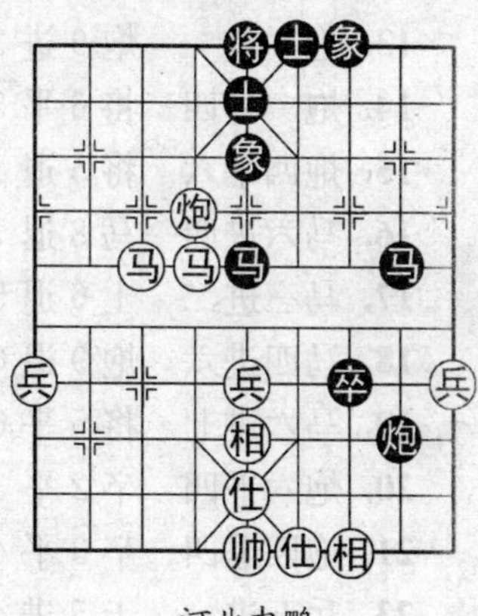

图102

16. …… 马8退6
17. 炮六平五 炮8退5
18. 马七进九 卒7平6
19. 马九进八 马5进7
20. 马六进八 ……

双马扑杀，形成肋道马后炮绝杀，红胜。

5. 四马同槽驻兵（卒）林（5例）

图103，弈自2003年全国象甲联赛，由五六炮对反宫马形成。斗无车棋，黑方多卒且已有两个边卒过河，但右翼受攻，颇受煎熬，且红方七路兵渡河威力要大得多。红方走子：

1. 兵七进一 马3退2　2. 炮八进一 炮6退1
3. 炮八平四 将6进1　4. 兵七平八 马2进3
5. 马六进七 卒5进1　6. 炮六退二 马3进5
7. 前马退五 马5进3　8. 炮六平一 ……

针对黑方兑炮救马，红方运子进逼，前后灭掉两个小卒，反以多兵占优。

8. …… 马7进6　9. 相三退五 马6进8

10. 仕六进五　卒 1 进 1

11. 马七进六　卒 1 平 2

12. 马五退三　士 5 进 6

补士不及象 5 进 7 挡马顽强。

13. 炮一进一　炮 9 进 3

14. 炮一平四　将 6 平 5

15. 炮四平六　将 5 退 1

16. 马六进四　马 8 退 7

17. 马三进二　士 6 退 5

18. 马四进六　炮 9 退 6

19. 马六进七　将 5 平 6

20. 炮六平四　卒 2 平 3

21. 炮四退四　卒 3 平 4

江苏徐天红

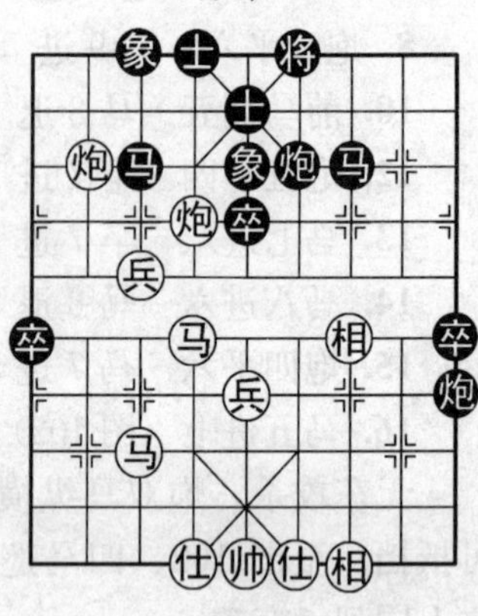

上海孙勇征

图 103

22. 马七退六　马 3 退 5

23. 兵五进一　士 5 进 4

24. 炮四进五！（图 104）……

江苏徐天红

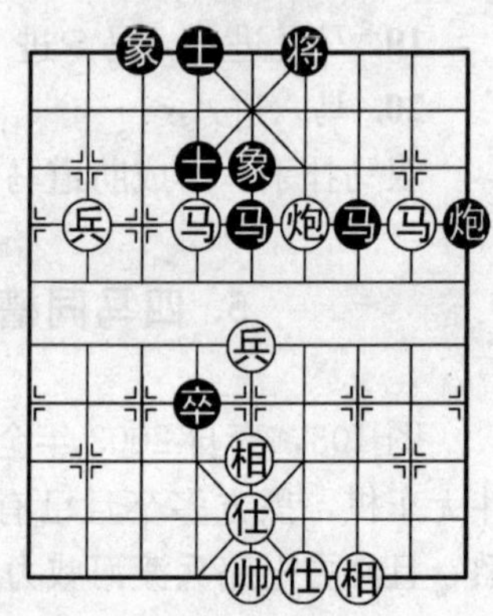

上海孙勇征

图 104

伸炮妙，一锤定音，下面中兵逼马伏杀，红胜。至图 104，四马同列卒林，且两对“夹花马”各牵一门炮，四马同线牵双炮，犹如“兵马俑”中战车，甚是威武，有趣好看也。

图 105，出自 1992 年全国个人赛，由对兵（卒）局走成。双方斗无车棋，黑方多卒有势，推进：

1. ……　　　马 3 退 5

2. 马七进五　马 5 进 7

3. 相五退三　卒 9 进 1

4. 马二进四（图 106）……

四马并列紧靠兵林，马景奇观，又趣又妙。

4. ……　　　马 8 退 9

5. 马五退七　卒 9 进 1

6. 仕五进四　马 7 退 6

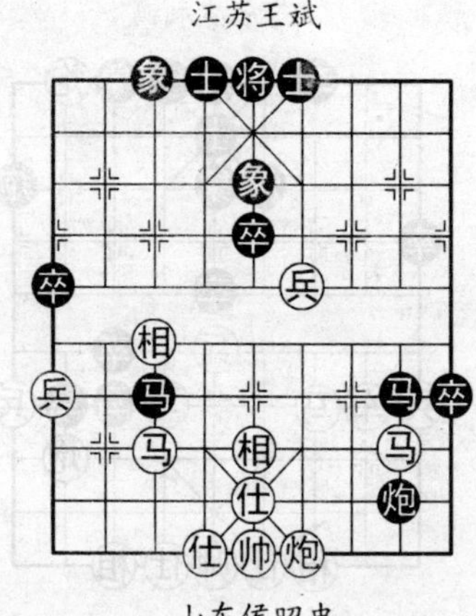

图 105

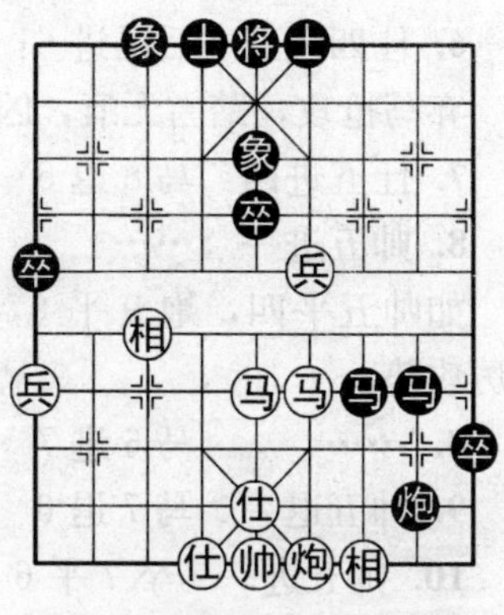

图 106

消灭过河兵，黑方多卒胜势。

7. 马四退二　马 6 退 4　　**8.** 相七退五　马 9 进 8

9. 仕六进五　炮 8 平 7　　**10.** 马七进六　卒 5 进 1

11. 马二进四　卒 5 进 1

又增一个卒子渡河助攻，黑方优势益显。以后又缠斗 20 余回合终成马炮双卒杀局，着法从略。

图 107，选自 2004 年全国象甲联赛，由中炮巡河车对屏风马演成。黑方子畅反击：

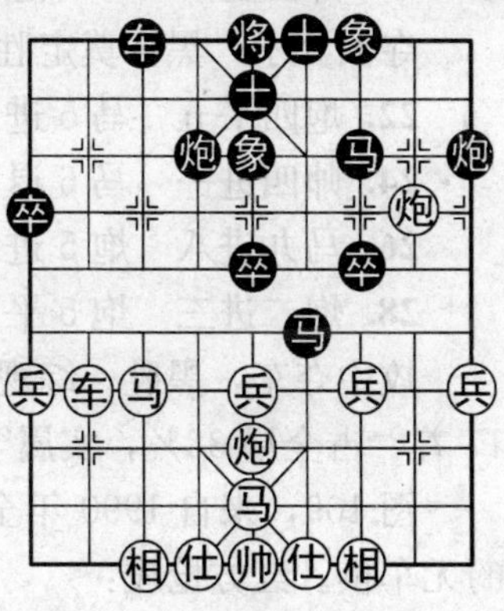

图 107

1. ……　　马 6 进 8!

2. 炮五平二　卒 7 进 1!

马入卧槽，强冲 7 卒，着法有力，好棋。

3. 兵五进一　马 7 进 6!

4. 前炮进三　马 6 进 7!

5. 马五进四（图 108）　……

双骑飞奔切入，势在其中。图 108，四马同列兵林，有趣。

5. ……　马7进8

6. 仕四进五　后马进6!

弃马抢攻，踏雪无痕，凶。

7. 仕五进四　马8退6

8. 帅五进一　……

如帅五平四，炮9平6，黑方有凌厉攻势。

8. ……　马6进7

9. 帅五退一　马7退6

10. 帅五进一　卒7平6

11. 马四退六　卒5进1

双卒过河联结敌一子，黑方优势牢牢确立。

辽宁苗永鹏

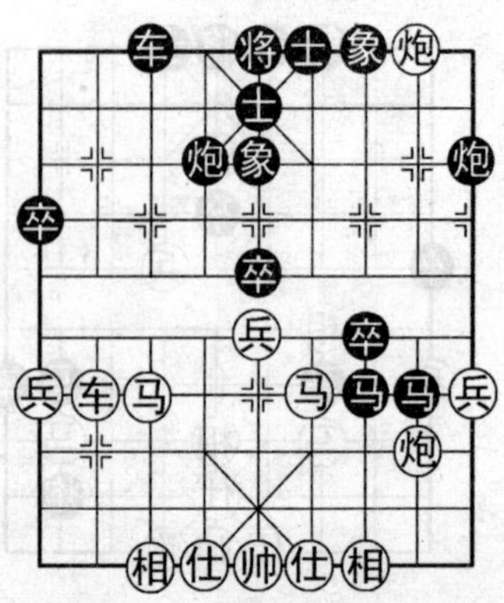

北京张申宏

图 108

12. 后炮平三　卒5进1　13. 炮三退一　车3进4

14. 相七进五　卒5平4　15. 马六退八　炮9平8

16. 炮三平四　马6退5　17. 车八进六　炮4退2

18. 马七进九　车3退1　19. 车八退三　炮8进6

20. 帅五退一　车3进5　21. 车八平九　车3平2

夺回弃子，黑方奠定胜势。

22. 炮四平五　马5进6　23. 帅五平四　炮8退2

24. 帅四进一　马6退5　25. 帅四退一　炮8平5

26. 马九进八　炮5进2　27. 炮二退四　车2退4

28. 炮二进三　炮5平1

攻中夺车，黑胜。综观全局，共计45个回合，黑方双马运动17着，占全局38%，实属罕见。

图109，来自1990年全国团体赛，由仙人指路对起马局走成的无车棋。红方抢攻：

1. 马四进三　将5进1　2. 炮三进二　炮5平7

3. 马六进八　马4进3　4. 马八进七　将5平4

5. 马七退五　象7进5　6. 马三退四　士4进5

7. 马五进七　马 9 进 7　　**8.** 炮三平七　士 5 进 4

9. 马七退九　马 7 进 5（图 110）

广西梁昆佳

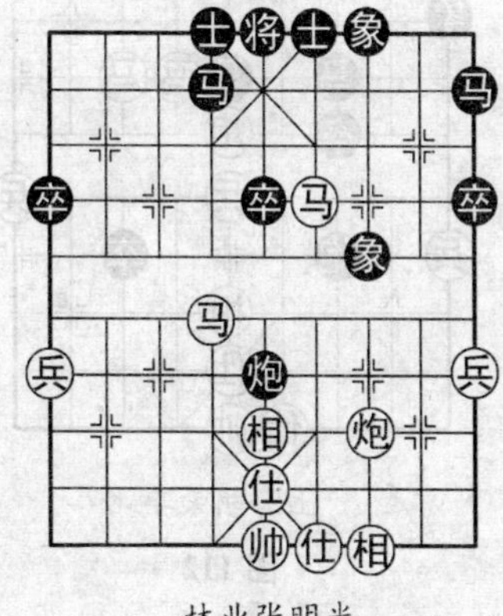

林业张明光

图 109

广西梁昆佳

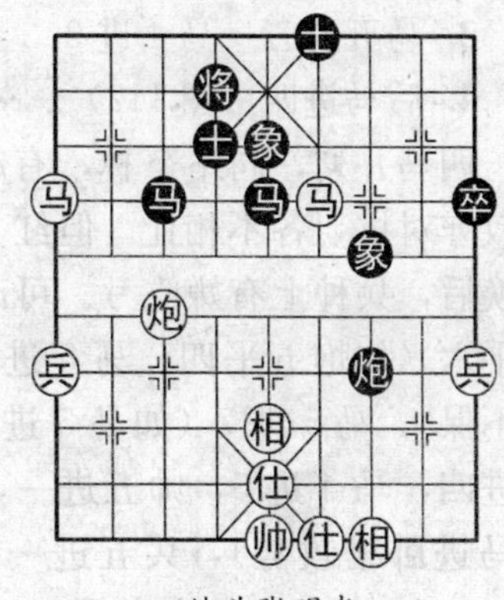

林业张明光

图 110

四马并列卒林，“隔花对望”，有趣，马景真奇妙。

10. 马九退七　象 5 进 3　　**11.** 炮七进二　炮 7 平 2

12. 炮七平六　士 4 退 5　　**13.** 马四退五　象 3 退 1

14. 炮六平一　……

轰卒，净多双兵，红方胜势。下面从略。

图 111，出自 1986 年全国个人赛，由中炮进三兵对半途列炮走成。双方斗无车棋，红方多一兵，黑方多一象，棋势相当。红方走子：

1. 兵一进一　……

动兵向前，意在决战，指导思想积极。但同样挺兵，不及兵九进一，左马活动空间要大一点。另如改走马三进四，则兑子容易迅速成和。

辽宁卜凤波

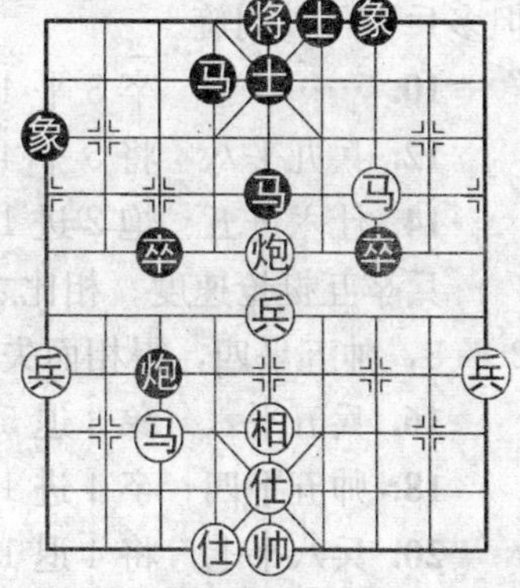

上海胡荣华

图 111

1. ……　　　卒 7 进 1　　**2.** 马七进五　……

如相五进三，卒3进1，红方左马受制。

2. ……　　卒7进1

3. 马五进三　马4进3

4. 后马进四（图112）　……

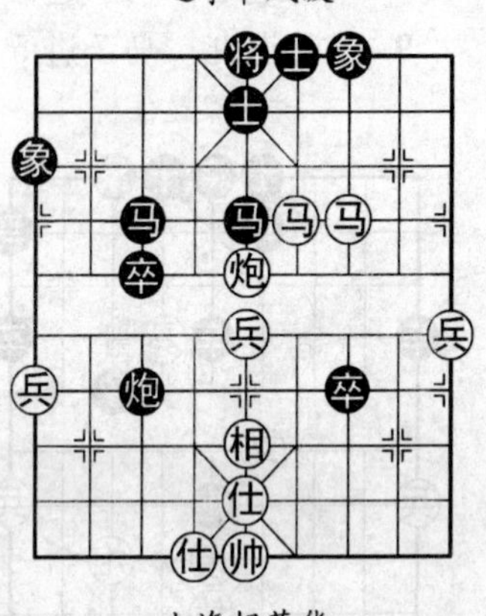

图112

四马并列，同站卒林，有趣。双方攻守对抗，各不相让。但红方进马交换后，兵种上有嫌吃亏。可改走炮五平六（如炮五平四，马5进4，红相不保），马5进7（如马5进4，仕五进四，马4进5，帅五进一，下面有马进卧槽攻势），兵五进一，马7进9，兵五进一，红占先手。

4. ……　　马3进5　　**5.** 兵五进一　马5退3

6. 兵九进一　马3进2　　**7.** 兵九进一　马2进1

8. 马三退四　炮3平2　　**9.** 仕五进六　卒3进1

10. 后马进六？……

跃马低估黑方威胁，是一步疑问手。宜相五进七去卒，虽丢相但多兵，可以周旋。

10. ……　　卒3平4　　**11.** 兵九进一　象1进3

12. 兵九平八　将5平4　　**13.** 马六进七　将4进1

14. 仕六进五　炮2进1　　**15.** 兵八进一　卒7进1

兵卒互挺抢速度。相比之下，马炮之力大于双马。黑如改走炮2平5，帅五平四，得相而失先，红方双马兵有攻势。

16. 兵五平六　象3退5　　**17.** 兵八进一　卒7进1

18. 帅五平四　卒4进1　　**19.** 马七退九　马1进3

20. 兵八平七　将4退1　　**21.** 马九进八　士5进6

22. 马四退三　炮2进2　　**23.** 马八退七　士6进5

24. 帅四平五（图113）　马3进1

双马双兵（边兵尚未过河）斗马炮双卒。至图113，双卒左右夹击，马炮底攻有势，红方显然不利。黑方进马发起攻击。

25. 帅五平六　卒4平3

26. 兵七平六　将4平5

27. 马三退五　卒3进1

28. 马五退七　……

忍痛献马救驾，无奈。局势顷刻倾斜，黑方已拿胜势也。

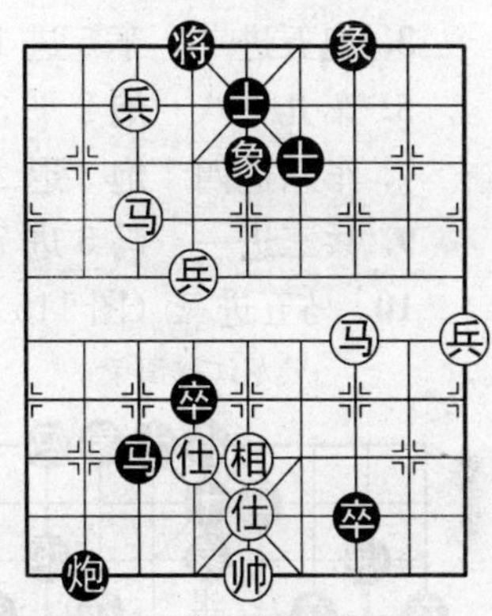

图 113

28. ……　马1退3

29. 帅六平五　卒7平6

30. 兵一进一　马3进1

31. 帅五平六　马1进3

32. 帅六进一　炮2退3　**33.** 仕五进四　马3退1

34. 兵一平二　马1退3　**35.** 仕六退五　马3退1

36. 兵二进一　马1进2　**37.** 马七退八　炮2平1

38. 马八退九　炮1平7　**39.** 相五进三　炮7进1!

40. 马九进八　炮7进2!　**41.** 兵六平五　马2退3

42. 马八退七　炮7退2　**43.** 仕五进六　马3退5

44. 马七进六　马5进6　**45.** 相三退五　马6退5

46. 兵二平三　……

下面马5进4杀仕，黑胜。

6. 四马纵横　二度称奇

图114，弈自2004年“安庆开发区杯”第三届全国象棋特级大师赛，由仙人指路对卒底炮演成。红方走子：

1. 相五退七　……

退相腾炮位，保持进攻态势，积极。

1. ……　车4平5　**2.** 炮七平五　车2平5

一车换双，淡化红方攻势。如改走车5平4，车九进一，下一手强兑车，红方占先。

3. 炮五进二　车5进1　**4.** 相七进五　马8进7
5. 车九平八　炮2平3　**6.** 车一平六　马4进5
7. 车六进四　炮3退2　**8.** 车八进三　卒7进1
9. 兵三进一　马5进7
10. 马五进三（图115）　……

黑龙江赵国荣

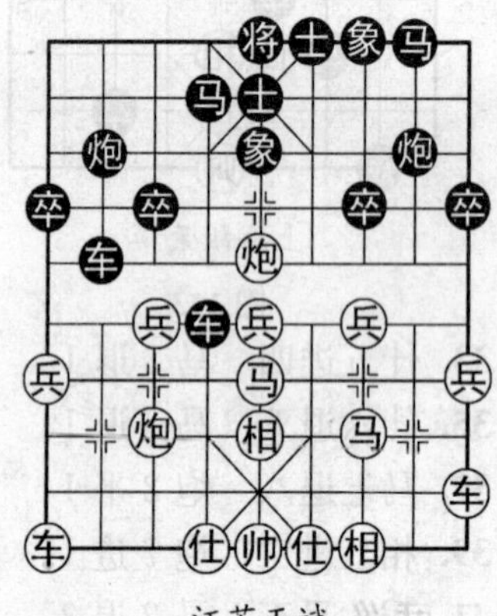

江苏王斌

图 114

黑龙江赵国荣

江苏王斌

图 115

攻守推手，各不相让。四马直线同列，等距离顶河对峙，有趣，奇妙。

10. ……　后马进5　**11.** 车八平五　车5进1
12. 后马进五　……

再兑车，双方势均力敌，红方有车，仍占先手。

12. ……　卒3进1　**13.** 仕六进五　卒3进1
14. 相五进七　马5进3　**15.** 车六进一　士5进4
16. 车六平八　士6进5　**17.** 仕五进六　炮8平7
18. 车八平三　炮7平6　**19.** 相三进五　炮3平1
20. 马五退七　炮6平9　**21.** 车三平八　士5退4
22. 仕四进五　士4退5　**23.** 车八退三　炮1进2
24. 马七进六　炮1平4　**25.** 马六进四　炮9平7

26. 马三进五（图 116） ……

运动中，双方走得严谨，无懈可击，局面平稳。现在四马屯河并列，又一次同线而聚，趣妙。一局两景，难得。

黑龙江赵国荣

江苏王斌

图 116

26. …… 炮 7 平 8
27. 马五进七 炮 8 进 2
28. 马四进六 炮 8 退 1
29. 车八进二 马 3 退 5
30. 马七进九 炮 8 平 4

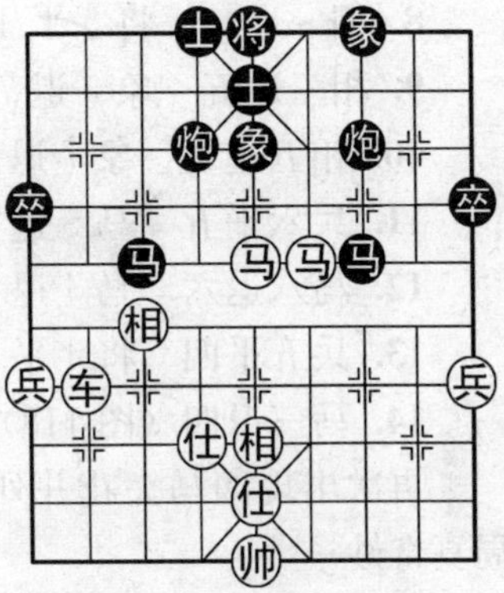

又兑子局面简化，和势大致已定。

31. 马九进七 炮 4 退 1
32. 马七退六 士 5 进 4
33. 马六进八 炮 4 平 9
34. 马八进九 ……

和棋，皆大欢喜。

7. 四马夹花　二度巡河

图 117，选自 2006 年全国象甲联赛，由中炮过河车对屏风马走成的残局。双马双兵单缺相对双马士象全。有趣的是，四匹马整齐列河，夹花紧靠，形成有趣的风景线。红方有兵占优，推进：

广东李鸿嘉

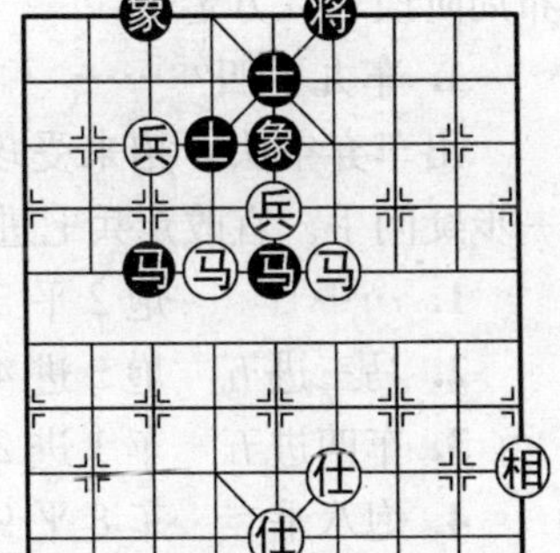

湖北党斐

图 117

1. 兵五平六 象 5 进 7
2. 兵六平七 象 3 进 5
3. 马四退五 马 3 进 4
4. 后兵平六 将 6 进 1
5. 马五进四 将 6 退 1
6. 马四进三 将 6 平 5

广东李鸿嘉

湖北党斐

图 118

7. 马六进八　马 4 退 3

8. 相一退三　将 5 平 4

9. 相三进五　象 5 退 7

10. 相五进七　象 7 退 5

11. 兵六平五　马 5 进 4

12. 马八退六　马 4 退 5

13. 兵五平四　将 4 平 5

14. 马三退四（图 118）　……

再次出现四马夹花并列巡河，棋局真奇妙。

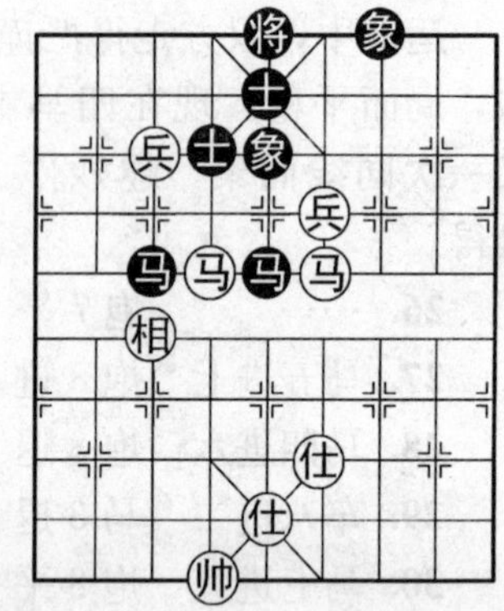

14. ……　将 5 平 6

15. 兵四平三　象 5 进 7

16. 兵三进一　……

双兵左右齐下，发起攻击，胜势已定。下面着法从略。

8. 红黑马分别演双奇

图 119，弈自 1986 年全国个人赛，由边马对中炮局走成。双方尚在布局阶段，红方走子：

1. 车九平四？……

出车弃空头，招来受攻麻烦，是一步疑问手。宜改走兵七进一。

1. ……　炮 2 平 5

2. 马三进五　炮 5 进 4

3. 车四进五　车 1 进 2

4. 炮八平二　车 8 平 9

5. 后炮进一　炮 5 退 1

6. 后炮进一　卒 5 进 1

7. 车四平三　车 1 平 4

火车头崔岩

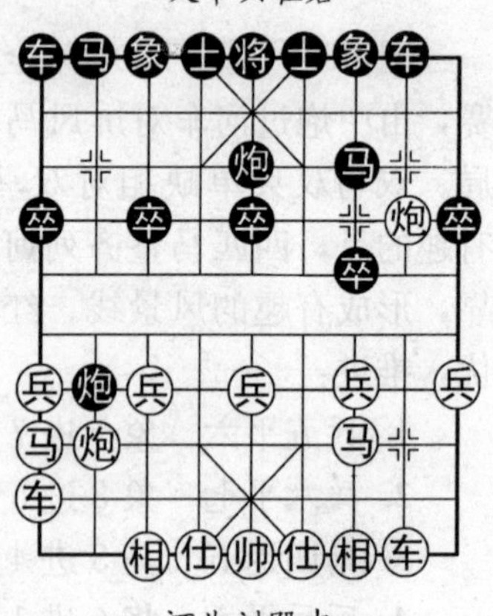

河北刘殿中

图 119

8. 车三退一　车 9 进 1！

环绕中路，双方展开了“控与反控”之争，黑方起横车，力保中炮“安全”，佳着。

9. 兵三进一　炮 5 进 1　　**10.** 马九退八　……

如改走车三平五，车 9 平 5，车五进三，士 4 进 5，车二进三，炮 5 退 4，黑优。

10. ……　车 9 平 5　　**11.** 前炮平三　象 7 进 9

12. 车三平四　车 5 进 2　　**13.** 兵三进一　车 4 进 5

14. 帅五进一　士 4 进 5　　**15.** 帅五平四　车 4 进 2

红方在右翼极力组织力量反扑，黑方借空心炮之威力，紧握主动。现在杀仕撕开缺口，牢扣九宫。

16. 车二进二　车 4 退 1

17. 仕四进五

车 4 平 2（图 120）

打帅压马，掌得子之优。红方左边马跳起一步又回到原地，从此被打倒在地，“永世不得翻身”，此乃本局第一奇。

火车头崔岩

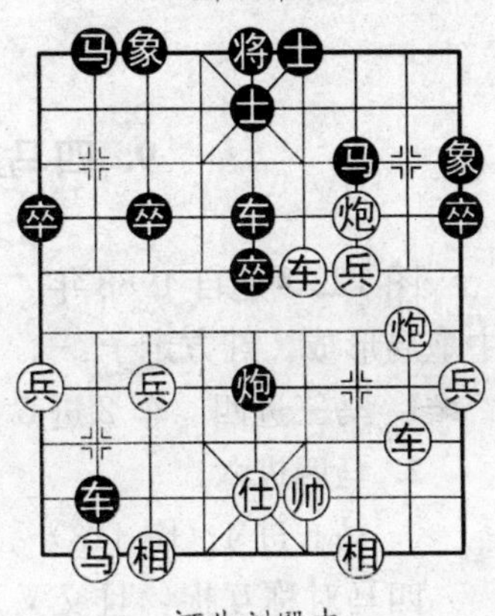

河北刘殿中

图 120

18. 炮二进四　车 5 平 4

19. 车二进五　车 4 退 1

20. 车二平一　将 5 平 4

21. 车四进一　马 2 进 1

22. 炮三平二　炮 5 平 1

23. 前炮平三　马 1 退 3!

24. 炮三进一　马 3 退 5（图 121）

红方重兵压境，黑方妙手退马，回防救驾，“马坐将位，代将受过”，奇中出趣，好看。这是本局第二奇。

25. 车四平七　象 3 进 1　　**26.** 兵三进一　炮 1 进 2!

27. 帅四进一　车 2 平 5　　**28.** 车一平三　车 4 进 5

29. 相七进五　车 5 进 1　　**30.** 炮二退六　车 4 平 5!

双车炮抢攻绝杀，妙，黑胜。

火车头崔岩

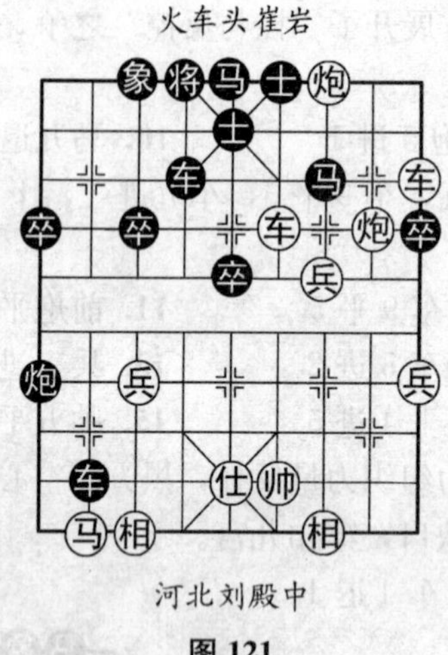

河北刘殿中

图 121

9. 四马对称互捉（2 例）

图 122，选自 1988 年“墙砖杯”象棋大师邀请赛，由飞相对中炮局形成。红方走子：

1. 马三进四　车 2 进 5
2. 马四进六

马 6 进 4（图 123）

四马对称互捉，且交叉连环，罕见之趣景，而且保持 6 个回合之久，堪为称奇。

河北刘殿中

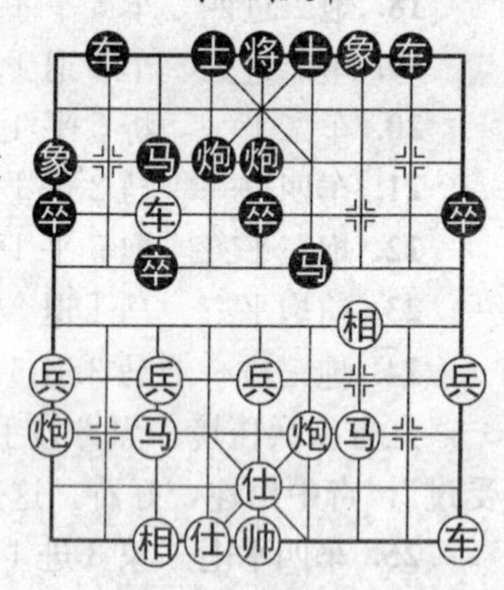

黑龙江孙志伟

图 122

3. 相三退五　车 2 退 4
4. 车一平三　车 8 进 4
5. 马六退四　车 8 进 1
6. 马四进六　车 2 平 6
7. 兵七进一　车 6 进 3
8. 兵七进一　象 1 进 3
9. 马七进六　车 6 平 4
10. 马六退四　车 8 进 1

11. 马四进三　车 8 平 9

12. 炮四进五　车 4 平 7

13. 车三进五　炮 4 平 6

以车双换，黑方取得对抗之势。

14. 车三进四　炮 5 进 4

15. 车三退九　象 3 退 5

16. 炮九平七　炮 5 平 3

17. 炮七平八　炮 3 退 2

18. 兵九进一　车 9 平 2

净多双卒，黑方优势。以后奋战取胜，着法从略。

河北刘殿中

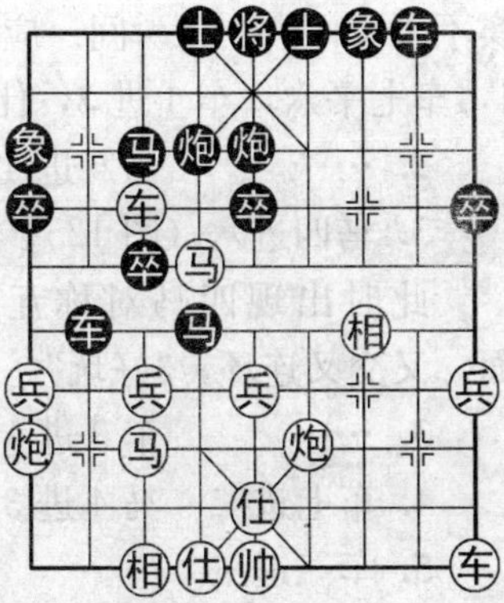

黑龙江孙志伟

图 123

图 124，选自 2003 年“磐安伟业杯”全国象棋大师冠军赛，由顺炮直车对横车形成。红方走子：

1. 马三进四　……

跃马双马碰撞，这是一步竞争手，意在决斗。如改走马七退六，车 3 进 3，相九退七，象 7 进 9，车三平二，炮 2 进 2，炮五平四，炮 2 平 8，炮四进六，马 6 进 5，相七进五，局势平淡。

吉林洪智

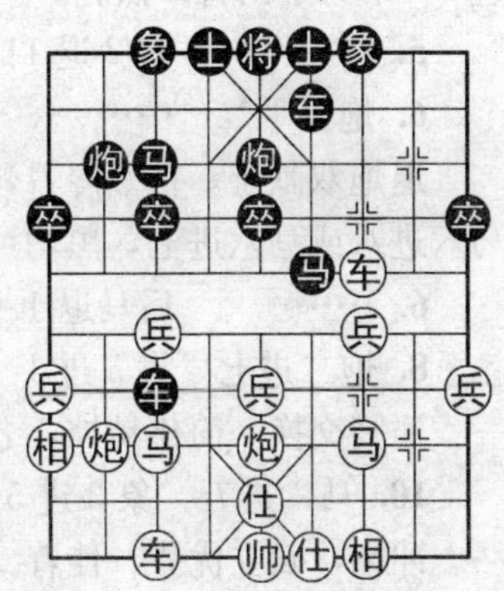

浙江赵鑫鑫

图 124

1. ……　炮 2 进 2

高炮打车，接受挑战，是一步针锋相对的应着。双方拼搏的意志跃然枰上。如改走马 6 进 4，马四进六，车 6 平 4，炮八进二，马 4 进 6，炮五平四，车 3 进 1，车七进二，马 6 退 7，马六进七，马 7 退 6，兵七进一，卒 3 进 1，车七进三，车 4 进 1，马七退六，象 3 进 1，炮八平六，炮 5 进 4，炮四平五，象 1 进 3，炮六进三，炮 5 退 2，成平稳的无车棋，和棋框架。

2. 车三进四？……

车杀底象急于进攻，看似很凶，但车入低处，远离争斗中心，实不可取，失先于瞬间。应改走马四进六，河沿展开。黑如车3平4，车七平六，车4进3，仕五退六，红仍持先手。

2. ……　　马6进4

3. 马四进六（图125）　……

此时出现四马对称互捉有趣场面，又交叉连环，“好玩”。

吉林洪智

浙江赵鑫鑫

图 125

3. ……　　车3进1

4. 车七进二　马4进3

5. 车三退三　……

退车卒林，必着。如改走马六进七，炮5进4，马七退五，象3进5，炮八退一，车6平4，炮八平七，士4进5，下一手出将，黑胜。

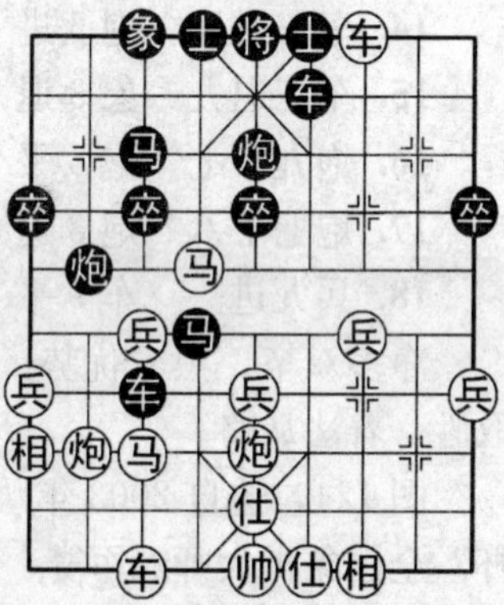

5. ……　　炮2退1!

6. 炮五平二　……

退炮双献子，精妙冷着，全局精华所在，令人拍案叫绝。红如马六进八或马六进七，黑均可炮5进4，下一手车6平4，黑胜。

6. ……　　后马退1　　**7.** 兵七进一　卒3进1

8. 炮二进七　将5进1　　**9.** 车三平五　车6进3

逼马交换，简化易控，老练。

10. 马六进五　象3进5　　**11.** 炮二退一　卒3进1!

冲卒，确立优势，佳着。

12. 仕五退六　车6平2　　**13.** 炮八进四　车2退1

14. 车五退一　马1退3　　**15.** 相九进七　车2平4

16. 仕四进五　后马进4

黑方多子占优。以后斗残局艰苦获胜，着法从略。

10. 四马连环　妙趣横生（4例）

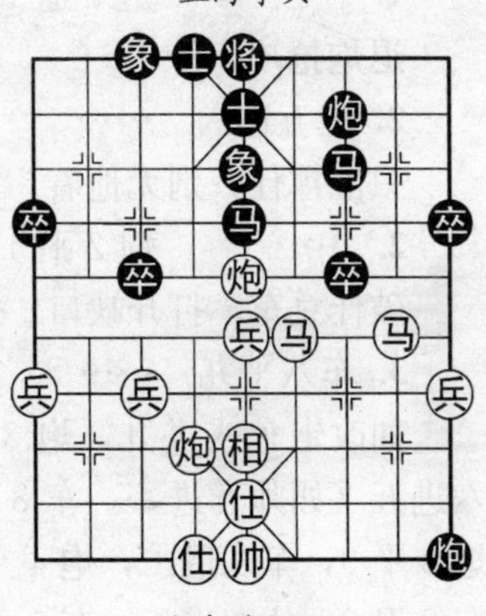

图 126

图 126，出自 2003 年全国象甲联赛，由中炮对反宫马形成。双方斗无车棋，红方走子：

1. 炮六进二　将 5 平 6
2. 仕五进四　炮 7 平 6

如改走卒 7 进 1，马四进五，马 7 进 5，炮六平三，红方占先。

3. 炮六退二　炮 9 退 1
4. 仕六进五　……

调整双仕，将黑方底炮孤立封锁起来，用心良苦，着法细腻。

4. ……　炮 6 平 9
5. 炮六进四　前炮平 6
6. 马四退三　炮 9 平 7
7. 帅五平四　炮 6 平 8
8. 马三进四　炮 7 平 9
9. 炮六平一　炮 9 进 5
10. 炮一平四　炮 9 平 1
11. 马二进三（图 127）　……

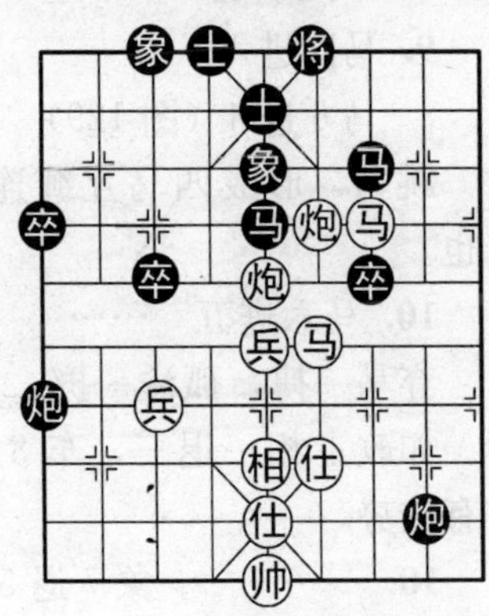

图 127

四马相通，轧脚连环，趣妙。

11. ……　炮 1 退 2
12. 炮四平九　炮 1 平 5
13. 兵五进一　马 5 退 3
14. 炮九平七　炮 8 退 7?

漏着，疏忽大意铸大错。应改走将 6 平 5，以后将是艰苦的残局较量。

15. 马四进二!　（捡漏夺子，红胜）

重庆宋国强

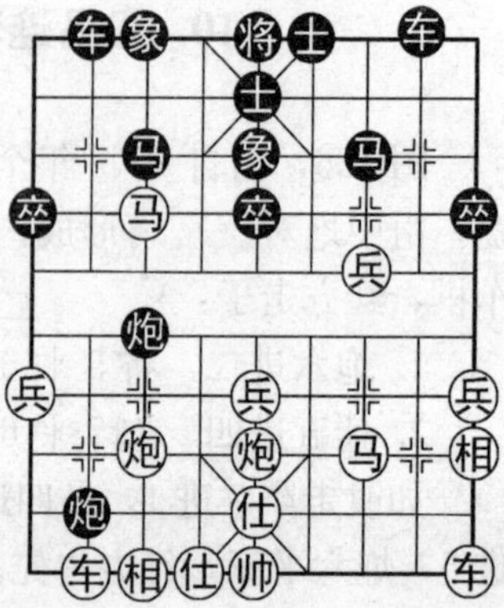

机电臧如意

图 128

图 128，来自 1999 年全国团体赛，由中炮七路马对屏风马走成。对峙中，黑方反击：

1. ……　　炮 2 退 1!

退炮抢攻，妙。

2. 仕五进六　……

只能撑仕，别无他着。

2. ……　　炮 2 平 4!

破仕兑车，打开缺口，佳着。

3. 车八平九　……

如改走车八进九，炮 3 进 4，仕六进五（如帅五进一，车 8 进 8 杀），炮 3 平 9，车八退二，炮 4 平 7，炮七平三，车 8 进 9，仕五退四，车 8 退 2，仕四进五，车 8 平 7，黑方多子胜势。

3. ……　　象 5 进 7　　**4.** 马三进四　车 2 进 8

5. 炮五平三　马 7 进 6　　**6.** 相七进五　炮 4 平 7

7. 炮七平三　炮 3 退 1

8. 车九平七　象 3 进 5

9. 马四进六

马 6 进 4（图 129）

重庆宋国强

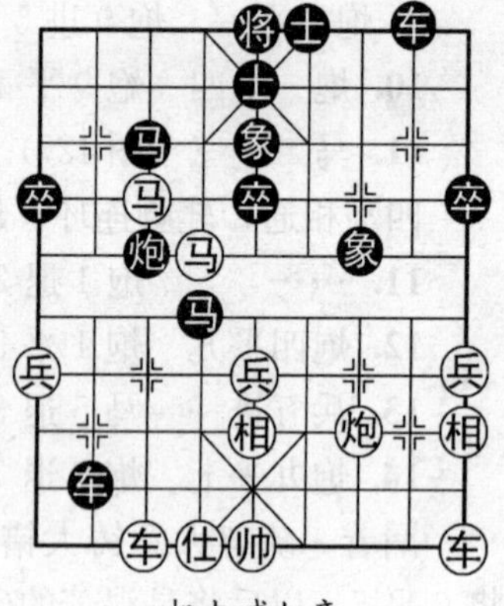

机电臧如意

图 129

跳马，形成四马互缠连环趣景，奇也。

10. 马六进五　……

弃马一搏，孤注一掷，无奈的选择。如改走相一退三，车 8 进 7，黑方有攻势。

10. ……　　象 7 退 5

11. 马七进五　马 4 进 5!

踏相反弃子，抢时争速，凶狠。

12. 车七进五　马 5 进 7　　**13.** 帅五平四　车 2 退 1!

14. 仕六进五 马 7 进 9 **15.** 车七进二 车 8 进 9!

16. 炮三退二 车 2 进 2 杀势凌厉，黑胜。

图 130，出自 1984 年第三届“三楚杯”，由顺炮直车对横车走成。红方走子：

安徽高华

四川林野

图 130

1. 兵三进一 车 6 平 3

2. 马三进四 炮 2 进 1

3. 马四进五? ……

马咬中卒，被黑车退回牵制，落入被动，失先。应改走炮五进四，马 3 进 5，车三平五，炮 2 平 3，马七退九，车 4 平 1，车五平七，红优。

3. …… 车 4 退 5

4. 马七进六（图 131） ……

跃马救援，形成四马连环有趣景象，妙。

安徽高华

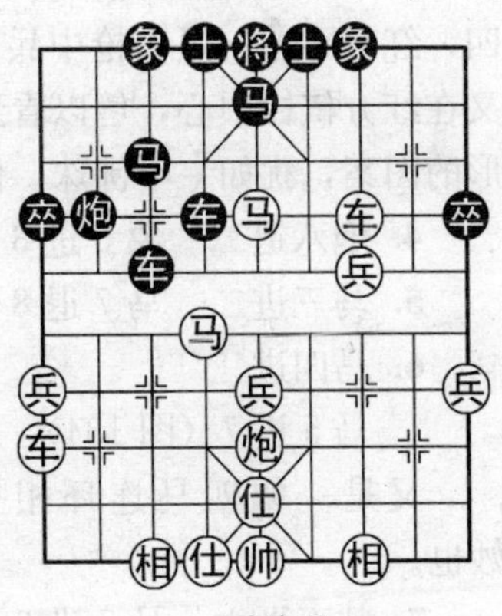

四川林野

图 131

4. …… 马 3 进 5

5. 马六进五 炮 2 平 3

6. 仕五进六 炮 3 进 6

7. 仕六进五 炮 3 平 2

牵制反击，突破底线，黑方取得攻势。

8. 帅五平四 车 3 进 5

9. 帅四进一 炮 2 退 1

10. 仕五退六 车 3 平 4

11. 马五退六 车 4 平 7 **12.** 兵三进一 车 4 平 7

破仕斩相，红方九宫破碎。以后黑方推进获胜，着法从略。

图 132，选自 1988 年“大都杯”赛，由五七炮两头蛇对反宫马形成。双方斗无车棋，红方策马先进：

1. 马九进七　炮 2 进 2　　**2.** 马七退六　卒 5 进 1

3. 马六退四？马 4 进 5（图 133）

上海林宏敏

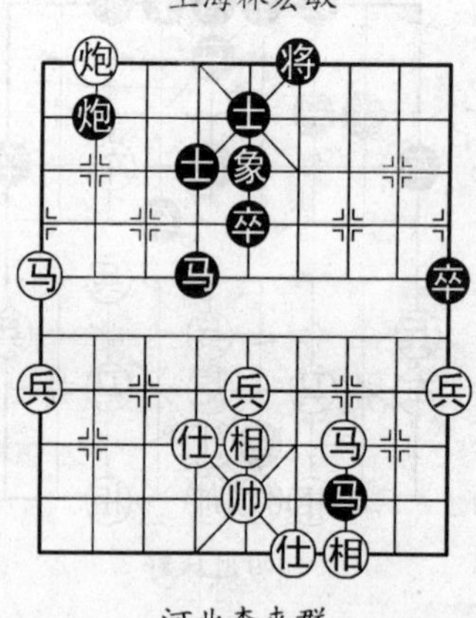

河北李来群

图 132

上海林宏敏

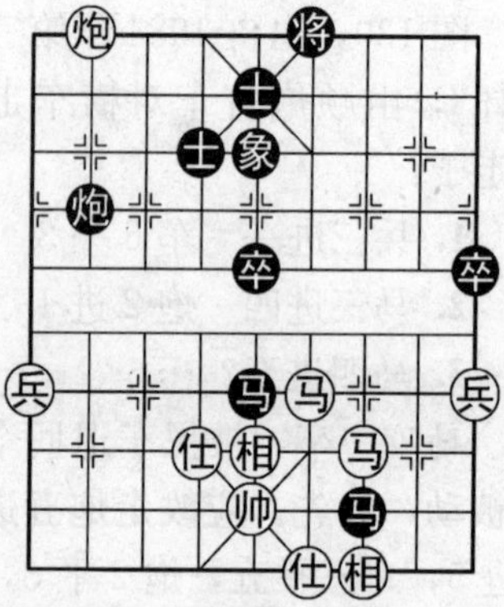

河北李来群

图 133

红方退马捉马，似佳实劣，让黑方有机可乘。应改走马六进四，红势不差。黑马抢中兵，好棋。至此，四马连环相结，有趣。又在红方棋枰中心，可以看到由红方双相帅仕及四马形成一个椭圆形的图案，犹如一串佛珠，你说奇不奇？

4. 炮八退二　象 5 进 3

5. 马三进二　马 7 退 8

6. 马四进三

马 5 进 7（图 134）

又是一幅四马连环相见图，奇妙也。

上海林宏敏

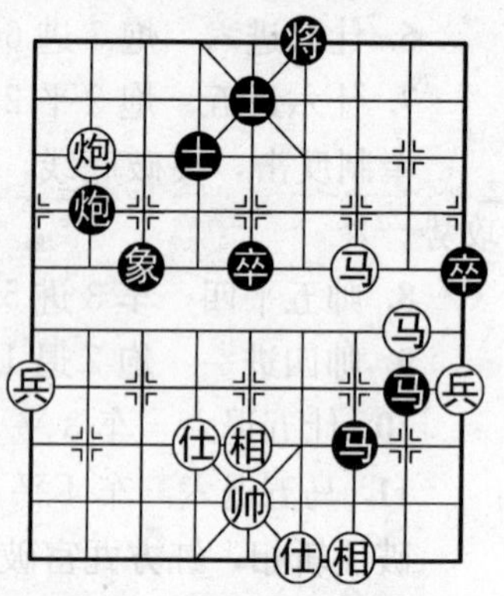

河北李来群

图 134

7. 帅五平六　马 7 进 6

8. 帅六退一

马 6 退 7（图 135）

踏仕进而复退，再现四马连环相见，真是妙哉！

9. 马三退二　马 7 退 8

10. 仕六退五　卒 5 进 1
11. 兵九进一　炮 2 进 3
12. 炮八退三　马 8 进 6
13. 马二进一　马 6 进 5

杀中仕，形成马炮卒联攻之势，红方陷入被动。

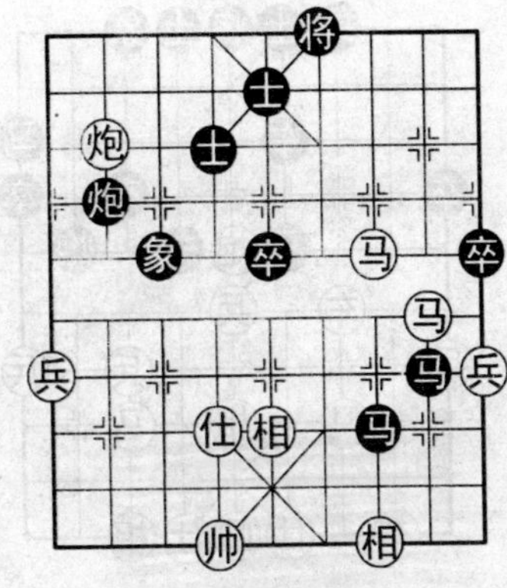

图 135

14. 帅六进一　马 5 退 7
15. 相五进七　卒 5 进 1
16. 马一退三　卒 5 平 4
17. 兵一进一　卒 4 平 3
18. 马三退四　卒 3 进 1
19. 马四进六　马 7 退 5
20. 相三进五　象 3 退 5
21. 兵九进一　马 5 退 4
22. 兵一进一　炮 2 进 3
23. 炮八退一　马 4 进 3
24. 帅六平五　卒 3 平 4
25. 马六进四　卒 4 进 1
26. 帅五退一　炮 2 平 1
27. 马四退六　马 3 进 2
28. 马六退八　卒 4 进 1
29. 帅五进一　炮 1 退 1
30. 马八退六　马 2 退 4
31. 马六退八　马 4 退 2
32. 马八进七　炮 1 进 1
33. 兵九平八　马 2 进 3　黑胜。

11. 四马三奇（3 例）

图 136，出自 1988 年“墙砖杯”象棋大师邀请赛，由中炮进七兵对单提马走成。红方走子：

1. 车七平六　炮 8 平 5
2. 兵五进一　车 6 平 5
3. 车八进五　马 9 退 7
4. 马三进五　马 7 进 6（图 137）

至此，双方子力对等，且四马轧脚连环，有趣。

5. 马五进七　车 5 进 1
6. 车六平五　马 6 进 5

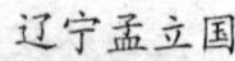

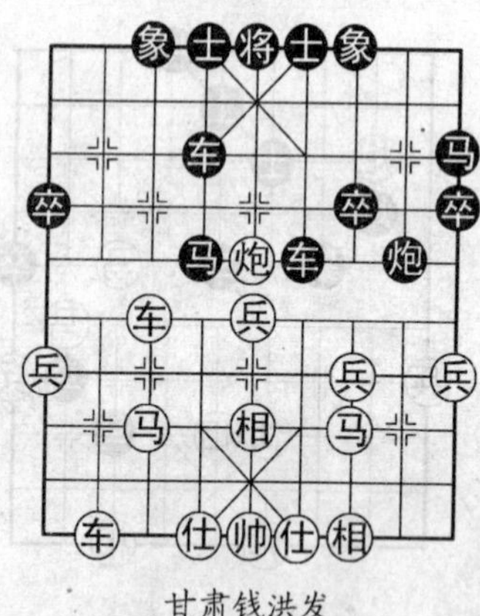

甘肃钱洪发

图 136

辽宁孟立国

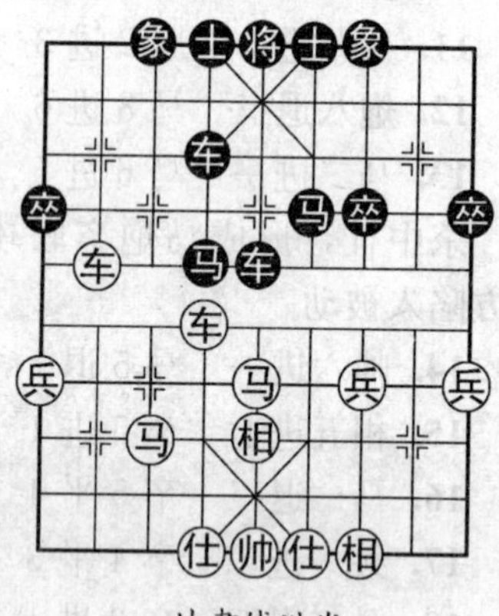

甘肃钱洪发

图 137

7. 前马进五　……

进马抢先，如仕四进五，马 5 进 7，黑方多卒稍好。

7. ……　马 5 进 4　　**8.** 帅五进一　车 4 平 8

9. 帅五平六　马 4 进 3　　**10.** 车八平七　马 4 退 5

11. 车七进一　车 8 平 2　　**12.** 车七平八　车 2 平 5

避兑保持战斗。如车 2 进 1，马五进六，将 5 进 1，马六退八，马 5 进 7，马八退七，和局。

13. 马五退七　卒 7 进 1

14. 车八平一　士 6 进 5

15. 前马退五　马 5 退 3

16. 车一平七　象 3 进 1

17. 马五进七（图 138）　……

四驾马车紧偎同直线，全局出现二次奇异趣景，且保持 5 个回合之久，好看。

辽宁孟立国

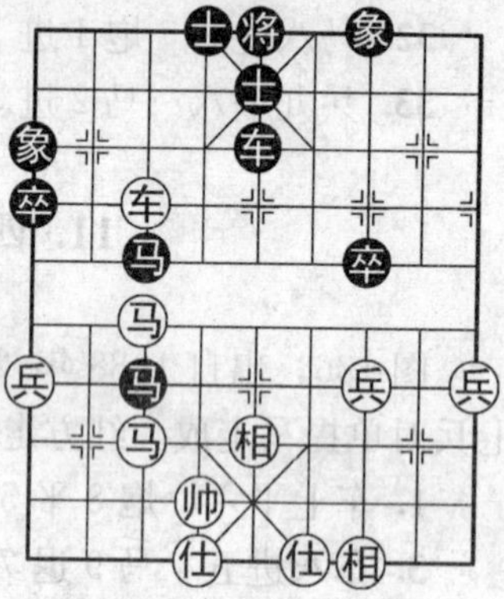

甘肃钱洪发

图 138

17. ……　车 5 平 6

18. 仕六进五　车 6 平 4　　**19.** 仕五进六　车 4 平 2

辽宁孟立国

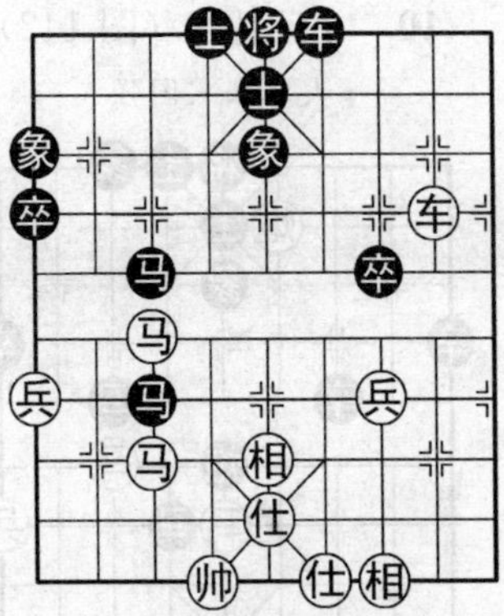

甘肃钱洪发

图 139

20. 帅六退一　车 2 平 9
21. 车七平三　象 7 进 5
22. 前马进五　车 9 进 4
23. 车三平二　车 9 退 6
24. 仕六退五　车 9 平 6
25. 马五退七（图 139）　……

分而再聚，四马再次同直线紧拥，真是“依依不舍”，妙。

25. ……　车 6 进 6
26. 后马进五　车 6 平 7
27. 马五进四　车 7 平 4
28. 帅六平五　前马进 1
29. 马七退八　车 4 退 4
30. 相五进七　马 1 进 2
31. 马四进六　象 5 退 3
32. 马八进六　马 3 退 2
33. 后马进五　车 4 进 1
34. 车二进三　士 5 退 6
35. 马五进四　将 5 进 1
36. 马四退六　后马进 4

至此，车兵仕相全对双马双卒士象全，和棋。

图 140，选自 1999 年第 2 届“西门控杯”赛，由中炮进三兵对反宫马形成。斗无车棋，黑方多卒有势，进攻：

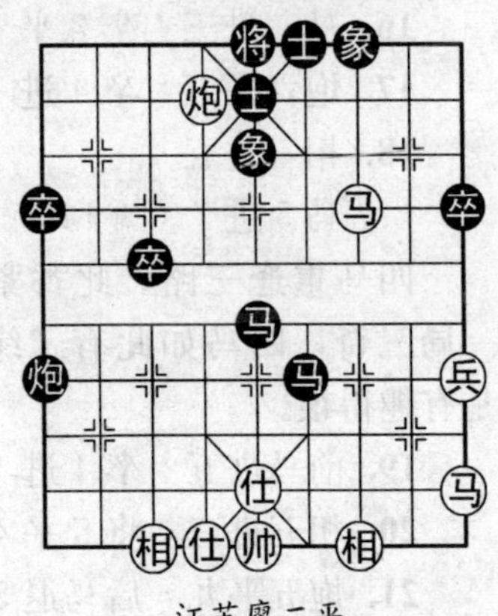

火车头宋国强

江苏廖二平

图 140

1. ……　马 6 进 7
2. 帅五平四　炮 1 平 6
3. 马三退五　炮 6 退 2
4. 马一进三　马 5 退 7
5. 马三进五　炮 6 进 1
6. 前马退三　前马退 6
7. 帅四平五
炮 6 平 5（图 141）

四马连环相见，是为一奇，妙。

8. 炮六退五　马 6 进 7　　**9.** 帅五平四　炮 5 平 6

10. 马五退三（图 142）　……

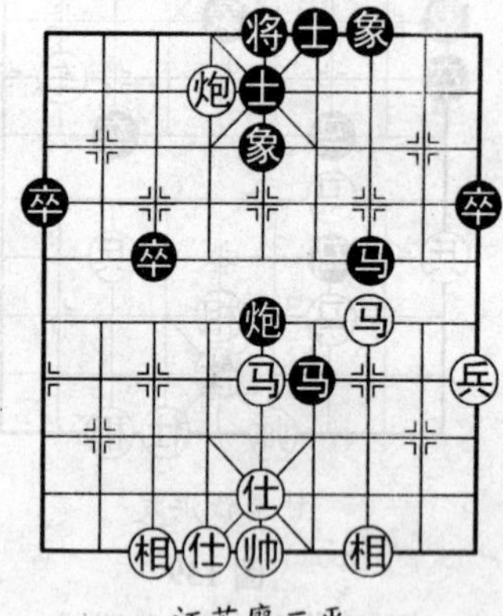

图 141

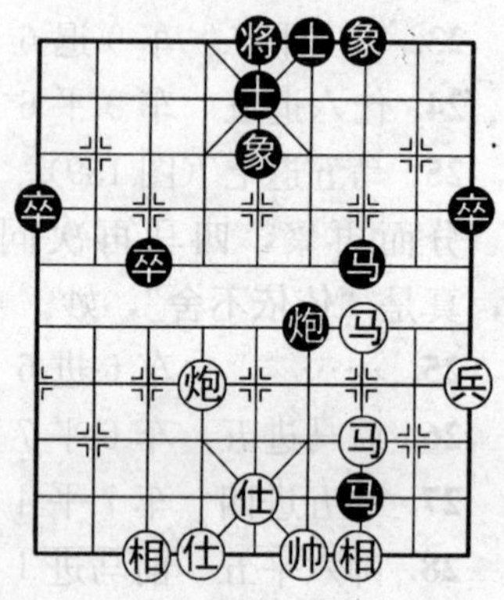

图 142

此时，四马三路同直线，是为二奇，有趣。

10. ……　　　炮 6 退 4　　**11.** 炮六退二　士 5 进 6

12. 仕五进四　卒 3 进 1　　**13.** 帅四进一　马 7 进 9

14. 后马退一　马 7 进 5　　**15.** 帅四退一　马 9 退 7

16. 马一进三　卒 3 平 4

17. 炮六平五　卒 4 进 1

18. 相三进五

马 5 进 7（图 143）

四马重逢三路，此番紧紧依靠，一局三奇，四马如此有“缘”，实在是有趣得很。

19. 前马进五　卒 4 进 1

20. 相五进三　将 5 平 4

21. 炮五平九　后马退 5

22. 马五进三　炮 6 平 3

23. 仕四退五　卒 4 进 1

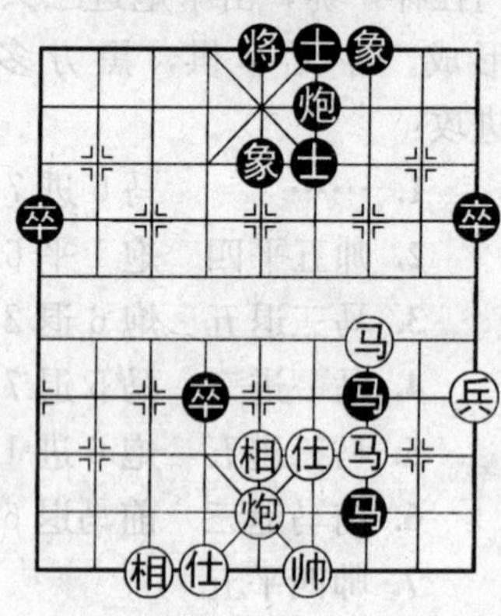

图 143

24. 相七进九　马 5 退 3　　**25.** 后马进五　卒 4 平 3
26. 相九进七　炮 3 平 2　　**27.** 炮九进一　马 3 进 5
28. 炮九平八　炮 2 进 5　　**29.** 兵一进一　士 6 进 5
30. 马三进二　马 5 退 7　　**31.** 马五进六　炮 2 平 6
32. 炮八平三　后马进 5　　**33.** 帅四进一　炮 6 平 9
34. 马六进七　将 4 平 5　　**35.** 马七退九　马 5 退 6
36. 相七退五　马 6 退 8　　**37.** 马九退八　马 7 进 9
38. 马八退六　炮 9 平 8　多子多卒，黑胜。

图 144，弈自 2008 年第 28 届“五羊杯”，由五七炮进三兵对屏风马走成。双方慢棋和第 1 盘快棋都前后走和，本局是第 2 盘快棋，双马双兵仕相全斗双马卒士象全。一般情况下，又是和棋架势。但红方自恃多一兵，决意纠缠下去：

1. 马三退五　卒 6 平 7
2. 马五退六　马 5 进 4（图 145）

广东许银川

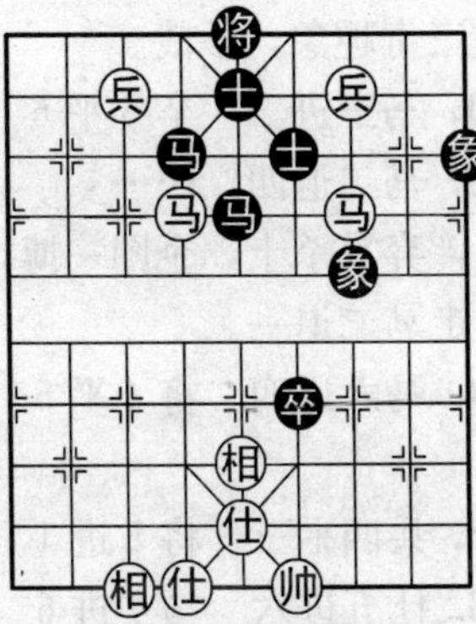

黑龙江赵国荣

图 144

广东许银川

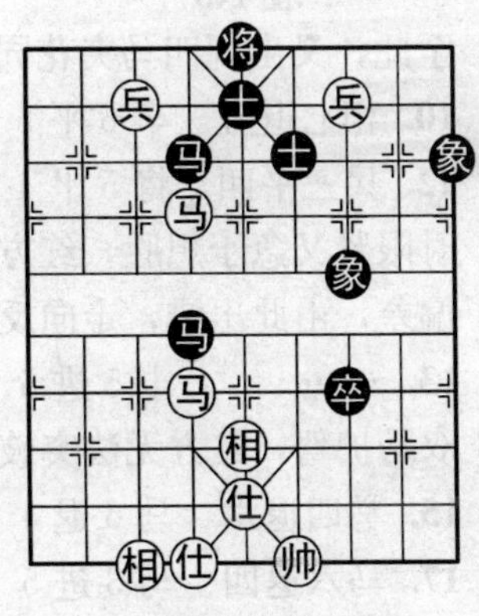

黑龙江赵国荣

图 145

四马夹花同列肋道，趣。

3. 后马进四　前马退 3　　**4.** 马四进三　马 3 进 4
5. 马三退五　前马退 5
6. 马五退六　马 5 进 4（图 146）

推手复原，再次出现四马夹花同肋场景，有趣。

7. 后马进四　前马退 3　　**8.** 相五进七　卒 7 平 6

9. 马四进三　马 4 进 6（图 147）

广东许银川

黑龙江赵国荣

图 146

广东许银川

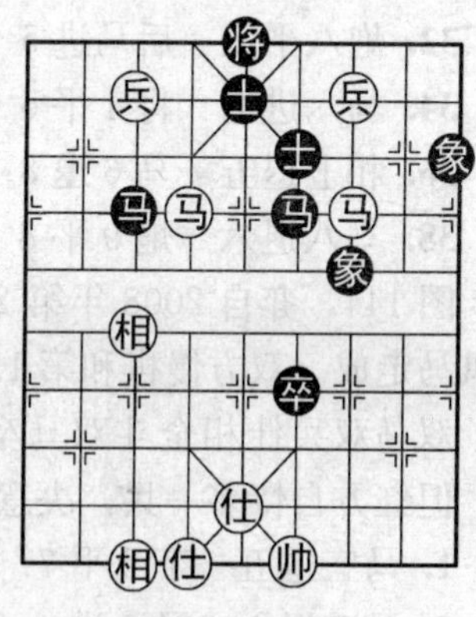

黑龙江赵国荣

图 147

至此，又出现四马夹花同列卒林，三奇趣象，妙哉。

10. 相七退五　卒 6 平 5　　**11.** 马三进二　卒 5 平 6

12. 兵三平四　将 5 平 4　　**13.** 马二退四？……

时限紧又急于想胜，红方不及细算，弃马杀士，企图一搏，但出了偏差，由此出错，走向反面。应改走马二退一。

13. ……　　士 5 进 6　　**14.** 马六进四　将 4 平 5

双马护驾，红方无法突破。

15. 马四退六　马 6 退 4　　**16.** 兵四平三　将 5 进 1

17. 马六退四　马 3 进 5　　**18.** 仕五进六　马 4 进 6

双低兵，红方已失去攻击能力，而黑方双马卒却多子有攻势，红方认输。

12. 四马追逐　憨态可掬

图 148，出自 2005 年“城大建材杯”全国象棋大师冠军赛，由仕角炮对中炮演成。四马残局，双方各有一个兵（卒），红方多双相占优。现在四马“▽”立槽，有趣。

图 149 是双方走至 55 回合时形势。四马追逐，马蹄形夹花相拥，好玩。

图 150 是弈至 63 回合时的棋图，四马“J”字形交织而立，真是“要好得很”。

图 151 是 64 回合时图形，四马再次马蹄形夹花相拥，与图 149 正好相反方向，引人兴趣。

广东朱琮思

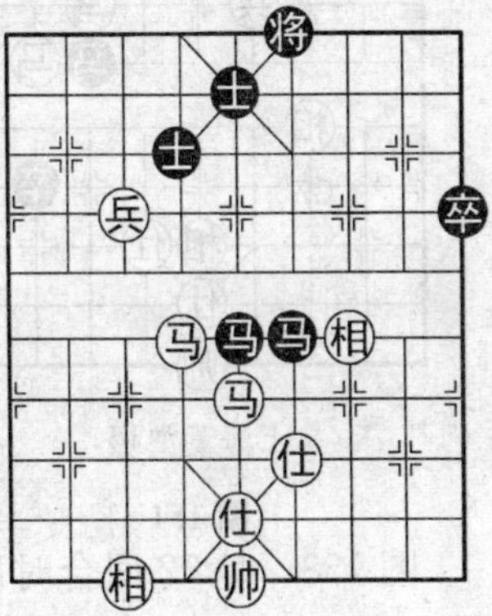

上海董旭彬

图 148

广东朱琮思

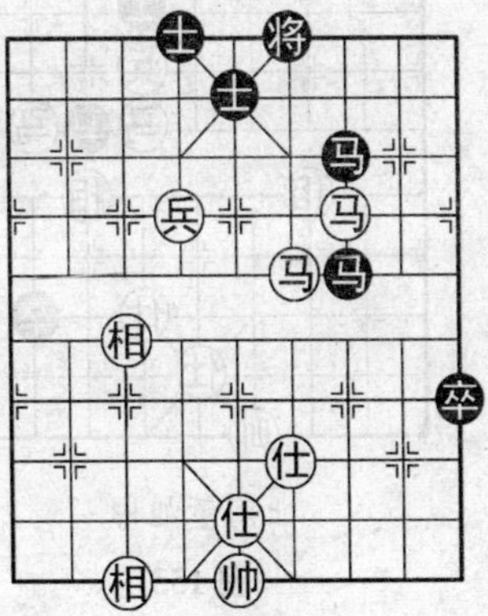

上海董旭彬

图 149

广东朱琮思

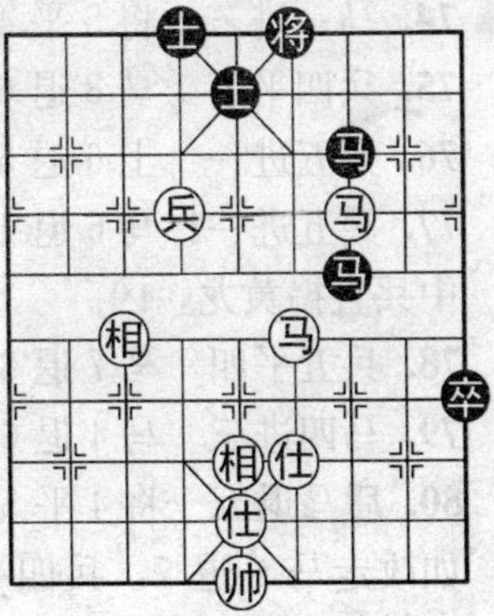

上海董旭彬

图 150

图 152 是 67 回合时图形。四马横卧形成“J”字形交织而立，“有味道”。

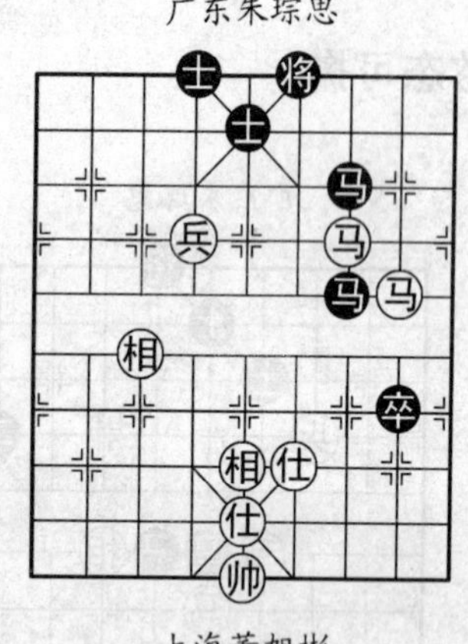

图 151

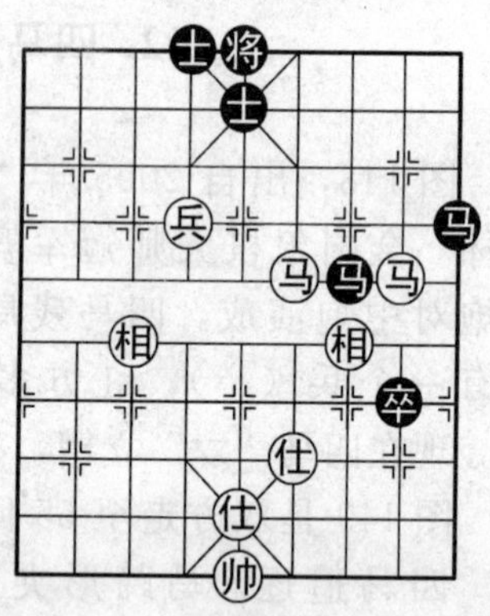

图 152

图 153，是 72 回合时出现的棋图，四马夹花紧拥骑河，奇观趣景也。

下面着法为：

72. ……　　马 9 进 8
73. 马二进一　士 5 进 4
74. 马一进三　将 5 平 4
75. 兵四平五　马 8 退 6
76. 兵五进一　士 6 退 5
77. 兵五进一！马 6 退 4

中兵直捣黄龙，凶。

78. 兵五平四　马 7 退 8
79. 马四进三　马 4 退 6
80. 后马退五　将 4 平 5

如改走马 6 退 7，兵四平五，下一步马五进七杀。

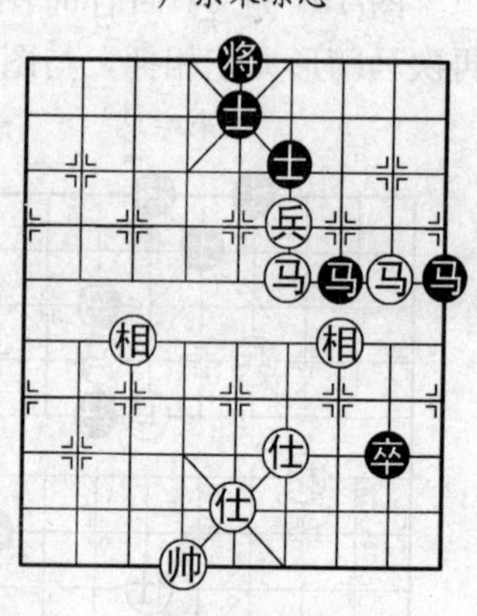

图 153

81. 马三退二　马 6 进 5　　**82.** 马二退四　马 5 退 7
83. 马五进三　马 7 退 6　　**84.** 马四退六　马 8 进 7

以后又续战 14 个回合，红方终于获胜。着法从略。

13. 双马对称掎九宫（2 例）

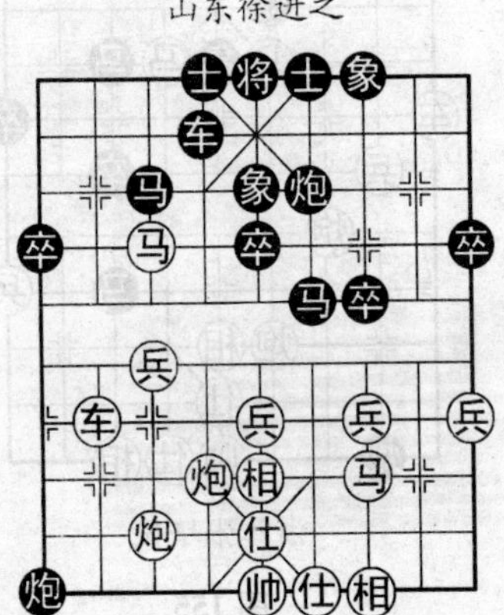

图 154

图 154，选自 1998 年全国团体赛，由五六炮对反宫马走成。红方抢攻：

1. 兵五进一　炮 6 平 7
2. 兵五进一　卒 5 进 1
3. 马七退五　……

中兵疾进，打开中路，佳着。

3. ……　士 4 进 5
4. 车八平四　炮 1 退 5
5. 马五进七　车 4 进 3
6. 车四平八　车 4 退 4
7. 兵七进一！马 3 进 5

强冲七兵，好棋。黑方如象 5 进 3，马七退九，卒 1 进 1，炮七进六，红方夺子胜势。

8. 兵七平八　炮 1 进 5　　9. 马三进五　马 6 进 7

黑如改走马 6 进 5，车八平五，马 5 进 6（如马 5 退 3，红兵八进一），车五进一，马 6 退 8，车五平二，马 8 退 9，车二平九，炮 1 平 2，炮七平八，红方可以谋炮，胜势。

10. 马五进七　炮 7 进 1　　11. 前马退五　炮 7 退 2
12. 车八平九　炮 1 平 2　　13. 车九进三　马 5 退 7
14. 马七进六　车 4 平 2　　15. 炮七进七！……

兑子抢杀，妙。

15. ……　士 5 进 4　　16. 马五进六　炮 7 平 4
17. 后马进四　将 5 平 4
18. 炮七退四（图 155）　……

退炮即杀，红胜。观图 155 可见，双马对称掎九宫，甚妙。

图 156，出自 1995 年全国团体赛，由中炮进三兵直横车对屏

风马形成。双方斗无车棋，红方先发制人：

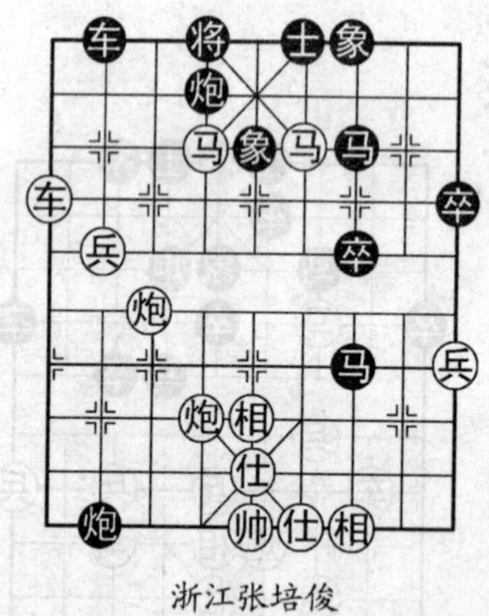

图 155

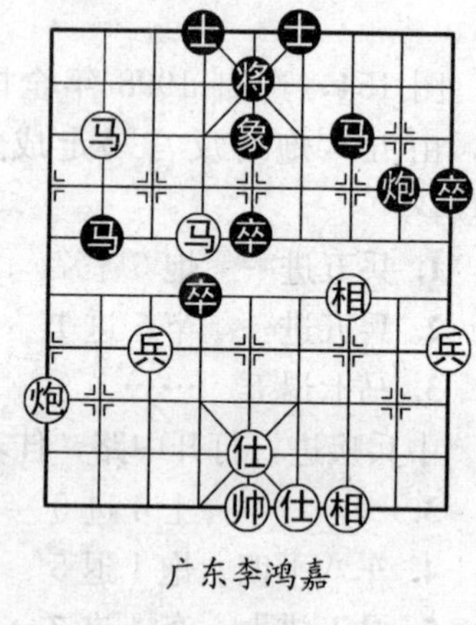

图 156

1. 炮九进六！……

进炮成炮双马联攻之势，佳着。

1. ……　　　　炮 8 平 4

2. 马六进八！将 5 退 1

如改走将 5 平 6，前马进六，士 6 进 5，马六退五，红方夺马胜。

3. 后马进六　将 5 进 1

4. 马八进六！将 5 退 1

如将 5 平 4，马六进八，红胜。

5. 前马退四！（图 157）　……

双马对立，犄九宫两角，且同时打将，难得的奇趣景象，好看。

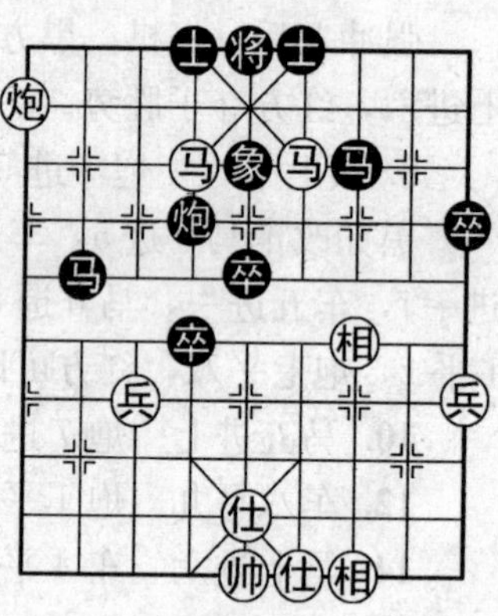

图 157

5. ……　　　　将 5 进 1

6. 马六进八　炮 4 退 2

双马再次对立宫角，杀，红胜。

7. 马八退六！……

14. 两底马对角遥望　嘶声离别

图 158，选自 1990 年全国个人赛，由五七炮对屏风马演成。红方走子：

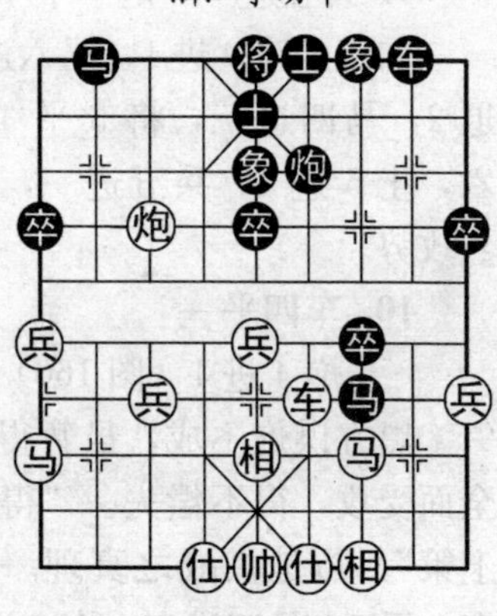

图 158

1. 炮七退二　车 8 进 7

2. 炮七平三　马 7 进 9

3. 炮三平一　马 9 进 8

4. 马三进五！（图 159）……

你争我夺，各不相让。红方跃马避兑（如兑子，局面平淡），看上去很自然，其实放出诱饵，诱黑车来“捉死炮”，兵不厌诈，好棋。至此，黑方两只底层马在 2、8 线上形始对角遥望，“嘶声离别”，达 9 个回合之久，又奇又趣也。

4. ……　　车 8 退 2？

退车憋炮，企图“关门捉炮”，上当。未及细察，跟着感觉走，由错觉带来错着。应改走车 8 退 3，虽处后手，但尚可周旋。

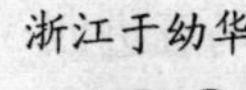

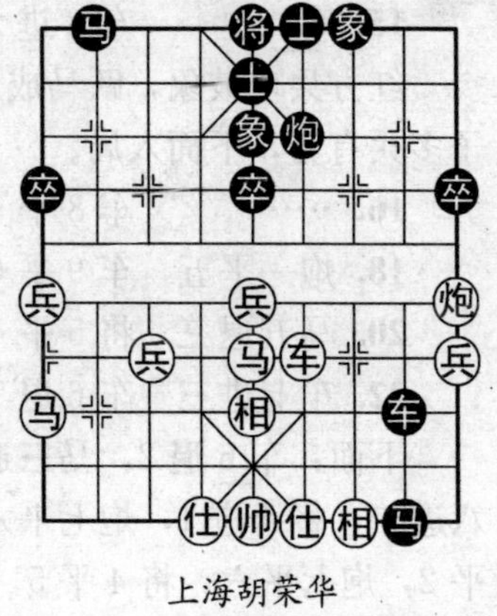

图 159

5. 车四进二！炮 6 平 7

6. 马九进八　炮 7 进 2

升炮挡车关炮也是配合黑车行动，不得不走的连接手。如改走车 8 平 5，马五进三，炮 7 进 7，帅五进一，马 8 退 7，车四退三，马 7 退 8，马八进七，炮 7 退 1，车四平二，红方夺子胜。

7. 马八进六　卒 5 进 1

如改走炮7平4，车四平六，马2进3，车六平四，车8进1，马五进七，车8平3，马七进八，红方优势。

8. 兵五进一　卒9进1

9. 兵五进一　炮7平4

如改走卒9进1，马六进四！炮7退2，马四进三，将5平4，车四平六，士5进4，兵五进一，红方有强烈攻势。

10. 车四平一

炮4进1（图160）

浙江于幼华

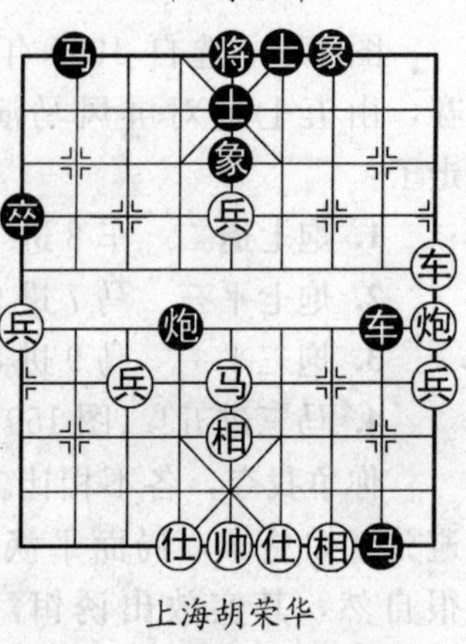

上海胡荣华

图160

黑方谋炮不成，虽暂得一子，但全面受攻，得不偿失。“得子失先非上策”，乃是棋战之真理。黑如改走车8平5，马五进三，车5退2，车一平六，红方多兵有势，占优。

11. 兵五进一　象7进5　**12.** 车一平八　马2进4

13. 马五进四　炮4平5　**14.** 仕六进五　象5进7

15. 车八退一　车8进1　**16.** 车八平五　……

红方兵攻破象，跃马成三子左右联攻之势，继而夺回弃子，多子多兵有势，下面入局。

16. ……　车8平9　**17.** 车五平六　士5进4

18. 炮一平五　车9平6　**19.** 马四进五　士6进5

20. 马五退三　将5平4　**21.** 车六平七　马4进2

22. 车七进三　车6退1　**23.** 炮五平七　……

下面：车6退2，马三退一（亦可走车七平八，车6平7，车八进二，将4进1，炮七平六，车7平4，炮六退二！红胜），车7平2，炮七平六，将4平5，炮六退二，车2进1，兵七进一，卒1进1，马一进二，卒1进1，马二退四，红胜。

15. 双马困车

图 161，来自第 6 届“棋友杯”，由五七炮进三兵对屏风马形成。双方对攻，黑方多卒，但红马卧槽有势，抢攻：

1. 马六进七！卒 7 进 1　**2.** 马二进三　车 6 退 2
3. 马七退五　炮 9 退 2
4. 马五进四（图 162）　……

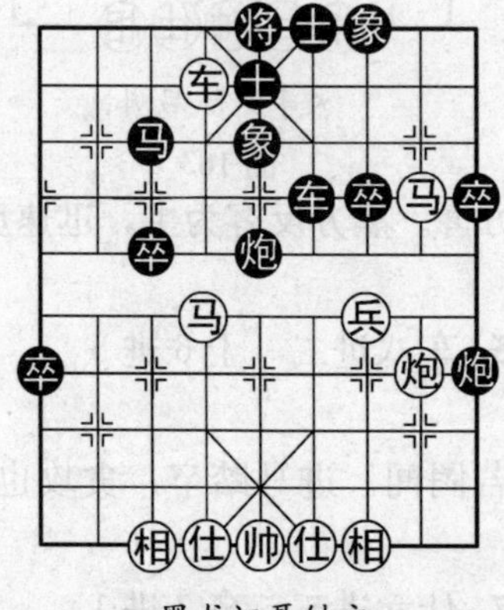

图 161

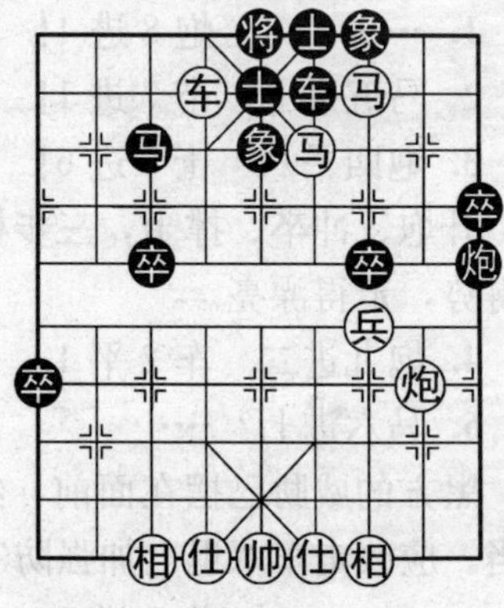

图 162

红方双马盘旋而出，巧献双马困肋车，妙哉，奇也！下面入局：

4. ……　卒 7 进 1　**5.** 炮二进五　炮 9 平 6
6. 炮二平四　炮 6 退 3　**7.** 马四退五　马 3 进 5
8. 车六退二　马 5 进 7　**9.** 马五进三　马 7 进 5
10. 车六平九　红胜。

16. 马入帅座“抢班夺权”

图 163，弈自 1991 年全国个人赛，由中炮过河车对屏风马左马盘河走成。对峙中，红方走子：

江苏徐健秒

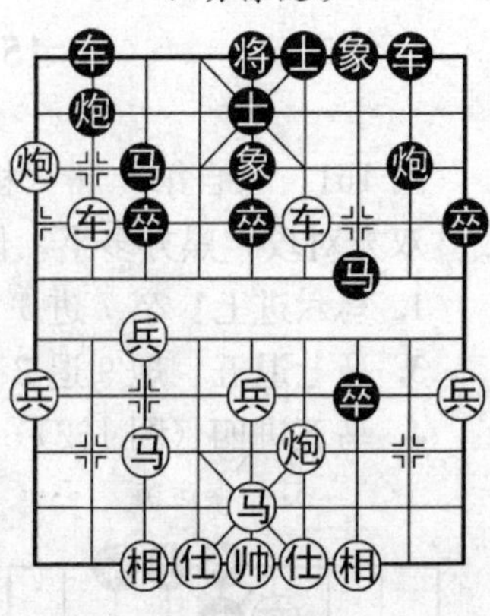

火车头陈启明

图 163

1. 马七进六？……

跃马出槽，前线参战，设想蛮好。但这步棋的次序有问题，由此遭来反击，陷入受攻境地，失着。应先走车四平二封车炮，既避免黑方撑士打车的凶着，又消除黑方左翼的反击。待黑走车 8 进 1，再跃马不晚，而且变化大相径庭。一步不慎，后患无穷。

1. …… 炮 8 进 4!

2. 马五进七 卒 7 进 1!

3. 炮四平六 士 5 进 6!

升炮、冲卒、撑士，三步棋着着厉害。黑方反客为主，迅速反击得势，走得漂亮。

4. 炮九进二 车 2 平 1 **5.** 车八进二 士 6 进 5

6. 马六进七？……

黑方的威胁已摆在面前，红方置若罔闻。进马踏卒，贪攻也，不当。应改走车八退七加强防守。

6. …… 炮 8 进 3 **7.** 仕六进五 卒 7 进 1

8. 相七进五 卒 7 进 1!

7 卒直冲，破底相打开缺口，“舍身炸碉堡”，引导后援有通道，好棋。

9. 相五退三 车 8 进 5!

10. 车八平七 ……

骑河车细腻。红若马七进六，黑车 1 进 6 开出右车；如前马退六，炮 8 平 9（右马又活），黑优。

10. …… 马 3 进 1 **11.** 后马进六 炮 8 平 9

12. 马六进四 车 8 进 4 **13.** 仕五进四 ……

如帅五平六，炮 9 平 7，帅六进一，车 1 平 2，黑胜。

13. …… 炮 9 平 7

14. 帅五进一 ……

如仕四进五，炮7退2，仕五退四，炮7平4，黑方夺炮胜。

14. …… 车8退1

15. 帅五进一 马7进8

16. 马四进二 马8进7

17. 帅五退一

马7进5!!（图164）

车马炮攻杀，马占“帅座”，“抢班夺权”，精妙之极，好看。下面：帅五进一，马5退3，炮六退一，车8平4，马二进三，将5平4，仕四退五，车4退1，黑胜。

江苏徐健秒

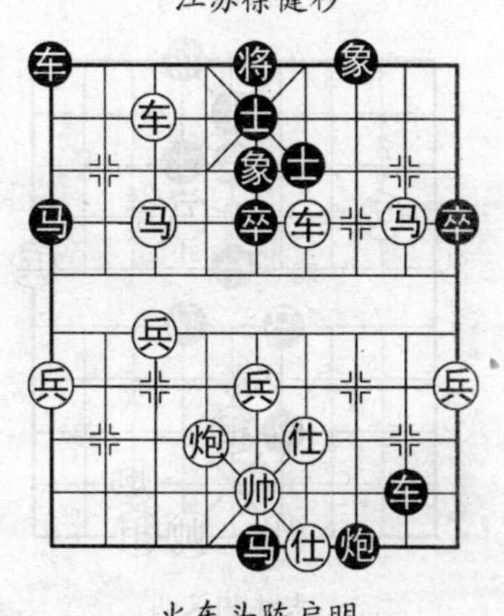

火车头陈启明

图164

17. 马占帅位　御驾“渎职”

图165，选自2002年“明珠星钟杯”赛，由仙人指路对起马局形成。马炮双兵斗双马双卒，红方残仕，黑方抢攻：

1. …… 马6进7　　2. 马四退三 卒5进1

3. 相五进七 卒5平6　　4. 马三退四 卒6进1

5. 马四退五（图166） ……

马卒联动，锋芒毕露，凶狠。红马占帅位，“抢班夺权、帅位不保”，有趣。然红亦不能改走马四进六，卒6平5，马六退八，马4进6，黑方夺炮胜。

5. …… 卒4平3　　6. 相三进五 马4退6

7. 帅四进一 马7退9　　8. 炮三进五 马6进7

9. 帅四平五 卒6进1　　10. 炮三平四 将6平5

11. 炮四退三 卒3平4　　12. 马五进三 卒6进1

13. 帅五退一 马9进7

捉马兼有杀势，黑胜。

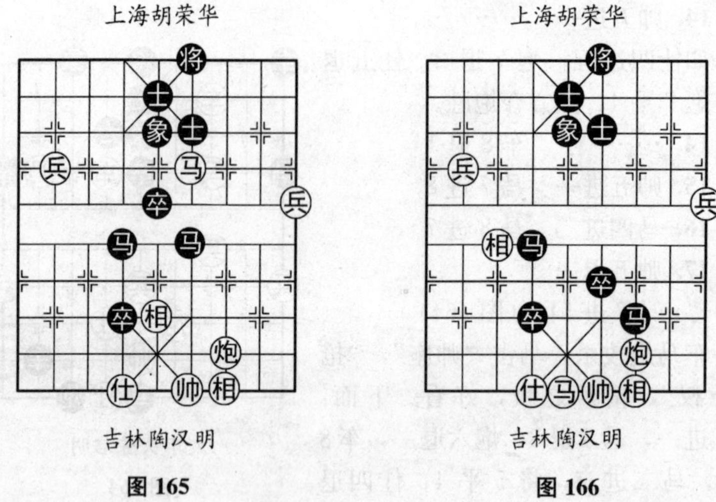

图 165　　图 166

18. 马逼红帅困三军

图 167，出自 1981 年承德象棋邀请赛，由中炮对半途列炮走成。车马兵斗车双马，黑方巧攻：

北京付光明

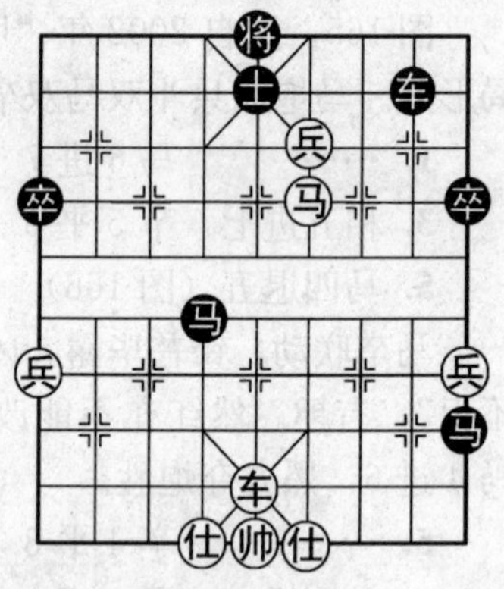

上海单霞丽

图 167

1. …… 马 4 进 5!

献马挡车，攻守两利，奇妙。红如吃马，马 9 进 7，黑方夺车胜。

2. 马四进六 士 5 进 4

3. 车五进一 车 8 平 5!

双车照面，妙。

4. 兵四平五 马 9 进 7

5. 帅五进一 马 7 退 5

6. 兵五进一 将 5 进 1!

下面：兵一进一，卒 1 进 1，红棋动帅就输棋，黑胜。

19. "瓮中捉马"(9 例)

图 168，选自 1991 年全国个人赛，由仙人指路对卒底炮走成。红马走边陲，闯入"死谷"，黑方沉思后巧使困马术：

广东许银川

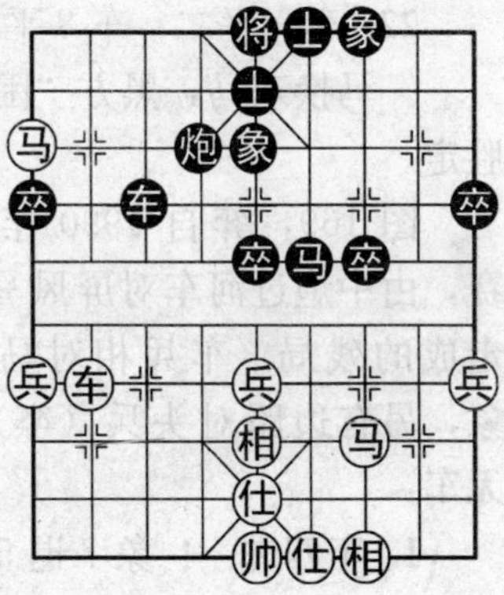

上海万春林

图 168

1. …… 车 3 退 1
2. 马九进八 车 3 进 1
3. 车八进四 ……

如马八退九，车 3 退 1，马九进八，车 3 进 1，"二捉对一捉"，红方违例。

3. …… 马 6 进 7

一边控马，一边压马，巧使困术。

4. 马八退九 车 3 进 1 5. 车八退一 象 5 退 3!
6. 马九退七 炮 4 平 6! 7. 马七进六 炮 6 进 6!

移动肋炮插相腰，形是窥相，实是调车，目的是实施困马术，寓意深刻又老到。

8. 车八退四 车 3 退 3 9. 车八平六 ……

如马六退五，象 7 进 5，红马尴尬。

9. …… 象 7 进 5 10. 兵九进一 炮 6 退 7
11. 马六退五 车 3 进 2 12. 马五进三 车 3 平 8!

控制一马，威胁一马，妙。

13. 兵五进一 马 7 退 5 14. 车六进三 车 8 平 7
15. 前马进二 ……

如改走车六平五，马 5 退 3，前马进二，炮 6 平 8，马三进四，车 7 退 3，逮住红马，黑方多子胜定。

15. …… 炮 6 进 1 16. 马三进四 车 7 平 6
17. 马四进二 车 6 平 8 18. 前马退三 马 5 退 3!

19. 车六平五　马 3 进 4！

双方环绕“逮和保”而展开竞争。红方连环马企图“破瓮而逃”，但无法得逞。黑马一跳，红方厄运难逃。

20. 车五平六　马 4 退 6！　**21.** 车六退一　马 6 退 8

22. 车六平二　车 8 平 7　**23.** 车二进一　车 7 退 1

一马换双马，黑方“困马术”成功。以后进入残局，黑方多子胜定。

图 169，弈自 1990 年全国个人赛，由中炮过河车对屏风马平炮兑车走成的残局。车兵相对马炮卒单缺象，另有边路对头兵（卒），有车攻无车：

江苏徐健秒

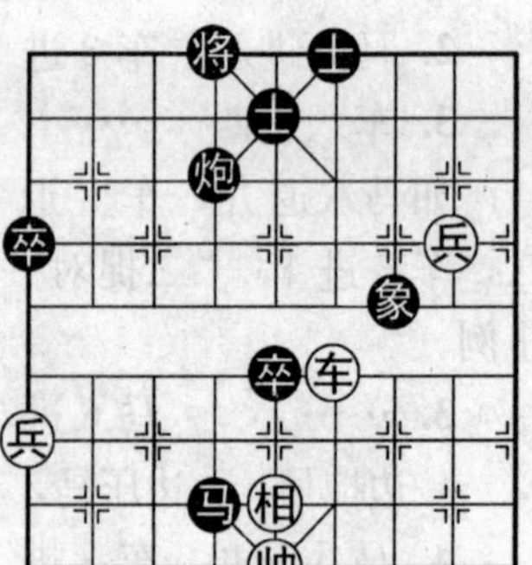

煤矿孙树成

图 169

1. 车四进一！象 7 退 5

2. 车四平六！马 4 进 2

一车十子寒。黑如改走马 4 退 2，车六平五，卒、象必丢其一。

3. 车六退二！……

退车控马，由此“请马入瓮”，施展困子术。

3. ……　卒 1 进 1　**4.** 兵二平三　将 4 平 5

5. 兵三平四　象 5 退 7　**6.** 车六平八　马 2 进 4

7. 车八退一！……

退车再紧扣子，“赶马入瓮”。

7. ……　炮 4 退 2　**8.** 帅五退一　士 5 进 4

9. 相五退七　士 6 进 5　**10.** 兵四平五　将 5 平 6

11. 车八平四　将 6 平 5　**12.** 车四平三　象 7 进 9

13. 兵五进一　卒 5 进 1　**14.** 车三平八　象 9 退 7

15. 兵五平六　士 5 进 4　**16.** 车八进一！卒 5 进 1

车、相、帅合力“关马于瓮”，继而兵进杀士，撕开防线，走得好。现在捉卒恰到好处。黑如马 4 退 3，车八平七，马 3 进 1，车七平五，士 4 退 5，车五进五，将 5 平 6，车五退七，红胜。

17. 相七进五　炮 4 进 1　**18.** 车八平五　将 5 平 6

19. 相五退七　马 4 退 3　**20.** 车五平七　马 3 进 1

21. 相七进九　象 7 进 5　**22.** 车七退二　炮 4 平 5

23. 帅五平六　将 6 平 5　**24.** 车七平九　……

"瓮中逮马"，红胜。

图 170，来自 1995 年全国个人赛，由中炮过河车对屏风马左马盘河走成。红方多兵走子：

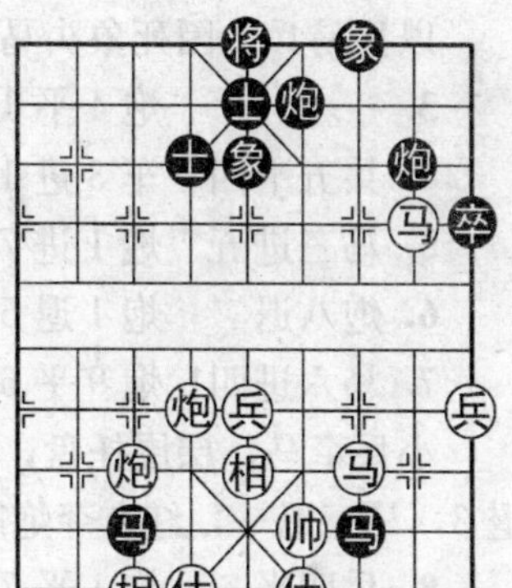

图 170

1. 炮六退二！马 7 退 9

针对黑方左右两匹卧槽马，红方严密监控，布下罗网，退炮开始捕捉。黑如马 7 进 9，马二退三，象 5 进 7，前马进五，炮 6 平 7，马三退一，炮 8 平 9，马五退六，马 3 进 1，炮六平九，炮 9 进 4，兵五进一，象 7 退 5，炮七平九，炮 7 进 5，马六进四，马 1 退 3，马四进二，马 3 退 2，前炮平八，红方夺子胜势。

2. 帅四平五　象 5 进 7

如改走马 9 退 7，相五进三，黑马受困。

3. 马二退一！象 7 进 9　**4.** 马三进四！马 9 进 8

5. 马一退三！炮 6 进 8　**6.** 马三退二！炮 6 退 3

7. 炮六进二！炮 8 平 6

"瓮中捉马"，步步抽紧。黑如改走炮 6 平 4，马四退六，马 3 进 1，相七进九，炮 8 进 4，兵五进一，卒 9 进 1，炮七进二，下一手炮七平九夺马胜。

8. 炮六平四　炮 6 进 4　**9.** 相五退三！马 3 进 1

10. 炮七平二　……

逮马成功，红胜。

图 171，弈自 2003 年“磐安杯”全国象棋大师冠军赛，由五七炮进三兵对屏风马形成。红方针对黑方象头马采取行动：

广东黄海林

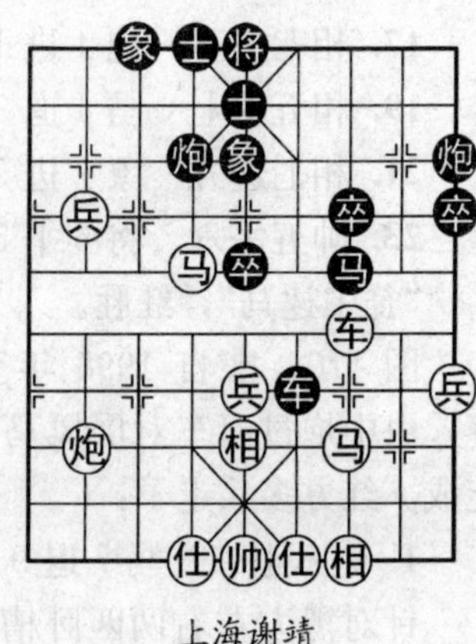

上海谢靖

图 171

1. 兵八平七　车 6 退 3

2. 兵五进一！车 6 平 3

3. 兵五进一　……

以兵易兵，困死象头马，妙。

3. ……　　　炮 4 平 1

4. 兵五平四　车 3 进 1

5. 马三进五　炮 1 进 7

6. 炮八退二　炮 1 退 5

7. 马六进四！炮 9 平 6

小兵牵马，层层托盘，紧凑。黑如炮 1 平 6，马四进三，炮 6 退 3，马三退一，红方夺炮胜。

8. 兵四平三　炮 1 平 7　　**9.** 马五进六　……

夺马，红方多子胜定。下略。

图 172，选自 2003 年第 14 届“银荔杯”象棋争霸赛，由五七炮进三兵对屏风马形成。斗无车棋，红方内子发力：

上海董旭彬

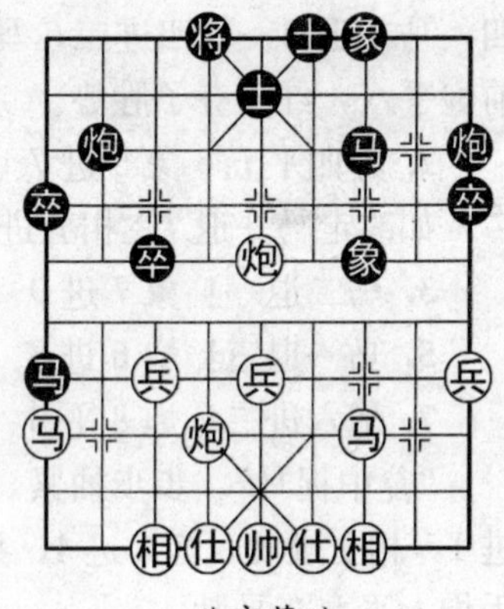

北京蒋川

图 172

1. 马九退七！马 1 进 2

退马从肋道出击，佳着。黑如改走象 7 退 5，马七进六，将 4 平 5，马六进七，马 7 进 6，仕四进五，红优。

2. 炮六平八！……

平炮盖马，撒网困马，肋道发力的后续手段和真正意图。

2. ……　　　马 7 进 6　　**3.** 相七进五　马 6 进 7

进马不如象 7 退 5 为好。

4. 炮五平六　将 4 平 5　**5.** 相五进三！……

飞相盖马，形成左右困双马，有趣。

5. ……　　　炮 9 平 7　**6.** 相三进五　象 7 退 5

7. 仕六进五　炮 7 进 2　**8.** 炮六进一　炮 2 进 3

9. 马七进六　炮 2 平 4

10. 炮六平八　炮 7 平 4

11. 马六退七　前炮平 2

12. 后炮进一　马 2 退 3

13. 前炮平三（图 173）　……

巧使困子术，双炮制双马，由此谋子成功。

13. ……　　　马 7 退 5

14. 马七进九　炮 2 退 1

15. 炮三平七！马 3 进 5

16. 相三退五　马 5 退 7

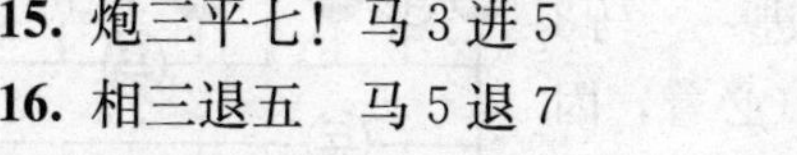

17. 马九进七　……

跃马踏双，红方以多攻少，胜定。下略。

上海董旭彬

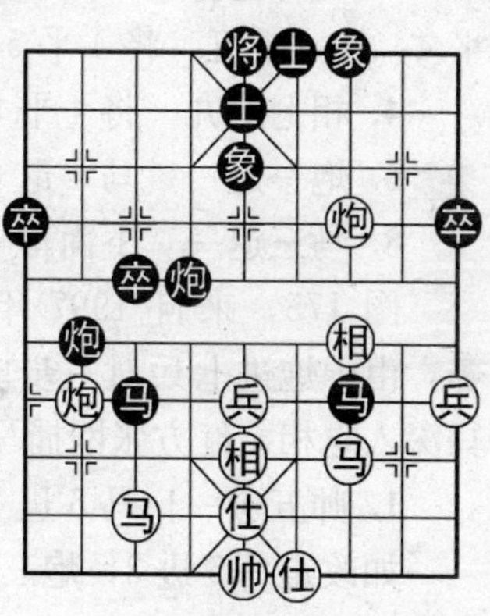

北京蒋川

图 173

图 174，弈自 1988 年全国个人赛，由斗顺炮形成的残局。马炮兵双相对马卒士象全，红方取胜有相当的难度。实战中，红方巧设“瓮中捉马”之计。

1. 炮一退二！马 2 进 4

红方退炮打双，咬牢不放。黑如改走马 2 退 3，马四退五，马 3 退 5（如将 5 平 6，兵六平五，将 6 平 5，马五退七，红方夺卒），兵六平五，马 5 进 7，马五退三，红方夺卒胜。

2. 帅四进一　卒 4 平 5

3. 马四退五！……

辽宁赵庆阁

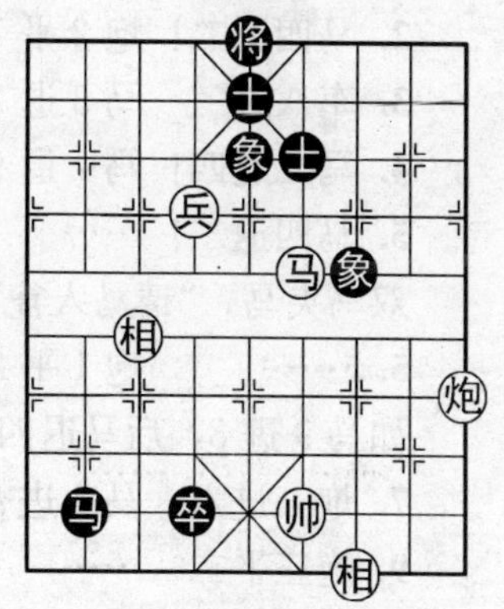

湖北熊学元

图 174

退马妙，设瓮捕马也。

3. ……　　　将 5 平 4

如改走卒 5 平 6，相七退九，卒 6 平 7，相九退七，马 4 退 6，马五进七，将 5 平 4，炮一进一，马 6 进 4，马七退九，将 4 平 5（如卒 7 进 1，红炮一退二），马九退八，马 4 退 6，炮一进二，将 5 平 4，炮一平五，将 4 平 5，炮五退三，将 5 平 4，黑马死，红胜。

4. 相七退九　将 4 平 5　　**5.** 相九退七　将 5 平 4

6. 炮一退一　马 4 退 6　　**7.** 马五进三　马 6 进 8

8. 马三退一　下面马一退二擒黑马，红胜。

图 175，来自 1997 年全国团体赛，由中炮进七兵对三步虎演成。黑马深入吃相，红方张网捕马：

山东侯昭忠

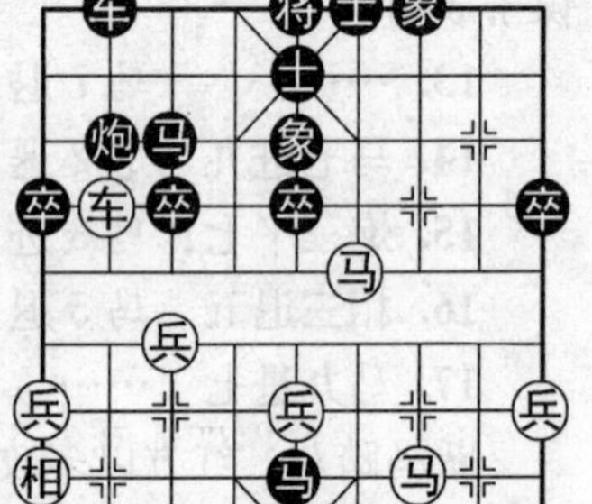

上海万春林

图 175

1. 帅五进一！马 5 进 7

如改走马 5 进 3，炮三进一，马 3 退 4，帅五平四，炮 2 平 1（必着，因红有车八退三逮马手段），车八平七，车 2 平 3，马四进二，红方有强烈攻势。

2. 马四退二！炮 2 平 1

3. 车八进三　马 3 退 2

4. 马二退四！马 7 退 9

5. 马四退二！……

双马夹马，“请马入瓮”，妙。

5. ……　　　炮 1 平 2　　**6.** 马三进二　炮 2 进 5

如马 9 进 8，后马退四，红方夺马。

7. 炮三进六　马 2 进 4　　**8.** 后马进三　马 9 进 8

9. 炮三平二　……

“马炮封瓮”，精巧。

9. ……　　　炮 2 退 2　　**10.** 兵五进一　卒 3 进 1

如炮 2 平 5，马三退四，红方夺子。

11. 炮二退六　……

“瓮中捉马”，奠定胜势。

11. ……　　　卒3进1　　**12.** 相九进七　马4进2

13. 马二进一　马2进3　　**14.** 马三退四　炮2退3

15. 马一退二　炮2平1　　**16.** 马二进三　红胜。

图176，弈自1990年全国个人赛，由中炮过河车对屏风马左象横车形成。车炮斗车马，黑方净多两卒，但孤象、马位不好。红方盯住黑马，撒下“绊马索”，最终擒马于“瓮”，残局制胜。

河南董定一

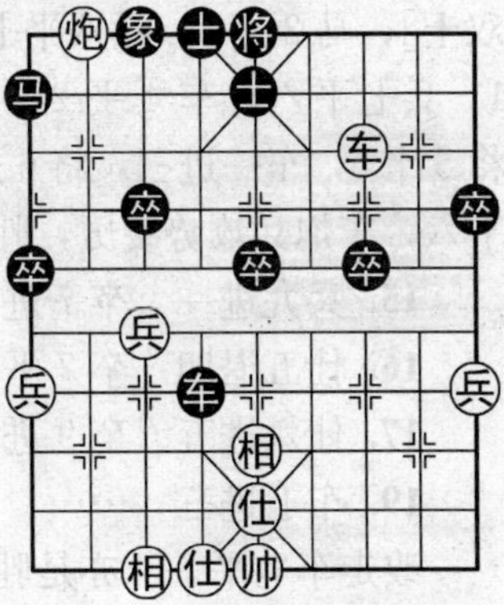

湖北李望祥

图176

1. 车三平八！……

平车锁马，犹如“绊马索”拉在手中的扣子，以后越收越紧。好棋。

1. ……　　　车4退5

2. 炮八平九　卒5进1

3. 炮九退四　卒5平4

4. 兵九进一　卒4平3　　**5.** 相五进七　卒7进1

6. 炮九平五　将5平6　　**7.** 炮五退三　车4进1

8. 车八退二！……

退车似松实紧，加强控制，佳着。如改走车八进一（似紧实松），车4平1，炮五平九，车1进3，炮九进六，车1退3，红方车炮被管制，边兵又不保，形势反而不妙。

8. ……　　　马1进3　　**9.** 车八平四　士5进6

10. 兵九进一　卒7进1　　**11.** 兵九平八　将6平5

12. 车四进一　马3进1　　**13.** 兵八平九　马1退3

红方车兵钳住黑马，使其难脱套在头上的“绳索”。黑如改走马1退2，车四平一，车4平2，车一进三，将5进1，车一退一，将5退1，车一平七，车2进1，炮五进三，黑仍难过。

14. 车四平七（图177）　卒7进1

河南董定一

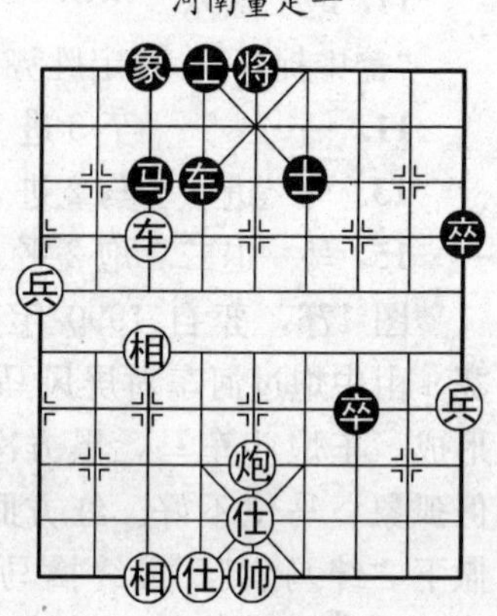

湖北李望祥

图 177

黑如卒 9 进 1，兵九进一，卒 7 平 8，兵九平八，马 3 退 2，车七平一［正着。如车七进三，车 4 平 3（如马 2 进 1，红兵八平九），炮五平七，车 3 退 2，炮七进七，将 5 进 1，兵八进一，卒 8 平 9，炮兵仕相全难胜双卒双士］，马 2 进 3，兵八平七，马 3 进 1，兵七平六，车 4 平 2，兵六平五，将 5 平 6，车一进三，将 6 进 1，车一平六，车炮兵攻势凌厉，胜势。

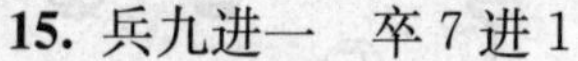

15. 兵九进一　卒 7 进 1

16. 仕五退四　卒 7 平 6

17. 仕六进五　卒 9 进 1　**18.** 兵九平八　马 3 退 2

19. 车七进三　……

改走车七平一　亦是胜势。

19. ……　车 4 平 3　**20.** 炮五平七！车 3 平 4

平炮打车妙。黑如车 3 退 2，炮七进七，将 5 进 1，兵八进一，以后捉住黑马，消灭边卒，红方胜定。

21. 车七平八　……

勒紧绳索，捕马成功。过程颇为有趣，下面入局。

21. ……　车 4 进 5　**22.** 炮七平九　卒 6 进 1

23. 帅五平四　车 4 平 9　**24.** 车八退二　车 9 退 1

25. 车八平四　车 9 进 3　**26.** 帅四进一　车 9 退 1

27. 帅四退一　车 9 平 5　**28.** 炮九平五　红胜。

图 178，选自 1995 年全国个人赛，由对兵（卒）局走成。针对黑方右马“槽位”不好，红方巧撒捕捉之网：

1. 兵九进一　炮 2 平 4　**2.** 兵九进一　马 2 退 1

3. 炮七平八　象 5 进 7　**4.** 兵九进一　马 1 退 2

边兵逼马，矛头直指，真是“阎王好见，小鬼难缠”。黑如改走马 1 退 3，炮八退三，车 9 退 1，炮八平七，红方夺马。

5. 车六进六　炮 4 平 6
6. 车六平五　象 7 退 5
7. 车五平三　马 7 退 8
8. 炮八进二　……

顶炮，“请马入瓮”。

8. ……　　　马 8 进 9
9. 车三平二　车 9 平 7
10. 炮四进四　车 7 退 3
11. 车二平三　马 9 进 7
12. 炮四平八　……

兑车简化，双炮攻马，“收网了”。

四川陈鱼

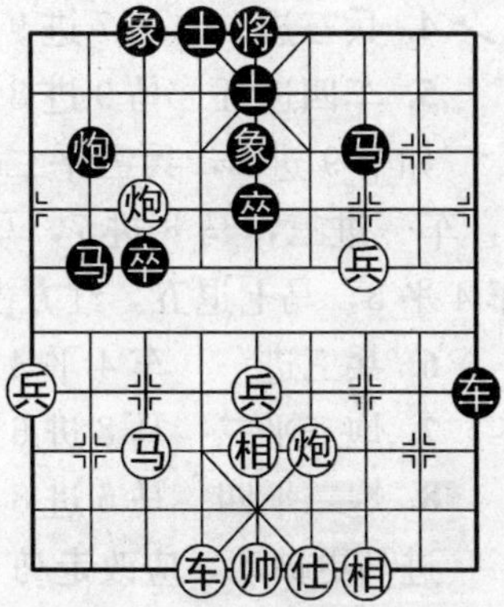

广东宗永生

图 178

12. ……　　　炮 6 退 1
13. 前炮平四　马 7 退 6　　14. 炮八进二　……

兑炮再简化，顶炮打马，毫不放松。

14. ……　　　士 5 退 6　　15. 兵九平八　象 5 进 7
16. 马七进六　象 3 进 5　　17. 兵八进一！马 6 进 7
18. 马六进七！象 5 退 7　　19. 炮八平九　马 7 退 5
20. 马七进五　象 7 进 5　　21. 兵八进一　……

“瓮中捉马”，小兵立功，有趣好看。至此演成炮高低兵仕相全必胜单卒士象全。

20. 右马未动已赢棋

图 179，弈自 1993 年全国团体赛，由飞相局对过宫炮走成。现在轮到黑方走子：

1. ……　　　车 9 平 8?

出车捉炮，似紧实缓，失先。应改走车 3 平 4 吃炮，然后再考虑出车为正。

2. 炮二平三　车 3 平 4　　3. 兵三进一　……

乘机过兵，扩大先手，由此控制局面。

3. …… 卒9进1

4. 兵三进一 马7进9

5. 车四进五 马9进8

如卒9进1，兵三平二，马9进8，车一进三，马8进7，马二进三，车4平3，马七退五，红方占优。

6. 兵三进一 车4平3

7. 炮三平二 马8进6

8. 炮二平四 马6进8

进马更被动，应改走马6退7。

9. 车一进一 卒3进1

10. 兵三进一 士4进5

浙江于幼华

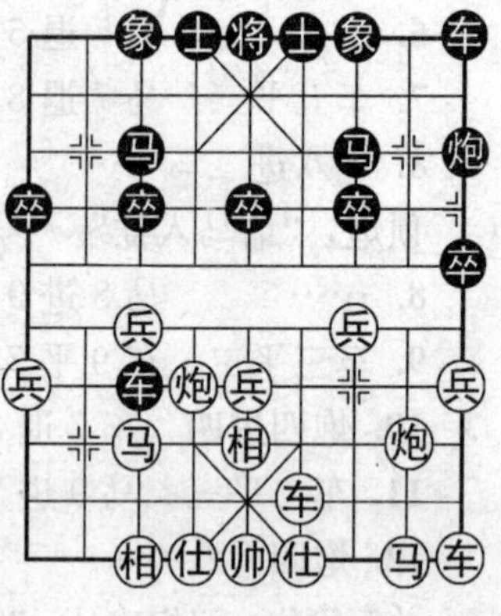

江苏王斌

图 179

11. 车一平三 象7进5

12. 车四进二 车8进4

13. 炮四进七 ……

抓住战机，红方提车、冲兵，迅速形成双车炮兵强大攻势。现在弃炮轰士，准备起脚破门，好棋。

13. …… 士5退6

14. 兵三进一 车8平7

如士6进5，兵三平四，士5退6，车三进八，红胜。

15. 兵三平四 将5平4

16. 车四平五（图180） ……

浙江于幼华

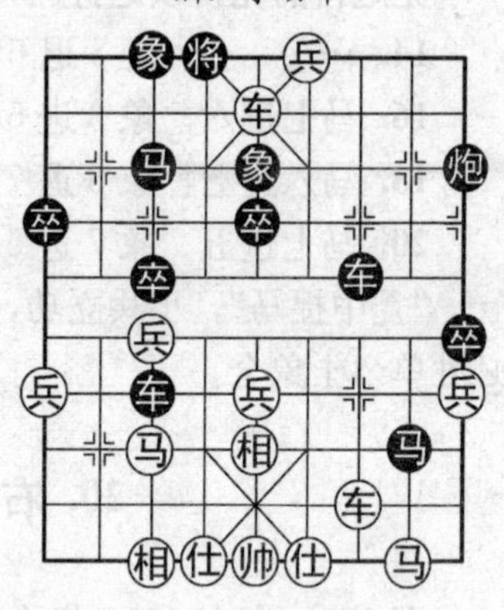

江苏王斌

图 180

献车绝杀，妙！下面：马3退5，车三平六，红胜。全局弈完，红方右马却一步未动，五个兵亦一个不少，两路对头兵（卒）又“吻而不散”，一局三奇，堪称趣也。

21. 左马未动已输棋

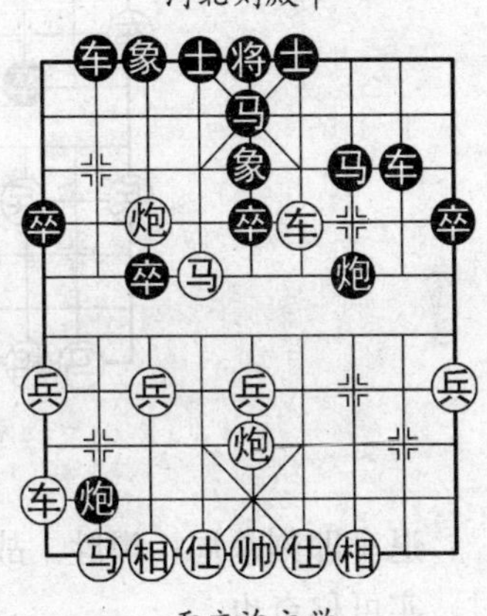

图 181

图 181，选自 2006 年全国象甲联赛，由五八炮对屏风马形成。红方走子：

1. 车四平三？ 卒 5 进 1!

平车压马，虽凶欠稳，不及炮五进四抢中卒稳当，易持先手。黑方冲卒逼马恰到好处。

2. 马六进五 ……

弃马踏象，逼着。如改走车三平六，马 7 进 6，车六进二，炮 7 退 3，车六退一，马 5 进 7，马六进七，士 6 进 5，黑方反击占优。

2. …… 象 3 进 5　**3.** 兵五进一 炮 2 退 5!

4. 炮七平一 炮 2 平 9

黑方连夺二子，红方损失惨重。

5. 兵五进一 车 2 进 2　**6.** 车三平一 马 7 进 8

7. 兵五平四 炮 7 退 4　**8.** 车九平二 车 8 平 7

红方虽然夺回一子，但黑方取得调整阵形、巩固防守的机会。现在送马反弃子，抢攻底线，好棋。

9. 车二进四 炮 7 进 9　**10.** 仕四进五 炮 7 平 9

11. 车一平四 车 7 进 7　**12.** 仕五退四 炮 9 平 6

13. 车二平三 车 7 平 8　**14.** 炮五平四 炮 6 平 4

15. 帅五进一 车 2 进 6　**16.** 帅五进一 马 5 进 7

双车炮攻势摧枯拉朽，厉害。再弃马保让后宫安全，黑方胜利在望。

17. 车三进二 车 8 平 5　**18.** 帅五平六 士 4 进 5

19. 车四平九 车 2 退 8!（图 182）

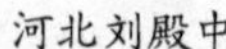

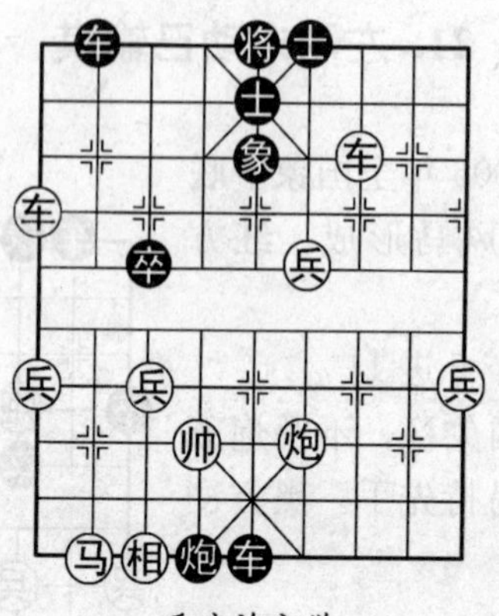

重庆许文学

图 182

退车即刻杀局，黑胜。战局已经结束，但红方左马一步未曾动过，实可称奇也。

22. 未曾举蹄　已被消灭

图 183，弈自 1990 年全国个人赛，由飞相局对中炮走成。红方走子：

1. 马九进八！ 车 1 进 1

2. 车二进八！ 士 6 进 5

3. 炮三进二！ 车 1 进 5

4. 炮三退五　卒 7 进 1

5. 炮八进七！ 炮 4 平 2

红方压马、保马、兑子、轰马，一系列抢攻，着法漂亮。黑如改走卒 7 进 1，车七进七，红方大优。从开局至此已是 26 回合，黑方右马一步也未动过，却已被消灭掉，真是奇也，对局中甚为罕见，妙哉。

贵州高明海

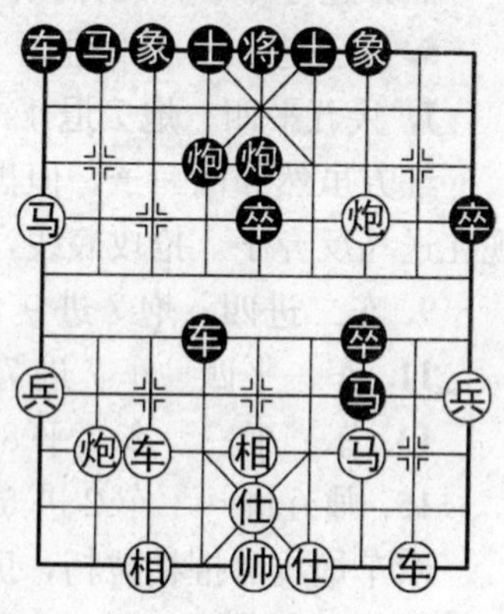

河南董定一

图 183

6. 炮八退二　卒 7 进 1　　**7.** 车二平三　车 1 平 2

8. 车三进一　士 5 退 6　　**9.** 炮八退三！卒 7 平 6

红方退炮妙，保持多子优势。黑如车 2 退 1，马八退七捉双车。如车 4 平 2，则马八退六杀。

10. 马八退七　车 2 退 2　　**11.** 仕五进四　卒 5 进 1

12. 炮八平二　车 2 平 4　　**13.** 仕四退五　卒 5 进 1

14. 炮二进五　卒 5 进 1　　**15.** 马七退八　前车进 2

16. 炮二平四　炮 5 进 5　　**17.** 车七平五！卒 5 进 1

18. 炮四平六　将 5 进 1　　**19.** 炮六退八　车 4 进 5

20. 车三退七　卒 5 平 4　　**21.** 马八进六　……

一番激烈拼抢，红方摧阵破宫，过程精彩，最终车马胜车卒，一盘佳构也。

23. 三马未动分胜负

图 184 是《象棋报》介绍的一则棋局，系内部交流赛，由对兵（卒）局走成。双方对攻，黑方抢先：

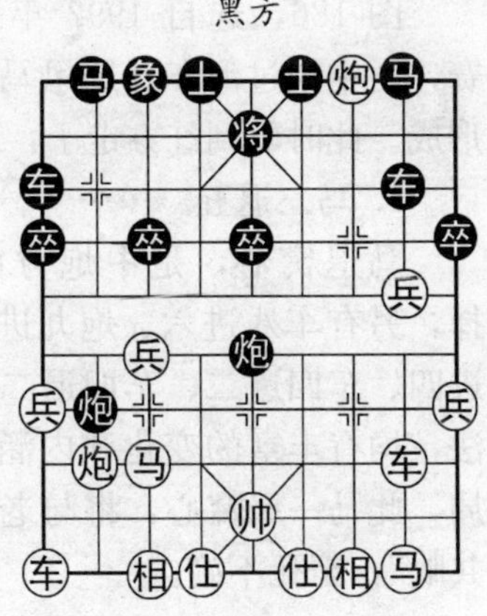

图 184

1. ……　　炮 2 平 5

2. 帅五平六　……

如改走帅五平四，车 1 平 6，车二平四，车 6 进 5，炮八平四（如帅四进一，车 8 平 6，黑胜），车 8 进 2，黑方胜势。

2. ……　　车 1 平 4

3. 马七进六　车 4 进 3

4. 炮八平六　车 4 平 3

5. 车九进一　前炮平 4

6. 帅六平五　炮 5 退 1

7. 车九平八　车 3 平 5

8. 帅五平四　车 8 平 6

9. 炮六平四　炮 4 平 6!

10. 炮四平五　炮 6 平 2

11. 炮五平四　车 6 平 7

12. 车二平三

车 5 平 8（图 185）

连连催杀，黑胜。观枰回顾，红方右马、双仕相、双兵及黑方双马、象双士、四卒共 16 个子都未曾动过，占对阵总兵力的一半，真是趣得可爱，妙得可以。

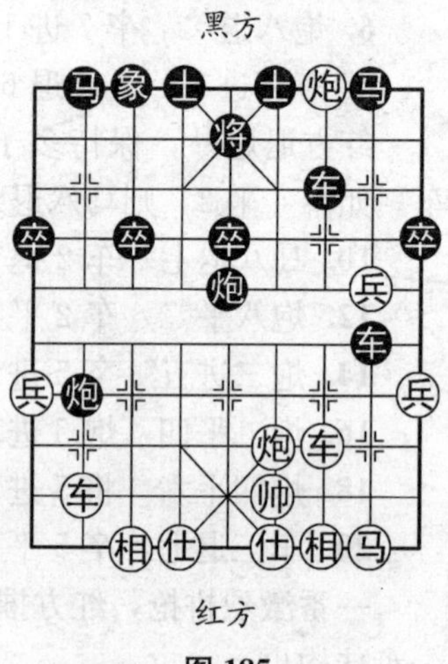

图 185

24. 窝心马“长居”中宫

图 186，选自 1992 年全国个人赛，由中炮过河车对屏风马平炮兑车形成。此时轮到红方走子：

1. 马三退五　……

马退窝心，是中炮方的一种选择，另有车八进六、炮九进四、炮五进四、车四进二、车四退二等多种打法，均有丰富的变化和内涵。而在本局，此马一居窝心，将与老帅“长期共眠”，至死不渝。

黑龙江赵国荣

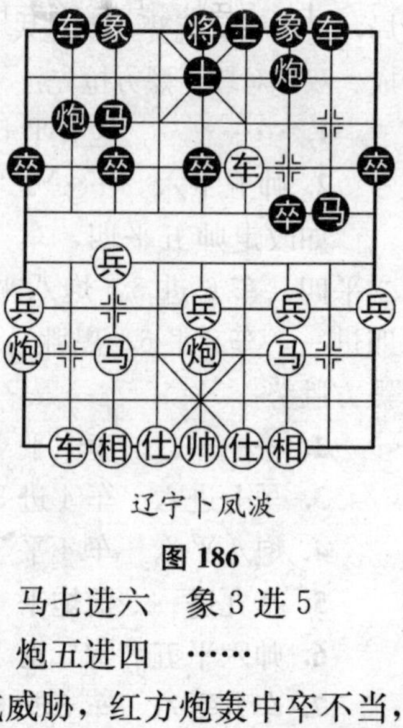

辽宁卜凤波

图 186

1. ……　卒 7 进 1

2. 车四进二　炮 7 进 5

3. 车八进六　马 8 进 6

4. 马七进六　象 3 进 5

5. 车四退三　车 8 进 6

6. 炮五进四　……

此时，黑方左翼已反击有势，构成威胁，红方炮轰中卒不当，宜改走兵一进一避一手。

6. …… 炮 7 平 9!

轰边兵，既窥中兵又有底线攻势，佳着。

7. 兵五进一（图 187） 车 8 平 3

如图 187，出现楚河横线“5 子通”，且又是中兵两边马兵（卒）对称相映。此景保持 5 个回合之久，好看有趣。现黑车右调，实行多方位控制，紧凑。

8. 炮五退一 车 2 平 4 **9.** 炮九平四 炮 9 平 5

10. 炮五退二 车 4 进 5

11. 相三进五（图 188） 马 6 进 5!

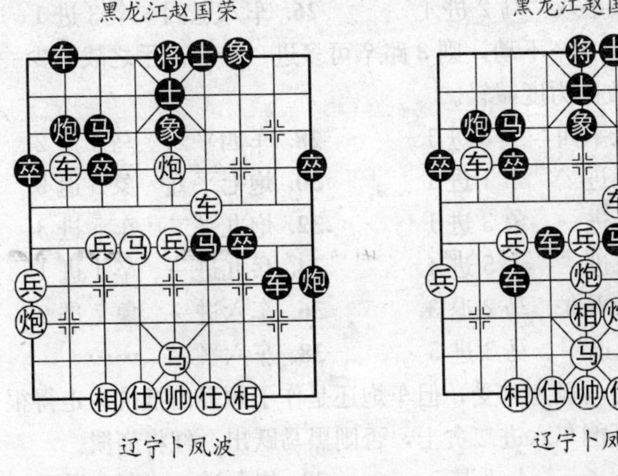

图 187 **图 188**

弃马踏相，最佳的进攻切入点，一石激起千层浪，好棋。此时，中路又有 5 个红子组成直线“5 子通”，纵横交叉，承上启下，棋局变化真是微妙。

12. 相七进五 车 3 平 5 **13.** 车八进一 车 5 进 1

吃相，黑车就此“封死”窝心马，直至终局。

14. 兵五进一 马 3 退 4

退马保存实力，老练。如卒 7 平 6，车八平七，将 5 平 4，兵五平六，车 5 平 6，车七平八，车 6 平 5，车八进二，将 4 进 1，局势松懈。

15. 炮四进一　卒7进1　16. 炮四平七　车4平3
17. 车八退四　车3平4　18. 兵五平六　车4平5
19. 炮七退二　卒7进1　20. 车八平七　卒3进1
21. 车四平五　……

兑车减轻压力，必着。如兵六平七，马4进3，黑方内马窜出，红方不好受。

21. ……　后车退1　22. 兵六平五　车5退3
23. 车七平一　马4进2　24. 车一进三　卒7平6?

欠细致，同样动卒，应改走卒3进1。

25. 车一平八　马2进4　26. 车八退四　卒3进1

如果方才7卒不动，则3路卒可多进一步。高手之战，少一步就意味着进攻的力度减轻。

27. 车八平四　卒3进1　28. 车四平六　马4进2
29. 车六进二　卒1进1　30. 炮七平九　象5退3
31. 炮九进一　象3进1　32. 炮九平二　车5进3
33. 炮二进二　士5进4　34. 兵九进一　卒1进1
35. 炮二平九　马2退3　36. 车六进一　象7进9
37. 炮九退一　马3进5　38. 车六平二　……

红方窝心马极为难受，但车炮还是作了顽强的抵抗，走得很有耐心。此时不能车六进二贪士，否则黑马跃出，红将崩溃。

38. ……　士4退5　39. 炮九进一　车5退2
40. 炮九退二　车5进2　41. 炮九进二　车5退1
42. 炮九退一　卒3进1　43. 车二退三　卒3进1
44. 炮九退一　马5进6　45. 车二平四　马6进4

黑马脱缰而出，红势危险了。

46. 车四平六　马4退6　47. 车六平四　马6进4
48. 车四平六　马4退6　49. 车六平七　卒3平4
50. 车七平六　马6进7　51. 炮九平七　……

车炮在内线作最后抵御。如车六退一吃卒，马7进5，黑方立定胜局。

51. …… 士5进6 **52.** 炮七平八 士6进5
53. 炮八平七 士5进4 **54.** 炮七平八 士6退5
55. 炮八平七 士5退6
56. 炮七平八 象1进3
57. 炮八平七 车5退3
58. 炮七平八 将5进1
59. 炮八平七 马7进8
60. 炮七进二 车5平6!
61. 车六平五
将5平6（图189）

黑龙江赵国荣

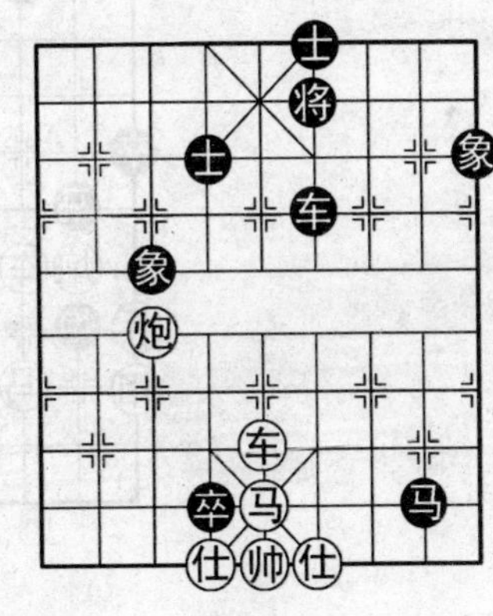

辽宁卜凤波

图189

黑方在时限极紧的情况下，艰辛思索，终于找到入局之路。下面：马五进三，车6平5！车五进四，马8退6，黑胜。马居窝心长达61个回合，一旦跳出，老帅便被擒。真是千载难逢的奇异趣局也。

25. 七步蹬马 妙成杀局

图190，弈自2007年全国象甲联赛，由中炮过河车对屏风马平炮兑车演成。红方多子占优，出手：

1. 马五进六！车5退1 **2.** 马六进七！车5进1

如改走象5进3，马七进六，车5退1（如车5进1，红车七进一），马六进七，车5进1，车七进一，象3进1，马七进九，红胜。

3. 前马进八！炮9平8 **4.** 马八进六！象3进1
5. 马六退七！车5退1 **6.** 后马进六！马2进4
7. 马七进九！……

马蹬7步，妙成杀局。下面：炮8退5，炮八进四！炮8进4，炮五进三！士5进4，马九进七，将5平4，车七平六，士6进5，车六平二，红胜。

甘肃梁军

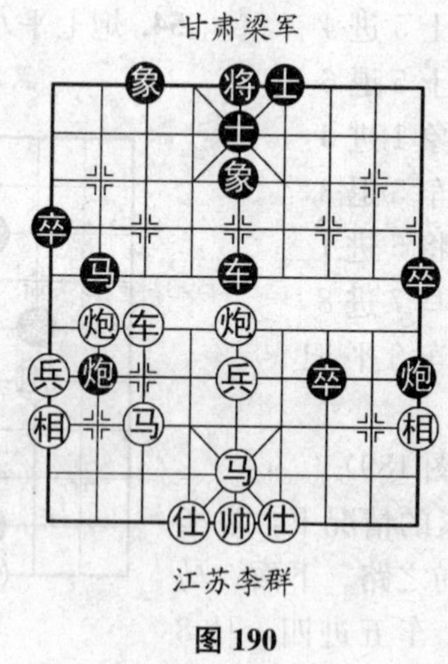

江苏李群

图190

26. 马蹬八步　势如破竹

图191，选自第13届“棋友杯”，由中炮过河车对屏风马平炮兑车形成。红方有势抢攻：

吉林李轩

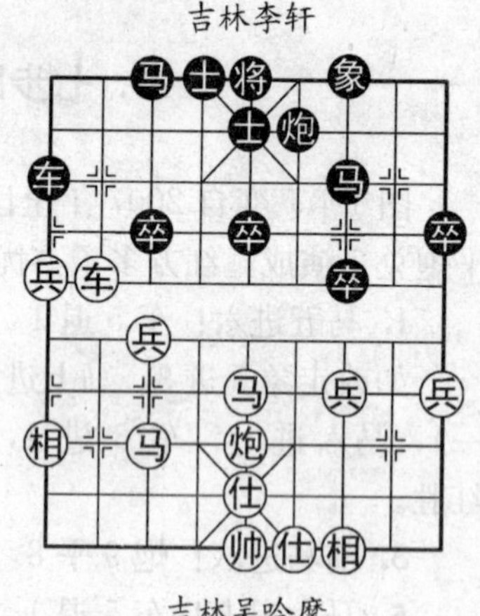

吉林吴吟麾

图191

1. 马七进六　炮6平7
2. 马五进四！车1平4
3. 马四进三　车4进3
4. 马三退五　车4平5
5. 马五进四！象7进9
6. 马四退三　象9退7
7. 马三退五！炮7进5
8. 马五进四　……

马蹬8步，兑子推进，迅速形成车马炮联攻杀势，走得生机勃勃。

8. …… 将 5 平 6　　9. 车八平四　象 7 进 5
10. 马四退三　将 6 平 5　　11. 车四进一　车 5 退 1
12. 车四平一！将 5 平 6　　13. 车一进三　将 6 进 1
14. 马三退四！车 5 进 2　　15. 炮五平四　士 5 进 6
16. 马四进五　炮 7 平 6　　17. 车一退一　将 6 退 1
18. 马五进七　……

攻杀冲刺，步步进逼，凶。

18. ……　马 3 进 2　　19. 车一进一　将 6 进 1
20. 车一平六　车 5 退 3　　21. 马七退六　车 5 进 2
22. 兵九平八　将 6 平 5　　23. 马六进七　车 5 退 2
24. 车六退六　炮 6 退 3　　25. 兵八进一　马 2 进 4
26. 炮四平五　将 5 平 6　　27. 马七进六　……

骏马再踏 7 步，四子联攻势如破竹，红胜。

27. 脱缰骏马　九步冲杀

图 192，出自 1992 年全国团体赛，由中炮对三步虎转列炮而成。红方抢攻：

1. 马六退四！马 2 退 3

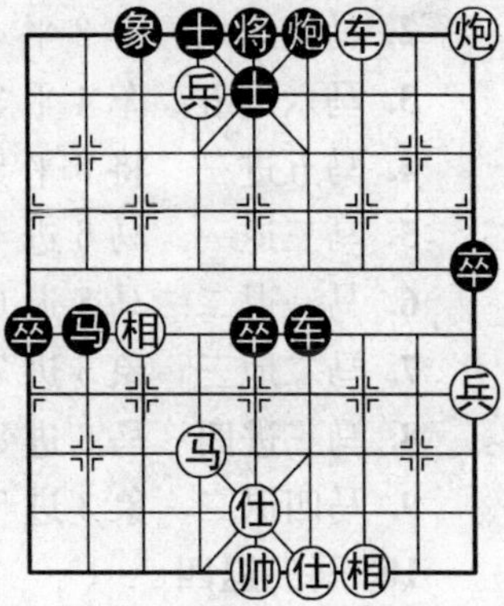

马回路转，形成车马炮三子归边之势，好棋。黑如车 6 进 3 吃马，车三退八抽车，红胜。

2. 马四进三　马 3 退 4
3. 马三进二　马 4 进 5
4. 马二进一！……

湖北李智屏

广东汤卓光

图 192

跃马攻杀，凶。如马二退四吃车，马 5 进 6，红虽也能胜，但大大拖延时间。

4. ……　象 3 进 5　　5. 车三退三　炮 6 进 3

6. 马一进二　士5退6　　7. 马二退四！将5进1

8. 马四退五　……

攻中夺马，奠定胜势。

8. ……　车6进1　　9. 车三进二　炮6退2

10. 马五进七　将5平4　　11. 炮一退一　将4进1

12. 炮一平四　……

再夺炮，锐不可当。

12. ……　车6退3　　13. 炮四平九　象5进3

14. 马七进六　……

马冲9步，功到事成。红胜。

28. 马攻10步创奇迹

图193，来自1998年第9届“银荔杯”，由过宫炮对中炮走成。且看红方运子：

江苏徐天红

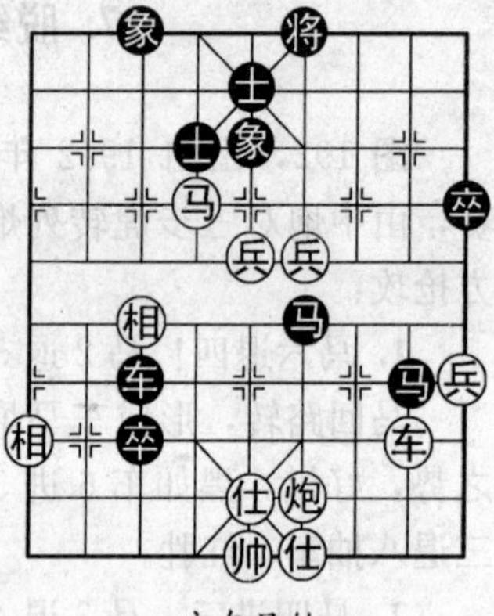

广东吕钦

图193

1. 马六退八　车3平2
2. 马八退六　车2平4
3. 马六进五　车4平3
4. 马五进三　将6平5
5. 马三退一　马6进4
6. 马一退二　马8退6
7. 马二地三　象5进7
8. 马三进四　马6进8
9. 马四退二　象3进5
10. 马二退四　……

马攻连走10步，实战中极为罕见，创造奇迹，可说是奇妙有趣。

10. ……　马4进3　　11. 炮四平七　卒3进1

12. 兵四平三　……

兑子得象，确立优势。

12. …… 卒3平4　13. 兵三平四 车3平4

14. 兵一进一 将5平4　15. 相九退七 象5退7

16. 相七退九 马8退6　17. 车二平四 马6进8

18. 车四平三 士5退6

19. 马四退六 士4退5

20. 车三进七 马8退6

21. 马六进七 将4平5

22. 车三退五

马6进5（图194）

23. 仕五进四 卒4进1

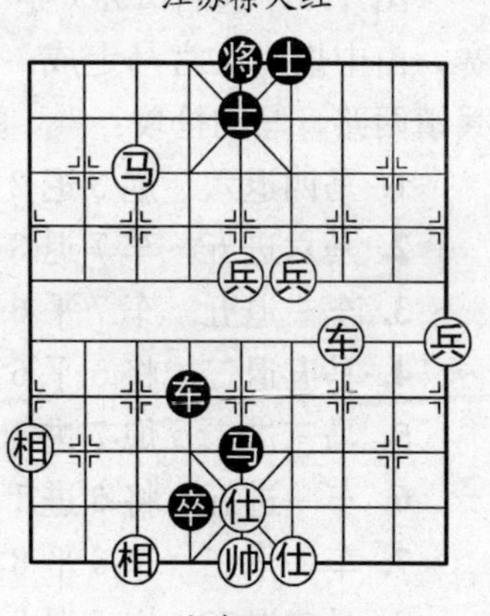

图 194

图194，红方多兵多相，已经奠定物质上的胜势。黑方车马卒联攻企图一搏，红方从容防守，撑仕不慌不忙。黑如改走马5进3，车三平五，卒4进1，帅五进一，车4平9，帅五平六。黑势无棋，红方胜势。

24. 帅五进一 马5退3　25. 帅五平四 车4平9

26. 仕四退五！马3进4　27. 车三平四 卒4平5

28. 兵一进一！卒5平6

红方挺兵献兵，顺水推舟，妙。黑如车9退2，车四退一，黑方受控。

29. 帅四退一 车9进3　30. 帅四进一 马4退5

31. 相七进五 车9退1　32. 帅四进一 马5进7

33. 车四平三 马7退9　34. 车三退一 马9进8

35. 车三退二 车9退2　36. 帅四退一 马8退7

37. 车三进一 士5进6　38. 马七退八 ……

红方巧防守固若金汤，黑方势尽危来。红方退马反击，顷刻成功。

38. …… 马7退5　39. 马八进六 士6进5

40. 马六退五　夺马，红胜。

29. 马动 11 步　功到事成

图 195，选自 1995 年全国个人赛，由中炮对反宫马走成。红方车炮兵镇两路，马动抢攻：

北京张强

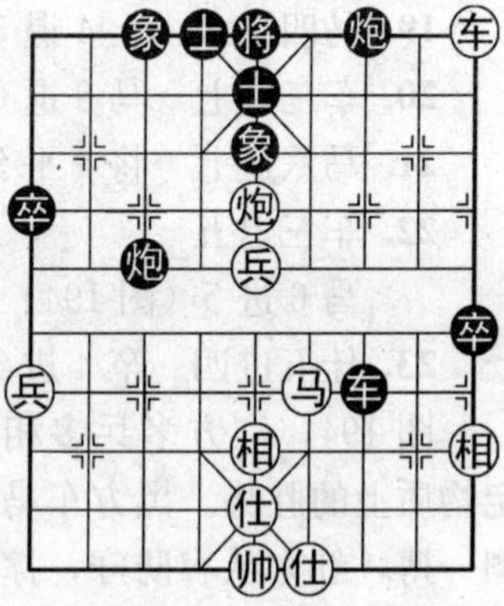

吉林陶汉明

图 195

1. 马四退六　炮 3 退 2
2. 马六进五　车 7 退 3
3. 车一退五　车 7 平 6
4. 马五退三　将 5 平 6
5. 马三进二　炮 7 进 4
6. 车一进五　将 6 进 1
7. 车一平三　车 6 平 8
8. 马二退三　炮 7 退 2
9. 马三进四　车 8 平 6
10. 马四退二　车 6 平 8　　**11.** 马二退四　车 8 平 6
12. 马四进六　车 6 进 2　　**13.** 马六进四　炮 7 平 8
14. 炮五平四　车 6 平 5　　**15.** 马四进二　……

下面为：车 5 进 2（如车 5 退 1，车三退一，将 6 退 1，马二进四，红胜），马二退三，士 5 进 4，车三平五，士 4 进 5，炮四退五，炮 3 平 2，车五平二，炮 8 平 7，马三进四，炮 7 平 6，马四退二，红方必夺子胜。

30. 弃马连连 11 步

图 196，弈自 1990 年全国个人赛，由中炮过河车对屏风马弃马局形成。黑方运子：

1. ……　　车 8 进 8!

弃马，车插下二路，配合右侧行动，佳着。

天津袁洪梁

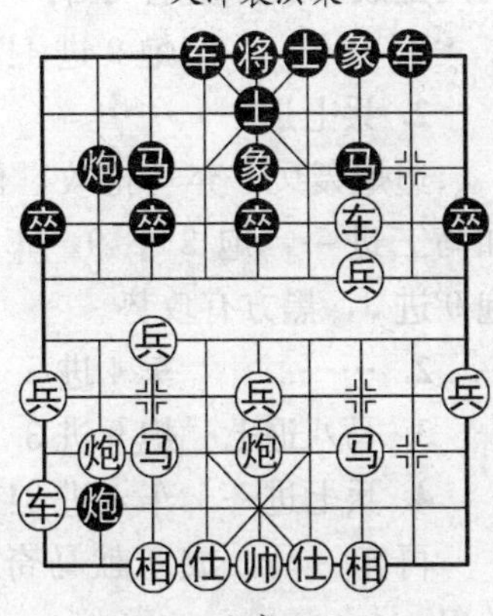

江苏廖二平

图 196

2. 仕六进五　……

如车三进一，车 8 平 3，炮八平九，车 4 进 8，黑有凌厉攻势。

2. ……　　车 4 进 8!

再插肋车，凶。

3. 马七退六　卒 3 进 1!

4. 兵七进一　……

挺卒活马再弃马。红方不能吃，否则马 3 进 2，红难应付。

4. ……　　象 5 进 3

5. 炮八平七　象 3 退 5

6. 炮七进四　……

红方还是不敢吃马，否则黑方马 3 进 2，快马奔袭，红方受不了。

6. ……　　卒 5 进 1!　　**7.** 马三进四　后炮进 1!

8. 车三进一　……

驱赶红车吃弃马，有趣。红若再不吃，黑马 7 进 5，大优。

8. ……　　马 3 进 5　　**9.** 车三退一　马 5 进 3

10. 炮七平九　马 3 进 2!　　**11.** 车三平七　马 2 进 1

快马夺车，威风凛凛，黑方反夺优势。

12. 炮九进三　……

如炮九退五，炮 2 平 5，炮九平五，炮 2 进 6，黑胜。

12. ……　　前炮平 5!　　**13.** 车七进三　车 4 退 8

14. 炮五平三　炮 5 平 7!　　**15.** 车七平八　马 1 进 3

16. 炮九平六　炮 7 平 2!!

平炮打车，绝妙佳着。下面马 3 退 4 杀，黑胜。

31. 弃双马妙杀（2 例）

图 197，出自 2002 年全国个人赛，由中炮过河车对屏风马弃

马局走成。黑方左炮飞出：

1. ……　　　炮 9 进 4!

2. 兵七进一　……

边炮轰兵，弃马抢攻，佳着。红如马三进一，炮 3 平 9，车三进一，炮 9 进 3，黑方有攻势。

2. ……　　　车 4 进 5

3. 马八退七　炮 9 进 3

4. 兵七进一　车 4 进 3!

再弃一马，成双献马奇趣景观，凶狠。

天津袁洪梁

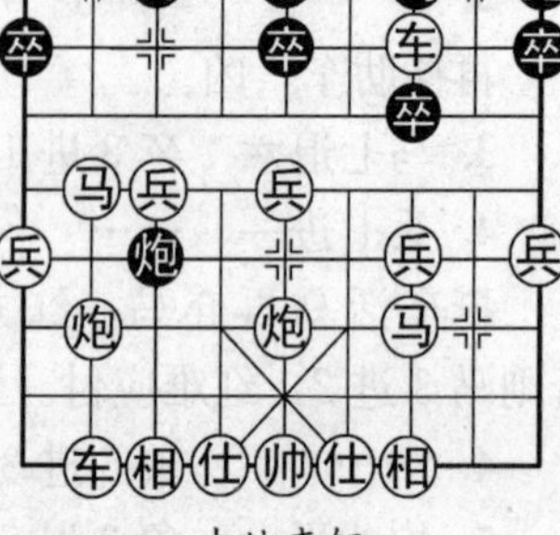

吉林李轩

图 197

5. 马七退五　车 8 进 5

6. 兵七进一　车 8 平 5　**7.** 相七进九　……

如改走炮五进一，炮 3 平 7；又如炮五平七，将 5 平 4，相七进九，车 5 平 4，都是黑方胜势。

7. ……　　　车 5 进 2　**8.** 炮八进七　车 4 平 2!

献车挡车，妙。

9. 兵七平八　车 2 平 4　**10.** 相九进七　车 5 平 6

下一手炮 3 平 5 胜。

图 198，弈自 1987 年"奔马杯"象棋邀请赛，由中炮过河车对屏风马走成。红方先手发难：

1. 炮八进五! 马 7 进 8

进炮窥象，抢攻。黑如改走卒 7 进 1，马七进五，象 3 进 5（如卒 7 进 1，马五进三，炮 1 平 7，炮八平三，红优），炮八平五，将 5 平 4，马三退五，红方有攻势。

2. 车四平三　马 8 进 6

3. 车三退二　马 6 进 7

江苏徐天红

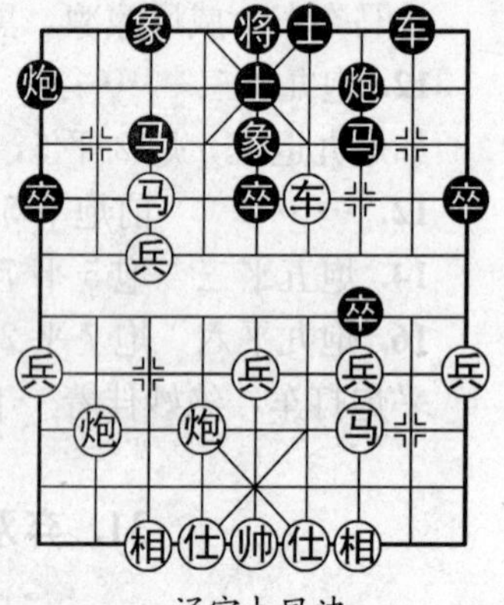

辽宁卜凤波

图 198

4. 马七进五！……

连弃双马强攻，好棋。

4. …… 象 3 进 5 **5.** 炮八平五 士 5 退 4
6. 车三进四 车 8 进 2 **7.** 炮六进二！车 8 平 6
8. 仕四进五 卒 5 进 1 **9.** 车三平七！车 6 平 5
10. 炮六平八！炮 1 进 5 **11.** 兵七进一！……

以少击多"势胜子"，红方弃子战术获得成功。

11. …… 车 5 平 8 **12.** 兵七进一 车 8 进 7
13. 仕五退四 炮 1 进 3 **14.** 炮八进五 士 4 进 5
15. 车七进一 士 5 退 4 **16.** 炮八平六！……

轰士破宫，攻中有守，妙。

16. …… 将 5 进 1 **17.** 车七退一 将 5 退 1
18. 炮六退七 车 8 平 7 **19.** 车七进一 将 5 进 1
20. 车七平四 ……

连消带守，恰到好处。

20. …… 车 7 退 1

如改走车 7 平 6，车四退九，马 7 进 6，帅五平四，红方胜定。

21. 车四退四！……

下面：车 7 平 4，车四平五，将 5 平 6，车五平四，将 6 平 5，炮六平五，将 5 平 4，兵七进一，将 4 退 1，车四进四，红胜。

32. 双马喂帅

图 199，来自 1981 年上海市象棋锦标赛，由中炮两头蛇对反宫马走成的残局。马炮兵斗双马卒，红方走子：

1. 炮六进五 卒 6 平 5 **2.** 仕四退五 马 4 进 5

互破仕（士），各不相让。

3. 相三退五 马 2 退 4 **4.** 帅六进一 马 4 进 6
5. 炮六退五 将 5 平 4 **6.** 马五进六 马 6 进 4
7. 马六退五 将 4 进 1（图 200）

上海成志顺

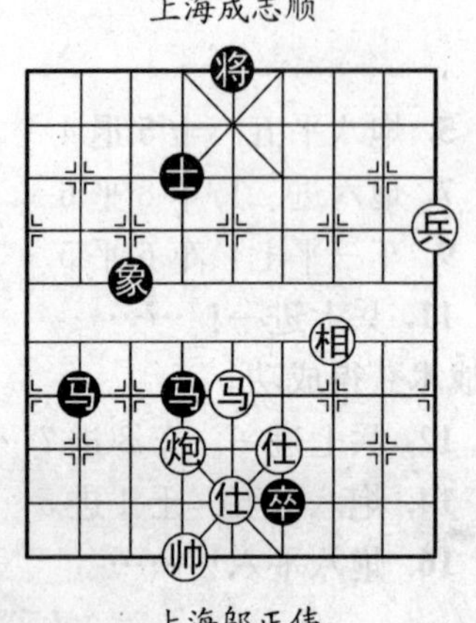

上海邬正伟

图 199

上海成志顺

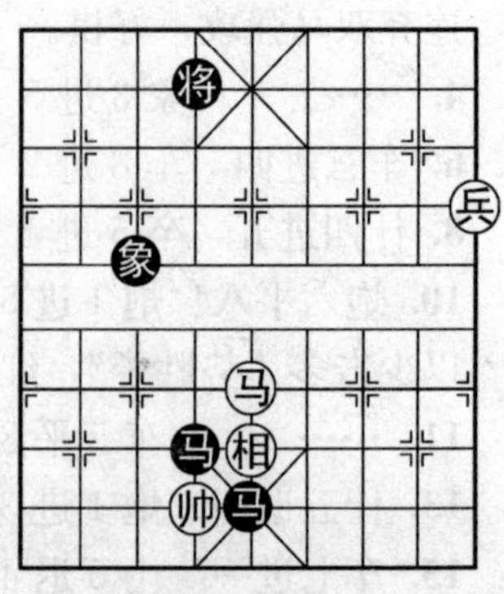

上海邬正伟

图 200

兑炮，形成“双马喂帅”而马又都不能动弹的奇观，趣极。

8. 兵一平二　将 4 退 1　　**9.** 兵二平三　将 4 进 1

10. 兵三平四　将 4 退 1　　**11.** 兵四平五　将 4 进 1

12. 帅六平五　……

此时用帅吃马必然，因为兵不能再进。马、相如动，黑马也动。至此，形成马兵相对马象残局，红方持有微弱优势，然黑方可守，终和，下略。

33. 双马抢珠

图 201，选自 1995 年全国赛，由斗顺炮演成。无车斗有车，红方双马连动 12 步，置对方于死地，甚是好看，令人拍案叫奇也。

1. 后马进三　车 5 平 8　　**2.** 马五进四！车 8 平 2

如车 8 退 1，马三进四，红方速胜。

3. 马四退三！车 2 平 7　　**4.** 前马退五　象 9 进 7

5. 马三退四　卒 5 进 1　　**6.** 马四进三　……

欺车抢攻，好棋。

6. ……　　车 7 平 5　　**7.** 马五进七！车 5 平 3

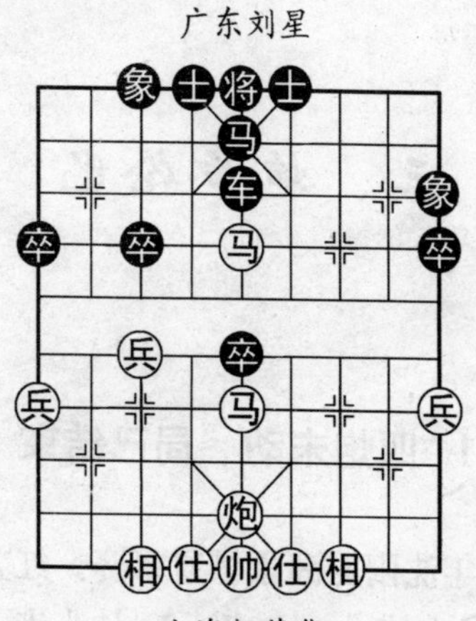

图 201

8. 马三进五！象 3 进 1　　**9.** 马七退八！车 3 平 5

10. 马八退七　车 5 进 1　　**11.** 马七进五　……

进退有序，联动抢卒，妙。

11. ……　马 5 进 6　　**12.** 马五进四　……

打死车，红胜。

三、炮步伦巴

1. 四炮未动　局已结束

本局弈于1998年沈阳亚洲象棋冠军赛。红方走子：

1. 兵七进一　象3进5
2. 马八进七　马8进7
3. 兵三进一　车9进1
4. 马二进三　马2进4
5. 相七进五　卒3进1
6. 兵七进一　车1平3
7. 马七进六　车3进4
8. 车九平七　车3进5
9. 相五退七　马4进6
10. 相三进五　卒7进1
11. 马六进五　马6进5
12. 马三进四　卒7进1
13. 兵五进一　卒7平6
14. 兵五进一　马7进5
15. 兵五进一　车9平7
16. 车一平三　车7进8
17. 相五退三（图202）

和局。

香港赵汝权

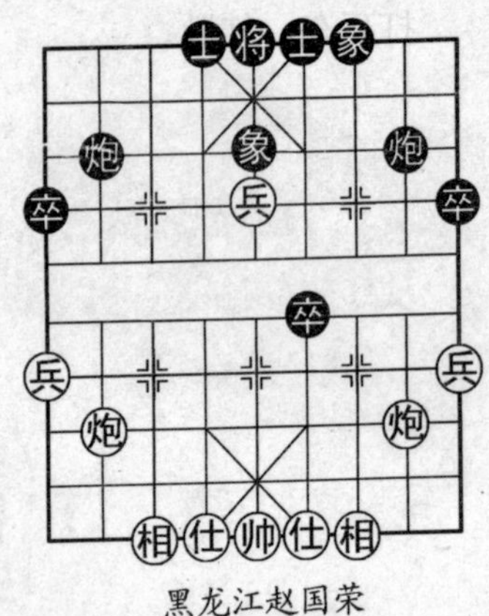

黑龙江赵国荣

图202

双车双马兑光，全局已毕，而四门炮却一门也没有走动，堪称旷古奇局也。

2. 四炮云集　中路出彩（11例）

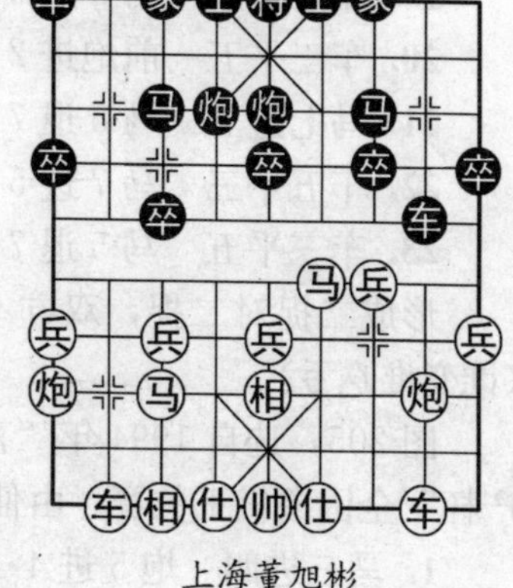

图 203

图 203，弈自 2003 年第 14 届“银荔杯”，由飞相局对中炮走成。红方走子：

1. 车二进一　车 1 进 1
2. 兵三进一　车 8 平 7
3. 车二平六　炮 4 进 2
4. 车八进六　车 1 平 6
5. 车六进三　车 7 平 6
6. 马四退三　卒 5 进 1

红方通过弃兵，开出双车，扑向对方。黑方见招拆招，应对严密，局面在均衡状态下发展。

7. 炮二进四　前车平 8　　8. 车八平三　车 8 平 7
9. 车三退一　炮 4 平 7　　10. 炮二平七　象 3 进 1
11. 车六进二　卒 5 进 1

控制与反控制，双方咬得很紧。黑方强冲中卒，硬是杀条路出来。

12. 兵五进一　马 7 进 6　　13. 车六平三　马 6 进 7!
14. 马三进五　……

黑方弃炮扑马，好棋。红方上马正着。如车三退一贪炮，马 7 退 5，车三平五，马 5 进 6，帅五进一，车 6 进 3，车五退二，马 6 退 7，车五进一（如车五进四，象 7 进 5，相五进三，车 6 退 1，炮七平一，车 6 平 9，黑优），马 7 退 5，车五平八，马 5 进 6，帅五平四，马 6 退 4，黑胜。

14. ……　马 7 退 5　　15. 炮九退一　车 6 进 5
16. 炮九平五　士 4 进 5　　17. 兵一进一　炮 7 平 5
18. 炮七平五（图 204）　……

双方环绕中路展开争夺，粘得很牢，各不相让。至此，形成中路顶格直线，且四炮同在中线上，有趣。

18. ……　　　车 6 平 7
19. 相五进三　马 3 进 5
20. 车三平五　前炮进 2
21. 马七进五　马 5 退 7
22. 车五平三　马 7 进 5
23. 车三平五　马 5 退 7

形成二捉对二捉，双方不变作和（谁变谁吃亏）。

北京蒋川

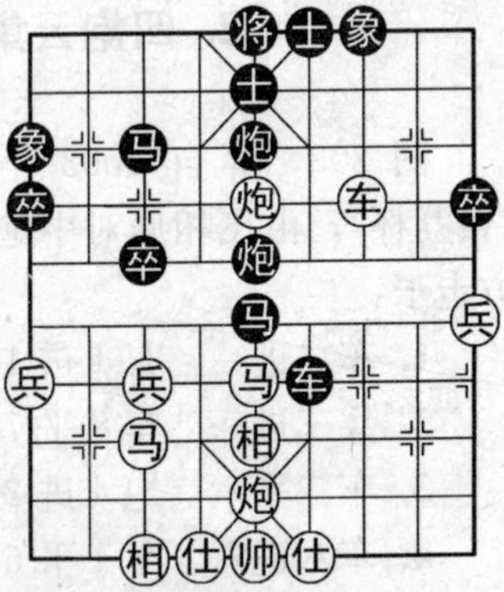

上海董旭彬

图 204

图 205，选自 1994 年“嘉丰房地产杯”全国象棋王位赛，由仙人指路对卒底炮走成。红方走子：

1. 马三进四　炮 5 进 4　**2.** 马四进五　马 7 进 5
3. 车二平五　炮 3 平 5　**4.** 车五进一　车 4 平 5
5. 炮二平五（图 206）　……

广东许银川

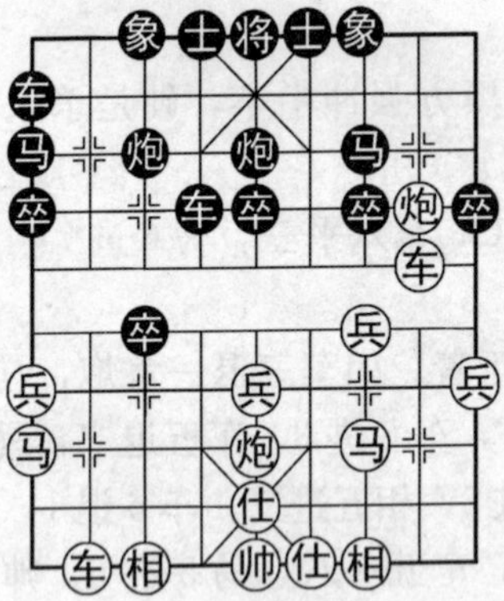

河北阎文清

图 205

广东许银川

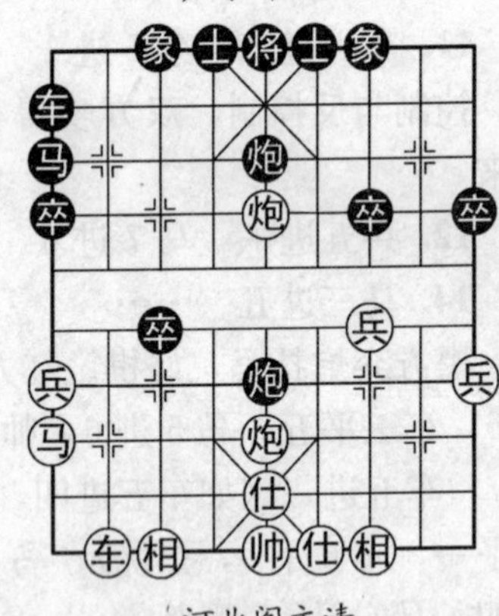

河北阎文清

图 206

双方环绕中路展开争夺，交换车马后，四炮夹花同列中路，真是“四炮大会串”，有趣也。

5. …… 士4进5　6. 车八进三　炮5退1
7. 车八平六 ……
改走车八平五比较平稳。
7. …… 马1进3　8. 车六进三　马3进4
边马乘机跃出，黑方多卒，兵种占位又好，已掌优势。
9. 马九进七　炮5进1　10. 马七进五　炮5退3
11. 炮五进四　马4退5　12. 车六平五　车1平3
13. 相七进五　卒3平4　14. 马五进四　士5进6
15. 帅五平六　车3进5　16. 车五平六　车3平4
17. 帅六平五　士6进5　18. 车六平七 ……
放弃对车卒的牵制，不妥。宜兵九进一作观望。
18. …… 象3进1　19. 车七平九　车4平2
20. 帅五平六　将5平6
21. 兵九进一　车2进3
22. 帅六进一
卒4进1（图207）
车、卒底线，肋道发难。车炮卒呈掎角攻势，红方很难防守。
23. 车九平七　炮5平2
24. 马四退六　炮2平4
25. 车七平三　炮4退2
攻守兼备，不让红方有丝毫机会。
26. 兵九进一　车2退2!

广东许银川

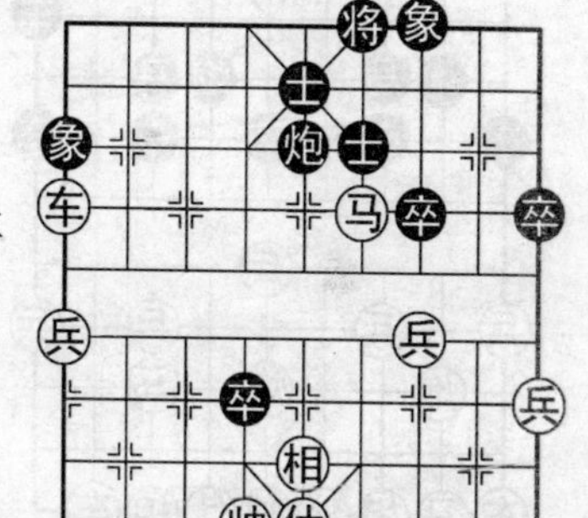

河北阎文清

图207

27. 帅六退一　卒4进1!　28. 仕五进六　车2平4
29. 帅六平五　车4进2　30. 帅五进一　车4退5
弃卒夺马，多子奠定胜势。
31. 兵九进一 ……
如改走车三平一，车4平1，车一平四，炮4平5，红方孤仕，黑方可胜。

31. ……　车4平9!　32. 兵九进一　炮4平5
33. 车三平四　车9进2　34. 兵九进一　车9平7
35. 帅五平六　卒9进1　36. 兵九平八　卒9进1
37. 车四平六　卒9平8　38. 兵八平七　卒8平7
39. 车六退二　车7平3　40. 兵七平六　车3平6

黑方胜定，红方认输。

图208，选自1984年香港团体赛，由中炮对反宫马形成。红方走子：

1. 兵五进一　炮6平5　2. 马八进七　卒5进1
3. 炮八退一　炮2退1　4. 马七进五　炮2平5
5. 炮八平五（图209）……

香港赵汝权

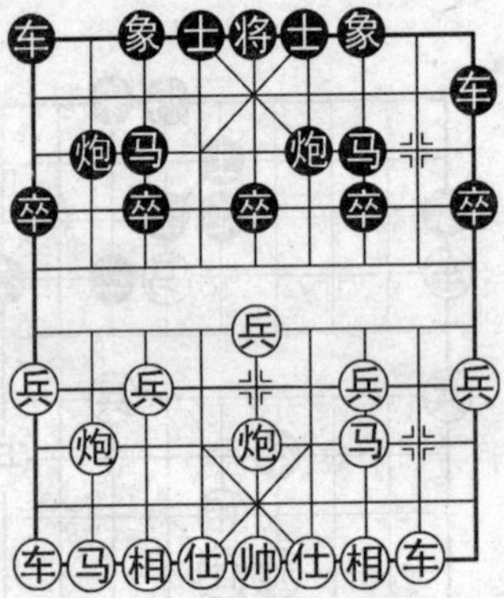

香港陈允亨

图208

香港赵汝权

香港陈允亨

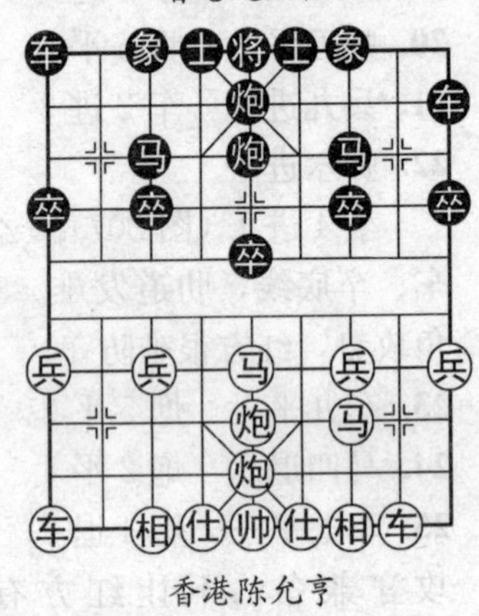

图209

四炮占中，双方对视，罕见，有趣。

5. ……　车9平6　6. 马五进六　前炮进5
7. 相三进五　马3进5　8. 车九平八　车1进2
9. 兵七进一　车1平4　10. 车八进五　卒5进1
11. 车二进四　车6进6　12. 马三退二　卒5平4
13. 车二进三　马5退6　14. 车二退三　炮5进7
15. 仕六进五　车6退3　16. 车二平六　……

兑去四炮，车马对峙，局面继续保持均衡。

16. …… 马6进5　17. 车六退二 士6进5

18. 马二进三 卒7进1　19. 马三进五 车6平5

20. 兵三进一 象3进5　21. 兵三进一 马5进7

22. 马五进三 车5平6

势均力敌，都难建树，握手言和。

图210，出自2005年第9届世界象棋锦标赛，由中炮横车对屏风马走成。红方走子：

台湾地区吴贵临

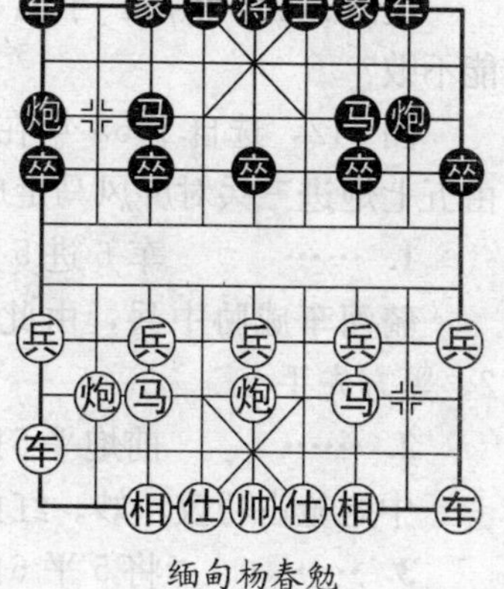

缅甸杨春勉

图 210

1. 车九平六 ……

开车不及炮八退一或炮八进五。

1. …… 车1平2

2. 车六进五 ……

宜炮八平九先避一手。

2. …… 卒7进1

3. 炮八平九 车2进6

4. 车六平七 ……

如改走炮五平四，车2平3，相七进五，炮8进5，黑方占优。

4. …… 炮1退1

5. 兵五进一 炮1平3

6. 车七平六 车2平3

轰车抢道，黑方已经反先，控制局面。

7. 马七退五 炮3平5

8. 车六退二 马7进8

9. 炮五进一 马8进7

10. 炮九平五

炮8平5（图211）

四炮立中，同线争抢，有趣。

11. 相七进九 ……

台湾地区吴贵临

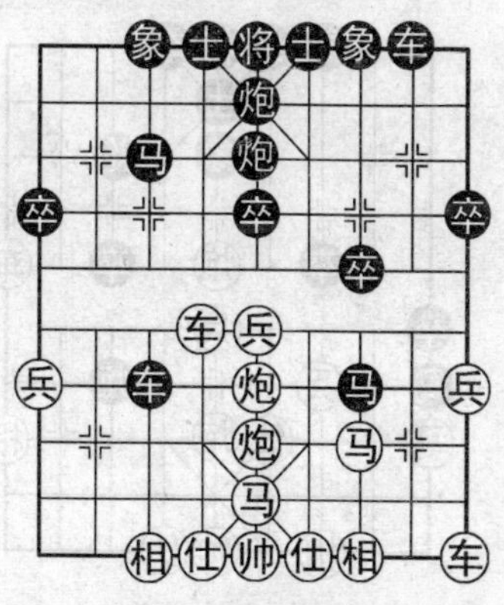

缅甸杨春勉

图 211

空棋。应走车一进一。

11. …… 马7进5 **12.** 相三进五 前炮进3

13. 相九退七 车8进6 **14.** 车六平七 车3退1

15. 相五进七 马3进4 **16.** 炮五退一 马4进3

17. 马三进四 马3进2

速战速决，黑胜。至此，红方右车一步未动。与高手过招，岂能不败?

图212，选自1955年在上海大新游乐场的应众象棋表演赛，由五七炮进三兵对屏风马走成。现在轮到黑方走子：

1. …… 车6进5 **2.** 车一平三 ……

骑河车威胁中兵，由此反击，佳着。红如车一进四，后炮退2，黑方先手。

2. …… 前炮平5! **3.** 仕四进五 ……

中炮抢占巧攻，妙。红如前炮退二，象5进7，红方丢车。

3. …… 将5平6! **4.** 车三退五 象5进7!

5. 车三平二 炮7平5（图213）

出将叫杀，扬象轰车，继而再架中炮，一套组合拳，漂亮。四炮集中路，夹花同列，有趣之奇景。

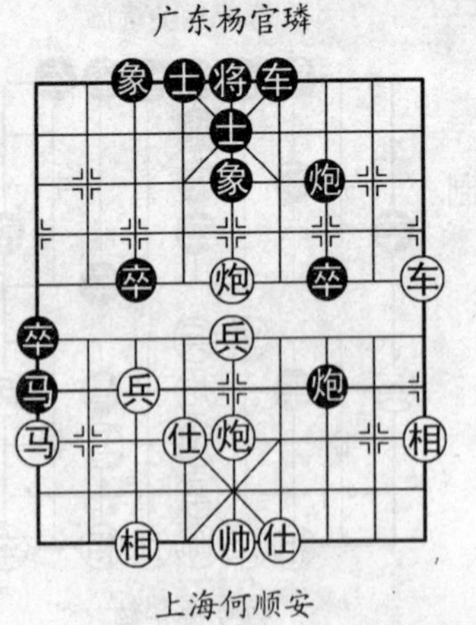

图212

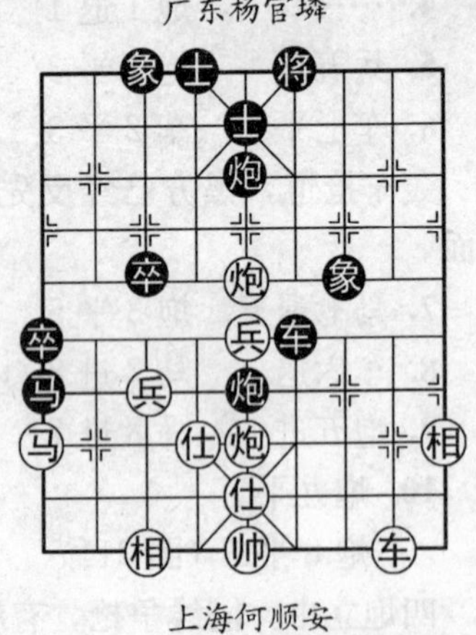

图213

6. 前炮退二　炮 5 进 4　　**7.** 帅五平六　炮 5 平 4

8. 帅六平五　车 6 平 5

兑炮简化，黑有过河卒，子活阵畅，黑方已经确立优势。

9. 车二进九　将 6 进 1　　**10.** 车二退六　炮 4 退 4

11. 车二平四　士 5 进 6　　**12.** 帅五平四　象 3 进 5

13. 马九退七　将 6 退 1

14. 马七进六　士 4 进 5

15. 马六退四　车 5 退 2

16. 车四进一　马 1 进 2

17. 车四平九　马 2 退 3

18. 车九平二　炮 4 退 2

19. 相一退三　车 5 平 1

20. 炮五进一（图 214）

车 1 进 6

一阵缠绵调整，黑方底线攻击，由此突破。

广东杨官璘

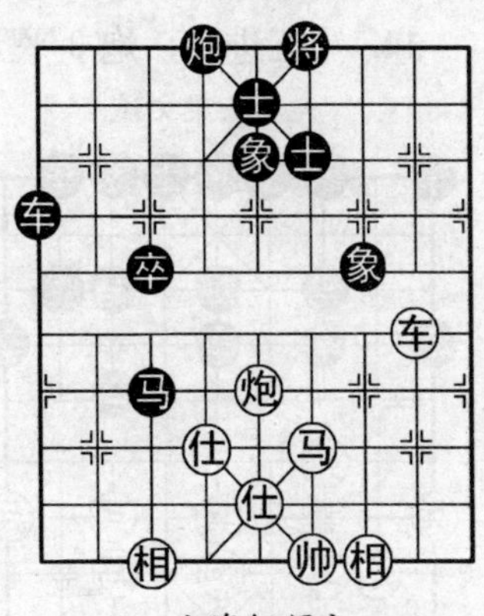

上海何顺安

图 214

21. 相三进五　马 3 进 5!

22. 炮五平四　将 6 平 5　　**23.** 车二平五　车 1 平 3!

24. 帅四进一　车 3 退 3　　**25.** 炮四进二　车 3 平 6

26. 炮四平五　马 5 退 6

破双相，再活马，黑方奠定胜势。

27. 车五平六　象 7 退 9　　**28.** 帅四退一？车 6 进 1

红方退帅漏着失子，速负。但改走他着也难免一败，早晚而已。

图 215，弈自 1985 年“将相杯”象棋大师邀请赛，由中炮对半途列炮形成的对称阵形。红方走子：

1. 炮八平九　士 4 进 5　　**2.** 车八进五　炮 5 平 4

3. 兵五进一　象 3 进 5　　**4.** 车八进一　炮 8 进 1

5. 兵五进一　……

阵式变形，演成中炮盘头马对反宫马攻守对垒，红方从中路突破。

5. ……　　卒 3 进 1　　6. 车八退二　卒 5 进 1
7. 兵七进一　象 5 进 3　　8. 车一平二　炮 4 平 5

输攻墨守，各不相让。黑方补架中炮，遏制红方攻势。

9. 兵三进一　炮 8 平 3　　10. 车二进九　马 7 退 8
11. 马七进五　卒 5 进 1　　12. 炮五进二　卒 7 进 1
13. 炮九平五　卒 7 进 1
14. 马五进三　炮 3 平 5（图 216）

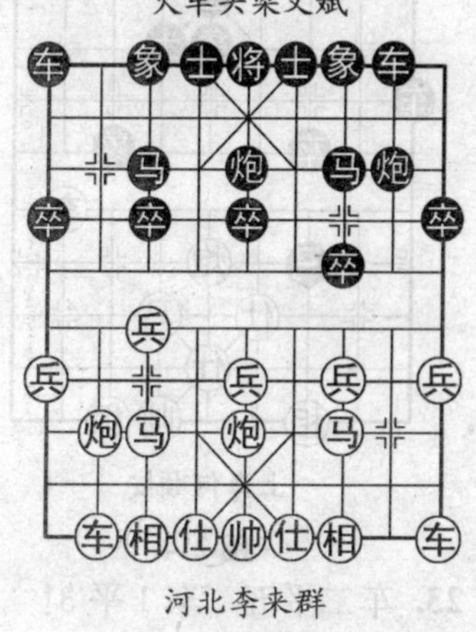

图 215

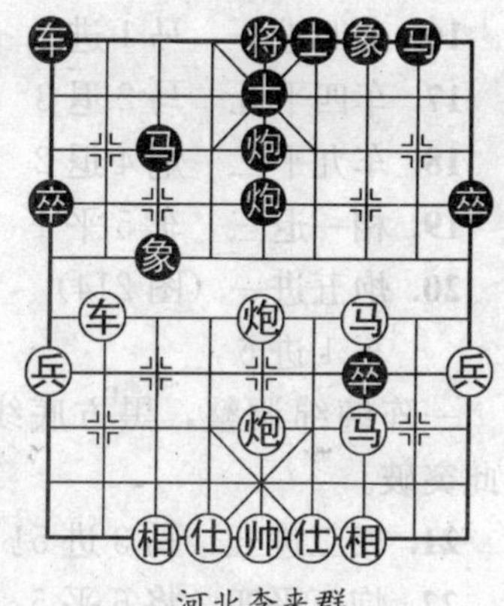

图 216

再架中炮，四炮对视，中路出奇景，妙。黑如改走卒 7 进 1 吃马，车八进二，炮 3 平 5（如炮 3 进 6，仕六进五，下面红方进马，黑难应付），后炮进四，马 3 进 5，车八平五，炮 5 进 3，车五退二，基本和局。

15. 马三进二　马 8 进 9　　16. 后炮进四　马 3 进 5
17. 炮五进三　……

大兑子，烟消云散，双方同意作和。至此，黑方右车一步未动，又增一奇景，妙哉。

图 217，弈自 1980 年 12 省市象棋邀请赛，由斗顺炮而成。红方抢攻：

1. 炮八平一！象 7 进 9　　2. 炮四进六！士 5 进 6

3. 炮一平九！ 车 1 平 2　　　　**4.** 炮九平五！ ……

双炮飞舞，4 步联攻，妙。

4. ……　　　将 5 平 4

如改走炮 5 平 3，炮四平五！将 5 进 1，车二退一，将 5 退 1，车二平六，红方夺车胜。

5. 车二平四　炮 5 退 2

6. 炮四平五！　炮 2 平 5（图 218）

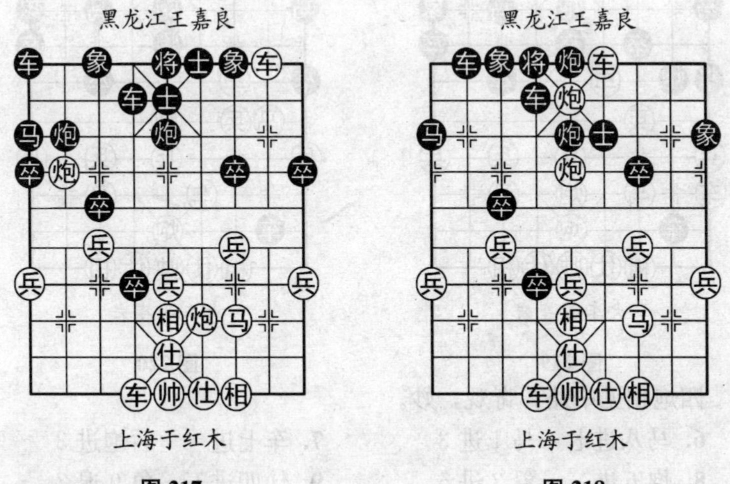

图 217　　　　**图 218**

如改走车 4 平 5（如士 6 退 5，车四平五杀！），车四平五！车 5 退 1，车六进三，红胜。如图 218，四炮夹花紧靠同列中路直线，奇趣妙景也。

7. 前炮平二　前炮平 2　　　　**8.** 炮二退五　炮 2 进 7

9. 车六进三　炮 2 平 1

下面：车六进五，将 4 进 1，车四平五，车 2 进 9，仕五退六，车 2 平 4，帅五进一，车 4 退 1，帅五退一，马 1 进 2，炮二进五，马 2 进 3，炮五进二，将 4 进 1，车五平六，将 4 平 5，车六退八，马 3 进 4，炮五平三，红胜。此时又出现两个趣景：一是红方五兵齐全，二是河口“兵卒相拥至死不渝”，妙哉。

图 219，选自 1990 年全国团体赛，由顺炮直车对缓开车形成。

红方走子：

1. 前炮进四　士 6 进 5　　**2.** 前炮退二　车 1 平 2

3. 马七进八　卒 3 进 1　　**4.** 车六平七　炮 2 退 1

5. 车九平六　炮 2 平 5（图 220）

辽宁陈启明

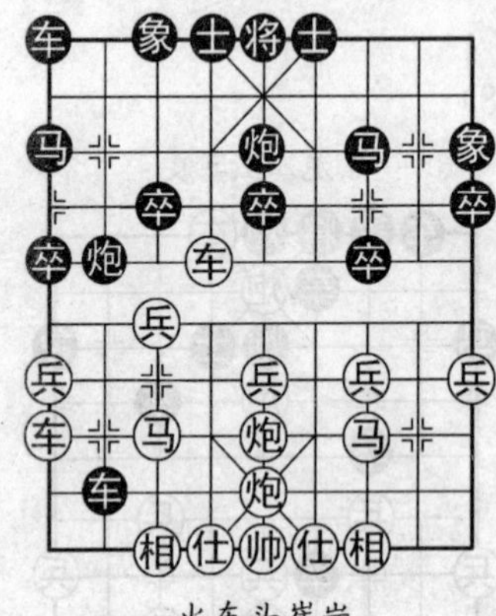

火车头崔岩

图 219

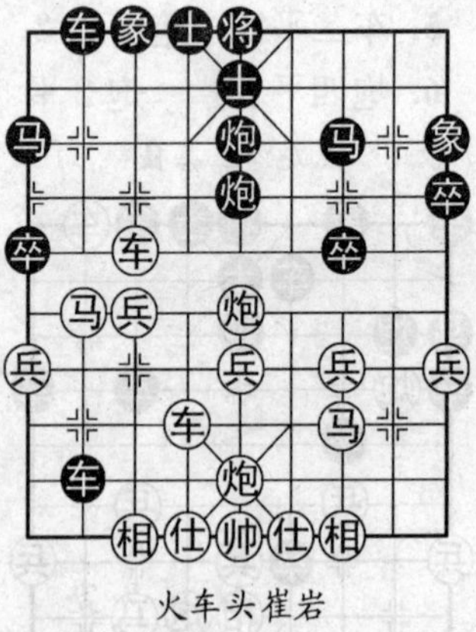

辽宁陈启明

火车头崔岩

图 220

四炮相见中路，奇观，妙。

6. 马八进七　马 1 进 3　　**7.** 车七进一　后炮进 3

8. 炮五进三　象 3 进 5　　**9.** 仕四进五　象 9 退 7

10. 车六进三　后车进 6　　**11.** 车六平九　……

一阵拼抢，红方净多三兵胜定。下略。

图 221，来自 1991 年全国个人赛，由中炮过河车对屏风马高车保马走成的无车棋。红方走子：

1. 兵五进一　炮 7 平 5　　**2.** 炮七退一　卒 3 进 1

3. 炮七平五　马 7 进 6　　**4.** 后炮平七　马 3 进 4

5. 炮七平五　炮 9 平 5（图 222）

四炮中路相见，各伏宫内，虎视眈眈，有趣。黑方双马盘河又多卒，形势见好。

6. 马九退七　卒 3 进 1　　**7.** 马七进六　前炮进 3

8. 后炮进三　炮 5 进 4　　**9.** 仕四进五　马 6 进 7

广东庄玉庭

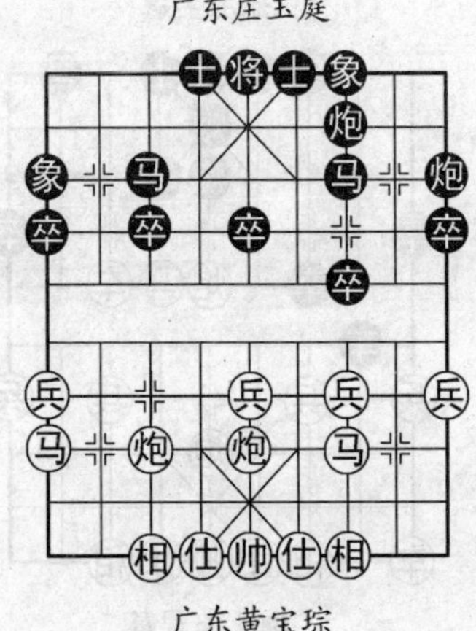

广东黄宝琮

图 221

广东庄玉庭

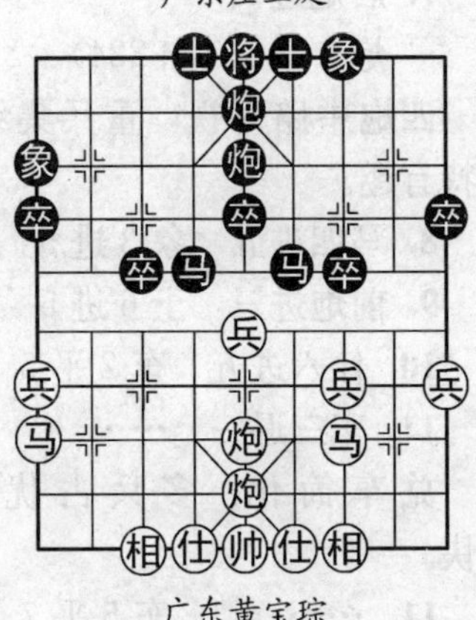

广东黄宝琮

图 222

兑子夺兵，黑方优势得以确立。

10. 帅五平四　卒 3 平 4　**11.** 马六退四　马 4 进 6

12. 马三退一　炮 5 进 1　**13.** 炮五平九　炮 5 平 9

14. 马一进二　象 7 进 5　**15.** 相三进五　马 6 进 8

16. 马四进二　马 7 进 8　**17.** 帅四平五　炮 9 平 1

扫光五兵，黑方多卒胜定。下面着法从略。

图 223，弈自 1999 年全国团体赛，由五六炮过河车对屏风马平炮兑车形成。红方组织进攻：

1. 马三进五　马 3 进 4

2. 兵五进一　马 4 进 5

3. 马七进五　卒 5 进 1

4. 马五进四　马 7 退 8

如改走炮 5 进 1，后炮进四，士 4 进 5，车九进二，红优。

5. 车三进三　车 8 平 6

6. 车三退四　车 2 进 5

江苏王斌

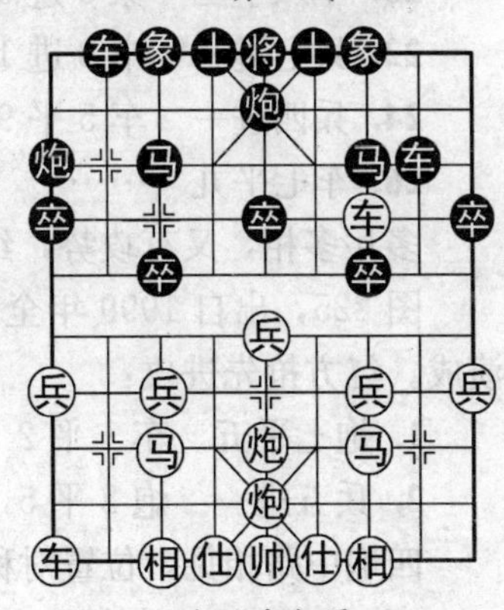

湖北李智屏

图 223

7. 后炮进四

炮 1 平 5（图 224）

四炮中路对视，重兵集结中心，奇特有趣。

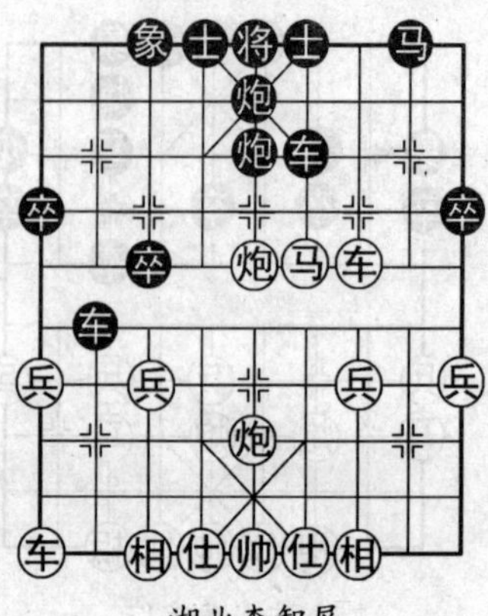

图 224

8. 马四进五　象 3 进 5
9. 前炮进三　士 6 进 5
10. 仕六进五　车 2 平 5
11. 车三退一　……

兑车简化，多兵占优，着法明快。

11. ……　车 5 平 7
12. 兵三进一　车 6 进 3
13. 车九平八　马 8 进 7　14. 炮五平九　车 6 退 2
15. 车八进七　车 6 平 5　16. 兵三进一　……

三兵强渡，优势扩大。

16. ……　马 7 退 6　17. 兵三平四　马 6 进 8
18. 车八退三　马 8 进 7　19. 兵九进一　象 5 退 3
20. 车八平三　象 3 进 5　21. 炮九平三　马 7 退 8
22. 兵七进一　卒 3 进 1　23. 车三平七　车 5 进 3
24. 兵四进一　车 5 平 9　25. 车七进二　卒 9 进 1
26. 车七平九　……

多兵多相，又有攻势，红方胜定。下略。

图 225，出自 1999 年全国团体赛，由五七炮过河车对屏风马演成。红方抢先进攻：

1. 炮七平五　车 1 平 2
2. 兵五进一　炮 2 平 5（图 226）

四炮中路相见，位置对称，奇也。

3. 兵五平六　前炮进 5　4. 相七进五　马 2 进 1
5. 马三进五　车 2 进 2

如误走炮 5 进 5 兑马，炮五进二，打将夺马，红方多子胜。

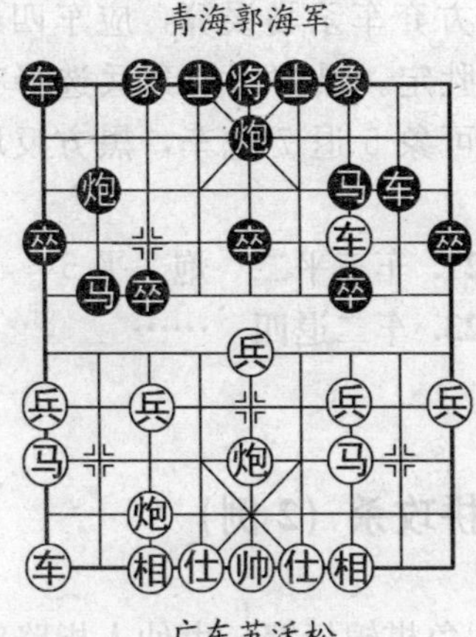

图 225

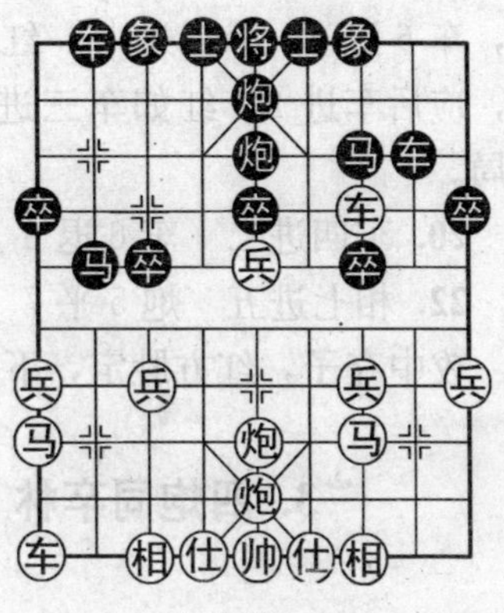

图 226

6. 马九退七　炮 5 平 1　　　7. 车九进二　车 2 平 6

8. 相五退七　……

退相通炮活车，佳着。

8. ……　　　象 7 进 5　　　9. 炮五进五　士 6 进 5

10. 马五退三　车 6 进 6　　11. 炮五退五！……

退炮，反兑避捉，妙。由此确立优势。

11. ……　　　马 1 退 2

12. 车九进四　马 2 退 3

13. 车九平七　车 6 退 1

14. 车七进一　车 6 平 7

15. 马七进六！……

跃马抢攻，红方优势扩大。

15. ……　　　炮 1 进 5

16. 马六进五　车 7 平 6

17. 车七退一　车 8 退 1

18. 车七平四

车 8 平 6（图 227）

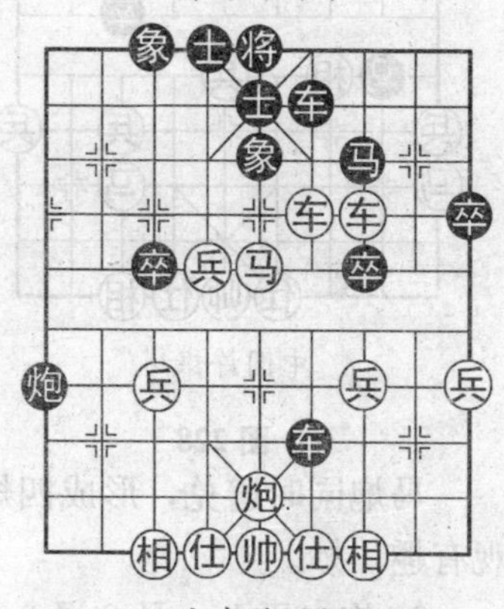

图 227

19. 车三进一！炮 1 平 7

这一回合，双方都出现差错。红方弃车杀马误算，应车四进二，车6退6，车三进一，红方多子胜定。黑方用炮轰兵选择有误，应后车进2，红如车三进二，黑可象5退7吃车，黑方反取胜局。

20. 车四进二　车6退6　　**21.** 车三平二　炮7平5

22. 相七进五　炮5平7　　**23.** 车二退四　……

攻中夺子，红方胜定，下略。

3. 四炮同卒林　无车拼攻杀（2例）

图228，出自1998年第10届亚洲象棋锦标赛，由仙人指路对卒底炮走成的无车棋。红方走子：

1. 马三进五　炮3进1

2. 兵九进一　炮7进1（图229）

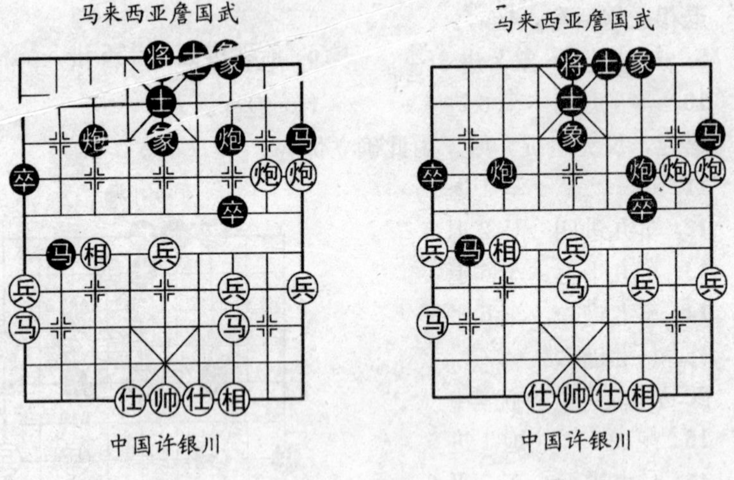

图228　　图229

马炮同时避兑，形成四炮同卒林，而且“一炮遥领三炮”，景观有趣，妙。

3. 炮二平七　马2退3　　**4.** 相七退五　炮7进3

5. 马五进七　马3进4　　**6.** 仕六进五　炮7平5

7. 马九退七　炮5平6
8. 后马进八　炮6平3
9. 炮一退二　马4退3
10. 马七进六　马9进7
11. 马八退四　马7进9
12. 马四进六　卒7进1
13. 相五进三　……

红方多兵胜定。余着从略。

图230，选自2004年全国团体赛，由对兵（卒）局走成。双方斗无车棋，轮到黑方走子：

福建郑乃东

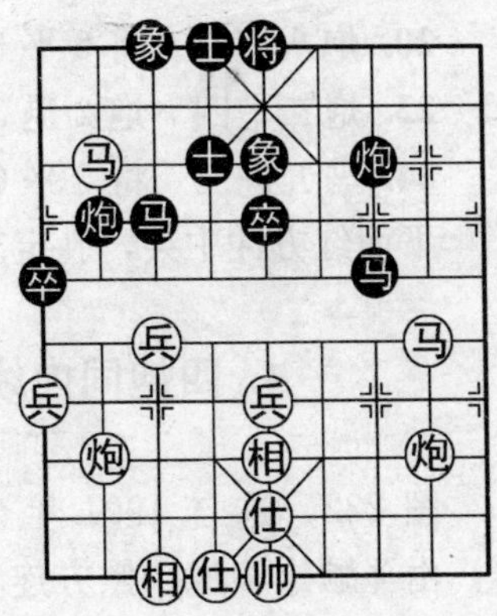

湖南黄仕清

图230

1. ……　　　马3进5?

跃马中路无出处，失先。应改走士4退5，马八进九，炮2退3，马二进四，炮7退1，虽处后手，但尚可对抗。

2. 马二进四　炮7平6
3. 兵五进一　马5退3
4. 炮二进四　马7进6
5. 仕五进四　炮6进1
6. 仕六进五　将5平6
7. 炮八进三　炮2平1?

平炮不妥，应士4进5。

8. 炮八进一（图231）　……

福建郑乃东

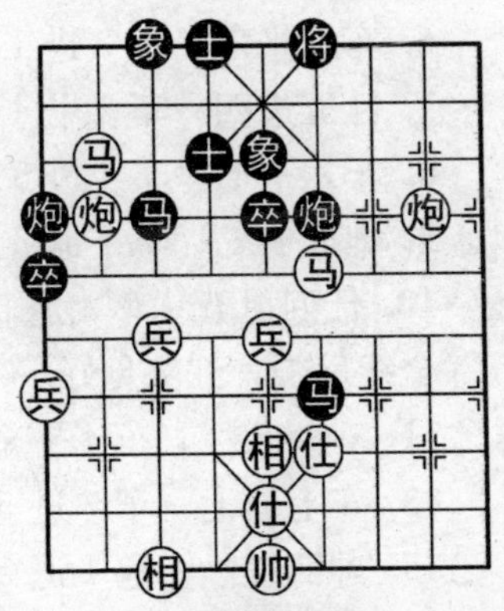

湖南黄仕清

图231

抢攻中路，红方得势。双方四门炮同站卒林，有趣称奇也。

8. ……　　　炮1进3
9. 炮二平五　炮1退1

退炮空棋，应走炮1平2。

10. 炮五平六　炮1平2
11. 马八进六　士4退5
12. 兵七进一　炮2进4
13. 相七进九　马3退4
14. 炮八平四　……

兑子抢攻，大军压境，黑已难

应付。

14. ……　马6退7　15. 兵七进一　马7退8
16. 炮四平二　马4进5　17. 炮六退三　马5进7
18. 炮二退五　士5进4　19. 炮六平八　卒1进1
20. 炮八进六　将6平5　21. 兵七进一　士4退5
22. 炮二平四　炮2退3　23. 马四进五　炮2平6
24. 马五进三　将5平6　25. 炮八退八　……

下面红方冲中兵，胜定。

4. 四炮同内线　攻防有好戏（4例）

图232，选自1991年全国个人赛，由斗顺炮演成。黑方连弃双马与红方对攻。红急调子力应对：

四川陈鱼

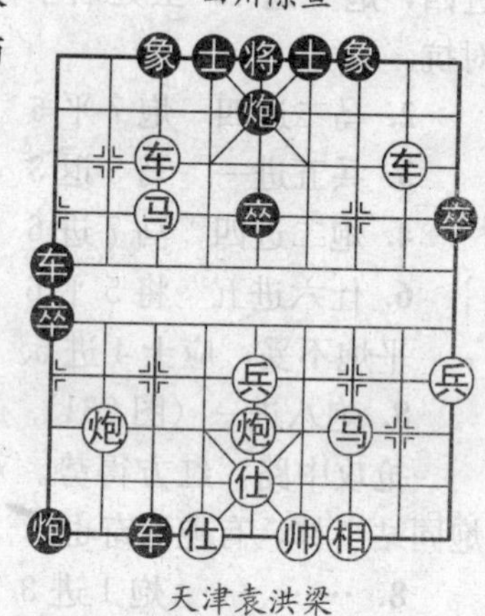

天津袁洪梁

图232

1. 车七平四　车3退6
2. 帅四进一　炮1退1
3. 帅四退一　炮5平2
4. 车四进二　将5进1
5. 车二平八　炮2平3
6. 车八平六　车3进1
7. 仕五进四　车3平4
8. 车六平七　车4进5
9. 炮五退二　车1退3
10. 仕四退五　车4退5　11. 马三进四　……

全线反击，红势见好。

11. ……　车4平7　12. 马四进五　炮1进1
13. 车七退七　车7进5　14. 帅四进一　车7退1
15. 帅四进一　炮1退2　16. 仕五进六　炮3进6
17. 炮五进二（图233）　……

四炮内线同列，攻守交叉，奇特的趣象。红方杀机已现矣。

17. …… 车1平3
18. 车四退一 将5退1
19. 马五进三 红胜。

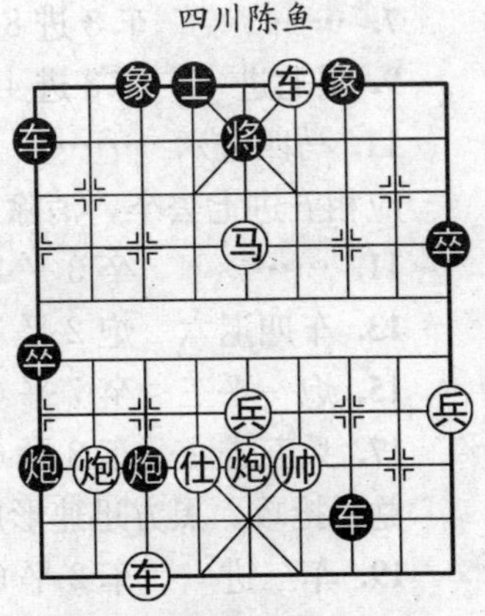

图 233

图 234，弈自 2004 年“威凯房地产杯”全国象棋精英赛，由飞相局对过宫炮走成。双方斗散手，红方走子：

1. 炮八平七 ……

同样平炮，似乎改走炮八平六更为贴切一些。

1. …… 车1平2
2. 车九平八 炮2进5
3. 车二进四 炮4进5（图 235）

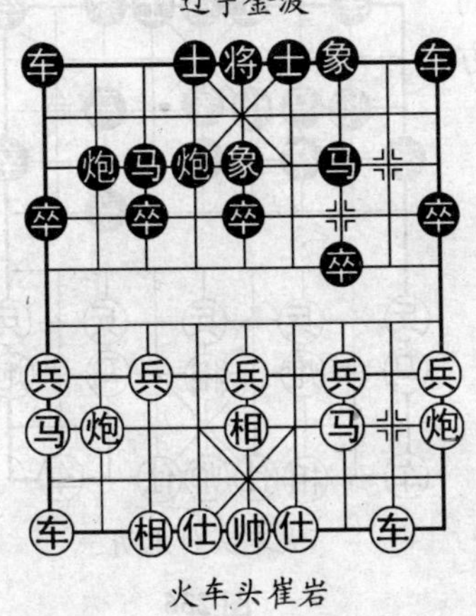

图 234

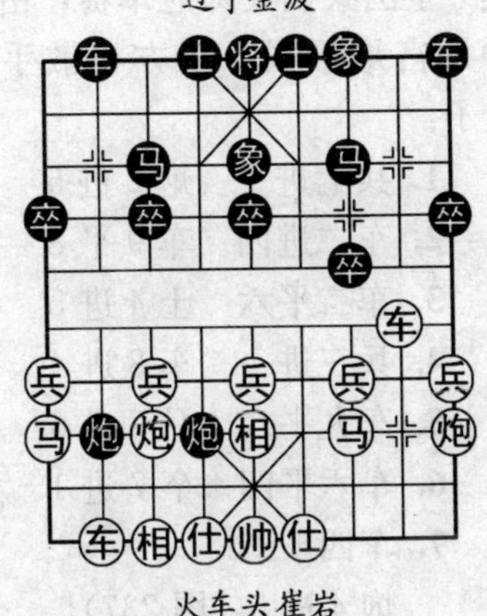

图 235

红方巡河车不如仕四进五先避一手。黑方进炮打马，兑子争先，佳着。四炮同内线，有趣。

4. 马三退二 炮4平9
5. 炮七平一 炮2退1
6. 马二进四 车9平8
7. 车二平四 ……

避兑失先。不如车二进五，马7退8，车八进二，局面平稳。

7. …… 车8进8　8. 兵九进一 卒3进1
9. 兵七进一 马3进4　10. 车四进四 卒3进1
11. 马四进六 ……

应相五进七去卒，消除后患。

11. …… 卒3平2　12. 仕六进五 车2进1!
13. 车四退六 炮2平7　14. 马六进五 卒7进1
15. 炮一平三 卒7平6　16. 炮三进五 卒6平5
17. 兵五进一 车8平6!　18. 车四平三 炮7平5!

兑子抢攻，黑方迅速形成强大攻势。下面入局。

19. 车三进一 车2平6　20. 车三退三 马4进6
21. 马九进八 马6进7　22. 帅五平六 后车平4
23. 帅六平五 马7进5 黑胜。

图236，来自2005年“城大建材杯”全国象棋大师冠军赛，由飞相局对过宫炮形成。双方斗散手，红方走子：

重庆许文学

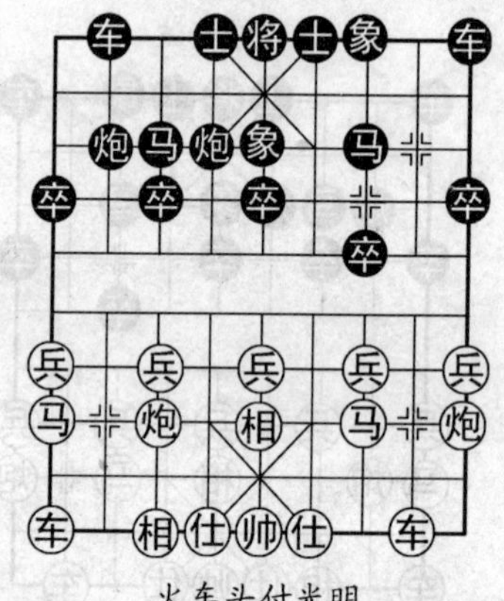

火车头付光明

图236

1. 兵七进一 炮2进5
2. 车二进四 车9平8
3. 车二平六 士4进5
4. 兵三进一 车8进4
5. 车九平八 马7进6
6. 车六平四 卒7进1
7. 车四平三
炮4进5（图237）

宫角立炮轰马，形成四炮同内线趣景，妙。黑方兑子抢攻，佳着。

8. 相五退三 炮4平9　9. 炮七平一 马6进5
10. 马三进五 车8平5　11. 车三退二 车5进2
12. 车三平五 车5进1　13. 相七进五 炮2退1
14. 仕六进五 卒5进1

大兑子，局势迅速简化。黑方子畅多卒，确立优势。以后在残局制胜，着法从略。

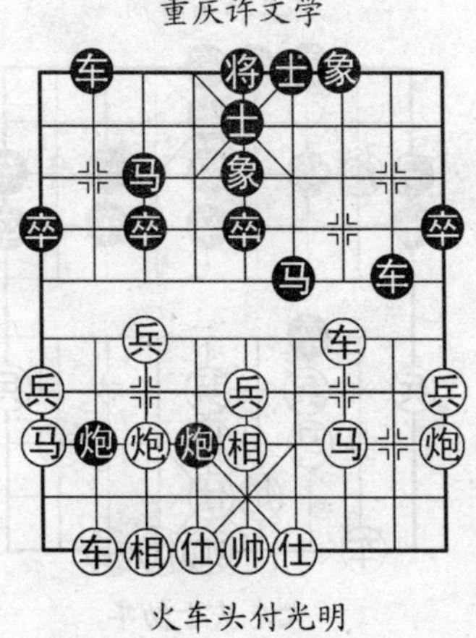

图 237

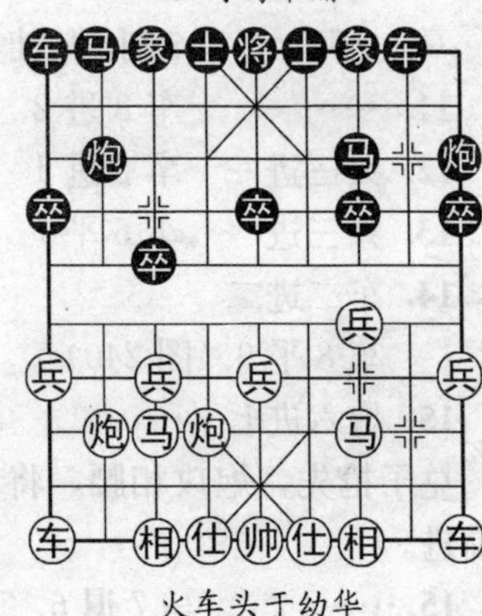

图 238

图 238，选自 2003 年全国象甲联赛，由过宫炮对起马斗散手而成。红方走子：

1. 炮八进四　马 2 进 1

过河炮抢先，黑方跳边马似不及马 2 进 3 厚实。

2. 相七进五　炮 2 平 3

平炮不及车 1 进 1 启动右横车为积极。

3. 炮八进一！……

进炮吊子牵制，佳着。

3. ……　　象 7 进 5

4. 车九平八　车 1 进 1

5. 炮六进五（图 239）……

肋炮宫角轰马，形成四炮同列内线。奇异趣景，好看。

5. ……　　车 1 平 7

6. 马三进四　士 6 进 5

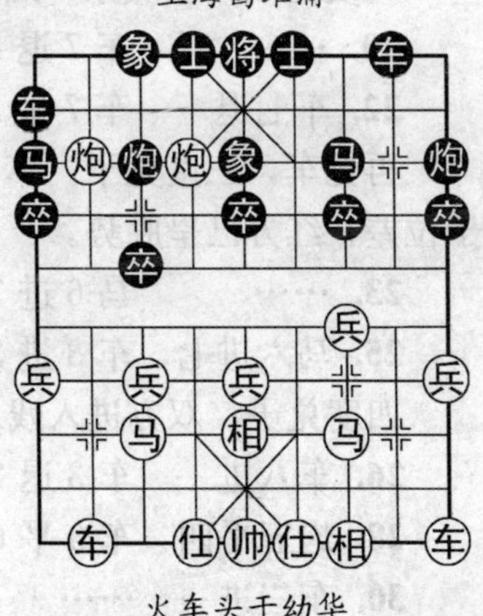

图 239

7. 炮六退六　车 7 平 6　**8.** 马四进三　炮 9 平 8

9. 车一平二　炮 8 进 5　**10.** 仕六进五　车 6 进 2

11. 马三进一　……

马入边陲，吊车牵制，似拙实巧。

11. ……　车 8 进 2

12. 兵三进一　卒 3 进 1

13. 兵三进一　车 6 平 7

14. 车二进二　车 8 平 9（图 240）

上海葛维蒲

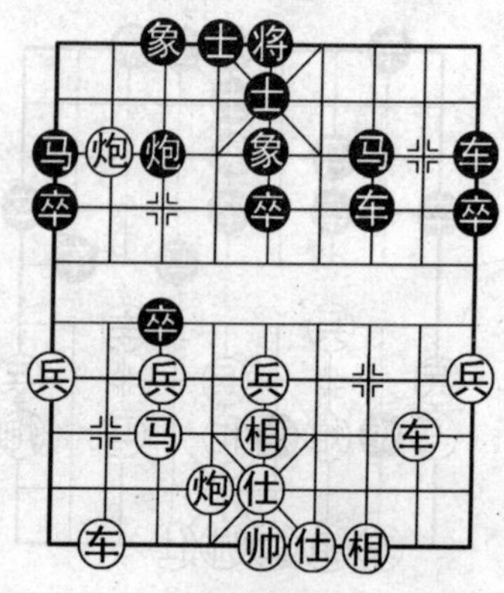

火车头于幼华

图 240

15. 炮六进七　……

兑子抢先，炮攻相腰，将战局推向前进。

15. ……　马 7 退 6

16. 车二进二　卒 3 平 2

如改走卒 3 进 1，车二平七，卒 3 进 1，车七进三，红方有强烈攻势。

17. 车八进四　士 5 进 4　**18.** 车二平七　车 9 退 1

19. 车七进三　车 9 平 4　**20.** 车七进二　……

二度兑子，劫底象，红方取得突破。

20. ……　车 7 退 2　**21.** 兵七进一　车 4 平 3

22. 车七退一　车 7 平 3　**23.** 马七进六　……

再兑车，三度兑子。车马炮攻车双马，红方多兵，黑方残象、子位差，红方已呈胜势。

23. ……　马 6 进 7　**24.** 炮八平五　马 1 进 3

25. 马六进七　车 3 进 2

四度兑子，双方进入残局。黑方残象、少卒，红方胜势。

26. 车八进一　车 3 退 2　**27.** 车八平三　马 7 退 6

28. 炮五平四　车 3 平 6　**29.** 炮四进二　车 6 退 1

30. 车三进一　……

五度兑子，红方多兵，胜定。

30. …… 士4退5 31. 车三平一 车6进6
32. 车一平五 车6平9 33. 兵九进一 车9退2
34. 兵五进一 卒1进1 35. 兵九进一 车9平1
36. 车五退一 ……

车双兵必胜车双士，下略。

5. 四炮同肋 炮景奇观（4例）

图241，弈自1997年第5届象棋世界锦标赛，由中炮进三兵对反宫马形成。红方多兵优势，推进：

1. 兵四进一 士4进5
2. 兵四平三 卒9进1
3. 炮五平四 马4退6
4. 炮四平九 马6进4
5. 炮九平一 ……

再夺边卒，净多三兵，红方胜势。

美国甄达新

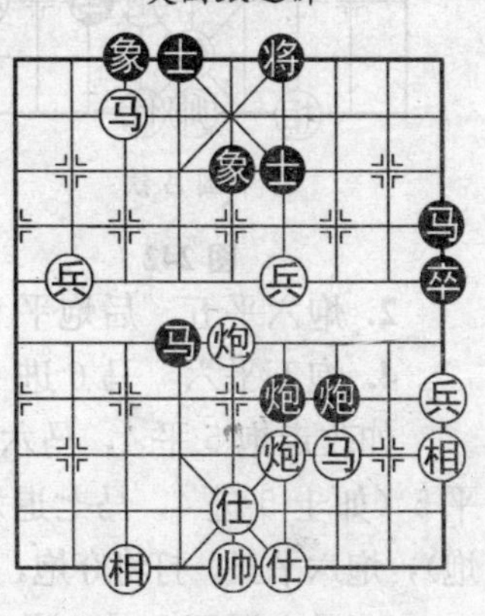

中国吕钦

图241

5. …… 炮6退2
6. 兵三平二 马9进8
7. 炮一平六 马8进7
8. 炮六平四 炮7平6（图242）

四炮夹花紧靠同肋，奇异景观，妙。

9. 兵一进一 士5进4 10. 相七进五 将6进1
11. 兵二平三 将6平5 12. 炮四平九 红胜。

图243，选自2000年“腾头杯”全国体育大会象棋赛，由中炮七路马对屏风马右炮过河演成的无车棋。黑方多卒，红方利用子位优越出击：

1. 兵七进一！象5进3

弃兵扰河沿，好棋。黑如改走卒3进1，马八退六，炮4退2，马四退六，红方夺子占优。

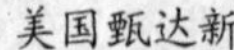

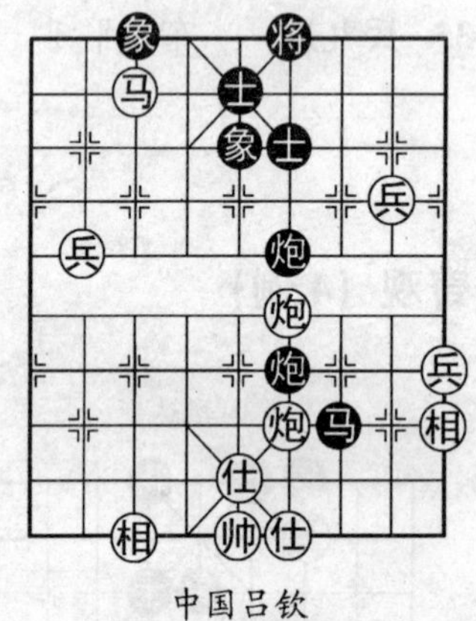

中国吕钦

图 242

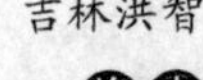

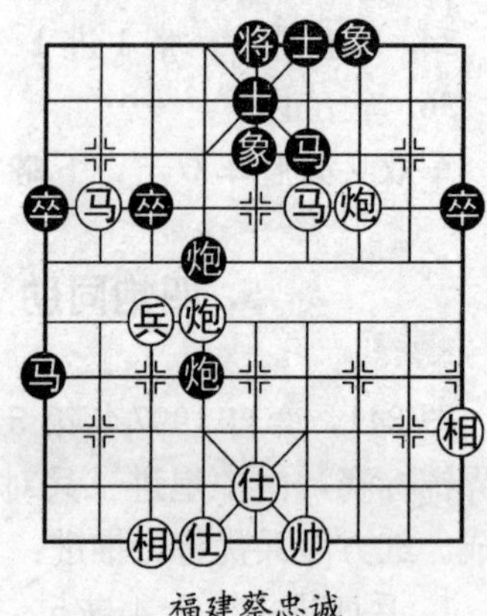

福建蔡忠诚

图 243

2. 炮六平五　后炮平 5

3. 马四进六　将 5 平 4

4. 炮五平六　马 6 进 4

如改走炮 5 平 4，马六退七，将 4 平 5（如士 5 进 4，马七退六，红方夺炮），炮六平五，打将夺炮，红方胜势。

5. 马六退四　马 4 退 6

6. 炮三平七　马 1 退 2

7. 炮七平六

炮 5 平 4（图 244）

吉林洪智

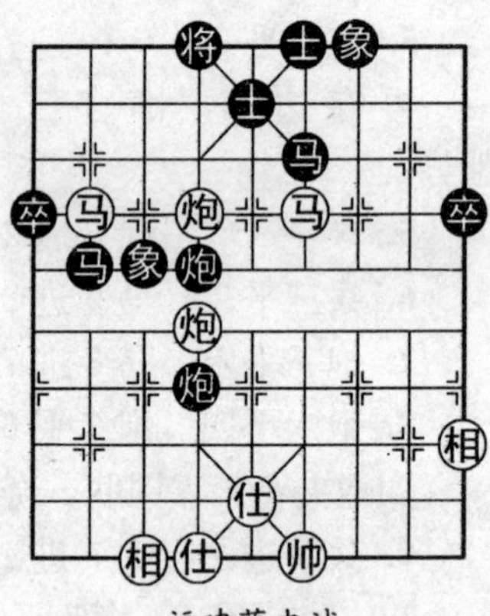

福建蔡忠诚

图 244

四炮紧靠夹花同肋，奇异壮观，真妙。

8. 马八进六　马 6 退 4

退马速败，应改走马 6 进 4。

9. 马六进八　……

下面：将 4 平 5，马四进三，红胜。

图 245，出自 2007 年第 6 届“嘉周杯”象棋特级大师冠军赛，由斗顺炮形成。双方斗无车棋，黑方多一卒，但子力结构差，红方

三子侧攻：

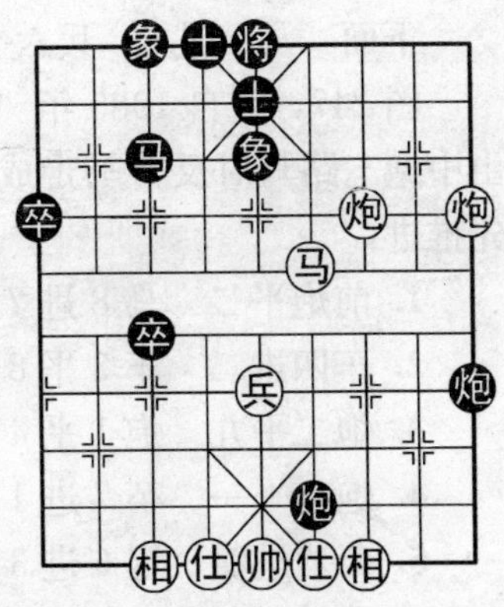

图 245

1. 炮一进三　士 5 进 4
2. 兵五进一　炮 6 退 3
3. 炮三平二　马 3 进 2
4. 马四进三　炮 6 退 3
5. 炮二进三　将 5 进 1
6. 炮一退二　将 5 平 6
7. 炮一退三　马 2 退 4
8. 炮二退五！象 5 进 7
9. 兵五进一　……

马双炮攻，使黑方九宫不宁。继而掩护中兵抢渡，成四子联攻之势。

9. ……　炮 9 平 7
10. 马三退一　炮 6 平 5
11. 仕六进五　马 4 退 6
12. 兵五进一　炮 5 退 2
13. 相七进五　卒 3 进 1
14. 炮二平四　马 6 进 8
15. 炮一退二　炮 5 平 7
16. 马一退二　将 6 平 5
17. 炮四平五　将 5 平 4

如将 5 平 6，炮一平四，红方速胜。

18. 马二退四　士 4 退 5
19. 马四进六　前炮平 5
20. 马六进七　……

红马迂回挺进，形成马炮兵杀势。

20. ……　将 4 进 1
21. 兵五平六　将 4 平 5
22. 帅五平六！将 5 平 6
23. 炮一平四　炮 7 平 6
24. 炮五平四
炮 5 平 6（图 246）

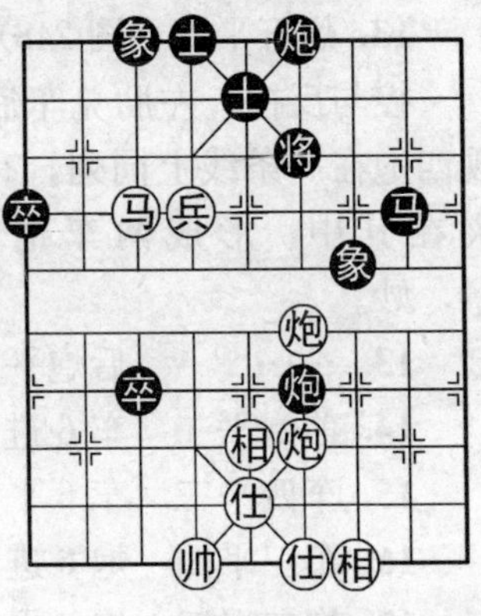

图 246

肋道四炮垂直一条线，蔚为壮观，奇趣也。

25. 马七退六　将 6 平 5　　26. 马六进四！……

下面：马 8 进 6，兵六平五，红胜。

图 247，选自 1985 年“敦煌杯”，由中炮七路马对反宫马走成。红方占先推进：

图 247

1. 前炮平二　马 8 进 7
2. 车四进二　车 3 平 8
3. 炮二平九　炮 1 平 4
4. 炮九平一　卒 7 进 1
5. 车八进四　炮 6 进 3
6. 车八平六　……

卒林扫卒，双车占肋牵制吊子，红方紧手控制，着法到位。

6. ……　车 1 平 4
7. 仕六进五　炮 4 进 2　　8. 炮一平四　车 8 退 3
9. 炮四退一　车 8 平 6　　10. 炮四平五　炮 4 退 1
11. 后炮平四　炮 4 平 6
12. 车六进五　将 5 平 4
13. 炮五平四（图 248）　……

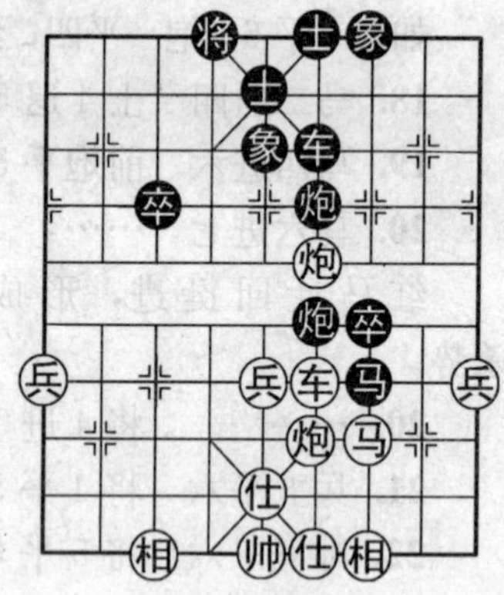

图 248

控与反控。左肋兑车后，右肋出现四炮在一条线上同列，有趣；且对夹在其中，形成两车拖四炮之奇景，妙。

13. ……　后炮平 8
14. 前炮平二　车 6 进 2
15. 车四平三　车 6 平 7
16. 车三平四　炮 6 进 2
17. 炮二退四　炮 6 平 2
18. 兵五进一　炮 2 进 2　　19. 相七进五　车 7 平 4
20. 仕五进六　车 4 进 3　　21. 车四平八　炮 2 平 1

22. 兵五进一　……

一阵兑子拼抢，局面简化。车马炮斗车双炮，红方多兵，确立优势。

22. ……　将4平5　23. 兵五进一　炮8进4

24. 炮二平三　炮8平5

轰相一搏，无奈，无更好的选择。

25. 相三进五　车3平5　26. 炮三平五　车5平7

27. 兵五进一！将5平4　28. 车八平六　将4平5

29. 帅五平六　车7平5　30. 兵五进一　士6进5

31. 车六进六　红胜。

6. 四炮垂直　侧线同列（3例）

图249，弈自1995年全国个人赛，由飞相对过宫炮走成。红方多兵推进：

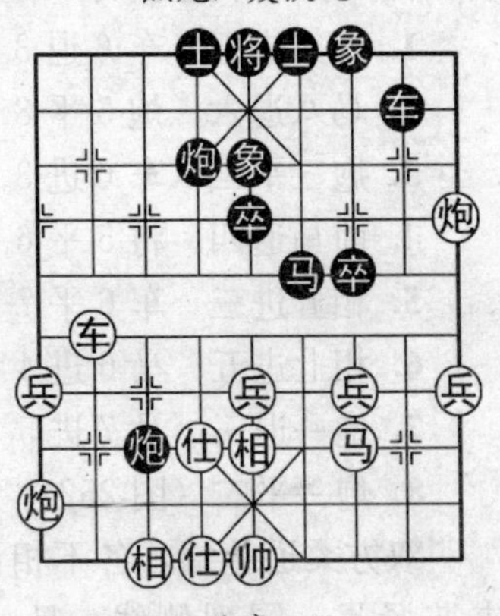

图249

1. 兵三进一　马6进7
2. 兵三进一　车8进6
3. 马三退四　象5进7
4. 车八平三　……

兑兵以退为进，平车捉双破象，红方由此确立优势。

4. ……　马7进6
5. 仕六进五　马6退5
6. 车三进一　象7进5
7. 车三进一　炮3平2　8. 炮九平八　车8退1
9. 车三平五　……

吃卒捉象拖马，恰到好处。

9. ……　马5退6　10. 车五退一　车8平6

11. 炮一平四！马6进7　12. 车五进二　……

再破象，向胜利迈进。

12. ……　　士 6 进 5

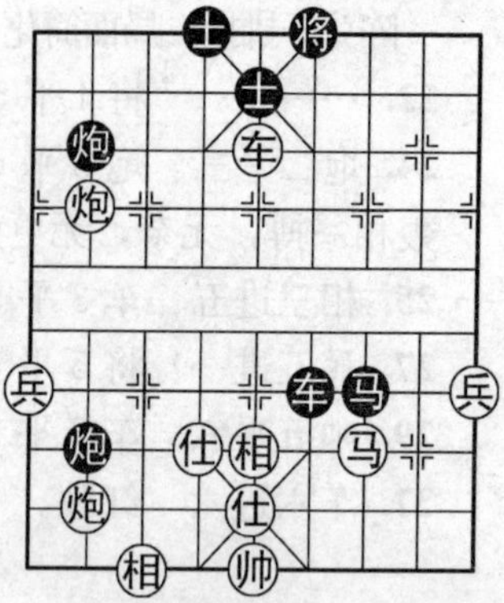

13. 炮四平八　将 5 平 6

14. 马四进三

炮 4 平 2（图 250）

四炮同列一条侧线，“夹花相望”，有趣。

15. 马三进五　前炮平 5

16. 相七进五　炮 2 进 6

17. 炮八进三　将 6 进 1

18. 炮八退六　……

轰车夺马，红胜。

黑龙江聂铁文

江苏廖二平

图 250

图 251，选自 1981 年承德邀请赛，由飞相对中炮形成。双方纠缠，红方走子：

1. 炮三进五　车 6 退 3

2. 马八退六　炮 5 平 8

3. 炮三平二　车 6 进 3

4. 前马退四　将 5 平 6

5. 相五进三　车 6 平 7

6. 相七进五　马 6 进 4

7. 炮一退三　马 7 进 5

8. 炮一平二（图 252）　……

广东蔡福如

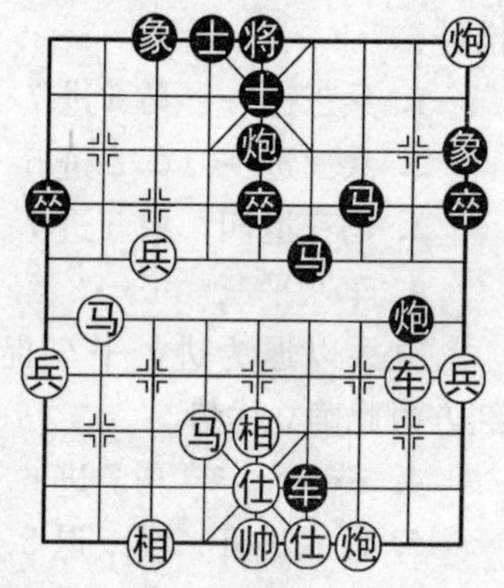

上海胡荣华

图 251

双方柔道缠绵，各不相让。四炮夹花紧靠，同列侧线，且一车拖四炮，气势雄壮奇又趣。

8. ……　　后炮进 2

9. 车二进一　炮 8 平 3　　**10.** 马六进五　马 5 退 7

11. 车二退一　卒 5 进 1　　**12.** 马五退六　卒 1 进 1

13. 炮二平一　马 4 退 6　　**14.** 马六进八　炮 3 平 4

15. 马八进九　车 7 退 2　　**16.** 车二进六　……

避兑打将，意在保留变化和机会，积极。如兑车则缓和难展开。

16. ……　　将 6 进 1
17. 马九退七　车 7 平 9
18. 炮一平二　马 6 进 8
19. 炮二退一　炮 4 平 8
20. 车二退四　……

兑炮，局势趋于平稳、简化。

20. ……　　车 9 平 6
21. 兵九进一　象 3 进 5
22. 兵九进一　将 6 退 1
23. 兵九平八　象 9 退 7
24. 兵八进一　卒 5 进 1
25. 兵八平七　马 8 进 7
26. 兵七平六　卒 5 平 4

广东蔡福如

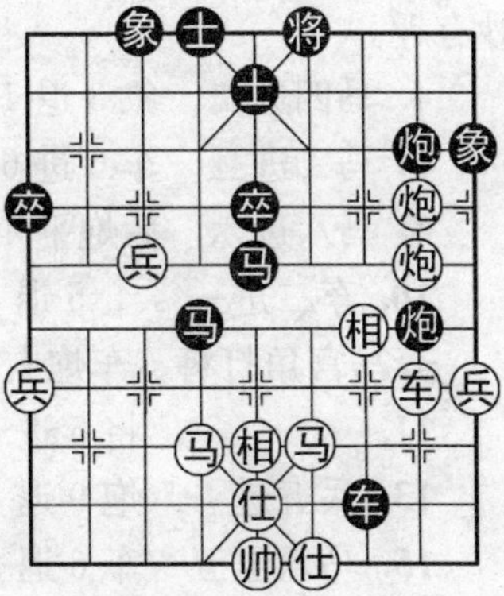

上海胡荣华

图 252

27. 马七进八　马 7 退 9

下面车二退二兑车，即刻成和。

图 253，出自 1997 年"东宝杯"京、杭象棋对抗赛，由起边马对挺卒局走成。红方走子：

1. 马七进九　炮 1 平 9　**2.** 炮二平一　马 6 退 5
3. 车四平二　炮 8 平 9（图 254）

北京卜凤波

浙江陈寒峰

图 253

北京卜凤波

浙江陈寒峰

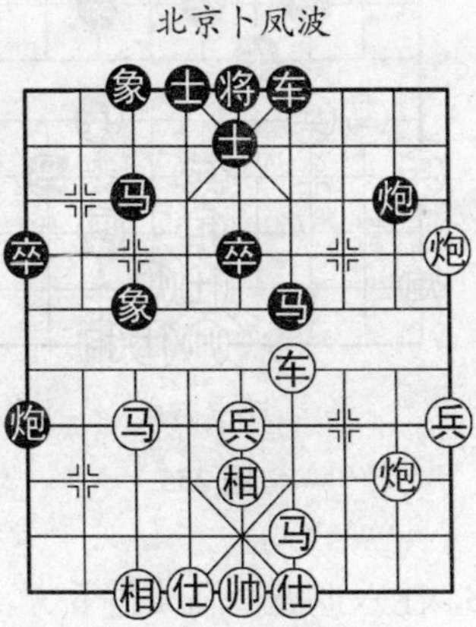

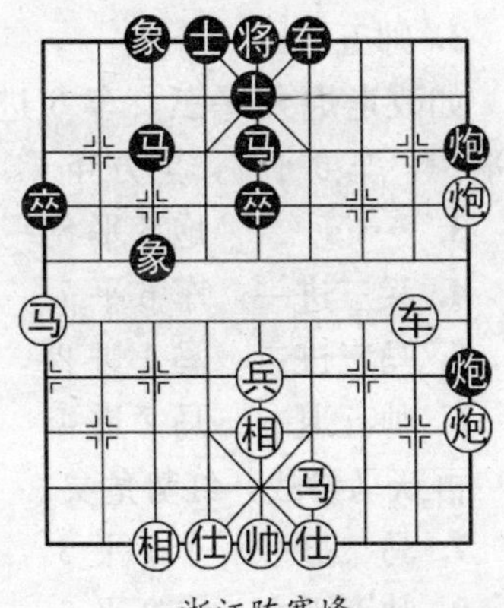

图 254

观枰，四炮相见，同立枰边一条线，而且是夹花对称，真是奇妙有趣。

4. 马四进二 象3退1 5. 马九进八 后炮退1
6. 马二进三 车6进6 7. 仕六进五 士5退6
8. 马八进六 后炮平4 9. 车二进四 士6进5
10. 车二进一 士5退6 11. 前炮进三 ……

奔马宫角打将、车炮右侧底攻，黑棋已陷困境。

11. …… 将5进1 12. 车二退三 马3进4
13. 兵五进一 炮9退4 14. 兵五进一 卒5进1
15. 马六退五 车6退2 16. 马三进四 将5平6
17. 炮一退一 炮4平9 18. 车二进二 红胜。

7. 四炮对垒双肋道

图255，来自2000年全国团体赛，由仙人指路对卒底炮演成。黑方肋道有势，马入卧槽，进攻：

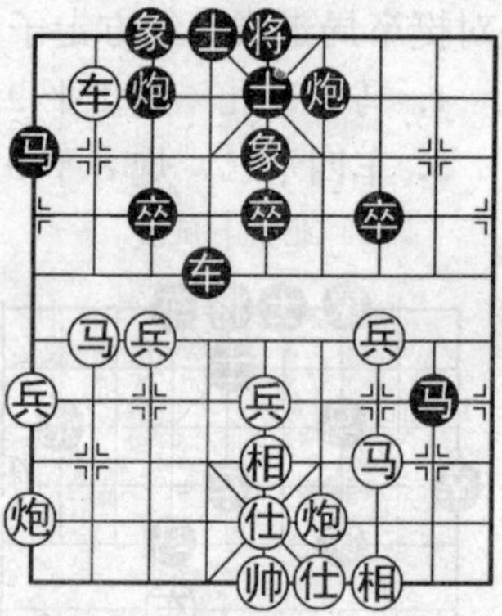

1. …… 马8进7
2. 仕五进六 车4平6
3. 帅五进一 ……

如改走炮九平三，车6进4，炮三平一，车6平7，黑方夺子。

3. …… 炮6平8!
4. 兵三进一 车6平7
5. 马三进二 马1进2
6. 帅五退一 马2进4

再跃马参战，红势危矣。

7. 马二进一 车7平6 8. 仕六退五 马4进5
9. 帅五平六 炮8平6 10. 马一退二 车6平4
11. 炮九平六 炮3平4!（图256）

广东李鸿嘉

辽宁尚威

图255

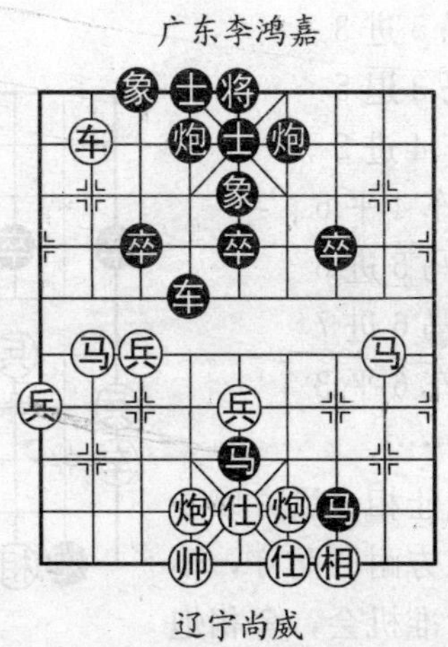

图 256

四炮对垒双肋道，对称“坐莲台”，趣妙景观也。黑方伏抽杀攻势，胜。

8. 四炮底线开打　刀光剑影逞能

图 257，弈自 2007 年全国象甲联赛，由中炮过河车对屏风马平炮兑车走成。黑方弃子对攻，局势进入白热化程度。红方走子：

1. 炮八进一　炮 4 进 2

2. 炮八平二　炮 4 平 9

3. 马四退二　炮 9 进 1

4. 炮二退二

炮 2 进 3（图 258）

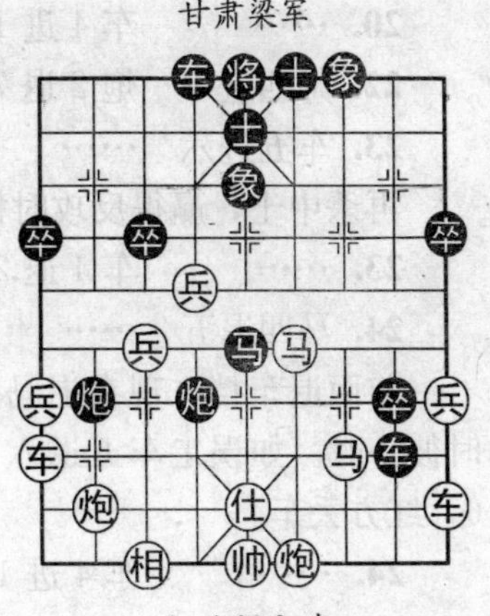

图 257

兑车拼抢，四炮底线开打，同列底部，有趣，罕见的奇景。值得摄下留作“纪念”。

5. 仕五退六　炮 9 平 6　**6.** 帅五平四　车 4 进 4

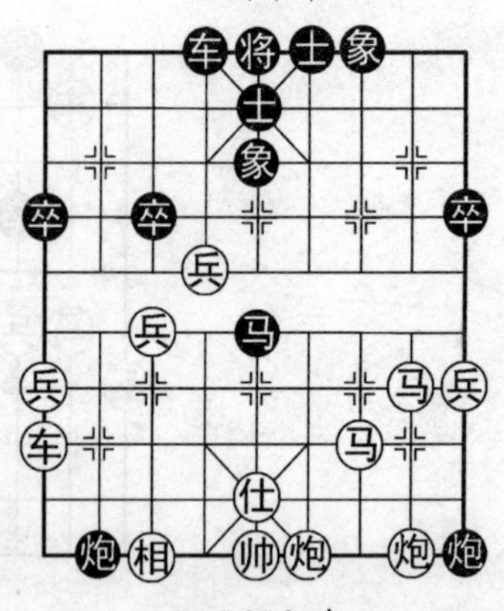

图 258

7. 车九平五　马 5 进 3
8. 车五平七　马 3 退 5
9. 马二进四　车 4 进 2
10. 车七平五　车 4 平 6
11. 帅四平五　马 5 进 6
12. 帅五进一　马 6 进 7
13. 帅五退一　车 6 平 3
14. 炮二进九　……

红方多子，但残仕相；黑方以少攻多，拼力而上；红方耐心防守，不让黑方得逞。现在看准机会，舍相炮攻底线，埋下伏兵，机智。

14. ……　车 3 进 3　**15.** 车五进五　车 3 退 4
16. 仕六进五　车 3 进 4　**17.** 仕五退六　将 5 平 4
18. 帅五平四　车 3 平 4　**19.** 帅四进一　车 4 退 2
20. 车五退五　……

弃仕相杀中象，回车挡兑防守，滴水不漏。

20. ……　车 4 进 1　**21.** 帅四退一　车 4 进 1
22. 帅四进一　炮 2 退 7
23. 车五进六　……

再杀中士，赢得反攻时机。

23. ……　车 4 退 2
24. 马四退五　……

前面退车挡，现在退马挡，此一时彼一时。如误走车五退六，炮 2 平 6，红方丢车。

24. ……　车 4 进 1
25. 帅四退一　车 4 平 8
26. 炮二平一　车 8 退 8
27. 车五平八　炮 2 平 5（图 259）

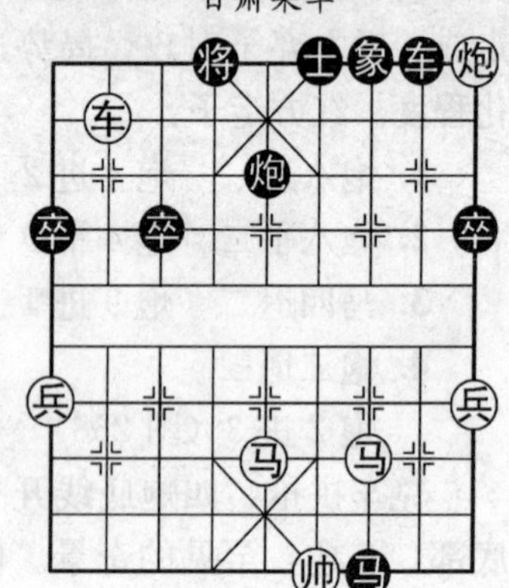

图 259

28. 马五进六 ……

弃炮跃马，反戈一击，天平已经向红方倾斜。

28. …… 马7退6
29. 车八进一 将4进1
30. 马六进七 将4平5
31. 车八退一 将5退1
32. 马七进五 象7进5
33. 帅四进一 马6退4
34. 车八退五 马4进3
35. 车八平七 马3退5
36. 车七平五 马5进4
37. 车五退三 车8平9
38. 车五平六 车9平7
39. 车六进二 车7进6
40. 车六平五（红方多马胜定）

9. 四炮伦巴舞

图260，选自1985年“天龙杯”，由中炮对单提马形成。红方多兵、炮镇中路，推进：

1. 炮五进二 卒3进1
2. 车九平六 ……

兑车简化，易于局势的掌控，可取。

2. …… 车4进3
3. 帅五平六 车8平4
4. 帅六平五 炮6平8
5. 车八退五 炮8进5
6. 车八平四 炮4进3
7. 车四退二 炮8退4（图261）

四炮并列卒林，一马左右拖四炮，有趣。

上海林宏敏

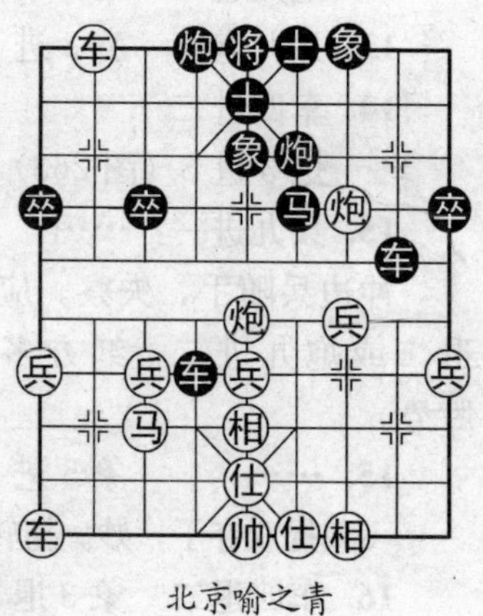

北京喻之青

图260

8. 炮五平九 马6退4
9. 炮三平一（图262） ……

卒林争锋，四炮相见又互射，犹如伦巴舞步，精彩又罕见，棋艺真奇妙。红方连抢双卒，以净多四兵而占优。

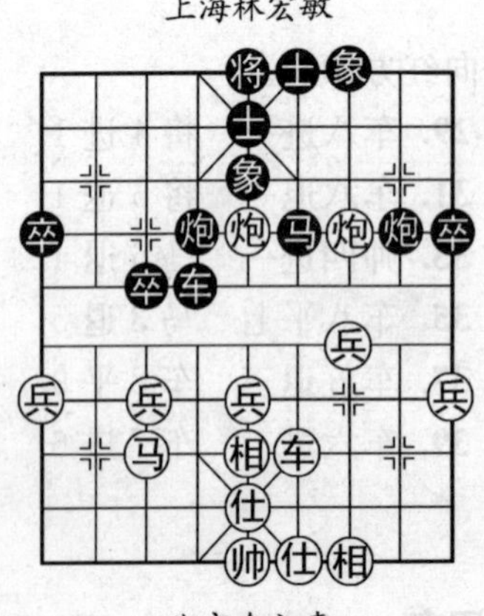

图 261

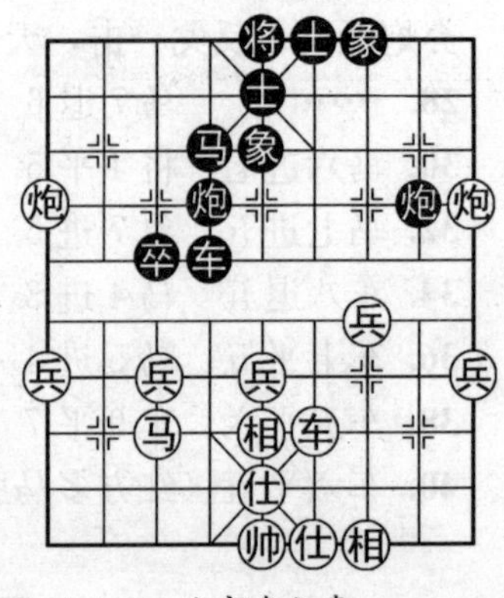

图 262

9. …… 炮 8 平 1　**10.** 炮一平九　炮 4 平 2

11. 车四进二　车 4 进 2

12. 炮九进一　炮 2 平 3

13. 兵九进一　卒 3 进 1

14. 车四进二

炮 3 进 3（图 263）

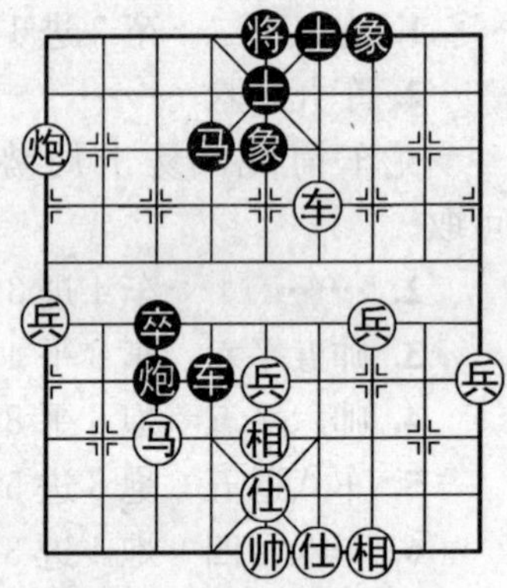

图 263

15. 兵九进一？……

冲边兵随手，失察。应改走车四退二或炮九进二，红方多兵，有望胜势。

15. ……　象 5 进 3！

飞象捉双夺子，妙。扭转乾坤。

16. 车四退二　象 3 退 1

17. 车四平七　马 4 进 5　**18.** 车七平五　马 5 退 3

19. 仕五进四　马 3 进 1

红如改走兵九进一，马 3 进 4，黑方有攻势。过河兵被消灭，红方“更没有戏可唱了”。

20. 车五平九　车 4 退 2　**21.** 兵一进一　炮 3 退 6

22. 仕四进五　炮 3 进 2　　**23.** 兵五进一　象 1 退 3
24. 车九平八　炮 3 平 8　　**25.** 车八平九　马 1 退 2
26. 车九平六　车 4 平 6　　**27.** 马七进八　……

车马三兵仕相全对车马炮士象全，和势已定。下面着法从略。

10. “炮避三舍”　穷追不放

图 264，出自 2007 年全国团体赛，由对兵（卒）局走成。双方斗无车棋，红方多有过河兵，向前推进：

1. 炮八进五　士 5 退 4　　**2.** 马二进三　马 6 退 7
3. 仕六进五　马 7 进 5

兑炮必着，否则中象不保。

4. 相三退五　象 5 进 7　　**5.** 兵七进一！士 6 进 5
6. 兵七平八！炮 1 退 1　　**7.** 炮八退一　炮 1 退 1
8. 兵八平九　炮 1 平 2
9. 前兵进一（图 265）　……

上海宇兵

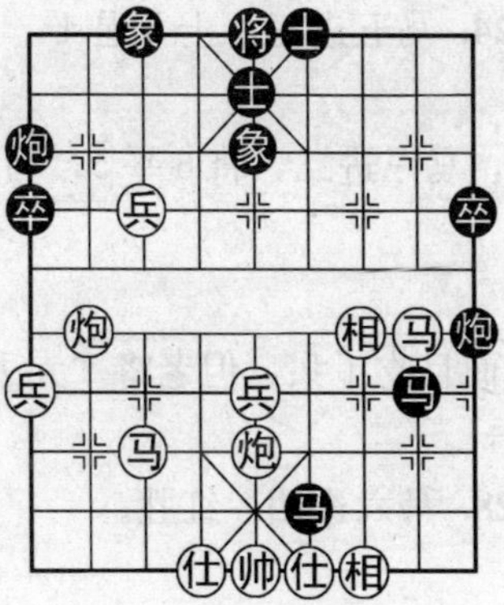

四川谢卓淼

图 264

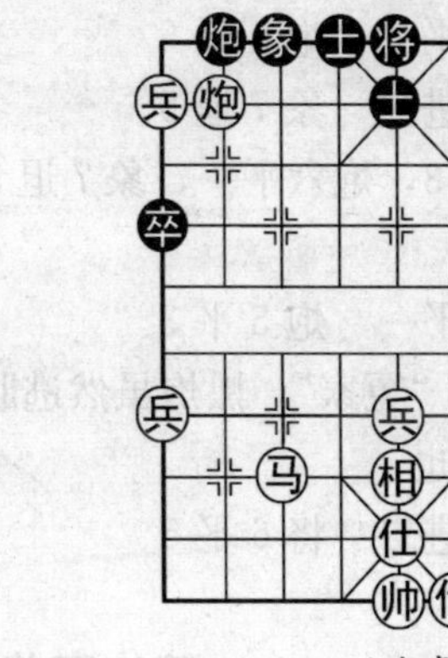

上海宇兵

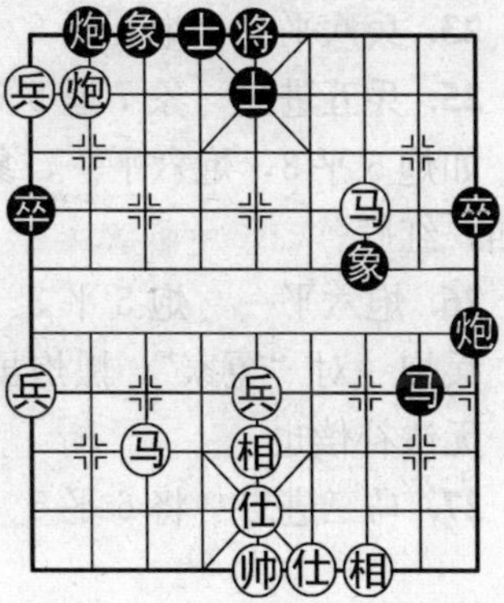

四川谢卓淼

图 265

过河兵铆牢黑方右边炮，在红炮逼控配合下，直逼紧追，将黑炮赶入“死角”，“以弱欺强”，有趣。

9. ……　象 3 进 5

飞象容炮，“退避一舍”，无奈，否则炮死。

10. 马七进六　马 8 退 6　**11.** 马六进四　马 6 退 4

12. 兵五进一　马 4 退 2　**13.** 马四进六！士 5 进 4

跃马增援抢攻，佳着。黑如马 2 退 1 吃兵，马六进七，将 5 平 6，马三进二，将 6 进 1，马七退八，红方夺马胜。

14. 前兵进一！炮 2 平 3　**15.** 马六进八！马 2 进 4

16. 炮八平七！士 4 进 5

宁肯成老兵，也死盯黑炮不放，可谓穷追不舍。黑方撑士容炮，“退避二舍”，无奈。否则炮死。

17. 兵五进一　马 4 进 3　**18.** 兵五进一　炮 3 平 4

19. 炮七平六！炮 9 平 2　**20.** 马三退五　马 3 退 2

21. 马八退六　马 2 进 4

如改走马 2 退 4，兵五平六，炮 4 平 3，炮六平七，将 5 平 6，兵九平八，炮 3 平 4，炮七平六，红方胜势。

22. 前兵平八！将 5 平 6

出将“退避三舍”以安炮，已经无奈三次，真可称奇。

23. 兵八平七　炮 4 平 5　**24.** 马五进三　士 5 退 4

25. 兵五进一　象 7 退 5

如炮 5 平 3，炮六平一，象 7 退 5，马三进二，将 6 平 5，马六进四，红胜。

26. 炮六平一　炮 5 平 3

兵炮一对“冤家”，黑炮虽然逃脱而且吃了兵，但老将“弄丢”了，无法补偿也。

27. 马三进二　将 6 平 5　**28.** 马六进四　红胜。

11. 双炮轰将炸双车

图 266，出自 1993 年全国团体赛，由斗顺炮而成。红方抢攻：

1. 车八进九！……

车炮底线发难，佳着。

1. ……　　　炮 4 进 7

2. 炮七平四　士 5 退 4

3. 兵七进一！车 4 平 3

弃兵欺车，“调虎离山”，好棋。黑如车 4 进 2，炮五进四，红方攻势凌厉。

4. 炮四平六　卒 3 进 1

5. 兵三进一！车 8 退 1

再冲兵欺车，凶狠！黑如车 8 平 7，车一平二，红方胜势。

6. 炮六退三！将 5 进 1

7. 车八退一　将 5 退 1

8. 炮五进四！（图 267）……

双炮轰将打双车，同时炸“三堡”，形成攻杀趣景，好看。

8. ……　　　将 5 平 4

9. 相三进五　车 3 平 4

10. 炮五平二　马 9 进 8

11. 兵三平二　车 4 进 3

12. 车一进一　炮 4 退 1

下面，红方可以进兵吃马，多子而胜定。余着从略。

安徽周新海

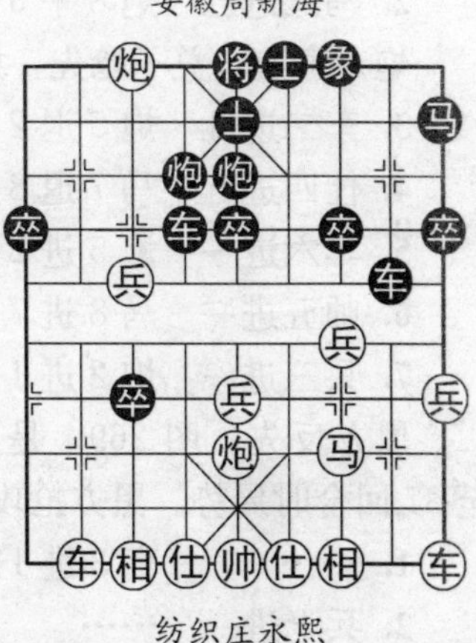

纺织庄永熙

图 266

安徽周新海

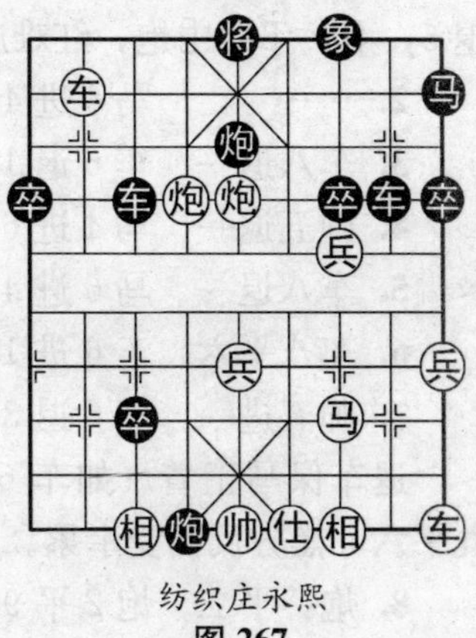

纺织庄永熙

图 267

12. 炮走宫心　巧兑夺势（3 例）

图 268，弈自 2000 年全国团体赛，由起马对挺卒走成。黑方巧手反击：

1. ……　　　马 4 进 5

2. 马三进五　炮 8 平 5!

炮走宫心，兑子抢先，妙。

3. 车二进九　炮 5 退 2

4. 仕四进五　马 7 退 8

5. 车六进一　炮 5 进 2

6. 帅五进一　马 8 进 7

7. 兵三进一　炮 2 进 1

黑方反先。图 269，是双方续弈至 37 回合时局势。黑方抢攻：

广东黄勇

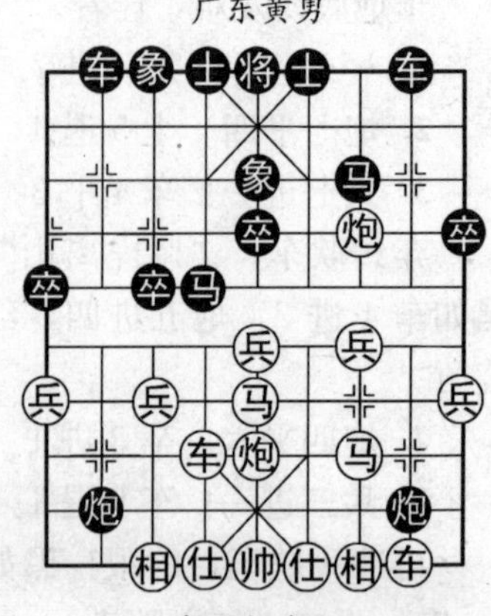

吉林胡庆阳

图 268

1. ……　卒 3 进 1!

2. 兵七进一　……

弃卒通马，为车马炮联攻创造条件，好棋。红如改走车八平七，炮 2 退 5，下一手摆中炮，红难应付。

2. ……　马 6 进 4

3. 车八退一　车 6 退 1

4. 帅五退一　马 4 进 6

5. 车八退一　马 6 进 4

6. 车八平六　车 6 进 1

7. 帅五进一　车 6 退 3

退车保马正着。如车 6 平 4，炮九平六，黑方反而受牵累。

8. 炮一平二　炮 2 平 9

9. 炮二平六　车 6 进 2

广东黄勇

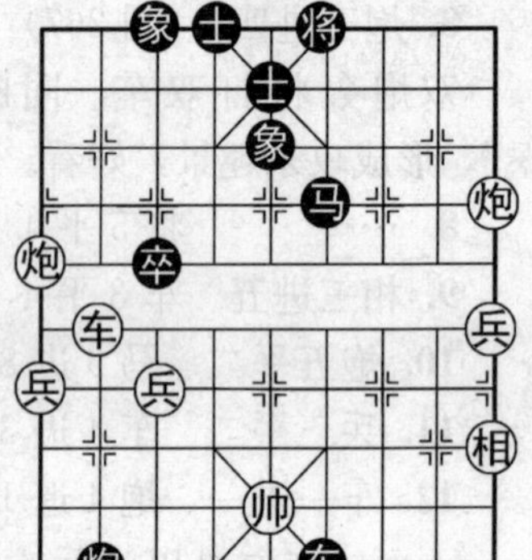

吉林胡庆阳

图 269

10. 帅五退一　车 6 进 1　**11.** 帅五进一　马 4 退 5

12. 车六进三　马 5 进 6　**13.** 帅五平六　车 6 退 1

14. 帅六退一　马 6 进 5!　**15.** 车六退三　车 6 平 8!

16. 炮六平四　马 5 进 7　**17.** 炮四退六　马 7 退 8

车马炮合攻入局，下面：炮四进四，马 8 进 6，帅六进一，马 6 退 5，帅六退一，车 8 进 1，黑胜。

图 270，弈自 1966 年全国赛，由飞相局对过宫炮走成。双方斗散手，红方巧攻：

广东杨官璘

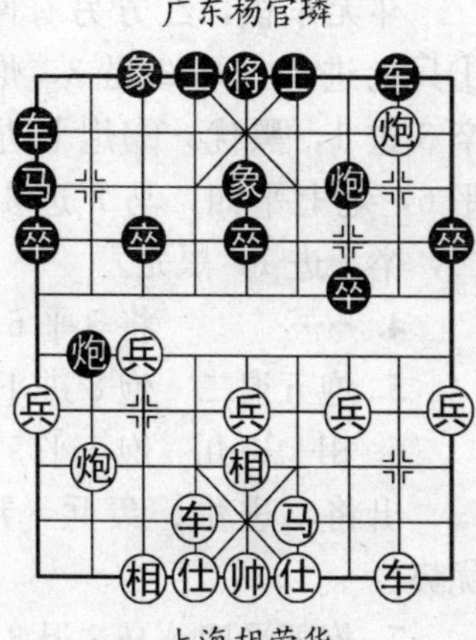

上海胡荣华

图 270

1. 炮二平五！……

炮走宫心，兑车抢先，精妙佳着，构思巧妙。

1. …… 车 8 进 9
2. 炮五退二 士 4 进 5
3. 马四退二 马 1 退 3
4. 车六进四 炮 2 退 2
5. 炮五平八 马 3 进 2
6. 车六进一 ……

兑子后局面迅速简化，红方多兵且子力占位又好，局势已经明显有利，黑方落入困境。

图 271，是双方续弈至 32 回合时残局。红方推进入局：

广东杨官璘

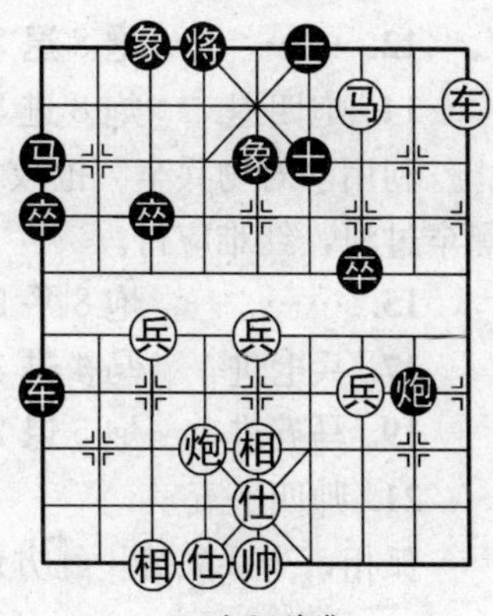

上海胡荣华

图 271

1. 兵五进一！车 1 平 5
2. 车一退二 将 4 进 1
3. 兵五平六 车 5 平 4
4. 兵六进一 炮 8 退 4
5. 兵六进一 将 4 平 5
6. 车一进二 炮 8 平 7
7. 兵六进一 红胜。

图 272，出自 1987 年全国团体赛，由五七炮进三兵对屏风马走成。黑方封车反击：

1. …… 炮 8 平 5！

炮走宫心，巧手兑子，好棋。

2. 车二进七 炮 5 退 2 **3.** 仕四进五 炮 2 平 8
4. 马九进八 ……

斗无车棋，红方另有两种着法：①兵七进一，马 2 退 3，炮五退一，卒 3 进 1，黑优。②炮七进三，将 5 平 6，炮七平四，马 2 进 4，炮五退二，卒 7 进 1，黑先。

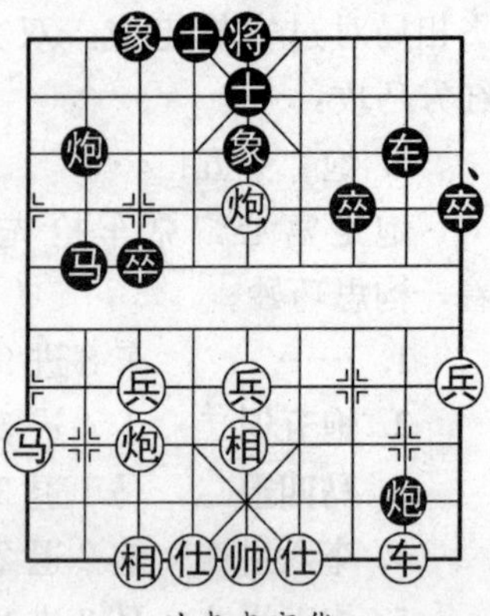

图 272

4. ……　　将 5 平 6

5. 炮五退二　炮 8 进 4

6. 相七进九　炮 5 平 9

出将、进炮、轰兵，形成多卒优势。

7. 炮五平四　马 2 退 3

8. 马八进七　马 3 进 5

9. 马七退五　卒 7 进 1　　**10.** 炮四平五　马 5 退 7

11. 炮五平四　马 7 进 5　　**12.** 兵七进一　……

一捉一杀，红方必须变着。

12. ……　　炮 8 退 2　　**13.** 马五退六　炮 9 平 5

14. 炮四退二　炮 8 进 3　　**15.** 帅五平四　……

利用“对吻兵卒”抢攻，走得好。红如相九退七，卒 3 进 1，黑卒过河，红难应付。

15. ……　　炮 8 平 5　　**16.** 马六退七　马 5 进 4

17. 兵七进一　马 4 进 3　　**18.** 马七进五　象 5 进 3

19. 马五进七　炮 5 退 2　　**20.** 仕五进六　卒 7 进 1

21. 帅四平五

孤相，少兵失势，红方认输。

13. 轻推三步炮　四两拨千斤

图 273，选自 1991 年全国个人赛，由飞相局对中炮形成。经过激烈厮杀，双方九宫屏障全部打光，局势简化而进入残局，战斗可谓“残酷”。车炮三兵对车炮三卒，子力虽然对等，但红方子力

占位好而占优。下面一场短兵相接，红方出手：

上海林宏敏

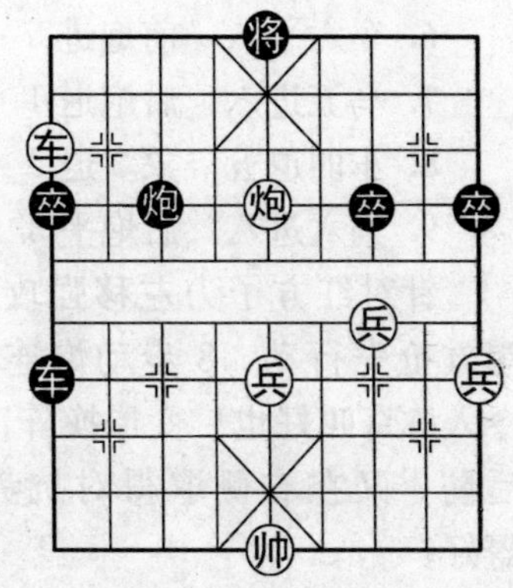

广东许银川

图 273

1. 兵五进一　炮 3 进 2
2. 车九平五　将 5 平 4
3. 车五平六　将 4 平 5
4. 车六退三　炮 3 退 4
5. 帅五平六　炮 3 平 7
6. 兵五进一　车 1 平 9
7. 炮五进一！……

轻进一步炮，既保中路又通兵道，好棋。

7. ……　　车 9 平 2
8. 兵五进一　车 2 退 3　　9. 车六平五　炮 7 平 4
10. 炮五进一！将 5 平 6

又进一步炮，妙。黑如将 5 进 1，兵五进一，将 5 退 1，兵五进一，红胜。

11. 帅六平五　炮 4 退 1　　12. 炮五进一　车 2 退 2

再进一步炮，胜在其中。黑如将 6 平 5，兵五平六，将 5 平 6，车五平四，红胜。

13. 兵五进一　车 2 平 6　　14. 兵五进一　红胜。

14. 变形换阵 8 步炮

图 274，弈自 1982 年上海市象棋锦标赛，由中炮过河车对屏风马两头蛇形成。双方对峙，各在左侧对对方施压，力争主动。现在轮到红方走子：

1. 马三退五　……

退马移动，避 7 路炮锋芒。

1. ……　　炮 7 平 8　　2. 炮五平二　炮 8 平 6
3. 后车平四　炮 6 退 1　　4. 炮二平四　炮 6 平 4

上海任观松

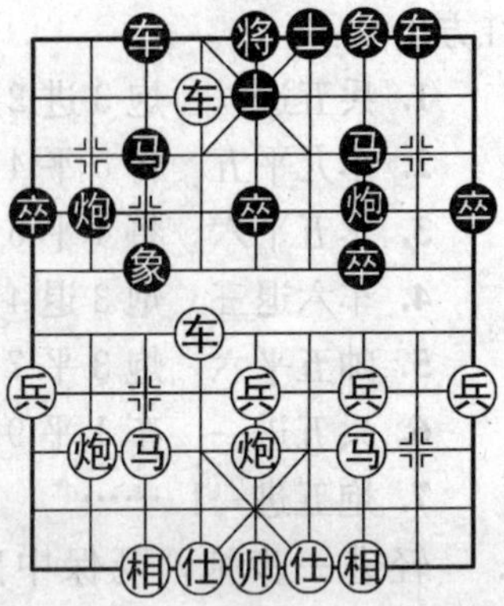

上海秦彤

图 274

5. 车四进四　炮 2 平 4
6. 车六平八　前炮进 5
7. 马五进六　后炮退 1
8. 车四退五　象 3 退 5
9. 马六进八　后炮平 3

针对红方子力左移强攻的计划，黑方抢先行动，8 步动炮连发妙手，令人称奇叫好也！变形换阵，既加强后防，又在右侧取得对抗势头，走得好。

10. 炮八平九？……

平炮失先，忽视黑方反击力。应改走仕六进五，保持局势平稳。

10. ……　车 8 进 9！　**11.** 仕六进五　……

底车攻相，由此突破。红如相三进五，炮 4 平 9！黑方有攻势。

11. ……　车 8 平 7　**12.** 马七进六　炮 3 进 8

连破双相，黑方确立优势。

13. 马八进七　象 5 进 3！　**14.** 车八退七　车 3 平 4
15. 车八平七　车 4 进 5　**16.** 车七退一　车 4 退 1
17. 车七平八　炮 4 平 1

飞象盖车，兑子抢先，黑方继续保持优势。

18. 车八进七　车 4 退 2　**19.** 兵五进一　卒 7 进 1！
20. 兵五进一　车 7 退 3！

黑兑车抢先，保持主动和控制，好棋。

21. 车四平三　卒 7 进 1　**22.** 炮九平五　炮 1 平 3
23. 兵五平六　象 7 进 5　**24.** 兵六进一　车 4 进 1
25. 炮五进五　士 5 退 4　**26.** 车八平七　车 4 平 3
27. 车七平六　……

兑子后，局面迅速简化，黑方多卒占势，已握胜券。红如车七退一，炮 3 退 5，炮五平八，卒 1 进 1，黑方胜定。

27. …… 炮 3 退 2 **28.** 帅五平六 象 3 退 5

29. 车六平五 马 7 退 5

下面：炮四平二，车 3 平 4，仕五进六（如帅六平五，炮 3 平 5，黑方抽车胜），车 4 进 4，帅六平五，车 4 平 8，黑胜。

15. “瓮中捉炮”（6 例）

图 275，选自 1955 年华东华中象棋名手交流赛，由五七炮对屏风马形成。斗无车棋，红方走子：

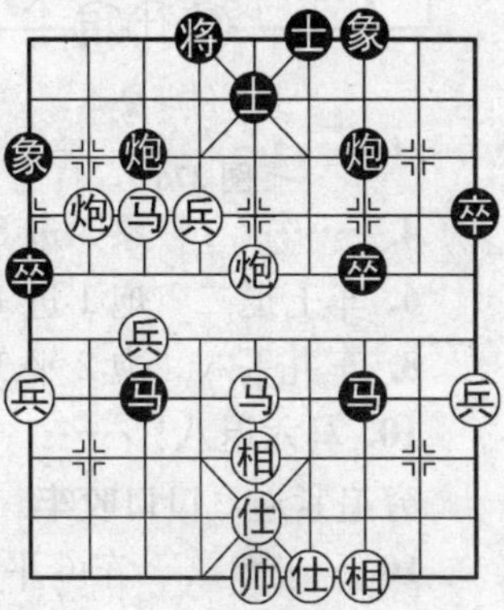

湖北罗天扬

上海何顺安

图 275

1. 炮八退四！马 3 进 2

退炮抢攻，凶。黑如改走象 7 进 5，炮八平六，将 4 平 5，马七进九，红方胜势。

2. 马五进六 马 7 退 5

3. 马六进八 炮 7 退 1

4. 炮八进三！炮 3 平 5

5. 马七进八！……

双骑联动，兑子抢攻，好棋。

5. …… 炮 7 平 2 **6.** 炮八进三 炮 5 平 2

如改走马 2 退 3，炮五平六，将 4 平 5，马八进七，红胜。

7. 炮五平六 将 4 平 5 **8.** 兵六平七 马 2 退 1

9. 兵七进一（图 276） ……

吊马牵炮，攻中夺炮，妙！炮在“瓮”中，奈何！红胜。

图 277，来自 1993 年全国个人赛，由仙人指路对卒底炮演成。红方走子：

1. 马八退六 炮 2 平 3 **2.** 车七平八 马 2 进 3

3. 兵七进一 象 5 进 3 **4.** 车八退三！……

退车“攻中有制”，好棋。

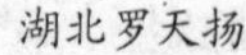

湖北罗天扬

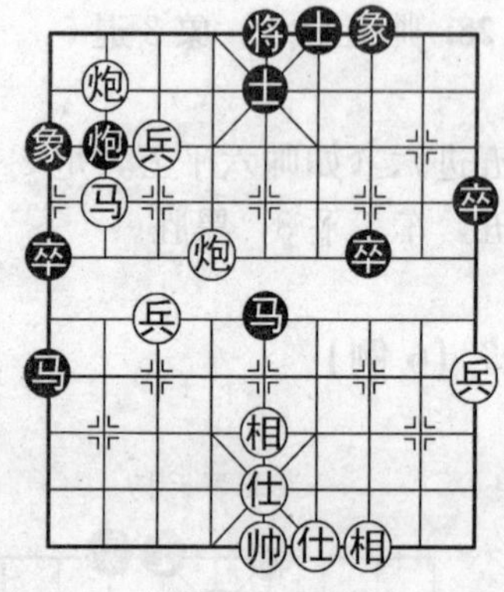

上海何顺安

图 276

北京张强

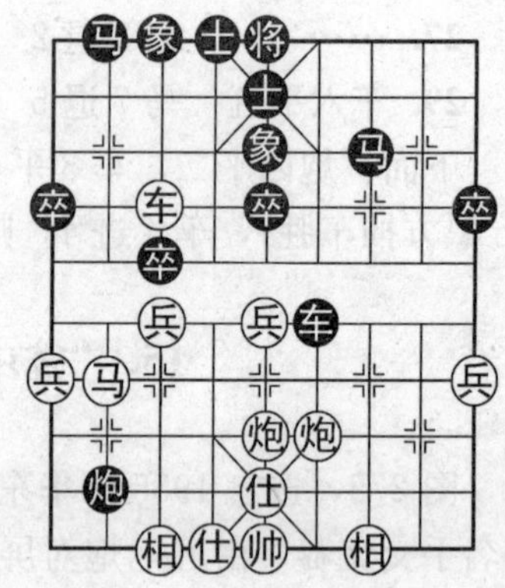

广东庄玉庭

图 277

4. ……　　　象 3 进 5　　**5.** 车八平七　炮 3 平 1

6. 车七退二　炮 1 进 1　　**7.** 车七平九　炮 1 平 2

8. 车九平八　炮 2 平 1　　**9.** 车八退一　炮 1 退 1

10. 马六退八！……

穷追紧逼，口口咬牢。现在退马困炮，一举擒子，佳着。

10. ……　　　车 6 平 7

11. 相三进一　……

避相，死子不急吃，老练。

11. ……　　　车 7 平 5

12. 车八平九　炮 1 平 5

13. 仕六进五（红方夺炮胜定。下略）

河南李少庚

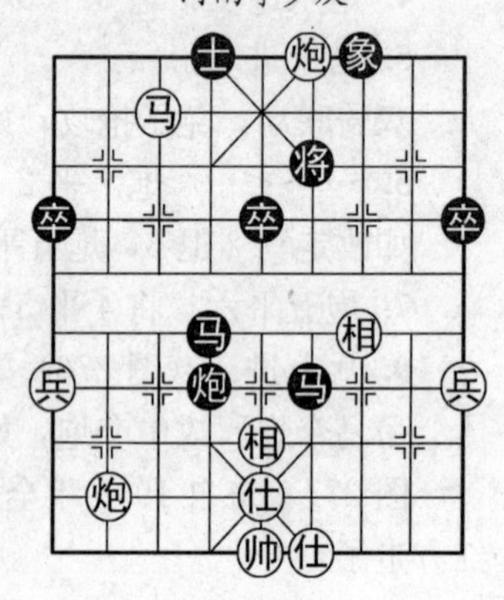

湖北李雪松

图 278

图 278，选自 2007 年“鄞州杯”全国象棋大师冠军赛，由飞相局对中炮走成。双方斗无车棋，红方贪士炮入九宫，身陷囹圄。黑方巧手运动，“瓮中捉炮”。

1. ……　　　马 6 退 5　　**2.** 炮四平五　马 5 进 3

3. 炮八平六　……

如改走兵九进一，马 4 进 6，炮八平六，炮 4 平 9，帅五平六，卒 9 进 1，黑方占优。

3. ……　　马 3 进 4　　**4.** 仕五进六　炮 4 进 2

5. 马七退八　炮 4 平 2　　**6.** 马八进六　马 4 进 2

兑子简化，马炮斗马炮，红炮被关“九宫”，厄运难逃。

7. 仕四进五　将 6 平 5　　**8.** 马六进七　马 2 退 3

9. 马七退九　将 5 退 1　　**10.** 炮五平四　将 5 平 6

11. 炮四平五　马 3 退 4　　**12.** 马九退七　卒 1 进 1

13. 炮五退二　将 6 进 1（图 279）

黑方活捉红炮，黑方多子胜矣。

河南李少庚

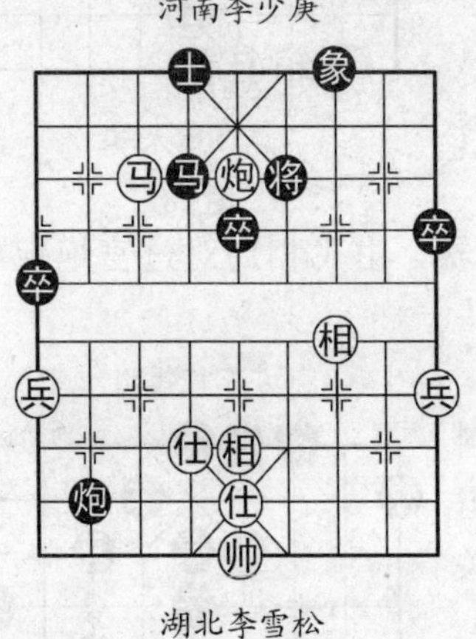

湖北李雪松

图 279

上海胡荣华

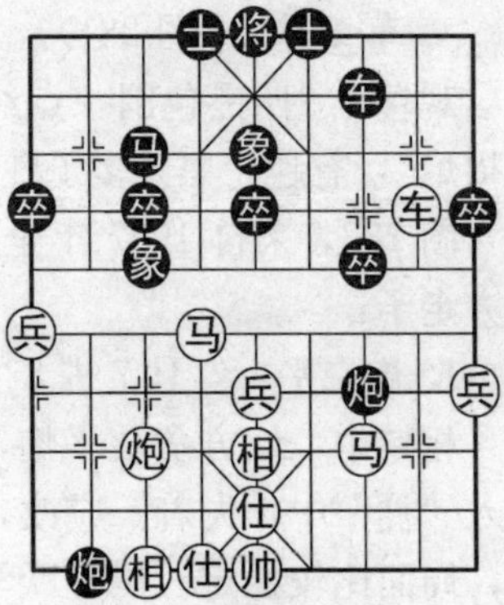

江苏徐天红

图 280

图 280，来自 1997 年第 2 届“广洋杯”，由中炮巡河炮对屏风马走成。对峙中，黑方反击：

1. ……　　卒 7 进 1！　　**2.** 炮七进二　……

7 卒强渡，即刻形成威胁。红如改走车二退三，车 7 进 3；如马六进四，炮 7 平 6，都是黑优。

2. ……　　炮 2 退 4！　　**3.** 炮七进二？炮 2 退 2！

红炮贪卒，致惹杀身之祸，应走炮七平三，尚可周旋。黑方两步退炮妙，由此设“瓮”捕炮。

4. 车二退三　卒 9 进 1！　**5.** 兵五进一　卒 7 平 6

6. 马六进八　……

如改走车二进一，卒 6 进 1，兵五进一，卒 5 进 1，马六退四（如炮七平二，卒 6 进 1，仕五进四，炮 7 平 5，相五进三，卒 5 进 1，黑优），车 7 进 2，马四进五，车 7 平 5，车二进一，炮 7 退 2，黑方夺子胜。

6. ……　卒 6 进 1

7. 车二进一　车 7 平 4

8. 车二平四

车 4 进 2（图 281）

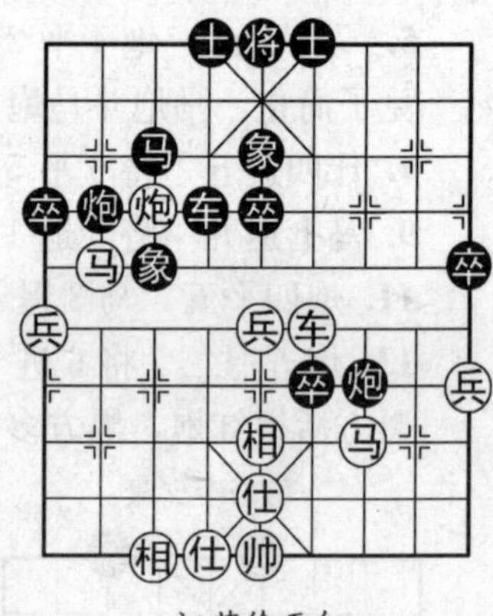

图 281

观枰，“四黑包围一点红”。“瓮中捉炮”，有趣。黑方多子胜。

图 282，来自 1997 年全国个人赛，由飞相局对过宫炮走成。红方走子：

1. 炮二平一？马 7 进 8

相峙中，红方贪攻平炮，殊不料落入“瓮”中，失着。应改走炮二退六，局面比较稳定。黑方跃马挡车关炮，恰到好处。

2. 马三退四　……

如改走车七平四，炮 1 进 4，黑优。

2. ……　车 6 平 9！

3. 车七平四　炮 1 平 8！

4. 车二平一　车 7 进 3！

5. 炮一平二　炮 8 平 6！

6. 车四平六　车 9 退 1（图 283）

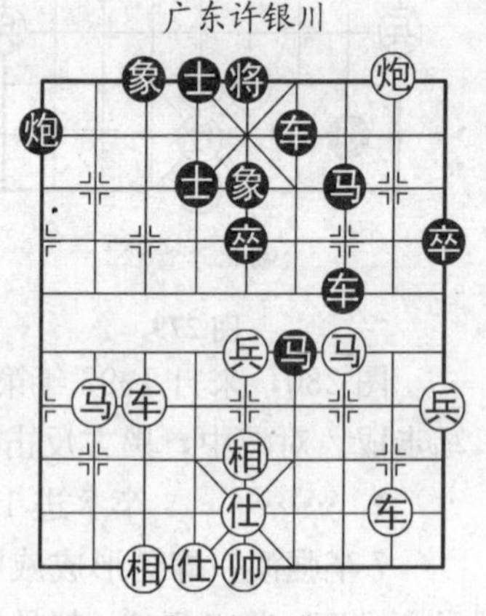

图 282

又一出“瓮中捉炮”，黑方得子。以下红如接走炮二退二（如炮二退一，车9平8，炮二平一，炮6平8，下面有车8平9、马6进8等手段，红方难应），士4进5，炮二退一，车7退4，炮二进二，车9平8，炮二平一，炮6平8，炮一平五，士4退5，黑方夺子胜势。

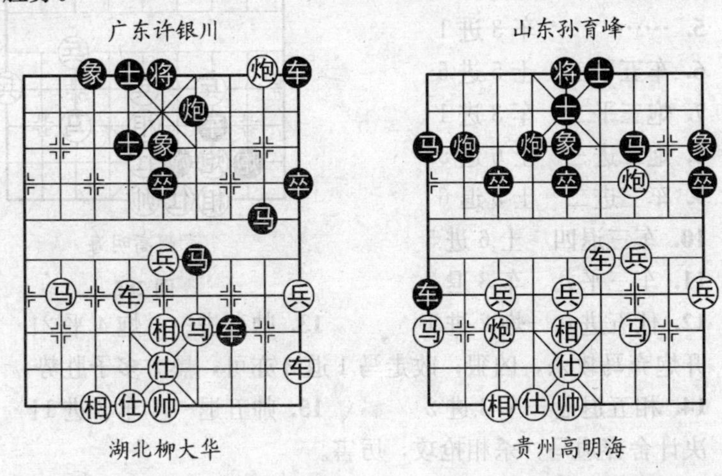

图 283　　图 284

图284，弈自1990年全国个人赛，由斗顺炮演成。黑方出手：

1. ……　　炮2进6!

炮攻相腰擒马，先发制人，佳着。

2. 车四平八　车1进1　　**3.** 炮七退一　……

如改走车八退三，车1平3，车八进六，象5退3，下面不论红方走车八平七或马三进四，黑方都可以车3退1，多子占优。

3. ……　　炮4进6

再攻相腰连炮夹炮，妙棋。

4. 车八进三　……

如改走炮七进五，车1进1，车八进三，炮4退6，黑方多子占优。

4. ……　　车1平3（图285）

双炮借相筑“瓮”，“瓮中捉炮”，奇妙有趣，好看也。

5. 车八平五　……

如改走车八平九，车3进1，车九平五，车3进1（改走马7退8亦可，黑多子占优），车五平三，炮2进1，黑方有凌厉攻势。

5. ……　　车3进1

6. 车五平三　士5进6

7. 炮三平二　车3进1

8. 炮二进三　士6进5

9. 车三进二　士5退6

10. 车三退四　士6进5

11. 车三平九　车3退3

山东孙育峰

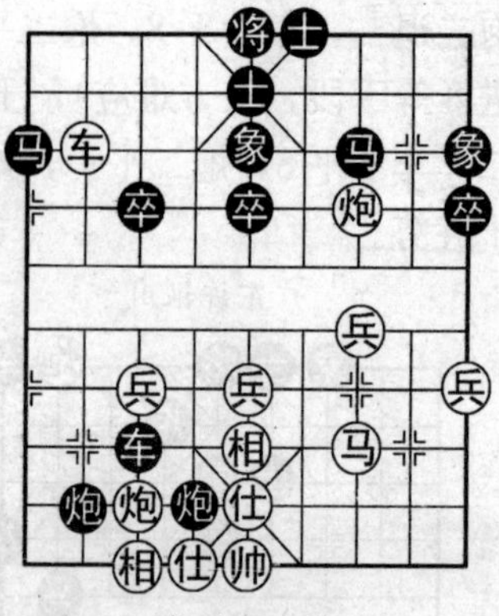

贵州高明海

图285

12. 仕五进六　炮2进1　**13.** 帅五进一　炮4平2!

开炮弃马攻杀，凶狠；改走马1退3亦可，黑方多子胜势。

14. 相五退七　车3进2　**15.** 帅五退一　车3进1!

决计舍弃边马，杀相抢攻，厉害。

16. 车九进二　后炮退1　**17.** 马三进二　车3退4

18. 仕六进五　车3平7　**19.** 马二进一　车7进4

20. 仕五退四　前炮平6

21. 车九进二　士5退4

22. 炮二平六（图286）　……

双方各攻一面，形成相同的车炮杀仕（士）的攻势。这在实战中很少见到，又是一个趣象，妙哉。

22. ……　　将5进1

23. 车九退五　炮2进1!

24. 车九平五　炮2平9

车双炮侧攻成一体，红方危矣。

25. 车五进二　将5平4

26. 车五平六　将4平5

山东孙育峰

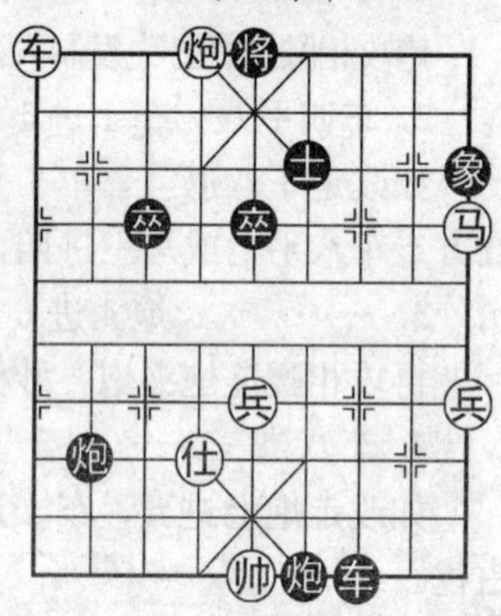

贵州高明海

图286

27. 帅五进一　车 7 退 1　　**28.** 帅五进一　炮 6 平 8

29. 车六平四　车 7 退 1　　**30.** 帅五退一　炮 8 退 1

杀局，黑胜。

16. 左炮未动已胜局

图 287，来自 1991 年全国团体赛，由中炮直横车对屏风马走成。红攻黑守，红方走子：

1. 车九平六　马 7 进 6　　**2.** 兵五进一　卒 7 进 1

3. 车二平四　卒 7 进 1　　**4.** 车四退一　卒 7 进 1

5. 车四平二　车 1 进 1　　**6.** 马七进五　车 1 平 7

7. 兵五进一　炮 2 进 2　　**8.** 马五进六　车 7 平 4

9. 车二进一！炮 2 平 4

红方中路攻势强烈，现车占卒林，好棋。黑如改走卒 5 进 1，马六进五，红方速胜。

10. 兵五平六　卒 7 进 1　　**11.** 车六平三　马 3 进 4

12. 车三平六　车 8 进 1　　**13.** 车二平五　炮 8 进 4

14. 车五进一　士 4 进 5　　**15.** 车五退二（图 288）……

贵州高明海

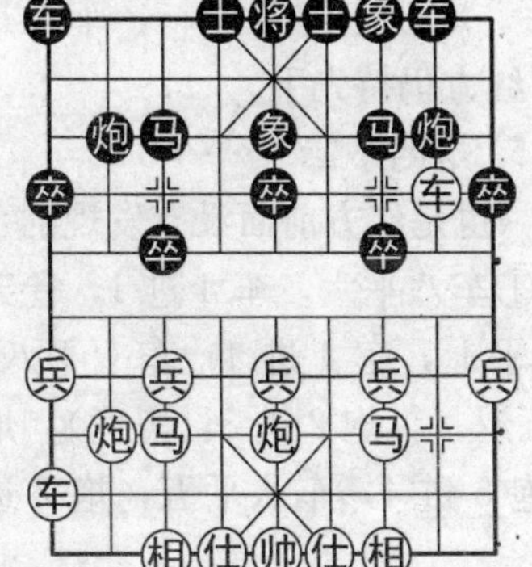

黑龙江孙寿华

图 287

贵州高明海

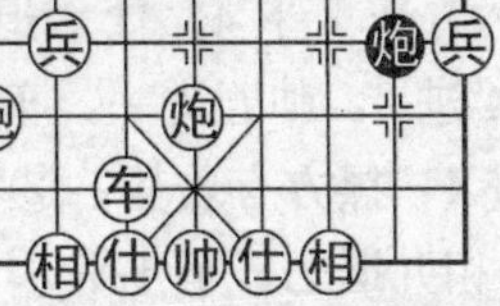

黑龙江孙寿华

图 288

双车挟马，又有攻势，黑方认输。红方左炮一步未动已胜局，奇妙也。

17. 妙运5步炮　步步生光辉

图289，选自1990年全国个人赛，由五七炮进三兵对反宫马演成。红攻黑守，双方交织对峙。面临红车捉炮，黑方巧手应对：

浙江于幼华

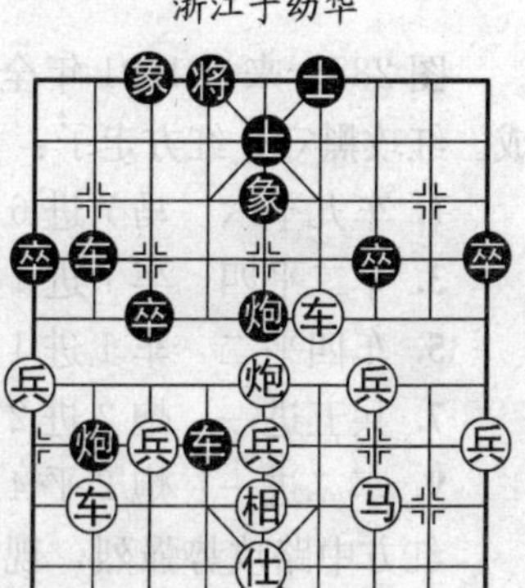

广东许银川

图289

1. ……　　炮2退2!

2. 炮五平四　……

退炮相连，看似车无根，诱红车来吃。红如吃炮，车2平6，打帅夺车。

2. ……　　炮5进1!

3. 帅四平五　炮5退2!

4. 炮四进五？……

黑方中炮进而复退，既固防线又诱红炮轰士，老练。红方弃炮轰士，粗看换双士，然后跃马有攻势，但这是一种假象，恰恰上当。毛病出在临枰时没有细察，失手。应改走炮四退一，车4进2，炮四退二，车4退2，炮四平二，红方仍持先手。

4. ……　　炮2进1!!　　**5.** 炮四平二　……

黑方进炮冷着，伏叫杀夺车，妙，也是红方前面没有发现的手段。红方平炮无奈，另有两种选择：①车八平六，车4进1，仕五进六，车2平4，仕六退五（如车四平七，车4进4，车七平八，车4进2，帅五进一，车4退1，帅五退一，炮2进3，黑优），炮2进4，黑方有攻势。②相七进九，炮5进4，车八平五，炮2进4，相九退七，车4平3，黑方有攻势。

5. ……　　炮2平3!　　**6.** 兵七进一　……

平炮暗伏夺车，妙。红如车八进四，炮3进4，相五退七，车

4进3，黑胜。黑方5步运炮颇见功夫，令人叫绝。真是“高手有失手，但更多的是妙手也”。

6. …… 车2进4 **7.** 炮二退七 车4进2
8. 马三进四 炮5进4 **9.** 帅五平四 炮5平6!

轰相，平炮，兑子抢攻，漂亮。

10. 马四退五 车2平3 **11.** 车四退三 车3进2
12. 帅四平五 车3退4 **13.** 炮二进四 车3平7
14. 炮二平九 车4退2 **15.** 车四进一 车7进4
16. 仕五退四 车4退3 **17.** 炮九进三 将4进1
18. 车四退一 车7退3 **19.** 兵九进一 车7平5
20. 仕四进五 卒3进1

一阵争夺，双车对车马炮，红方残相，黑方多卒，胜定。下面着法从略。

18. 三度献炮 巧夺天工

图290，出自1988年“木建杯”象棋大师邀请赛，由飞相局对过宫炮走成。双方对攻，局势紧张。红方抢攻：

黑龙江赵国荣

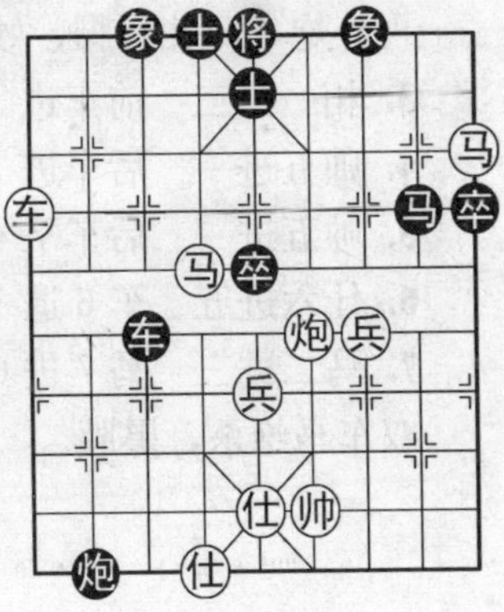

浙江于幼华

图 290

1. 炮四平五! 马8退6

献炮巧攻，妙。黑如改走卒5进1，车八平二，象7进9，车二进三，士5退6，车二平四，将5进1，马六进四，将5平4，车四退一，士4进5，车四平五，将4退1，兵五进一，红方胜定。

2. 马六进八! 车3平4

还是要弃炮，两匹马双胁卧槽，厉害。黑如改走车3退2，马八进七！车3退2，马一进三，将5平6，炮五平四，马6进4，车九平六，将6进1，车六平四，士5进6，车四平七，红胜。

3. 马八进七　将5平6　　**4.** 马一退三！炮2退1

三度弃炮，精妙。黑如改走车4退4，马三进二，将6平5（如将6进1，红车九平三），马二退四，红胜。

5. 帅四退一　卒5进1　　**6.** 马三进二　将6进1

7. 车九平三　卒5平6　　**8.** 车三进二　将6退1

9. 车三进一　将6进1　　**10.** 马二退三　红胜。

19. 妙献双炮　精彩绝杀

图291，弈自1985年“百岁杯”象棋大师邀请赛，由中炮对转角马走成。面对红方左侧强攻，黑方以攻还攻，突出妙手：

北京谢思明

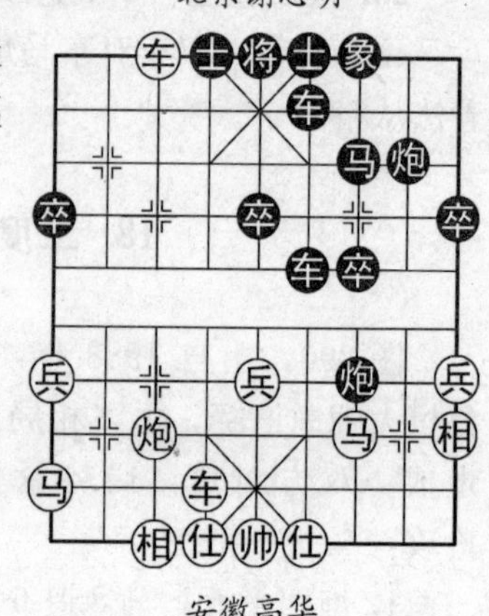

安徽高华

图291

1. ……　炮8进7！

献炮打帅，引马离开，好棋。

2. 马三退二　炮7进3！

再弃炮，巧轧马脚，妙。

3. 相一退三　前车进5

4. 帅五进一　后车进7

5. 帅五进一　后车平4

6. 仕六进五　车6退1

7. 马二进三　马7进6

双车马绝杀，黑胜。

四、兵（卒）步恰恰

1. 兵冲 5 步　攻击连连（3 例）

重庆杨剑

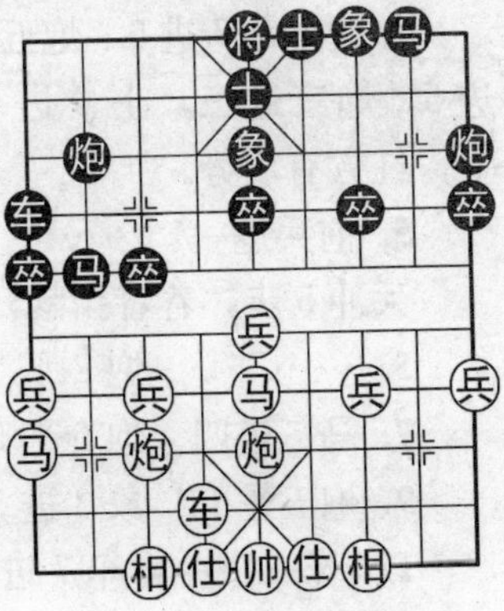

南方棋院朱琮思

图 292

图 292，选自 2002 年全国个人赛，由五七炮进边马对屏风马进 3 卒而成。红方抢先：

1. 兵五进一！马 2 进 1

冲中兵强攻中路，有力。黑如卒 5 进 1，炮五进三，马 2 进 1，炮七平五，红方占优。

2. 兵五进一　马 8 进 7

3. 兵五平六　马 1 进 3

4. 马九进八　车 1 平 2

5. 马八退七　……

兵占肋道，兑子调整马位，集中优势兵力压迫对方，走得好。

5. ……　　　卒 7 进 1

6. 兵七进一　卒 3 进 1

7. 马五进七　车 2 进 1

8. 后马进五　炮 2 平 3

9. 相七进九　马 7 进 6

10. 马五进四　车 2 平 6

11. 兵六进一　……

黑方兑子求透松，但难以摆脱困境，红方肋道冲兵，厉害。

11. ……　　　炮 3 平 2

12. 兵六进一　炮 2 平 4

13. 车六平八　炮 4 平 2

14. 马七进六　……

中兵冲 5 步，捉双夺子叫杀，红胜。

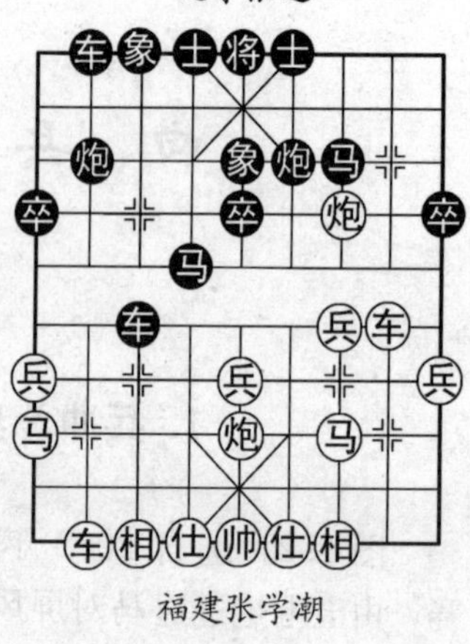

图 293

图 293，出自 2002 年全国团体赛，由五八炮对反宫马走成。红方抢先：

1. 兵三进一！车 3 退 1

挺兵兑车，亮点出彩。黑如车 3 平 8，马三进二，炮 2 进 5（如象 5 进 7，车八进五），炮五进四，红优。

2. 兵三平四　炮 6 退 1

3. 兵四平五！马 4 退 3

4. 前兵进一　车 3 平 7

如改走马 7 进 5，炮五进四，马 3 进 5，炮三进三，士 6 进 5，炮三平一，红方有攻势。

5. 前兵进一！……

兵冲 5 步，着着扣紧，红方由此赢得进攻的大好时机。

5. ……　炮 2 平 5　**6.** 车八进九　马 3 退 2

7. 马三进四　炮 6 平 5　**8.** 马九进七　后炮进 5

9. 炮五进五！象 3 进 5　**10.** 马七进六　炮 5 退 1

11. 车二进一　车 7 进 2　**12.** 车二平五　车 7 平 5

以兑紧逼，迅速推进，黑方已难应付。

13. 仕四进五　士 6 进 5　**14.** 马六退五　红胜。

图 294，选自 1999 年全国团体赛，由挺兵对起马局形成。红方冲兵出击：

1. 兵七进一！车 7 进 2

七兵冲河，先手发难，佳着。黑如改走象 5 进 3（如卒 3 进 1，炮七进六，炮 6 平 3，马六进五，车 7 平 6，马五进七，车 6 进 1，车一平六，士 6 进 5，炮八进五，红有严厉攻势），马六进五，红有攻势。

2. 兵七进一　炮 9 平 5　**3.** 仕六进五　车 7 进 3

4. 帅五平六　车 7 退 5　**5.** 兵七进一　……

攻中夺子。

河北苗利民

5. …… 车8进9

6. 马四进五 炮6进1

7. 车一平四 马7进5

8. 马六进五 车7平4

9. 帅六平五 车4进4

10. 车八进一！……

黑方极力反扑，红方严于防范。现在高车保炮，妙。

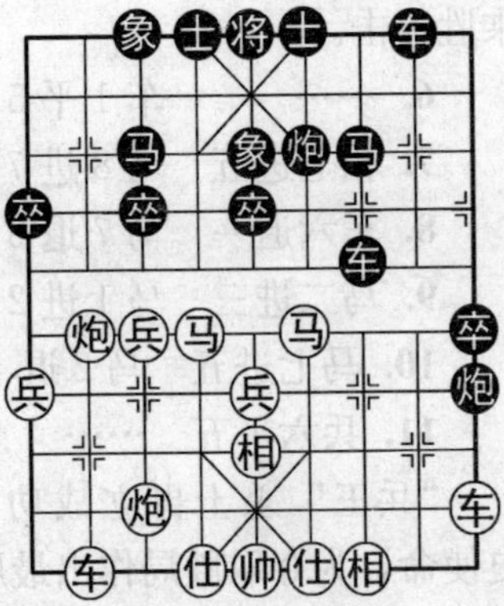

10. …… 士4进5

11. 炮八进五！象3进1

12. 兵七平八！……

江苏李群

图294

叫杀生根，寓守于攻，精巧，好棋。

12. …… 象1进3 13. 炮七退一 ……

兑车化解，黑势烟消云散。

13. …… 炮6平7 14. 车四平三 车4退5

15. 车八进二！……

管炮弃马，由此反攻，佳着。

15. …… 车4平5 16. 兵八平七 炮7平9

17. 炮八平九 士5进6

开炮即成杀势，红胜。

2. 兵（卒）冲6步 妙手攻杀（4例）

图295，来自1983年全国赛，由仙人指路对卒底炮走成。黑方孤象少卒，红方乘势进兵：

1. 兵五进一 马4退6 2. 兵五进一 士4进5

3. 兵五进一 马6退8 4. 兵五进一 车1进3

5. 兵五平六 马3退1 6. 兵六进一 ……

中兵历来有“兵中之王”之称。红方巧运“兵王”，连冲6步，杀得黑方马仰象翻，从而扩大优势，乘胜追击。

6. ……　　车1平5
7. 相七进五　马8进7
8. 车六退一　马7退6
9. 马二进三　马1进2
10. 马七进五　马2退4
11. 兵六平五　……

“兵王”杀士再立战功，完成历史使命，为夺取胜局作出最后贡献。

浙江黄伯龙

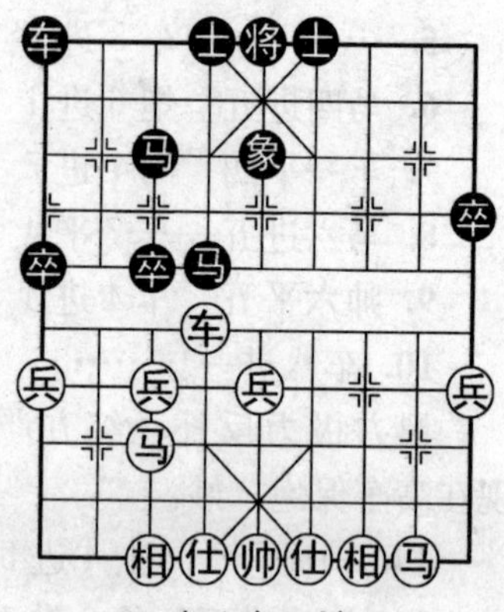

湖北李望祥

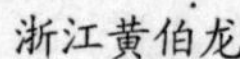

图 295

11. ……　　士6进5
12. 马五进三　马6进7
13. 仕四进五　马4进6
14. 前马退四　马6退8
15. 马三进二　车5平6
16. 车六进二　马7退5
17. 车六平五　马8退6
18. 马四进三　车6进3
19. 马二进一　车6平3（图296）

浙江黄伯龙

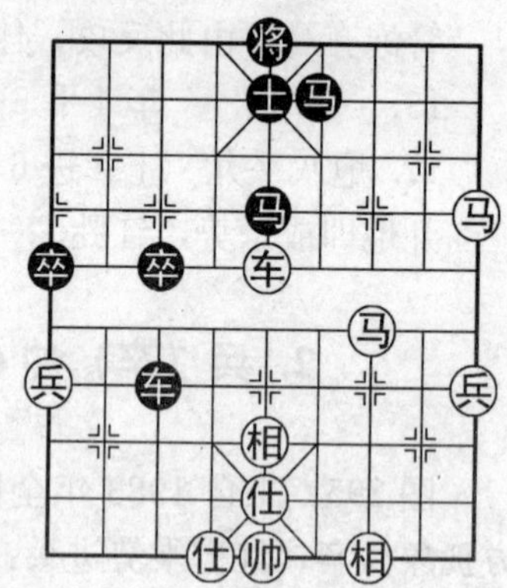

湖北李望祥

图 296

20. 兵一进一　车3平1
21. 兵一进一　车1平6
22. 兵一平二　车6退1
23. 兵二平三　卒3进1
24. 兵三平四　卒1进1
25. 兵四进一　……

又是一个“6步冲兵”，前呼后应，妙。黑方已难应付。

25. ……　　马5退3
26. 马一进三　车6平4
27. 兵四进一　马6进8
28. 车五平二　士5进6
29. 车二进二　车4平6
30. 车二进二　将5进1
31. 车二退三　卒3平4
32. 车二平七　马3退4

33. 车七进二　将 5 退 1　**34.** 车七平六　红胜。

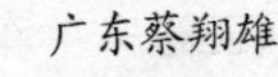

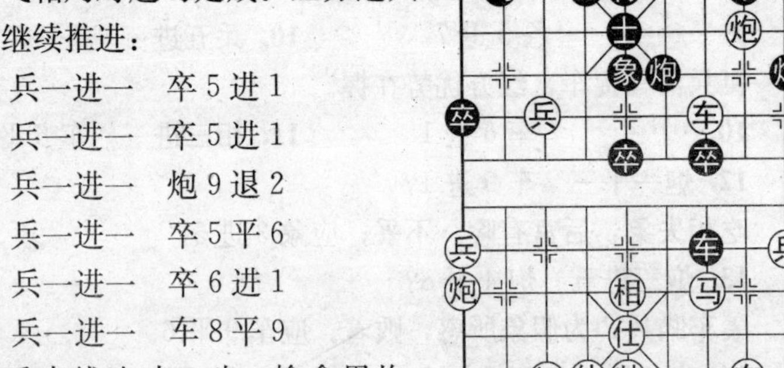

黑龙江孙志伟

图 297

图 297，选自 1984 年全国个人赛，由飞相局对起马走成。红方过兵破象，继续推进：

1. 兵一进一　卒 5 进 1

2. 兵一进一　卒 5 进 1

3. 兵一进一　炮 9 退 2

4. 兵一进一　卒 5 平 6

5. 兵一进一　卒 6 进 1

6. 兵一进一　车 8 平 9

边兵直线连冲 6 步，擒拿黑炮，妙也。

7. 炮九平四　车 7 进 1

8. 炮二进一　车 7 平 9　**9.** 车二进八　前车进 2

10. 炮四退二　马 2 进 4　**11.** 兵七进一　炮 6 平 3

12. 仕五进四　后车平 8　**13.** 车二进一　士 5 退 6

14. 车三平六　马 4 进 6　**15.** 车六进一　红胜。

北京付光明

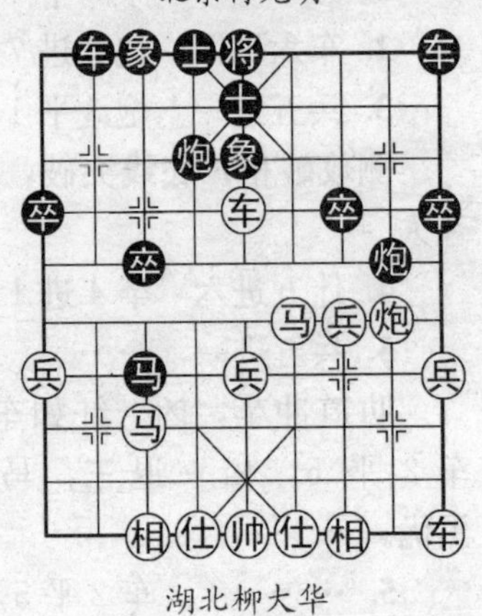

湖北柳大华

图 298

图 298，弈自 1985 年全国团体赛，由中炮横车七路马对屏风马走成。红方走子：

1. 兵三进一！炮 8 退 2

2. 兵三进一　……

欺炮冲兵，快步切入，力在其中。

2. ……　车 9 平 6

3. 马四退五　马 3 退 4

如改走马 3 进 5，相三进五，车 6 进 5，车五退二，车 6 平 5，兵五进一，车 2 进 3，车一平三，红优。

4. 车五退一　车 6 进 5　**5.** 炮二平一　马 4 退 3

6. 车一平二　车2进3　　7. 兵三进一　炮8进1

8. 兵三进一　车2平7　　9. 兵三平二　……

疾兵5步冲入，埋下伏兵，走得干净利落。

9. ……　　象5退7　　10. 兵五进一　……

挺兵活马捉车，红方优势在握。

10. ……　　车6进1　　11. 相三进一　车6平9

12. 炮一平三　车9进1?

吃相失象，后宫有险，不妥；应象3进5。

13. 炮三进五　炮4平8?

轰车瞄兵，为假象所惑，败着。应车9平6。

14. 车二进六！车7平8　　15. 炮三平一！车9平7

弃车抢杀，妙。黑如将5平6，炮一退七，红方多子胜定。

16. 兵二进一！……

兵冲第6步，杀。红胜。

图299，选自1986年全国个人赛，由中炮进三兵对屏风马形成。黑方反击：

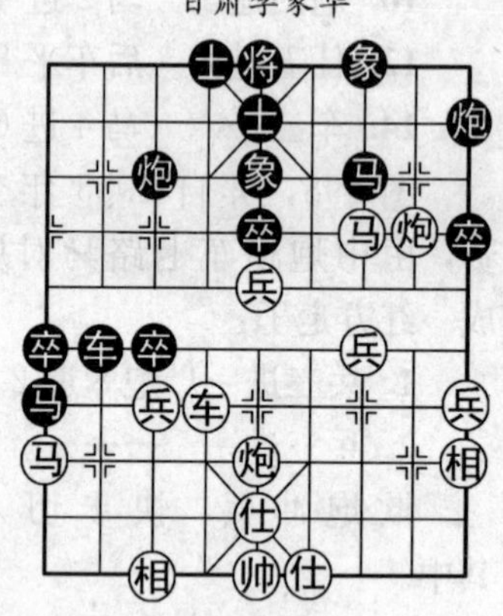

图 299

1. ……　　卒3平4

2. 车六平四　炮3进7

3. 兵五进一　炮3平1

侧攻破相，底线突破，黑方先声夺人。

4. 仕五进六　卒4进1

5. 兵五进一　……

肋道冲卒，凶。红如车四平六，车2平5，相一退三，马7进5，黑优。

5. ……　　车2平5　　6. 相一退三　卒4进1

兵、卒互攻九宫，黑方显然在速度上占上风。

7. 炮二退二　车5退2　　8. 炮二平九　士5进4

9. 炮五进三　卒 4 进 1!

卒冲九宫禁地，下面一气呵成杀局。

10. 仕四进五　炮 9 平 2!　**11.** 炮九平八　马 1 进 3!

12. 帅五平四　马 3 进 4　**13.** 炮八退四　卒 4 平 5

14. 马九退七　炮 2 进 7!　**15.** 兵五平六　士 4 进 5

16. 兵六进一　卒 5 平 6　**17.** 帅四平五　马 4 退 5

卒动 6 步，黑胜。

3. 兵（卒）冲 7 步　巧攻入局（4 例）

图 300，出自 1993 年全国个人赛，由中炮进七兵对三步虎形成。斗无车棋，红方发力：

安徽丁如意

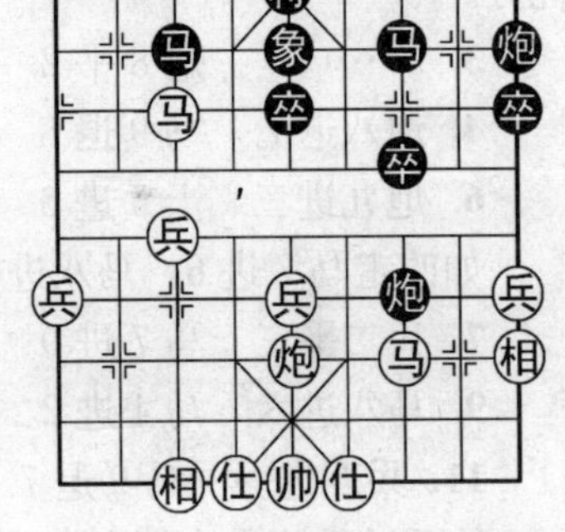

上海胡荣华

图 300

1. 兵五进一　炮 9 平 8

2. 兵五进一　炮 8 进 1

两冲中兵抢攻势，黑如卒 5 进 1，马七退五，马 7 进 5（如马 3 进 5，红炮九退二），兵九进一，红优。

3. 兵七进一！……

献七兵调象，为中兵挺进开道，勇敢而又必要的牺牲。

3. ……　象 5 进 3

4. 兵五进一　将 5 平 6　**5.** 兵五平四　……

5 步运兵，迅速打开局面，形成强大攻势，走得好。

5. ……　马 7 进 6

如误走炮 8 平 3 吃马，炮五平四，马 7 进 6，兵四进一，红胜。

6. 炮五平四　炮 7 平 5　**7.** 兵四平三　马 6 进 4

8. 兵三平二　将 6 平 5

如马 4 退 3，马三进四，将 6 平 5，马四进六，炮 5 退 4，马六进七，红方多子胜势。

至此，红方夺子胜定。下略。

图 301，来自 1999 年全国团体赛，由过宫炮对中炮走成的无车棋。红方走子：

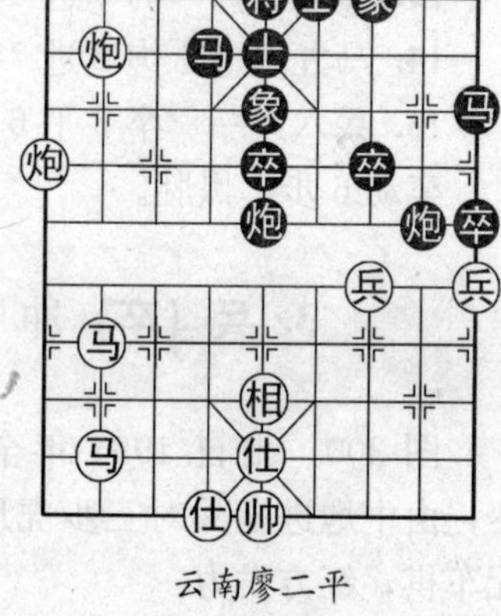

图 301

1. 兵三进一！……

弃三兵，过边兵，好棋，抢夺优势的关键性佳着。

1. …… 卒 7 进 1
2. 兵一进一 炮 8 进 4
3. 兵一进一！……

兑子挺兵，胁马抢攻，红方确立优势。

3. …… 炮 8 平 2
4. 炮八退七 马 9 退 8
5. 兵一平二 马 8 进 7
6. 炮九进三 士 5 进 6

如改走马 7 进 6，马八进七，士 5 进 6，马七进六，红方胜势。

7. 兵二平三 马 7 进 9
8. 兵三平四 马 9 进 8
9. 马八进六 马 4 进 2
10. 炮九退五 马 8 进 9
11. 兵四进一 马 9 退 7
12. 兵四进一 ……

边兵冲 7 步，直扼九宫，红方胜势。

12. …… 炮 5 平 4
13. 仕五进四 士 6 进 5
14. 仕六进五 卒 5 进 1
15. 马六进八 象 5 进 3
16. 炮八进六 炮 4 平 2
17. 炮九进五 ……

重炮侧攻杀，红胜。

图 302，弈自 2000 年全国团体赛，由中炮直横车对屏风马左马盘河走成的无车残局。双方兵力相等，但量同质不同，黑方有子力结构上的优势。现发力进攻：

1. …… 卒 5 平 6
2. 仕五进四 卒 6 进 1
3. 炮八平四 炮 6 进 3
4. 炮四平九 炮 6 平 8

5. 马八进六　炮 8 进 2　　6. 帅四进一（图 303）……

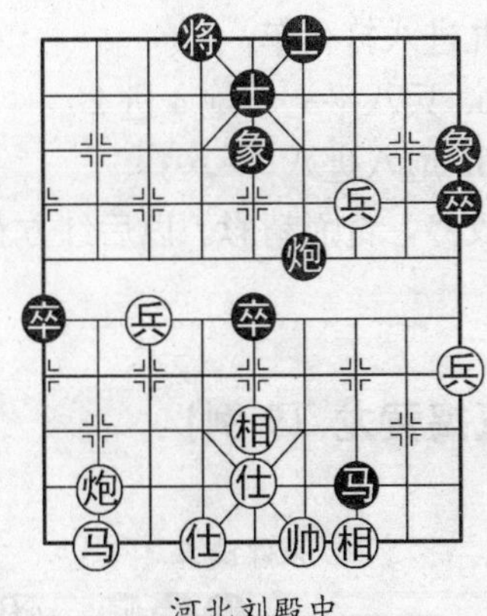

图 302

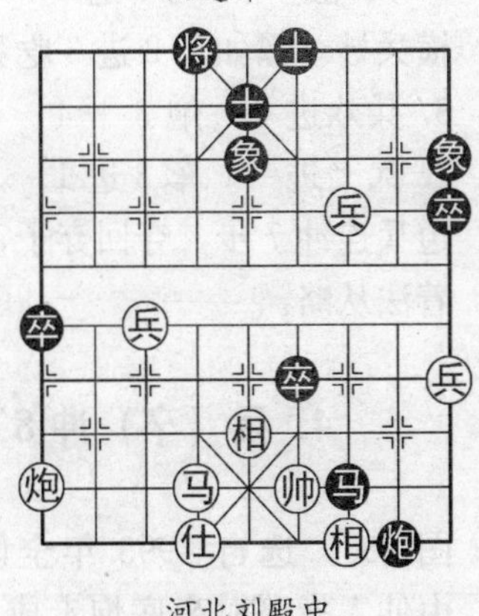

图 303

马炮卒破仕联攻，形成围宫之势。此时，黑方边卒参战，疾进冲宫，推波助澜，一举入局。

6. ……　　卒 1 进 1　　7. 兵一进一　卒 1 进 1

8. 炮九平七　卒 1 平 2　　9. 仕六进五　卒 2 进 1

10. 炮七进一　卒 2 平 3

11. 马六进七　卒 3 平 4

12. 仕五进四　卒 4 进 1！

卒攻 7 步，入宫底，成妙杀，好看！下面：仕四退五，炮 8 退 1，帅四退一，卒 4 平 5，黑胜。

图 304，来自 1966 年全国个人赛，由仙人指路对卒底炮形成。红方连弃两兵力争主动，现再挺兵：

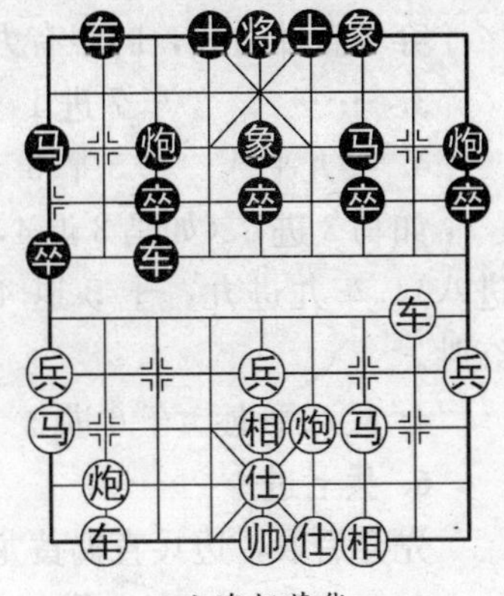

图 304

1. 兵九进一　车 3 平 7

2. 兵九进一　……

抢卒舍马，凶狠。

2. ……　　车 7 进 3？

贪子不当，改走车7平1比较平稳。

3. 兵九进一　马1退3　　**4.** 兵九平八！车2平3

横兵妙，黑如车2进3吃兵，马九进八打死车。

5. 兵八进一　炮3平4　　**6.** 兵八平七　炮4进2

7. 兵七进一　车3进1　　**8.** 炮八进八　……

边兵连冲7步，夺回弃子，占得攻势，奇而精彩。以后红方获胜，着法从略。

4. 兵（卒）冲8步　直捣黄龙（9例）

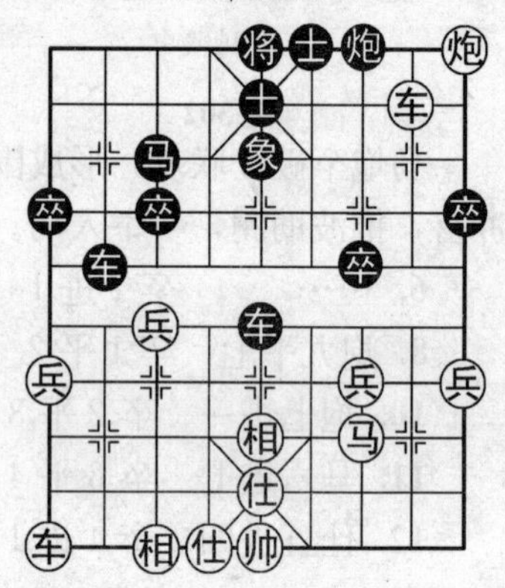

图305

图305，选自1993年全国团体赛，由仙人指路对卒底炮走成。红方走子：

1. 兵九进一！车2进2

如改走马3进5，车九进三，红优。

2. 兵九进一！车2平7

3. 兵九进一！……

弃马直冲边兵，凶狠有力。

3. ……　　车7进1

4. 兵九平八　车5平6

如马3进5（如马3退4，红车九进八），车九进九，士5退4，车二平六，马5退3，兵八平七，红胜。

4. 兵八平七　车6进3　　**5.** 仕五退四　车6平4

6. 兵七进一　……

先弃后取，边兵直捣黄龙，胜势已定。下面入局。

6. ……　　车7平5　　**7.** 仕四进五　象5退3

8. 车九进八　车5退5　　**9.** 兵七进一！车5平4

10. 车二平四　后车平6　　**11.** 车四平三　炮7平8

12. 兵七进一　……

8 步冲兵定胜局，妙。下面：车 6 平 5，车三平四，红胜。

图 306，来自 1992 年全国个人赛。黑方净多二子，但中路被镇。红方发挥多兵优势，双兵联动，妙手连冲 8 步兵，一举擒车而胜，可称是奇异趣局也。

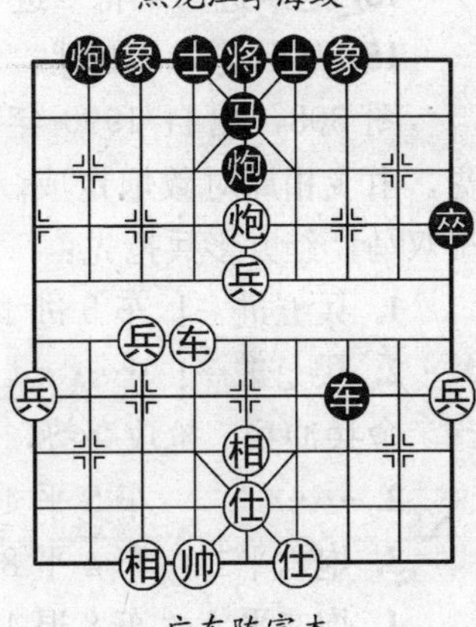

图 306

1. 兵七进一　车 7 平 1

2. 兵七进一　车 1 退 2

3. 兵五平六　炮 2 进 1

4. 兵六平七　炮 2 退 1

5. 前兵平六　车 1 平 3

6. 兵六进一　象 3 进 1

7. 兵六进一　车 3 退 4

8. 兵六平七！　红胜。

图 307，弈自 1999 年全国个人赛，由中炮进三兵对反宫马形成。红方多兵占优，推进：

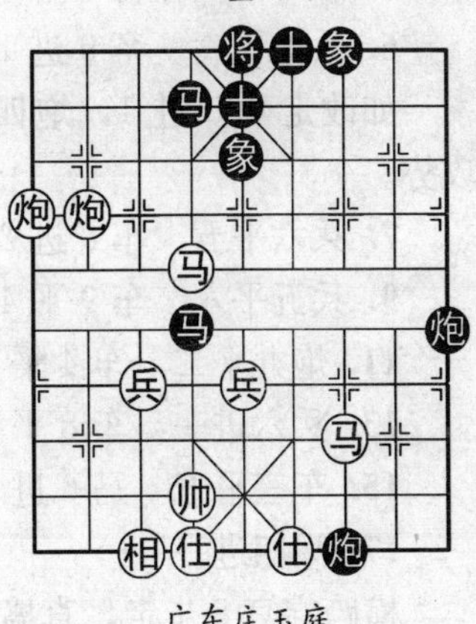

图 307

1. 兵五进一　炮 7 退 1

2. 兵五进一　前马进 6

3. 兵五进一　炮 9 平 5

4. 马三进五　象 5 进 7

5. 兵五平六　炮 5 平 9

6. 兵六平七　炮 9 进 3

7. 帅六进一　炮 9 退 1

8. 前兵进一　马 6 进 8

9. 马五退三！炮 9 平 7

10. 前兵进一　……

中兵疾进，独马护驾，先弃后取，计谋得当。

10. ……　士 5 进 4　**11.** 前兵平六　……

兵冲 8 步，夺回弃子，配合马双炮杀入，有劲！

11. ……　士 6 进 5　**12.** 炮九进三　将 5 平 6

13. 炮八进二　将 6 进 1　**14.** 马六进四　马 8 退 7

15. 马四进二　红胜。

图 308，出自 1990 年全国个人赛，由飞相局对敛炮走成。车双炮斗车双马，红方多兵抢先：

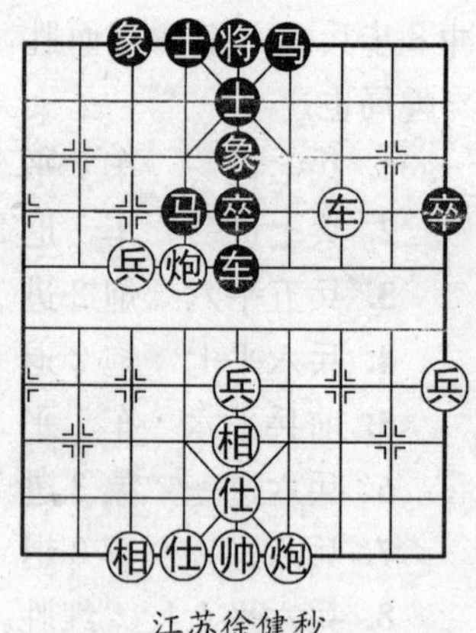

图 308

1. 兵五进一！ 车 5 进 1

2. 兵七进一！ ……

舍兵冲兵，抢攻夺势，佳着。

2. ……　车 5 平 4

3. 炮六平二　车 4 平 8

4. 炮二平六　车 8 退 1

5. 炮六进四！ ……

斩士兑子，撕开口子，机灵。

5. ……　将 5 平 4

6. 兵七平六　卒 9 进 1

如改走卒 5 进 1，炮四进六，卒 9 进 1，炮四平五，红方有攻势。

7. 兵六平五　车 8 进 2　**8.** 炮四进四　车 8 平 9

9. 兵五平六　车 9 平 4　**10.** 炮四平九　象 3 进 1

11. 炮九平二　车 4 平 8　**12.** 炮二平五　将 4 平 5

13. 兵六进一　车 8 平 4　**14.** 兵六平五　车 4 平 5

15. 车三平五　马 6 进 7　**16.** 兵五平四　马 7 进 6

17. 兵四进一　……

横跨穿宫 8 步走，直捣黄龙，精彩。下面车炮兵联攻入局。

17. ……　马 6 退 4　**18.** 车五平二　士 5 退 6

19. 车二进三　将 5 平 4　**20.** 车二平四　将 4 进 1

21. 炮五平三　红胜。

图 309，选自 1992 年全国个人赛，由中炮过河车对屏风马左

马盘河演成。黑方炮控底线，车扼肋道，双卒虎视。现推卒急攻，一气呵成：

农协刘幼治

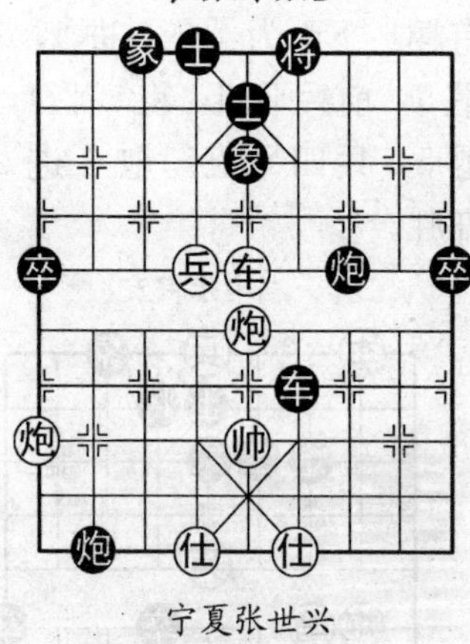

宁夏张世兴

图 309

1. ……　　卒1进1
2. 炮九平七　卒1平2
3. 炮七进四　卒2平3
4. 车五进一　卒3平4
5. 炮五平二　卒4进1
6. 兵六进一　炮2平6
7. 帅五退一　卒4进1
8. 炮二平三　卒9进1
9. 帅五退一　炮6平4
10. 车五平四　车6退3
11. 炮七平四　卒4进1

8步卒攻，黑胜。

图310，弈自2002年全国个人赛，由中炮巡河炮缓开车对屏风马形成。红方挟势推进：

湖南张申宏

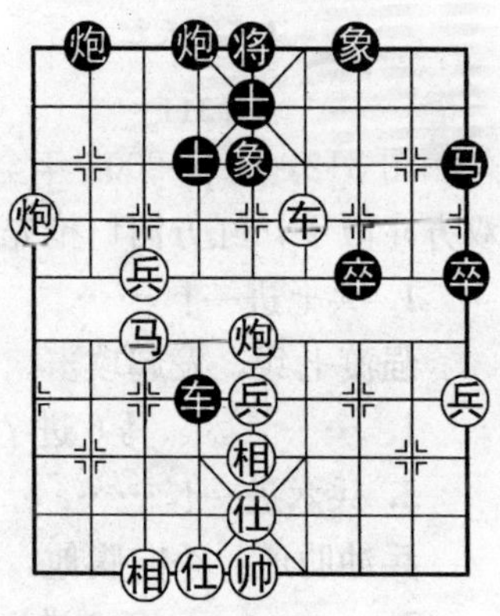

江苏徐天红

图 310

1. 兵七进一　马9进8
2. 兵七进一　卒7进1
3. 车四平二　马8进7
4. 兵七进一　马7退5
5. 兵五进一　卒7平6
6. 兵五进一　车4平9
7. 兵七平六　卒9进1
8. 车二平八　炮2平3
9. 车八平七　炮3平2
10. 车七进三　车9平2
11. 炮九平八！炮2进2
12. 车七平八　炮2平3
13. 兵六进一！将5平6
14. 兵六平五　将6进1
15. 炮八退二（图311）　……

车炮侧攻，两个兵妙冲 8 步，底兵夺炮坐将座，“升格为王”，有趣！下面为：卒 6 进 1，车八退三，士 5 进 6，车八平三，将 6 平 5，前兵平四，将 5 平 4，炮八进二，车 2 平 4，炮八平六，士 4 退 5，兵四平五，炮 3 进 2，马七进九，炮 3 退 2，炮六退一，红胜。

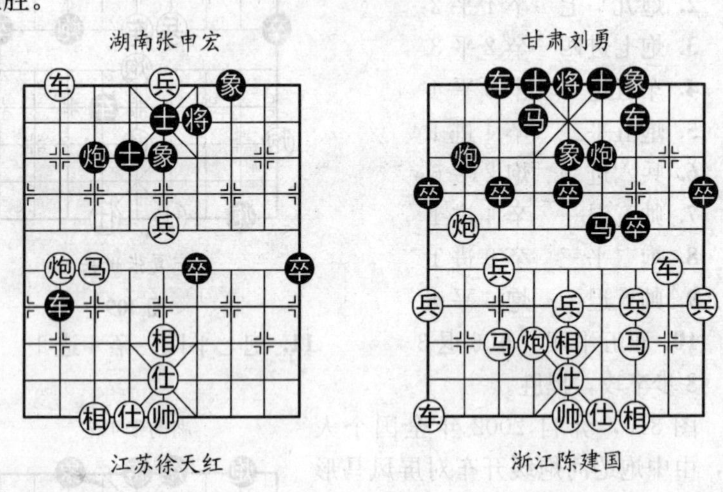

图 311　　图 312

图 312，来自 2002 年全国个人赛，由仙人指路对卒底炮演成。双方斗散手，红方河口抢先：

1. 兵七进一！……

强渡七兵，发起攻击。

1. ……　马 6 进 7　　**2.** 兵七平六！卒 3 进 1

3. 兵六进一！……

兵冲肋道，杀向腹地，矛头直指象腰马。

3. ……　卒 3 进 1　　**4.** 车二平七　车 3 进 5

5. 相五进七　马 7 退 6　　**6.** 炮八平六！卒 7 进 1

7. 兵六进一！卒 7 进 1　　**8.** 马三退一　马 6 进 5

9. 前炮退二　炮 6 进 4　　**10.** 兵六进一！士 6 进 5

肋兵咬马冲宫夺子，厉害。黑如改走炮 6 平 4，兵六进一，将 5 进 1，车九平八，捉炮伏杀，红方大优。

11. 车九平八　炮6平4　12. 车八进七　马5退7

13. 车八进二　车7进3　14. 兵六进一！将5平6

杀士，“底兵称王”，妙。黑如士5退4，车八平六，将5进1，车六退六夺炮，红胜。

15. 兵六平五！

将6进1（图313）

甘肃刘勇

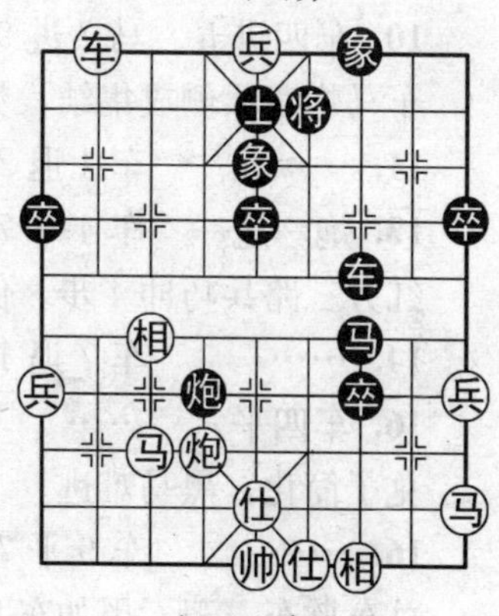

浙江陈建国

图 313

兵抢将座，“反客为主”，有趣。

16. 车八退六　马7退5

17. 炮六平四　车7进1

18. 马七进五　车7平3

19. 相三进五　车3平4

20. 马一退三　车4退4

21. 马三进二　士5退4

22. 马五进四　将6平5　23. 兵五平四　……

底兵在九宫游刃有余。至此，兵冲8步，大功告成。如此景观，实战中甚是罕见，奇妙。

23. ……　车4平3　24. 马四进三　红胜。

图314，出自1985年全国团体赛，由中炮横车七路马对屏风马形成。红方抢先：

北京洪磊鑫

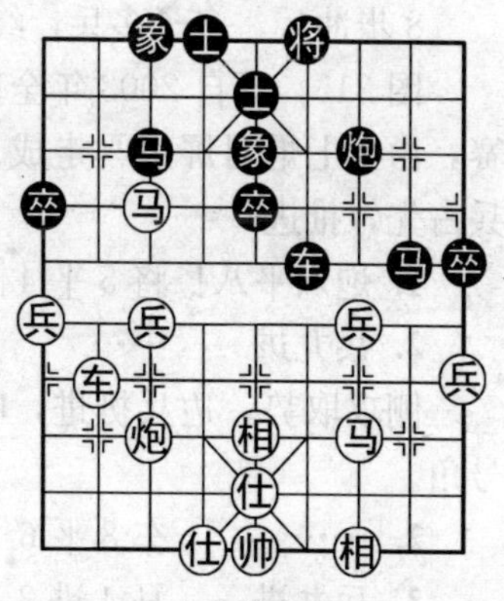

广东蔡翔雄

图 314

1. 马七退六！车6平4

2. 车八平四！将6平5

3. 马六进四！……

退马捉车，平车抢肋，跃马扑河，三步好棋，瞬间得势。

3. ……　马8退6

4. 兵三进一　炮7进5

5. 炮七平三　马6退8

6. 兵三平二　……

兑子过兵封马，红方多兵、兵种又好，确立优势。

6. ……　　马3进2　　7. 炮三平二　马8退9
8. 马四进三　马9进7　　9. 炮二平一！马2进4
10. 车四进五　马7进9　　11. 炮一进三　……

车马炮双兵侧攻集结，势不可当。

11. ……　　车4退2　　12. 兵二进一　车4进2
13. 炮一进一　车4平7　　14. 兵二进一　……

红方三路兵巧冲4步，保马关马，妙。

14. ……　　车7退1　　15. 车四退四　车7平9
16. 车四平六　……

兑子简化，黑马难逃。

16. ……　　车9平7　　17. 车六平三！象5进7

兑车欺车，刁。黑如车7进2，相五进三，以后红方多兵胜。

18. 车三平二　卒5进1　　19. 兵一进一　象3进5
20. 兵一进一　士5退6　　21. 车二平一　士4进5
22. 兵一进一　卒5进1　　23. 兵一进一　……

边兵长驱直入，4步逮马而归。

23. ……　　象7退9
24. 车一平五　……

8步冲兵，多子多兵，红胜。

图315，选自2003年全国象甲联赛，由五七炮对屏风马走成。红方多兵占先，推进：

上海万春林

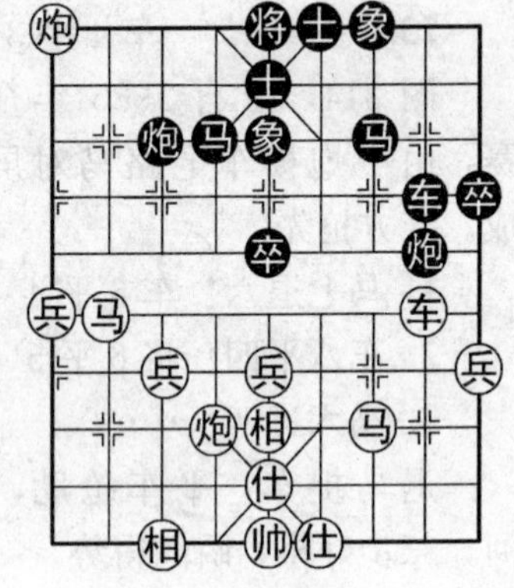

江苏王斌

图315

1. 炮六平八！将5平4
2. 兵九进一　……

侧攻取势，边兵挺进，吹响冲锋号角。

2. ……　　车8平6
3. 兵九进一　马4进3　　4. 兵九进一　车6平4
5. 兵七进一　……

小兵边线长驱直入，如入无人之境，厉害。现在再挺七兵赶马，“锦上添花”。

5. …… 马 3 退 5　**6.** 兵九平八 炮 3 退 1
7. 兵八进一 炮 3 进 1　**8.** 兵八平七 将 4 平 5
9. 马八进七！……

踏马叫杀，势不可当。

9. …… 炮 3 平 2　**10.** 马七进九 车 4 平 2
11. 前兵平六！炮 2 退 1　**12.** 车二平六 ……

8 步冲兵定乾坤，红胜。

5. 兵冲 9 步　大功告成（4 例）

图 316，出自 1986 年全国个人赛，由顺炮横车对直车走成。红方抢先：

1. 兵五进一 车 8 进 6
2. 兵五进一 车 8 平 7
3. 兵五平六！……

疾冲中兵，弃马抢攻，佳着。

3. …… 车 7 进 1
4. 兵六进一 炮 4 平 1
5. 马七进六 象 5 退 7
6. 兵六进一 ……

中兵再冲九宫，凶。

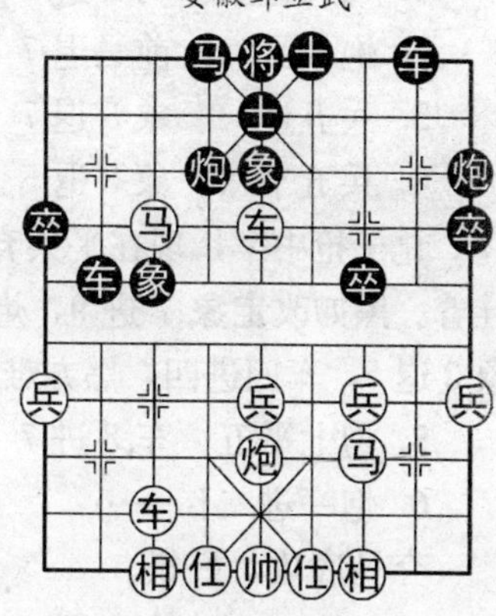

图 316

6. …… 马 4 进 2　**7.** 车七平六 车 7 平 5

献车咬炮无奈，如改走卒 7 进 1，炮五进六，红方有凌厉攻势。

8. 相三进五 炮 1 退 2　**9.** 兵六平七 炮 1 平 4
10. 车六平四 象 3 退 5　**11.** 兵七进一 车 2 平 4
12. 仕四进五 炮 9 进 4　**13.** 车四进二 炮 9 退 1

14. 车四平八　炮9平8　　15. 车八进五　……

冲兵再逼马，犹如钉子插入，厉害。继而攻中夺马，多子又有势。

15. ……　炮8退4　　16. 车五平二　炮8平7

17. 车二平三　炮7平8　　18. 车三进二　炮8进5

19. 兵七进一　炮8平5　　20. 兵七平六　……

冲底夺炮，兵冲9步，大功告成。

20. ……　将5平6　　21. 车三退二　……

下一步开车杀，红胜。

图317，来自2003年第8届世界象棋锦标赛，由中炮七路马对屏风马右炮过河而成。红方走子：

新加坡赖汉顺

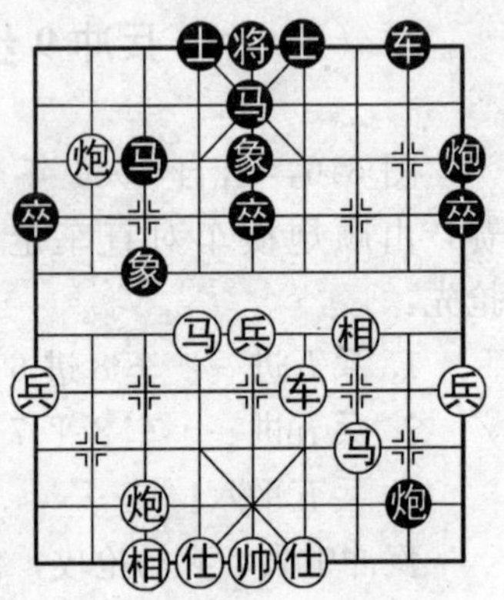

中国香港赵汝权

图317

1. 马六进五！马3进5
2. 炮八平一　前马退7
3. 兵五进一　象5退7
4. 兵五平六！象3退5

兑子抢中卒，现在平兵弃炮攻象，佳着。黑如改走象7进9，炮七平五，象3退5，车四进四，黑方难过。

5. 炮七平五　车8进7
6. 炮一进二！……

弃马底攻，好棋。

6. ……　车8平7　　7. 车四平二　炮8平9

8. 相七进五　马7进6　　9. 兵六平五　马6进7

10. 兵五进一　象5退3　　11. 兵五平六　象3进5

12. 兵六进一　马5进7　　13. 兵六平五　前马进5

14. 相三退五　车7平5　　15. 兵五平四　士4进5

16. 兵四平三　炮9平7　　17. 车二平三　炮7平8

18. 兵三平四　将5平4　　19. 车三平六　将4平5

20. 车六平二　炮8平9　　21. 车二平三　将5平4

22. 兵四进一　……

兵动9步“横扫千军如卷席”，破象掠马，直捣黄龙。下面：车5平4（如将4进1，车三平六，士5进4，炮一退一，士6进5，兵四平五，红胜），炮五平六！车4平5（如车4进1，红兵四平五），仕四进五，红胜。

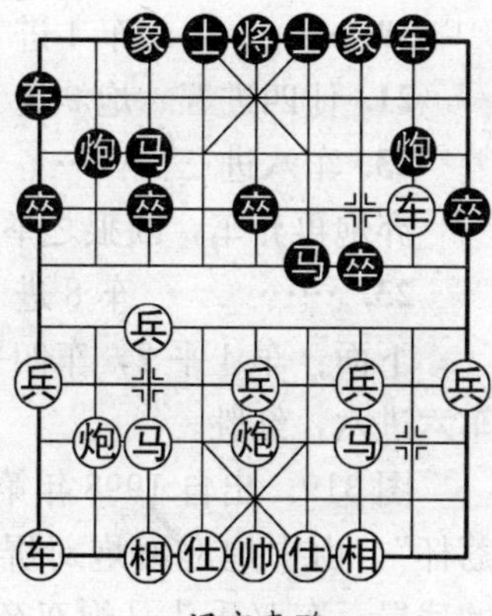

图 318

图318，来自2002年全国个人赛，由中炮过河车对屏风马左马盘河演成。红方发动攻势：

1. 兵五进一　卒7进1

2. 车二平四　卒7进1

黑如改走马6进7，兵五进一，红方占先。

3. 兵五进一！卒7进1　　**4.** 兵五进一　士4进5

5. 车四退一　……

双方兑马后各过一兵（卒），但红方中路有势，占有先手。

5. ……　　炮8平7　　**6.** 兵五平六　象3进5

7. 相三进一　车1平4　　**8.** 炮八进四　卒3进1

9. 兵六平七　车8进8

车进下二路，准备弃马反击；如逃马，后兵进一，红方优势扩大。

10. 前兵进一　卒7平6　　**11.** 车四退三　炮7进7

12. 仕四进五　炮7平9

平炮再弃炮求攻，孤注一掷。如逃炮，帅五平四，红方有攻势。

13. 前兵平八　车8进1　　**14.** 仕五退四　车4进2

15. 车九平八　卒3进1　　**16.** 兵八平七　卒3进1

17. 炮八进三　……

弃马反击，厉害。

17. …… 将5平4　18. 炮八平九 卒3平2
19. 兵七进一 ……

兵攻9步，直逼九宫，形成杀势，精彩。

19. …… 车4进3　20. 炮五进一 车8退5
21. 仕四进五 炮9退3　22. 炮五平八！炮9平2
23. 车八进三！……

弃炮再弃车，凶狠之举。

23. …… 车8进5　24. 仕五退四 ……

下面：车4平2，车四平六，将4平5，兵七进一，士5退4，车六进六，红胜。

图319，出自1998年第9届“银荔杯”，由中炮巡河炮对屏风马走成的残局。车双兵斗马炮双卒，黑方残士，红方有胜机，走子：

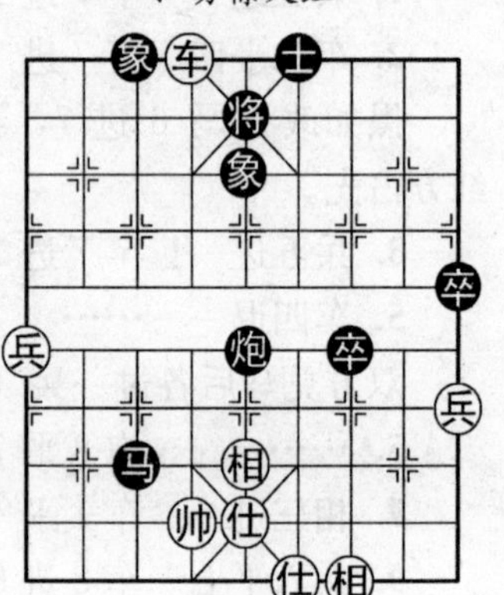

图319

1. 车六退七 ……

退车捉马紧凑。如相五进三吃卒，卒9进1，兵一进一，炮5平9，红方取胜难度增大。

1. …… 马3退2
2. 车六进二 马2进1
3. 兵九进一 马1退3
4. 帅六退一 马3进2
5. 帅六平五 卒7平6　6. 车六退一 将5退1

如改走卒9进1，兵一进一，炮5平9，车六平八，炮9进3，车八退一，卒6进1，仕五进六，捉死马，红胜。

7. 兵九平八 士6进5　8. 兵八进一 象5进7
9. 兵八平七 象3进5　10. 兵七平六 炮5退1
11. 兵六平五 炮5进1　12. 兵五平四 炮5退1
13. 兵四平三 炮5进1　14. 兵三进一 炮5退2
15. 兵三进一 士5退6

小兵连冲 9 步，绕道直逼九宫，成车兵左右包抄之势，好看。也是实战中少见的奇观，妙也。

16. 车六退二　马 2 退 3　　**17.** 车六进五　炮 5 进 2

18. 兵三平四　马 3 进 2　　**19.** 车六退五　马 2 退 3

20. 车六平七　马 3 退 2　　**21.** 车七平八　马 2 退 3

下面：车八进六，马 3 退 4，车八平六，士 6 进 5，车六进一，卒 9 进 1，帅五平六，红胜。

6. 兵动 10 步　迂回冲击（2 例）

图 320，弈自 1984 年全国个人赛，由中炮过河车对屏风马平炮兑车走成。红方进攻：

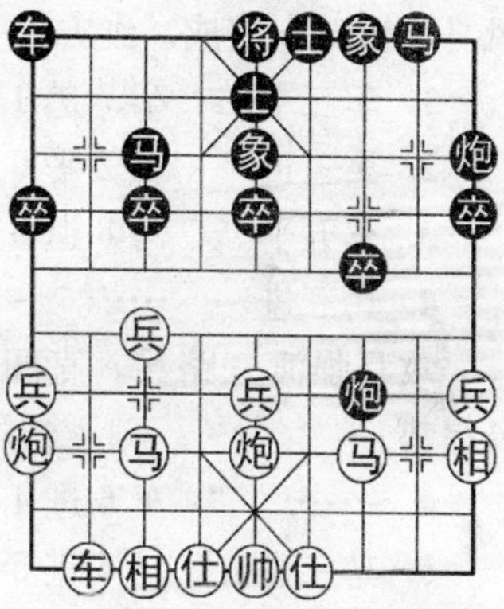

1. 兵五进一　……

冲中兵，拓宽兵林抢先。

1. ……　　马 8 进 7

2. 车八进三　马 7 进 8

3. 马七进六　车 1 平 2

4. 车八平七　车 2 进 4

5. 马六进七　炮 9 平 7

6. 炮九平七　卒 7 进 1

7. 兵七进一　……

甘肃钱洪发

广东吕钦

图 320

各攻一翼，红方七路有势，冲兵攻击。

7. ……　　车 2 退 2　　**8.** 兵七平六　卒 7 平 6

9. 兵五进一　卒 5 进 1　　**10.** 兵六平五　……

兑兵打通中路，双方各过一兵（卒），但红方重兵集结而占优。

10. ……　　卒 6 平 5　　**11.** 兵五平四　前炮退 3

12. 马三进二　前炮平 4　　**13.** 兵四平五　炮 4 退 3

14. 兵五进一　马 8 进 6　　**15.** 兵五进一　……

兵攻迂回、冲击劫象，撕开缺口。

15. ……　马6进5　16. 相七进五　车2进2
17. 马二进一　炮7平9　18. 车七平三　炮4进3
19. 炮七进五　炮9平3　20. 兵五进一　……

舍兵杀士，由此入局。

20. ……　将5进1　21. 车三进六　车2平6
22. 车三退三　炮4平9　23. 车三平一　卒5平6
24. 车一平五　将5平6　25. 马七进五　……

车马杀势，红胜。综观全局，25.5回合中，红方兵动10步，占41%，实属罕见，奇局也。

图321，出自1985年“百岁杯”象棋大师邀请赛，由中炮过河车对屏风马平炮兑车演成。红方出手：

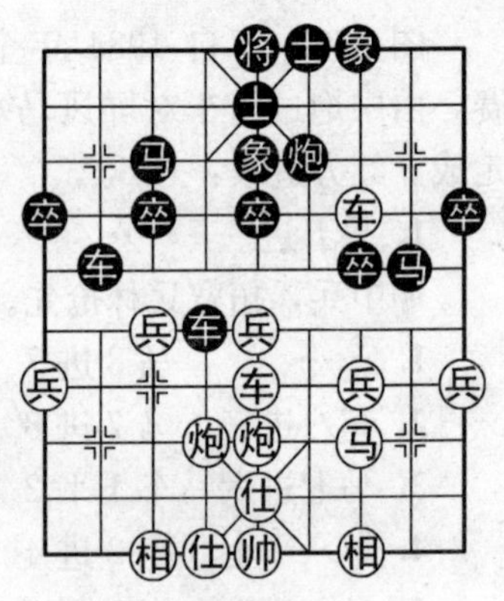

图321

1. 车三平二　卒7进1
2. 兵三进一　车2平6
3. 车五平二　马8退6
4. 兵三进一　……

攻马强渡三路兵，直闯黑营，搅局得势。

4. ……　车6进4
5. 马三进五　马6进5
6. 炮五进二　车6平7
7. 相三进五　……

飞相正着。如炮五进三贪象，象7进5，相三进五，车7退4，红方虽然得象，但丢兵，局面趋向平稳，红难拓展。

7. ……　车4平5　8. 兵三平四　车7平9
9. 马五进三　车5平6　10. 兵四进一　炮6平7
11. 后车退三　炮7进2　12. 前车平三　象7进9
13. 兵四平五　……

吃中卒，过河兵深入行走，势在其中。

13. ……　象5退7　14. 兵五平六　车9平7

15. 车二平四　车 6 进 4　　**16.** 帅五平四　……

兑车简化，保持优势。

16. ……　　车 7 退 2　　**17.** 兵六平七　马 3 退 4

18. 炮六进三　马 4 进 5　　**19.** 炮六平五　车 7 平 1

20. 车三平四　将 5 平 4　　**21.** 车四平六　将 4 平 5

22. 前兵进一！车 1 平 6　　**23.** 帅四平五　车 6 退 2

24. 炮五进一　炮 7 退 1　　**25.** 车六退三　象 9 进 7

26. 兵七平六！车 6 退 1　　**27.** 炮五退三　炮 7 进 2

28. 相五进三　车 6 平 5　　**29.** 兵六平五！……

吃马，兵冲 10 步立奇功，为红方奠定胜势。

29. ……　　象 7 退 5　　**30.** 炮五退一　卒 1 进 1

31. 车六平八　……

下面：将 5 平 4，车八进六，将 4 进 1，车八退四，将 4 退 1，车八平六，将 4 平 5，车六平九，将 5 平 4，兵七进一，红方胜定。

7. 七兵纵横 11 步

图 322，选自 1991 年全国个人赛，由中炮巡河炮缓开车对屏风马形成。红方子扬多兵，抢先发起攻击：

1. 兵七平八　车 4 退 3

2. 车四进三　车 4 平 5

3. 车五退一　车 3 平 5

4. 炮五平六　车 5 退 2

5. 车四退一　将 4 平 5

6. 兵八平七　马 3 退 2

7. 兵七平六　马 2 进 3

8. 兵六平五　车 5 平 2

9. 车四退二　象 5 进 7

河北黄勇

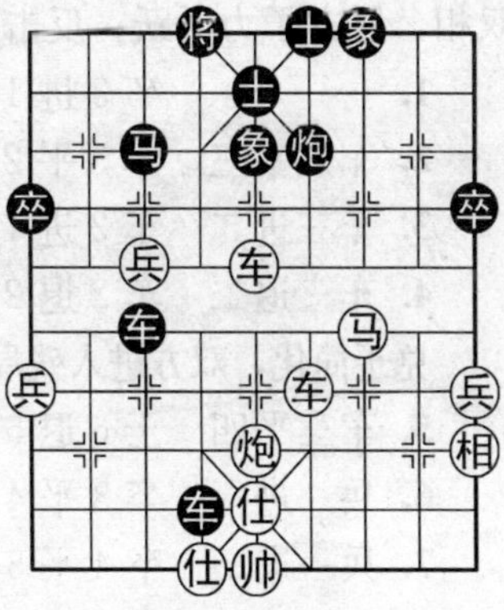

湖北柳大华

图 322

10. 车四平七　象 7 进 5　　**11.** 炮六平七　马 3 退 2

12. 兵五平四　马 2 进 4　　**13.** 炮七平五　车 2 平 3
14. 车七平六　炮 6 退 1　　**15.** 兵四平三！车 3 平 5
16. 炮五平二　炮 6 平 8　　**17.** 兵三平四　……

兵跨楚河，一线横行 8 步，实战中极为罕见的奇观。

17. ……　马 4 进 2　　**18.** 兵四进一　车 5 平 4
19. 车六平五　象 5 退 3　　**20.** 炮二平三　将 5 平 4
21. 兵四平五　车 4 进 2　　**22.** 马三进二　士 5 进 6
23. 马二进四　炮 8 平 6　　**24.** 炮三进七　士 6 进 5
25. 马四进二　将 4 平 5　　**26.** 车五平四　炮 6 进 1
27. 炮三平二　马 2 退 4　　**28.** 兵五进一　……

车马炮联攻之下，七路兵再冲 3 步，直达九宫破城，前后纵横 11 步，红胜。

8. 前仆后继　双卒联动 13 步

图 323，弈自 1985 年"百岁杯"象棋大师邀请赛，由中炮对反宫马形成。车双炮斗车双马，红方多兵但残双相，黑方子力活跃，反击：

广东吕钦

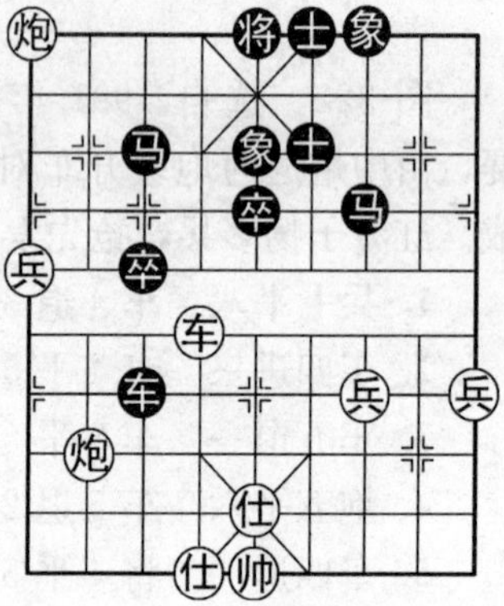

安徽蒋志梁

图 323

1. ……　卒 3 进 1
2. 车六平三　车 3 平 2
3. 车三进二　车 2 进 1
4. 车三退二　车 2 退 2

兑子简化，双方进入残局争斗。

5. 车三平四　士 6 退 5
6. 兵一进一　卒 3 平 4
7. 兵一进一　卒 4 平 5
8. 车四进一　前卒进 1　　**9.** 兵一进一　前卒进 1
10. 炮九退三　车 2 进 4　　**11.** 仕五退四　卒 5 平 4
12. 仕四进五　卒 4 进 1　　**13.** 炮九平七　车 2 平 3

14. 炮七平六　卒 4 平 5　　**15.** 帅五进一　车 3 平 4

卒冲 8 步，杀宫换双仕，暴露红方九宫，利于以后攻击。

16. 炮六退五　车 4 平 2　　**17.** 兵一平二　车 2 退 3

18. 兵三进一　车 2 平 5　　**19.** 帅五平四　卒 5 进 1

续挺中卒，再接再厉，前仆后继。同时开通马路。

20. 兵二平三　马 3 进 4　　**21.** 炮六平五　车 5 平 8

22. 炮五进一　马 4 进 5　　**23.** 车四退三　卒 5 进 1

中卒渡河，势不可当。

24. 后兵进一　车 8 进 2　　**25.** 帅四退一　车 8 进 1

26. 帅四进一　车 8 平 5　　**27.** 后兵平四　卒 5 平 4

28. 兵四进一　卒 4 进 1　　**29.** 兵九进一　卒 4 进 1

中卒冲 5 步，入宫夺炮，黑胜。

9. 边兵合力　勇冠三军（3 例）

图 324，出自 1990 年全国个人赛，由飞相局对中炮形成。红方走子：

1. 兵九进一　马 1 进 2?

红方挺边兵活马，正常；黑方跃马弃卒，放兵过河，失先。应改走卒 1 进 1，炮一平九，士 6 进 5，阵形稳正。

2. 兵九进一　马 2 进 3

3. 马九进七　炮 3 进 4

4. 车八进三　炮 5 平 3

5. 兵九平八　卒 7 进 1

6. 兵三进一　车 6 平 7

辽宁陶汉明

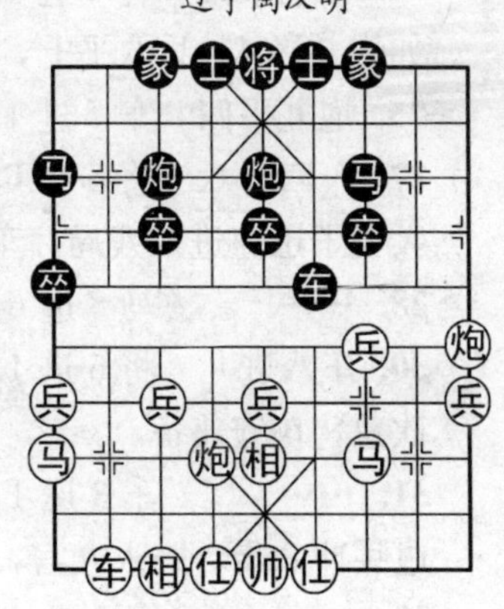

黑龙江张晓平

图 324

7. 炮一平七！前炮进 1

8. 炮七平九　士 6 进 5　　**9.** 车八进一　象 7 进 5

10. 兵八进一　……

斗散手，兑子变阵形，双方咬得很紧。在大子相对平衡的前提下，红方过河边兵悄悄地在起作用。现在向前迈进，恰到好处。

10. ……　卒3进1　**11.** 仕六进五　后炮平4
12. 兵八进一　车7进2　**13.** 炮九退一　炮4进4
14. 兵八进一　马7进9　**15.** 车八平六　炮4平2
16. 炮九进六　炮2进3　**17.** 仕五退六　象5退7

红方边兵缓缓推进，一沉底炮，加上肋道车炮助威，内力顿时进发。黑如改走马9进7，炮六进七，士5退4，车六进五，将5进1，炮九退一，红胜。

18. 马三退五！炮3平5　**19.** 马五进三！炮5平6
20. 炮六进七！……

舍相动马，调离黑炮，利于侧攻，好棋。继而舍炮斩士发动进攻。

20. ……　士5退4　**21.** 车六进五　将5进1
22. 车六平七　炮6退5　**23.** 车七退二　炮6退2
24. 车七平四　将5退1

如炮6平4，兵八平七，车炮兵有联攻杀势。

25. 炮九平四　车7进1　**26.** 兵八平七　马9进8
27. 车四平八　将5平6　**28.** 车八退七　……

大兑子迅速进入残局。车兵斗车马，黑方孤象，难以抵挡。

28. ……　马8进6　**29.** 仕六进五　车7平3
30. 车八进九　将6进1　**31.** 车八平三　……

砍象，攻守兼备。

31. ……　车3退1　**32.** 兵七平六　……

边兵冲8步，跨入九宫，威胁极大。

32. ……　车3平5
33. 车三退三　将6进1（图325）
34. 兵一进一　……

对峙中，再冲右路边兵，前赴后继。

34. ……　卒3进1　**35.** 兵一进一　卒3进1

36. 兵一平二　卒 3 进 1

37. 兵二进一　卒 3 进 1

38. 兵二进一　卒 3 平 4

39. 车三进一　将 6 退 1

40. 兵二进一　……

兵卒赛跑，甚是有趣。现车双兵攻临城下，黑方危矣。

40. ……　　　车 5 平 3

41. 兵二平三　将 6 退 1

42. 车三平四　将 6 平 5

43. 车四平五　将 5 平 6

44. 兵三进一！……

辽宁陶汉明

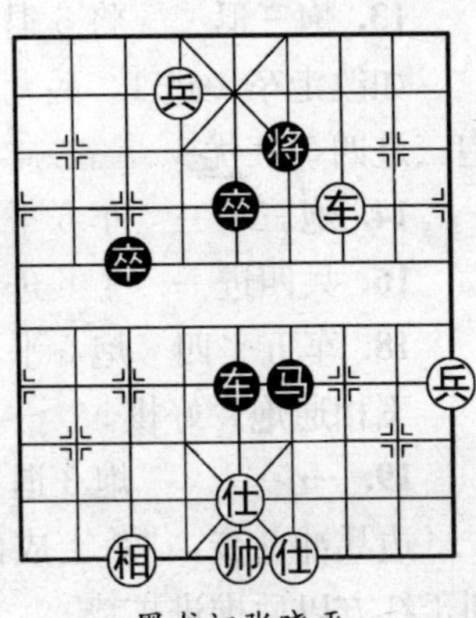

黑龙江张晓平

图 325

又是一个边兵冲 8 步，左右相映，又奇又妙，红胜。一盘佳构也。

图 326，选自 2002 年全国个人赛，由仙人指路对飞象局走成。双方子力对等，但黑方残象，子位相对较差。红方抢先运子：

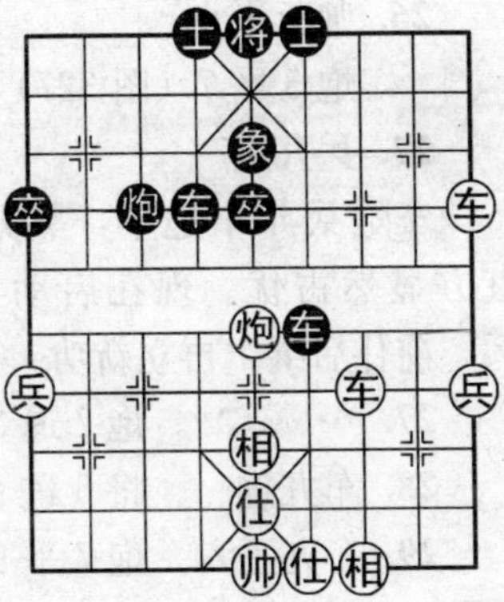

1. 车一退二　车 6 平 9

2. 兵一进一　车 4 进 2

3. 车三平五　炮 3 进 1

4. 兵一进一　……

兑车简化，平车保炮掩护边兵渡河，着法老练。

4. ……　　　将 5 进 1

5. 炮五平三　炮 3 平 5

湖南蒋川

广东汤卓光

图 326

6. 兵一平二　卒 1 进 1

7. 兵二进一　车 4 平 2

8. 兵二平三　车 2 进 4

9. 仕五退六　车 2 退 3

10. 车五进一　车 2 平 6

此时不可走车 2 平 1，兵三平四，黑方中线崩溃，红方占优。

11. 仕六进五　车 6 退 2　**12.** 车五退一　车 6 进 1

13. 炮三退二　将 5 退 1

如改走卒 1 进 1，兵九进一，车 6 平 1，兵三平四，车 1 退 2，炮三进四，红优。

14. 炮三平一　车 6 平 9　**15.** 兵三平四　车 9 退 2

16. 兵四进一　士 6 进 5　**17.** 兵四进一　车 9 退 2

18. 车五平四　炮 5 平 3　**19.** 相五进七！……

飞相通炮，好棋。

19. ……　炮 3 退 3　**20.** 兵四平五　……

边兵冲 9 步，"杀士成仁"，使黑方成为单士象，九宫存缺口，利于红方以后推进扩势。

20. ……　士 4 进 5　**21.** 车四进二　车 9 进 5

22. 车四平九　炮 3 进 3　**23.** 车九进四　士 5 退 4

24. 车九退三　炮 3 平 5

25. 仕五进四　车 9 平 5

26. 帅五平六

炮 5 平 7（图 327）

27. 兵九进一　……

车炮兵斗车炮卒，黑方残士象，红方显然占优。现在启动又一路边兵，前仆后继，再立新功。

湖南蒋川

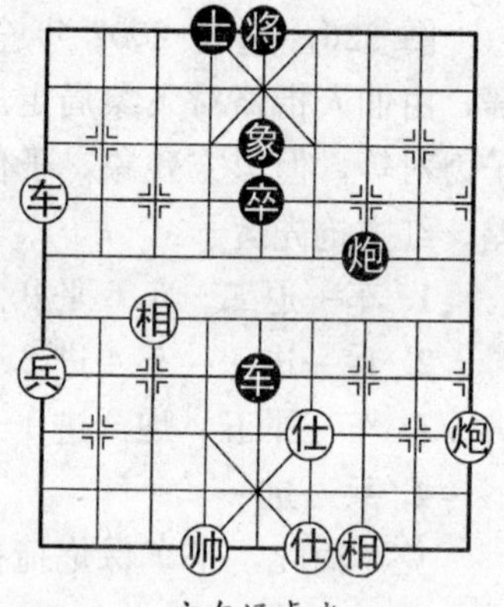

广东汤卓光

图 327

27. ……　炮 7 退 3

28. 车九进一　将 5 进 1

29. 车九平六　炮 7 平 9

30. 车六进二　车 5 平 1

31. 炮一进二　卒 5 进 1　**32.** 车六平二　炮 9 进 1

33. 车二退一　将 5 退 1　**34.** 车二退一　象 5 进 7

35. 车二平三　车 1 平 4

攻中劫士，继而捉象管炮，红方势在其中。黑如改走卒 5 进 1，车三退二，车 1 退 1，车三平五，将 5 平 6，车五退一，红方胜势。

36. 帅六平五　车4退1　**37.** 炮一退二　将5平4
38. 仕四退五　炮9进4　**39.** 炮一平六　车4平3
40. 车三退二　炮9平5　**41.** 帅五平六　卒5进1
42. 兵九进一　将4平5　**43.** 兵九平八　车3平4
44. 兵八进一　炮5平8　**45.** 兵八平七　车4平3
46. 兵七平六　卒5平4　**47.** 兵六平五　卒4进1
48. 炮六平五　卒4平5　**49.** 车三进四　将5进1
50. 兵五进一　将5平6　**51.** 兵五进一　……

又是一个边兵冲9步，前后接力，左右合围。妙哉，红胜。

图328，来自1988年全国团体赛，由中炮巡河炮对屏风马演成。红方残相，但多兵，子位好，慢工出细活：

辽宁卜凤波

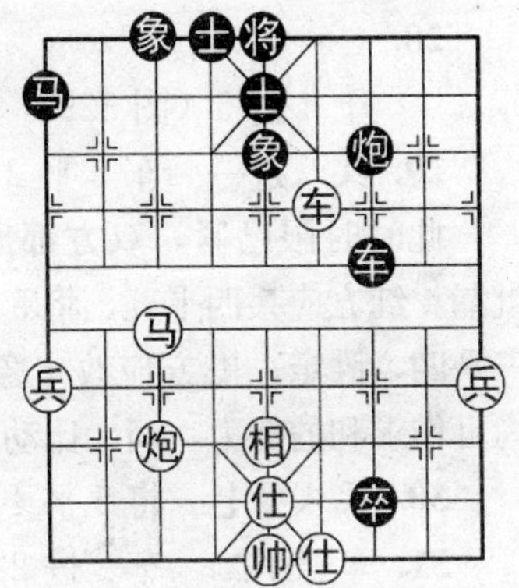

广东吕钦

图328

1. 兵九进一　象5进3
2. 兵九进一　炮7平3
3. 兵九进一　炮3进3

兑子意在透松，但边马受制，难脱困境，无奈的选择。

4. 相五进七　象3退5
5. 车四平七　车7平1
6. 炮七平九　卒7平6
7. 兵一进一　象5退7　**8.** 兵一进一　象3进5
9. 兵一进一　马1退3　**10.** 炮九平五　马3进4
11. 车七平六　将5平6

粗糙。应车1进5打帅，再车1退5，车卒的活动空间较原来宽一点。

12. 炮五平六　将6平5　**13.** 兵一平二　车1进5
14. 炮六退二　象5退3　**15.** 兵二平三　车1平3
16. 相七退五　车3退5　**17.** 兵九平八　车3平5

18. 相五进七　马4退6　**19.** 车六平四　卒6平5
20. 仕四进五　马6进8　**21.** 兵三进一　马8进7
22. 炮六进二　象7进5　**23.** 炮六平五　车5进1
24. 兵三进一　……

黑方舍弃小卒让马活动起来，但对红方并不构成实际威胁。红方双兵从两翼逐步插入，现在舍相进兵，佳着。

24. ……　车5平3　**25.** 兵三平四　车3平5
26. 车四平三　士5退6　**27.** 车三退一　车5进2
28. 车三进四　……

炮马交换，算准车双兵能胜，老练。

28. ……

士4进5（图329）

辽宁卜凤波

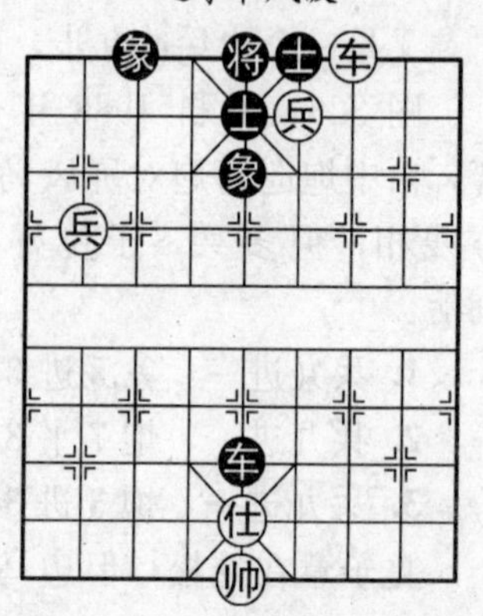

广东吕钦

图 329

29. 兵八进一　车5平2

此时时限已紧，双方都出现了小纰漏：红方应兵四平五，将5进1，车三平四，胜定；黑方应改走象5进3，尚可作求和的努力，至少比动车好。

30. 兵八平七　将5平4
31. 车三平二　车2进2
32. 仕五退六　车2平4　**33.** 帅五进一　车4退1
34. 帅五退一　将4平5　**35.** 兵四平五　……

右路边兵长途“旅行”，兵冲9步，交换双士，完成“历史任务”，好看。

35. ……　将5进1　**36.** 车二平四　车4平3
37. 兵七平六　车3平4　**38.** 车四平六　将5平6
39. 兵六进一　车4退2　**40.** 兵六进一　车4平5
41. 帅五平六　象5进3　**42.** 车六平三　……

左路边兵长途“跋涉”，兵冲8步，成车兵杀势，胜。真是前仆后继，两路边兵合围助车立奇功，趣也。

10. 兵攻占全局 1/3 的奇局

图 330，选自 1996 年全国团体赛，由对兵（卒）走成。红方出着：

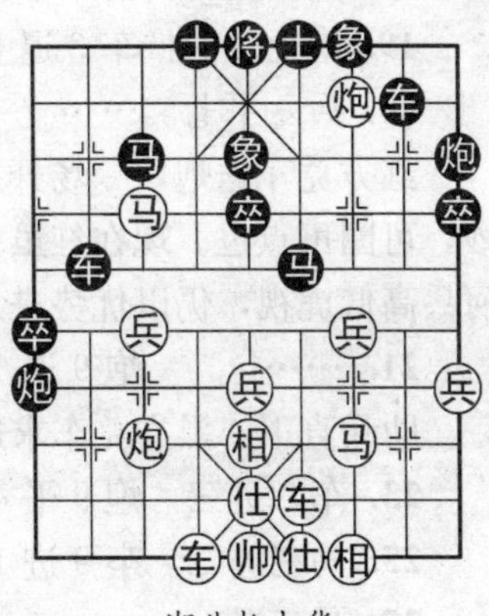

图 330

1. 炮三退三！ 象 5 进 7

红方献炮还捉，过兵破象抢先，好棋。面对此“礼”，黑还非受不可。若改走马 6 退 7（此马别无他路），炮三进一，红大优。

2. 兵三进一 马 6 进 7

如马 6 退 5，马七进五，象 7 进 5，车四进六，马 3 进 4，车四平一，红优。

3. 车四进六 车 8 平 3

4. 马七退六 炮 1 平 3

5. 兵七进一 车 2 进 1

6. 兵七进一 车 3 平 4

7. 兵七平六 马 3 进 4

8. 马六进四 士 4 进 5

9. 车四平七 马 7 退 6

10. 车六进五 炮 3 平 1

11. 兵三平四 ……

得子失势苦难堪。红方攻中夺回弃子，又有两兵过河，优势大矣。

11. …… 炮 1 进 3

12. 帅五平六 车 2 进 4

13. 帅六进一 车 2 退 1

14. 帅六退一

车 4 平 2（图 331）

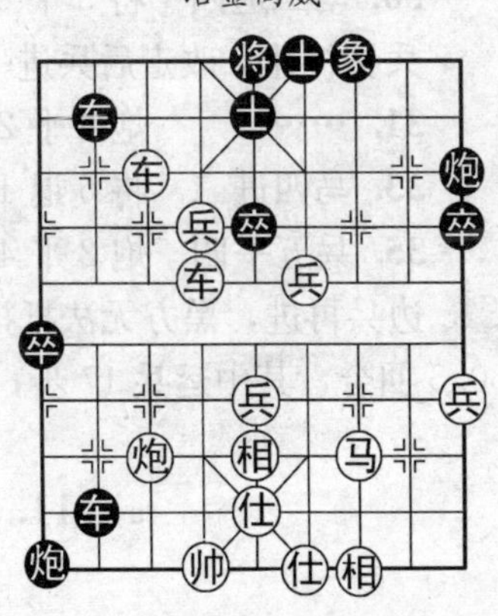

图 331

15. 车七进二 ……

面对黑方侧翼双车炮的杀势，红方从容化解，进车打将，开始反击。

15. ……　　士 5 退 4　　**16.** 兵六进一！士 6 进 5

冲兵抢速，佳着。黑如前车平 3，车七平六！将 5 平 4，兵六平五！将 4 平 5，车六进四，红胜。

17. 兵六进一！前车平 3　　**18.** 车七平六　士 5 退 4

19. 炮七进七！车 3 退 8　　**20.** 兵六进一！将 5 进 1

21. 兵六平七　……

红方兑车送炮，一场开打，局面趋于相对平静，其过程实在精妙，可圈可点也。现在红虽少一大子，但已打光黑方双士，两只过河兵高低虎视，仍以优势进入残局。

21. ……　　炮 9 退 1　　**22.** 兵四进一　车 2 平 4

肋兵直下，黑方兑车求透松。

23. 车六进三　炮 9 平 4　　**24.** 兵四平五　卒 1 平 2

25. 马三进二　卒 9 进 1　　**26.** 马二进三　卒 2 进 1

27. 马三退一　……

成马四兵仕相全对双炮卒孤象，红方胜势也。

27. ……　　卒 2 平 3　　**28.** 马一进二　卒 3 平 4

29. 帅六平五　象 7 进 9

如改走卒 4 平 5，马二进三，将 5 退 1，兵五进一，红方速胜。

30. 马二退四　将 5 平 6　　**31.** 前兵进一　……

兵贵神速。改走后兵进一，红也稳胜。

31. ……　　炮 4 平 2　　**32.** 帅五平六　卒 4 平 5

33. 马四进二　将 6 退 1　　**34.** 兵七平六！炮 1 退 8

35. 兵五平四　炮 2 平 4　　**36.** 兵一进一　……

边兵再进，黑方无法抵挡，认输。兵攻连连，煞是精彩。全局 50.5 回合，其中运兵 17 步，占整个对局 1/3，实属罕见奇局也。

11. 一兵擒车马

图 332，选自 1987 年全国团体赛，由中炮过河车对屏风马平炮兑车走成。红方子力占位优越，抢攻：

1. 兵七进一　卒 5 进 1

2. 炮六进三　卒 5 进 1

3. 仕六进五　卒 9 进 1

4. 兵七进一　……

兵攻炮顶再兵攻，逼黑献车，妙。

4. ……　　　车 4 进 1

5. 马八进六　马 3 退 4

6. 兵七平六　后马进 2

7. 车四平六　卒 1 进 1

8. 兵六平七（小兵擒马，奇哉，红方胜定）

黑龙江孙志伟

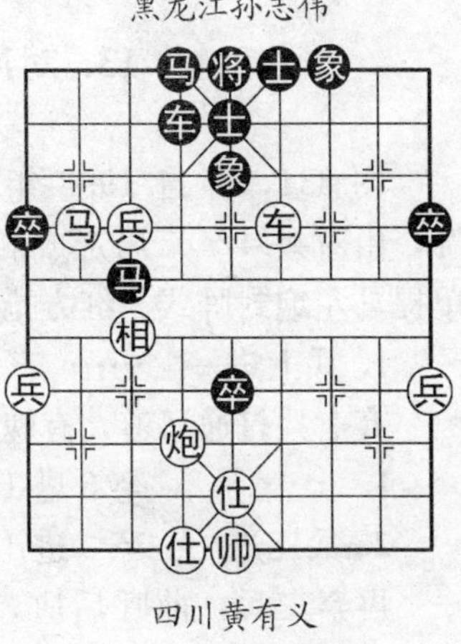

四川黄有义

图 332

12. 边兵巧捕车

图 333，出自 1965 年广州象棋甲级联赛，由斗顺炮形成。红方抓住黑方子力阻塞、边车被堵的缺陷，挥兵进攻：

1. 兵九进一　车 2 进 1

强冲边兵，好棋。黑如改走车 2 平 1（如卒 1 进 1，炮七平九，红方夺车），车九进五，卒 1 进 1，炮七平九，红方夺车胜。

2. 兵九进一　车 1 退 2

3. 兵九进一　车 2 进 4

4. 车四平九！车 2 退 5

5. 兵九进一　……

边兵直冲巧捕车，红胜。

广东吴耀球

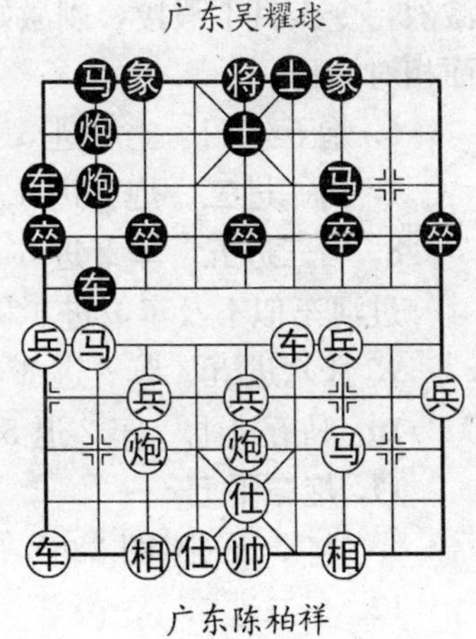

广东陈柏祥

图 333

13. 对冲兵卒　抢马拼杀

图 334，弈自 1993 年全国团体赛，由对兵（卒）局走成的五三炮对单提马左炮封阵式。红方抢先：

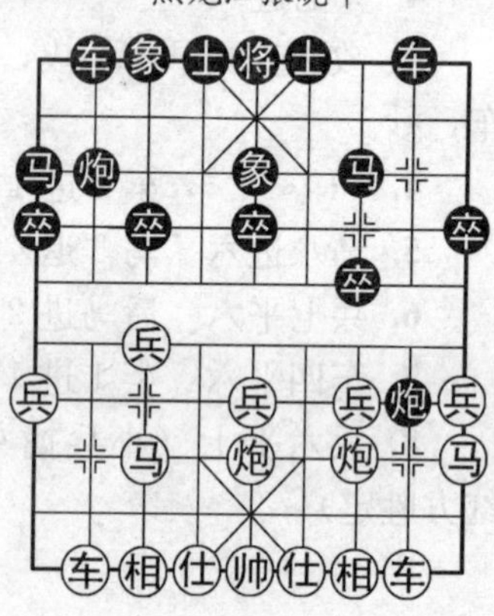

图 334

1. 兵七进一　……

弃七兵打通河道，有魄力。

1. ……　　卒 3 进 1

2. 兵三进一　卒 3 进 1

再弃三兵，前呼后应。黑如卒 7 进 1，车八进四，红方有攻势。

3. 兵三进一　卒 3 进 1

4. 兵三进一　卒 3 进 1

5. 兵三进一　卒 3 进 1

兵卒对冲，先后 10 步，形成抢马拼杀之势，有趣。过程紧张激烈，令人目不暇接，刺激好看。黑方如改走炮 2 平 7 去兵，则局面相对平稳。

6. 炮五进四　士 6 进 5

7. 马一进三　炮 2 进 6

8. 马三进五　车 2 进 6

过河车似不及车 2 进 4 稳健。

9. 仕六进五　车 8 进 3

10. 马五进七　车 2 退 5

11. 炮三平七

将 5 平 6（图 335）

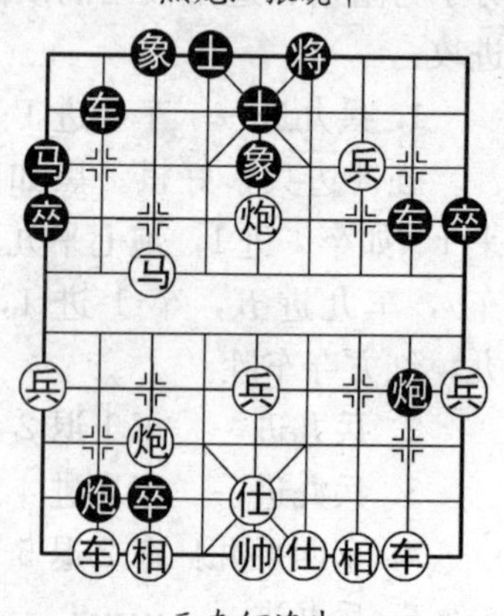

图 335

12. 车二进二　……

抬车，弃马抢攻，好棋。

12. ……　　象 5 进 3

13. 炮七进七　将 6 进 1

14. 车二平四　士 5 进 6　**15.** 兵三平四　将 6 平 5

16. 车四平三　车 8 退 2　**17.** 炮七退八　……

撕开黑方九宫防线，现在吃卒恰到好处。

17. ……　车 2 进 2　**18.** 炮七进三　车 2 平 5

19. 车八进一　……

兑子亮车，下面入局。

19. ……　车 5 平 4　**20.** 车八进七　车 4 退 2

21. 车八退二　车 4 进 1　**22.** 炮七退二　红胜。

14. 边卒抢子登帅座

图 336，出自 1987 年全国团体赛，由仙人指路对卒底炮走成。黑方走子：

上海林宏敏

广东吕钦

图 336

1. ……　卒 1 进 1

2. 前炮平六　马 4 进 2

3. 相七进五？……

飞相放边卒进来，酿成后患，失着。可兵九进一吃卒，保持局面平衡。

3. ……　卒 1 进 1

4. 马六进七　卒 1 进 1

5. 兵三进一　车 1 进 3

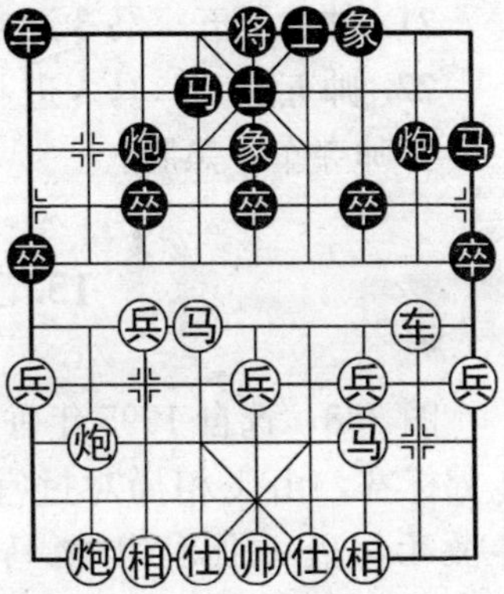

6. 马七退八　车 1 退 1　**7.** 马三进四　……

如改走炮八进七，车 1 平 2，马八退九，车 2 进 5，黑方捉双夺子。

7. ……　马 2 进 1　**8.** 兵七进一　马 1 进 2

9. 炮六退一　炮 8 平 6　**10.** 马四进五　炮 3 退 2

11. 兵五进一　马 2 进 3　**12.** 车二退一　卒 1 平 2

13. 仕六进五　卒 2 进 1

边卒深入搅局，红方不得安宁也。

14. 炮八平六　卒 2 进 1!

15. 兵七进一　卒 2 平 3

16. 马八进六　炮 6 进 6!

17. 仕五进六　卒 3 平 4!

老卒夺炮，好看。

18. 帅五进一　炮 6 平 4

19. 帅五平六

卒 4 平 5（图 337）

边卒 10 步抢子登帅座，堪称妙局，又奇又趣也。

上海林宏敏

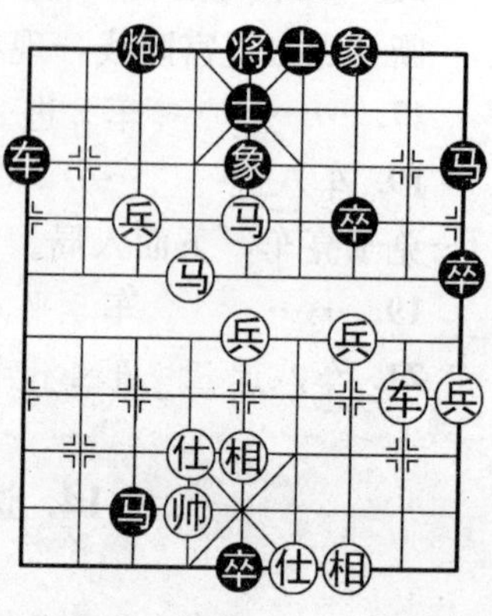

广东吕钦

图 337

20. 马六进八　车 1 进 6

21. 帅六平五　马 3 退 4

22. 帅五退一　马 4 进 6

打帅夺车，黑胜。

15. 五兵齐列楚河

图 338，选自 1995 年香港象棋个人锦标赛，由飞相局对过宫炮走成。斗散手，黑方抓住相腰马的弱点，抢攻：

1. ……　　马 8 进 7

2. 车八平二　马 7 进 6

3. 仕六进五　……

踏马抢子，红如改走车二进三吃炮，马 6 退 4，帅五进一，前车进 2，黑胜。

3. ……　　前车平 8

4. 车一平二　车 8 进 1

香港地区黄志强

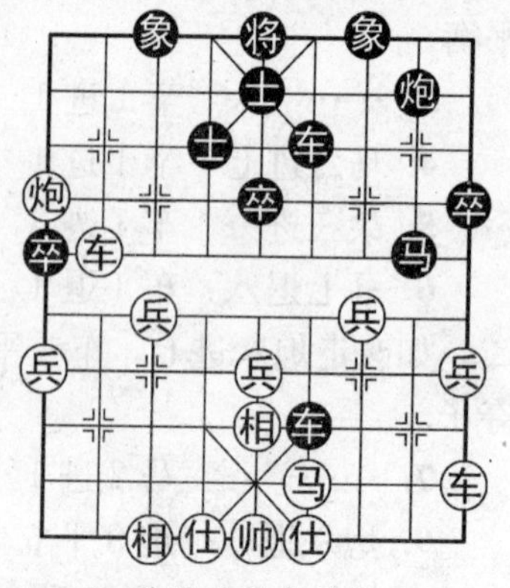

香港地区李镜华

图 338

5. 车二退四　炮 8 进 6!

夺子封车，多子有势，佳着。

6. 炮九平一　车 6 进 4

7. 兵一进一　象 3 进 5

8. 兵五进一　炮 8 退 1

9. 兵九进一（图 339）　……

红方五兵各跨一步，齐列楚河，“军纪严明，兵场壮观”，奇妙有趣，实战中极为罕见。

香港地区黄志强

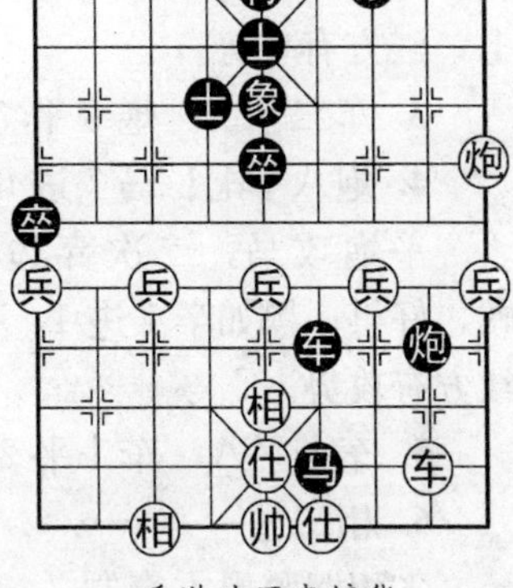

香港地区李镜华

图 339

9. ……　卒 1 进 1

10. 兵一进一　车 6 平 3

11. 兵一平二　炮 8 平 5

12. 帅五平六　车 3 平 4　**13.** 帅六平五　马 6 退 7

14. 炮一退三　车 4 进 2

进车凶。改走炮 5 平 9 吃炮，车二进二，炮 9 进 3，相五退三，车 4 平 3，亦是黑方多子胜。

15. 炮一进六　士 5 退 6

下面：车二进一，士 4 退 5，炮一退八，车 4 退 3。下面出将，黑胜。

16. 兵卒“长吻”　妙趣横生（16 例）

图 340，弈自 1955 年于汉口的对局，由五七炮进七兵对屏风马走成。红方走子：

1. 兵九进一　卒 1 进 1　**2.** 兵三进一！……

冲兵、挺卒，边路上的兵卒即刻“相拥而吻”。红方“弃之不顾”，再冲三兵，兑卒活马，挑起争斗，佳着。如兵九进一，车 1 进 4，局势平稳。

2. ……　卒 7 进 1

如改走卒 1 进 1，兵三进一，象 5 进 7（如卒 1 进 1，兵三进一，马7退9，马三进四，红方有攻势），炮八平七，卒1进1，马九进七，红方有攻势。

3. 车二平三　炮8平7

4. 炮八平七！马7进6

平炮攻马，二次弃边路兵而不顾，好棋。黑如卒1进1，兵七进一，红方有攻势。

5. 车九平八　车1平2

6. 相三进一　……

飞相摆脱黑方牵制，三次弃边路兵于不顾，积极。如兵九进一，炮7平1，局势平淡。

广东杨官璘

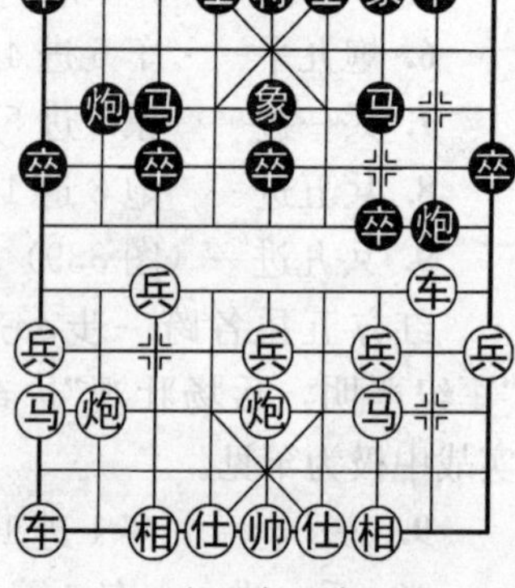

湖北李义庭

图 340

6. ……　　炮7进3　　**7.** 炮七平三　马6进5

8. 炮三进七！车8平7　　**9.** 车三进五　象5退7

10. 车八进三　炮2退1　　**11.** 车八平五　炮2平5

12. 车五平九　卒1进1

13. 车九进一（图341）　……

一阵拼抢交换，给边路兵卒"相拥相恋"留出更多的时间和空间，倒有一番别样的情趣。至此兵卒交换，"相吻"长达12个回合，可称奇也。如图341，局势重新趋向缓和，下面一举成和。

13. ……　　炮5进6

14. 相七进五　士4进5

15. 相一退三　卒5进1

16. 车九进一　车2进7

17. 兵七进一　卒3进1　　**18.** 车九平七　和棋。

广东杨官璘

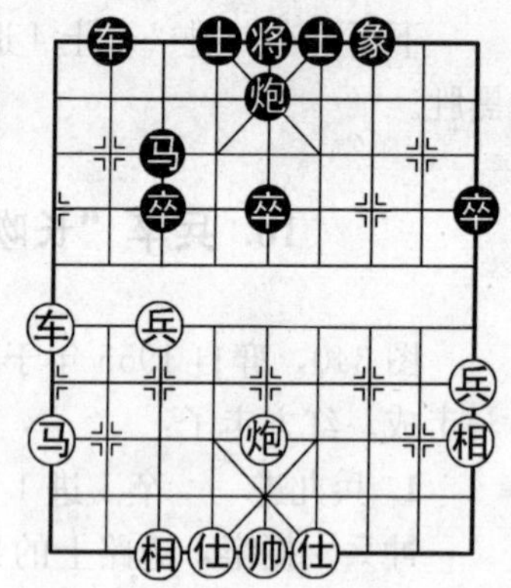

湖北李义庭

图 341

图342，弈自2003年全国个人赛，由五七炮对屏风马形成。

红方走子：

1. 马九进八　车2平4

2. 前炮平八　车8进8

3. 炮七进五？……

兑子太急。宜改走仕四进五，阵形稳固。

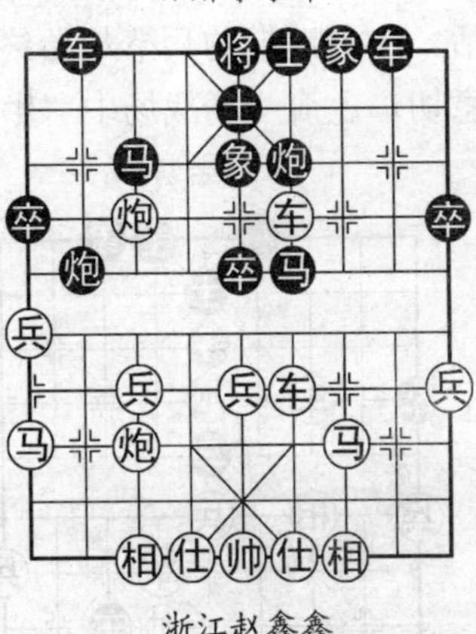

图 342

3. ……　　炮6平3

4. 前车平七　炮3平2

5. 兵七进一　车8平3

6. 兵五进一？(图343)　车3进1

冲中兵强攻弃相，不妥，应相七进五。至图343，中路兵卒相拥，亲吻“甜蜜蜜”，有趣。

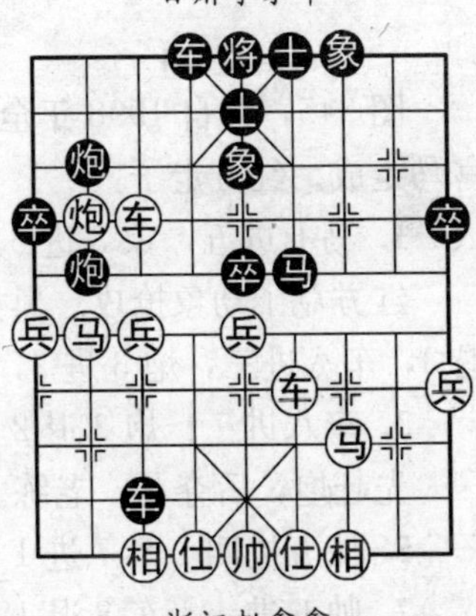

图 343

7. 仕四进五　车4进8!

8. 相三进五　前炮平4!

双车炮肋道抢攻，凶。

9. 炮八平一　炮4进5!

弃马轰仕，厉害。

10. 炮一平五　将5平4

11. 车四进二　车3平2

12. 帅五平四　炮4平3

13. 马八退九　炮2进6!

进炮叫杀，好棋。双车双炮一拥而上，红方难以应付了。

14. 马九退七　炮3退4!

15. 帅四进一　车2平7!

献炮强攻，毫不放松，紧凑。

16. 车四退二　车4进1　　**17.** 相五进七　车7退1

18. 帅四进一　车7退1(图344)

下面：帅四退一，车7进1，帅四进一，车7平5，黑胜。至

图 344，不管战火弥漫、硝烟滚滚，双方杀得天昏地暗，拼个死活，中央地带的兵卒却始终紧吻 13 个回合，毫不理会，真是情真意切，上演一场战场中“生死离别”，可叹可点也。

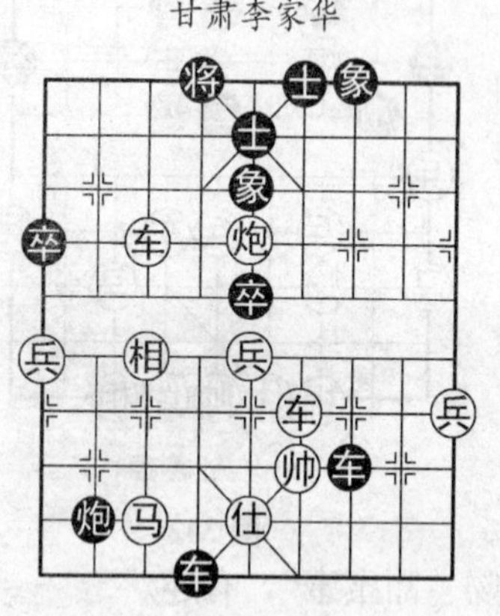

图 344

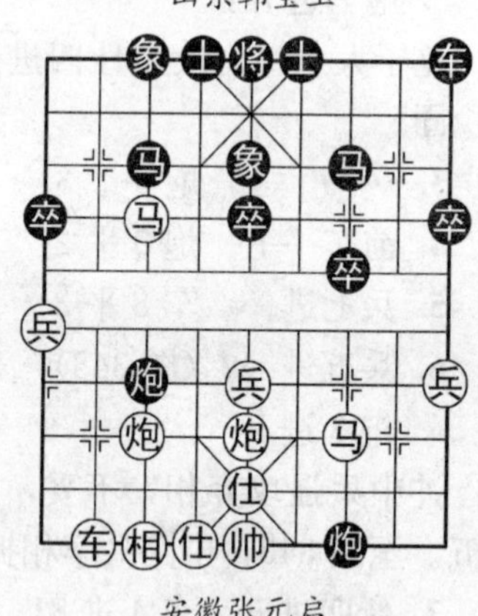

图 345

图 345，选自 1998 年全国团体赛，由五七炮“双弃兵”对反宫马走成。红方走子：

1. 马七进五　象 3 进 5　　**2.** 炮七进五　车 9 平 8

红方兑子劫象抢攻。黑如马 7 进 6，炮五进四，红胜。如象 5 退 3，车八进三，炮 3 进 2，马三进四，红方有攻势。

3. 车八进三！炮 3 退 2　　**4.** 炮七平三　炮 7 平 9

先赶炮，后夺马，老练。黑方弃子对攻，双方展开激烈争夺。

5. 仕五进四　卒 7 进 1　　**6.** 兵五进一　车 8 进 9

7. 帅五进一　车 8 退 1　　**8.** 帅五退一　炮 3 进 4

9. 炮五进四　士 6 进 5　　**10.** 炮三退一　卒 1 进 1

挺卒避炮锋，兵卒相吻。

11. 炮五退一　炮 3 平 7　　**12.** 帅五进一　卒 7 进 1

13. 炮三平九　将 5 平 6　　**14.** 车八进三　炮 7 平 6

15. 马三退四！……

以攻寓守，退马固守保子，恰到好处。红方由此多子占优。

15. ……　　　车 8 退 1
16. 车八平三　炮 9 退 1
17. 帅五退一　车 8 退 2
18. 炮九平五　车 8 进 1
19. 后炮平八　炮 9 平 7
20. 车三平一　卒 7 进 1
21. 炮八平四　炮 7 进 1
22. 帅五进一　炮 6 平 9
23. 车一平四　将 6 平 5
24. 马四进三（图 346）　……

吃卒捉炮有杀，红胜。至图 346，兵卒长吻 14 个回合，“至死不渝”，奇也。

山东韩宝玉

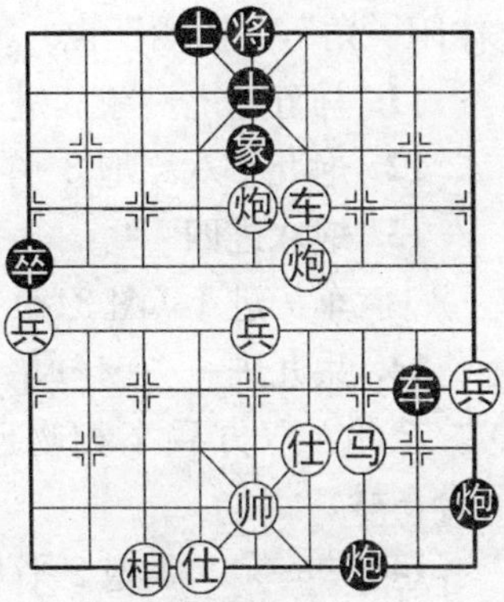

安徽张元启

图 346

图 347，来自 2000 年全国团体赛，由仙人指路对起马局演成。双方斗散手，黑方走子：

1. ……　　　卒 1 进 1!

挺边卒，兵卒开始“相吻”，有趣。

2. 兵五进一　……

如改走兵九进一，炮 8 进 1，车八退一，马 1 退 3，车八平七，马 3 进 4，边马调整到安全位置，左侧有势，黑方占优。

广东许银川

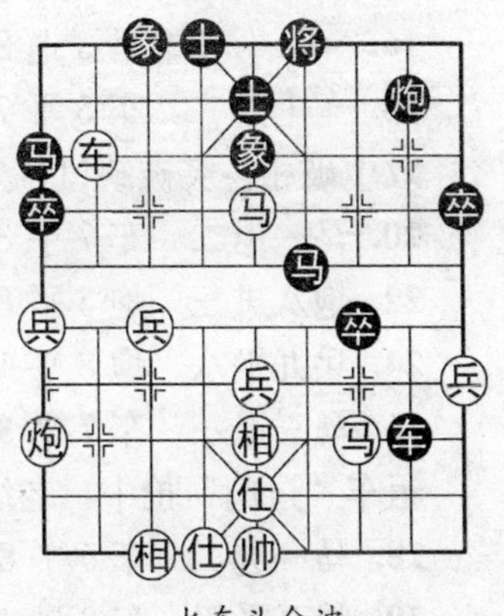

火车头金波

图 347

2. ……　　　卒 7 进 1

3. 马三退四　车 8 退 4　　**4.** 兵五进一　马 6 进 8
5. 相五进三　车 8 平 7　　**6.** 相七进五　炮 8 进 1
7. 车八退四　马 1 进 3　　**8.** 车八平五　将 6 平 5
9. 兵七进一　卒 7 平 6!　　**10.** 车五进一　象 5 进 3

双方环绕中心阵地展开激烈争夺，咬得很紧。黑方舍象去兵，力争主动。而边路兵卒相拥“长吻”，无人顾及，真是战场中的“休闲一角”，“潇洒”也。

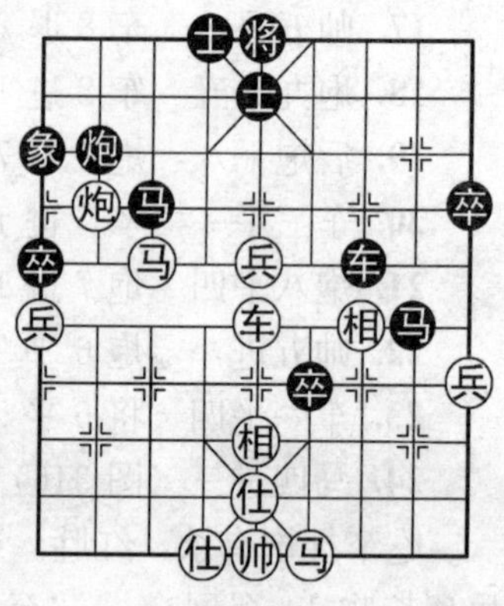

图 348

11. 马五退七　象 3 进 1
12. 炮九平八　炮 8 平 2
13. 炮八进四
车 7 进 1（图 348）
14. 兵九进一　……

至此，双方兵卒相吻已达 14 个回合，妙。

14. ……　炮 2 平 5
15. 马七进五　车 7 平 5
16. 车五平七　……

如车五进一兑车，马 3 进 5，黑方有攻势。

16. ……　马 3 退 2　**17.** 马五进三　马 2 进 4
18. 车七进二　车 5 平 7　**19.** 马三退一　车 7 进 1

攻中破相，突破缺口，黑方确立优势。

20. 马一退二　车 7 平 8　**21.** 车七平五　象 1 退 3
22. 炮八进三　炮 5 平 8　**23.** 兵九进一　炮 8 进 2
24. 兵九平八　炮 8 平 1　**25.** 马四进三　车 8 平 7
26. 马三退一　车 7 平 3　**27.** 车五平七　车 3 平 5

运车“过门”抢中，老练。

28. 马一进二　车 5 平 8　**29.** 马二退三　炮 1 平 5
30. 帅五平四　车 8 进 4　**31.** 帅四进一　炮 5 平 6
32. 仕五进四　卒 6 进 1　卒攻杀势，黑胜。

图 349，出自 2004 年全国象甲联赛，由起马对挺卒走成。黑方放弃中路强渡小卒，引发激战。红方利用中路优势，出击：

1. 兵三进一！马 8 进 7　**2.** 车四进二　炮 9 平 3
3. 帅五进一！……

冲兵攻马，伸车捉马。黑方弃马平炮，双方刺刀见红。现在高帅先防一手，妙。如车四平三，炮3进4，帅五进一，炮2平5，黑方杀势。

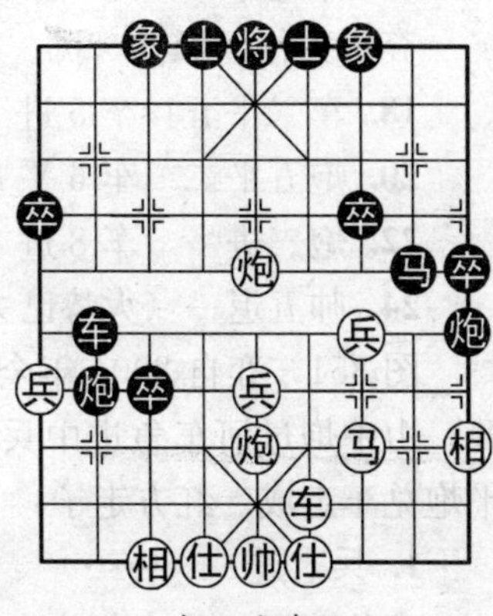

图 349

3. …… 卒3进1

4. 兵五进一 炮2进2

5. 前炮平七！象3进5

6. 车四平三 ……

卸炮护内线，吃马先夺子，红方攻守兼施，老练。

6. …… 卒3平4

如改走卒3进1，帅五退一，炮3进4，炮七退五，卒3进1，兵三进一，红方大优。

7. 炮七平五 士6进5 **8.** 车三平七！……

挡炮不恋子，安全第一，稳当。

8. …… 炮2平1 **9.** 马三进五 炮3进4

10. 车七退三 卒4平5 **11.** 帅五退一 车2平5

12. 马五进七 炮1平9 **13.** 车七进三 炮9进1

14. 仕四进五 车5平8 **15.** 马七进六！……

一阵拼抢，局面简化，红方多子占优。现在跃马伏杀，佳着。黑方车炮卒虽有攻势，但中卒不能“动弹”，威力大减，对红方已构不成真正威胁。

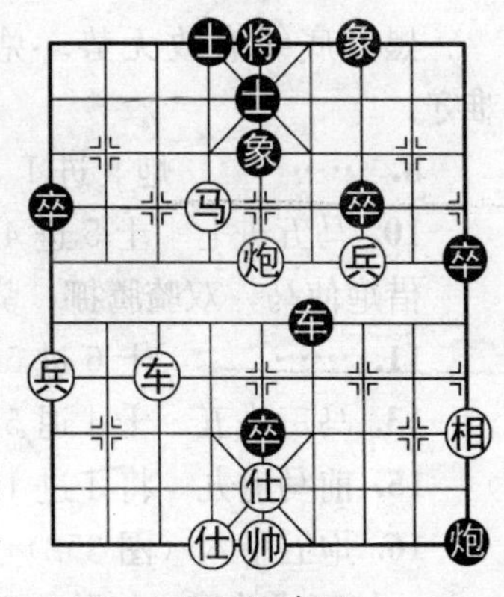

图 350

15. ……

车8平6（图350）

16. 兵三进一 ……

三、七路兵卒碰头相吻相拥长达15个回合，此时才“消灭”对方而分离，可谓“可歌可泣”，有趣。

16. …… 炮9平8

17. 车七平二　炮 8 平 4

弃炮轰仕，孤注一掷。

18. 车二平五！卒 5 进 1　**19.** 车五退二　炮 4 退 5

20. 炮五平二　车 6 平 8　**21.** 车五进四！炮 4 进 2

22. 炮二进一　车 8 进 4　**23.** 帅五进一　车 8 退 1

24. 帅五退一（大势已去，黑方认输）

图 351，弈自 2004 年全国象甲联赛，由中炮过河车急进中兵对屏风马平炮兑车走成。红方走子：

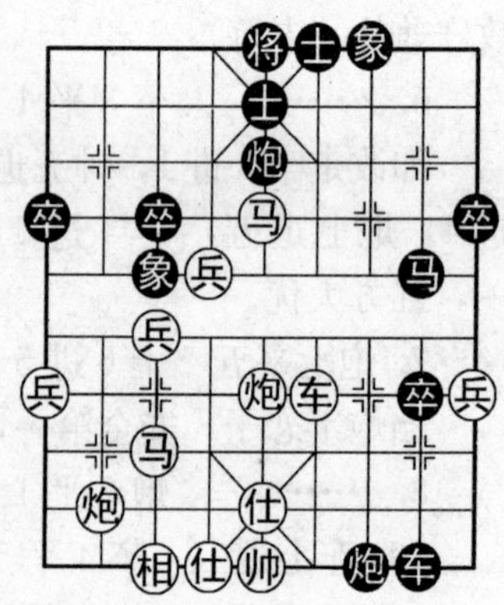

图 351

1. 兵七进一　……

吃象渡河，兵卒相吻，由此紧拥难舍，真是有趣。

1. ……　炮 7 退 3

2. 车四退三　炮 7 进 3

3. 车四进八　炮 5 进 4

4. 马七进五　卒 8 平 7

5. 相七进五　炮 7 平 4

6. 仕五退四　炮 4 退 1

7. 炮八进三　炮 4 平 9　**8.** 炮八平五　……

黑方底线有攻无势。兑子后，红方架中炮反击，黑方后防难守。

8. ……　炮 9 进 1　**9.** 后马进三　马 8 进 9

10. 马五进七　士 5 进 4　**11.** 马三进五　……

借炮使马，双骑腾挪，势不可当。

11. ……　士 6 进 5　**12.** 马五进三　士 5 进 6

13. 马三进五　士 4 退 5　**14.** 马五进七　将 5 平 4

15. 前马退九　将 4 进 1

16. 炮五平六（图 352）　……

一气呵成杀局，红胜。至图 352，兵卒长吻达 16 个回合，“至死不渝”，奇也。

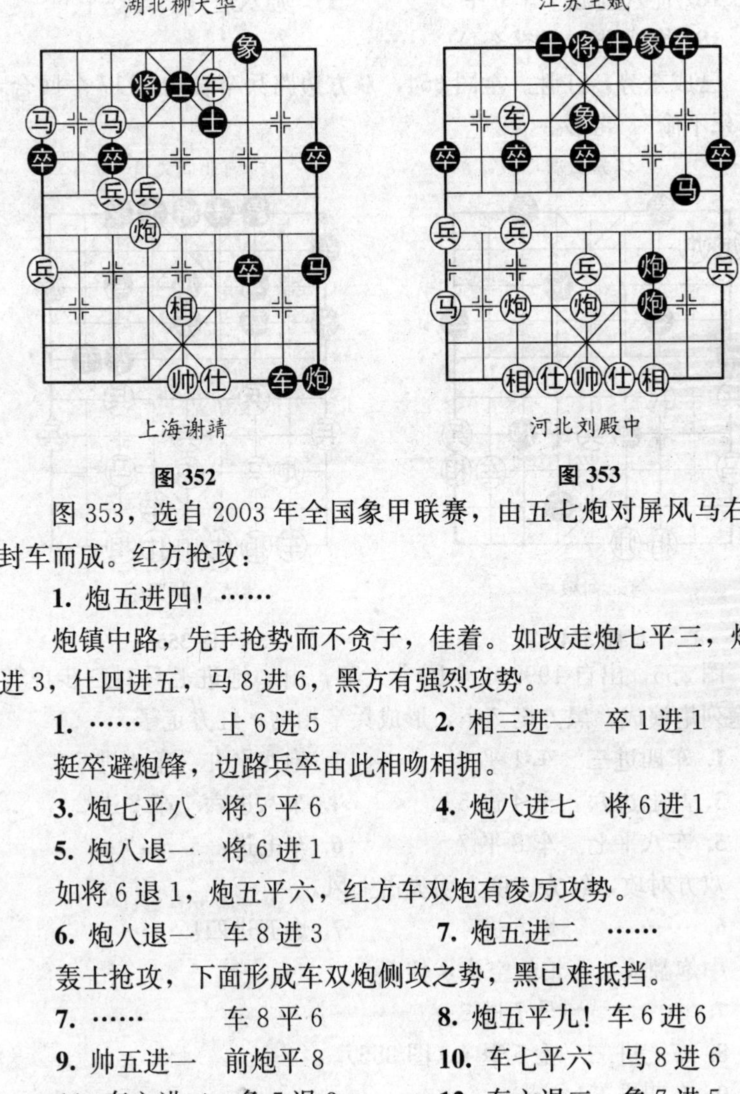

图 352　　图 353

图 353，选自 2003 年全国象甲联赛，由五七炮对屏风马右炮封车而成。红方抢攻：

1. 炮五进四！……

炮镇中路，先手抢势而不贪子，佳着。如改走炮七平三，炮 7 进 3，仕四进五，马 8 进 6，黑方有强烈攻势。

1. ……　士 6 进 5　**2.** 相三进一　卒 1 进 1

挺卒避炮锋，边路兵卒由此相吻相拥。

3. 炮七平八　将 5 平 6　**4.** 炮八进七　将 6 进 1

5. 炮八退一　将 6 进 1

如将 6 退 1，炮五平六，红方车双炮有凌厉攻势。

6. 炮八退一　车 8 进 3　**7.** 炮五进二　……

轰士抢攻，下面形成车双炮侧攻之势，黑已难抵挡。

7. ……　车 8 平 6　**8.** 炮五平九！车 6 进 6

9. 帅五进一　前炮平 8　**10.** 车七平六　马 8 进 6

11. 车六进二　象 5 退 3　**12.** 车六退二　象 7 进 5

13. 车六退五　象 5 退 7　**14.** 车六平二　……

攻中夺子，奠定胜势。

14. ……　马 6 进 4　**15.** 帅五平六　车 6 退 1

16. 仕六进五　车 6 平 5　　**17.** 帅六退一　车 5 平 6

18. 炮八进一（图 354）　……

已成杀势，红胜。至图 354，双方边路兵卒长吻达 17 个回合，“至死不渝”，奇妙。

江苏王斌

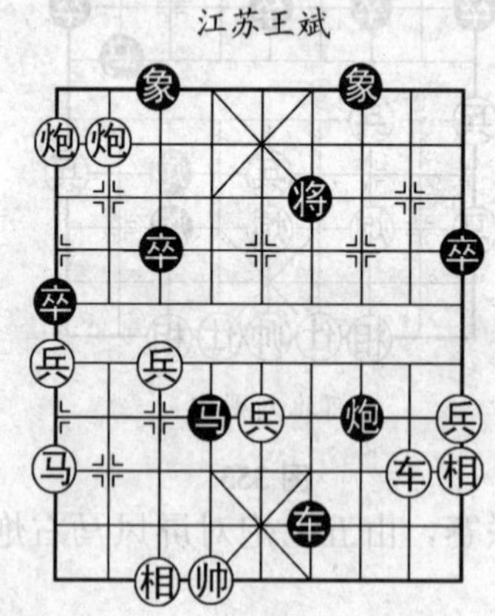

河北刘殿中

图 354

河北阎文清

黑龙江赵国荣

图 355

图 355，出自 1999 年全国个人赛，由中炮进七兵对三步虎转半途列炮演成。黑方挺 7 卒，形成兵卒相吻。红方走子：

1. 车四进三　车 1 平 4　　**2.** 炮八平九　车 4 进 5

3. 马七进六　士 4 进 5　　**4.** 车八进六　车 8 进 2

5. 车八平七　车 8 平 7　　**6.** 车七进一　……

双方对攻，红方速度上明显占上风。

6. ……　炮 5 进 4　　**7.** 炮五进四！……

中炮翻攻，不怕放空头，佳着。

7. ……　马 7 进 5

8. 车七进二　士 5 退 4（图 356）

9. 车四进五！……

杀士突破，先弃后取，妙。

9. ……　将 5 平 6　　**10.** 车七平六　将 6 进 1

11. 马六进五　炮 9 平 5　　**12.** 车六退六　前炮平 9

13. 马三进五　炮 9 平 5

14. 车六进五　将 6 退 1

15. 帅五进一　……

车马炮斗车双炮，黑方残士象，兵种单调，红优。

15. ……　　　车 7 进 2

16. 帅五进一　车 7 平 6

17. 兵三进一　……

兵卒相吻 18 个回合（其中已删去重复回合），经过“战火洗礼”才消失，可谓奇趣也。

17. ……　　　车 6 退 5

河北阎文清

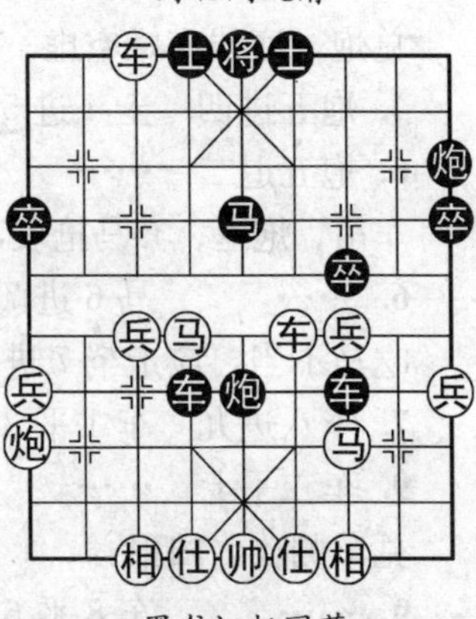

黑龙江赵国荣

图 356

18. 车六退二　前炮平 4　　**19.** 帅五平六　炮 4 进 3

20. 车六平九　车 6 进 3　　**21.** 马五进三　将 6 进 1

22. 兵三进一　……

踏马、冲兵，黑将危险了。以下红方入局。

22. ……　　　车 6 平 4　　**23.** 帅六平五　车 4 平 5

24. 帅五平六　炮 5 平 4　　**25.** 帅六退一　车 5 平 4

26. 帅六平五　前炮平 7

27. 车九进二　炮 4 退 1

28. 马三退五　将 6 平 5

29. 炮九平五　红胜。

图 357，来自 2000 年全国团体赛，由中炮进七兵对半途列炮形成。红方持先进攻：

1. 车四进五　马 7 进 8

跃马易受制，不如车 8 平 6，车四平三，车 6 进 1，黑方坚守。

2. 炮八进四　卒 7 进 1

冲卒踏车，兵卒开始“接吻”。

辽宁金松

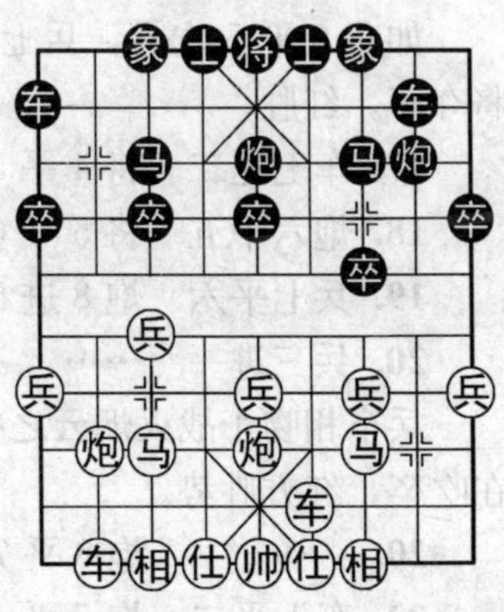

吉林胡庆阳

图 357

3. 炮八平五　马 3 进 5?

兑炮，底线有嫌空虚。不如士 4 进 5 为好。

4. 炮五进四　士 4 进 5　**5.** 车四平二　马 8 进 6

6. 炮五退二　……

车吊、炮退、弃马抢攻，好棋。

6. ……　马 6 进 7?

吃马不当，应走卒 7 进 1。

7. 车八进九　车 1 平 3　**8.** 马七进六　将 5 平 4

9. 车二平七　……

兑车侧攻，凶狠。

9. ……　车 8 平 6　**10.** 车八平七　车 3 退 1

11. 车七进三　将 4 进 1　**12.** 马六进七　炮 5 平 3

13. 仕六进五　车 6 进 1

14. 炮五平六　炮 8 退 1

15. 马七退五

车 6 进 2（图 358）

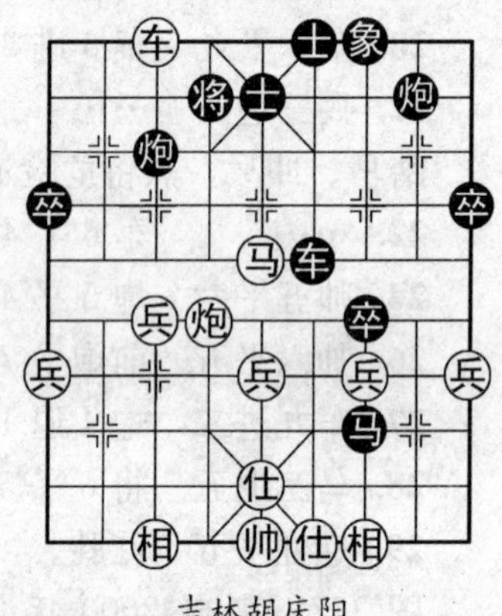

图 358

16. 兵七进一！……

以少攻多，退马、冲兵，妙。

16. ……　士 5 退 4

如车 6 平 5 吃马，兵七平六，打将夺车，红胜。

17. 车七退二　将 4 平 5

18. 炮六平五　将 5 平 6

19. 兵七平六　炮 8 进 5

20. 兵三进一　……

兵卒相吻于战火烟云之中，长达 19 个回合，“感人至深”。现在吃卒，红方胜势。

20. ……　炮 8 平 7　**21.** 相七进五　士 6 进 5

22. 车七平二　炮 7 平 1　**23.** 车二平三　……

以下冲兵，有侧面虎杀势，红胜。

图 359，选自 1984 年全国个人赛，由五七炮进三兵对屏风马形成。红方走子：

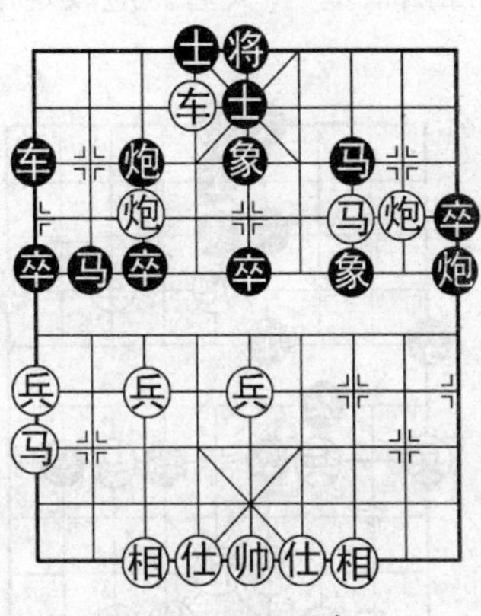

图 359

1. 车六退四？ 卒 3 进 1！

退车"踩雷"，陷入险境，失着。同样动车，应改走车六退六。另如改走炮二退一，车 1 进 1，炮二进一，车 1 退 1，双方不变成和。黑方冲卒欺车，恰到好处。兵卒相吻，战地黄花，有趣。

2. 车六平三　马 2 进 4

3. 炮七平四　马 7 退 9

4. 车三进一？ ……

贪象不当，宜改走相三进五比较平稳。

4. ……　马 9 进 8　**5.** 车三退四　……

同样退车，应车三退三。

5. ……　炮 3 进 1　**6.** 马九退七　马 4 进 6

7. 车三进一　炮 3 平 7　**8.** 车三进四　车 1 进 1

9. 马七进五　马 8 进 7　**10.** 炮四平八　马 7 进 6

11. 帅五进一　前马退 8　**12.** 帅五平六　车 1 退 1

13. 仕六进五　车 1 平 4　**14.** 仕五进六　卒 5 进 1！

再冲中卒，两对兵卒同时"接吻"，奇也。

15. 炮八平五　炮 9 平 4　**16.** 仕六退五　炮 4 平 6

17. 仕五进六　卒 5 进 1　**18.** 马五进三　炮 6 平 4

19. 仕六退五　卒 5 平 4（图 360）

打帅胜。七路兵卒长吻 19 个回合，"雷打不动"，堪称奇局也。

图 361，弈自 2003 年第 14 届"银荔杯"，由仙人指路对卒底炮形成。黑方走子：

1. ……　卒 9 进 1？

挺卒活马，兵卒相吻。岂不料这"一吻"而动"全身"，影响

"江山根基"，失着。应改走炮 3 进 4 顶马兑子，局面不致恶化。

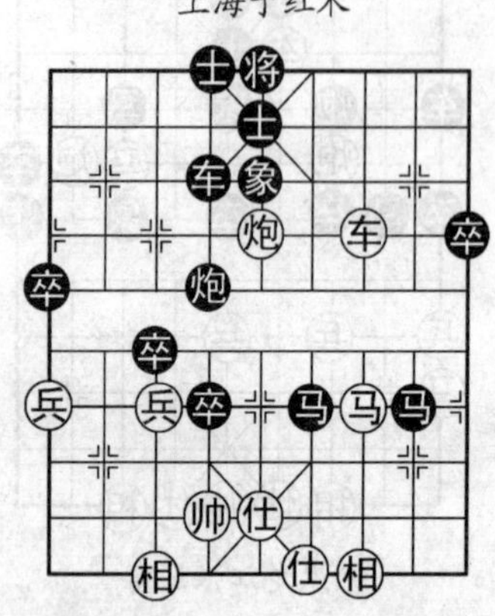

图 360

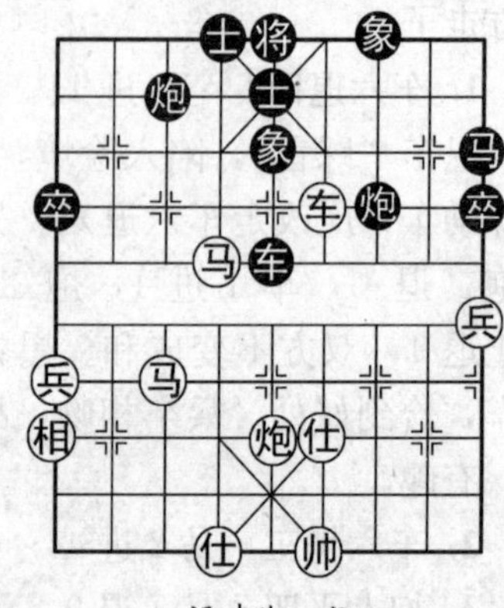

图 361

2. 炮五平八！炮 3 进 4　　**3.** 马六进五　象 7 进 5

4. 相九进七　车 5 进 2　　**5.** 马七退六　车 5 平 4

6. 炮八平五！炮 7 进 1　　**7.** 仕四退五　炮 7 平 5

8. 炮五进五　士 5 进 4　　**9.** 炮五平二　炮 5 平 2

运子抢先，兑子破双象，走得好。黑如车 4 进 2，车四平五，士 4 进 5，车五退一，卒 9 进 1，车五平一，红方夺马胜。

10. 车四进三　将 5 进 1　　**11.** 车四退四　炮 2 进 2

12. 车四平五　将 5 平 4　　**13.** 炮二退五　马 9 进 7

如改走车 4 进 2，炮二平六，炮 2 平 4（如士 4 退 5，车四平六，士 5 进 4，车六平一），车五进二，士 4 进 5，车四平一，卒 9 进 1，车一退三，红方优势。

14. 车五平三　马 7 退 5　　**15.** 炮二平六　将 4 平 5

16. 炮六平五　将 5 平 4　　**17.** 车三平八　士 4 退 5

18. 炮五平六　车 4 平 6　　**19.** 帅四平五　马 5 进 7

20. 车八平六　士 5 进 4　　**21.** 车六平三（图 362）……

车炮冷着见功力。至此，红方抽马胜定。而兵卒长吻 20 个回合，"至死不渝"，丢了江山也在所不惜，真是"不爱江山爱美人"，千古佳话也。

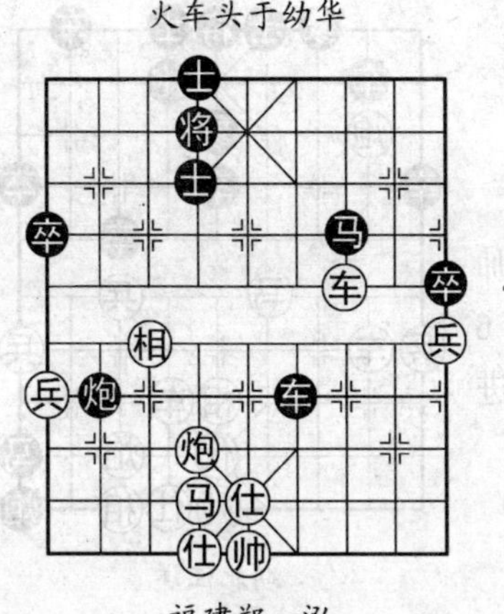

图 362

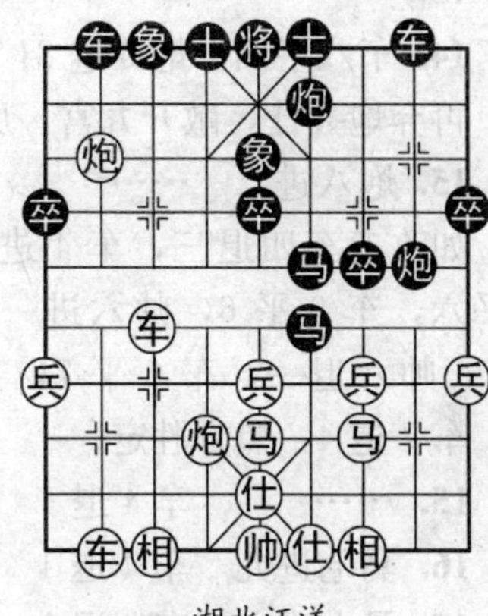

图 363

图 363，来自 2001 年全国团体赛，由中炮七路马对屏风马左炮巡河走成。红方走子：

1. 兵三进一　……

兵卒相见，由此开始“相拥热吻”，进入“亲密”境界，有趣。

1. ……　前马进 7　　**2.** 炮六平三　马 6 进 5

3. 车七平四　车 2 进 1　　**4.** 炮三退一？……

同样动炮，应炮三平二挡，黑如马 5 退 7（如卒 7 进 1，红车四平五），马五进三，双方对峙。

4. ……　炮 8 进 5!

沉底炮抢攻，乘虚而入，佳着。

5. 车八进三　马 5 进 7　　**6.** 车四退二　炮 8 平 9!

7. 马五进六　马 7 进 9

8. 相七进五（图 364）　马 9 进 7!

弃马踏相，突破攻入，好棋。

9. 相五退三　车 8 进 9　　**10.** 仕五退六　车 8 平 7

11. 车四平一　车 2 平 4　　**12.** 马六进七　车 4 进 3

13. 车一退二　……

舍车杀炮救宫，无奈。

13. …… 车7平9

14. 车八平四 炮6进8!

再弃炮轰仕，敞开九宫，厉害。

15. 炮八进二 ……

如改走车四退三，车4进5，帅五平六，车9平6，帅六进一，车6退1，帅六退一，车6平7，兵三进一，车7退4，黑方胜定。

15. …… 车4退1

16. 马七进九 车4退1

17. 马九进七 车4退1

18. 马七退八 炮6平4

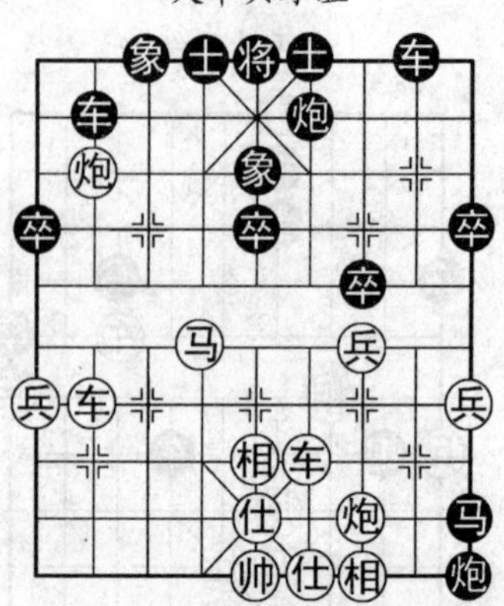

图 364

19. 帅五进一 车9平7

20. 炮三平四 炮4平2（图365）

兑炮后，双车杀局，黑胜。本例中，对头兵卒长吻20回合而不息，不管风云变幻，战争已结束，我自“屹立不动”，深爱“至死不渝”，真是可爱得很!

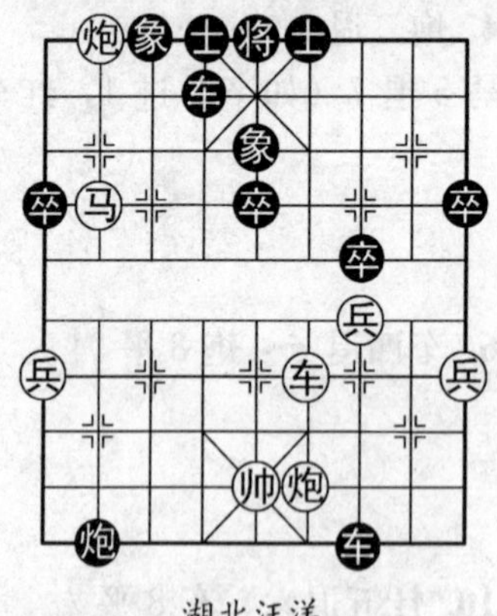

图 365

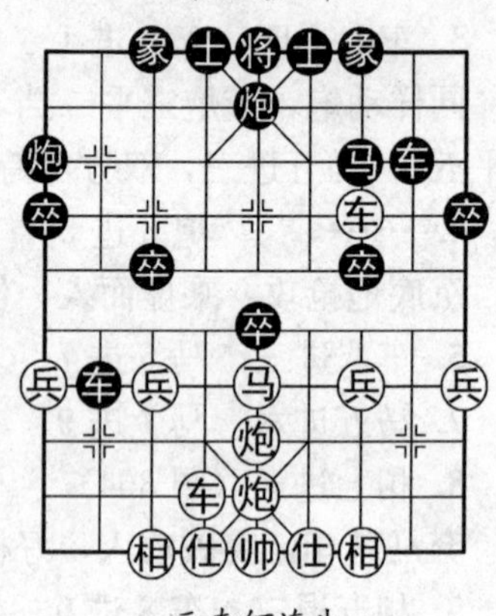

图 366

图 366，选自 1986 年全国个人赛，由中炮过河车对屏风马平炮兑车走成。红攻黑守，5 个卒子呈对称型，如大雁高飞，有趣。红方走子：

1. 车六进七！车 2 退 1

车攻象腰，好棋。黑如改走卒 5 进 1，后炮进二，炮 5 进 6（如象 7 进 5，后炮进五；如炮 1 平 5，车三平六，都是红胜），车三平五，士 6 进 5，车五进二，红胜。

2. 马五进七！卒 3 进 1（图 367）

献马挡车，精妙冷着。黑卒吃马，形成七路兵卒“相吻”，有趣之战地黄花。

3. 车三平六　炮 1 退 2

4. 后炮进三　马 7 进 5

5. 后炮进四　炮 5 进 4

如改走象 7 进 5，炮五平八，红方夺车胜势。

6. 后车平七！车 8 进 1

如改走象 3 进 1，车七进二，红胜。

河北刘殿中

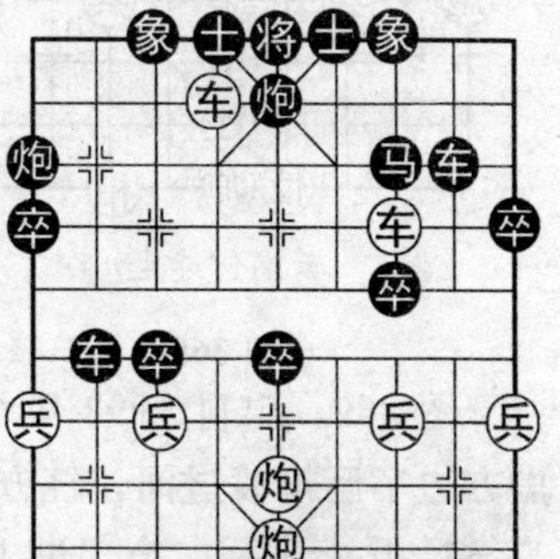

云南何连生

图 367

7. 车七进三　炮 5 平 4

8. 炮五退四　车 2 进 2　　**9.** 炮五进一　炮 1 进 6

10. 车六进一　……

破象杀士，以多攻少，下面入局。

10. ……　将 5 进 1　　**11.** 车六平五　将 5 平 4

12. 炮五平九　车 2 退 4　　**13.** 车五平四　车 2 平 3

14. 车四退一　将 4 进 1　　**15.** 车七平三　车 3 平 5

16. 相七进五　炮 4 平 5　　**17.** 仕四进五　车 5 平 4

18. 车三平六　将 4 平 5　　**19.** 车六平一　将 5 平 4

20. 车四退一　将 4 退 1　　**21.** 车一退一　炮 5 退 4

22. 车四平五（图 368）　……

双车夹炮杀，红胜。局终，七路兵卒仍是“相拥热吻”，长达20个回合，令人惊叹也。

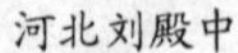

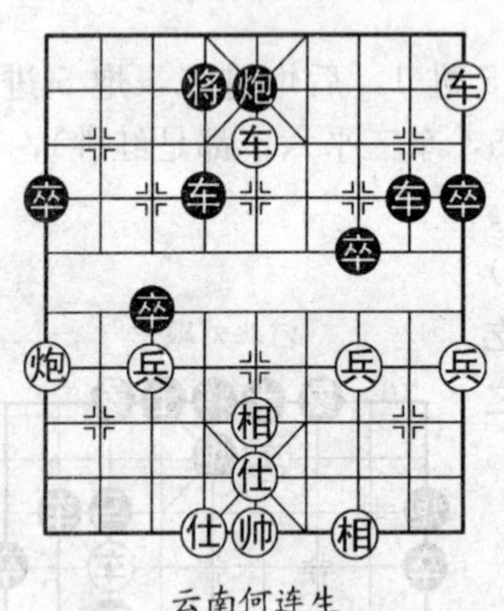

云南何连生

图 368

湖北李智屏

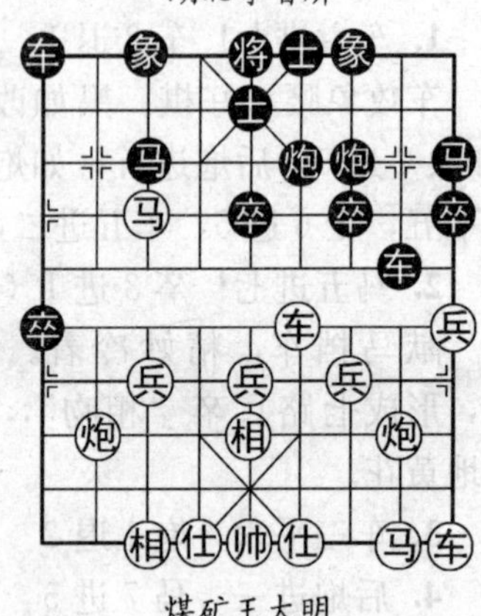

煤矿王大明

图 369

图 369，出自 1993 年全国团体赛，由飞相局对过宫炮走成。黑方边卒已抢渡过河，红方走子：

1. 兵七进一　卒 1 进 1

2. 马二进一　卒 1 平 2

3. 炮八平九　车 8 平 2

4. 车一进一
卒 9 进 1（图 370）

兑卒活马，边路兵卒开始接触相拥，且看局势发展。

湖北李智屏

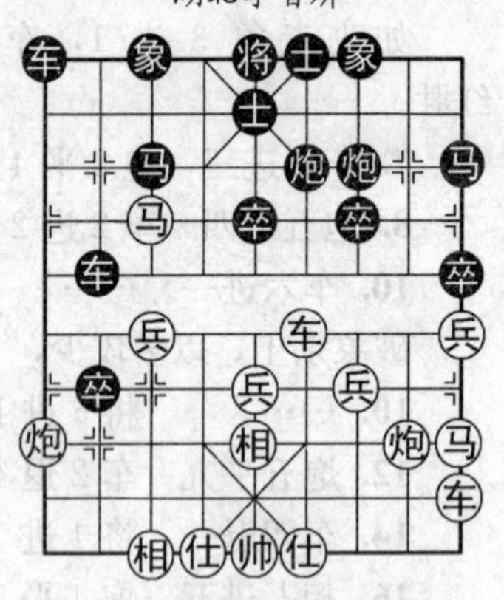

煤矿王大明

图 370

5. 车一平七　马 9 进 8

6. 车四平六　卒 2 进 1

7. 兵七进一　车 2 进 2

8. 马一进二　马 8 退 6

9. 炮九进二　卒 2 进 1

小卒直冲，深入腹地，以后将是一支不可忽视的力量。

10. 车七进三　车 2 平 5　　**11.** 马二进一　炮 7 进 4

12. 炮二进七　炮 7 进 3　　**13.** 仕四进五　炮 7 平 9

底炮插入，与卒子左右遥相呼应，这是一只“潜力股”也。

14. 马一进二　炮 6 退 1　　**15.** 马二退三　车 5 平 8

16. 马三进四　车 8 进 3　　**17.** 仕五退四　车 8 退 9

18. 相五退三　车 8 进 1　　**19.** 马四退五　马 3 进 5

20. 车六进二　车 8 平 7　　**21.** 相七进五　马 6 进 8

22. 车六平五　马 8 进 7

大兑子，局面迅速简化。黑方前线有攻势，保持优先。我们再来看看边路兵卒至今“相拥紧吻”，已长达 17 个回合。“任凭风吹雨打，我自岿然不动”，真是有趣称奇。

23. 相五进三　马 7 进 6

24. 车五退四　象 7 进 5

25. 兵七平八　车 7 平 6

26. 兵八平九　车 1 平 2

27. 马七进六（图 371）

马 6 进 4！

湖北李智屏

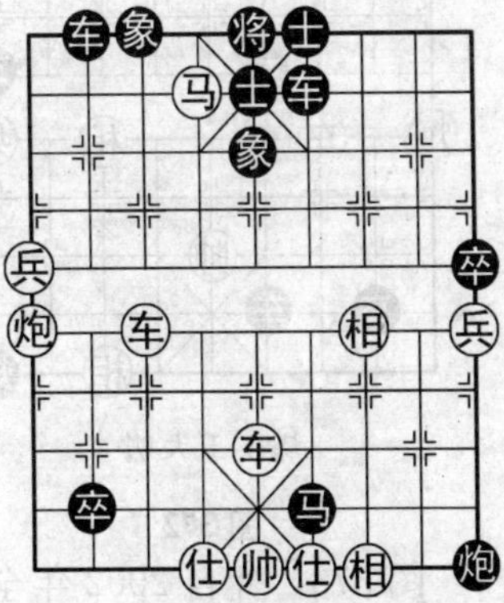

煤矿王大明

图 371

局势进入攻杀阶段。图 371，黑马踏仕，先弃后取，撕开缺口，好棋。

28. 帅五平六　车 6 进 8　　**29.** 帅六进一　车 6 平 4

30. 帅六平五　车 4 退 8　　**31.** 兵九平八　将 5 平 4

32. 车五进二　车 4 进 7　　**33.** 帅五进一　车 2 进 4

打帅上宫顶，吃兵再出车，红势危矣。

34. 车五平六　车 2 平 4（图 372）

35. 兵一进一　……

兵卒长吻 30 个回合才被“强行拆散”，实战中甚是罕见之奇景也。

35. ……　车 4 进 1　　**36.** 炮九平六　卒 2 平 3

37. 兵一平二　炮 9 退 8　　**38.** 兵二进一　士 5 进 6

39. 兵二平三　炮 9 平 5　　40. 炮六平五　车 4 退 1
41. 帅五退一　卒 3 平 4　　42. 帅五退一　象 5 进 3
43. 相三退五　车 4 退 1　　44. 帅五平四　炮 5 平 6

黑胜。

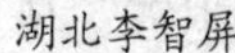

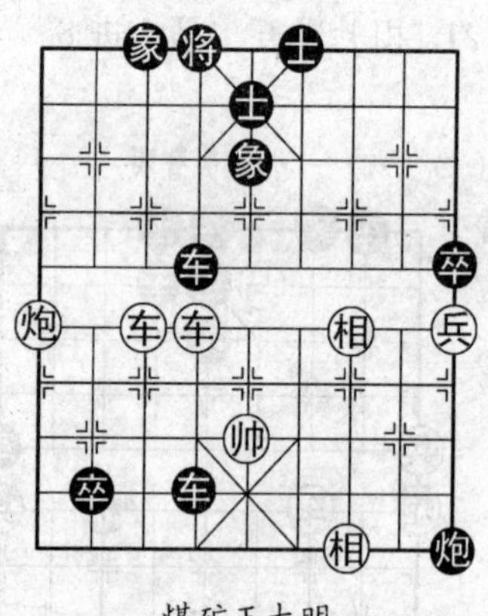

图 372

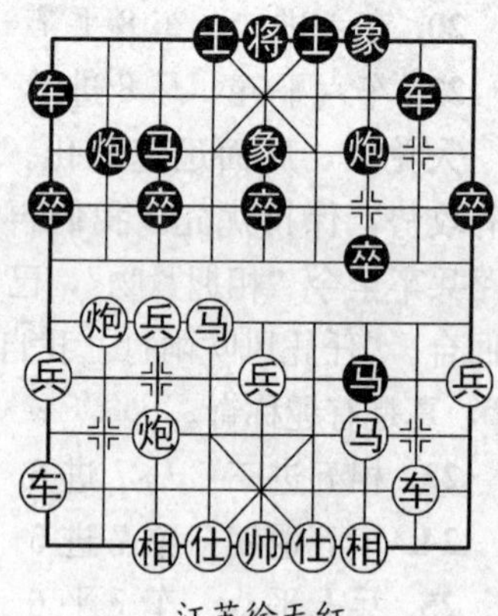

图 373

图 373，弈自 2002 年全国个人赛，由中炮巡河炮缓开车对屏风马走成。双方四车相见，红方走子：

1. 相三进五　炮 2 退 2　　2. 车九平四　炮 2 平 3
3. 炮八退一　车 8 进 7　　4. 车四平二　车 1 平 4
5. 车二进三　马 7 进 9　　6. 炮八退二　卒 3 进 1

挺卒活马，兵卒“相吻”。

7. 炮八平六　车 4 平 2　　8. 马六进四　炮 7 平 6
9. 车二退二？……

嫌缓。可改走马三退五消除黑马威胁。

9. ……　　车 2 进 6!　　10. 马四进六　车 2 平 3
11. 马六进七　将 5 进 1　　12. 车二进六　炮 6 退 1
13. 炮六平四　马 9 退 7　　14. 仕四进五　卒 7 进 1

攻中夺子，黑方取得优势。

15. 炮四平一　炮 3 平 2　　16. 帅五平四　卒 7 平 6

火车头于幼华

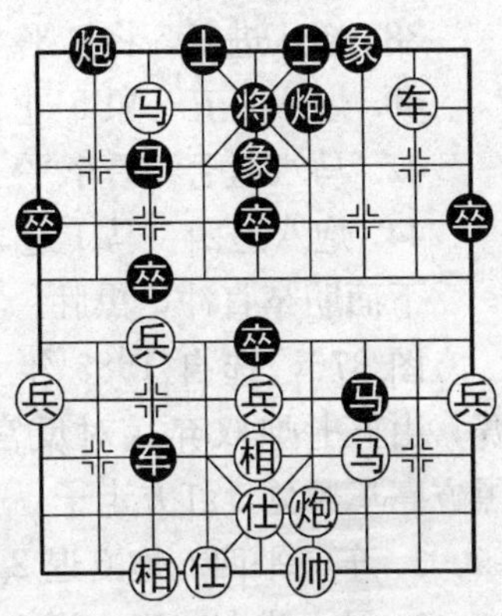

江苏徐天红

图 374

17. 炮一平四

卒 6 平 5（图 374）

肋卒平中，中路兵卒“相吻”；一局棋中出现两对兵卒相吻，奇妙有趣得很啊。

18. 仕五进四　马 7 进 5!

弃马踏相反击，好棋。

19. 相七进五　炮 2 进 9

20. 相五退七　车 3 平 6

21. 马三进二　马 3 进 4

22. 马二进三　炮 2 退 7!

23. 仕六进五　车 6 退 4

24. 马三进四　车 6 退 2

25. 马七退六　炮 2 平 4

26. 车二平四

将 5 平 6（图 375）

火车头于幼华

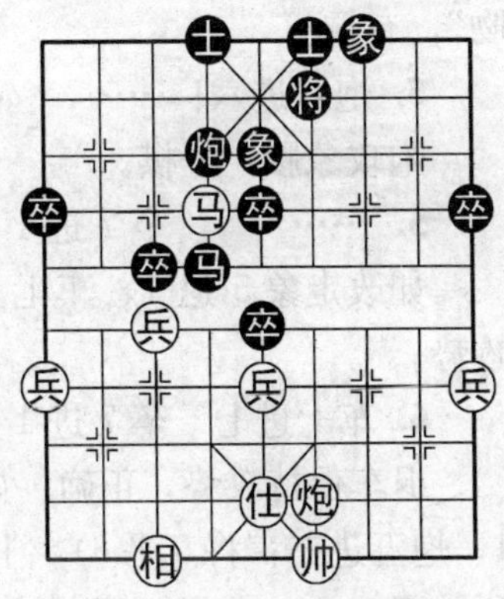

江苏徐天红

图 375

27. 兵七进一　马 4 进 5

大兑子局面简化，进入无车残局。此时，两对兵卒方才“散伙”。前面一对长吻 21 个回合，后面一对长吻 10 个回合。你说奇不奇？有趣不有趣？

28. 相七进五？……

应改走马六退五，马 5 进 6，兵七平六，虽吃后手，但比原着法要好。

28. ……　马 5 进 7　**29.** 帅四平五　前卒进 1

30. 兵七进一　前卒进 1　**31.** 仕五进四　将 6 平 5

32. 兵七进一　前卒平 6　**33.** 炮四平八　卒 6 平 5!

弃炮入局，凶。

34. 兵七平六　前卒进 1　**35.** 帅五平六　马 7 退 5

36. 马六退八　将5平6　**37.** 马八退六　后卒进1
38. 炮八进三　将6平5　**39.** 炮八进二　后卒进1
40. 炮八平五　象5进7　**41.** 马六退八　马5进3
42. 马八退七　后卒平4　**43.** 炮五平八　马3退1
44. 炮八退四　马1进2

下面肋卒直冲，黑胜。

图376，选自1983年全国个人赛，由五七炮双弃兵对反宫马演成。黑方亮车邀兑，红方走子：

上海林宏敏

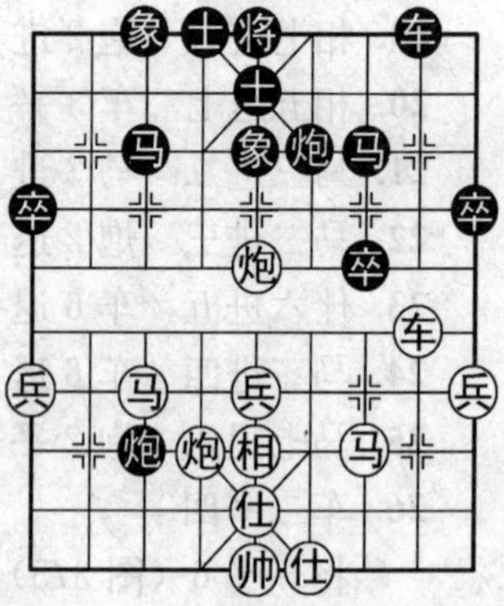

浙江于幼华

图376

1. 车二平四　炮6退2
2. 马七进九　卒1进1
3. 车四平七　马3进5
4. 车七退二　卒1进1

兑子，边路兵卒乘机“相拥而吻”，有趣。

5. 炮六进六！……

炮攻象腰，好棋。

5. ……　卒7进1

如改走象5退7，车七进七，炮6进2，炮六平九，红方有攻势。

6. 车七进七　卒7进1　**7.** 车七退五！……

退车保持攻势，正确。如改走炮五进二（如马三退一，炮6进1，炮五进二，将5平6），士5进4，炮六平九，卒7进1，局势有所松懈。

7. ……　车8进4　**8.** 兵五进一！……

弃马保持中路威力，佳着。

8. ……　卒7进1　**9.** 炮六平九　象5退3

开炮形成车双炮两路攻势。黑如改走士5进4，炮九进一，士4进5，车七进五，士5退4，车七退一，士4进5，炮九退四，车8进2，炮五进二，士5进6（如将5平4，车七平六！将4进1，炮九平六杀），兵五进一，红方占优。

10. 车七进五　炮6平8　**11.** 车七退六　将5平6

12. 炮九退三　马5进3

献马无奈。如车8进1，车七平四，红胜。

13. 车七进二　车8进1　**14.** 炮九进四 ……

打将正着。如改走车七进一，车8平5，车七平四，士5进6，车四进一，将6平5，车四平五，将5平6，车五平三，炮8进9，相五退三，车5退1，炮九进四，将6进1，车三退五，卒1进1，红方并不便宜。

14. ……　将6进1　**15.** 炮九退一　士5进4

如改走将6退1，炮五平六，士5进4（如车8平5，炮六进三，士5进4，炮六平八，红方有攻势），兵五进一，车8平5（如卒1进1，红车七进一），炮九进一，将6进1，炮九平二，马7退8，炮六进四，马8进7，兵九进一，红优。

16. 车七进三　士4进5

17. 车七退二　士5进6

18. 炮五平八

车8平5（图377）

19. 车七进三？……

已经到了战局的关键时刻。正当利剑出鞘之际，红方此步进车催杀过急，前紧后松，似凶实软，不明显的失着。应改走车七平二，车5平2（如炮8平1，红车二平三），炮八进三，将6退1，炮八平三，红方夺子胜。

上海林宏敏

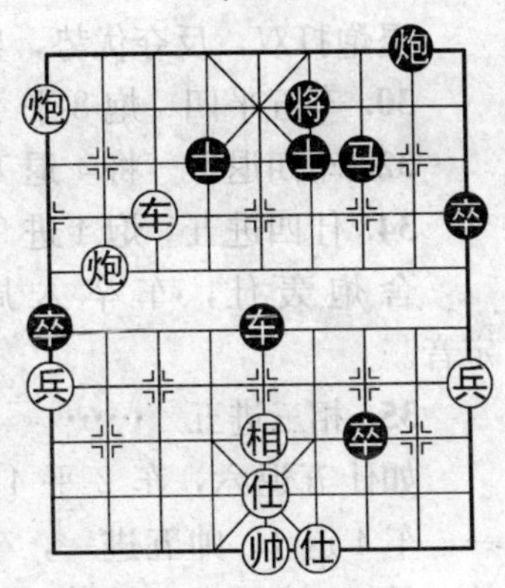

浙江于幼华

图377

19. ……　将6平5　**20.** 炮八进三　将5进1

21. 车七平五　士4退5　**22.** 炮八退一　将5平4！

出将避一手，正着。如误走炮8进9，相五退三，车5进3，帅五平六，红方绝杀。

23. 炮九退一　将 4 退 1

24. 炮八平三　炮 8 进 9

25. 相五退三　车 5 平 2

26. 炮三进一　士 5 退 6

27. 仕五退六

卒 7 进 1（图 378）

上海林宏敏

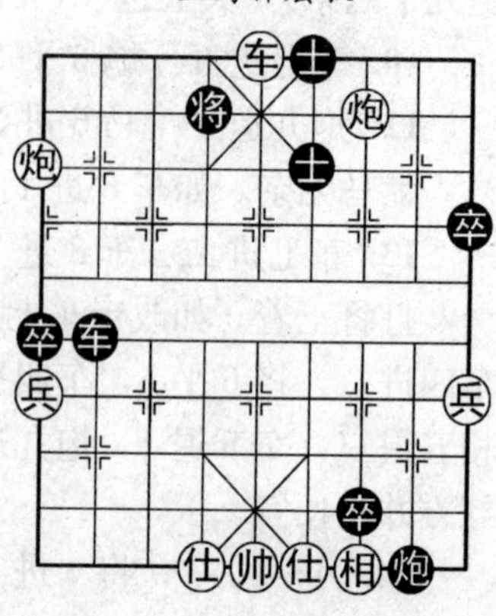

浙江于幼华

图 378

28. 炮九进二？……

急忙中又出错，败着！应改走车五退六，还是红优。

28. ……　　　车 2 进 4！

29. 炮九平六　……

底车捉仕，乘虚而入，由此反击，好棋。红如改走车五退六，车 2 平 4，帅五进一，炮 8 退 1，帅五进一，车 4 退 2，黑胜。

29. ……　　　炮 8 退 9！

退炮打双，反夺优势，妙。

30. 车五平四　炮 8 平 4

31. 车四退一　将 4 进 1

32. 车四退一　将 4 退 1

33. 车四进一　将 4 进 1

34. 仕四进五　炮 4 进 9！

舍炮轰仕，车卒入局，一锤定音。

35. 相三进五　……

如仕五退六，车 2 平 4，帅五进一，车 4 退 1，帅五进一，卒 7 平 6，帅五平四，卒 1 进 1，黑方胜定。

35. ……　　　炮 4 退 3

36. 仕五退六

炮 4 平 8（图 379）

黑方开炮，形成车炮卒杀局，红方认负。边路兵卒长吻持续达 36 个

上海林宏敏

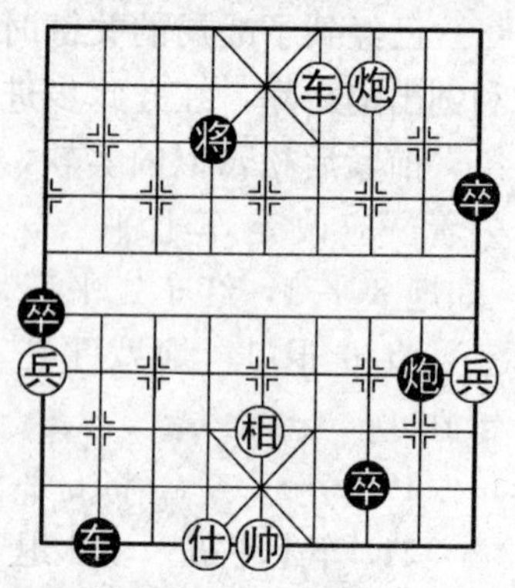

浙江于幼华

图 379

回合，紧紧相拥至局终，真是“旷古奇局”，一出“生死恋”，妙！

17. 三兵（卒）“亲吻”显浪漫（6例）

图380，弈自1986年全国个人赛，由五六炮对反宫马走成。红方走子：

湖北万跃明

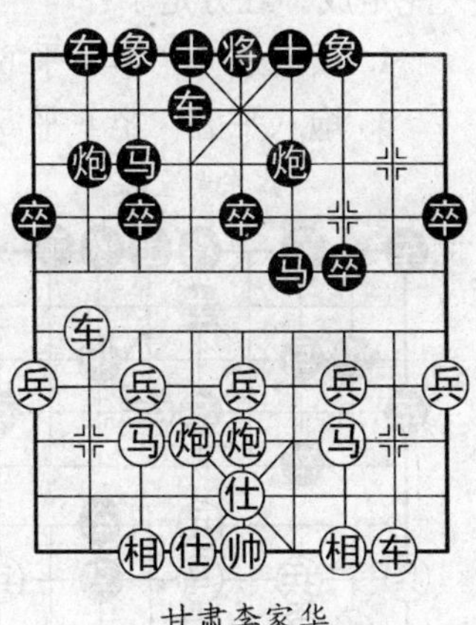

甘肃李家华

图 380

1. 兵三进一　车4平7
2. 车二进五　炮2进2
3. 马三进四　炮6进3
4. 车八平四　卒7进1
5. 车四进一　炮2平8
6. 车四平二　车2进6

楚汉相争，一阵拼抢交换，黑方以马炮兑红车，卒子过河，占得便宜。

7. 车二平六　车7进1
8. 兵五进一　卒7平6
9. 兵五进一

　　卒6平5（图381）

中路三兵（卒）过线“相吻”，闹出“三角恋爱”，有趣。

湖北万跃明

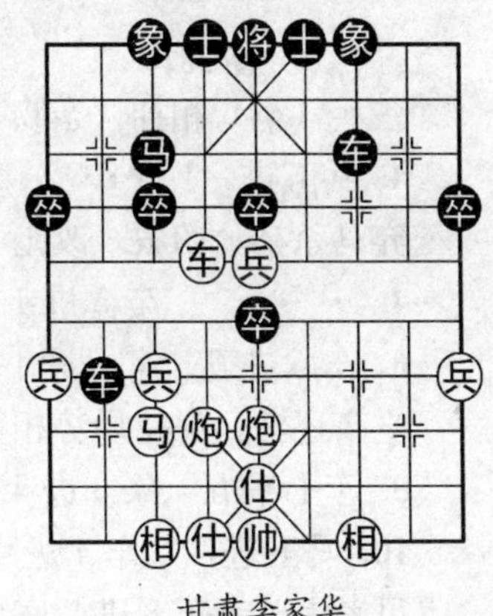

甘肃李家华

图 381

10. 兵五进一　车2平3
11. 兵五平六　士4进5
12. 兵六进一　卒5进1
13. 兵六平七　车7进7
14. 仕五退四　卒5进1
15. 相七进五　车7退7
16. 马七退八　车7平3

再交换，黑方破相又占便宜。

17. 相五退三　前车平 1　**18.** 炮六平五　象 3 进 5

19. 马八进六　车 1 平 9

净多三卒，黑方胜定。下略。

图 382，出自 1991 年全国个人赛，由中炮过河车对屏风马两头蛇走成。红方走子：

1. 兵五进一　卒 7 平 6　**2.** 车四平三　马 7 进 5

3. 炮八平五　卒 6 平 5（图 383）

广东黄宝琮

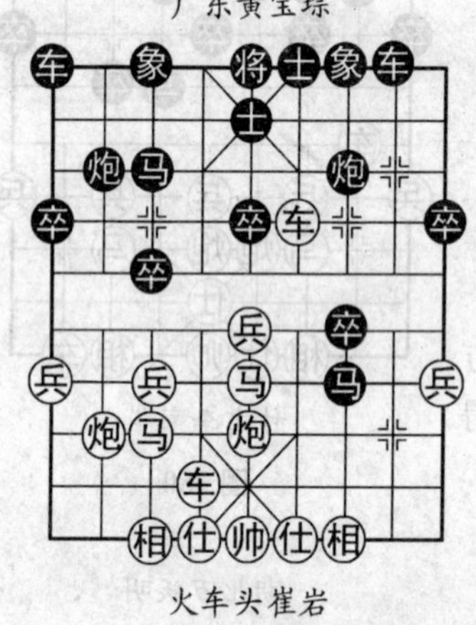

火车头崔岩

图 382

广东黄宝琮

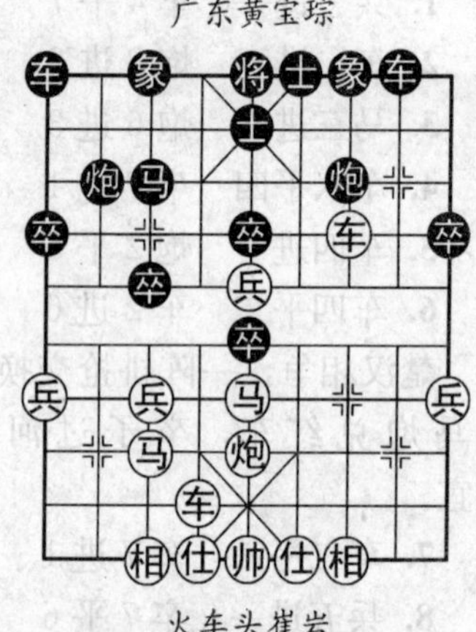

火车头崔岩

图 383

三兵（卒）相拥"亲吻"，中路出奇观，有趣。

4. 兵五进一！……

弃马杀卒，凶狠。改走马五进三亦是红先。

4. ……　卒 5 进 1　**5.** 马七进五　车 8 进 4

6. 车六进五　卒 1 进 1　**7.** 车六平七　马 3 进 5

吃卒还马，保持局势相对稳定，正着。

8. 车七平五　象 3 进 5　**9.** 车五平四　车 1 平 4

10. 马五进四　车 4 进 4

可考虑改走车 8 进 5 底攻，对抢先手。

11. 马四进二　炮 7 平 8

仍可改走车 8 进 5 对攻。

12. 车四平九　将 5 平 4　**13.** 仕四进五　炮 2 平 3

可改走车 8 平 7 透松。

14. 车三平七　车 8 进 5

15. 车九进三　炮 3 退 2

16. 炮五平六

将 4 平 5？（图 384）

随手进将是一步不明显的疑问手。应改走车 4 平 5 抢主动。如误走车 4 平 8，车七平六，将 4 平 5，车六进二，红方胜势。

17. 仕五退四！……

退仕乃是精妙冷着，暗藏杀机，好棋。

广东黄宝琮

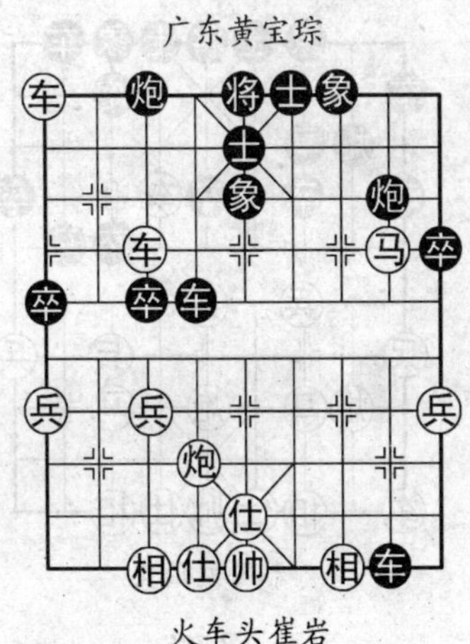

火车头崔岩

图 384

17. ……　　车 8 退 6

一车换双解围。另有两种应着：①车 4 进 3，车七进三，车 4 退 7（如象 5 退 3，车九平七，车 4 退 7，马二进四，红胜），车七平六，士 5 退 4，马二进四，将 5 进 1，车九退一，红胜。②车 4 平 5，炮六平五，将 5 平 4，车七平六，将 4 平 5（如士 5 进 4，红马二进四），车九平七，象 5 退 3，马二进四，红胜。

18. 车七平二　车 4 进 3　**19.** 车二进一　车 4 退 1

20. 兵一进一　车 4 平 3　**21.** 车九退四　车 3 平 9

22. 相七进五　车 9 退 1　**23.** 车二退一　卒 9 进 1

24. 车二平一　炮 3 平 4　**25.** 车九进四！……

双车左右管制，以后边兵过河，又经过 26 个回合的较量，终于获胜。着法从略。

图 385，来自 1991 年第 5 届亚洲城市名手邀请赛，由中炮过河车对屏风马平炮兑车走成。红方走子：

1. 兵五进一　卒 7 进 1　**2.** 兵五平四　象 7 进 5

3. 兵四平三（图 386）　……

红攻黑守，中兵三步挡马阻炮，成三兵（卒）"相吻"有趣景象，好看。

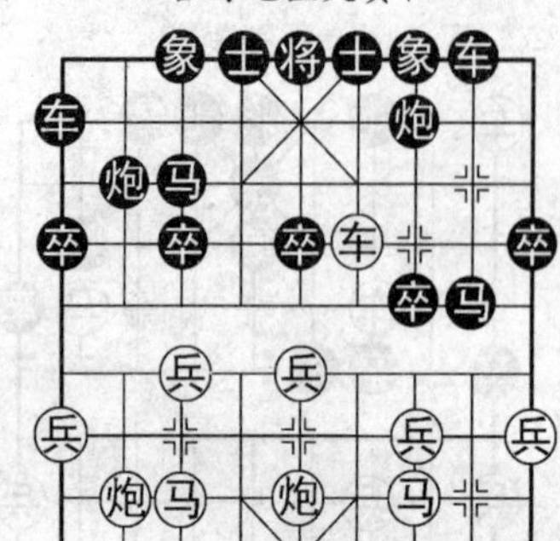

图 385

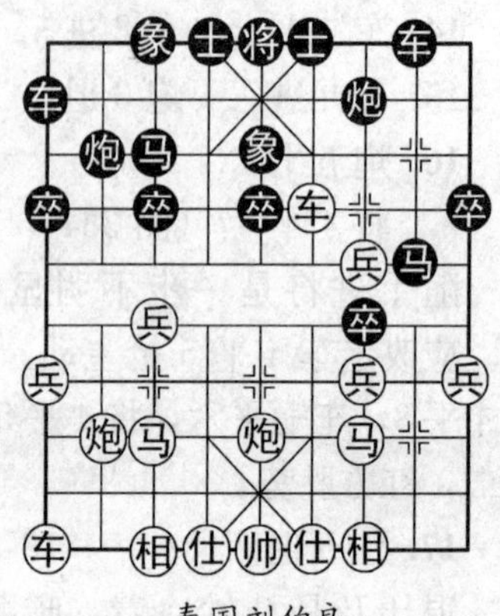

图 386

3. ……　马 8 进 7　**4.** 马三进五　车 1 平 4

5. 车九进一　炮 2 进 4　**6.** 兵三进一？……

冲兵太急，不适时宜，失先。应改走炮五进四，马 3 进 5（如士 6 进 5，红炮五退一），车四平五，红持先手。

6. ……　卒 7 平 6!　**7.** 车四退二　马 7 退 8

8. 车四平二　炮 7 进 8

弃卒捉车炮轰底相，黑方反击夺先，走得好。

9. 仕四进五　车 4 进 5　**10.** 马五进四　马 8 退 9

11. 车二进五　马 9 退 8　**12.** 仕五进四　车 4 平 3

13. 马七退五　炮 7 退 4　**14.** 马五进三　车 3 平 6

15. 马四进六　车 6 平 4　**16.** 马六退五　马 8 进 6

17. 兵三平四　车 4 退 1　**18.** 马五进三　炮 2 平 7

19. 前马进一　后炮进 2　**20.** 炮五平三　车 4 平 6

21. 仕六进五　车 6 退 2

一阵拼抢交换，黑方消灭过河兵，子力占位结构好，优势已经确立。

22. 马一退二　车 6 进 2　**23.** 马二进一　车 6 平 3

24. 相七进五　炮 7 平 5　**25.** 帅五平四　车 3 退 1

26. 车九平六　车 3 平 9　**27.** 车六进二　炮 5 退 1

28. 炮三平一　车 9 平 8

29. 车六平四　车 8 进 5

30. 帅四进一　马 6 进 7

31. 炮八平七（图 387）

卒 5 进 1!

32. 仕五退六　……

挺卒弃马，佳着。红如炮七进五，炮 5 平 6，仕五进六，车 8 退 3，马一退三，车 8 平 6，马三退四，马 7 进 8，炮一平二，马 8 进 6，黑方胜势。

台湾地区吴贵临

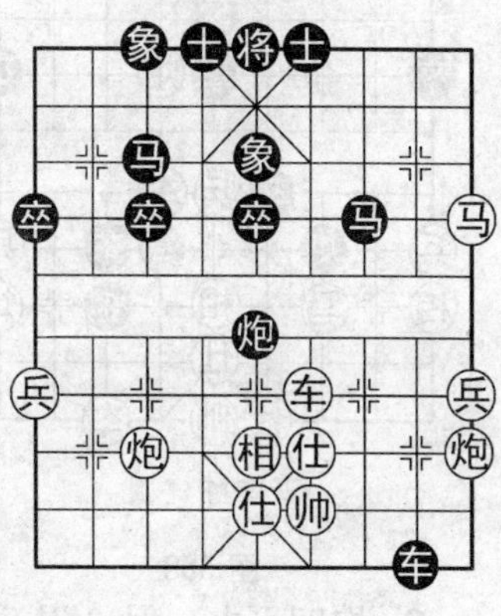

泰国刘伯良

图 387

32. ……　炮 5 平 6

33. 帅四平五　马 3 进 5　**34.** 马一退三　马 5 进 7

35. 车四进一　前马进 8　**36.** 车四平三　车 8 退 1

37. 帅五退一　马 7 进 6　**38.** 仕六进五　马 8 进 7

39. 帅五平六　马 7 退 5　**40.** 炮一平五　马 6 进 5

41. 车三进二　车 8 进 1　**42.** 帅六进一　车 8 平 3

下面：炮七平六（如车三平七，黑马 5 退 4），马 5 退 6，车三退二，马 6 进 4，黑胜。

图 388，弈自 2005 年全国象甲联赛，由对马局走成。红方走子：

1. 兵五进一　卒 4 平 5（图 389）

三兵（卒）中心相拥，“亲密无比”，有趣。

2. 车四进一　马 6 退 4　**3.** 炮一进四　前卒进 1

4. 炮一进三　车 7 退 6　**5.** 车三进二　车 7 平 9

6. 车四退一　马 4 进 3

兑子夺子，黑方取得优势。

7. 兵五进一　士 6 进 5　**8.** 车四平七　卒 5 平 4

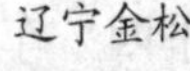

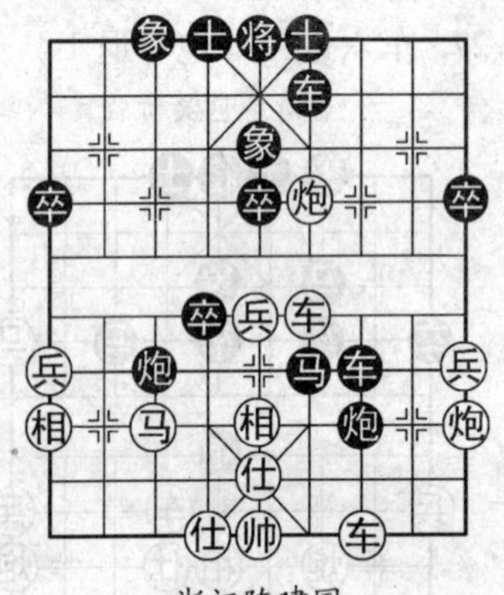

图 388

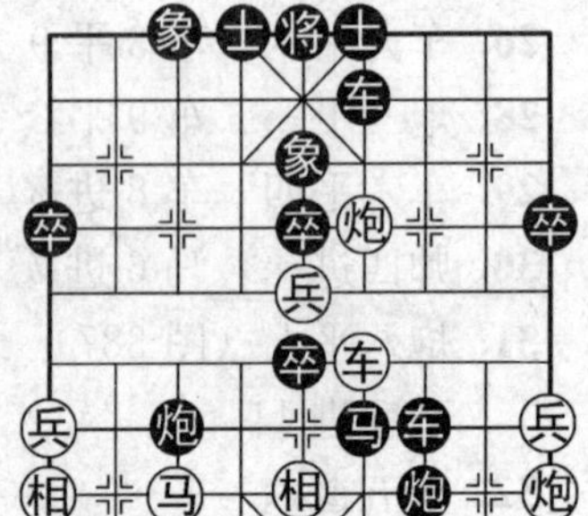

图 389

9. 炮四平九　马 3 退 5　　**10.** 车三退二　车 6 进 1

11. 车七平六　马 5 退 6

12. 车六退一　炮 3 平 9

13. 车三平一　炮 9 退 1

14. 相九退七　车 6 平 9

15. 车一平四　马 6 退 7

16. 兵五进一（图 390）

炮 9 进 4

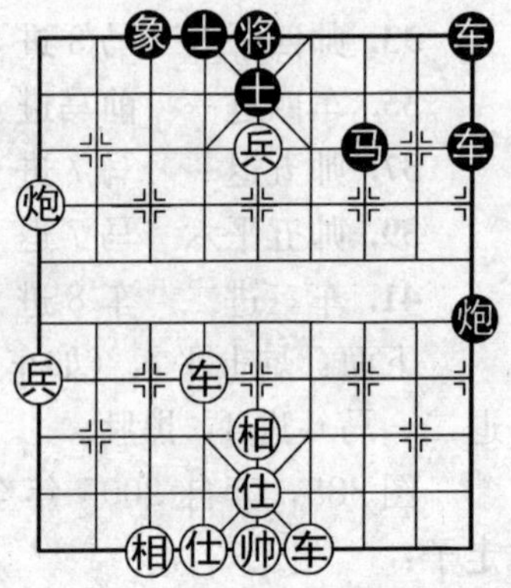

图 390

杀象发难，求攻一搏。黑方底炮打帅，侧攻应战，展开对决。

17. 车四进八　后车平 8

18. 兵五进一　马 7 退 5!

退马吃兵，护宫化解，清醒。如改走士 4 进 5，炮九进三，象 3 进 1，炮九平二，马 7 退 8，车四平二，红方胜势。

19. 车六进六　……

杀士兑车，无奈。否则黑方侧攻有势。

19. ……　将 5 平 4　　**20.** 炮九进三　将 4 进 1

21. 炮九平二　车9平8　　22. 车四平一　车8进7
23. 仕五退四　炮9平6

轰仕突破，黑方多子，以多攻少。

24. 帅五进一　车8退9　　25. 车一平四　炮6退6
26. 兵九进一　车8进8　　27. 帅五退一　车8进1
28. 相五退三　车8平7　　29. 帅五进一　炮6平5
30. 兵九进一　车7平4
31. 兵九平八　车4退5
32. 兵八进一（图391）
　车4平5

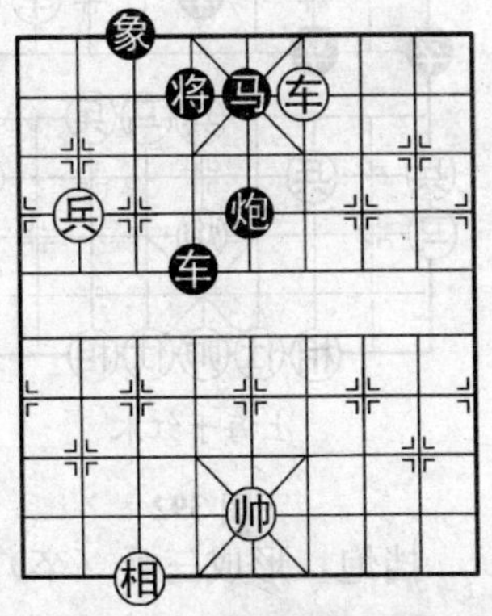

图391

车马炮斗车兵，黑方明显大优。下面入局。

33. 帅五平四　炮5平6
34. 兵八平七　炮6平7
35. 兵七平六　车5退2
36. 相七进九　炮7退3
37. 车四进一　象3进1
38. 相九进七　炮7进2
39. 车四退一　炮7进4　　40. 车四退五　炮7退6
41. 车四进六　象1进3　　42. 帅四退一　炮7进8
43. 帅四进一　马5进7　　44. 车四退五　将4平5
45. 相七退五　车5进5　　46. 兵六进一　车5退3

下一手强兑车，黑胜。

图392，弈自1987年全国团体赛，由五八炮对屏风马走成。黑方车双炮反击，逼红表态：

1. 马四进五　前炮进8　　2. 仕四进五　马3进4

炮轰底相，继而避兑跃马，消除红方锋芒，佳着。

3. 车二退三　前炮退3　　4. 兵五进一　马4进5
5. 马五退三　车6进5　　6. 马三进二　后炮进1
7. 兵三进一　卒3进1

红方净多双兵，且两个兵过河。黑方不为所动，冲卒对抗，力争主动。

8. 兵五平六　后炮平 3　　**9.** 兵六平七（图 393）　……

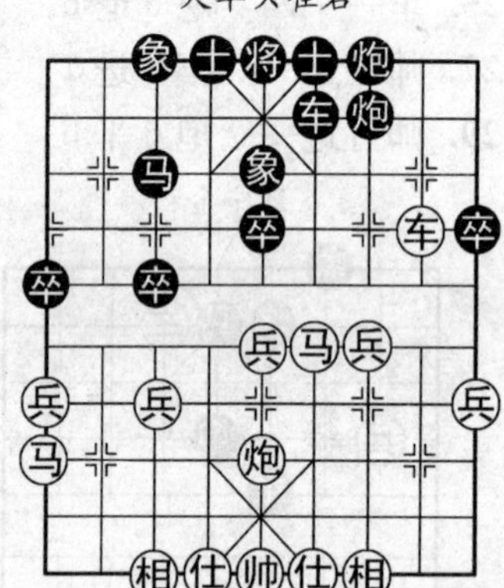

图 392

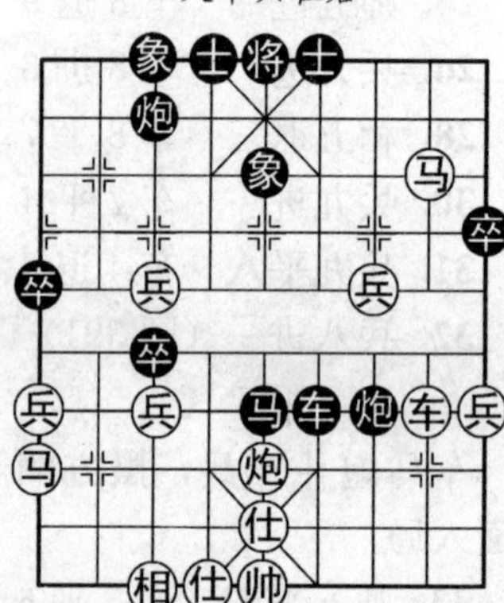

图 393

挡炮，形成三兵（卒）“紧拥相吻”趣景，逗！

9. ……　卒 3 进 1　　**10.** 炮五平一　马 5 进 4

11. 炮一平五　士 4 进 5　　**12.** 炮五平一　卒 3 平 4

13. 兵七平六　卒 4 平 3　　**14.** 兵六平七　卒 3 平 2

15. 马九退七　炮 3 进 7

攻中夺马，确立优势。

16. 炮一进四　车 6 平 3　　**17.** 马二进四　将 5 平 4

18. 车二进三　车 3 平 4　　**19.** 兵七进一　炮 7 平 5

20. 帅五平四　炮 5 退 1　　**21.** 车二平六　车 4 退 3

22. 兵七平六　将 4 进 1

兑子简化，黑方以多子优势进入残局。

23. 炮一进二　炮 5 平 3　　**24.** 马四退三　士 5 进 6

25. 兵六进一　将 4 退 1

退将正着。如将 4 进 1 贪兵，马三退五，红方夺炮，黑方优势丧失。

26. 马三退五　炮 3 进 4

27. 帅四进一　士 6 进 5

28. 兵六进一　将 4 平 5

29. 帅四进一　马 4 退 3

30. 兵三进一（图 394）

马 3 退 5

退马打帅，形成马卒双炮联攻入局之势。

火车头崔岩

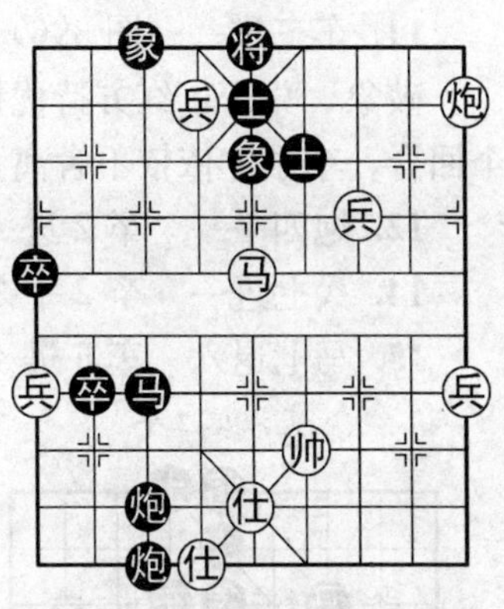

上海于红木

图 394

31. 帅四平五　马 5 进 7

32. 帅五平四　前炮平 1

33. 炮一平三　马 7 退 5

34. 帅四平五　炮 1 退 2

35. 仕五退四　卒 2 进 1　**36.** 帅五退一　炮 1 进 1

37. 帅五进一　卒 2 平 3　**38.** 仕四进五　炮 1 退 1

39. 仕五进六　卒 3 平 4　**40.** 帅五退一　炮 1 进 1

41. 帅五退一　卒 4 进 1　黑胜。

图 395，弈自 2003 年全国个人赛，由起马对挺卒局而成。红方走子：

天津廖二平

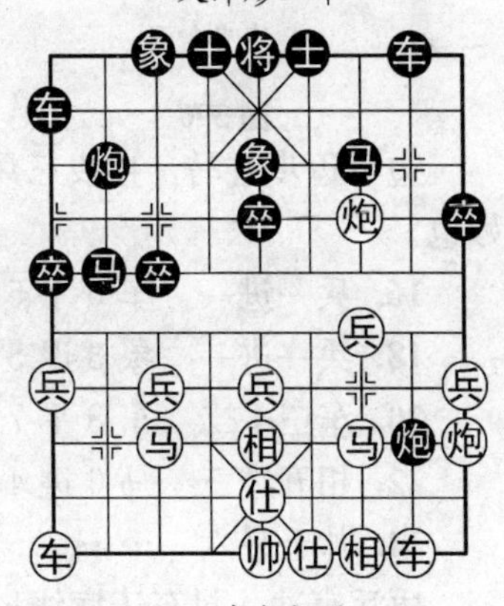

天津李智屏

图 395

1. 车九平六　卒 1 进 1

斗散手，黑方挺卒通边路，兵卒“相拥而吻”。

2. 兵三进一　象 5 进 7

3. 车六进七　炮 2 平 3

4. 炮三平四　车 8 进 2

5. 马三进四　车 1 平 6

6. 马四进六　士 4 进 5

7. 车二进二　……

红方弃兵运子抢攻，继而一车换双，好棋。

7. ……　车 8 进 5　**8.** 车六平三　车 6 进 1

9. 车三退二　象 3 进 5　　**10.** 马六进七　马 2 退 3

11. 车三进一（图 396）　卒 1 平 2

破象、兑子，红方持优推进。至此，边路兵卒已经“相吻”11个回合，卒子才依依不舍离开，真是战地黄花分外香。

12. 炮四平一　卒 2 进 1　　**13.** 前炮进三　车 8 退 7

14. 兵七进一　卒 2 平 3

15. 马七退六　车 6 进 4（图 397）

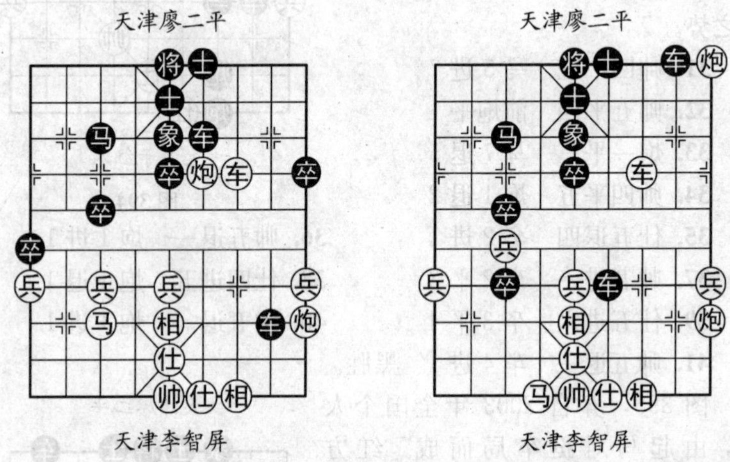

图 396　　**图 397**

边卒迈步赶马，直线三兵卒紧连依偎而吻，可谓两度春风，奇妙也。

16. 兵一进一　车 6 平 5　　**17.** 兵七进一　象 5 进 3

18. 兵一进一　象 3 退 5　　**19.** 兵一进一　马 3 进 4

20. 车三平二　车 8 平 7　　**21.** 兵一进一　马 4 进 6

22. 相五进三　马 6 进 4　　**23.** 马六进五　将 5 平 4

24. 帅五平六　……

边兵直冲，封车于底线；继而调整内线，拒敌于城外，弈束紧凑、协调、有力。

24. ……　车 5 退 1　　**25.** 兵一进一　将 4 进 1

26. 车二退三　车 5 平 3　　**27.** 马五退七　士 5 进 4

28. 马七进六　车3平4　29. 后炮平六　车4进1
30. 相三进一　士6进5　31. 帅六平五　车7平1
32. 车二平五　车1进6　33. 车五进三　车4退2
34. 炮六退二　车1进3　35. 车五平八　卒3平4
36. 车八退三　将4退1　37. 兵一平二　象5退3
38. 车八进六　车4平3　39. 车八退三　车3平9
40. 炮一平二　车1退5　41. 兵二平三　车1平2
42. 车八平六　将4平5　43. 车六平五　……

左肋控制，车炮兵联攻入局，红胜。

18. 五兵（卒）齐全　妙不可言（25例）

图398，选自1984年全国团体赛，由中炮进三兵对半途列炮演成。红方走子：

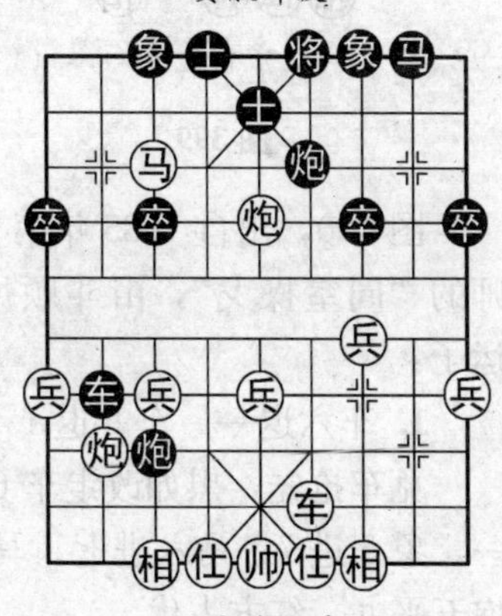

图398

1. 炮五平一！车2进1？

红方弃炮轰卒侧攻，佳着。黑方吃炮贪子，失着。应改走马8进9。

2. 炮一进三　将6平5
3. 马七退五　炮6平5
4. 车四进二　卒3进1

如改走车2退3，车四平二，车2平5，车二进六，车5进2，相三进五，红优。

5. 仕四进五　车2退5　6. 马五进三　炮5平6
7. 马三进二　炮6退2　8. 车四平二　……

夺回弃子，确立优势。

8. ……　炮3平2　9. 炮一平三　炮6进3
10. 炮三退一　士5退6　11. 炮三平一　士4进5
12. 马二退四　将5平4　13. 车二退一　车2平9

14. 车二平六　将4平5

15. 炮一平二（图399）　……

车马炮联攻，红胜。至此，局已结束，红方五兵齐全，奇也。

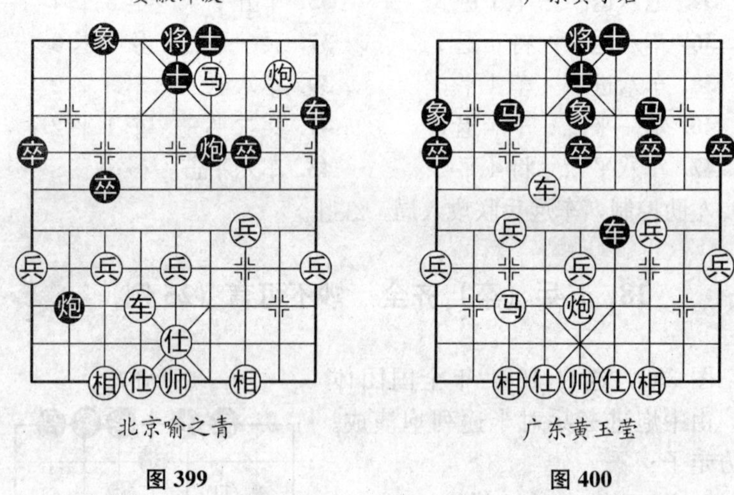

图 399　　图 400

图400，出自1985年第2届“敦煌杯”，是广东两位象棋女大师的“同室操戈”，由斗顺炮形成。红方多兵、兵种又好，持先运子：

1. 车六退一　车6退1

兑车抢先，黑如改走车6平4，马七进六，卒7进1，兵三进一，象5进7，马六进七，马3退2（如象1退3，红兵七进一），炮五平九，红方占优。

2. 车六进二　卒1进1　　**3.** 马七进六　车6进1

4. 马六进七　象5退3　　**5.** 车六退二　车6退1

再度兑车抢先，佳着。黑如车6平4，马七退六，马3进4，炮五平九，红优。

6. 车六进四　车6退2　　**7.** 炮五平八　马3退4

8. 炮八进七　车6平2　　**9.** 马七进八　车2平3

10. 相七进五　……

车马炮迅速侧攻，确立优势。现在飞相护兵，适时的停等。

10. …… 卒 9 进 1
11. 仕六进五 马 7 进 9
12. 车六退二 车 3 退 1
13. 马八退七 车 3 进 1
14. 车六平五 马 9 退 8
15. 马七退九 马 8 进 6
16. 车五平三 马 6 退 4
17. 炮八退四 前马进 3
18. 兵九进一 马 3 进 5
19. 车三平六 马 5 进 6
20. 仕五进四 车 3 平 5
21. 炮八平二 车 5 平 8
22. 炮二进一 马 4 进 3
23. 马九进八 象 3 进 5
24. 马八进九（图 401） ……

广东黄子君

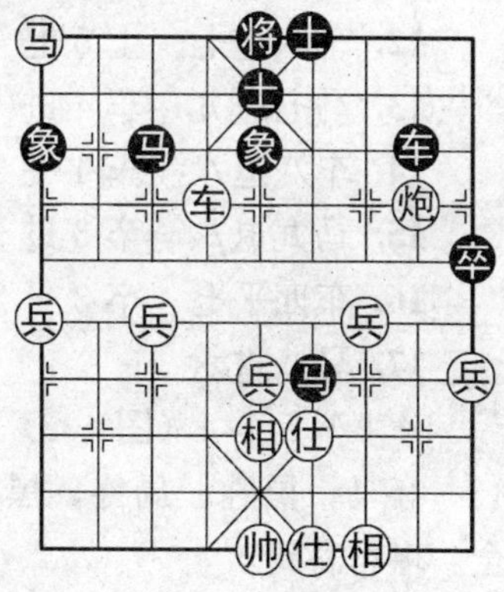

广东黄玉莹

图 401

下面：士 5 进 6，马九退七，将 5 进 1，帅五平六，将 5 平 6，炮二平四，士 6 退 5，炮四退二，红胜。至图 401，红方五兵齐在，威力顿现，有趣好看也。

图 402，弈自 1984 年全国团体赛，由中炮横车七路马对屏风马走成。黑方争先：

黑龙江赵国荣

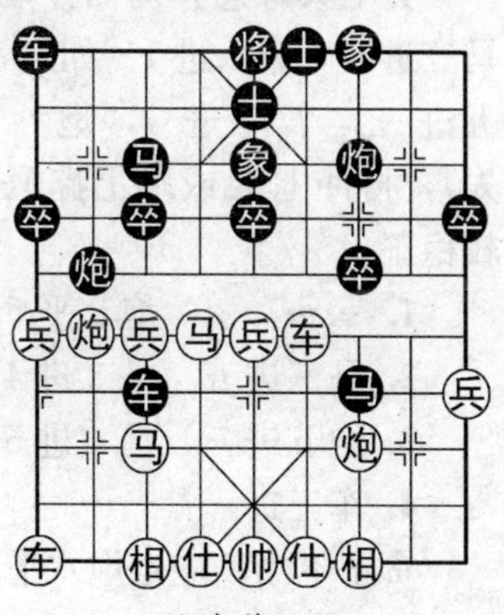

广东蔡福如

图 402

1. …… 卒 5 进 1!
2. 兵七进一 ……

弃中卒抢先，佳着。红如兵五进一，卒 3 进 1，兵五进一，卒 3 进 1，黑优。

2. …… 卒 3 进 1
3. 马六进八 马 3 进 2
4. 车九进二 卒 3 进 1
5. 炮八退三 马 2 进 4

卒攻马跃，黑方迅速取得优势。

6. 马七退九　卒5进1　7. 车四进四　车3平5
8. 炮八平五　卒3进1　9. 车九平八　车1平4
10. 炮三平六　马4进3
11. 马九进七　车4进7

兑子推进，势不可当。

12. 车八进七　士5退4
13. 马七进九　车4进1
14. 车八退八　车4平2
15. 马九退八　卒3进1
16. 车四平七　卒3平2
17. 马八进六
　　车5平4（图403）

夺马，黑胜。局终，黑方5卒齐全，堪可称奇。

黑龙江赵国荣

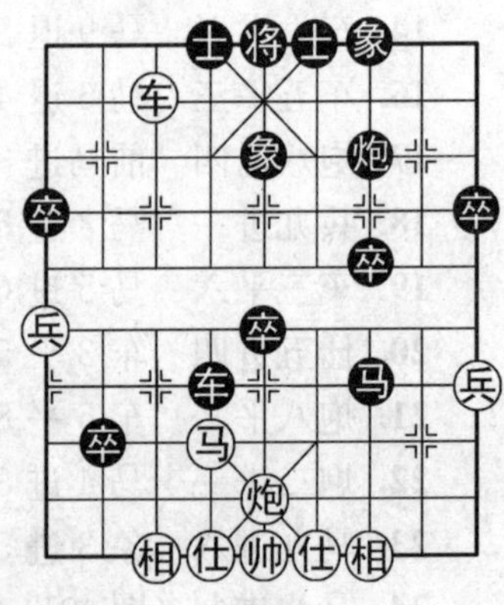

广东蔡福如

图403

图404，出自2003年全国个人赛，由中炮过河车对屏风马形成。红方走子：

1. 兵七进一？……

弃七兵嫌急，局面浮动。应改走马三进五，卒5进1（如炮8平5，炮五进三，卒5进1，炮八平五，红先），再冲七兵或跳七路马，阵势比较稳正。

云南郑新年

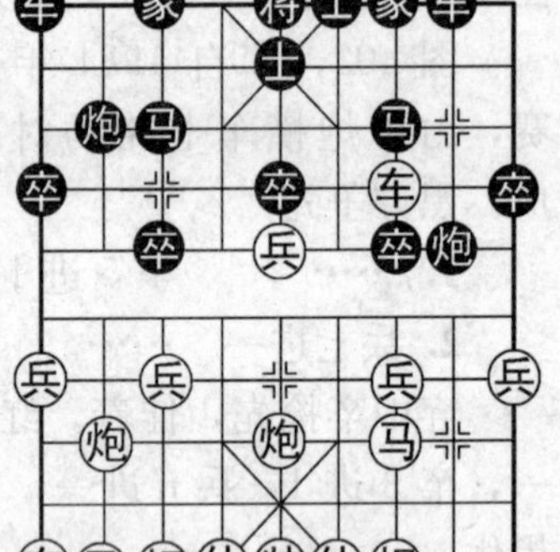

黑龙江张晓平

图404

1. ……　　炮8平5
2. 马三进五　马3进4！
3. 炮五进三　马4进5
4. 车三进一？……

贪子不当，应走炮八平五。

4. ……　　马5退3　5. 车三平八　马3进4
6. 帅五进一　车8进8　7. 帅五进一　马4退5
8. 炮五平六　马5进7

黑方连弃两子，车马搅宫，请帅上宫顶，演出一场以少攻多的精彩戏剧。

9. 帅五平六　马7退5　　**10.** 帅六平五　车8平2
11. 车八退四　象3进5　　**12.** 车八平五　车2退1
13. 帅五退一　卒5进1

夺回一子，保持攻势，黑方走得潇洒。

14. 马八进九　车1平4　　**15.** 炮六退四　车2平6!
16. 马九退七　车6平3!　　**17.** 车九进一　卒3进1

左右攻击，得心应手。现在冲3卒，优势明显。

18. 马七进九　车3进2　　**19.** 帅五退一　车3退2
20. 仕六进五　车3平2　　**21.** 车五退一　车4平2
22. 炮六退一　马5进3　　**23.** 车五平八　车2进7

兑子简化，红方车马炮虽多子，但缩于一隅，黑方多卒已大优。

24. 炮六平九　卒1进1
25. 仕五退六　卒5进1
26. 仕六进五　卒7进1
27. 炮九平七　车2平1

三卒齐头并进，声势浩大。现又夺回一子，黑方胜势已定。

28. 车九平七　车1退1
29. 车七进一
　　车1进1（图405）

至此，大势已去，红方认输。黑方5卒，毫发未损，奇也。

云南郑新年

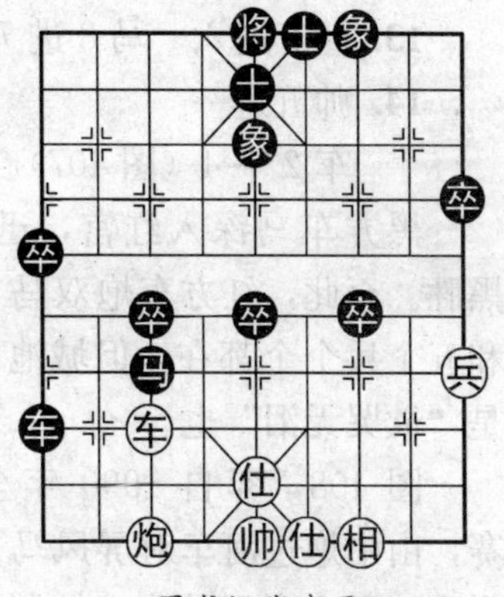

黑龙江张晓平

图405

图406，来自1995年全国个人赛，由仙人指路对卒底炮演成。双方32个子力完好集结，而局势却是一触即发。黑方走子：

1. ……　　　炮1平4　　**2.** 车六平二　炮6平8
3. 车二平五　前车平4　　**4.** 炮六进五　车4平6
5. 炮六退五　……

黑方兑子运动，着法得体。红如改走炮六平七，车 2 平 3；如车六平八，车 2 平 4，都是黑优。

广东吕钦

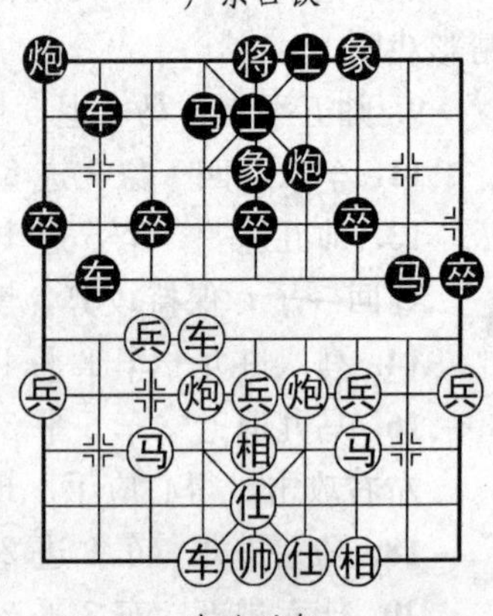

湖北洪智

图 406

5. ……　　　　炮 4 平 9

6. 马七退六　车 2 平 4

7. 车五进二　炮 8 平 6

黑方马炮夺车后，优势在握，现再兑子，佳着。

8. 炮四进四　车 6 退 2

9. 炮六退一　马 8 进 6

10. 车五退二　马 6 进 8

11. 马六进八　车 4 平 2

12. 马八进七　车 2 进 8

13. 仕五退六　马 8 进 7

14. 帅五进一

车 2 平 4（图 407）

广东吕钦

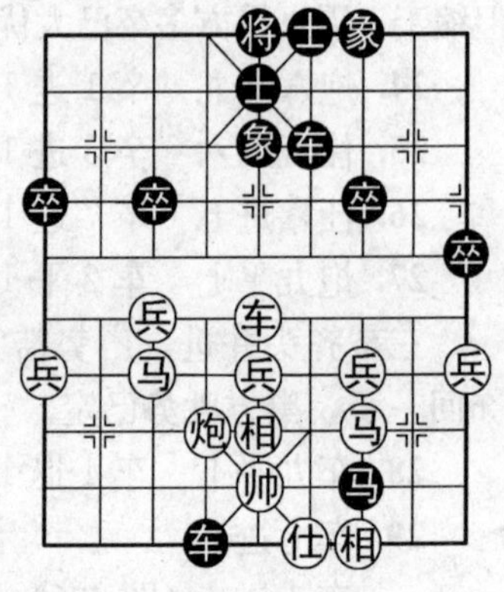

湖北洪智

图 407

黑方车马深入红宫，迅速抢杀，黑胜。至此，红方车炮双马 4 个大子和五个兵个个都在，但城池已失，真是“欲哭无泪”也。

图 408，弈自 1990 年全国团体赛，由中炮过河车对屏风马左马盘河形成。黑方弃子抢先，控制局势。现仗多卒推进：

1. ……　　　　卒 3 平 4　　**2.** 仕六进五　车 8 进 3

3. 车九平八　卒 5 进 1　　**4.** 车八进三　卒 5 进 1

5. 炮五平八　车 8 进 3　　**6.** 车八平五　车 8 平 7

7. 炮八进四　……

双卒联结占兵林，胜过一子，继而车压红马，力在其中。红如改走马三退一，卒 7 进 1，黑方大优。

7. …… 车 7 进 1 **8.** 炮八平五 炮 3 平 4

9. 车五平四 车 7 平 1 **10.** 仕五退六 车 1 平 7

11. 车四进四 炮 4 平 5

12. 仕六进五 车 4 平 2（图 409）

火车头邬立武

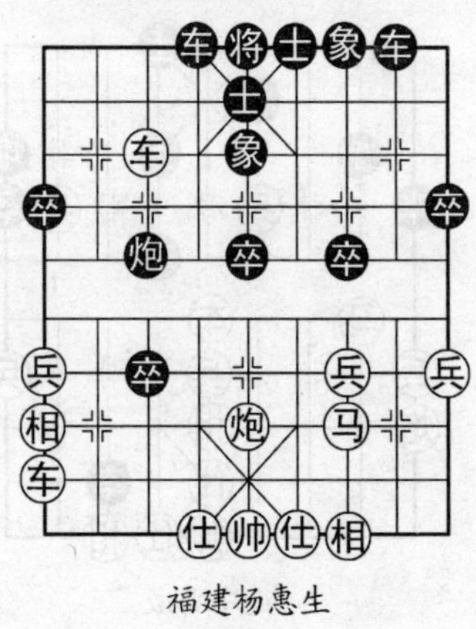

福建杨惠生

图 408

火车头邬立武

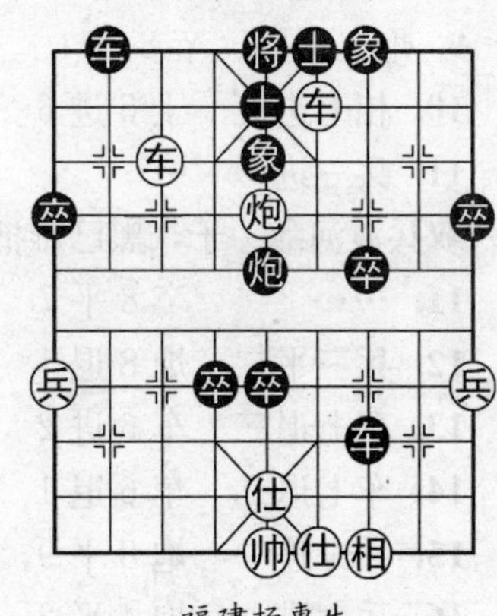

福建杨惠生

图 409

双车炮双卒迅速入局。下面：车七退七（如帅五平六，炮 5 平 4，帅六平五，车 2 进 9，仕五退六，车 2 平 4，帅五进一，车 7 进 1，黑胜），车 7 平 3，车七平六，车 2 进 3，车四退二，卒 4 进 1，黑胜。至此，黑方仍是 5 卒齐全，游刃有余，妙哉。

山东任建军

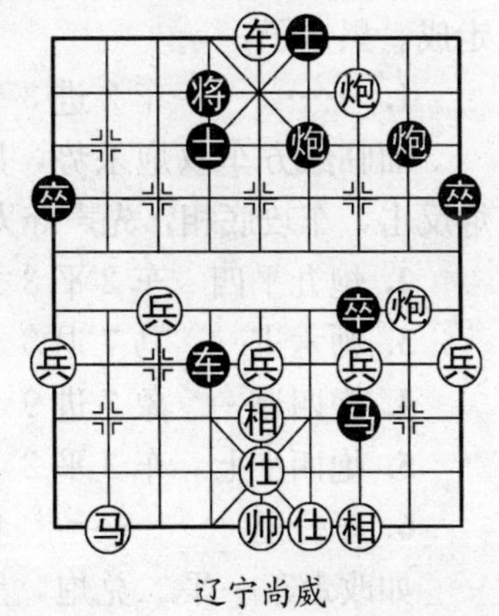

辽宁尚威

图 410

图 410，出自 1985 年全国团体赛，由仙人指路对卒底炮走成。红方走子：

1. 马八进七！ 卒 7 平 8

跳马弃炮，先舍后取，好棋。黑如车 4 平 3，相五进三，车 3 进 1，相三退五，马 7 退 9，炮二平六，红胜。

2. 马七进八 车 4 退 3

3. 兵七进一！ 炮 8 进 1　　**4.** 炮三退六　士 4 退 5

5. 车五平七　卒 8 进 1　　**6.** 相五退七　……

夺回弃子，攻势如潮，现在退相通炮，佳着。

6. ……　　炮 6 平 4　　**7.** 兵七平六！ 车 4 平 6

8. 兵三进一　卒 8 进 1

9. 炮三平九　卒 8 进 1

10. 相七进五　士 5 进 6

11. 兵三进一　……

双兵渡河敌一子，黑已难抵挡。

11. ……　　卒 8 平 7

12. 兵三平二　炮 8 退 1

13. 车七退三　车 6 进 2

14. 车七退二　车 6 退 1

15. 兵二进一　炮 8 平 9

16. 兵六进一　炮 4 平 2

17. 车七平五（图 411）　……

山东任建军

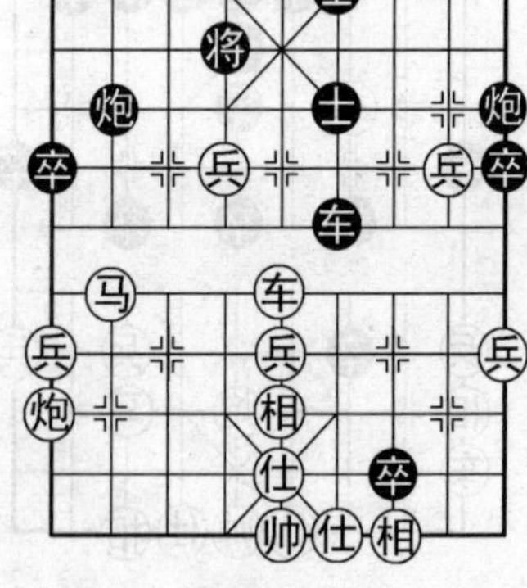

辽宁尚威

图 411

车抢中路杀，红胜。局终，红方五兵齐全，奇也。

图 412，弈自 1997 年全国团体赛，由中炮过河车对屏风马左马盘河走成。黑走子：

1. ……　　车 2 进 3

面临红方车双炮杀势，黑方车马炮反击，车攻底相，先声夺人。

2. 炮九平四　车 2 平 3

3. 帅六进一　马 7 退 5

4. 炮四退一　象 7 进 9

5. 炮四平七　车 3 平 2

6. 车一退一　……

如改走车一平二兑炮，黑方多卒胜定。

云南张兆海

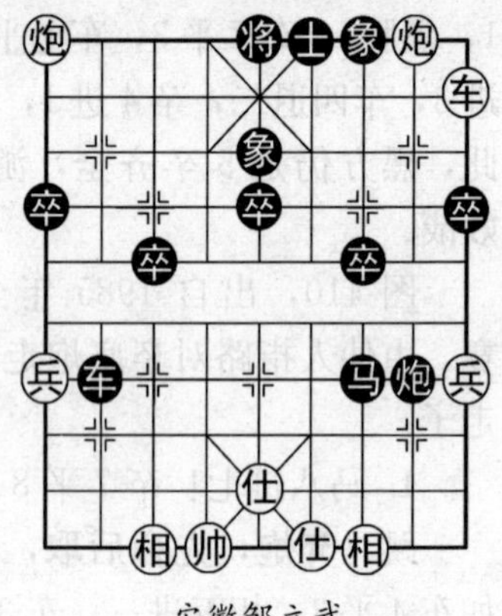

安徽邹立武

图 412

6. …… 车 2 退 7 **7.** 仕五进四 ……

如改走帅六退一，炮 8 平 4，帅六平五，炮 4 退 6，强兑炮，黑方胜势。

7. …… 马 5 进 6

8. 相三进五 炮 8 平 5（图 413）

下面：仕四进五，车 2 平 4，仕五进六，将 5 平 4，黑胜。黑方 5 卒齐全，奇也。

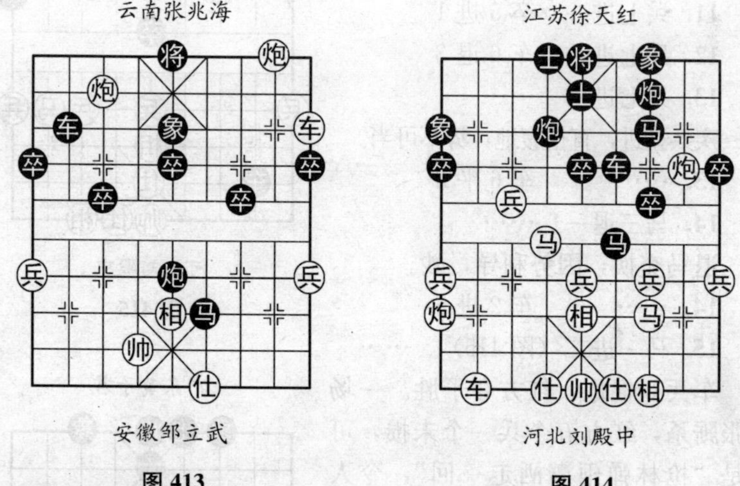

图 413 **图 414**

图 414，来自 2000 年“嘉周杯”象棋特级大师邀请赛，由中炮过河车对屏风马平炮兑车形成。黑方肋车捉炮露出破绽，红方抢攻：

1. 炮九进四 炮 4 进 1

如卒 5 进 1，兵七进一，红方大优。

2. 车八进七 将 5 平 6 **3.** 仕六进五 ……

炮击车插，凶狠。现在补仕正确。如车八平三贪马，马 6 进 8，红难应付。

3. …… 马 6 进 8 **4.** 马六退四 马 7 进 6

回马防守稳当。黑如车 6 进 3，炮二平六，红优。

5. 炮二进三 象 7 进 5 **6.** 车八退三 ……

退车巡河，攻守兼备，佳着。

6. ……　　卒 7 进 1　　**7.** 车八平三　车 6 退 2

8. 炮九平八　马 6 退 7

兑马企求透松，无奈。别无良策，难也。

江苏徐天红

河北刘殿中

图 415

9. 车三进三　车 6 进 5

10. 炮八退五　炮 4 退 2

11. 兵七进一　卒 5 进 1

12. 兵七进一　车 6 退 3

13. 兵七进一　……

疾兵猛进，直指腹地，势不可当。

13. ……　　车 6 平 2

14. 马三退一！……

退马交换，因势利导，妙。

14. ……　　车 2 进 5

15. 马一进二（图 415）　……

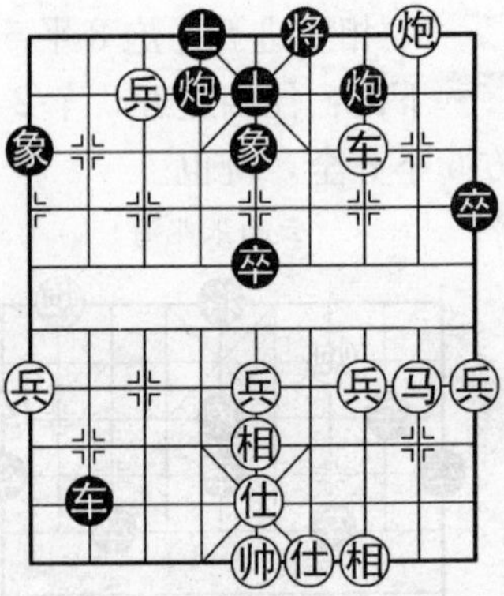

车兵双捉炮，红方夺子胜。一场紧张厮杀，红方五个兵一个未损，可谓是“枪林弹雨潇洒走一回”，令人啧啧称奇也。

广东黄子君

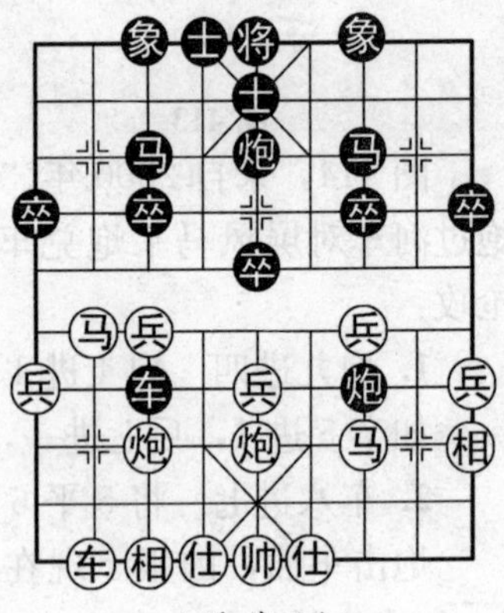

上海黄跃钰

图 416

图 416，选自 1986 年全国女子个人赛，由中炮对半途列炮演成。红方走子：

1. 兵七进一　卒 3 进 1

2. 炮五退一　卒 5 进 1！

弃七兵，退中炮，意在攻车窥马。黑方硬攻中路，接受挑战，佳着。

3. 炮五平七　卒 5 进 1　　**4.** 仕六进五　卒 5 平 4

5. 相七进五　车 3 平 1　　**6.** 马八进六　……

黑方弃马抢兵重势不恋子，走得聪明。红如改走前炮进五，马7进5，黑有踏马窥相先手。

6. …… 马7进5 7. 马六进五 象7进5

8. 前炮进五 马5进6 9. 马三退一 马6进5

红方得子失先，局势被动。黑方多卒踏相后，红方日子更不好过。

10. 相一退三 马5退4 11. 车八进二 卒3进1

再渡一卒，双卒过河敌一子，黑方已获明显优势。

12. 后炮平六 炮7平5 13. 仕五退六 马4退5

14. 炮七进一 车1进2 15. 帅五进一 炮5退1

16. 炮六平八 马5进6

内线受制，前沿受攻，红方苦不堪言。

17. 炮七平九 象3进1 18. 炮九进一 象5退3

19. 帅五平四 炮5退3 20. 马一进二 炮5平6

21. 帅四平五 马6退4

22. 相三进五 卒3平2

23. 帅五退一 炮6平2

24. 车八平七 车1平2

攻车夺炮，红方"一败涂地"。

25. 仕四进五 炮2平5

26. 车七进四 车2退1

27. 车七平六

车2平5（图417）

广东黄子君

上海黄跃钰

图417

红方大势已去，认输。黑方5卒齐全，虎虎生气，奇也。

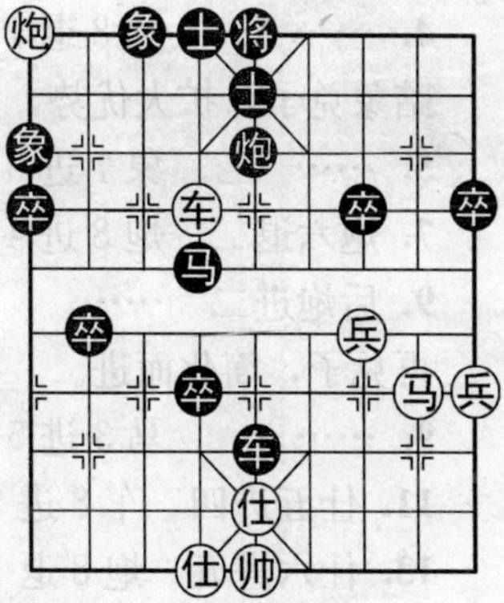

图418，出自1998年全国团体赛，由五七炮对屏风马左炮封车演成。红方走子：

1. 炮七进二 炮8退1 2. 炮七平六 炮1平4

3. 炮五进四 ……

牵制抢先，炮轰中卒，进攻推动，有力。

3. ……　　马6退7

4. 炮五退二（图419）　……

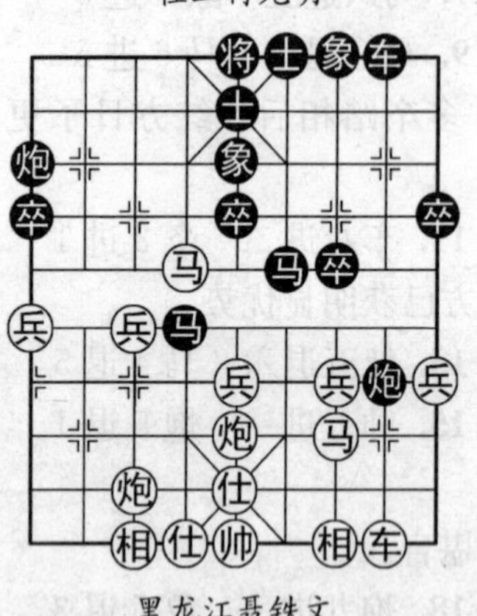

图418

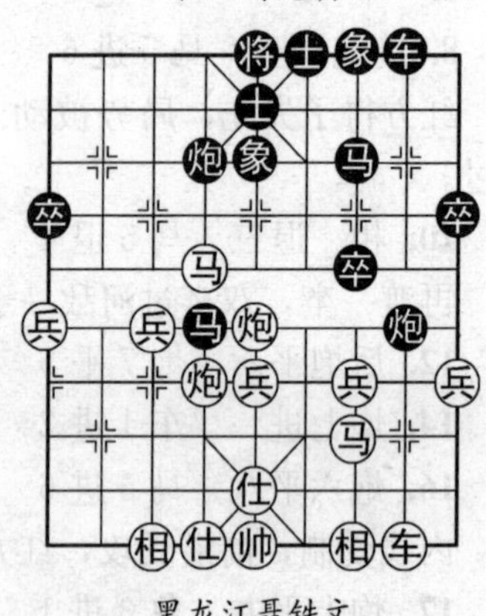

图419

“四红一点黑”，红方“围城圈马”，有趣。

4. ……　　炮8退1　　5. 马六进五　……

踏象兑子，扩大优势，及时切入。

5. ……　　象7进5　　6. 炮六进四　马7进5

7. 炮六退二　炮8进4　　8. 炮六平五　马4退3

9. 后炮进二　……

再兑子，简化而进。

9. ……　　马3进5　　10. 相三进五　马5进6

11. 仕五进四　车8进3　　12. 炮五退二　车8退2

13. 仕六进五　炮8退1　　14. 兵七进一　卒9进1

15. 兵七平六　车8进3

16. 炮五平七（图420）　……

卸炮，伏炮七退一夺马，红胜。红方五兵齐全，妙哉。

图421，出自2004年全国团体赛，由仙人指路对卒底炮走成。双方激烈对攻，红方连弃两子：

1. 炮八退一　卒2平3！

轻工付光明

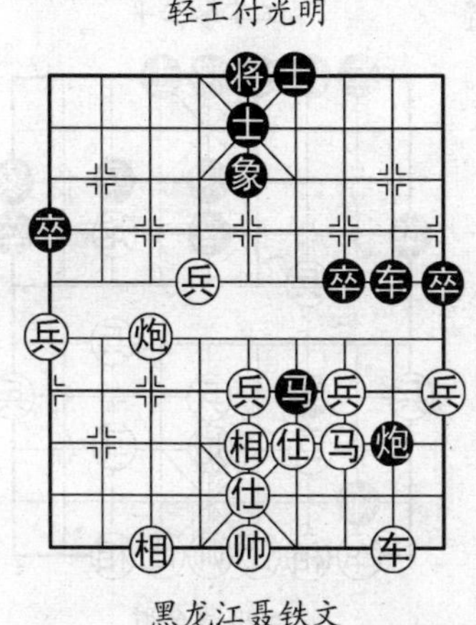

黑龙江聂铁文

图 420

湖南陆伟韬

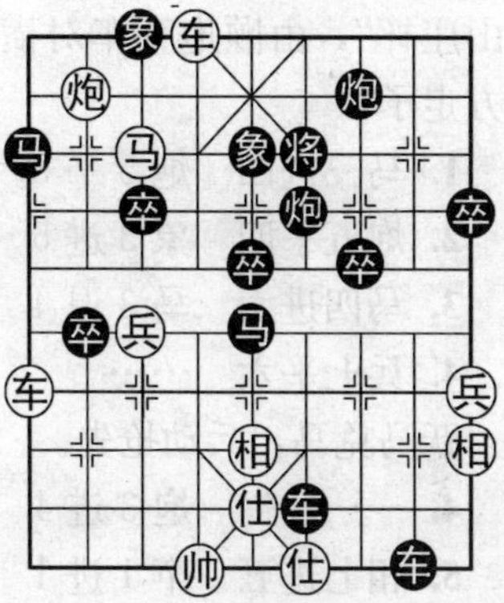

山西霍美勇

图 421

红方退炮放出胜负手，以此一搏。黑方吃兵失算，即刻败北。一着不慎输满盘，可惜。应改走马 1 进 2，逼走红马，红如马七退五，将 6 退 1，车六平三，车 6 平 5，车九平四，马 5 进 4，车三退一，将 6 退 1。红方无续攻手段，黑胜。

2. 车六退一！ 车 8 平 6

肋车一退，点中死穴，一招定乾坤。黑如改走马 1 进 2（已经来不及了），马七进六，马 2 退 3（如象 5 退 7，车六退一，象 7 进 5，车六平五，红胜），车六平三，车 8 退 7，车九平二，车 8 平 9，车二进五，红胜。

3. 仕五退四　车 6 进 1

4. 帅六进一　车 6 平 2

5. 车九平四（图 422）　……

湖南陆伟韬

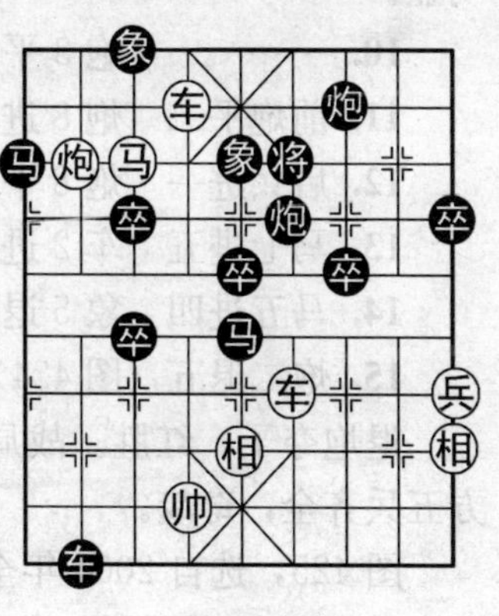

山西霍美勇

图 422

下面：炮 7 平 6，马七进六，车 2 退 7，车六平四，红胜。黑方已输局，但 5 卒全在，还剩车双马双炮大部队，却救不了驾，可谓奇迹，罕见也。

图 423，来自 1984 年第 2 届“避暑山庄杯”，由顺炮直车对横车演成。红方走子：

1. 马三进四　炮 5 平 3
2. 炮五平四　象 3 进 5
3. 马四进六　马 3 退 4
4. 兵七平六　……

跃马兑马，兵动抢先。

4. ……　炮 3 进 4
5. 相七进五　卒 1 进 1
6. 兵五进一　士 6 进 5
7. 仕六进五　马 7 退 8
8. 兵六进一　马 8 进 6
9. 炮三平四　马 6 进 8
10. 兵六平五　……

运动推进，抢卒多兵，红方优势明显。

10. ……　炮 3 平 8
11. 前炮平三　炮 8 进 3
12. 后兵进一　炮 8 平 9
13. 马七进五　车 2 进 6
14. 马五进四　象 5 退 7
15. 炮二退五（图 424）　……

退炮夺子，红胜。战局结束，红方五兵齐全，奇哉。

江苏廖二平

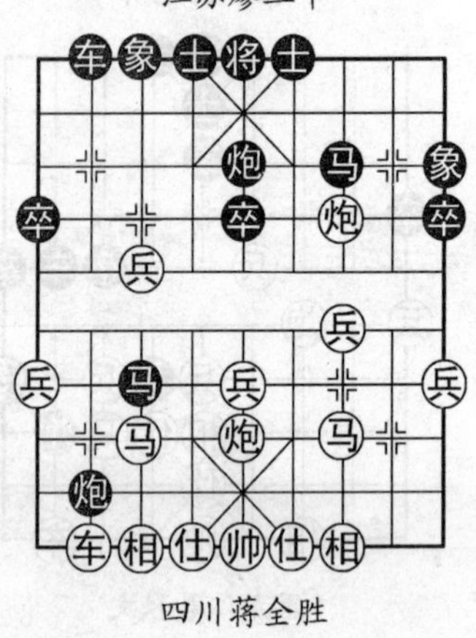

四川蒋全胜

图 423

江苏廖二平

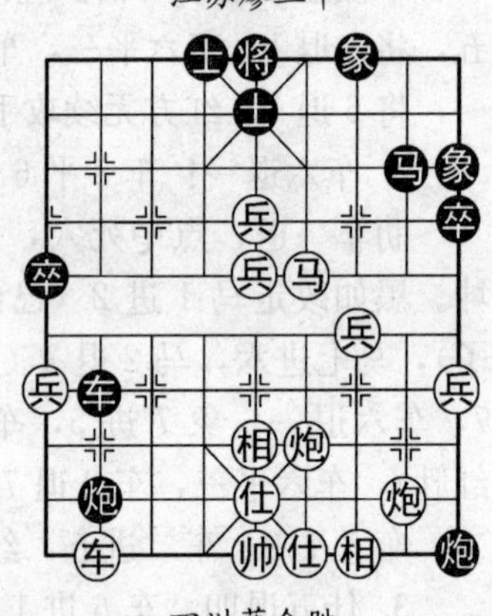

四川蒋全胜

图 424

图 425，选自 2004 年全国象甲联赛，由中炮盘头马对反宫马走成。红方走子：

1. 马六进四　车 7 平 5

马奔卧槽抢攻，黑如改走士 5 进 6，车六进四，车 7 平 5，车四平二，红方大优。

2. 车六进三　车 2 进 2

如卒 5 进 1，车六退一，红优。

3. 车六平二　卒 5 进 1

4. 车二进二　马 7 进 5

5. 车二进二　卒 5 进 1

6. 仕四进五　卒 5 平 6

7. 车二平三　……

及时调整子力部署，攻击黑方左翼底线，找准突破口。现在杀象，撕开黑方防线。

7. ……　　车 2 进 2

8. 马四进五！……

弃马踏士，好棋。

8. ……　　将 5 进 1　　**9.** 车三平四　车 2 平 7

吉林陶汉明

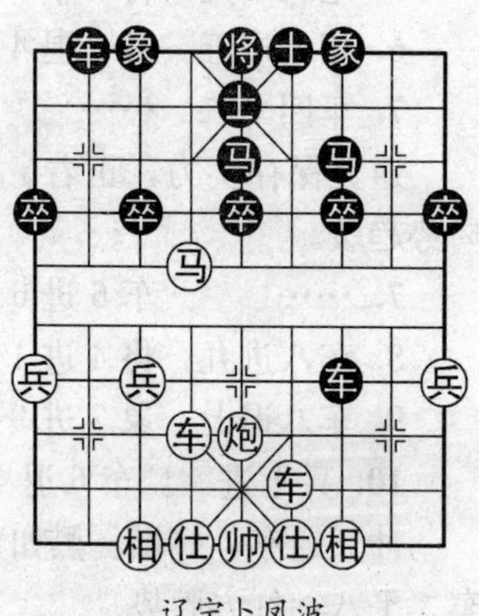

辽宁卜凤波

图 425

10. 后车平二　将 5 平 4

11. 车二进七　将 4 进 1

12. 车二平五　前马退 3

13. 车四退一（图 426）　……

双车杀，红胜。黑方 5 卒全在，双马护驾又丝毫无用，真是有力使不上，可叹可称奇也。

图 427，选自 2007 年全国团体赛，由五八炮对反宫马走成。红方发力：

1. 炮五进四！……

抢攻中路“火中取栗”，佳着。

吉林陶汉明

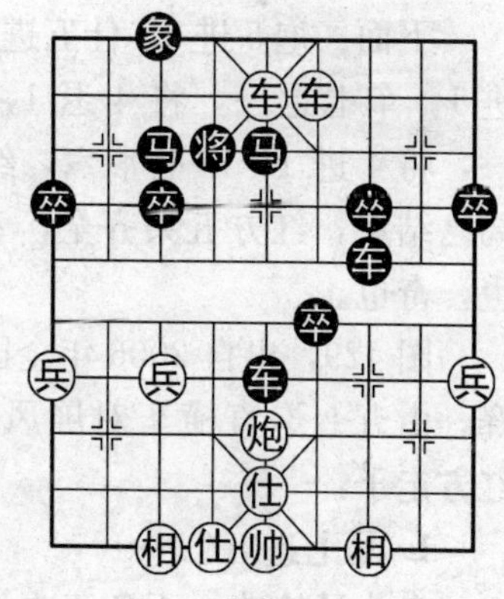

辽宁卜凤波

图 426

1. ……　　车 4 进 5　　**2.** 炮五进二　士 4 进 5

3. 车二平四　车 9 平 6　　**4.** 炮八进三　象 3 进 1

兑子侧击，取得突破。黑如改走马 3 退 2，车八进九，车 4 退 6，兵七进一，红方占优。

5. 炮八平九　将 5 平 4

6. 相七进五　马 6 退 4

7. 车四平二　……

避兑保存实力，正着。如兑车则局势趋缓。

7. ……　　　车 6 进 6

8. 车八进九　将 4 进 1

9. 车八退七　象 7 进 9

10. 兵七进一！车 6 退 4

冲兵通车，好棋。黑如象 1 进 3，车二平八，红方胜势。

辽宁赵庆阁

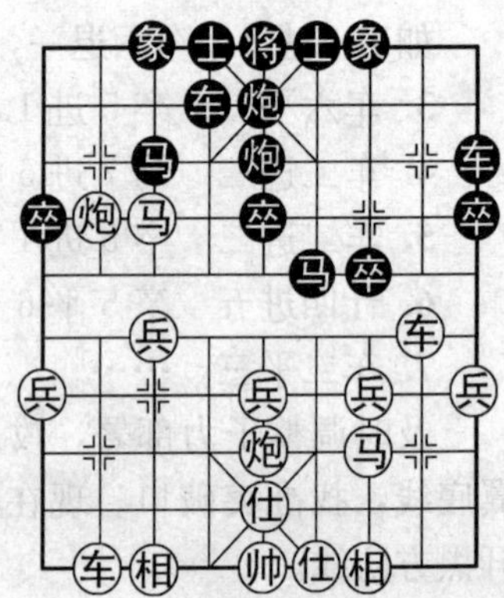

四川李智屏

图 427

11. 车八进六　将 4 进 1

如将 4 退 1，车二平八，车 6 平 3，前车平七，红胜。

12. 兵七平八　车 6 进 4

13. 车八平七（图 428）　……

下面：炮 5 进 5，仕五进六，车 4 进 1，车七退一，将 4 退 1，车七进一，将 4 进 1，车七平六，红胜。棋局已结束，红方五兵齐全，幸也，趣也，奇也。

辽宁赵庆阁

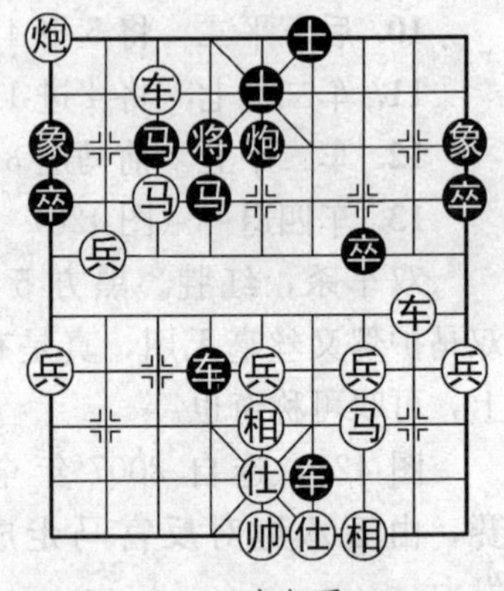

四川李智屏

图 428

图 429，出自 2006 年全国象甲联赛，由五七炮直横车对屏风马演成。红方走子：

1. 马七进五！……

盘头马抢攻，不急于吃炮，取势为上，佳着。

1. ……　　　卒 5 进 1

2. 马五进四！炮 8 平 9

3. 炮五平二！车 8 平 9

跃马、轰车，妙。黑如车 8 进 3，马四进二，炮 9 平 8，炮二进五，炮 3 退 1，炮二进一，红胜。

4. 车六平七　马7退9　　　　5. 车二进二（图430）……

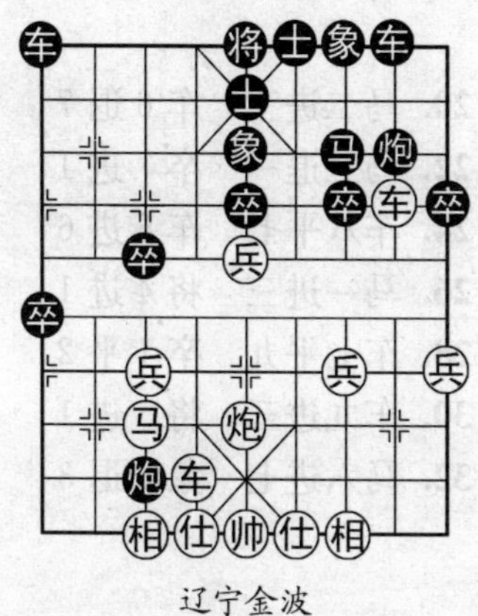

图429

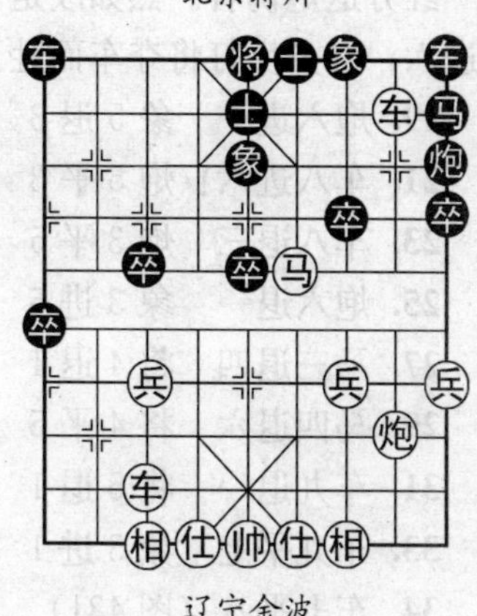

图430

一套组合拳，夺回一炮。车扼象腰封堵，红方由此确立优势。

5. ……　　象5进7　　　　6. 马四进三　炮9进4

7. 车七平八　炮9平3　　　　8. 炮二平五！象7退5

架中炮进攻而不吃马，“势大于子”，好棋。黑如改走炮3平5，炮五进三，红方大优。

9. 车八进七！马9进8　　　　10. 马三进五！……

弃马踏士而不吃马，“宁肯弃而不要得”，凶狠有力，“子与势”的关系处理正确。

10. ……　　车9进1　　　　11. 马五进三　车9平8

12. 马三退四　将5平4　　　　13. 车八平二　车1进3

14. 炮五平六！……

卸炮防患于未然，老练。如马四退二，车1平4，仕四进五，炮3平5，帅五平四，车1平6，炮五平四，卒5进1，红虽多子，但黑方有喘息、周旋的机会。

14. ……　　炮3平5　　　　15. 马四退二　……

此时吃马，恰到好处。

15. ……　　车1平6　　　　16. 车二平八　车6进4

17. 车八退五　卒5进1　　18. 炮六退一　车6进1

红方退炮诱着。黑如改走车6平5，仕六进五，车5平2，仕五进六，红方反打将夺车而胜。

19. 炮六进一　象5退3　　20. 马二进三　车6退7

21. 车八进六！炮5平3　　22. 马三退一　卒7进1

23. 车八退三　炮3平5　　24. 车八平七　车6进6

25. 炮六退一　象3进5　　26. 马一进三　将4进1

27. 马三退四　将4退1　　28. 车七平九　卒1平2

29. 马四退六　将4平5　　30. 车九进三　将5进1

31. 车九退一　将5退1　　32. 马六进七　象5退3

33. 车九平七　象3进1

34. 车七平八（图431）　……

车马炮杀局，红胜。全局结束，黑方虽然输棋，但5卒毫发未损，奇。

北京蒋川

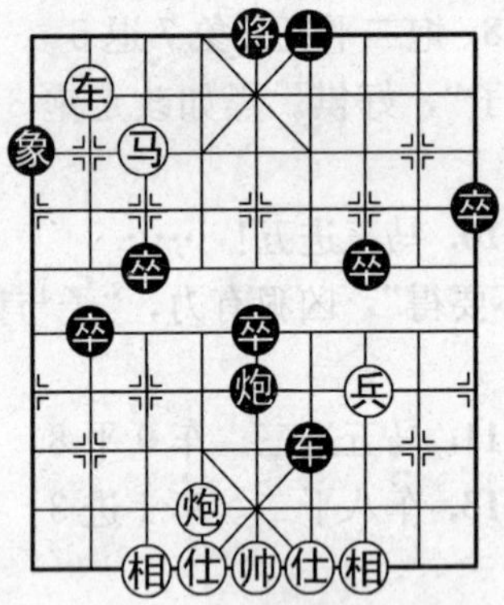

辽宁金波

图431

宁夏王贵福

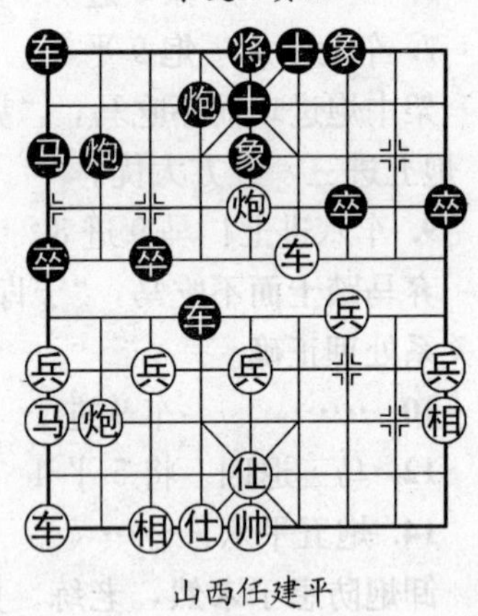

山西任建平

图432

图432，弈自1993年全国团体赛，由中炮对偏锋炮形成。红炮镇中路，车双炮抢攻：

1. 炮八平二！炮2进2　　2. 车四进二！车4退2

如改走将5平4，炮五进二，黑方难应。

3. 车四平五！ 车4退1

乘机杀象，撕开缺口，佳着。黑如象7进5，炮二进七杀。

4. 车五平三　将5平4　　5. 车三进二　车4平8

6. 炮二平六　车8平4　　7. 炮六进六　……

劫双象，兑炮简化，红方稳持优势。

7. ……　　将4进1　　8. 炮五平一！ 车4平9

9. 车三退三　……

横扫卒林，扩大优势。

9. ……　　炮2进2　　10. 兵五进一　车1平2

11. 车九进一　炮2进2　　12. 车三平六　士5进4

13. 兵一进一　车2进7

14. 炮一退一　马1进2

15. 车六退四！ 车2退1

16. 马九退七　车2退1

17. 马七进六　炮2进1

18. 马六进七　……

连攻带消，穷追猛打。

18. ……　　炮2退1

19. 车九进一　车9平8

20. 炮一平六　将4平5

21. 炮六平五（图433）　……

宁夏王贵福

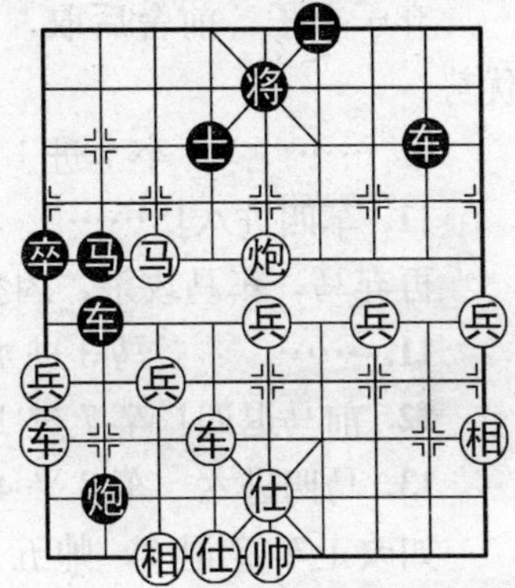

山西任建平

图 433

下面马后炮杀，红胜。局已结束，红方五兵全在，“潜力巨大”，有趣。

图434，选自2007年全国团体赛，由仙人指路对过宫炮走成。红方走子：

1. 车八进八！ 士6进5

车攻象腰，操控下二路，佳着。黑如改走士4进5，马六进四，车1平2，车八平六，车2进2，马三进四，车2平4，后马进六，红方占优。

2. 炮六进七！ 士5退4

吉林王廓

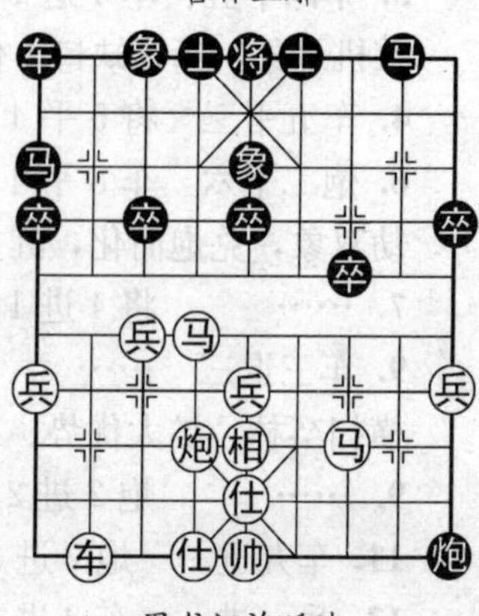

黑龙江许廷波

图 434

弃炮轰士，石破天惊，好棋。黑如改走将 5 平 4，车八平五，马 8 进 7，车五平三，马 7 进 8，马六进五，红方车马有攻势。

3. 车八平二　象 5 退 7
4. 车二进一　象 3 进 5
5. 马六进四！ 马 1 退 3
6. 车二退七！ 车 1 平 2
7. 车二平一　车 2 进 4
8. 马四进三　卒 7 进 1
9. 车一退二　……

弃子夺子，前舍后取，由此确立优势。

9. ……　卒 7 进 1　**10.** 车一平四　士 4 进 5
11. 车四进八！ ……

再弃马，车马攻杀，凶狠有力。

11. ……　马 3 进 4
12. 前马退四！ 卒 7 进 1
13. 马四进六　车 2 平 4

如改走车 2 退 3，帅五平四，黑难应付。

14. 车四平五　将 5 平 6
15. 马六进七　车 4 平 7
16. 车五进一　将 6 进 1
17. 马七退五　卒 7 进 1
18. 马五进六（图 435）　……

吉林王廓

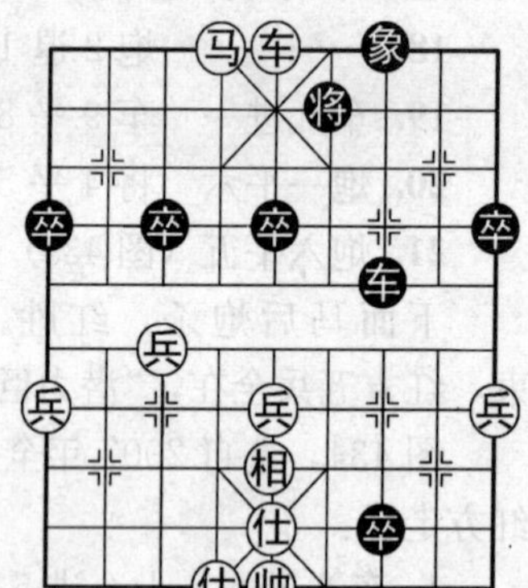

黑龙江许廷波

图 435

车马杀着，红胜。全局结束，黑方 5 卒齐全，红方丢一个兵，奇哉。

图 436，选自 1981 年承德象棋邀请赛，由中炮两头蛇对反宫马演成。红方走子：

1. 车五平三　炮 9 进 2

黑方弃马抢攻，旨在一搏，如炮 9 平 7 则相对缓和。

2. 车三进一　车 4 退 2

3. 后炮平五　车 4 平 8

红方摆中炮反弃子，接受挑战；黑方开车不吃炮，决意抢速一搏。如车 4 平 3，马九进七，车 3 平 8，帅五平四，双方对攻。

4. 帅五平四　炮 9 平 4

轰仕再弃子，凶。如车 8 平 3，马九进七，红方占上风。

河北李来群

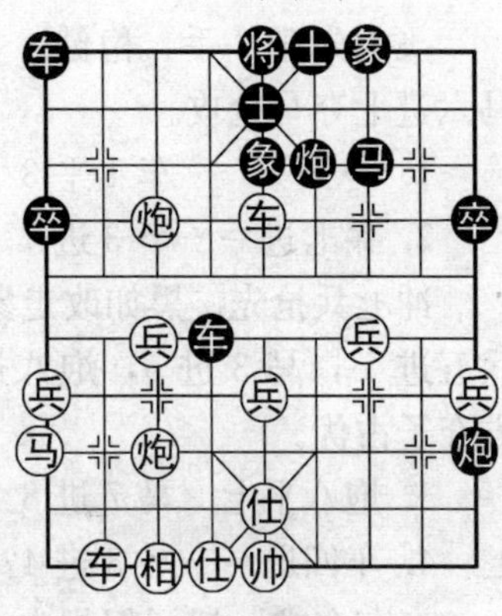

广东刘星

图 436

5. 车八进五　炮 4 退 1　　**6.** 帅四平五　车 8 进 6

7. 仕五退四　炮 4 平 9　　**8.** 炮五进五！……

轰象，二度反弃子抢攻，佳着。

8. ……　象 7 进 5

9. 炮七平五！炮 9 进 1

10. 帅五进一　车 8 退 1

11. 帅五进一　车 8 退 5

12. 车八进一　炮 6 进 2

13. 兵五进一　炮 6 进 2

14. 车三平五！炮 6 平 5

15. 车五进一！（图 437）……

杀士先弃后取。下面：将 5 进 1，炮五退三，将 5 平 6，车八平二，红方多子多兵胜。

河北李来群

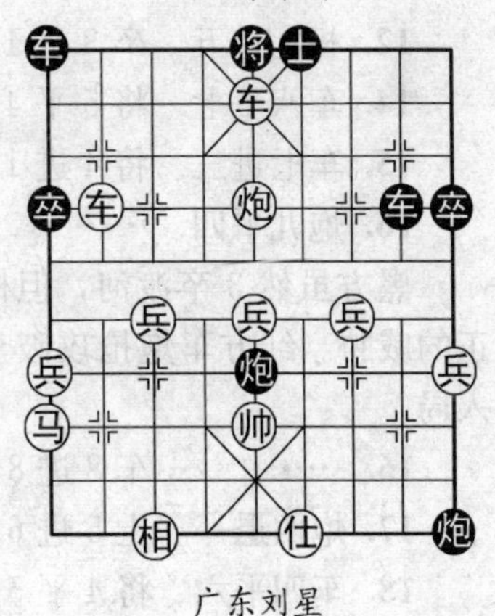

广东刘星

图 437

局已结束，但红方五兵一个未损；而黑方右车一步未动，堪可称奇也。

图 438，来自 2005 年全国团体赛，由中炮过河车急冲中兵对屏风马平炮兑车走成。红方走子：

1. 相三进一　……

飞相先避一手，稳健。一般多走马六进七夺马抢攻。

1. ……　　车 1 平 3

2. 兵七进一　卒 3 进 1

冲七兵抢先。黑如改走象 5 进 3，兵五进一，马 3 进 5，炮八进四，红方夺子占优。

3. 炮八平七　马 7 进 8

4. 车四退一　马 3 进 4?

弃车企求一搏，但损失太大，不妥。宜改走卒 5 进 1。

山东张志国

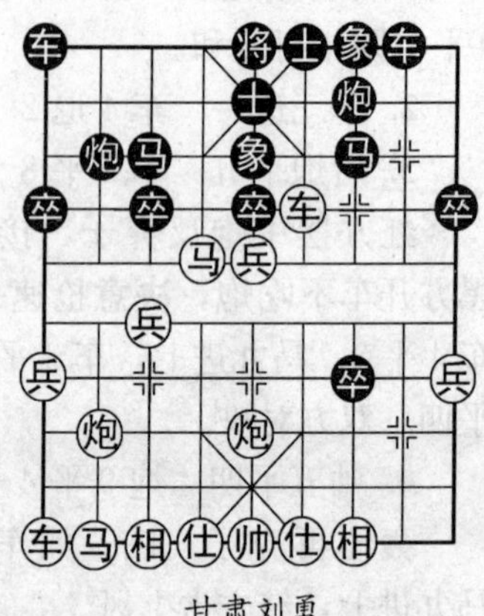

甘肃刘勇

图 438

5. 炮七进七　卒 5 进 1

6. 炮七平九　卒 3 进 1

7. 车九进一　马 4 进 3

8. 马八进七　卒 5 进 1

9. 车九平八　炮 7 进 1

10. 车八进五　马 8 进 6

11. 相一进三　马 3 进 5

12. 相七进五　卒 3 进 1

13. 马七退八　卒 7 进 1

14. 车八平七　将 5 平 4

15. 车七进三　将 4 进 1

16. 炮九平四　……

黑方虽然 3 卒渡河，但构不成真正的威胁。红方车炮抢攻破士，下面入局。

16. ……　　车 8 进 8

17. 炮四退一　士 5 进 6

18. 车四平六　将 4 平 5

19. 车七退一　将 5 退 1

20. 车六进三（图 439）

山东张志国

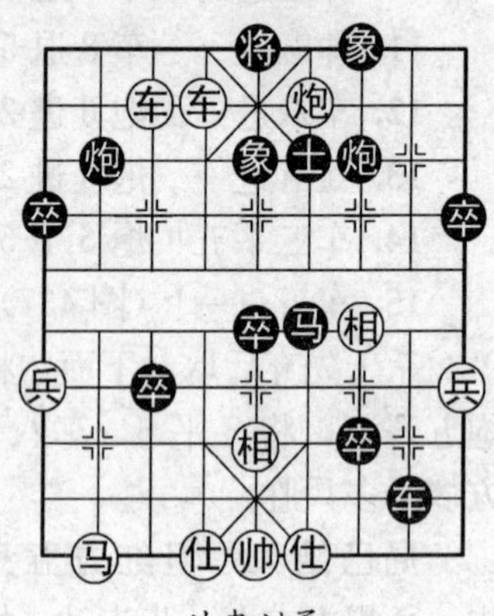

甘肃刘勇

图 439

已成杀局，红胜。黑方 5 卒齐全，但局已丢，悲壮也。

图 440，出自 2007 年“天津南开杯”象棋精英赛，由仙人指路对卒底炮形成。红方多兵有势，抢攻推进：

1. 前兵进一　象 5 进 3

2. 相五进七！……

冲兵调象，扬相轧马，佳着。

2. ……　　　炮 7 平 8

3. 兵三进一　炮 2 平 4

4. 仕五进六　士 4 退 5

5. 仕四进五！……

补仕弃马，算准右侧攻势有为，好棋。

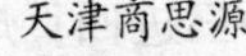

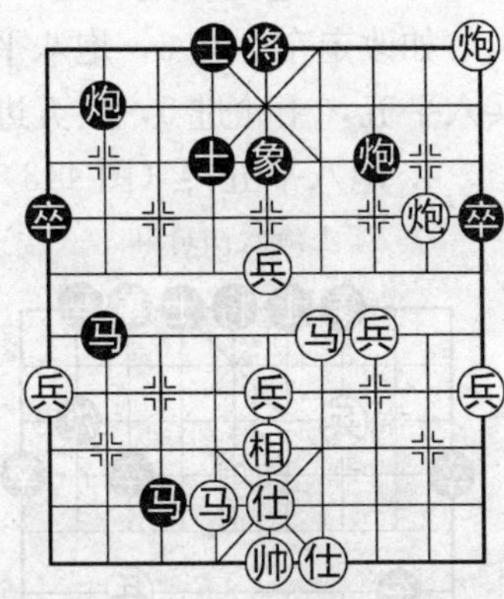

辽宁苗永鹏

图 440

5. ……　　　马 2 进 3　　**6.** 兵九进一　炮 4 进 7

7. 兵三进一　前马进 1

8. 兵三进一　……

三兵疾冲，势不可当。

8. ……　　　炮 8 退 1

9. 炮二进一　炮 4 平 2

10. 兵三进一　马 1 退 3

11. 帅五平四　将 5 平 6

12. 前兵平四

炮 2 退 7（图 441）

下面：兵三进一，将 6 进 1，马四进三，红胜。局已终，红方五兵个个“生龙活虎”，有趣。

天津商思源

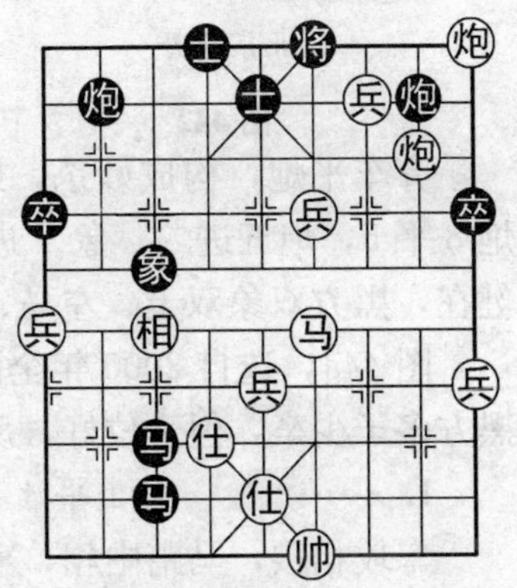

辽宁苗永鹏

图 441

图 442，弈自 2005 年全国女子个人赛，由中炮对半途列炮形成。对攻中，红方利用“空心炮”优势，发力：

1. 炮五退二　车 2 退 1　　**2.** 兵七平六　将 5 进 1

如改走车 2 平 6，炮八平四，炮 8 进 7，帅四进一，车 6 平 8，马三进二，黑方无续攻手段，红方下一手车八进八即取胜局。

3. 马三进四！ 炮 8 进 3

如改走车 2 平 6，炮八平四！车 6 进 1，车八进八，将 5 退 1，兵六平五，士 4 进 5，兵五进一，将 5 平 4，车八平六，红胜。

4. 炮八平五!!（图 443）　……

上海欧阳琦琳

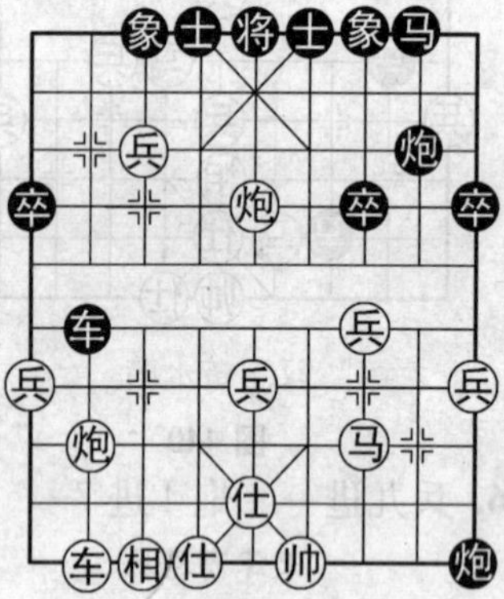

北京唐丹

图 442

上海欧阳琦琳

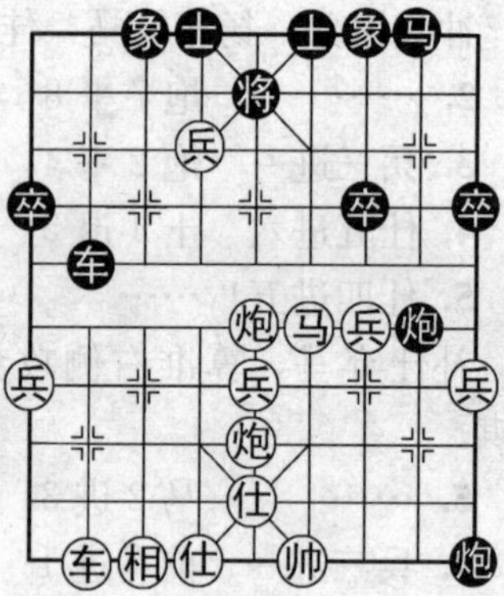

北京唐丹

图 443

弃车平炮，构成妙杀，好棋。下面为：车 2 进 5，马四进五，炮 8 平 5，炮五进二，象 7 进 5，马五进三，杀，红胜。红方五兵健在，黑方双象双士、左马、3 个卒一步未曾动过，堪称奇也。

图 444，选自 2000 年全国个人赛，由仙人指路对卒底炮演成。黑方多子少卒，但子位好，反击：

1. ……　　车 1 平 4　　**2.** 相七进九　马 7 进 5

车攻相腰，马踏中相，力在其中。

3. 车五平四　马 5 进 7　　**4.** 车四退四　炮 6 进 5!

炮攻宫角，妙。

5. 车四平三　……

如炮六进四，炮 6 平 2，黑方胜。

5. ……　　炮 6 平 1　　**6.** 帅五平四　车 4 平 3

7. 兵七平六　车 3 退 4（图 445）

退车立定胜局。下面：炮六平八（如炮六退一，车 3 平 6，仕

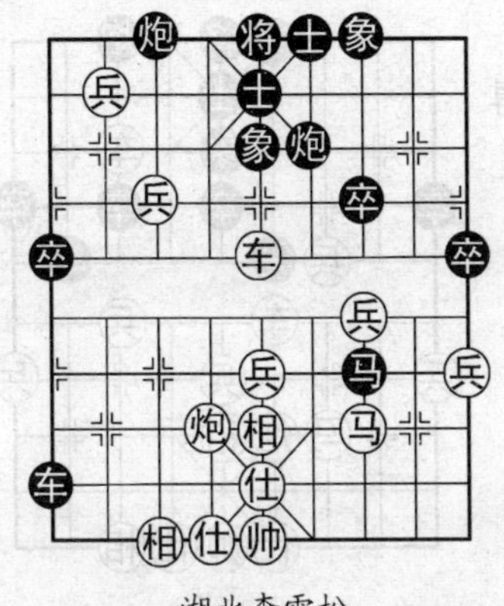

图 444

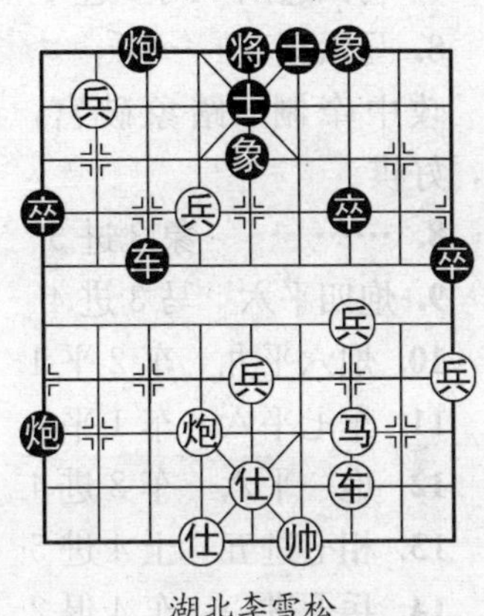

图 445

五进四，车 6 进 3，帅四平五，炮 3 进 9），车 3 平 6，仕五进四，炮 3 进 9，帅四进一，炮 1 进 1，黑胜。红方虽然五兵齐在，但局已丢，可叹可惜，可称奇。

图 446，出自 1984 年第 2 届“避暑山庄杯”，由中炮对三步虎走成。红方走子：

1. 马三进四　卒 3 进 1？

红方跃马抢先，黑方挺卒自挡车道，又忽视红方右翼的发力，失着。应改走车 9 进 1，守住内线。红如马四进六，炮 7 进 2，红方一时难有作为。

2. 车二进八！车 9 平 8

3. 车二平三！……

车攻下二路，形成夺子之势，佳着。

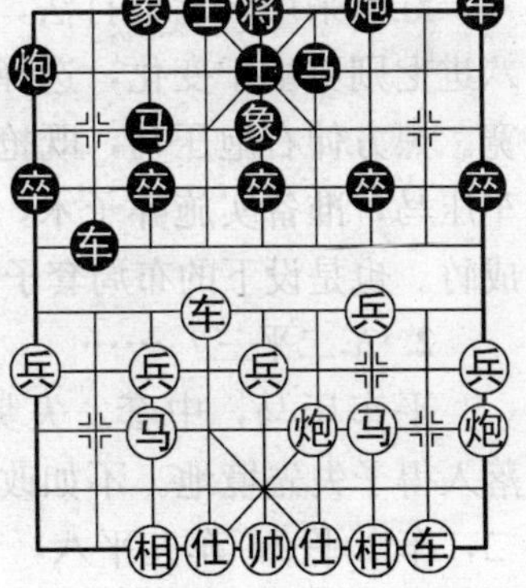

图 446

3. ……　　卒 3 进 1　　**4.** 车六平七　士 5 进 6

5. 车三退一　车 2 退 2　　**6.** 炮四进五　炮 1 进 1

7. 马四进六　马 6 进 4

8. 马六进五　……

攻中牵制，踏象破宫，紧攻得势，好棋。

8. ……　　　象 3 进 5

9. 炮四平六　马 3 进 4

10. 炮六平九　车 2 平 1

11. 车七平六　车 1 平 4

12. 炮一平六　车 8 进 4

13. 相七进五　士 4 进 5

14. 兵七进一　车 4 退 2

15. 兵七进一（图 447）　……

北京洪磊鑫

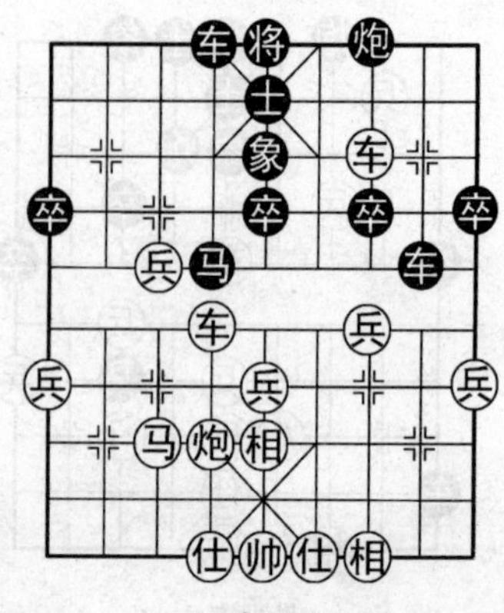

天津姚淳

图 447

冲兵夺子，红方即定胜局。胜负已明，红方五兵尚在，奇哉。

图 448，出自 2003 年全国象甲联赛，由中炮过河车对屏风马演成。双方布局尚未完毕，红方走子：

1. 炮八平七　炮 2 进 6

红方采用五七炮打法，如改走马八进七则更富于变化，选择面也比较宽。黑方伸右炮压马，既抢先又诱红车压马，准备实施弃子术，可谓胸有成竹。也是设下的布局套子。

2. 车二平三？……

平车压马，中套。失势于瞬间，落入得子失先境地。不如改走车九进二，车 1 平 2，车九平八，车 2 进 7，炮五平八，红持先手。

河北阎文清

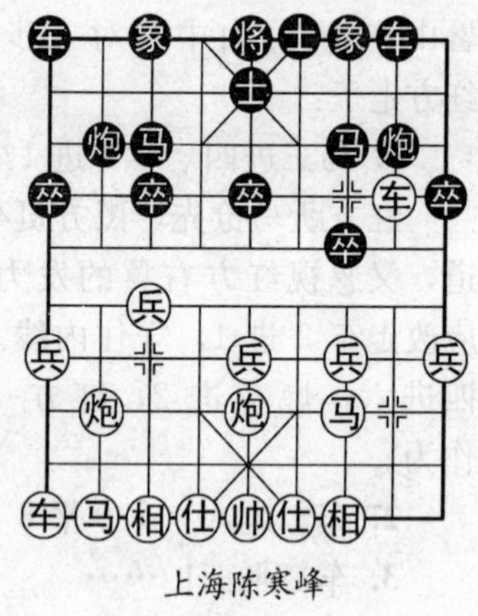

上海陈寒峰

图 448

2. ……　　　象 3 进 5

3. 车三进一　炮 2 平 7　　　**4.** 炮七进一　炮 8 进 6!

弃马抢攻，双炮侵入，黑势汹涌，顷刻得势。

5. 兵七进一　车 1 平 4　　　**6.** 兵七平六　车 4 进 4

7. 马八进九　车 4 进 2!

8. 兵五进一　将 5 平 4

9. 仕六进五（图 449）

车 4 平 3!

河北阎文清

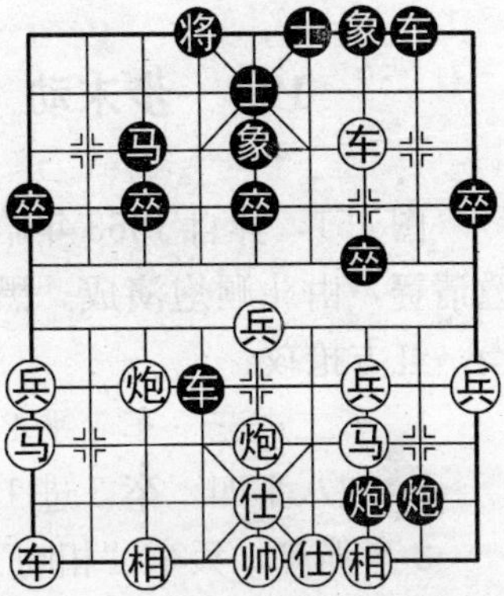

上海陈寒峰

图 449

舍车杀炮，先弃后取，好棋。

10. 车三平五　象 7 进 5

11. 马九进七　炮 7 退 2

12. 马三退一　卒 3 进 1

13. 炮五平七　炮 7 进 2

14. 马七退五　炮 7 平 9

15. 炮七进五　炮 8 进 1

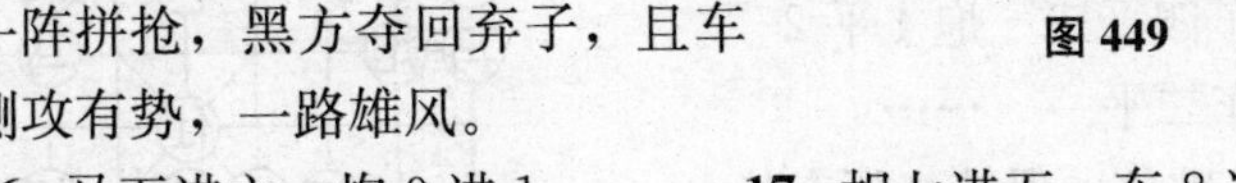

一阵拼抢，黑方夺回弃子，且车双炮侧攻有势，一路雄风。

16. 马五进六　炮 9 进 1　**17.** 相七进五　车 8 进 7

18. 车九平六　将 4 平 5　**19.** 车六进三　车 8 平 5

20. 车六平三　车 5 退 2　**21.** 马六进七　卒 7 进 1

破相吊车，7 卒强渡，优势扩大。

22. 车三退一　车 5 平 4!

移车肋道，控制帅门，既限制红子活动，又腾出中路空间，佳着。

23. 马七进五　炮 8 退 5!

24. 车三平五　炮 8 平 7

25. 马五进三　将 5 平 4

26. 仕五进六

车 4 退 3（图 450）

河北阎文清

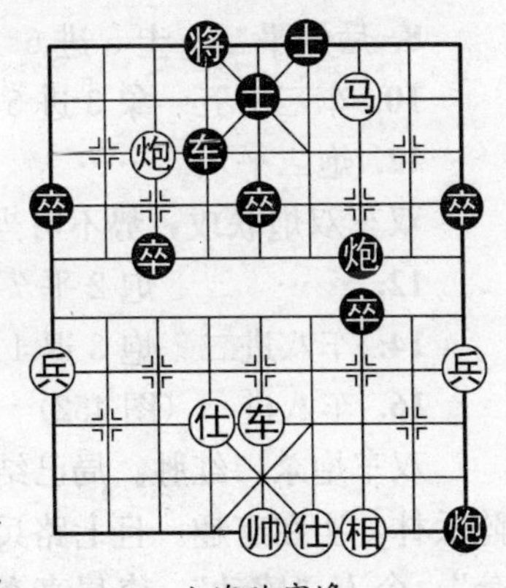

上海陈寒峰

图 450

下面：炮七进一（如炮七进三，炮 7 进 5，帅五进一，炮 7 退 8，黑方夺马胜），车 4 退 1，炮七退一，炮 7 进 5，帅五进一，炮 7 退 8，炮七平二，车 4 进 1，黑胜。全局已分出胜负，而黑方 5 卒一个未损，在硝烟弥漫的战火中，也确是罕见之趣景也。

19. 一步未动　五兵（卒）全在（2 例）

图 451，弈自 1963 年哈尔滨象棋邀请赛，由斗顺炮演成。黑方阵形散漫，红方抢攻：

黑龙江王嘉良

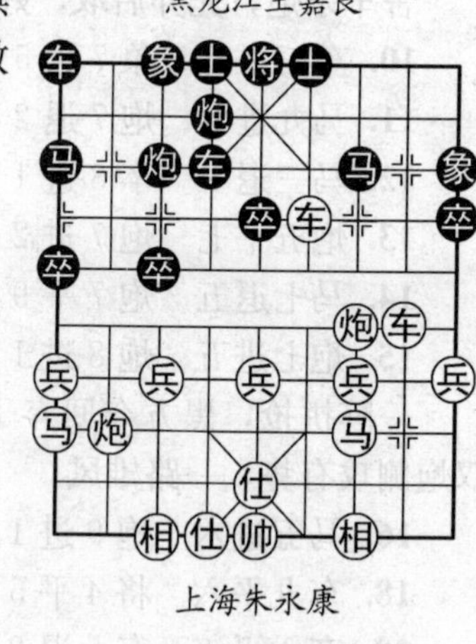

上海朱永康

图 451

1. 车二进三　车 1 平 2

2. 炮八平四　卒 3 进 1

3 卒强渡，兵卒“相吻”。

3. 相七进五　士 4 进 5

4. 车四平三　炮 4 平 2

5. 车二平一　……

控马破象，保持高压态势。

5. ……　炮 2 进 1

6. 炮四进六！……

炮攻象腰，侧攻有势，佳着。

6. ……　炮 2 进 5　**7.** 炮四平三　将 5 平 4

8. 后炮平二　士 5 进 6　**9.** 车一进二　将 4 平 5

10. 车三平五　象 3 进 5　**11.** 炮二进五　将 5 进 1

12. 炮二平八　……

双车双炮联攻，势不可当。现在攻中夺车，奠定胜势。

12. ……　炮 2 平 7　**13.** 车五平八　炮 7 平 1

14. 车八进二　炮 3 退 1　**15.** 炮三平七　马 1 退 2

16. 车八进一（图 452）　……

双车炮杀，红胜。局已结束，红方五个兵一步未动，齐刷刷列阵兵林，实在有趣。且七路兵卒“相吻紧拥”15 个回合，“至死不分”，令人“感动”，奇局真奇妙。

图 453，选自 1995 年北京、高雄、香港三地象棋埠际赛，由斗顺炮演成。黑方中局弃子抢攻，红方以牙还牙，以车双炮反击得逞：

黑龙江王嘉良

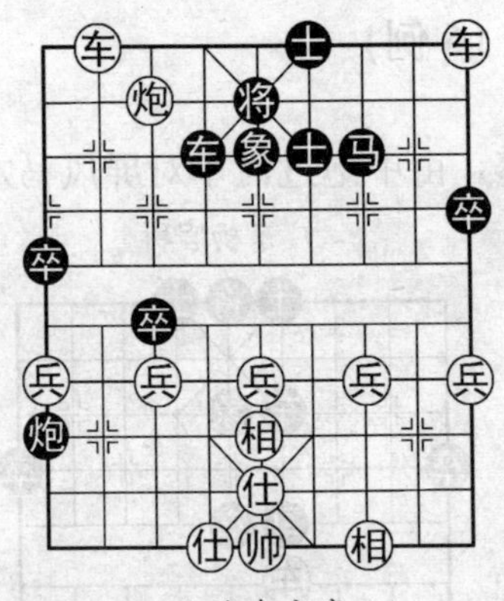

上海朱永康

图 452

台湾地区林益世

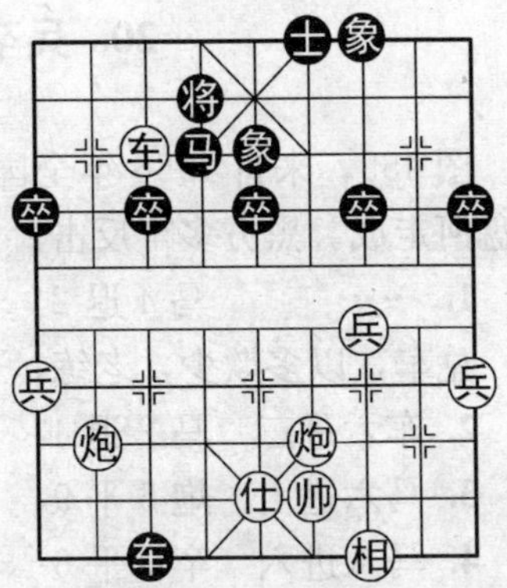

香港地区翁德强

图 453

1. 炮四进六　马 4 进 5
2. 炮八平二　马 5 进 7
3. 炮二进六　将 4 退 1
4. 车七平六　将 4 平 5
5. 车六平五　将 5 平 4
6. 车五平六　将 4 平 5
7. 车六平八　马 7 进 8
8. 帅四进一　马 8 进 7
9. 帅四平五　车 3 退 2
10. 仕五进六　士 6 进 5
11. 炮二进一　象 7 进 9
12. 炮四平一　将 5 平 6
13. 车八进二　将 6 进 1
14. 炮二退一　将 6 进 1
15. 车八退二（图 454）　……

台湾地区林益世

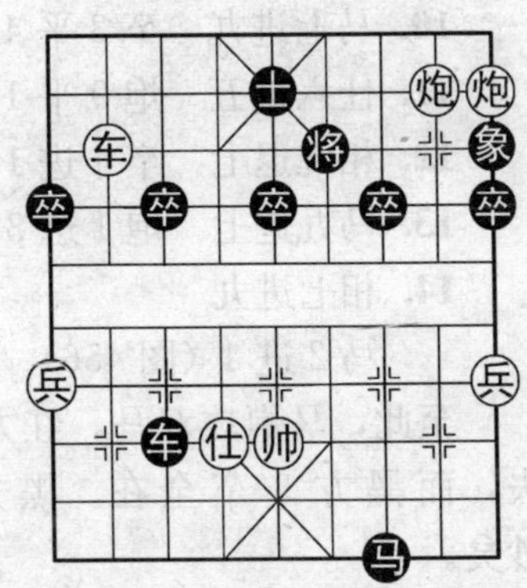

香港地区翁德强

图 454

杀局，红胜。弈完全局，黑方 5 卒一步未动，列阵卒林，且双方将帅都分别登宫顶，堪称奇趣也。

20. 兵卒奇局（6 例）

图 455，来自 1956 年全国个人赛，由中炮过河车对屏风马左马盘河走成。黑方多卒反击：

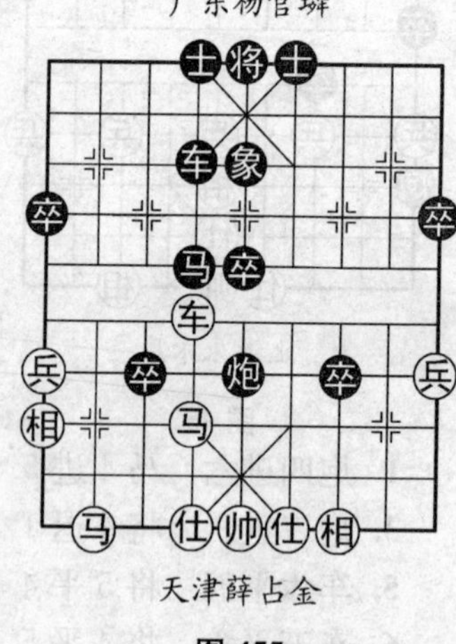

图 455

1. …… 马 4 退 2!

兑车，以多欺少，老练。

2. 车六进三 马 2 退 4
3. 马六进七 炮 5 平 9
4. 马八进六 卒 7 平 6
5. 马七进六 士 6 进 5
6. 后马进八 马 4 进 2
7. 马八退七 卒 3 进 1
8. 马七进九 卒 3 平 2
9. 马九退七 卒 2 平 3
10. 马七进九 卒 3 平 4
11. 仕六进五 炮 9 平 1
12. 相九退七 卒 4 进 1
13. 马九进七 炮 1 进 3
14. 相七进九

马 2 进 4（图 456）

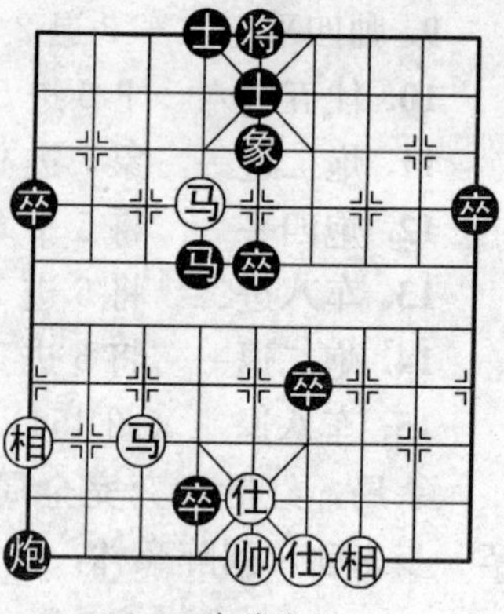

图 456

至此，马炮攻双马，红方五兵齐失，而黑方 5 卒全在。黑方胜定，妙矣。

图 457，出自 1985 年香港“王者之战”，由当头炮对单提马走成。红方走子：

1. 兵五进一？ ……

冲中兵有嫌浮躁，宜改走车二进六先压一手。

香港地区黄冠中

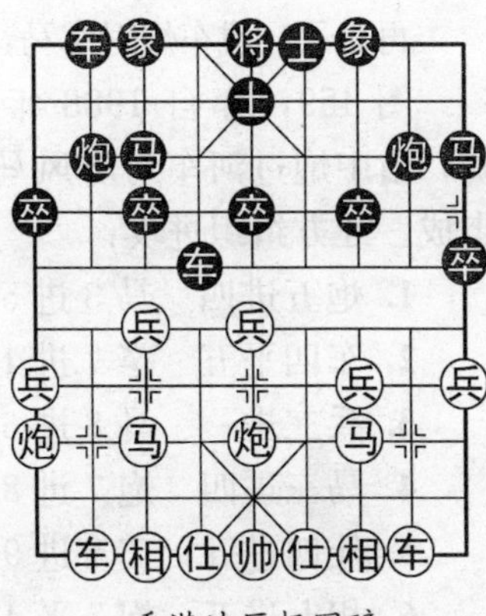

香港地区杨国璋

图 457

1. …… 卒 5 进 1
2. 车二进四 炮 8 平 5
3. 车八进六 车 4 进 2
4. 仕四进五 ……

如改走车八平七，炮 2 进 4，黑方弃马抢攻，红方不好应付。

4. …… 车 4 平 3
5. 马七退九 炮 2 平 1
6. 车八进三 ……

如改走车八平七，车 2 进 2，红方左侧受攻。

6. …… 马 3 退 2
7. 炮九平八 马 2 进 3
8. 炮五平四 ……

卸炮顾及左马尴尬，无奈。

8. …… 车 3 平 7
9. 马三退一 炮 1 进 4

控制兵林，乘机扫兵。

10. 相三进五 炮 5 平 6
11. 马九进七 象 3 进 5
12. 马七进六 炮 1 退 1
13. 马六进四 车 7 平 9
14. 兵七进一 炮 1 平 5
15. 马一退三 炮 6 进 5
16. 炮八平四 卒 3 进 1（图 458）

香港地区黄冠中

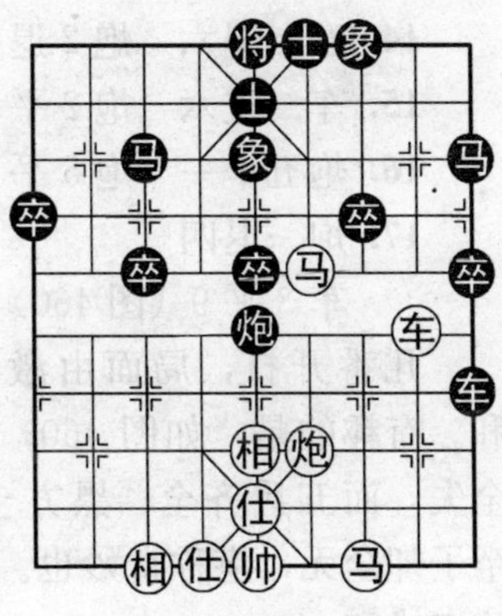

香港地区杨国璋

图 458

兑子抢势，顺手牵兵。至此，红方五兵全无，黑方 5 卒却全在，奇也。

17. 马三进二 马 3 进 5
18. 炮四退二 马 5 进 7
19. 车二平三 车 9 平 8
20. 马二退四 马 9 进 8
21. 马四退三 马 8 进 7
22. 马四进三 卒 9 进 1

23. 马三进五　卒5进1

再兑子，成车炮对车马，黑方净多5卒，胜定。下面着法从略。

图459，弈自1988年全国团体赛，由中炮过河车对屏风马平炮兑车走成。红方组织进攻：

江苏徐天红

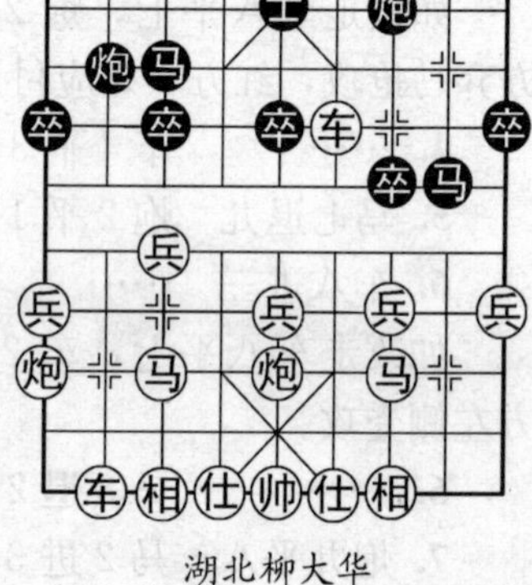

湖北柳大华

图459

1. 炮五进四　马3进5

2. 车四平五　卒7进1

3. 兵三进一　马8进6

4. 马三进四　炮7进8

5. 仕四进五　车8进9

6. 相七进五　炮7平4

7. 仕五退四　炮4平6

8. 马四退三　炮6平2

9. 马三退二　炮2平8

10. 车五平七　炮2进6

11. 炮九进四　车2进7

12. 车七平二　车2平3

13. 炮九平五　象3进5

14. 车二退六　炮2退1

15. 车二进六　炮2平5

16. 炮五平一　炮5平9

17. 炮一退四

车3平9（图460）

几番开打，局面由激烈趋向缓和。有趣的是，如图460，红方仕相全失，而五兵齐全；黑方士象齐全，卒子却全无，堪称奇妙也。下面黑方防守成和。

江苏徐天红

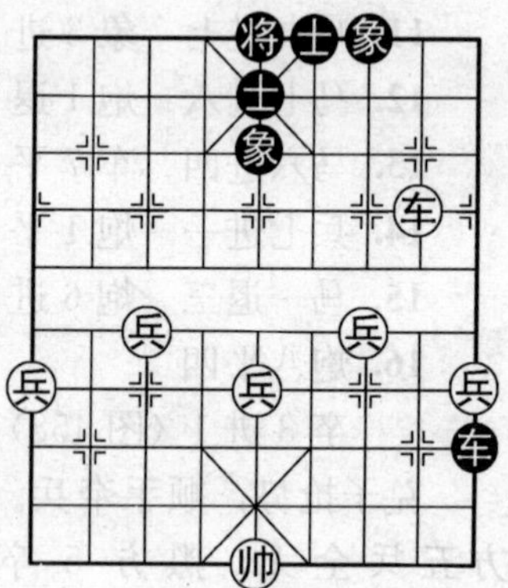

湖北柳大华

图460

18. 车二平五　车9退1

19. 兵九进一　车9进3

20. 帅五进一　车9退1

21. 帅五退一　车9平1

22. 兵七进一　车1退3

23. 兵七平六　车1平4

24. 兵六进一　车 4 平 7　　**25.** 兵五进一　车 7 进 1

26. 兵五进一　车 7 平 5　　**27.** 帅五平四（和棋）

图 461，选自 2003 年香港公开单人赛，由中炮对单提马演成。红方走子：

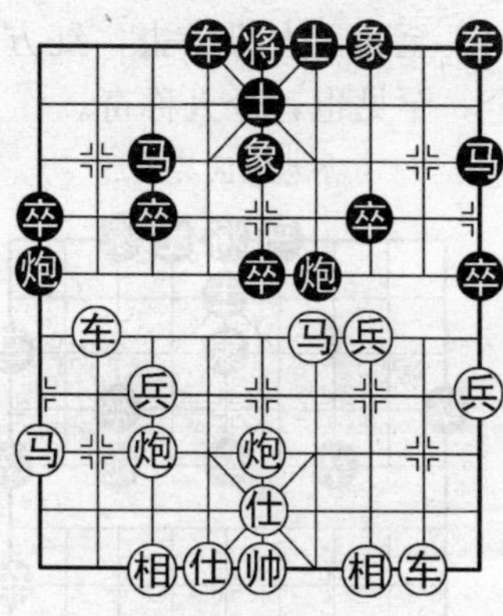

图 461

1. 车二进三　……

红方少兵，不宜久缠，同样进车宜车二进八，车 9 平 8，车二平四，车 4 进 2，炮五进一，车 8 进 6，马四退三，车 8 平 7，炮七平五，红方弃子抢攻有攻势。

1. ……　　　车 9 平 8

2. 车二平六？……

平车软手，造成底线“漏风”，底相受攻。应改走车二进六，马 9 退 8，炮五进一，红方仍有机会。

2. ……　　　车 8 进 9　　**3.** 车六进六　马 3 退 4

4. 马四退六　车 8 平 7　　**5.** 仕五退四　卒 3 进 1

6. 兵三进一　……

如改走车八平四，炮 6 平 8，马六退四，车 8 退 3，黑方有攻势。

6. ……　　　车 7 退 5　　**7.** 车八平二　车 7 进 2

8. 马九进八　车 7 平 5

立中控制，老练。如改走卒 3 进 1，炮七进二，车 7 平 4，炮七进五，象 5 退 3，马八退六，一车换双，黑方反而不妙。

9. 炮七退一　……

退炮被黑一沉底炮即失去作用，但此时红方已难有好的选择。如炮七平九，炮 1 平 2，炮九退一，炮 6 平 7，黑优。

9. ……　　　炮 1 进 5　　**10.** 车二退二　炮 6 平 7

11. 仕四进五　炮 1 退 3

打马兑子，简化局势。

12. 马八退七　车5平4　**13.** 马七进九　车4平3

14. 马九退七　车3平9（图462）

至此，大势已去，红方认输。红方五兵全消，而黑方5卒齐全，罕见也，令人称奇。

香港地区吴震熙

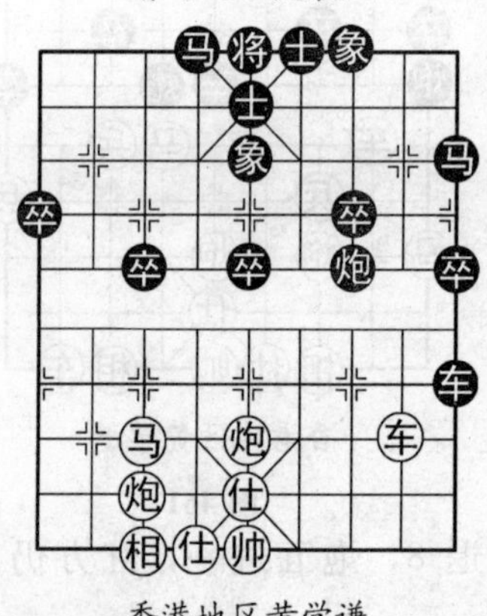

香港地区黄学谦

图462

新疆付光明

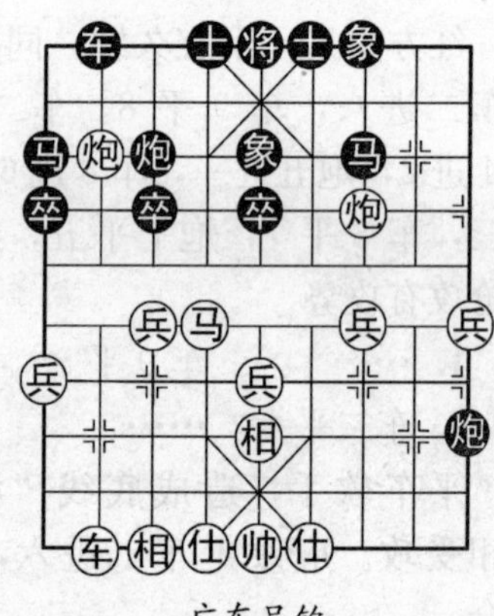

广东吕钦

图463

图463，弈自2001年全国团体赛，由仙人指路对卒底炮形成。双方斗散手，红方弃子多兵，现推进：

1. 炮八进一　炮3退1　**2.** 车八进七　炮9进2

3. 相五退三！……

顶炮封车，进车挤压，落相防守，攻守正确。如误走仕四进五，炮3平8！仕五进四，士4进5，马六进七，车2平4，红势反而不妙。

3. ……　车2平1

如炮3平8，马六进七，红优。

4. 相七进五　卒1进1　**5.** 马六进四　马7退8

6. 炮三平七　炮3平4？　**7.** 车八平九！车1平3

黑方平炮疏忽，红方乘机夺马，冷着！黑如车1进2，炮七进三，士4进5，炮八进一，红胜。

8. 炮七平八　士4进5　　9. 车九退二　车3进3
10. 车九平八　马8进9　　11. 前炮平九　炮4平2
12. 炮八平五　车3平5　　13. 车八进三（图464）　……

大势已去，黑方认输。红方五兵都在，而黑方5卒全无，巨大反差，令人称奇叫趣，妙也。

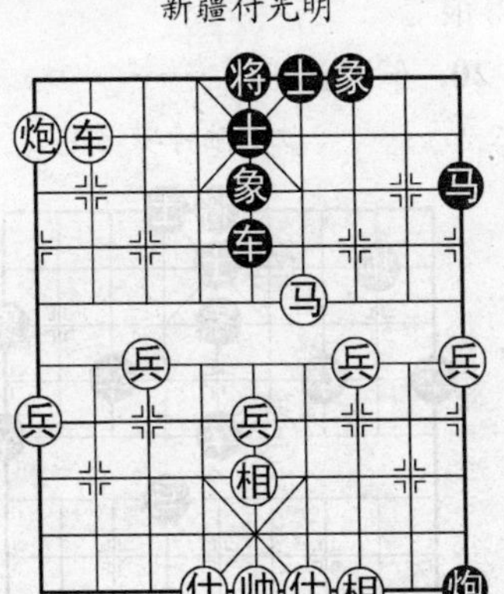

图464

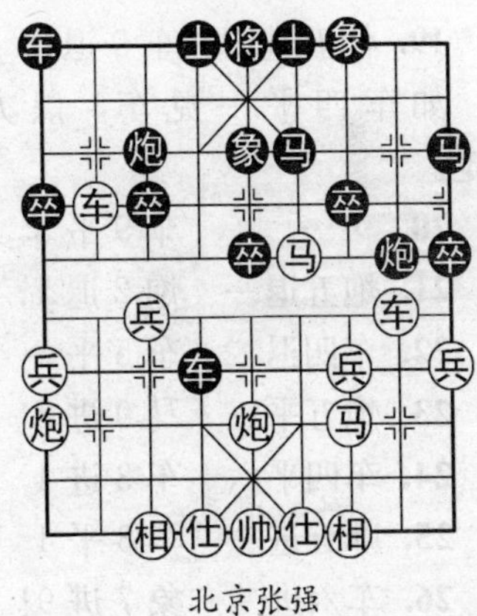

图465

图465，来自2003年全国象甲联赛，由仙人指路对卒底炮演成。黑方反击：

1. ……　马6进7!　　2. 马三进五　炮8平6!
3. 马五进四　马7进6!　　4. 车八退五　……

兑子抢攻，马入卧槽，佳着。红如改走车二退三，炮3进3，黑方有攻势。

4. ……　士4进5　　5. 车八平四　车1平4!
6. 仕四进五　马6进5!

肋道连车，弃马踩仕，突破缺口，好棋。

7. 仕六进五　前车平3　　8. 炮九平六　车4进7!
9. 仕五进六　车3进3　　10. 帅五进一　车3退1
11. 帅五退一　车3平6

破仕相，夺回弃子，走得漂亮。黑方由此确立优势。

12. 马四退五　车6退2　　13. 马五进六　炮3平2
14. 仕六退五　车6平7　　15. 相三进一　车7平1

连攻带消，势如破竹。

16. 仕五进四　车1平6　　17. 仕四退五　车6平9
18. 车二平四　车9进1

一口气吞下三兵一相，“胃口大得很”。

19. 仕五进四　车9退2　　20. 车四进四　……

如车四平一兑车，黑方多卒胜定。

20. ……　车9平5
21. 炮五退一　炮2退1
22. 车四退二　车5平3
23. 炮五平三　马9进8
24. 车四平六　车3进4
25. 帅五进一　车3平4
26. 车六进二　象7进9!
27. 炮三平二
马8进6（图466）

踏马欺马，红方大势已去，认输。红方五兵全无而黑方5卒全在，奇妙。

江苏陆峥嵘

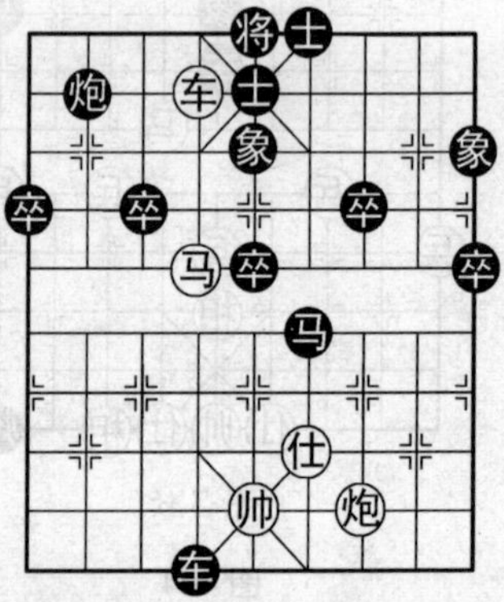

北京张强

图466

五、仕（士）相（象）帅（将）步华尔兹

1. 全局弈完　守子未动（6例）

图467，弈自20世纪50年代，由中炮对单提马走成。红方持先抢攻：

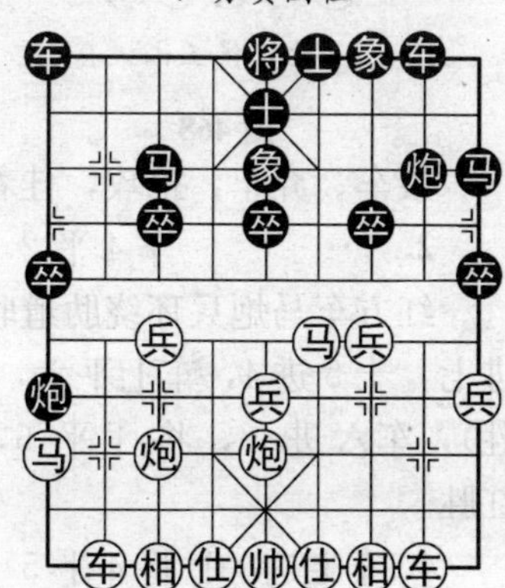

图467

1. 马四进六　车1平4
2. 兵七进一！马3进1
3. 炮五平六　车4平1
4. 兵七平八　卒1进1
5. 马六进八　车1平4
6. 马八进七　车4进1
7. 兵八平九！士5退4
8. 兵九进一　炮8退1
9. 炮六平五　炮8平3
10. 车二进九　马9退8　**11.** 车八进八　车4进5
12. 炮七进六　炮1平5　**13.** 炮五进四！象5退3
14. 炮五退二　卒1进1　**15.** 炮七退一　车4退1
16. 马九进七　马8进7　**17.** 车八平七　象3进1
18. 车七平八（图468）　……

杀局，红胜。至此，红方仕相帅一步未动，奇也。

图469，出自1996年全国团体赛，由中炮过河车对屏风马平炮兑车形成。红方出手：

1. 炮九平八！车2平1　**2.** 车八进一！……

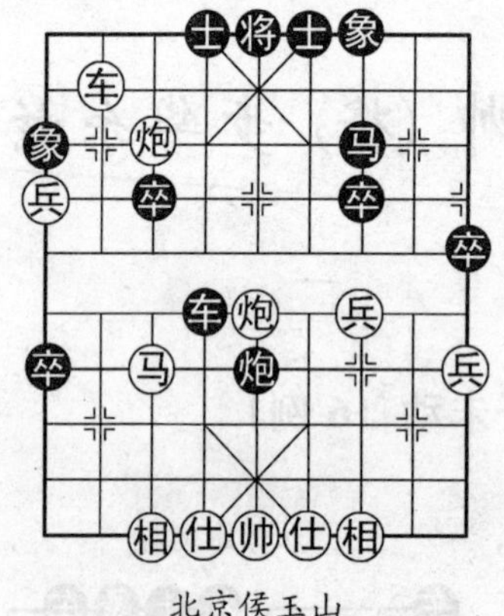

图 468

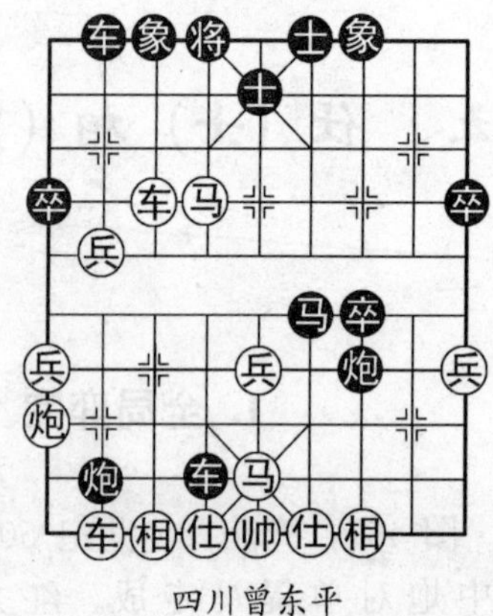

图 469

轰车、弃车，抢攻，佳着。

2. ……　　车 4 平 2　　**3.** 炮八平六　士 5 进 4

红方车马炮兵环绕肋道联攻，威力无穷。黑如马 6 退 4，马六进七，士 5 进 4，车七平六，将 4 进 1（如士 6 进 5，车六退一，红胜），车六进一，将 4 平 5，车六进一，将 5 退 1，车六平四，红胜。

4. 车七进一！将 4 平 5　　**5.** 车七平六　象 3 进 5

6. 车六平八！车 1 平 4

献车解杀无奈。红方夺回弃车又有攻势，占优矣。

7. 炮六进七　将 5 平 4　　**8.** 马五进七　车 2 平 3

如改走马 6 进 4，马六进四，马 4 进 3，帅五进一，将 4 进 1，车八进一，将 4 退 1，车八退二，将 4 进 1，车八平六，将 4 平 5，车六退二，红方胜势。

9. 车八进二　将 4 进 1　　**10.** 马七进六　炮 7 平 1

11. 兵八平七　车 3 退 4　　**12.** 前马进八　车 3 退 2

13. 马六进八　炮 1 平 2　　**14.** 后马进七　炮 2 退 6

15. 马七进八（图 470）　……

攻杀中，红方兑车夺炮，形成“双马饮泉”之势，以下残局推进制胜。

15. …… 将4退1

如改走将4平5，后马退六，将5退1，马八退七，士6进5，马六进五，亦是红方胜势。

16. 前马退七 将4平5 **17.** 马八进九 士6进5
18. 马九退七 将5平6 **19.** 后马进五 将6进1
20. 马五退七 马6退7 **21.** 后马退九 卒7平6
22. 马九退八（图471） ……

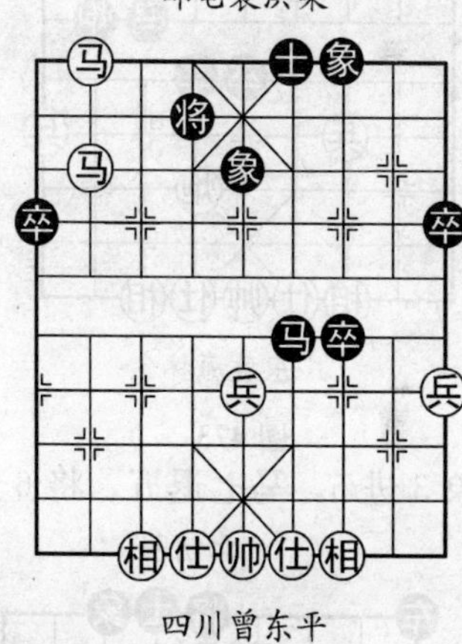

图 470

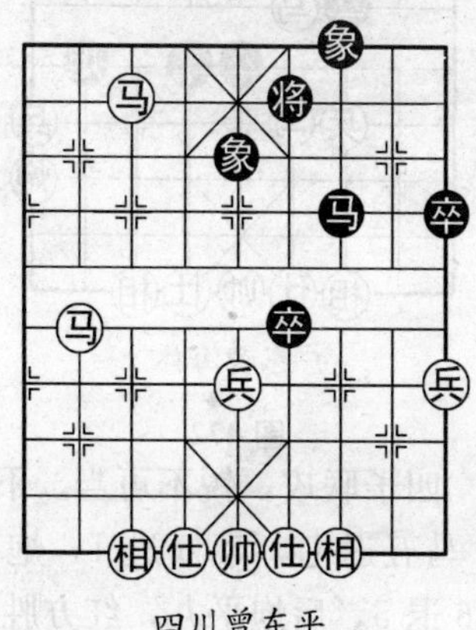

图 471

下一手马八进六，全线"管制"，红胜。至此，红方守子一步未动，全靠攻子取胜，奇哉。

图472，选自1998年"迈特兴华杯"，由五七炮进三兵对屏风马形成的无车棋。红方多子，抢攻：

1. 炮三平六！……

炮攻象腰，通畅子力，佳着。

1. …… 炮2平3 **2.** 后马进七 马7进8
3. 马七退九 马8进7

如改走炮3进6，仕六进五，马8进7，马六进四，红方有攻势。

4. 马九进八　炮 8 退 1　　**5.** 马八进七　将 5 平 6

6. 炮一平四　士 5 进 6　　**7.** 炮六平四　士 6 退 5

8. 前炮平三　士 5 进 6

9. 马六进五（图 473）　……

火车头于幼华

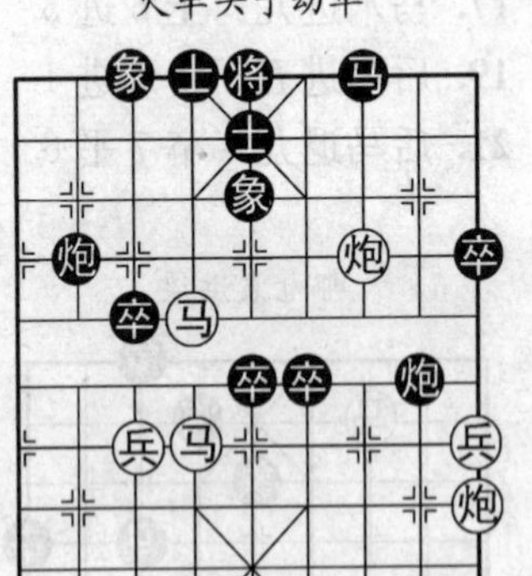

广东黄海林

图 472

火车头于幼华

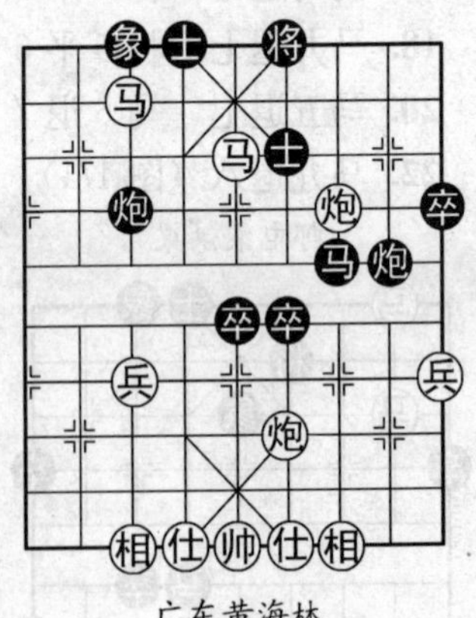

广东黄海林

图 473

四子联攻，锐不可当。下面为：象 3 进 5，马七退五，将 6 进 1，马五退七，卒 6 进 1，炮三平四，士 6 退 5，后炮平九，红方胜定。

全局弈完，红方全部守子纹丝不动，奇哉。

图 474，出自 1990 年全国女子个人赛，由中炮横车对反宫马走成。黑方走子：

1. ……　　　车 8 平 4

2. 车六平八？……

黑方邀兑，着法平稳又含蓄；红方避兑进入“死胡同”，失着。该兑子时应兑子。应改走车六退三，马 3 进 4，马七进五，红势不差。

河北胡明

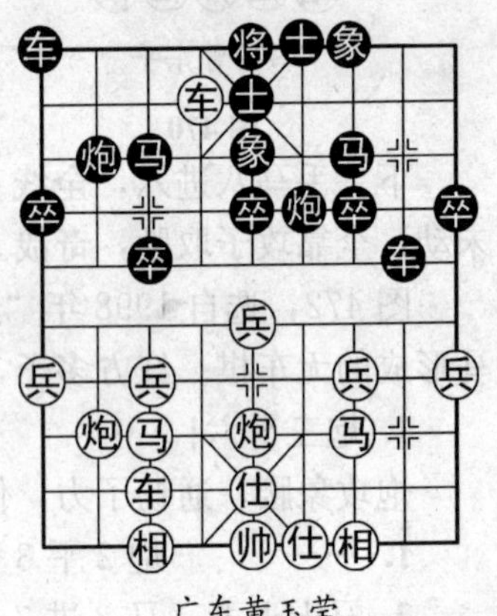

广东黄玉莹

图 474

2. …… 车 1 进 2!

高车保炮，妙，冷着。红方没有料到，红车顿时“死”。

3. 炮八进二 卒 1 进 1 **4.** 兵五进一 卒 5 进 1

5. 炮八平三 炮 6 退 2

“瓮中捉鳖”，黑方夺车而占优。

6. 车八退一 车 1 平 2 **7.** 炮五进五 士 5 进 4

8. 炮三进三 炮 6 进 7

打车兑炮，老练。

9. 仕五退六 象 7 进 5

10. 车七平四 车 2 进 5

11. 马三退五 马 3 进 2

12. 车四进六 马 2 进 1

13. 车四平五 士 6 进 5

14. 车五退一 马 1 进 3

15. 炮三平五 将 5 平 4

16. 马五进七

车 2 平 3（图 475）

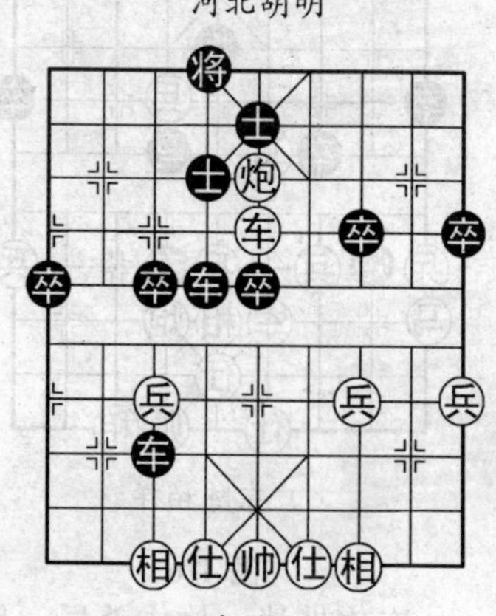

图 475

夺马，黑方胜定。局已终，红方左仕动过一步又回复原位，相帅都未动，且黑方 5 卒齐全，奇妙也。

图 476，来自 1963 年粤、辽埠际交流赛，由顺炮直车对横车演成。红方多兵，但右翼空虚，黑方侧攻：

1. …… 炮 5 平 8! **2.** 帅四平五 马 6 进 7

3. 炮四退二 车 6 进 2 **4.** 相五退七 马 7 进 8

5. 车六平二？……

开车意在遏制黑方车马炮侧攻之势，但忽略中路有被突破的危险，顾此失彼，失着。应改走兵四平五，局面还可能有转机。

5. …… 炮 8 平 5!

“回马金枪”，好棋。

6. 相七进五 ……

如改走马六进五，炮2平5，仕五进六，象3进5，下面黑方夺炮胜。

6. ……　炮2进1!　**7.** 车二进二　炮5进5!

双炮连动，轰相突破，显示功力。下面入局。

8. 仕五进六　炮2进1　**9.** 马六退四　车6进1

10. 帅五进一　炮5平1（图477）

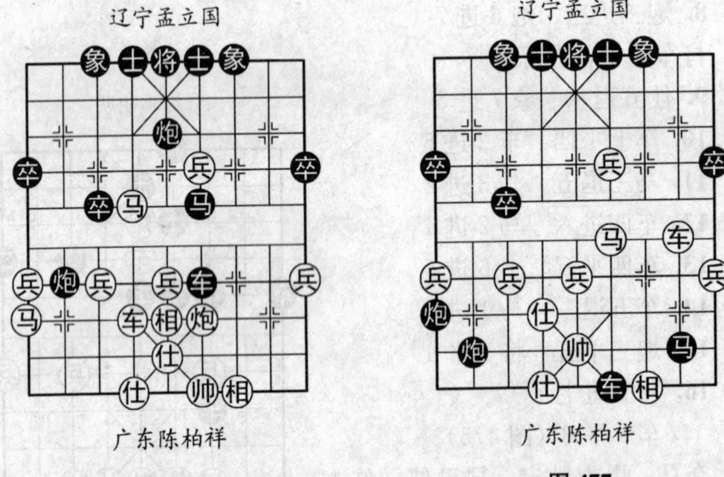

图476　　图477

连攻带消，构成杀局，黑胜。全局弈完，黑方双象双士将一步未动，且红方五个兵全在，堪称奇妙也。

图478，弈自2004年第三届"威凯房地产杯"全国象棋精英赛，由中炮进七兵对三步虎形成。双方还处在布局阶段，红方走子：

1. 炮八退一！……

退炮蓄势，创新之着。一般多走相七进九或兵五进一。

1. ……　车8平3

吃兵捉马，开门见山。如改走炮2平5，车九进二，马2进3，车九平八，车1进1，车一平六，成对攻局势，红方占先。

2. 车九进二　炮2平3

3. 兵五进一！……

冲中兵，弃马强攻，这是退炮后的进攻构思。前后连贯，好棋。

3. …… 车3进2

4. 车九平七 炮3进5

5. 马三进五 马2进3

跳马启动右翼。如炮3退1，兵五进一，红方攻势强烈，黑方得子失势，日子不好过。

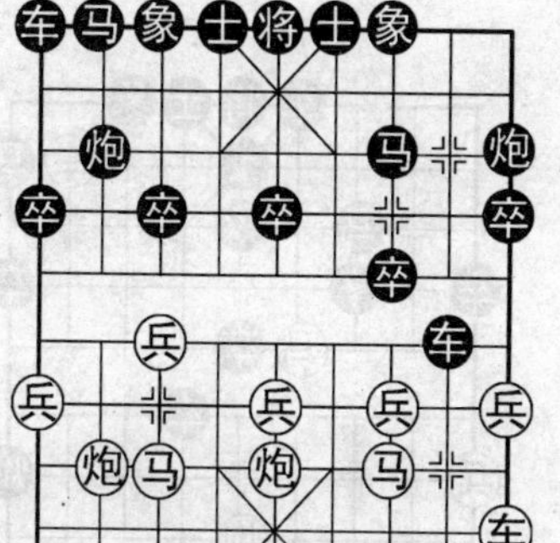

图 478

6. 马五退七 士4进5?

面临红方中路攻势，黑方补中没有错，问题是上右士露出破绽。应改走象3进5，黑方可以防守。

7. 兵三进一! ……

“捉漏”冲兵，乘虚而入，佳着。

7. …… 卒7进1　8. 炮八平三 马7退9

9. 车一平二 卒7平6　10. 车二进七 炮9进4

11. 兵五进一 象3进5

平炮窥象，冲车制马，冲兵再攻，一气呵成。黑如改走卒5进1，马七进五，卒5进1，马五退三，红方夺子。

12. 马七进五 车1平4

13. 马五进六! 卒5进1（图479）

14. 炮五进五! ……

炮轰中象，重磅出击，得势不饶人，凶狠至极。

14. …… 士5进6　15. 马六进七 车4进2

16. 炮五退一! ……

退炮妙，暗伏进炮打车恶着。

16. …… 车4平3　17. 炮三进六 车3退1

如改走车3退2，炮五平三，象7进5，前炮平五，将5平4，炮三进三，士6进5，炮三平七，红方夺车胜。

18. 车二平七（图480） ……

攻车夺车，红胜。全局结束，红方仕相帅5个守子一步未动，而黑方 5 个卒一个未损，可堪称奇，妙哉。

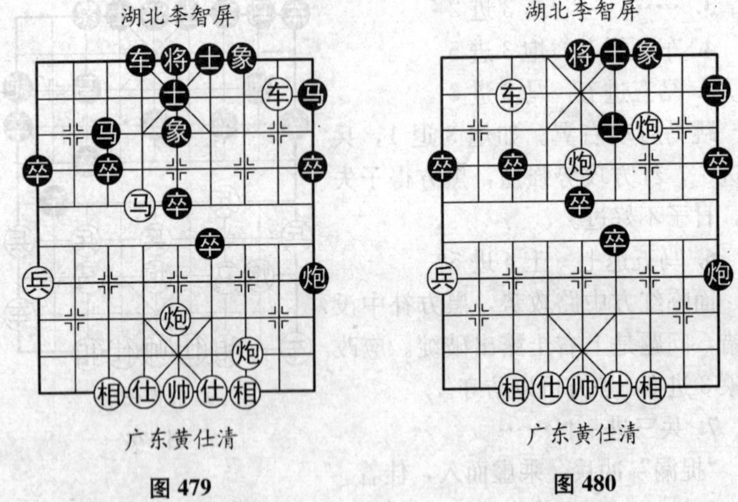

图 479　　图 480

2. 士象打光　五兵（卒）齐在（2 例）

图 481，选自 2005 年全国团体赛，由对兵（卒）局走成。红方走子：

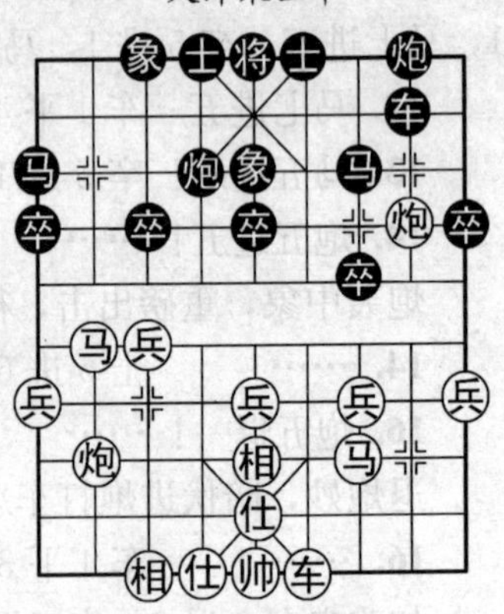

图 481

1. 炮二平七！马 1 进 3

2. 马八进七　炮 4 平 3

3. 炮八进七！……

兑子、踏马、底炮，红方组织进攻，走得漂亮。

3. ……　　车 8 平 2

4. 马七进五！……

弃马踩象，好棋。

4. ……　　炮 8 进 2

如改走车 2 退 1，马五进三，将 5 进 1，车四进九，炮 8 进 2，兵七进一，红优。

5. 马五进四！……

劫士再弃，凶。

5. …… 马7退6 6. 炮八平六！……

再弃炮轰士，先舍后取，佳着。

6. …… 马6进7 7. 炮六退七 车2进3

8. 车四进六 炮3进1 9. 车四进二 马7进6

10. 车四平七 马6进4 11. 车七进一 ……

掳光士象攻“光将”，厉害。

11. …… 将5进1 12. 车七退一 将5退1

13. 车七退一 炮8进5 14. 车七平五 将5平6

15. 车五平六 马4进3

如改走马4进5，相七进五，炮8平5，仕五退四，黑方无戏，红方胜势。

16. 车六平四 将6平5 17. 车四平五 将5平6

18. 车五退一 炮3退2 19. 车五平四 将6平5

20. 车四平七 车2退3

如改走炮3平2，兵七进一，车2退2，车七进三，将5进1，兵七进一，红方胜势。

21. 炮六进六！炮3进1

22. 车七进一（图482） ……

下面：车2平4，车七平二，炮8平5，相七进五，车4进2，兵七进一，红方胜定。黑方士象打光，红方却仕相全，且五兵齐全，有趣又奇。

天津宋士军

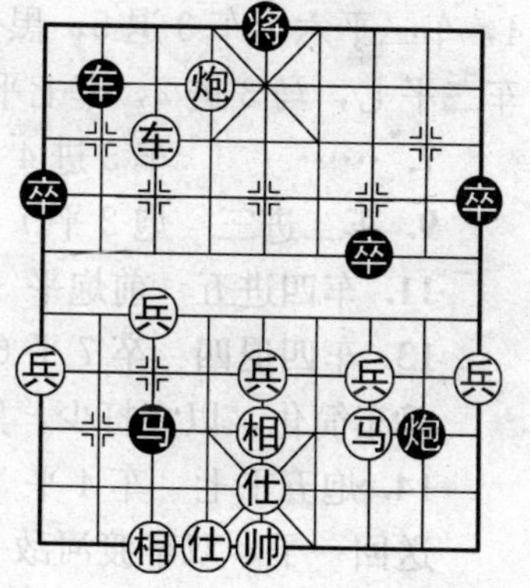

澳门地区李锦欢

图 482

图483，出自1993年全国团体赛，由中炮过河车急冲中兵对屏风马平炮兑车演成。红方走子：

1. 马六进五 ……

弃马踏象抢攻。如改走马六进七，车1平3，马七退九，炮2

进 2，车二进二，炮 7 进 4，黑方反击。

1. ……　　　象 7 进 5

2. 炮五进五　士 5 进 6

3. 炮八进四　车 1 平 4!

出贴身车，反弃子反击，佳着。

4. 车二退一　车 8 平 6

5. 马五进三　……

献马无奈。如改走车二平四，车 6 退 1，炮八平四，车 4 进 8，车九平八，将 5 进 1，黑方占优。

江苏徐天红

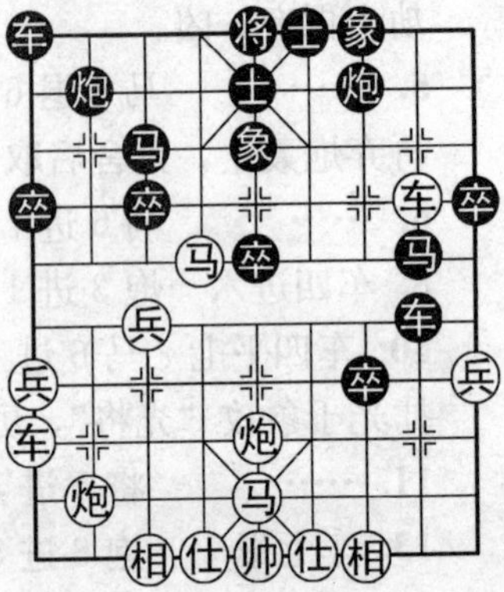

煤矿孙树成

图 483

5. ……　　　炮 7 进 6

弃子夺子，虽残双象，但已占优。

6. 车九平五　车 6 平 3

7. 车五平四　……

如改走车五进三，车 3 进 4，仕四进五（如车五平六，车 4 进 4，车二平六，车 3 退 5，黑优），车 3 退 5，车五平七，卒 3 进 1，车二平七，马 3 进 2，车七平八，炮 7 平 3，黑方胜势。

7. ……　　　车 3 进 4　　**8.** 仕四进五　车 3 退 3

9. 车二进三　炮 2 平 7　　**10.** 炮八退三　车 4 进 2

11. 车四进五　前炮平 3　　**12.** 相三进五　车 3 平 6

13. 车四退四　卒 7 平 6

兑车简化，以多打少，黑方保持优势。

14. 炮五平七　车 4 平 3　　**15.** 车二平三　卒 5 进 1

送回一子，双卒渡河敌一子，黑方以优势进入残局。

16. 车三退二　卒 5 进 1　　**17.** 车三平五　士 6 进 5

18. 相五退七　炮 3 平 9　　**19.** 炮八进二　车 3 平 8

20. 炮八平一　炮 9 平 7　　**21.** 炮一平五　车 8 进 7

22. 仕五退四　炮 7 进 2　　**23.** 仕四进五　将 5 平 6

24. 车五平四　士 5 进 6　　**25.** 炮五平四　将 6 平 5

26. 相七进五　炮 7 退 8

27. 仕五退四　车 8 退 4

28. 炮四进三

卒 5 进 1（图 484）

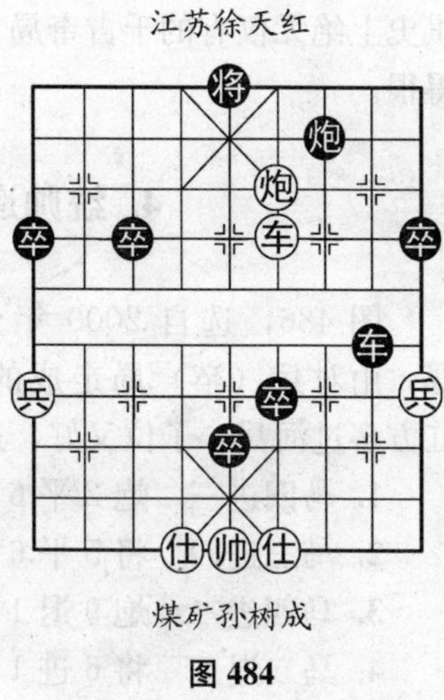

图 484

至此，黑方士象打光，5 个小卒却全在，可称是奇趣妙局，尤其是在残局中更是罕见。红方见大势已去，推子认输。下面续着为：炮四退四，车 8 平 5，炮四平三，炮 7 平 5，车四平七，卒 5 平 6，仕六进五（如仕四进五，车 5 平 3，车七平五，车 3 平 8），车 5 平 3，车七平五，车 3 进 4，黑胜。

3. 将帅"照面"的"怪局"

图 485，来自 1992 年全国团体赛，由飞相局对士角炮形成。这是双方走了 77 步棋后的残棋，胜负难料。由于双方耗时过多，大脑已处于极度紧张疲惫的状态之中。现在轮到黑方走子：

上海林宏敏

河北阎文清

图 485

1. ……　　卒 5 平 4?

黑方动卒，莫名其妙。将帅怎能"照面"，显然出错。但有趣的是，当时对局者没有察觉，在场的执行裁判也没有发现，红方接着就走：

2. 相七进五　象 3 进 5

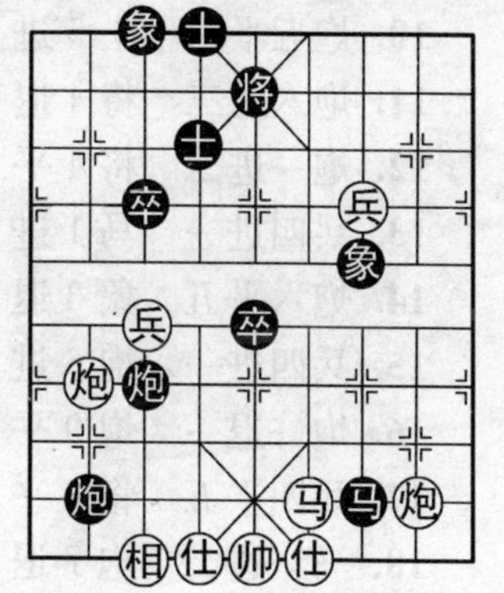

此时，红方计时钟小旗倒下，被判超时作负。真是将错就错，奇就奇在这个"错"字上。全国正规赛中将帅"照面"，可说是象

棋史上绝无仅有的千古奇局。此局一经公开，棋界一片哗然，有趣得很。

4. 统帅巡城绕九宫（9 例）

图 486，选自 2000 年全国个人赛，由对兵（卒）局走成的无车棋。红方多过河兵、子位又好，进攻：

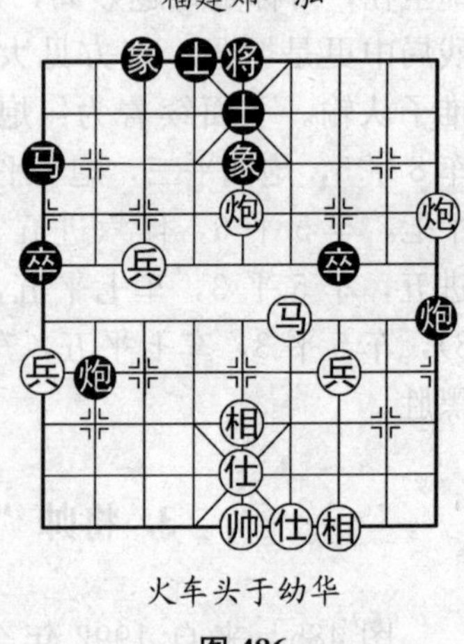

图 486

1. 马四进三　炮 2 平 6
2. 马三进四　将 5 平 6
3. 马四进二　炮 9 退 1
4. 马二退三　将 6 进 1
5. 炮一平四　炮 6 退 1
6. 兵三进一！象 5 进 3
7. 兵三进一！将 6 进 1
8. 炮四平一　将 6 平 5
9. 兵三平四　将 5 平 4
10. 炮五平六　士 5 进 6
11. 炮六退三　将 4 退 1
12. 炮一进二　将 4 平 5
13. 兵四进一　马 1 进 3
14. 炮六平五　象 3 退 1
15. 兵四进一　炮 6 进 1
16. 炮一退一　炮 9 平 7
17. 兵四平五　将 5 平 6
18. 马三进二　炮 7 退 4
19. 炮一进二（图 487）　……

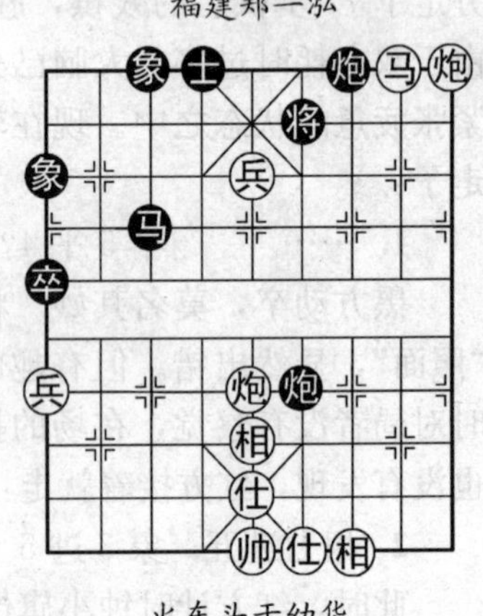

图 487

至此，红方夺炮胜。黑将只差一步（底 4 位）便将绕宫走满一圈，也属罕见也。

图 488，弈自 2003 年全国团体赛，由中炮进三兵对半途列炮走成。斗无车棋，红方抢攻：

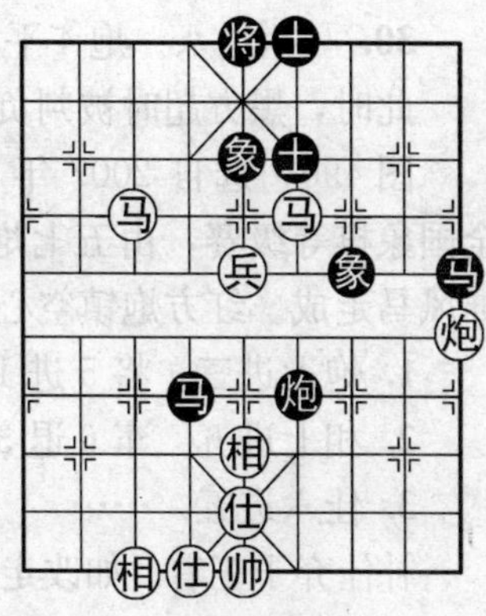

图 488

1. 马七进五！……

舍兵踏象抢攻，佳着。

1. …… 马 4 退 5
2. 马五进七 将 5 进 1
3. 炮一平九 将 5 平 6
4. 马四退二 士 6 退 5
5. 马二进三 马 9 进 8
6. 炮九退三 象 7 退 9
7. 马三退五 将 6 进 1
8. 马七退六 炮 6 退 3
9. 马六进八 马 5 退 3
10. 马八退七 象 9 退 7
11. 马七退五 马 3 进 5
12. 仕五进六 马 8 退 6
13. 前马退七 马 6 退 7
14. 炮九进六 炮 6 平 3
15. 马五进三 将 6 平 5
16. 炮九退三 将 5 平 4
17. 马三进五 象 7 进 5
18. 马七进九 炮 3 退 2
19. 马五进七 将 4 退 1
20. 马九退八 将 4 退 1（图 489）

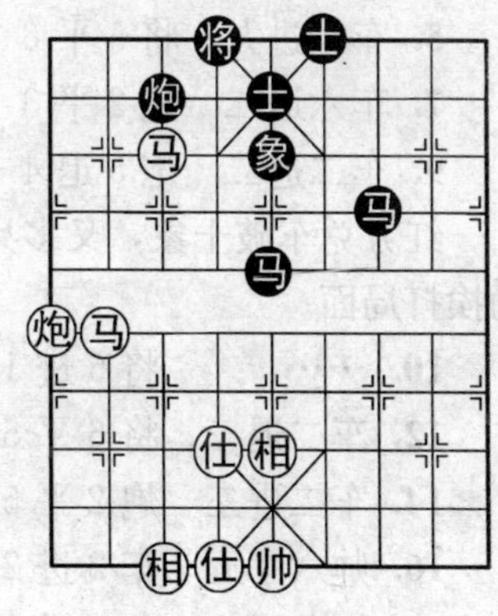

图 489

红攻黑守，黑将除了 6 路底格（只差一步），整个绕宫一圈，罕见、有趣。

21. 马八进六 象 5 进 3
22. 炮九平五 士 5 进 4
23. 马六退七 将 4 进 1
24. 后马进九 象 3 退 5
25. 马九进八 炮 3 平 2
26. 马七进八 将 4 平 5
27. 后马退七 炮 2 进 3

28. 帅五平四　炮 2 平 4　**29.** 马七进六　炮 4 进 2

30. 马六退八　炮 4 平 6　**31.** 前马退七　将 5 平 6

此时，黑方超时被判负，红胜。

图 490，选自 2007 年“船山杯”全国象棋等级赛，由五七炮进三兵对屏风马走成。红方炮镇空心，推进：

河北郝继超

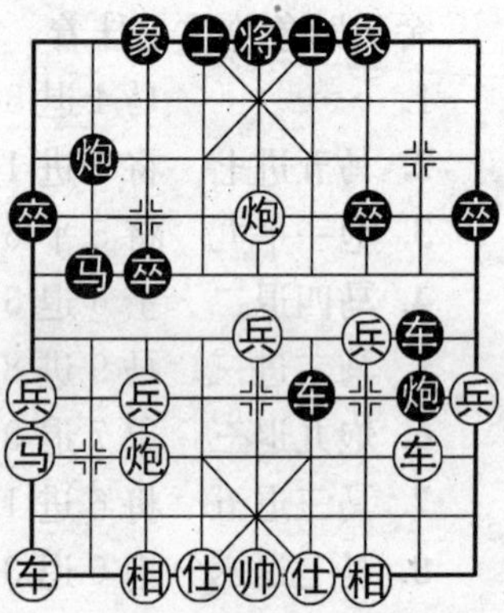

湖南孙浩宇

图 490

1. 炮七进三　将 5 进 1

2. 相七进五　车 6 退 3

3. 仕六进五　……

补仕弃子正着。如改走炮五退一，将 5 平 6！仕六进五，炮 8 平 5！炮五退二，车 8 进 2，黑方夺车占优。

3. ……　车 6 平 5

4. 车九平六　车 5 平 6

如车 5 进 2，车六进九，象 7 进 5，炮七退一，炮 2 退 2，车六退六，破士追回一子，红方占优。

5. 车六进九　将 5 平 6　**6.** 帅五平六　象 3 进 5

7. 车六退二　炮 2 平 3　**8.** 车六平五　炮 8 平 5

9. 车二进二　炮 5 退 4　**10.** 车二进四　……

红方兑车破士象，又多兵。黑方虽然多子但将不安位，处于被动挨打局面。

10. ……　将 6 进 1　**11.** 兵五进一　炮 5 退 1

12. 车二退三　将 6 平 5　**13.** 兵九进一　炮 5 平 2

14. 车二进三　炮 2 平 5　**15.** 车二退三　车 6 平 4

16. 帅六平五　车 2 进 2　**17.** 炮七退一　将 5 平 4

18. 炮七平八　象 7 进 5　**19.** 兵七进一　车 4 进 1

20. 兵七进一　象 5 进 3　**21.** 兵五进一　……

弃七兵、冲中兵，佳着。

21. ……　炮 5 平 3　**22.** 炮八退四　将 4 退 1

23. 车二平五　将 4 退 1　**24.** 兵五进一　马 2 退 1

25. 炮八平六　后炮平 4
26. 车五平七　炮 4 进 8
27. 车七进二　……

兑子车兵攻杀，黑方九宫已危矣。

27. ……　　　炮 4 平 1
28. 仕五进四　炮 1 退 4
29. 马九进八　车 4 平 6
30. 兵五平六　将 4 平 5
31. 兵六进一（图 491）……

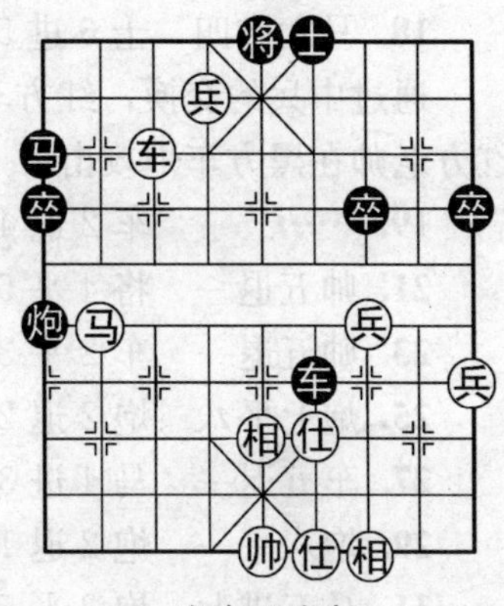

图 491

车兵杀局，红胜。黑将绕宫走了 8 步，回到"老地方"，少底肋 1 格，几乎绕宫一圈，堪可称奇。

图 492，选自 2004 年全国象甲联赛，由五七炮对屏风马右炮巡河走成。攻守交战，黑方先弃后取反击：

1. ……　　　马 7 进 5!
2. 相三进五　车 2 进 7!
3. 车三平二　车 8 进 5
4. 马三进二　车 2 平 1

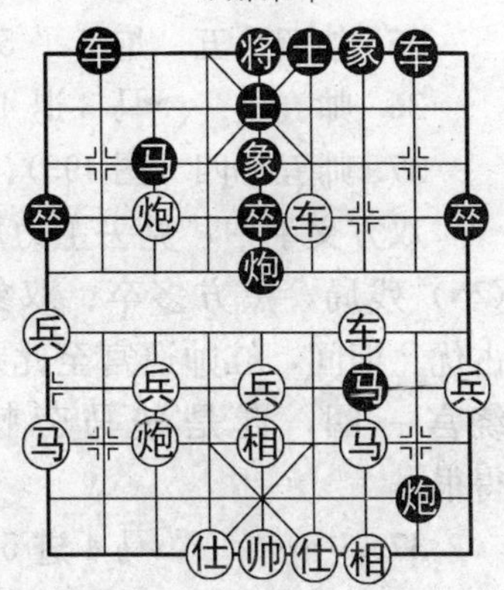

图 492

兑子破相，黑方巧得实惠，着法到位。

5. 马二进四　炮 8 退 1
6. 后炮平二　车 1 平 5
7. 仕六进五　车 5 平 8

再兑子破相，连劫双相，黑方取得优势。

8. 兵五进一　炮 5 平 2　　**9.** 马四进六　炮 2 平 7
10. 帅五平六　将 5 平 4　　**11.** 车四退三　车 8 平 2
12. 车四平六　士 5 进 4　　**13.** 兵五进一　车 2 进 2
14. 帅六进一　车 2 退 1　　**15.** 帅六进一　炮 7 进 4

16. 仕五进四　炮 7 平 4　17. 帅六平五　卒 5 进 1
18. 马六进四　士 6 进 5　19. 马四退五　……

通过中兵的交换，红方车马反攻，压制黑马，取得抗衡之势。红方老帅在黑方车炮攻击下"巡宫奔走"、"指挥战斗"。

19. ……　车 2 退 4　20. 马五退七　炮 4 平 3
21. 帅五退一　将 4 平 5　22. 车六进三　卒 9 进 1
23. 帅五退一　车 2 平 3　24. 仕四进五　炮 3 平 2
25. 炮七平八　炮 2 退 2　26. 车六平五　马 3 进 4
27. 车五退一　马 4 进 3　28. 车五平七　象 5 进 3
29. 炮八平一　炮 2 退 1　30. 马七进五　马 3 退 1
31. 马五进七　炮 2 平 5
32. 仕五进六　马 1 进 3
33. 帅五平四　炮 5 平 3
34. 马七退五　炮 3 平 6
35. 帅四平五　炮 6 平 5
36. 帅五进一　马 3 退 4
37. 帅五平四（图 493）　……

双方交手中，兑去主力成马炮兵（卒）残局，黑方多卒、双象而继续占优。期间，红帅巡宫至此差 1 格已绕宫一圈，真是鞍马劳顿，有趣得很。

甘肃梁军

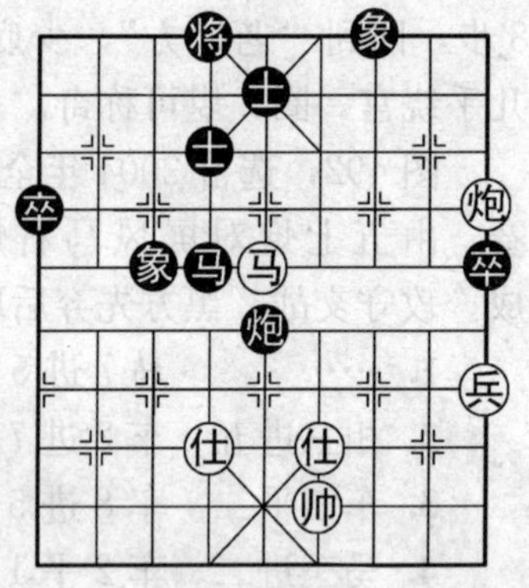

北京蒋川

图 493

37. ……　马 4 进 5　38. 帅四退一　马 5 进 7
39. 帅四进一　马 7 退 6　40. 马五进七　马 6 退 5
41. 炮一平四　炮 5 平 6　42. 帅四平五　炮 6 退 1
43. 帅五退一　卒 1 进 1　44. 马七退五　卒 1 进 1
45. 马五退四　象 7 进 9　46. 马四进二　炮 6 平 8
47. 炮四退一　炮 8 退 2　48. 炮四平五　炮 8 进 2
49. 炮五平一　……

红方残局中顽强周旋，极有韧性，现在消灭边卒，奠定了和势的希望和基础。

49. …… 象3退5　50. 马二进四　马5进6

51. 炮一退一　……

退炮清醒。如马四进五贪象，马6进8捉双，红方必丢仕而局危。

51. …… 卒1进1　52. 炮一平三　……

如马四进五踏象，炮8平5，黑方有攻势。

52. …… 象9进7　53. 马四退六　炮8进1

54. 仕四退五　马6进7　55. 马六退四　炮8退2

56. 兵一进一　炮8平5　57. 仕五进四　炮5进3

58. 马四进五　卒1平2　59. 马五退七　炮5退3

60. 炮三退一　卒2平3　61. 帅五平六　卒3平4

62. 仕六退五　炮5平8

63. 兵一进一　炮8进6

64. 帅六进一　炮8退4

65. 帅六退一　炮8平4

66. 帅六平五　马7进9

67. 马七退八　卒4平5

68. 马八退六　卒5平6

69. 炮三退二　马9退8

70. 炮三平四（图494）

卒6平7

黑方马炮卒极力组织进攻，但在红方严密防守下，难以突破。如图494，如改走卒6进1，仕五进四，马8退9，黑方也很难取胜。

甘肃梁军

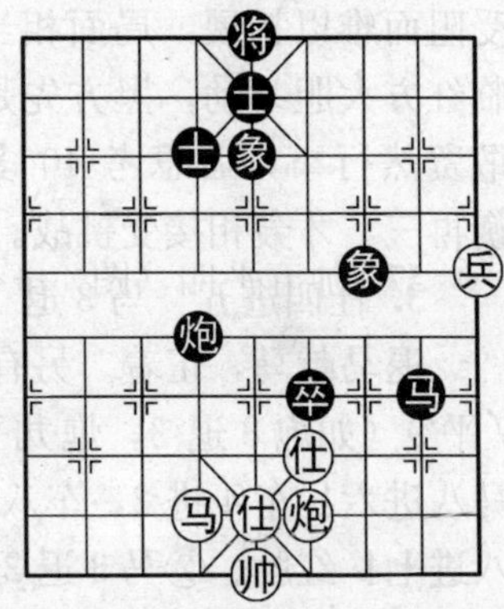

北京蒋川

图494

71. 兵一进一　卒7进1　72. 马六进五　卒7进1

73. 炮四退一　炮4平9　74. 帅五平六　炮9进4

75. 帅六进一　炮9退1　76. 帅六退一　炮9退2

77. 马五退三　炮9退1　78. 帅六进一　炮9平3

79. 马三进四　马8退9　80. 炮四平八　炮3退4

81. 帅六退一　……

形成最佳防线，黑方同意成和。红帅巡宫 21 步，确保城池不破，功不可没。全局 95.5 个回合，红帅运动要占整个回合中的 22%，可谓奇迹也。

图 495，选自 1962 年全国赛，由中炮横车盘头马对屏风马演成。红方走子：

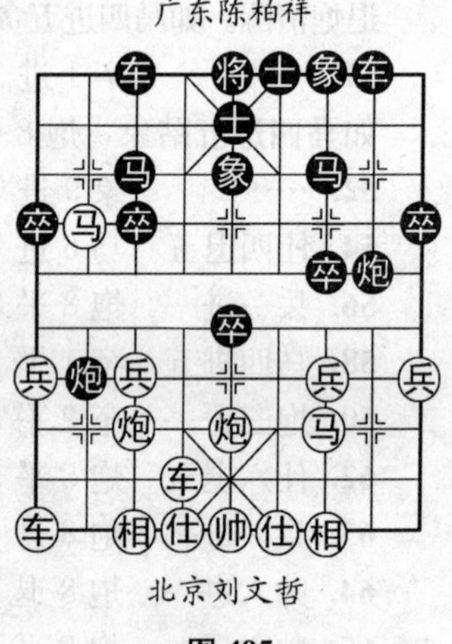

图 495

1. 车九平八　炮 2 平 7

2. 炮七进四！炮 7 进 3

亮车捉炮，轰卒窥车，弃底相抢攻。红方大胆搏杀，放出胜负手，有魄力，当然也有风险，付出代价。如改走相三进一，车 8 进 3，红方攻势受阻而难以拓展，局面相当平稳。面临红方大胆举动，黑方先是一惊，不敢贸然行事，后思考 40 多分钟，权衡再三，才轰相接受挑战。双方由此引起厮杀而激烈对抗。

3. 仕四进五　马 3 退 1

退马献马，正着。另有两种应着：①马 3 进 5，炮七平九！炮 7 平 9（如炮 8 退 3，炮九平五，马 7 进 5，炮五进四，车 3 平 4，马八进六！车 4 进 2，车八进九，红胜），炮九进三！车 3 平 1，马八进七！红胜。②马 3 退 2，炮七平五！马 7 进 5，炮五进四，车 3 平 4，马八进七，马 2 进 4，车六进七，车 4 进 1，车八进九，红胜。

4. 马八进九　炮 8 进 4！　**5.** 车六进五　……

进炮保持对攻之势，正确。如炮 7 平 9，马三进二，红方河口马拦炮，黑方攻势即刻受阻，红方占优。红车进卒林，必着。如改走仕五进四（如马九进七，黑炮 7 平 9），炮 8 进 1，马三退二，车 8 进 9，车八进四，炮 7 退 3，帅五进一，车 8 退 1，帅五退一，车 8 平 4，马九进七，象 5 退 3，车八平五，将 5 平 4，仕四退五，车 4 退 5，炮七进二，炮 7 平 1，黑方占优。

5. …… 炮7平9
6. 帅五平四 炮8进1
7. 帅四进一 车8进8
8. 帅四进一（图496）
卒5进1?

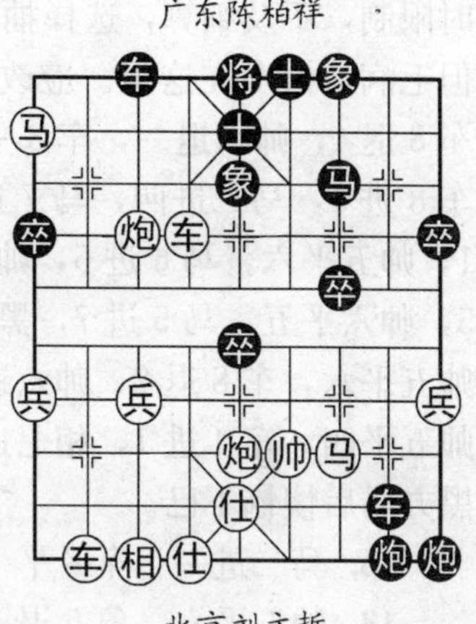

图496

黑方车双炮侧攻，迅速将红帅请上宫顶，红方面临严峻考验。此时，黑方由于前面用时过多而进入限时，这对于正确思索显然带来不利，事实也是如此。如图496，黑方冲卒是一步疑问手。应改走马7进6！马九进七，马6进7，车八进九（如炮七平一，卒5进1，炮五平八，卒5进1，相七进五，马7退5，黑胜），炮9退2，马三退二，车8平6！马二进四，马7进8，黑胜。战机稍纵即逝，可惜。

9. 炮五进五 象7进5　10. 马九进七 ……

轰象，夺车，红方"混水摸鱼"，赢得时机。

10. …… 炮9退2　11. 马三退二 车8退1
12. 帅四退一 车8进1
13. 帅四进一！……

黑车打帅试探，暗藏杀机。红方高帅正确，临枰非常冷静。如误走帅四退一，炮9进2！马二进四，车8进1杀。

13. …… 卒5平6
14. 帅四平五 车8退1
15. 仕五进四（图497）
车8退4?

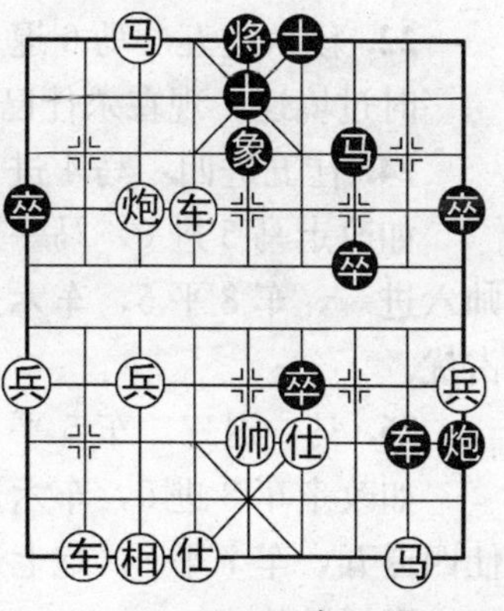

图497

局面进入白热化。从枰盘上看，红方净多车马两个大子。黑方苦于用时限制，不及细算，选择抽车的棋步，想从子力上得到一些补偿。但毛病恰恰出在这里。应改走卒6进1！帅五退一（如帅五平六，车8退4，帅六退一，车8平4，帅六平五，车4平3，黑方胜势），车8进1，马二进四，马7进6，车六退三（如车八进九，卒6进1，帅五平六，马6进5，帅六进一，车8退1，相七进五，车8平5，帅六平五，马5进7，黑胜），炮9进1，车八进九，卒6进1，帅五平六，车8退2，帅六进一，车8平4，帅六平五，马6进7，帅五平四，车4进1，相七进五，车4平5，黑胜。再次错过胜机，黑方局后懊恼不已。

16. 马二进一　车8平4　　**17.** 车八进九　车4平5

18. 帅五平六　象5退3？

吃马，还是受子力平衡上的困扰。实际上没有处理好“子与势”的关系。任何情况下，“势大于子”是一条“下棋的真理”。应改走车5平4，帅五平四，卒6进1！帅五平四，象5退3，车八平七，士5退4，黑方占优。三失战机，奈何！

19. 车八平七　士5退4　　**20.** 车七平六　将5进1

21. 炮七退二　马7进6？

跃马似紧实松，缓着。应改走卒6进1杀仕，以后对红方仍有威胁，黑方不乏机会。

22. 仕六进五　马6退4　　**23.** 帅六退一　卒6进1

时过境迁。现在杀仕已经今非昔比，很难有作为也。

24. 仕五进四　马4进5　　**25.** 帅六退一　马5进3

如改走马5进6，马一退三，车5平8，马三进五，车8进6，帅六进一，车8平5，车六退七，卒7进1，炮七平八，红方多子占优。

26. 马一退三　车5平8　　**27.** 相七进五　车8进6

如改走车8进5，车六退六，马3进2，帅六平五，车8平7，仕四退五，车7平8，炮七退四，卒7进1，车六平八，捉死黑马，红方多子胜势。

28. 马三退五　马3进5　　**29.** 仕四退五　车8退1

30. 车六退一　将5退1　31. 车六退五　马5退6
32. 车六平五　士6进5　33. 炮七平五　士5进4
34. 车五平四　马6退8　35. 仕五进六　车8平3
36. 马五进四　卒7进1　37. 炮五退四　卒7平6
38. 车四平五　将5平6　39. 马四进二　车3平6
40. 马二进三　卒6平7　41. 仕六退五　车6退4
42. 车五进二！……

一阵拼抢，红方转危为安，以多子之势实行反击。现在兑车抢先，好棋。

42. ……　车6平5　43. 炮五进五　马8进9
44. 马三进一　马9进7
45. 仕五进四　马7退6
46. 马一进三　将6进1
47. 炮五退四　马6进5
48. 帅六平五（图498）　……

至此，红帅足足巡宫一圈，回到“老地方”，奇妙趣极。下面入局。

广东陈柏祥

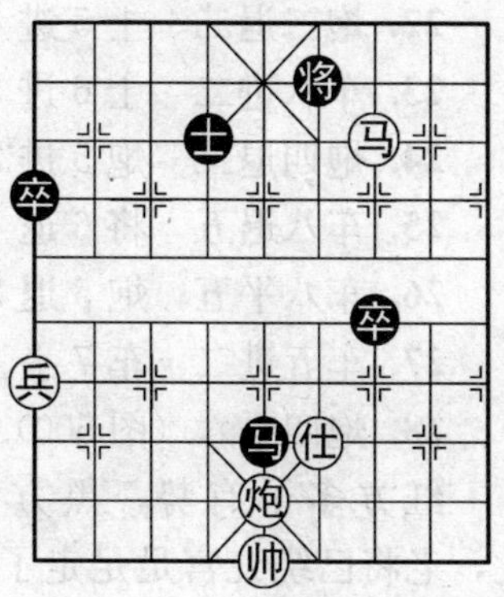

北京刘文哲

图498

48. ……　士4退5
49. 炮五平四　士5进6
50. 帅五进一！马5退4
51. 马三进二　将6退1
52. 炮四平一　……

马后炮杀局，红胜。

图499，出自1995年全国个人赛，由起马对挺卒局走成。红攻黑守，黑方走子：

1. ……　将5平4　2. 车七平五　卒7平6
3. 炮五平一　马1退3　4. 马六进七　象5进3
5. 马七退六　车4退1　6. 车五平八　车4平8
7. 车八进六　将4进1　8. 炮一进二　将4进1
9. 马六退五　车8进5　10. 仕五退四　卒6平5

11. 仕六进五　车 8 退 6
12. 车八退三　炮 6 平 9
13. 兵一进一　将 4 平 5
14. 兵一进一　车 8 平 7
15. 相五退三　将 5 平 6
16. 相七进五　卒 5 进 1
17. 相五进三　卒 5 平 6
18. 相三退一　将 6 退 1
19. 炮一平二　炮 9 平 8
20. 兵一平二　卒 6 平 7
21. 相三进五　炮 8 平 5
22. 炮二退二　士 5 进 4
23. 车八进二　士 6 进 5
24. 炮四退二　炮 5 进 2
25. 车八退五　将 6 退 1
26. 车八平五　炮 5 退 2
27. 车五进二　车 7 平 1
28. 炮四平六（图 500）　……

红方多子有势，黑方认输。至此，老将已绕九宫足足走了一圈，奇妙也。

上海万春林

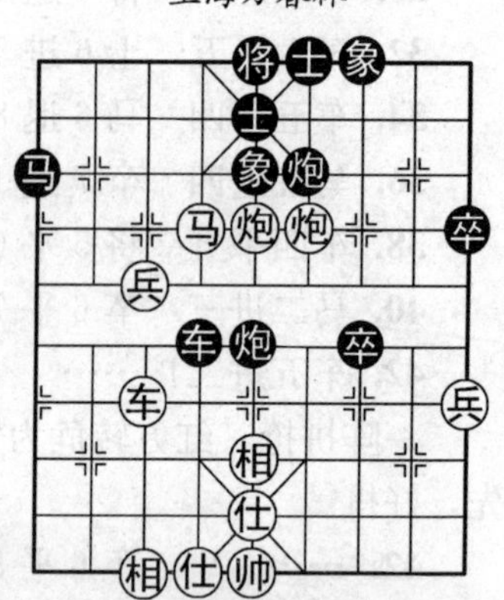

广东吕钦

图 499

上海万春林

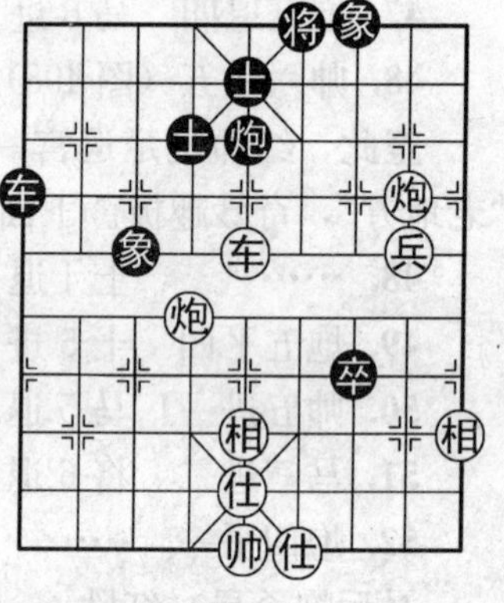

广东吕钦

图 500

图 501，弈自 1993 年全国团体赛，由飞相局对士角炮走成。红方抢先：

1. 马三进一！车 8 进 2　　**2.** 炮四平三　车 2 进 2

马攻边陲窥卧槽，继而平炮攻马，佳着。黑方以车啃炮无奈。如改走车 8 平 9，车二进二，士 5 进 4，兵三进一，红方大优。

3. 车八进七　马 7 进 6　　**4.** 炮三平四　马 6 进 7
5. 车八退一　炮 4 退 1　　**6.** 车八平六　马 4 进 3
7. 车六平五　马 7 进 6

8. 车二进一　炮 4 进 6（图 502）

9. 帅五进一！……

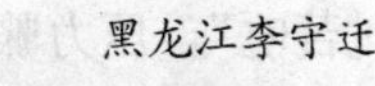

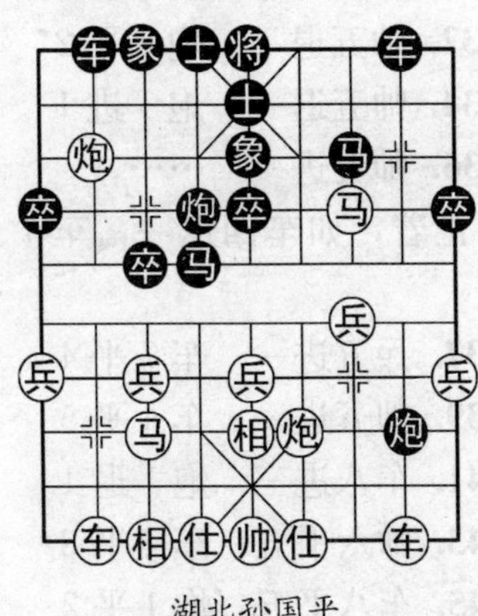

湖北孙国平

图 501

黑龙江李守迁

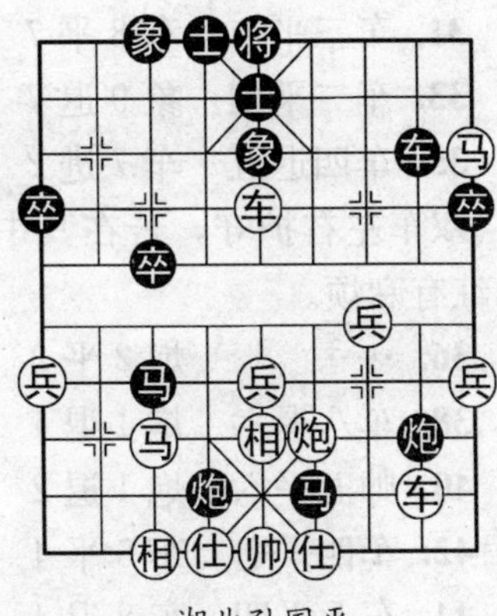

湖北孙国平

图 502

黑方双马左右插入，力图反扑。图 502，红方高帅化解黑方攻势，精致。红帅由此加入“战斗行列”，而跋涉九宫。

9. ……　　　炮 4 平 3　　**10.** 炮四进一　车 8 平 9

11. 炮四平七　炮 3 退 2　　**12.** 车五平四　象 5 退 7

13. 车二平四　炮 8 平 3　　**14.** 兵三进一　……

一阵拼抢，形成双车斗车双炮，红方三兵渡河，保持优势。

14. ……　　　车 9 平 4　　**15.** 帅五退一　车 4 进 4

16. 仕四进五？……

补仕给黑方车双炮有联攻的机会，随手棋。应改走兵五进一，红方稳持先手。

16. ……　　　车 4 进 2　　**17.** 相七进九　前炮平 2

18. 前车平三　象 7 进 9　　**19.** 车四进五　炮 2 进 1

20. 帅五平四　象 3 进 5　　**21.** 车四平八　炮 3 进 3

22. 帅四进一　炮 3 平 2　　**23.** 车八平五　前炮平 1

24. 帅四进一　炮 2 退 1　　**25.** 相五进三　炮 1 退 1

26. 车五平八　车 4 退 1　　**27.** 相三退五　车 4 退 2

28. 相五退七　车 4 平 8　**29.** 帅四平五　车 8 进 2

30. 仕五进四　炮 2 平 6

车双炮左右环攻，破仕推进。红方“自讨苦吃”，压力骤增。

31. 车三平二　车 8 平 7　**32.** 帅五退一　炮 6 平 2

33. 车二平四　象 9 退 7　**34.** 帅五退一　炮 1 进 1

35. 车四退五　车 7 进 2　**36.** 帅五进一　……

双车左右护守，苦在其中。高帅正着，如车四退一，车 7 退 2，红有麻烦。

36. ……　炮 2 平 3　**37.** 兵五进一　车 7 平 4

38. 车八退六　炮 1 退 1　**39.** 帅五进一　车 4 平 5

40. 帅五平六　炮 1 退 2　**41.** 车八进三　炮 1 退 1

42. 车四平七　车 5 平 4　**43.** 帅六平五　车 4 平 8

44. 车七平四　车 8 退 4　**45.** 车八平五　炮 1 平 2

46. 帅五平六　炮 2 进 2　**47.** 帅六退一　炮 3 进 1

48. 帅六进一　车 8 进 2　**49.** 相七进五　炮 3 退 1

50. 帅六退一　车 8 进 2　**51.** 车五平八　车 8 平 2

52. 车四进五　炮 2 进 1　**53.** 车四平八　车 2 平 5

54. 后车退二　……

拼命抵抗防御，终于躲过黑方“密集炮火”。现在吃掉一个黑炮，红方重掌胜势。

54. ……　车 5 退 2

55. 后车进三　车 5 退 1

56. 兵一进一　炮 3 平 5

57. 后车平六　炮 5 退 2

58. 车八平一　将 5 平 6

如象 5 进 7 吃兵，车一平五叫杀夺炮，红胜。

59. 车一进三　卒 1 进 1

60. 帅六退一（图 503）　……

黑龙江李守迁

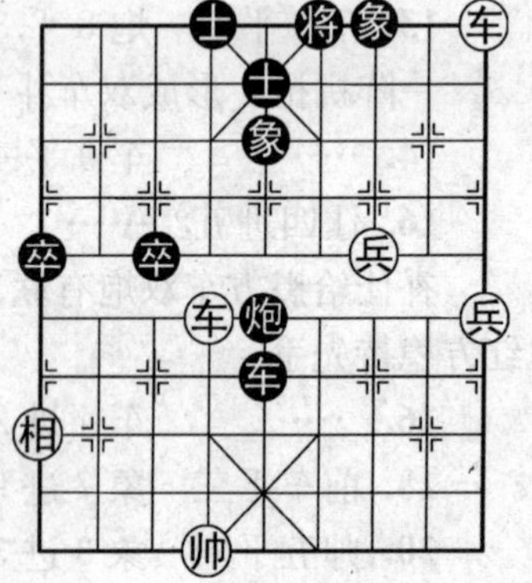

湖北孙国平

图 503

多子又有双兵，红方胜定。下面着法从略。红帅沿宫 15 步，其中包括整整绕了九宫一圈，真是辛苦，但也有趣而堪称奇也。

图 504，来自 1985 年第 7 届省港澳象棋埠际赛，由中炮对中象横车演成。车马炮斗车双马，红方多相，黑方多卒。红方走子：

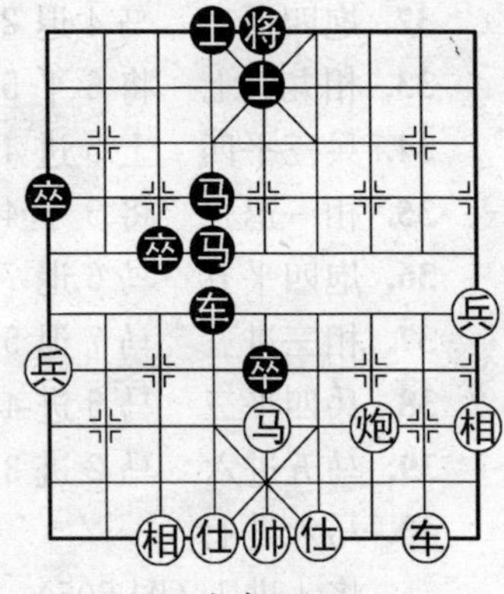

图 504

1. 车二进九　士 5 退 6
2. 炮三进七　将 5 进 1
3. 车二退一　将 5 进 1
4. 马五进三　前马退 6
5. 车二退二　车 4 平 6
6. 车二平三　马 4 进 3
7. 仕六进五　马 3 退 5
8. 车三退一　马 5 进 4
9. 仕五进六　车 6 平 3　　**10.** 相七进九　车 3 平 2
11. 相一退三　车 2 进 4　　**12.** 帅五进一　车 2 平 6
13. 车三平四　……

黑方以攻对攻，在速度上力争主动。现在破底仕构成威胁，红方兑车消除后患，明智之举，否则有后顾之忧。

13. ……　车 6 退 5　　**14.** 马三进四　马 4 退 5
15. 炮三退七　马 5 进 6

如误走卒 5 平 4，炮三进三，红方夺马占优。

16. 帅五退一　将 5 平 4　　**17.** 马四退五　……

纠缠中，消灭过河卒，红方以马炮斗双马的优势进入残局。

17. ……　后马进 7　　**18.** 马五退四　马 7 退 5
19. 仕六退五　马 5 进 4　　**20.** 帅五平六　马 6 进 5

吃仕，得到失卒后的补偿，以后将是艰苦的残棋较量。

21. 帅六进一　马 5 退 6　　**22.** 马四进五　将 4 平 5
23. 兵一进一　卒 1 进 1　　**24.** 炮三平五　将 5 平 6
25. 兵一平二　将 6 退 1　　**26.** 兵二进一　马 4 退 5

27. 相三进一　士6进5　28. 炮五平四　士5进6

29. 兵二进一　将6退1　30. 兵二平三　士4进5

31. 兵三进一　马5进4

32. 炮四退二　马4退2

33. 相九进七　将6平5

34. 兵三平四　士5进4

35. 相一退三　将5平4

36. 炮四平五　马6退7

37. 相三进五　马7退5

38. 兵四平三　马5进4

39. 马五进六　马2进3

40. 马六进七

将4进1（图505）

澳门地区李锦欢

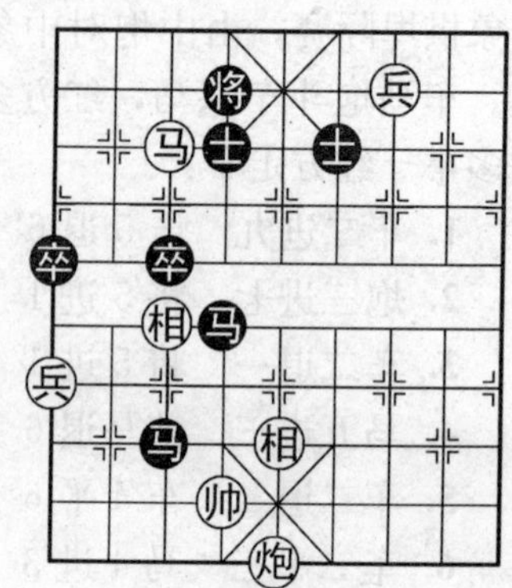

广东吕钦

图505

黑将绕九宫整整走满一圈，奇妙有趣，罕见也。

41. 兵三平四　马3退1?

吃兵不当，应改走马4退3。

42. 炮五平二！马4退5

43. 马七进八！

将4退1（图506）

澳门地区李锦欢

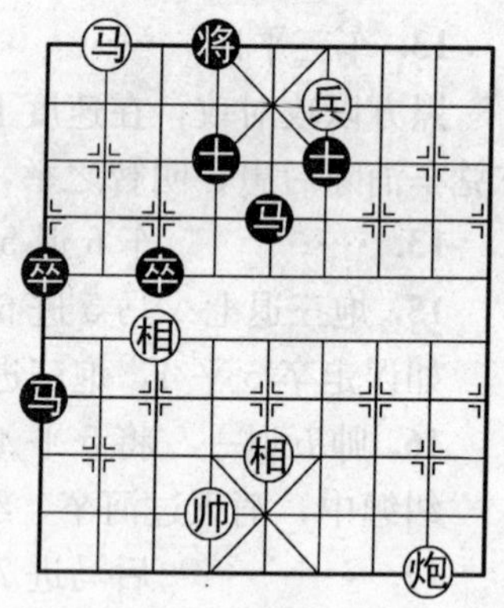

广东吕钦

图506

44. 兵四进一！……

开炮、踏马，兵冲底线，妙。由此攻杀夺马，带来胜机。

44. ……　马5退7

45. 炮二进六！马7退6

46. 炮二平九！将4平5

47. 炮九退三　……

至此，形成马炮双相对马双士双卒残局，黑方卒子尚未过河，红方有胜机。下面着法冗长，从略。

图507，弈自2003年全国象甲联赛，由中炮过河车对屏风马

平炮兑车形成。红方走子：

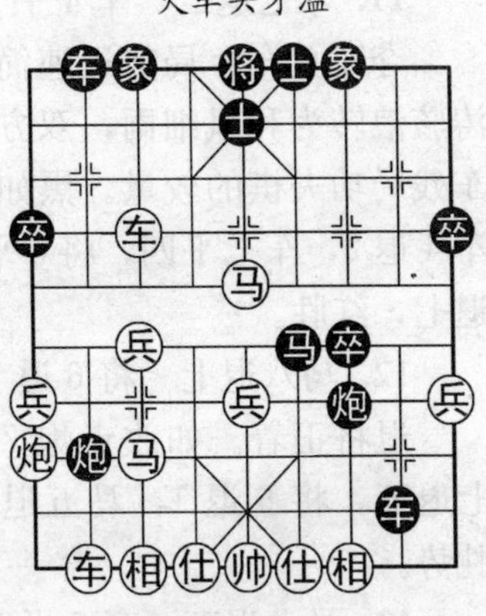

图 507

1. 车八进二！……

弃车杀炮抢攻，好棋。如改走相七进五，车 8 平 6，车七平四，车 2 进 3！车四进二（如车四平八，马 6 进 7，仕四进五，炮 7 进 3，仕五进四，马 7 进 6，黑胜），炮 7 平 6，车四平二，炮 6 进 3，车二平四，卒 7 进 1，炮九进四，卒 7 进 1，炮九进三，象 3 进 5，炮九平四，卒 7 进 1，炮四退五，炮 6 退 4，马七进六，炮 6 平 8，车四退七，卒 7 平 6，车八进一，炮 8 进 4，相三进一，炮 2 平 9，车八平四（如车八进五，黑炮 9 进 2 杀），炮 9 进 2，帅五进一，车 2 进 5，黑胜。

1. …… 车 2 进 7 **2.** 车七进三 士 5 退 4

3. 马五进六 将 5 进 1 **4.** 马七进六 ……

车双马扑杀抢速度，至关重要。

4. …… 车 8 平 4 **5.** 车七退一 将 5 进 1

6. 后马进七 车 4 退 5 **7.** 马六进八 将 5 平 6

避将活车。另有两种着法：①马 6 进 4，车七平四，马 4 进 3，帅五进一，车 2 退 6，马七进八，士 4 进 5，兵七进一，炮 7 平 1，炮九平五，马 3 退 5，相三进五，卒 7 平 8，兵五进一，红方胜势。②车 2 退 4，兵七进一，将 5 平 6，马七进六，士 6 进 5，兵七进一，马 6 进 7，仕四进五，车 4 平 6，炮九平四，车 6 进 4，仕五进四，车 2 进 3，相三进五，车 2 平 5，兵七平六。互有攻势，红方易走。

8. 炮九进四 车 2 退 4（图 508）

如改走车 4 进 5，马七退五，马 6 退 5，车七退一，象 7 进 5，马八退七，红方优势。

9. 马七进六 士 6 进 5 **10.** 炮九平六 车 2 平 4

11. 车七退二　车 4 平 3

夺车兑车，局势迅速简化，由惊涛骇浪转为和风细雨，双方将进行无车残局功夫棋的较量。黑如避兑误走车 4 退 2，车七平四，将 6 平 5，马八退七，红胜。

12. 马八退七　将 6 退 1

退将正着。如改走炮 7 平 1，马七退五，将 6 退 1，马五退三，红方胜势。

13. 马七退五　卒 7 平 8

保留过河卒。在红方多兵情况下，在兵种组合上占便宜，利于对抗。

火车头才溢

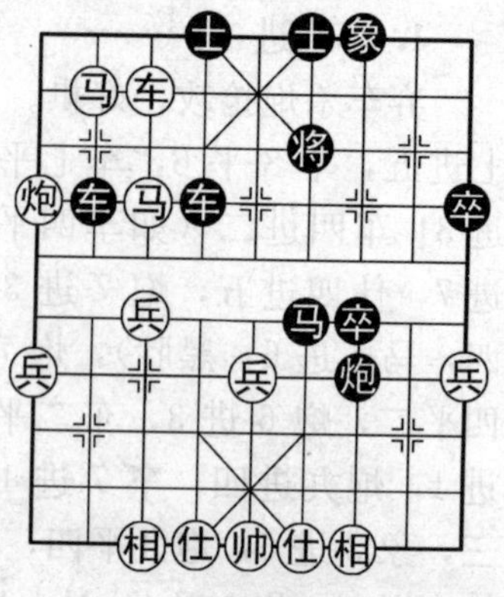

北京张强

图 508

14. 兵九进一　将 6 退 1　　**15.** 相七进五　马 6 进 8

16. 仕六进五　炮 7 平 9　　**17.** 马五进三　炮 9 平 5

18. 马三退二　卒 9 进 1　　**19.** 兵九进一　马 8 进 6

20. 帅五平六　马 6 退 5　　**21.** 马六退八　马 5 进 3

22. 仕五进四　马 3 进 2　　**23.** 帅六进一　炮 5 平 1

24. 帅六平五　炮 1 进 2　　**25.** 帅五退一　马 2 退 4

26. 帅五平六　马 4 退 5　　**27.** 仕四进五　炮 1 退 2

28. 兵七进一　……

双马对马炮，攻击力显然要差一些，关键看两个过河兵如何发挥作用。

28. ……　卒 9 进 1　　**29.** 马二进三　炮 1 平 8

30. 兵七平六　炮 8 进 3　　**31.** 相三进一　炮 8 退 7

32. 兵六平五　马 5 进 3　　**33.** 相一进三　卒 9 进 1

34. 兵九进一　炮 8 平 4　　**35.** 马八退七　将 6 平 5

36. 兵九平八　马 3 进 1　　**37.** 兵五进一　马 1 进 3

38. 马七退五　炮 4 进 3　　**39.** 兵五平六　卒 9 平 8

40. 马三进二　炮 4 平 1　　**41.** 兵八进一？　……

功夫残局不宜心急，要有耐力、磨功。现在冲兵嫌急，应将肋兵设法调至右翼，以后两个兵从两翼分头齐进，较易发展成胜机。

41. …… 马3退4 **42.** 兵八平七？……

过于忙于动兵，似紧实缓。应走马五进四展开攻击。

42. …… 马4退5 **43.** 兵六平五 炮1平4

44. 兵七进一 ……

冲兵不如兵五平四。

44. …… 炮4退3

45. 马五进七 马5退3

46. 帅六平五 ……

进帅不及马二退三。

46. …… 炮4平7

47. 兵五平六 炮7退1（图509）

48. 兵七进一 ……

黑方调炮打兵，走得聪明，劣势下顽强抵抗，精神可嘉。红方冲兵无奈，如兵六平七，炮7平3，轰兵打双，立即和棋。

火车头才溢

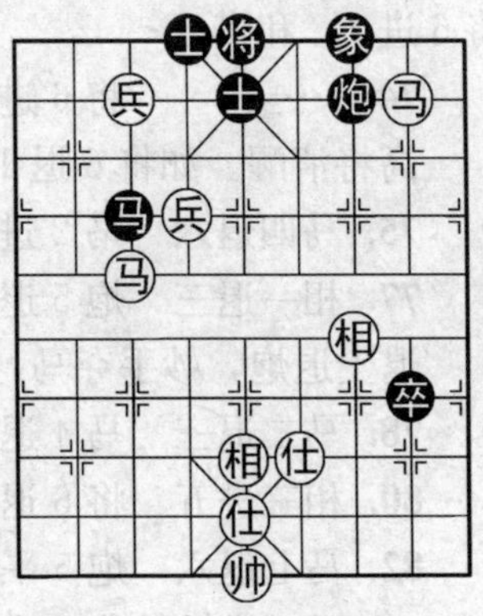

北京张强

图509

48. …… 马3退4 **49.** 马二退三 炮7进1

50. 帅五平六 卒8平7 **51.** 相三退一 炮7退1

52. 马三退二 卒7平8 **53.** 马二进四 炮7平8

54. 马四进三 象7进5 **55.** 马七退五 象5退7

56. 马五进三 马4进2 **57.** 兵七平六 士5退4

58. 兵六进一 士4进5 **59.** 兵六平七 马2进3

60. 后马退二 ……

成双马低兵仕相全对马炮士象。这类残局在限时情况下，欲胜非易事。

60. …… 炮8平6 **61.** 马二进四 炮6进1

62. 马四进六 将5平4 **63.** 马三退四 将4平5

64. 相五进七 将5平4 **65.** 帅六平五 将4平5

66. 仕五进六　将 5 平 6　　**67.** 仕四退五　将 6 进 1
68. 仕五退六　象 7 进 9　　**69.** 马四退二　象 9 进 7
70. 马二进一　象 7 退 9　　**71.** 马一进三　象 9 进 7
72. 兵七进一　马 3 退 2　　**73.** 马六进四　炮 6 平 5
74. 马三进二　……

如改走马四进五，马 2 进 4，兵七平六，马 4 退 5，兵六平五，将 6 进 1，和棋。

74. ……　　将 6 进 1

高将清醒。如将 6 退 1，马四进五，破士后，红方可有胜势。

75. 马四退六　马 2 进 4　　**76.** 兵七平六　士 5 退 6!
77. 相一退三　炮 5 退 2!

退士退炮，妙手夺马，冷着应用，不知不觉，好。

78. 马二退三　马 4 退 5　　**79.** 仕六进五　马 5 进 7

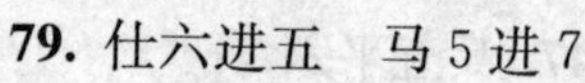

80. 相三进五　将 6 退 1　　**81.** 马六进七　炮 5 进 6
82. 马七退六　炮 5 平 8　　**83.** 马六进四　炮 8 退 5
84. 马四进三　将 6 进 1　　**85.** 马三进五　将 6 平 5
86. 马五退七　将 5 平 4
87. 马七退九
将 4 退 1（图 510）

黑将已足足绕宫超走一圈，可谓“辛苦”又“劳累”，奇趣罕局也。至此，形成马炮单士象对马仕相全残局。从理论上讲，有胜利的可能，但在 10 来分钟走 10 步棋，又要受到“自然限着”的限制，加上精神高度紧张，取胜相当困难。以后双方续走 20 余回合，终于无法取胜而成和。着法从略。

火车头才溢

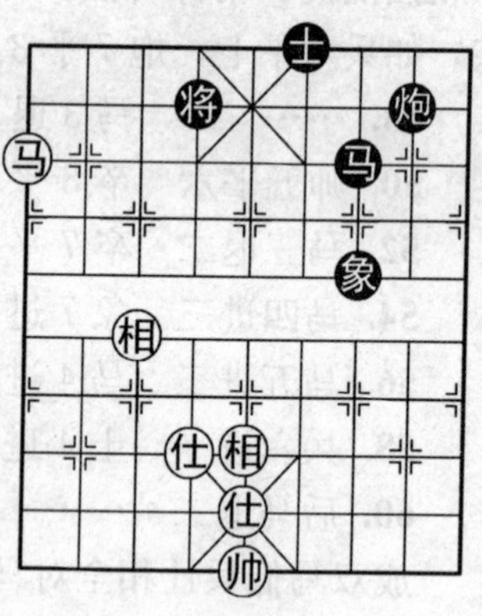

北京张强

图 510

5. 巧用守子　妙在其中（24 例）

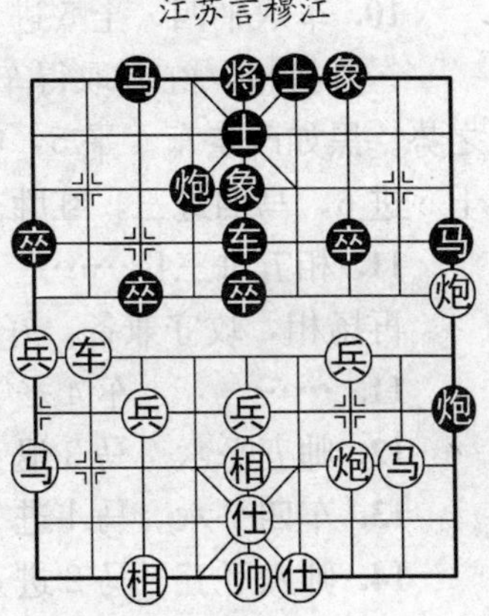
江苏言穆江

河北李来群

图 511

图 511，选自 1985 年“王冠杯”，由上仕对挺卒走成。红方巧攻：

1. 相五退三！……

退相腾出炮位，发动进攻的前奏曲，好棋。守子的运用成为推动局势发展的关键性着法。

1. ……　　卒 7 进 1

如改走车 5 平 6，兵三进一，卒 7 进 1，炮一平五，炮 9 平 7，车八进五，车 6 平 3，马九进八，红优。

2. 炮三平五！车 5 平 8

3. 炮一平五！……

弃马抢攻，凶。

3. ……　　车 8 进 4　　**4.** 车八进五！将 5 平 4

5. 后炮平六　炮 4 平 3　　**6.** 马九进八！炮 3 进 4

7. 相七进五！……

扬相打车，老练。如马八进六，车 8 平 4，仕五进六，卒 7 进 1，局势松懈。

7. ……　　车 8 退 4　　**8.** 马八进六　将 4 平 5

9. 马六进七　……

献马绝杀，红胜。

图 512，出自 1989 年全国个人赛，由斗顺炮演成。红方出手：

1. 相五进三！……

扬弃高相通车路，牺牲局部，发展全局的关键性佳着。

1. ……　　炮 7 进 2　　**2.** 车六平二　将 5 平 6

3. 车二进七　将 6 进 1　　**4.** 车二退三　马 5 进 3

5. 相三进五　马 3 进 2　　**6.** 仕五进六　马 2 进 3

7. 帅五进一　炮 7 平 2

8. 车二平八　车 3 进 1

9. 车八退二　车 3 平 4

10. 车八平四　士 5 进 6

一阵拼抢，红方取得车马炮联攻之势。黑如改走车 4 平 5，帅五平四，士 5 进 6，马四进三，红胜。

11. 相五进三！……

再扬相，攻守兼备，好棋。

11. ……　　　车 4 平 8

12. 帅五平六　马 3 退 4

13. 车四平六　马 4 进 2

14. 帅六平五　马 2 进 3

广西冯明光

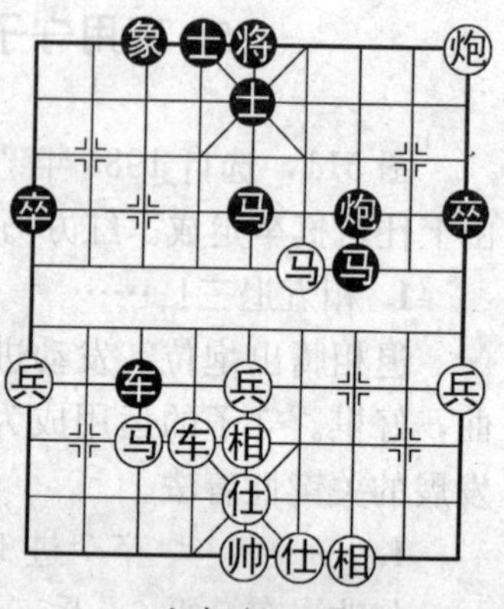

广东许银川

图 512

15. 帅五退一　马 3 退 4

16. 帅五平六　士 4 进 5

17. 车六进二　士 5 进 4

18. 车六平三　马 4 退 6

19. 车三进二　将 6 退 1

20. 马四进三　车 8 退 5

21. 车三进一　将 6 进 1

22. 马三进二　将 6 平 5

23. 车三平五　将 5 平 4

24. 车五平七　将 4 平 5

25. 车七退一　将 5 进 1

26. 马二退四　红胜。

图 513，来自 1979 年四省市象棋邀请赛，由起马对挺卒走成。在看似平稳的局面中，红方巧攻：

1. 相五进三！……

飞高相做杀，借助守子助攻，好棋。

1. ……　　　象 5 进 7

2. 前炮进三　车 4 进 4

3. 前炮进二！炮 6 进 2

4. 前炮平二！炮 6 平 7

5. 相三退一！……

吉林王秀子

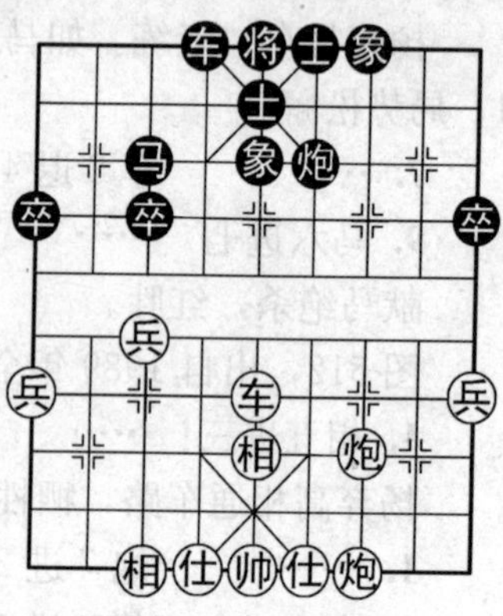

辽宁赵庆阁

图 513

退边相露帅炮再攻，守子运用出色，佳着。

5. ……　炮 7 平 6　**6.** 车五平三　将 5 平 4

如误走车 4 平 5 打帅，仕四进五，将 5 平 4，车三平六，红方速胜。

7. 炮三进九　将 4 进 1　**8.** 车三平八！马 3 退 4

9. 炮二进一　炮 6 退 3　**10.** 车八进六！将 4 进 1

11. 炮三平六　……

车双炮抢攻连连叫杀，黑方防不胜防。现在轰马夺子，奠定胜势。

11. ……　车 4 平 5　**12.** 仕六进五　炮 6 进 1

13. 炮六平五！车 5 平 8　**14.** 车八退七！车 8 平 4

15. 车八平五！炮 6 退 1　**16.** 车五进四　士 5 退 4

17. 炮二退六！炮 6 平 5　**18.** 车五进一！……

紧攻不舍，构成精彩杀局，红胜。

图 514，弈自 1979 年省港澳象棋埠际赛，由飞相对中炮形成。红方走子：

1. 马三退五！卒 5 进 1

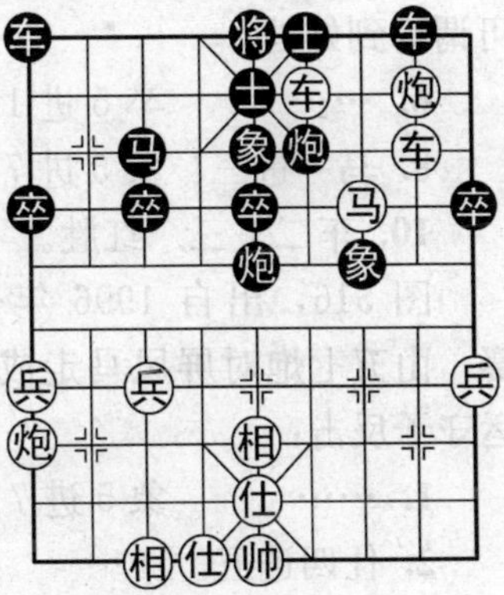

2. 相五退三！……

兑炮消除中路牵制，继而退相通炮路，集结兵力攻击黑方左侧，守子为攻子服务，佳着。

2. ……　车 1 平 4

3. 炮二平三！车 8 平 7

4. 炮九平三！车 4 进 4

5. 前炮平五！……

澳门地区陆剑明

广东蔡玉光

图 514

炮运三步，着着到位；轰士抢攻，力在其中。

5. ……　象 7 退 9　**6.** 车二平四　士 6 进 5

7. 后车平一　车 4 退 2　**8.** 炮三平五　……

一阵攻杀，黑方士象被摧，认输。

图 515，选自 1993 年全国个人赛，由对相（象）局而成。红方走子：

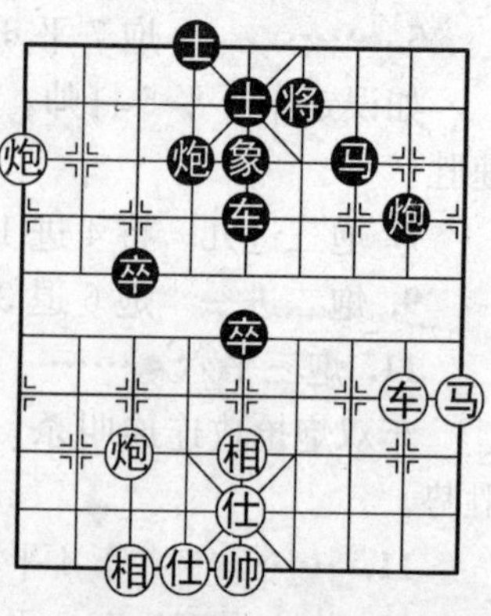

1. 相五进三！……

扬相通炮路，成左右推进之势，带动全局发展的关键性佳着。

1. ……　　　卒 5 进 1

2. 车二进一　车 5 平 1

如改走炮 4 进 4，马一退三，马 7 进 6，车二进一，马 6 进 7，炮七平四，红方优势。

3. 炮九平七　马 7 进 6

4. 车二进一　马 6 进 4　　**5.** 后炮平四　马 4 进 2

6. 相三退五！……

退相通马路，开创入局之路，又是一步运用守子的好棋。此时可谓恰到好处。

6. ……　　　卒 5 进 1　　**7.** 相七进五　将 6 退 1

8. 马一进三！象 5 进 7　　**9.** 炮七进二　将 6 进 1

10. 车二平三　红胜。

图 516，出自 1996 年全国团体赛，由五七炮对屏风马走成。黑方巧运守子反击：

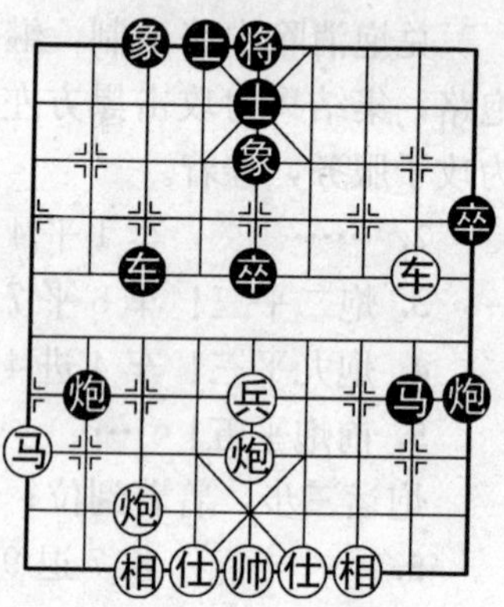

1. ……　　　象 5 进 7！

2. 仕四进五　……

黑方飞象挡车，解攻还攻，妙。红如改走仕六进五（如炮五平二，黑马 8 进 6），炮 9 平 5，黑有强烈攻势。

2. ……　　　炮 9 进 3

3. 相三进一　炮 9 平 8！

打车强兑，推进攻势，好棋。

4. 马九进七　炮 8 退 5　**5.** 炮七进四　炮 2 平 5！

6. 帅五平四　炮 5 平 6　**7.** 帅四进一　……

如帅四平五，马 8 进 7，帅五平四，炮 8 进 1，相一进三，卒 5 进 1，黑方胜定。

7. ……　炮 6 退 5　**8.** 仕五进六　马 8 进 7

9. 炮七平三　象 3 进 5！

飞象立定胜局。下面：炮三进一，马 7 退 6，炮三平四（如炮五平四，马 6 进 4，亦是黑方胜势），炮 8 平 6，炮五平四，马 6 进 4，黑方胜定。

图 517，选自 1985 年“敦煌杯”，由五六炮对反宫马形成。黑方抓住红方孤仕的弱点，反击：

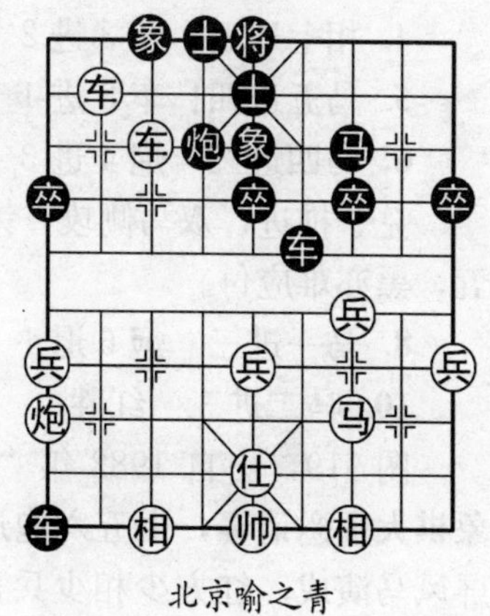

图 517

1. ……　象 5 进 3！

飞象盖车，为抢攻铺平道路，好棋。守子妙用尽在其中。

2. 相三进五　炮 4 进 6！

炮攻相腰，致命一击。

3. 炮九进四　车 1 平 3

4. 仕五退六　车 3 退 2

5. 炮九进三　车 3 平 5

6. 仕六进五　车 5 平 7

连攻带消，势不可当。

7. 车七进二　车 7 进 2　**8.** 仕五退四　车 6 进 5

9. 帅五进一　将 5 平 6！

出将妙，解杀还杀。

10. 车七退二　将 6 进 1　**11.** 炮九退一　车 6 退 1

捷足先登，黑胜。

图 518，弈自 1992 年全国个人赛，由仕角炮对起马局形成。红方走子：

1. 相五退七！炮 4 进 1

落相伏七路攻势，好棋。黑如改走炮4进4，相七退九，马3退4，炮七进七，马4进5，炮七平四，士5退4，炮四平六，将5进1，炮六退二，红方胜势。

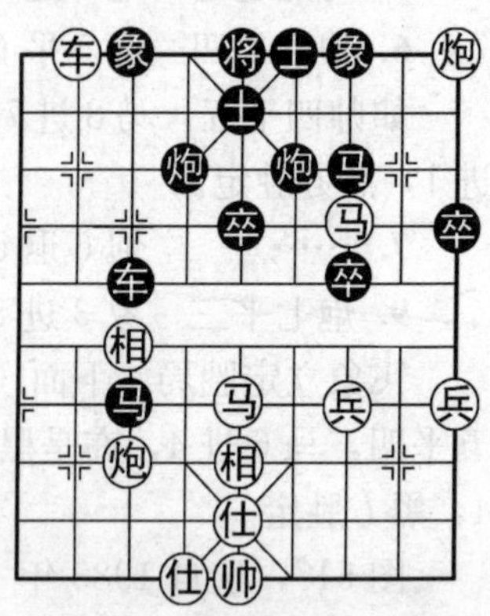

图 518

2. 相七退五！ 炮4退3

3. 车八退一　马3进5

运动双相取得攻势，守子大起作用。黑如改走马3退4，马五进七，红有凌厉攻势。

4. 相七进五　车3进2

5. 马五进四！ 车3进1

6. 马四进三　炮4进3　　**7.** 前马进一　炮4平7

兑子推进，双马侧攻，锐不可当。黑如改走象3进5，马三进五，黑亦难应付。

8. 马一进三　炮6退1　　**9.** 马三退二　炮7退3

10. 马二进三　红胜。

图519，出自1982年“上海杯”象棋大师邀请赛，由五六炮巡河车对屏风马演成。红方少相少兵，但左侧已有强烈攻势，此时利用守子突出妙手：

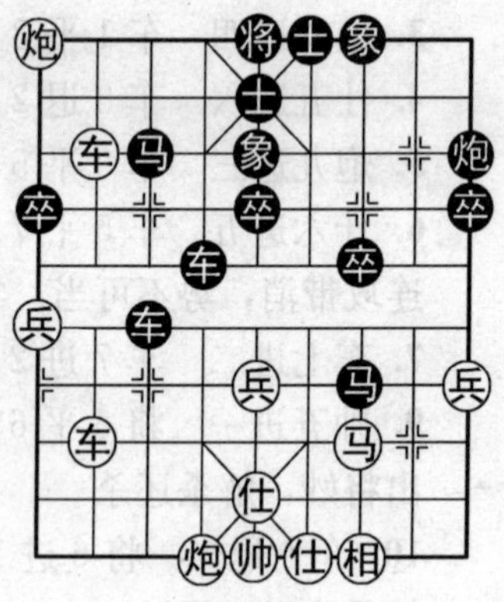

图 519

1. 仕五进六！……

撑仕打车，力似千金棒，有一锤定音之妙，好棋。

1. ……　　　车3进4

如改走车4平6，前车进二，士5退4，前车平六，将5进1，车八进六，红胜。

2. 后车退二！……

强欺车是继撑仕后的又一步妙手，精彩。

2. …… 车3平4

如改走车3平2，车八进二，士5退4（如车4退4，红车八平六杀），车八退九，黑方将丢双车。

3. 车八平六 车4退3 **4.** 仕六退五！车4平1

5. 车八进二 士5退4 **6.** 车八平六 将5进1

7. 前车平四 炮9退2 **8.** 车四退六 炮9平1

9. 车四平三 红方多子胜。

图520，弈自1977年全国赛，由仙人指路对起马局形成。斗无车棋，红方进攻：

天津黄少龙

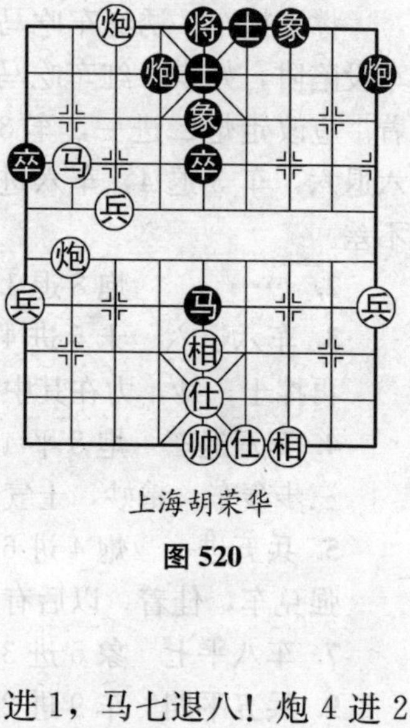

上海胡荣华

图520

1. 马八进七 士5进4

2. 炮八进五 将5进1

3. 兵七进一 马5退6

4. 仕五进四！……

马兵双炮联攻推进，成大军压境之势。紧攻当口，红方撑仕，良好的等着，观黑动静又有助攻作用，似缓实紧也。如急走兵七进一？炮9进1，马七退九，炮4平2，炮七退一，象5退3，局势松懈，红方攻势瓦解。

4. …… 将5平6

如改走卒5进1，兵七平六，炮9进1，马七退八！炮4进2（如卒5进1，红兵六进一），马八进七，红方得子。

5. 炮七平三 炮9平7 **6.** 炮八退八！……

退炮转攻，好棋。可见前面撑仕等着之妙。

6. …… 马6进4 **7.** 兵七平六 炮7进1

8. 炮三平二 炮7平6 **9.** 炮二退三 士6进5

10. 炮八平六！马4退2 **11.** 炮二平四！炮6进5

如改走炮6平8，炮六平四，将6退1，兵六平五，红方胜势。

12. 炮六平四　炮6退3　　13. 兵六平五　马2进4
14. 兵五进一　马4进5　　15. 帅五进一　马5退4
16. 后炮进一！卒1进1　　17. 前炮平六　炮6平4
18. 炮六退二　红夺马胜。

图521，来自1997年“林河杯”象棋名人赛，由仙人指路对卒底炮走成。黑方防守中反击：

吉林陶汉明

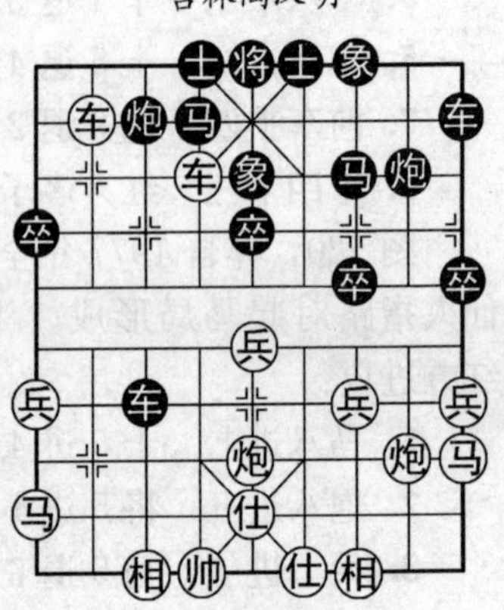

湖北李智屏

图521

1. ……　士6进5！
2. 车六进一？……

撑士捉车，诱红车吃马，以饵捕车设陷阱，好棋。红车吃马中计，失着。应改走炮二进一，车3进2，车六退六，车3退4，车六进二，红势不差。

2. ……　炮8退1！
3. 车六退六　士5进4！

再撑士，妙，力在其中。

4. 车八退三　炮8平4！

三步轰车，精妙，士气大振。黑方诱着夺车成功。

5. 兵五进一　炮4进6　　6. 炮二平六　车3退2

强兑车，佳着。以后有车斗无车，优势在手。

7. 车八平七　象5进3　　8. 兵五进一　将5平6
9. 兵五平四　车9进2　　10. 兵四进一　马7进6
11. 马九进七　士4进5　　12. 炮五平四　将6平5
13. 马一退三　士5进6

消灭过河兵，黑方已掌胜势。

14. 马三进四　马6进5　　15. 马七进六　象7进5
16. 马四进五　士6退5　　17. 相三进五　炮3平1
18. 炮四进二　车9平6　　19. 炮四平二　炮1进5
20. 炮二退一　马5进3

兑子抢先，简化局势进入残局，老练。

21. 马六退七　炮 1 平 8　　**22.** 马七进六　车 6 进 2

23. 马六进七　炮 8 退 2　　**24.** 兵三进一　车 6 平 5

25. 炮六平九　……

下面：炮 8 平 5，马七退五，车 5 退 1，兵三进一，车 5 平 7。黑胜定。

图 522，出自 1995 年全国个人赛，由对兵（卒）局走成。黑方反击：

广东吕钦

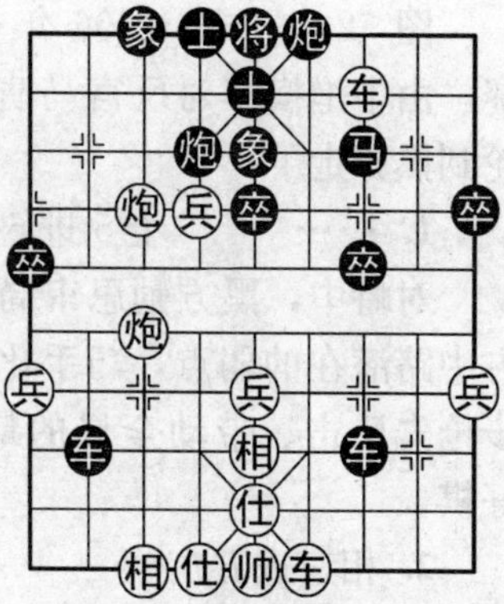

石化田长兴

图 522

1. ……　炮 4 进 7!

弃炮轰仕，撕开缺口，好棋。

2. 仕五退六　车 2 平 4

3. 车三退一　车 4 退 4

4. 前炮进二　车 4 进 5!

侵相腰，双车攻杀，黑方以少攻多。

5. 后炮平五　……

如改走相五退三，士 5 进 6! 车四进七，车 7 进 2，车四退七，车 7 退 2，仕六进五，车 7 平 5，车四进一，士 4 进 5。下一步出将，黑胜。

5. ……　卒 5 进 1　　**6.** 炮七退六　车 4 退 1

7. 炮五进三　……

双炮被擒，必失其一，无奈。

7. ……　象 3 进 5　　**8.** 炮七平九　车 7 进 1

9. 仕六进五　车 4 进 1　　**10.** 仕五退六　车 7 退 2

11. 相五进七　士 5 进 6!

献士轰车，妙。

12. 车四进七　……

如改走车四平二，车 7 平 5，炮九平五，车 5 平 4，仕六进五，后车平 3，相七退九（如相七进九，车 3 平 2），车 4 平 2，黑方胜势。

12. ……　　士4进5　　**13.** 车四退五　将5平4

14. 炮九退二　……

如炮九平六，车7平5，车四平五，车5平9，黑方胜势。

14. ……　　士5进6!

再献士轰车，妙极。下面：车四进五，车7平5，相七退五，车5进1，仕六进五，车5进1，黑胜。

图523，选自1996年全国团体赛，由中炮横车对反宫马演成。现在轮到黑方走子：

河北刘殿中

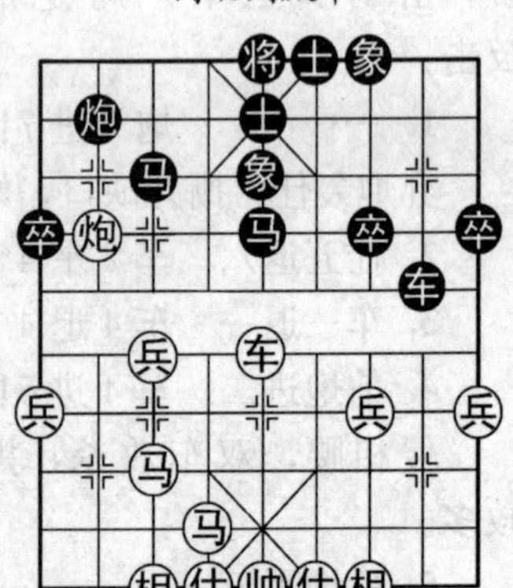

安徽蒋志梁

图523

1. ……　　士5进6!

对峙中，黑方勤思审局，抓住红方中路潜在的弱点，巧手化士，是一步抢先反击、带动全局的最佳选择，好棋。

2. 相三进五　……

另有两种应着：①炮八平三，炮2平5，仕六进五，象5退3，车五平三，马5进4，马七进五，马4进3，黑优。②仕六进五，炮2平5，车五退一（如马七进五，象5退3，红方丢车），象5退3，车五平八，马5进4，马七进五，车8平5，黑优。

2. ……　　炮2平5　　**3.** 兵七进一　象5进3

4. 车五平七　马5进4　　**5.** 马七进五　马4进5

攻车踏相，黑方反击得势。

6. 仕六进五　车8平5　　**7.** 仕五进四　马5退3

8. 马六进七　车5进2　　**9.** 仕四进五　车5平7

兑马续攻，现在吃兵打帅，正着。如误走车5平3，炮八平五，黑方丢车。

10. 帅五平四　象7进5　　**11.** 相七进五　车7平9

12. 炮八退六　卒 9 进 1
13. 兵九进一　炮 5 平 3
14. 马七退六　车 9 平 2
15. 车七平四　炮 3 平 4
16. 炮八平七　马 3 退 1！

舍士，以退为进，侧身巧行，老练。

17. 车四进三　马 1 进 2
18. 车四退一　马 2 退 4
19. 炮七平六

士 6 进 5！（图 524）

河北刘殿中

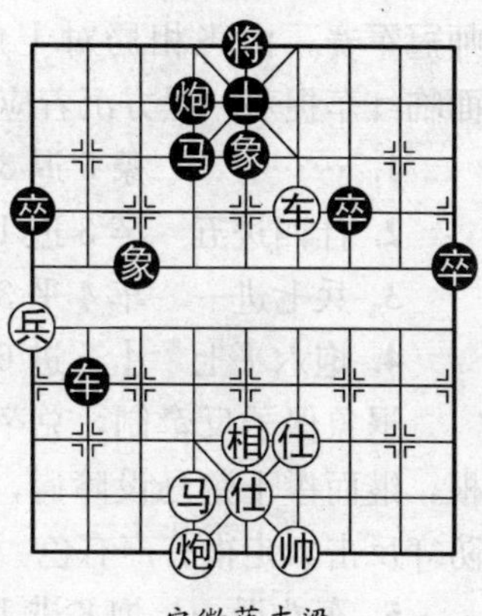

安徽蒋志梁

图 524

补士对峙，巧用守子，肋道控制，妙。红如接走炮六进七，士 5 进 4，红方丢马。至此，黑方多卒有优，已掌胜势。

20. 仕五进六　车 2 进 2
21. 车四平三　车 2 平 4

攻中夺子，黑方胜定。

图 525，弈自 2003 年全国象甲联赛，由中炮巡河车对屏风马形成。黑方反击：

广东许银川

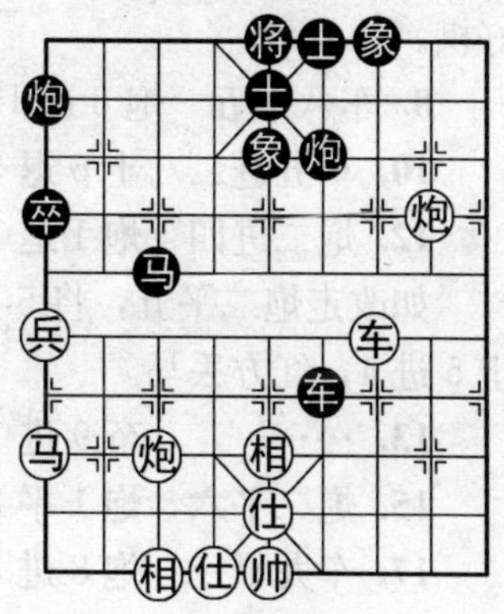

江苏陆峥嵘

图 525

1. ……　炮 6 进 3！

升炮巧镇中，好棋。

2. 车三进二　炮 6 平 5
3. 炮二平九？……

贪卒劣着，改走炮二退四加强内防，尚无大碍。

3. ……　士 5 进 6！

撑士妙，左右逢源。

4. 炮九平五　将 5 平 4
5. 炮五平四　炮 1 进 6！

兑子抢杀，一锤定音。

6. 炮四进三　士6退5　**7.** 相七进九　马3进2

黑胜。

图526，出自2001年全国象棋大师冠军赛，由飞相局对士角炮走成。面临红车捉双，黑方沉着应付：

辽宁金松

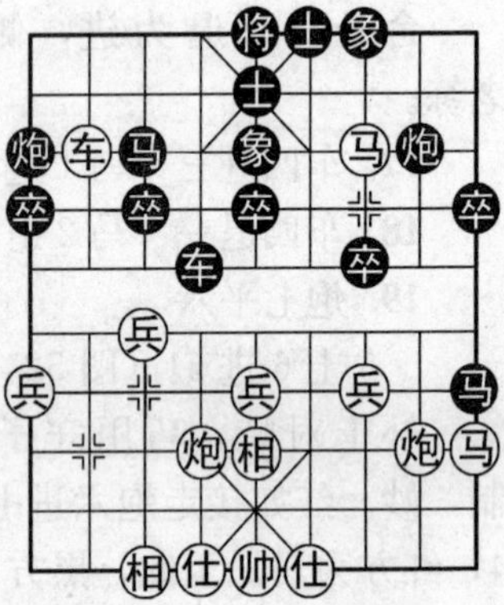

湖北李雪松

图526

1. ……　象5退3!

2. 仕四进五　卒3进1

3. 兵七进一　车4平3

4. 炮六平七　士5进6!

退象保子反牵制，兑卒活马又生根，继而撑士蹩马设障碍，运用士象防守反击，走得有声有色。

5. 车八退一　炮8进1!

6. 车八退二　卒9进1

7. 马三进一？象7进9!

高炮、挺边卒，运子老练。红方进马失先，陷入"死胡同"，应改走车八平四，局面尚稳。黑方扬象困马，又一次巧运守子，好棋。

8. 车八平五　炮8退1　**9.** 炮七进五　车3退2

10. 车五进二　士6退5　**11.** 车五平九　炮8退1

12. 炮二进四　炮1退1　**13.** 兵五进一　……

如改走炮二平五，将5平4，红方无棋。如续走车九平六，黑士5进4，红方丢马。

13. ……　卒9进1　**14.** 兵五进一　马9进7

15. 炮二平六　炮1平3　**16.** 炮六退四　马7退5

17. 车九平一　炮8进3!　**18.** 车一退二　炮3平9

围困夺马，黑方防守反击成功。

19. 车一平五　马5进3　**20.** 兵九进一　马3进1

21. 相七进九　车3进5　**22.** 兵三进一　卒7进1

23. 相五进三　炮9进6　**24.** 相三退一　车3平1

兑子破相，黑方确立多子优势，以后残局获胜。

图 527，选自 1988 年第 3 届“天龙杯”，由飞相对边马而成。黑方抓住红方车炮受制又急于突围的企图，巧运子力封锁：

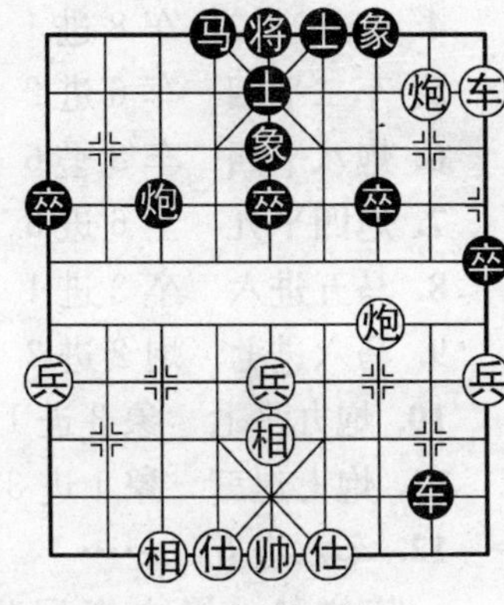

图 527

1. ……　　卒 7 进 1

2. 炮三退四　车 8 退 6!

3. 炮二平四　象 7 进 9!

飞象盖车，巧运守子。

4. 炮四平三　象 5 退 7!

5. 前炮平四　士 5 进 6!

6. 炮四平二　象 7 进 5!

7. 炮二平八　士 6 进 5!

8. 车一进一　象 5 退 7!

黑方巧用 6 步守子，运动士象助攻，走得出色，可说是淋漓尽致。红车被关，黑方由此确立优势。

9. 炮八进一　马 4 进 2　　**10.** 仕四进五　卒 5 进 1!

11. 车一退一　炮 3 退 2!　　**12.** 车一进一　马 2 进 3

13. 炮三平四　马 3 进 4　　**14.** 炮八平三　……

冲中卒伏打死车，退炮打车逼其就范，跃马抢攻取势在手，好。红方舍炮活车，无奈。

14. ……　　象 9 退 7　　**15.** 车一平三　士 5 退 6

16. 车三平四　将 5 进 1　　**17.** 车四平七　炮 3 进 2

18. 车七退一　将 5 进 1　　**19.** 炮四进二　炮 3 平 5

20. 车七退三　车 8 进 7　　**21.** 仕五退四　炮 5 进 3

22. 仕六进五　马 4 进 6

多子得势，黑方胜定。

图 528，来自 1981 年上海市象棋锦标赛，由中炮过河车对屏风马左马盘河走成。黑方走子：

1. ……　　车 8 进 1　　**2.** 炮二进五　象 5 退 3!

3. 相五进七　卒 3 进 1

连弃两子抢攻，好棋。

4. 炮八进二　车 8 进 1

5. 车二平四　车 6 进 2

6. 炮八平四　车 8 平 6

7. 炮四平九　士 6 进 5

8. 马五进六　卒 3 进 1

9. 马六进七　炮 2 进 2

10. 炮九平七　象 3 进 1

11. 炮七退三　象 1 进 3

12. 车六进五　……

上海胡定苗

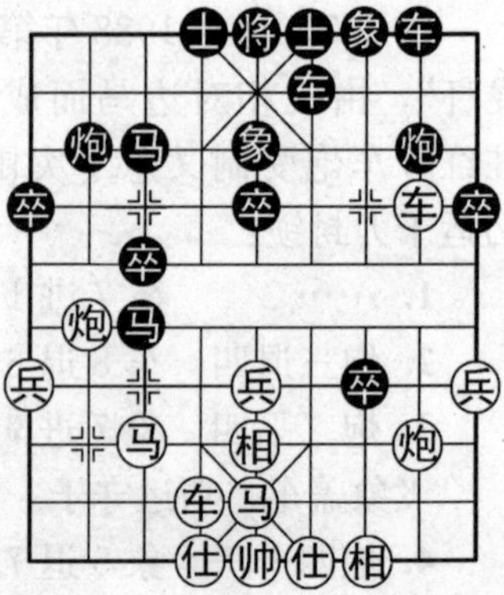

上海沈伟斌

图 528

一阵拼抢，黑方夺回失子，多象、有过河卒，优势在手。红如改走炮七进四，车 6 平 3，车六平八，炮 2 平 1，马七进六，卒 5 进 1，兵九进一，炮 1 退 2，黑优。

12. ……　马 3 进 4　**13.** 炮七平八　马 4 进 6

14. 车六平八？……

贪子失着，应改走士 6 进 5。

14. ……　马 6 进 4！

15. 车八退一　将 5 平 6！

马踏卧槽，出将绝杀，精妙。红方只有仕六进五，马 4 进 3，帅五平六，车 6 平 4，黑胜。

图 529，出自 1979 年江门 4 省市象棋邀请赛，由起马对挺卒走成。斗残局，黑方多卒走子：

广东吕钦

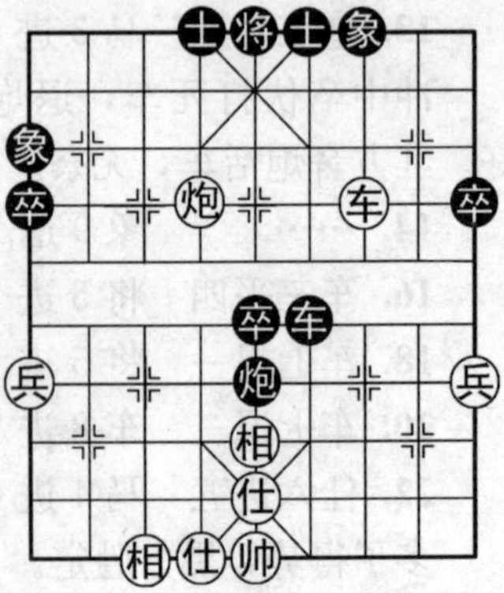

河北程福臣

图 529

1. ……　将 5 进 1！

升将御驾亲征，关键性的佳着。

2. 炮六平五　卒 5 平 4

3. 炮五平一　将 5 平 6！

闪将叫杀，全线控制，好棋。两步移将，引向胜利也。

4. 车三进二　将 6 进 1　　**5.** 车三退八　卒 4 进 1
6. 炮一平八　卒 4 进 1　　**7.** 兵一进一　卒 4 进 1
8. 兵一进一　车 6 进 2　　**9.** 炮八平五　炮 5 退 2!

车炮卒联攻，走得紧凑。现在退炮，精妙。

10. 炮五进三　车 6 进 1　　**11.** 兵一平二　炮 5 平 2
12. 车三进七　将 6 退 1　　**13.** 车三进一　将 6 进 1
14. 兵二平三　炮 2 进 5!

红如改走车三平八，炮 2 平 5，黑胜。黑炮及时变换攻杀方向，精彩。

15. 兵三平四　将 6 平 5!　　**16.** 相五进七　卒 4 进 1

黑胜。

山西张致忠

广西冯明光

图 530

图 530，选自 1989 年全国个人赛，由中炮过河车对屏风马走成。斗残局，红方走子：

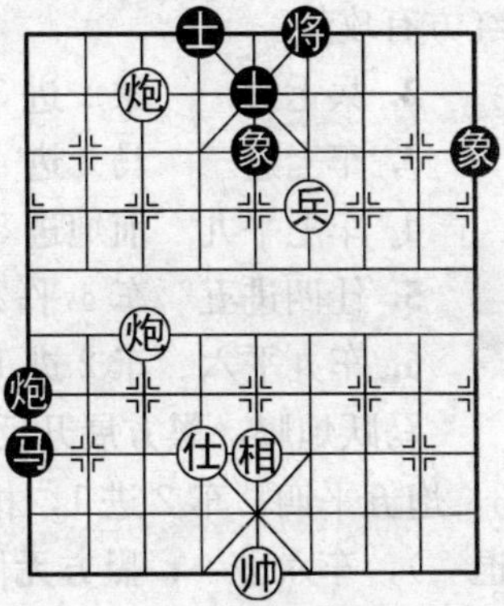

1. 相五退七! ……

退相套马，为谋子奠定基础，佳着。

1. ……　　马 1 进 2

2. 帅五进一! ……

高帅既是良好的等着，又是管马的间接攻着，老练。

2. ……　　炮 1 退 4

3. 后炮平四　将 6 平 5

4. 炮四退二　……

退炮"关门打马"，好棋。

4. ……　　炮 1 平 3

如改走象 9 进 7，兵四平五，象 7 退 9，兵五平六，象 9 进 7，兵六平七，下面炮四退二轰马，红方谋子胜。

5. 炮四退二　马 2 退 3　　**6.** 炮七退六　炮 3 进 7
7. 兵四平五　象 9 退 7　　**8.** 炮四平五　士 5 退 6

9. 帅五平六　士 4 进 5　　**10.** 仕六退五　炮 3 平 2

11. 兵五进一　象 7 进 5　　**12.** 仕五退四！……

退仕妙，比轰象有力。

12. ……　　炮 2 退 5　　**13.** 炮七进三　炮 2 进 1

14. 炮七平二　红胜。

图 531，来自 1978 年上海市象棋名手邀请赛，由斗顺炮而成。黑方走子：

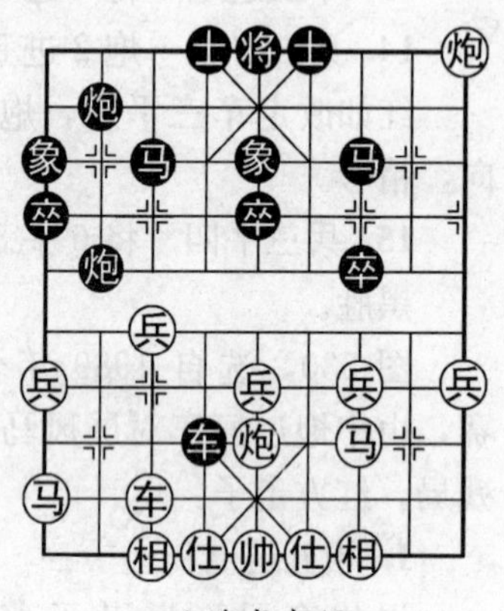

上海于红木

上海成志顺

图 531

1. ……　　将 5 进 1！

高将避打，似笨实佳，阵势巩固且成反击之势，佳着。如士 6 进 5（如象 5 退 7，兵七进一），车七平二，红方有攻势。

2. 兵七进一　象 1 进 3

3. 车七进三　马 3 进 4！

4. 车七平九　前炮进 5！

5. 仕四进五　车 4 平 2

6. 车九平六　车 2 进 1

马跃炮腾，黑方展开反击。现在进车捉马正确。如改走炮 2 平 3，炮五平四，车 2 进 1，相三进五，车 2 平 1（如马 4 退 3，炮四退一），车六进一，黑方无便宜。

7. 炮五平六　后炮平 3！　　**8.** 相三进五　车 2 平 1

9. 车六平八　……

如车六进一，车 1 平 4，红方难堪。

9. ……　　炮 2 退 1　　**10.** 车八进四　炮 2 平 3！

11. 炮六平九　后炮平 4！　　**12.** 炮九进四　车 1 退 2

13. 炮九进二　炮 3 平 4！　　**14.** 炮一平六　马 4 退 3！

15. 车八退四　……

双方环绕追子与反追子，进行了激烈争夺，黑方应对得当，多子占优。红如改走炮九平六，马 3 退 4，车八平七，炮 4 退 6，黑胜势。

15. ……　　车 1 退 5　　**16.** 炮六退八　将 5 退 1

将复原位，一场争斗。黑方终以多子而胜定。

图 532，弈自 1982 年“上海杯”象棋大师邀请赛，由仕角炮对中炮走成。现在轮到黑方走子：

广东杨官璘

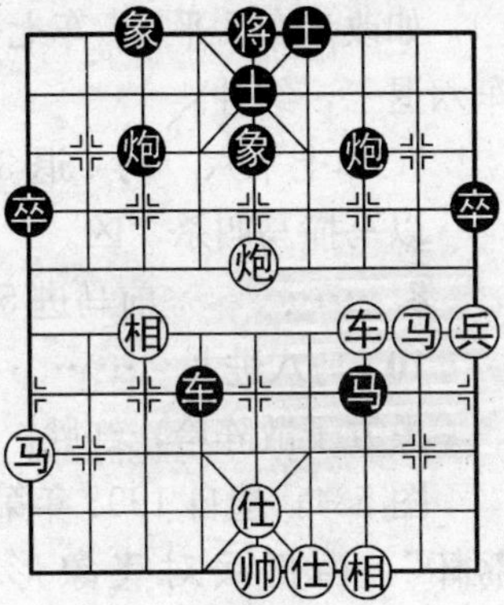

黑龙江王嘉良

图 532

1. ……　　将 5 平 4!

2. 车三进二　象 5 退 7!

3. 马九退七　……

出将、落象，巧运守子，防守中反击，妙。红如改走车三进一，炮 3 平 5! 相三进五，马 7 进 5，黑胜。

3. ……　　炮 3 进 6

4. 车三进一　马 7 退 5

5. 炮五平三　炮 3 进 1!

6. 炮三进四　将 4 进 1　　**7.** 仕五进六　马 5 进 4

8. 帅五进一　……

车马炮联攻入局。红如改走帅五平六，马 4 退 6，帅六平五，车 4 进 3，黑胜。

8. ……　　马 4 进 2

9. 车三平八　车 4 进 2

10. 帅五进一　马 2 进 4　黑胜。

图 533，来自 2001 年第 12 届“银荔杯”，由顺炮直车对缓开车演成。红方走子：

河北张江

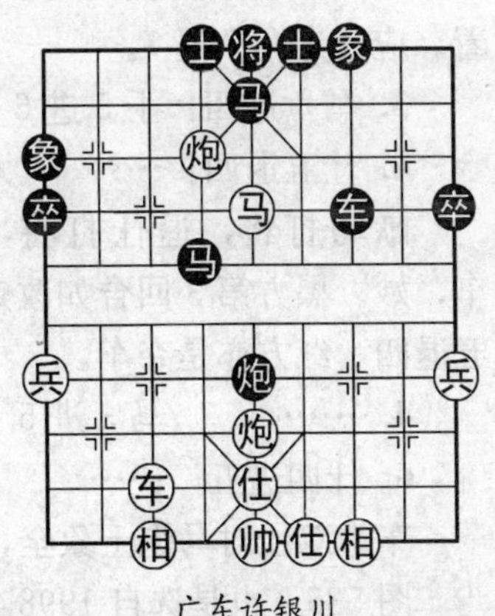

广东许银川

图 533

1. 帅五平六! ……

出帅妙，既活中炮又保马，限制黑方行动空间，掌控全局发展的好棋。

1. ……　　象 7 进 5

2. 炮六平八　马5退3　**3.** 炮八进二　士6进5

4. 车七进三　炮5进2

翻仕兑子，也没有其他更好的着法。

5. 马五退六　炮5平1　**6.** 车七进四　车7退2

如改走车7平5，车七平六，车5进1，马六退四，车5进2，车六退三，红胜。

7. 车七平六　马4退3　**8.** 马六进八！……

以马撞马叫杀，凶。

8. ……　前马进5　**9.** 车六退二　车7进3

10. 马八进九　……

黑方子散阵垮，红胜。

图534，选自1998年第9届“银荔杯”，由挺兵对飞象形成。红方走子：

吉林陶汉明

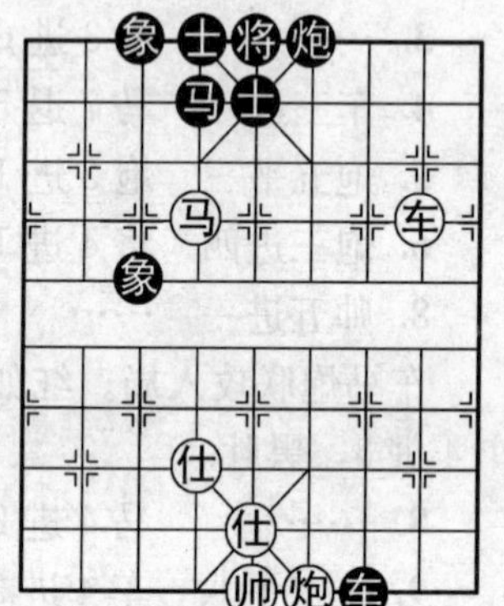

上海胡荣华

图 534

1. 帅五平六！马4进3

2. 炮四平五！象3进5?

红方残双相，兵力弱于对方，但子力活跃，巧妙移帅、摆中炮，内含锋芒。黑方疏于防范，随手飞象，失着。应改走车7退7。

3. 马六进四！士5进6

4. 仕五退四！……

献马打将，退仕打将，冷着夺车，妙。黑方第3回合如改走炮6进1，车二进三，士5退6，仕五退四，红方亦是夺车。

4. ……　马3进5　**5.** 炮五平三　士6退5

6. 仕四进五　……

车炮双仕对马炮士象全，红方必胜。

图535，也是选自1998年第9届“银荔杯”，由五七炮对屏风马演成的双马炮兵（卒）残局。红方走子：

湖北柳大华

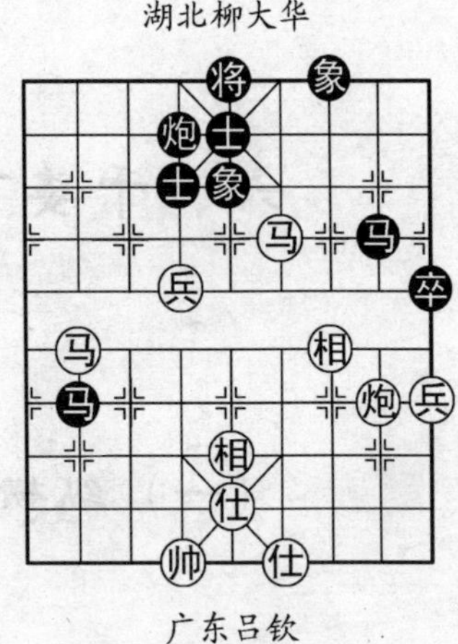

广东吕钦

图 535

1. 仕五进四！ ……

红攻黑守，红方多兵且子形结构好。此时利用黑方右马受制急于摆脱的心理，红方化仕松开宫角阵地，让黑马来钻，诱惑也。

1. …… 马 2 进 4？

黑马果然来钻，上当，由此被困死，真是“自寻死路”。应改走炮 4 退 1，走闲着等待。

2. 马八退七！ 马 8 进 6

3. 炮二平六！ ……

退马、平炮，“关门宰马”，运用守子成功得逞。

3. …… 马 6 进 5 **4.** 仕四进五 马 5 退 4

5. 仕五进六 ……

用仕吃马正确，夺马兑子后让黑方留马不留炮，老练。如改走马四退六，炮 4 进 3，仕五进六，炮 4 退 1，下一手炮 4 平 9，黑方可以守和。

5. …… 马 4 退 6 **6.** 炮六进五 马 6 进 8

7. 炮六平九 马 8 进 9 **8.** 仕六退五 ……

成马炮仕相全对马卒士象全，红方占优有胜机，但以后将是艰苦又冗长的功夫残局，这里就不再探讨了。

六、千姿百态　万花留香

（一）纵横斜线　争妍斗艳

1. 中路直线一次通（24 例）

图 536，弈自 1988 年第 3 届“天龙杯”，是两位女大师由中炮过河车对屏风马横车走成。黑方走子：

1. ……　　卒 5 进 1!

强冲中卒，佳着。

2. 马四进五　马 8 进 6

3. 炮九平五（图 537）

马 6 进 8

红方架中炮，形成路满格直线，兵卒又“相吻”，奇趣。黑马左侧从边线进，无法阻挡。

上海单霞丽

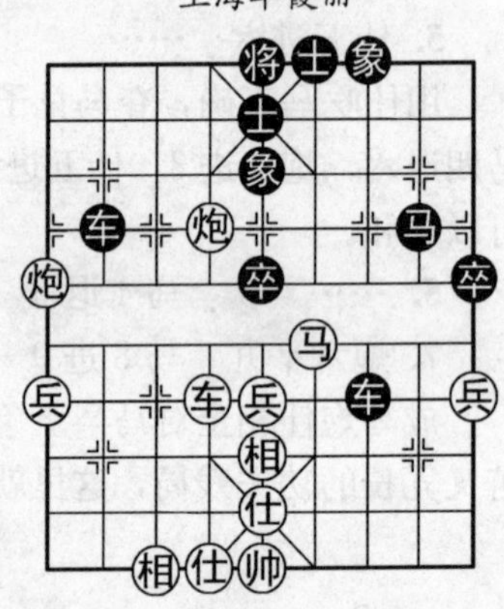

江苏汪霞萍

图 536

4. 仕五进四　卒 5 进 1

5. 车六进二　马 8 进 9!

6. 炮五退一　马 9 进 7

卧槽攻杀，带动入局。

7. 帅五平四　卒 5 进 1!

8. 马五退三　车 7 退 2

一车换双，凶。

9. 车六平三　车 2 平 4

10. 仕六进五　卒 5 进 1

11. 仕四退五　车 4 平 6

黑胜。

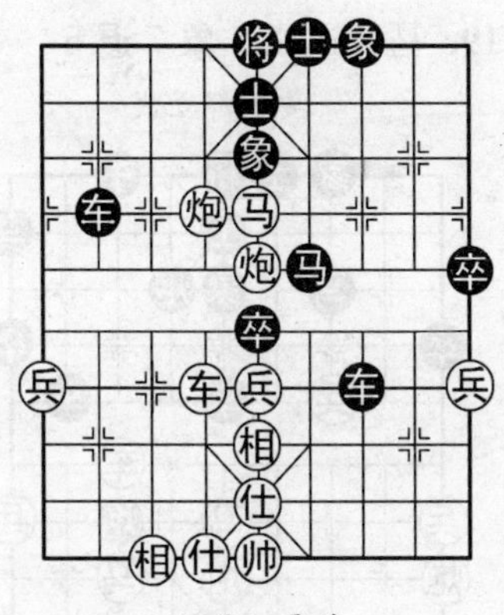

图 537

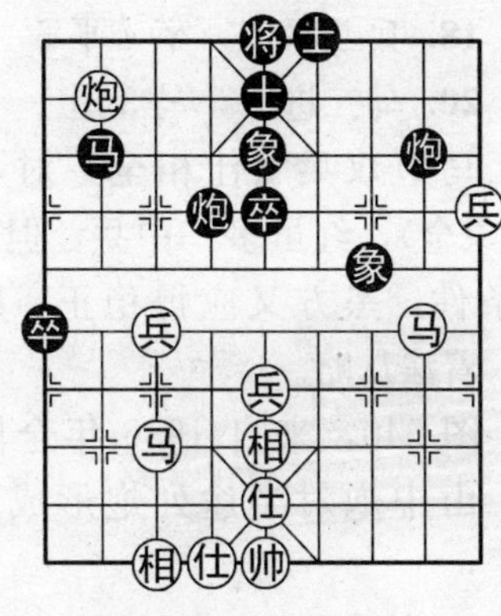

图 538

图 538，出自 1986 年全国个人赛，由对兵（卒）局形成的无车棋。红方走子：

1. 炮八平九　炮 8 进 2　**2.** 炮九退二　炮 4 进 3

3. 马七进六　卒 5 进 1　**4.** 马二退三　卒 1 平 2

5. 马三进四　卒 2 平 3

6. 马六进五　炮 8 进 2

7. 兵五进一

炮 8 平 5（图 539）

互缠争抢，双方咬得很紧，形成中路顶格直线，且兵卒“相吻”。在已少 12 个子力的中残局里，出现如此奇趣景象，实是难得。

8. 兵五进一　炮 5 退 3

9. 马四退六　炮 5 平 3

10. 炮九平八　马 2 退 3

11. 兵五平四　马 3 进 1

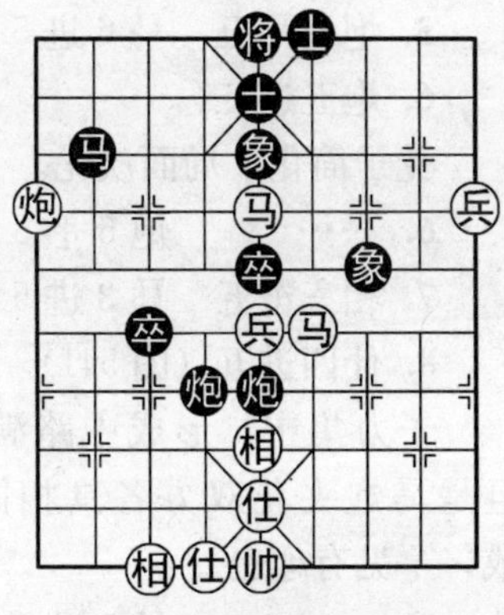

图 539

12. 炮八平九　炮 3 平 2　　**13.** 兵四平五　马 1 进 3

14. 炮九退二　马 3 进 2　　**15.** 马六进四　马 2 进 3

16. 炮九进二　卒 3 平 4　　**17.** 兵一平二　象 5 退 7

18. 兵二平三　卒 4 平 5　　**19.** 马四退二　象 7 退 5

20. 马二进一　马 3 退 1

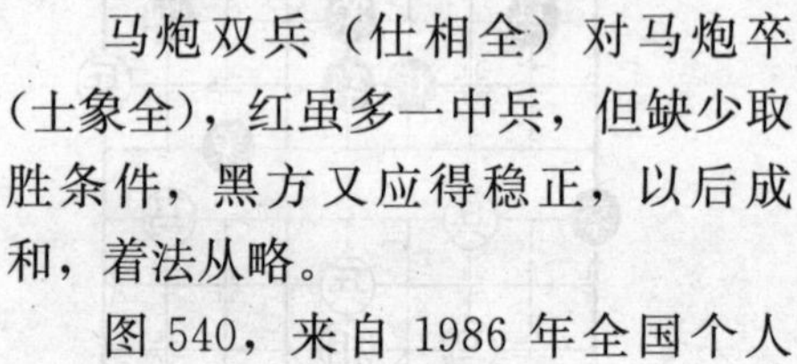

马炮双兵（仕相全）对马炮卒（士象全），红虽多一中兵，但缺少取胜条件，黑方又应得稳正，以后成和，着法从略。

图 540，来自 1986 年全国个人赛，由中炮对半途列炮形成。红方走子：

安徽邹立武

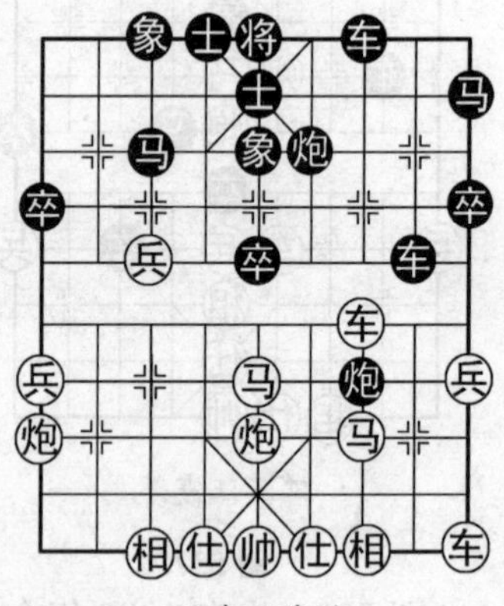

福建王荣塔

图 540

1. 车一平二　车 8 进 5

2. 车三进五　马 9 退 7

3. 马三退二　……

兑去双车，双方进入无车棋较量，局势趋向缓和。

3. ……　　　炮 6 进 3

4. 炮五进三　马 7 进 6

5. 炮九平五　马 6 进 5

6. 炮五进三　……

兑子简化，局面淡化。

6. ……　　　炮 6 平 5

7. 相三进五　马 3 进 5

8. 仕四进五（图 541）　……

安徽邹立武

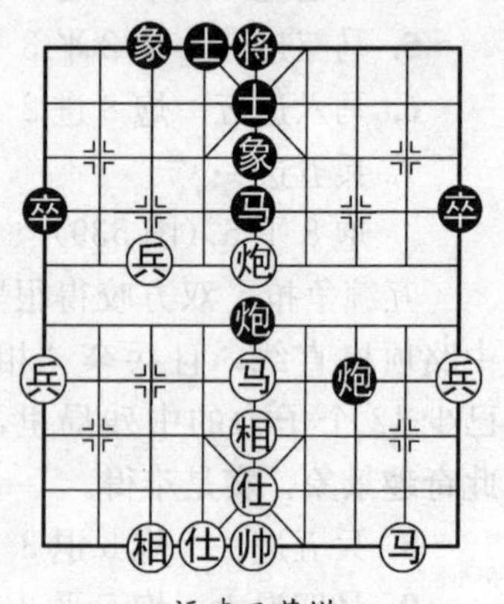

福建王荣塔

图 541

子力集中，形成中路满格直线，且是马炮夹花双方各具相同 5 子组成，罕见有趣也。

8. ……　　　马 5 进 3

9. 马五进七　炮 7 退 1　　**10.** 帅五平四　炮 7 平 3

11. 相五进七　和局。

图 542，出自 1984 年全国女子个人赛，由五六炮对反宫马走成。红方走子：

1. 车二平六！车 4 退 1

2. 马七进六　马 5 退 3

兑车抢先，佳着。黑如改走马 5 进 7，炮七进六，炮 6 平 3，炮六平三，卒 3 进 1，马六进五，炮 3 平 1，相五进七，炮 2 平 5，相七退五，车 2 进 7，炮三平八，红方稍好，但易成和局。

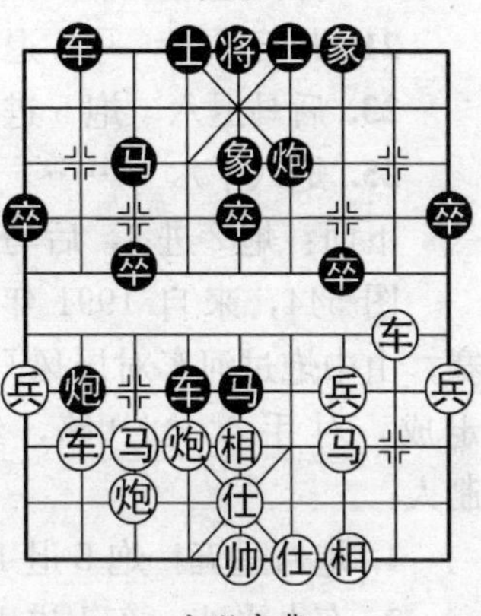

图 542

3. 炮七进二　炮 2 平 7

4. 车八进七　后马退 2

5. 马六进五　马 3 退 5

6. 炮七平五　士 4 进 5

7. 炮六平九　炮 6 进 1

8. 炮五进一　卒 3 进 1

9. 马三进五（图 543）　……

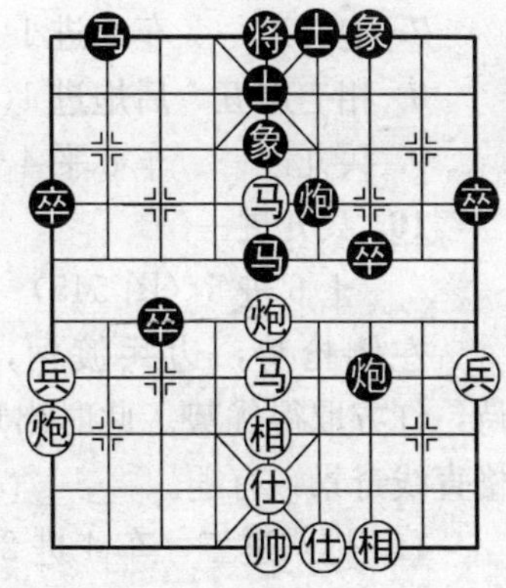

图 543

斗无车棋，红方虽然少兵，但力争主动，现在跃马，成中路顶格直线，有趣。

9. ……　卒 3 平 4

10. 炮五平二　马 2 进 4

11. 后马进四　炮 7 平 3

12. 炮二进二　卒 4 进 1

宜马 4 进 5 交换，简化局势，黑方多卒容易掌握。

13. 马五进七　炮 3 退 2

14. 马七退六　炮 6 平 2

平炮不当，宜马 5 进 6。

15. 炮二进三！士 5 进 6

16. 炮九平八！马 5 进 6

17. 马六退四　卒 4 进 1

18. 仕五进四！炮 3 平 5

19. 仕四进五　卒 4 平 5　**20.** 相三进五　马 6 进 4
21. 帅五平四　马 4 退 5　**22.** 炮二退五　马 5 进 3
23. 后马退六　炮 5 进 1　**24.** 马四进六　炮 5 进 1
25. 炮八平六　……

下面：炮 2 进 3，后马进五，打马叫杀，红胜。

图 544，来自 1991 年全国个人赛，由中炮过河车对屏风马平炮兑车走成。对手欲抢中路，红方先发制人：

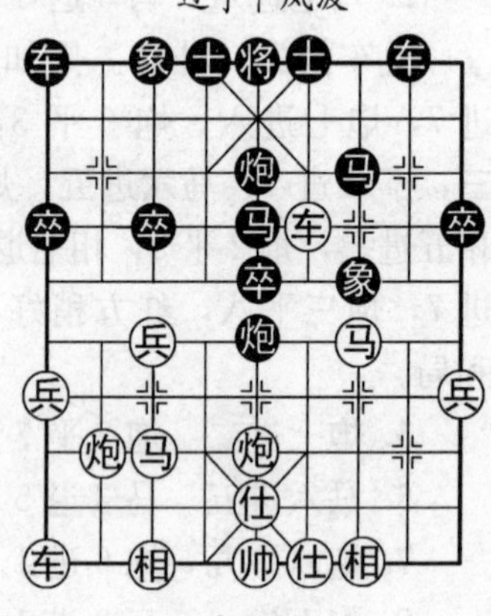

图 544

1. 炮八进五！炮 5 退 1
2. 车九平八　车 1 进 1
3. 炮五进一　卒 3 进 1
4. 兵七进一　车 1 平 3
5. 马七进八　车 3 进 3
6. 马八进九　车 3 退 1
7. 炮八退一　车 8 进 1
8. 相七进五　后炮进 1
9. 兵九进一　车 8 平 4
10. 兵九进一
士 6 进 5（图 545）

左侧抢势，边兵渡河，中路对峙，红方取得优势。此时出现中路满格直线奇景，有趣。

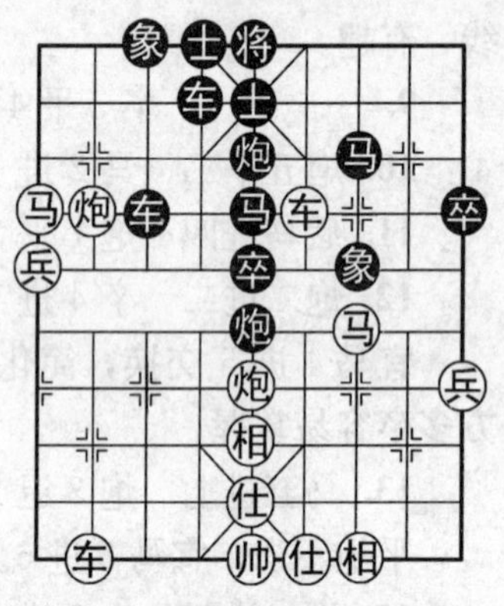

图 545

11. 炮八进三　车 4 进 2
12. 马九进八　车 3 退 2
13. 炮八平九　车 4 退 2
14. 马八退九　车 3 进 2
15. 车八进九　车 4 平 3
16. 兵九平八　前炮平 1

中路直线保持 6 个回合之久，奇

哉。黑如改走前车平1，炮九平七，车3退1，车八平七，红方优势。

17. 马九退七　炮1平2　　**18.** 兵八平九　前车进1

19. 车八退五　卒5进1

如改走前车平1，车八进五，车1平3，炮五进三，前车退1，炮五平六，卒5进1，马三进五，红方多子胜势。

20. 炮五进三　卒5平6　　**21.** 车四进一　后车进2

22. 车四平三　前车进5　　**23.** 仕五退六　后车平5

24. 仕四进五　卒6平7　　**25.** 车三进二　士5退6

26. 车八平六　双车炮杀，红胜。

图546，选自2003年全国象甲联赛，由仙人指路对卒底炮形成。双方斗无车棋，轮到红方走子：

1. 兵三进一　卒7进1　　**2.** 相五进三　马2进3

3. 相三退五　马3进5

4. 马七进五（图547）　……

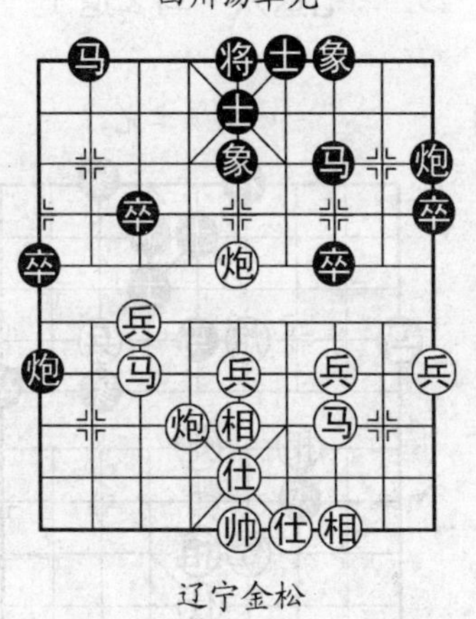

图546

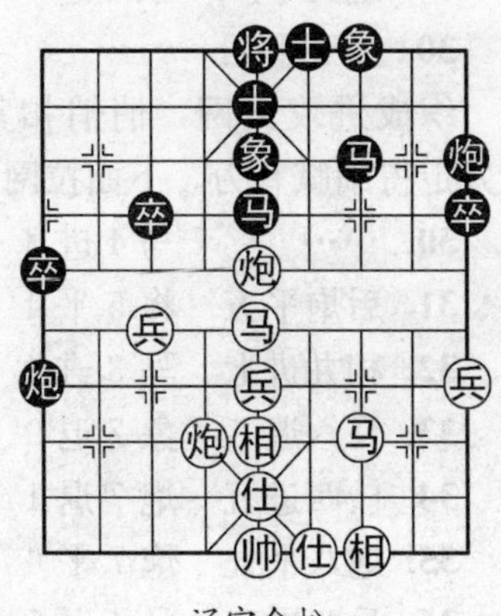

图547

双方屯兵中路，形成中路顶格直线，有趣。

4. ……　卒1进1　　**5.** 炮六平七　卒1平2

6. 炮七进四　卒2平3　　**7.** 相五进七　炮9进4

双方抢兵卒，保持力量均衡。

8. 炮五平九　炮9平7　**9.** 相三进五　马7进6
10. 炮七平八　马5进6　**11.** 马三退一　炮7退4

退炮似不及炮1进2轰马来得积极。

12. 炮八进三　将5平4　**13.** 炮九进四　将4进1
14. 炮八退八　士5进6　**15.** 炮九退四　炮1退1?

退炮空棋，应走炮1进2。

16. 马五退七　炮1进1　**17.** 兵五进一　后马退4
18. 相七退九　将4平5　**19.** 仕五进六　将5退1
20. 炮九退一　马6进8　**21.** 马一进二　炮1平8
22. 兵五进一　……

兑马过兵，红方子活势畅，黑已落入被动。

22. ……　炮8平4　**23.** 炮八进三　炮7退1
24. 兵五进一　马4退2　**25.** 炮八进二　卒9进1
26. 马七进六　士6进5　**27.** 马六进七　炮7进1
28. 炮九平八　象5进7　**29.** 马七退六　马2退4
30. 兵五平四　……

织成进攻大网，悄悄扣紧收网，红方走得细腻有力。下面拉网收局。

30. ……　马4进3
31. 后炮平五　将5平4
32. 相九进七　马3进4
33. 马六退八　象7退9
34. 仕四进五　炮7退1
35. 炮八平九　炮7平6
36. 兵四平三　马4退5
37. 炮九平六　象9进7
38. 马八进九
炮4平3（图548）

四川汤卓光

辽宁金松

图548

黑方四面楚歌。红方接走炮五进一，即可兵三平四夺马。

红胜。

图 549，选自 2001 年全国团体赛，由中炮过河车对屏风马平炮兑车走成。黑方弃子对抗，红方走子：

1. 车七退三　车 2 退 2　　**2.** 车七进一　马 4 进 6

3. 炮二平四　马 6 退 5　　**4.** 车七平五　炮 8 进 5

5. 马三退五　炮 8 平 5（图 550）

四川吴优

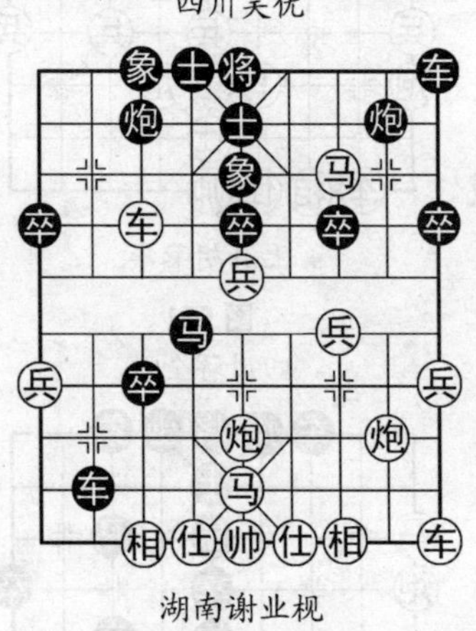

湖南谢业枧

图 549

四川吴优

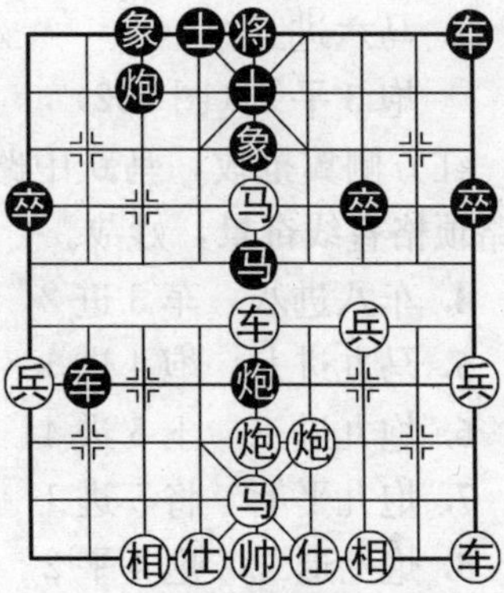

湖南谢业枧

图 550

黑方再弃子，炮镇中路；红方吃马接受挑战，引发激烈争斗，至此形成中路满格直线，且中路无兵卒，妙景奇趣，有看头！

6. 车五进一　车 9 平 6　　**7.** 车一进二　车 6 进 3

8. 车一平二　车 2 平 3　　**9.** 前马进七！车 6 平 4

红方跃马挡杀，佳着。如改走相七进九，炮 3 平 2，车五平八，车 6 平 5，车八进三，车 5 平 4，红有后顾之忧。黑如车 3 退 4 或车 3 进 3，车五退二，红方大优。

10. 车五退二　车 3 平 5　　**11.** 马五进七　车 5 平 6

用车杀炮，解除后患，还是多子优势，着法简明。黑如炮 3 进 6，炮四平七，亦红优。

12. 车二进七　车 6 退 6　　**13.** 车二平四　将 5 平 6

14. 后马进五　……

无车斗有车，红方子多好办事，胜势。下略。

图 551，出自 1985 年全国团体赛，由飞相局对过宫炮演成。红方走子：

1. 炮九进五　后炮平 4

2. 马七进九　炮 4 退 2

3. 马六进五

炮 3 平 5（图 552）

红方侧翼抢攻，马跃中路，形成中路顶格直线奇景，妙哉。

4. 车八进八　车 3 进 2

5. 马九进七　炮 4 进 1

6. 炮九进三　士 5 进 4

7. 炮九平七　将 5 进 1

8. 炮七退二　炮 4 平 2

9. 炮七退三　……

侧攻兑车，赢得优势。黑方撑士高将，腾出一格，直线依旧存在，有趣。

9. ……　马 6 退 8

10. 炮七平八　马 7 进 6

11. 炮四进七　马 6 进 5

12. 炮四退六　卒 9 进 1

13. 兵九进一　马 8 退 9　**14.** 炮八进二　马 9 退 7

15. 兵九进一　炮 5 平 4

直线存在 13 个回合，可说罕见。

16. 马五进六　卒 5 进 1　**17.** 炮八平九　炮 4 进 4

18. 兵九平八　炮 4 平 3（图 553）

19. 炮九进二　……

四川蒋全胜

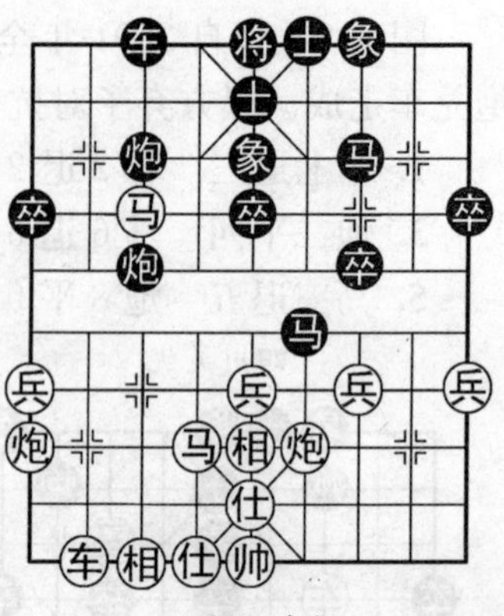

上海胡荣华

图 551

四川蒋全胜

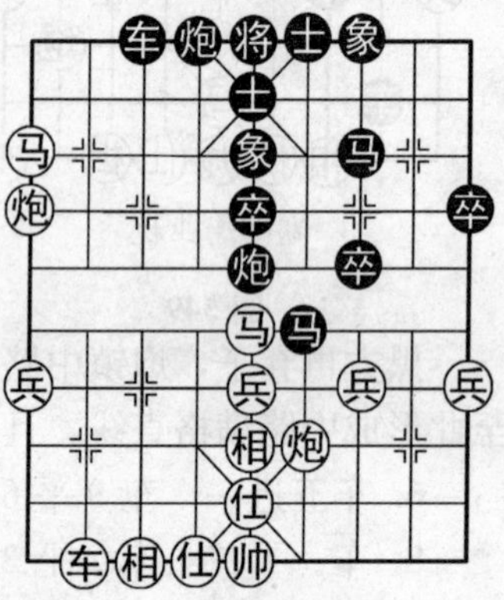

上海胡荣华

图 552

无车攻杀，红方炮攻下二路，由此入局。

19. ……　　马 7 进 6　　**20.** 炮四退一　马 5 退 4

21. 兵八进一　马 4 进 3　　**22.** 相五进七　马 6 进 4

23. 炮四平八　马 4 进 2

24. 兵八进一　冲兵夺炮，红胜。

四川蒋全胜

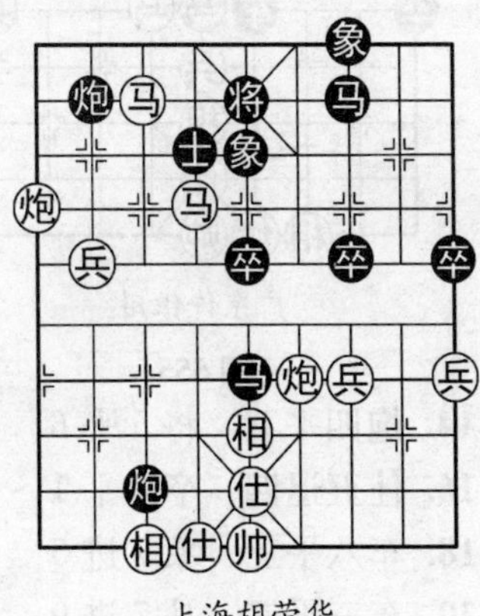

上海胡荣华

图 553

湖北柳大华

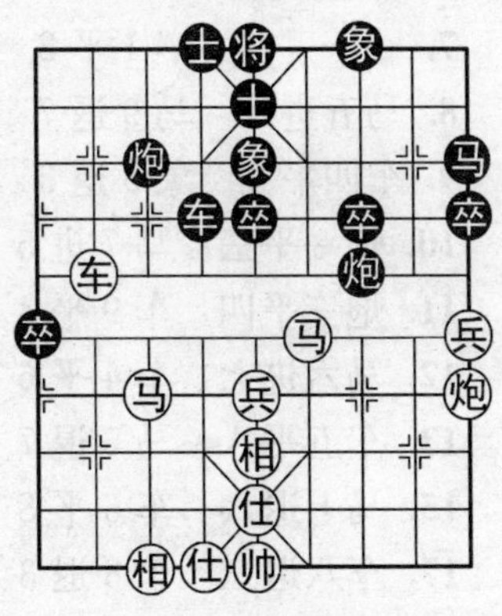

广东许银川

图 554

图 554，来自 2003 年第 2 届“嘉周杯”象棋特级大师冠军赛，由仙人指路对卒底炮演成。红方走子：

1. 车八平四！……

占肋钳炮，扬己抑彼的好棋。如改走马七进九吃卒，车 4 进 2，局面松懈。

1. ……　　车 4 进 2　　**2.** 马七进五！……

马从中路走，集中优势兵力，为进攻作准备，老练。

2. ……　　炮 3 进 2

3. 炮一进三　炮 3 平 5（图 555）

4. 马四退三　……

黑炮挡中，形成中路满格直线，有趣。红方退马伏炮击中路凶手，佳着。

4. ……　　炮 5 进 2

如炮5平3，炮一平五，黑难应付。

5. 马五进三　卒7进1

6. 马三进五　车4平9

7. 车四进一　……

红方得子少兵，但子力结构好，有发展推进机会。

7. ……　卒1平2

8. 马五进六　马9退7

9. 车四平五　象5退3

10. 炮一平三　马7进5

11. 炮三平四　车9平4

12. 马六进七　车4平6

13. 车五平八　马5退7

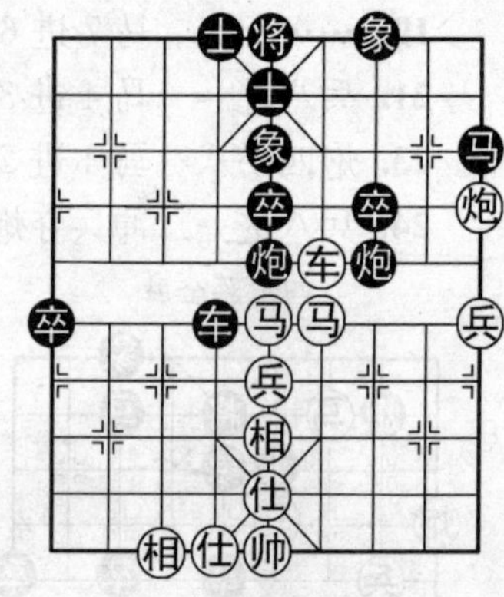

图 555

14. 炮四平五　将5平6

15. 马七退六　车6平8

16. 仕五退四　卒2平1

17. 车八退三　车8退3

18. 车八平三　象7进5

19. 仕六进五　车8平6

20. 车三平二　马7进9

21. 炮五平四　将6平5

22. 车二进一　卒1进1

23. 车二退一　马9退7

24. 炮四平五　马7进9

25. 车二平九　……

慢炖细剥，红方走得很有耐心，先后消灭两个卒子，由此打下胜利基础。

25. ……　车6进2

26. 马六进八　马9进8

27. 车九平二　马8退7

28. 炮五退三　车6退1

29. 马八进七　将5平6

30. 相五进七！将6进1

31. 炮五平七　马7进5

32. 炮七退一　马5进3

33. 炮七平四　车6平3

34. 车二平四　士5进6

35. 车四平六　士6退5

车马炮联攻得势。黑如将6平5，马七退六，将5退1，马六进四，将5进1，帅五平六，红胜。

36. 车六进二！……

下面：士 5 进 4，马七退六，将 6 平 5，炮四进四，车 3 退 1，车六平三，将 5 平 4，车三平五，士 4 退 5，炮四退四，红胜。

图 556，弈自 2003 年第 2 届“嘉周杯”象棋特级大师冠军赛，由仙人指路对卒底炮形成。红方走子：

1. 车八进八！车 3 平 4　　**2.** 兵一进一！炮 6 进 3

3. 车八平七！炮 6 平 5

4. 车二平五（图 557）　……

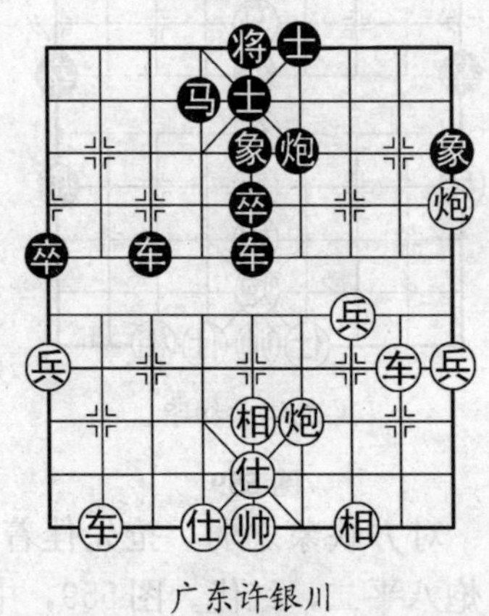

图 556

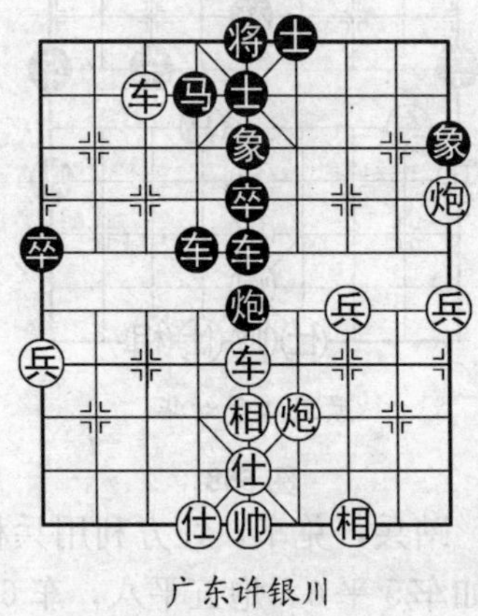

图 557

左车攻下二路，挺边兵保持边炮潜力，继而牵制推进，着法有力。至此，形成中路顶格直线有趣景象。

4. ……　炮 5 平 9　　**5.** 车五平一　炮 9 退 1

6. 炮四进六！……

炮攻象腰，左右并进，好棋。

6. ……　士 5 退 4　　**7.** 车七退一　马 4 进 6

如改走象 5 进 3，炮一平二，车 5 平 8，炮二进一，红方有凌厉攻势。

8. 炮四平九　车 4 平 2　　**9.** 炮九进一　车 2 退 4

10. 车七平五　士 6 进 5　　**11.** 炮九退二　……

红方必定夺子，胜。

图 558，出自 2004 年全国象甲联赛，由中炮横车七路马对屏风马走成。红方走子：

1. 马四进五　车 7 平 5

2. 车八平五（图 559）　车 5 进 1

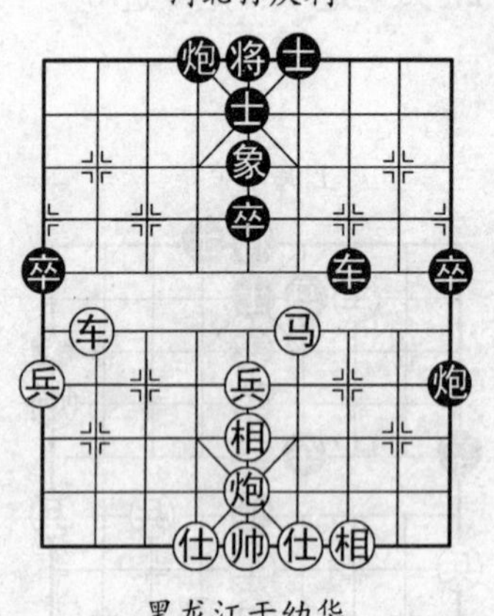

图 558

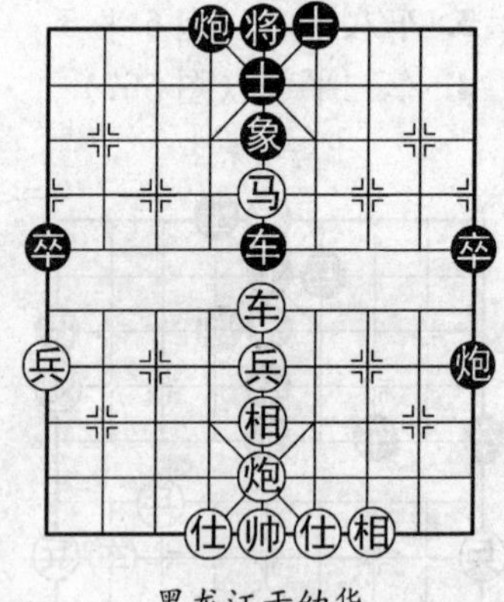

图 559

踏兵，兑车，红方利用兵种之优、对方缺象之弱，抢先佳着。黑如车 5 平 6，炮五平八，车 6 平 2，炮八平二，红优。图 559，中路出现顶格直线，且枰上 19 个子力有 10 个在中线上，堪可称奇。

3. 兵五进一　炮 4 平 1　**4.** 马五进七　炮 1 进 6

5. 马七退六　象 5 进 3　**6.** 相五退七　炮 1 平 2

7. 马六进四　炮 9 平 5　**8.** 炮五平二　炮 5 平 8

9. 兵五进一　……

马炮兵攻双炮单缺象，黑方纵有双卒，未过河等于“无效”。

9. ……　炮 2 退 5　**10.** 兵五进一　卒 9 进 1

11. 兵五平六　将 5 平 4　**12.** 马四退五　象 3 退 1

13. 炮二平九　士 5 进 6

巧攻夺象，黑如炮 8 平 1，炮九进四，红优。

14. 炮九进六　将 4 平 5　**15.** 炮九平五　卒 9 平 8

16. 马五进三　将 5 平 4　**17.** 马三进四　……

再破士，扩大优势，下面紧攻入局。

17. ……　炮8平5　18. 炮五退三　炮2平6
19. 马四退二　卒8平7　20. 马二退三　炮6平5
21. 帅五进一　卒1进1　22. 兵六进一　卒1平2
23. 帅五平六　前炮平4　24. 马三进四　卒2平3
25. 炮五平一　炮5进2
26. 炮一进五　士6进5
27. 马四进五　红胜。

广东许银川

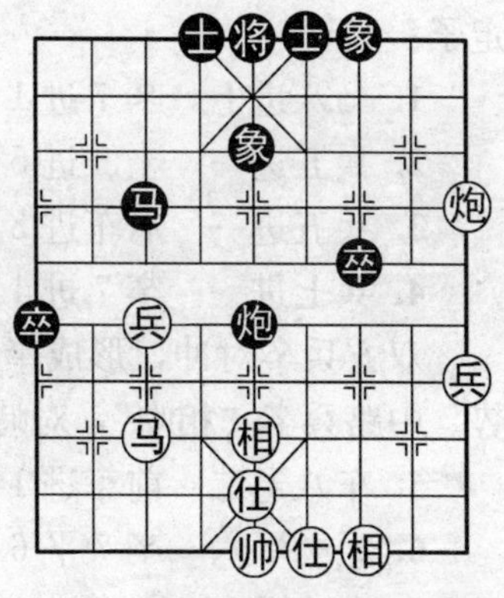

上海林宏敏

图560

图560，弈自1993年全国团体赛，由起马对挺卒局走成。马炮兵（卒）残局，双方力量基本均衡，红方走子：

1. 炮一平五　士6进5
2. 兵七进一　马3退4
3. 炮五退一　马4进5
4. 兵七平六　卒7进1
5. 马七进五
卒7平6（图561）

中路出现顶格直线，且双方子力夹花对称等量排列，河沿两侧又各有兵卒对称紧靠；更奇的是枰上仅剩的18个子力有10个集中在中线，罕见有趣也。

6. 马五进七　马5进7
7. 马七进八　卒1平2
8. 兵六进一？……

冲兵失误。应改走炮五平四，仍是相峙局面。

8. ……　马7进6！
9. 帅五平六　炮5平4

广东许银川

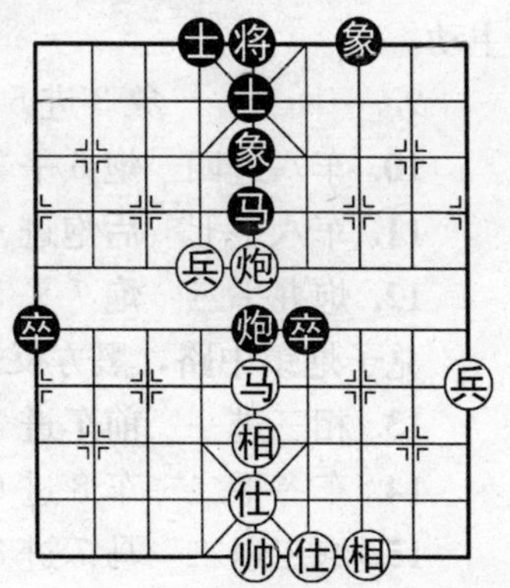

上海林宏敏

图561

10. 帅六平五　卒 2 进 1　　11. 仕五进四　马 6 进 4
12. 帅五进一　卒 6 进 1　　13. 炮五平四　卒 6 进 1

攻中破仕，双卒推进，黑方迅速取得优势，以后艰苦获胜，着法从略。

图 562，也是来自 1993 年全国团体赛，由中炮对半途列炮演成。红方走子：

浙江陈寒峰

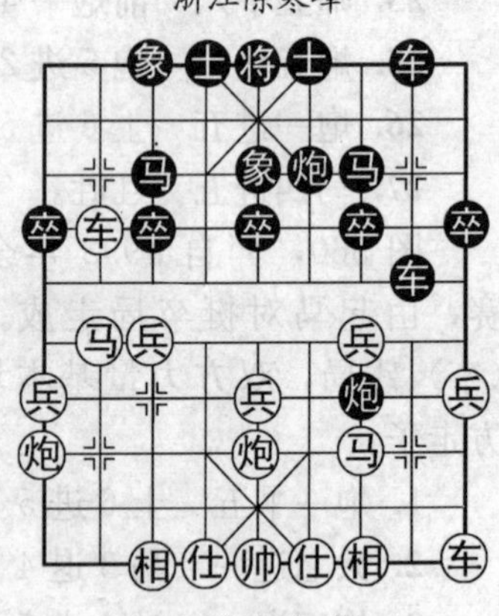

江苏陆峥嵘

图 562

1. 马八进七　卒 7 进 1
2. 兵五进一　士 6 进 5
3. 兵五进一　后车进 3
4. 兵七进一　卒 7 进 1

双方兵卒对冲，形成牵制对攻态势。中路兵卒“相吻”，对峙而望。

5. 车八退二　前车进 1
6. 兵七平六　卒 7 平 6
7. 车八退一　前车进 1
8. 仕四进五　炮 6 进 1
9. 马七进五　……

踏象虽能先弃后取，但防线松动，有疑问。可改走炮九平七保持主动。

9. ……　　　象 3 进 5
10. 车八进四　炮 6 平 7
11. 车八平七　后炮进 4
12. 炮九平三　炮 7 平 5

兑子炮镇中路，黑方反击得势。

13. 相三进一　前车进 3
14. 车一平二　车 8 进 6
15. 炮三退二　马 7 进 8
16. 车七退四

卒 6 平 5（图 563）

浙江陈寒峰

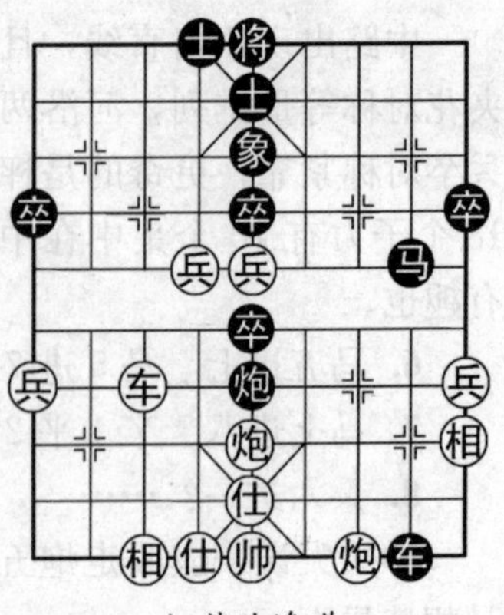

江苏陆峥嵘

图 563

横卒，形成中路顶格直线，且三兵（卒）相拥占中，极有特色的奇趣之景，妙。

17. 帅五平四 马 8 进 7 **18.** 炮五平三 马 7 进 9

19. 相七进五 马 9 退 7 **20.** 车七退一 炮 5 平 9

21. 帅四平五 炮 9 进 1

窥相侧攻，黑胜。至此，中路兵卒“相吻”已长达 18 个回合，又局终，真是“至死不渝”。

图 564，选自 1991 年全国个人赛，由中炮过河车对屏风马平炮兑车走成。红攻黑守：

1. 马三进五 卒 7 平 6 **2.** 兵五进一 炮 2 进 5

3. 仕六进五

卒 6 平 5（图 565）

辽宁金波

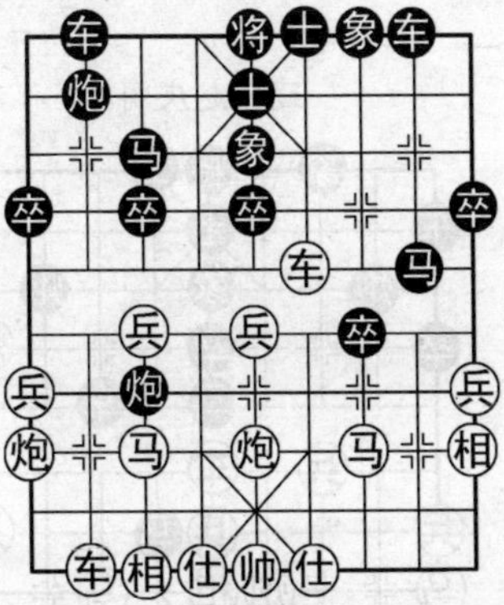

河北黄勇

图 564

辽宁金波

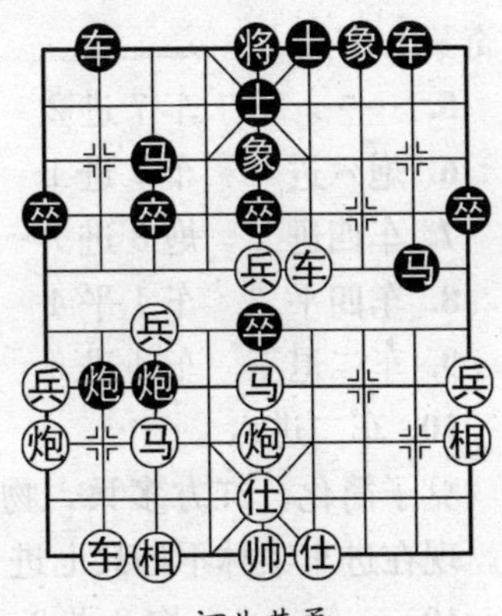

河北黄勇

图 565

中路出现顶格直线，且三兵（卒）“相拥而吻”，奇上加趣。

4. 马五进三 卒 5 平 6 **5.** 炮五平二 马 8 退 9

6. 马三进四 炮 3 平 6 **7.** 车四退一 炮 6 退 3

8. 车四进二 卒 5 进 1 **9.** 车四平七 炮 2 平 5

10. 炮二平五 车 2 进 9 **11.** 马七退八 炮 5 平 3

12. 车七平八 车 8 进 5

一阵拼抢较量，兑子后局面简化趋向缓和。以后中残走和，着法从略。

辽宁赵庆阁

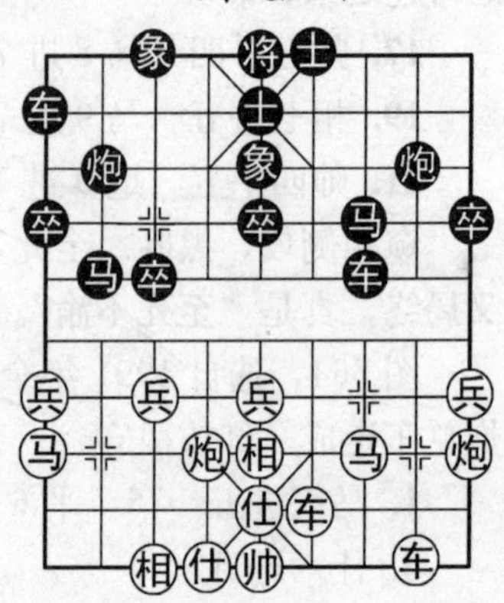

浙江于幼华

图 566

图 566，来自 1984 年全国团体赛，由顺相（象）局走成。斗散手，轮到黑方走子：

1. ……　　卒 3 进 1!

2. 兵七进一　马 2 进 4

弃卒进马抢先，力争主动，佳着。

3. 炮一进四　马 7 进 5

4. 车二进四　马 4 进 6

5. 车二平五（图 567）　……

辽宁赵庆阁

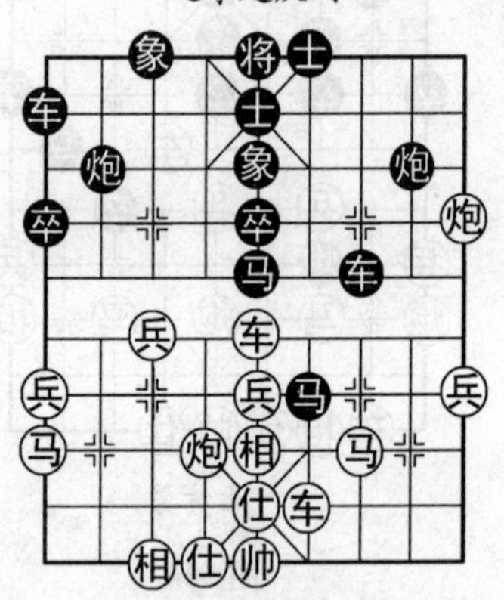

浙江于幼华

图 567

双马盘旋遇双车阻拦，成中路直线奇景，有趣。

5. ……　　车 7 进 2

6. 炮六进一　车 7 进 1

7. 车四进二　炮 8 进 7

8. 车四平二　车 1 平 4

9. 车二退三　车 4 进 5

10. 车二进六　……

兑子简化，红方多兵，物质上有利。现在进车卒林不如兵七进一。

10. ……　　炮 2 平 3

11. 兵七进一?　……

冲兵失算，被黑方有机可乘。应改走车二平五，黑如车 4 进 2，马九进七，红优。

11. ……　　炮 3 进 7!

轰底相，先弃后取，好棋。

12. 相五退七　车 7 进 2　　**13.** 仕五退四　马 5 进 7!

踏马夺车，确立优势。

14. 车五平三 车 4 平 5
15. 仕六进五 车 7 退 4
16. 炮一平五 车 7 平 3
17. 炮五平六 车 5 平 4
18. 相七进五 车 3 进 2
19. 马九退八 车 3 平 2
20. 仕五退六 车 2 进 2

双车抢攻，夺马扩大优势。

21. 仕四进五 车 4 平 1
22. 兵七进一 卒 1 进 1

双车有卒，红方车炮双兵单缺相难以守和，黑胜定。

图 568，出自 1991 年第 5 届亚洲城市象棋名手邀请赛，由斗顺炮形成。红方走子：

1. 车六平八 将 5 平 4
2. 炮五退二 象 5 退 3
3. 车八平六 车 3 平 5
4. 车六进四 象 7 进 5
5. 兵六平五 将 4 平 5（图 569）

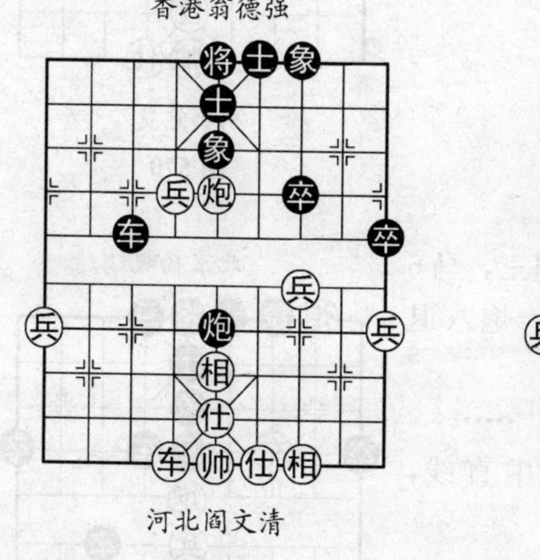

图 568

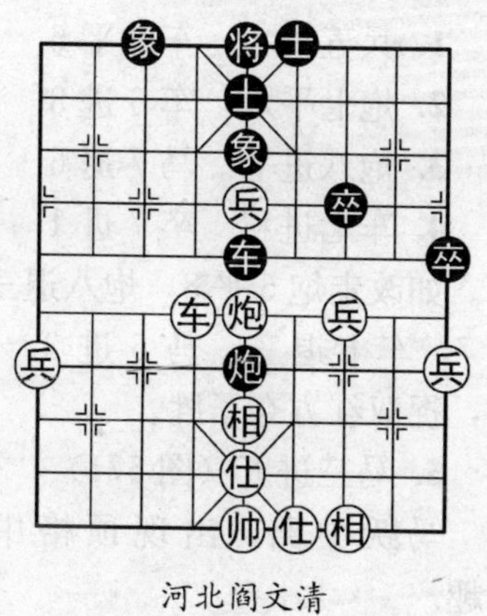

图 569

斗车炮残局，红方多兵显然占优。中路出现满格直线，趣景。棋盘上总共 20 个子力，一半集中在中线，奇也。

6. 兵五平四 士 5 进 4

如改走卒 7 进 1，兵三进一，车 5 平 7，车六退一，炮 5 平 7，炮五进二。下一手出帅，红胜。

7. 兵四平三　士 6 进 5　　**8.** 前兵平四　炮 5 平 8

9. 兵九进一　炮 8 退 4　　**10.** 兵一进一　卒 9 进 1

11. 炮五平一　车 5 平 6　　**12.** 兵四平五　车 6 平 9

13. 炮一退二　炮 8 进 3　　**14.** 兵三进一　炮 8 进 3

15. 炮一平二　车 9 平 7　　**16.** 车六平五　车 7 平 8

17. 炮二平一　车 8 平 9

18. 炮一平二　象 5 进 7

19. 炮二进七　象 7 退 5

20. 兵五进一　象 3 进 5

21. 车五进三　……

破双象，红方胜定。

北京杨昶

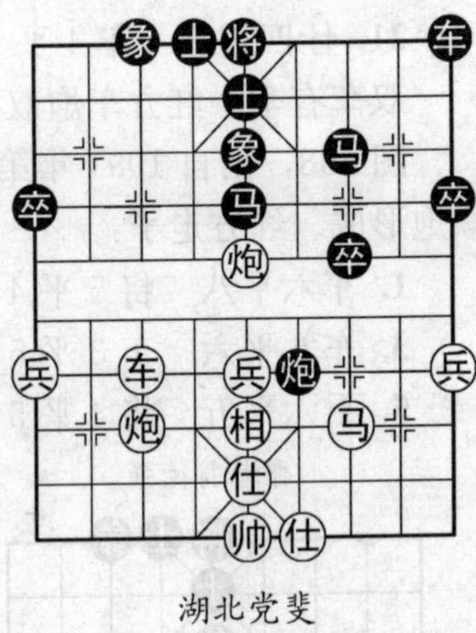

湖北党斐

图 570

图 570，弈自 2003 年“伊尔萨杯”全国少年象棋赛，由五七炮对反宫马走成。红方走子：

1. 兵五进一　车 9 平 6

2. 炮七平八　车 6 进 3

3. 炮八进七　马 7 退 6

4. 车七进三　卒 7 进 1

如改走炮 6 平 8，炮八退三，马 6 进 7，车七退三，马 5 进 3，炮八退四，捉双红方夺子胜。

5. 马三进五（图 571）　……

马跃中路，出现顶格中直线，有趣。

北京杨昶

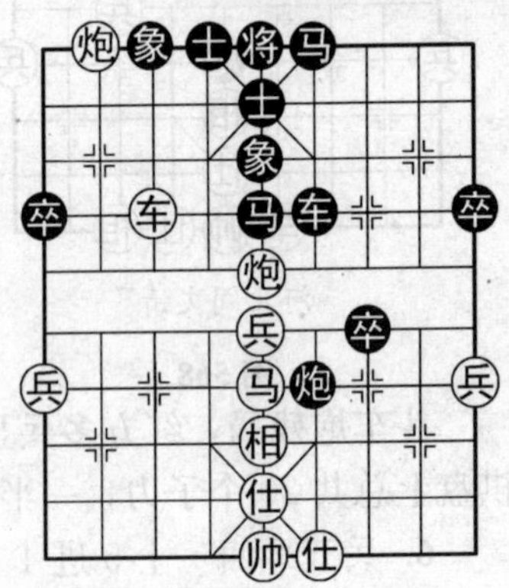

湖北党斐

图 571

5. ……　卒 7 平 6

6. 马五进七　炮 6 平 8

7. 马七进八　炮 8 退 5

8. 车七进三！士 5 进 4

舍车搏象，好棋。黑如改走象 5 退 3，马八进六，红胜。

9. 马八进六　将 5 进 1　　10. 炮八退三　……

下面：车 6 进 1，车七退三，红方必夺马而胜。

图 572，出自 1994 年“嘉丰房地产杯”全国象棋王位赛，由顺炮直车对横车演成。红方虽残相少兵，但多一子而占优。推进走子：

河北阎文清

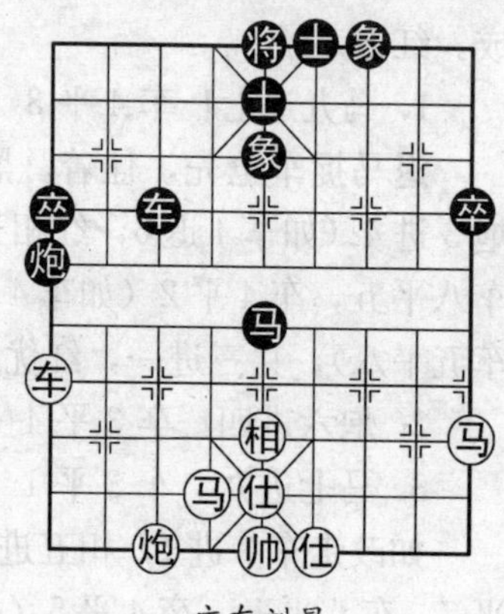

广东刘星

图 572

1. 马六进五　炮 1 平 5
2. 帅五平六　车 3 平 4
3. 帅六平五　车 4 进 2
4. 马一退三　马 5 退 7
5. 马五退七　车 4 退 2
6. 车九平五　炮 5 退 1
7. 马七进九　卒 1 进 1
8. 马九进七　车 4 进 2
9. 马七进九　马 7 进 5
10. 马九进七　象 5 进 3
11. 马七退五　象 3 退 5（图 573）

环绕中路，双方争执不让。红方运动中吃掉一个边卒，优势继续得以保证。现在枰上共有 17 个子力，而集中在中路就有 10 个子，形成顶格直线，令人称奇，有趣。

河北阎文清

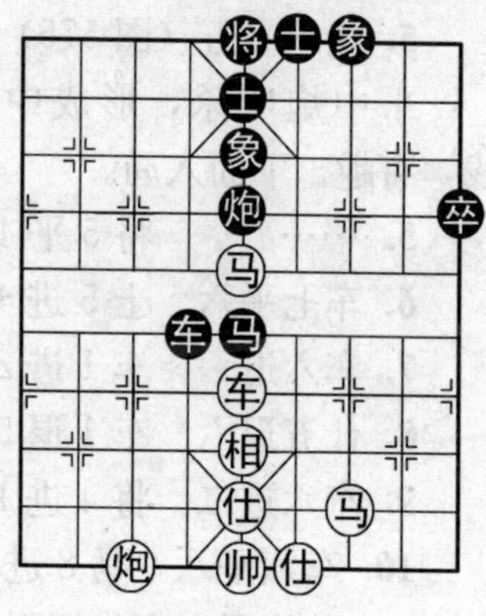

广东刘星

图 573

12. 车五平九　车 4 退 1
13. 马三进四　马 5 退 3
14. 炮七平六　车 4 退 4
15. 仕五进六　车 4 平 2
16. 马四进六　炮 5 平 4
17. 仕四进五　炮 4 退 3
18. 炮六平七　炮 4 平 3
19. 马五进七　车 2 进 3
20. 车九进六　炮 3 平 4
21. 马六进四　马 3 进 5
22. 马七进五　……

踏象入杀。下面：象 7 进 5，马四进五，士 5 进 4，车九平六，将 5 进 1，车六退二，红胜。

图 574，弈自 2003 年第 8 届世界象棋锦标赛，由仙人指路对卒底炮形成。红方走子：

香港地区吴震熙

中国内地于幼华

图 574

1. 马九退七！ 车 4 平 3

退马捉车抢先，佳着。黑如改走炮 3 进 4（如车 4 退 6，红相五进七），车八平五，车 4 平 2（如车 4 平 1，红车五平八），兵三进一，红优。

2. 炮六进四！ 卒 3 平 4

3. 马七进九　车 3 平 1

如改走车 3 进 1，相五进七！车 3 平 7，车八平七，卒 4 平 5（如马 5 退 4，炮五进二），炮六平五，将 5 平 4，车七平六，士 5 进 4，兵五进一，红优。

4. 车八平七　车 1 进 1

5. 炮六平五（图 575）　……

平中炮叫杀，形成中路满格直线，有趣。下面入局。

香港地区吴震熙

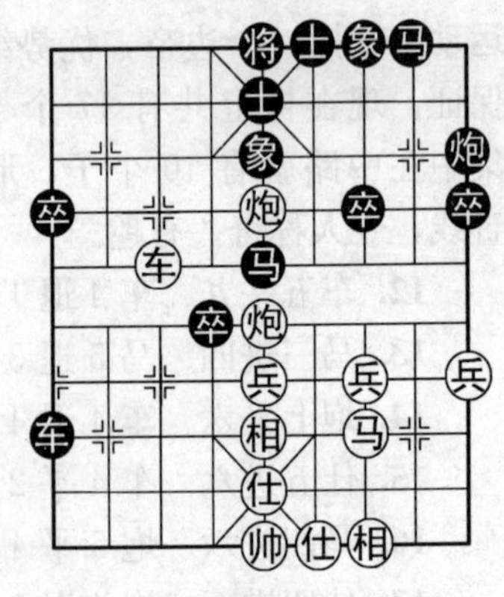

中国内地于幼华

图 575

5. ……　　将 5 平 4

6. 车七平六　士 5 进 4

7. 车六退一　车 1 进 2

8. 仕五退六　车 1 退 5

9. 车六进二　将 4 进 1

10. 车六平八　马 8 进 7

11. 前炮平六　将 4 平 5

12. 炮六退四　将 5 退 1

13. 车八进三　将 5 进 1

14. 兵三进一　车 1 平 3

15. 马三进四　将 5 平 6

16. 相五进七！ 炮 9 进 4

17. 车八退一 红胜。

图 576，选自 2003 年全国个人赛，由仙人指路对卒底炮走成。红方多兵占优，向前推进：

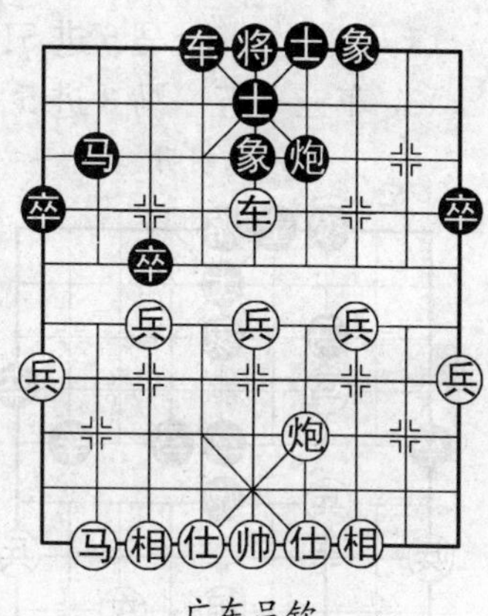

图 576

1. 兵五进一 马 2 进 1

中兵渡河。黑如改走卒 3 进 1，车五平八，马 2 进 4（如车 4 进 3，车八平六，马 2 进 4，炮四平一，红方多兵胜势），炮四平九，红优。

2. 兵九进一 马 1 进 3

3. 相三进五 车 4 进 6

4. 仕四进五 卒 1 进 1

5. 相七进九 马 3 进 5

6. 炮四进一 车 4 退 1

7. 兵九进一 车 4 平 7

8. 马八进六 车 7 平 5（图 577）

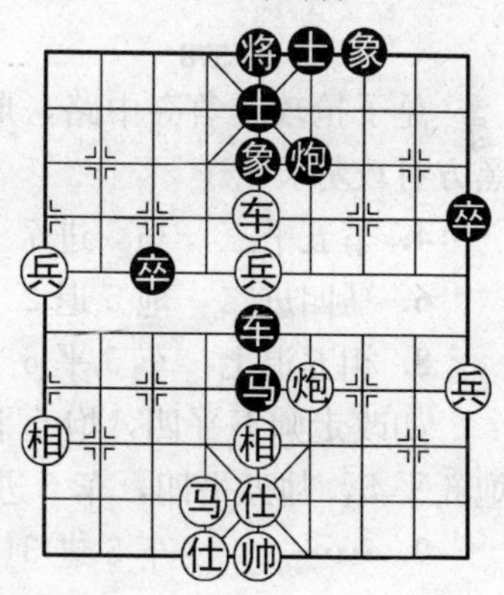

图 577

捉子抢兑，红方双兵过河，优势得以扩大。子力集中，形成中路顶格直线，有趣。

9. 马六进七 车 5 平 8

10. 兵五平六 车 8 进 4

11. 炮四退三 马 5 进 7

12. 车五平一 ……

顺势扫卒，胜势已定。下面着法从略。

图 578，选自 2003 年全国女子个人赛，由中炮巡河炮对屏风马形成。红方走子：

1. 马七退五 ……

如改走马七进五，象 3 进 5，炮七进六，马 6 进 5，车三进一，马 5 退 3，车三平七，车 8 进 5！炮七平九（如车七进一，将 5 平 6

杀），将 5 平 6，车七平四，士 5 进 6，车四平七，马 3 退 4，黑方胜势。

1. ……　　马 6 进 5!　　**2.** 车三进一　车 8 平 5

3. 车三平五　马 3 进 5（图 579）

河北胡明

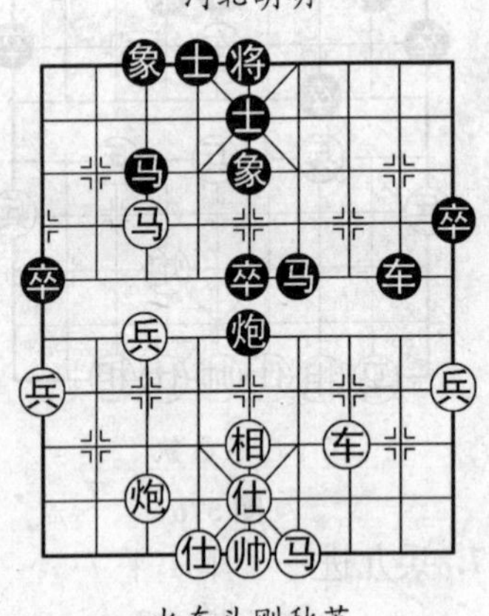

火车头刚秋英

图 578

河北胡明

火车头刚秋英

图 579

兑子抢攻，争夺中路，形成中路顶格直线，奇妙。红方残相，黑方有攻势。

4. 车五平三　马 5 进 7　　**5.** 车三进一　车 5 平 4

6. 马四进二　炮 5 退 2　　**7.** 马二进四　车 4 平 5

8. 相五退七　车 5 平 6　　**9.** 相七进五　……

如改走帅五平四，炮 5 平 7，车三平二，炮 7 平 6，帅四平五，炮 6 平 5，帅五平四，车 6 进 2，黑方占优。

9. ……　　车 6 进 3!　　**10.** 车三进一　车 6 平 9!

11. 帅五平四　……

漏着。但车三退五，车 9 平 5，亦黑方胜势。

11. ……　　炮 5 平 3!

挡炮夺子，黑胜。

图 580，来自 1986 年全国女子个人赛，由中炮巡河炮对屏风马走成。黑方过河担子炮左右封锁，双车又活跃，已呈反先之势。

红方走子：

1. 车二进二　炮 2 平 3　　**2.** 车二平三　马 7 退 6

3. 车三平二　马 6 进 4　　**4.** 车二进一　马 4 进 3

5. 车八进二　马 3 退 5　　**6.** 车二进三　马 5 退 3

兑子夺子，黑方已获胜势。

7. 相七进九　马 3 退 5

8. 车二平五　炮 3 平 5（图 581）

陕西马麟

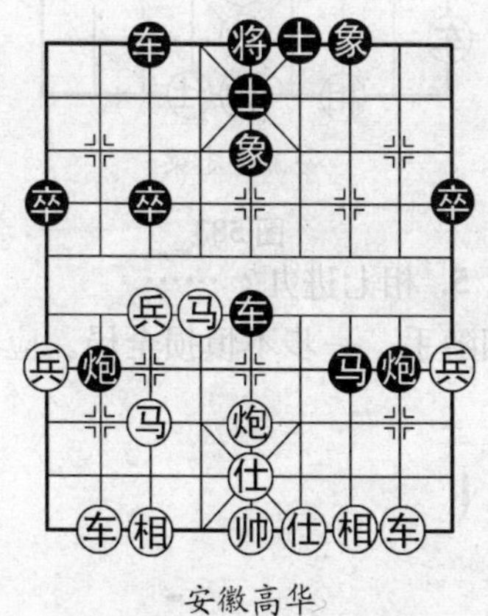

安徽高华

图 580

陕西马麟

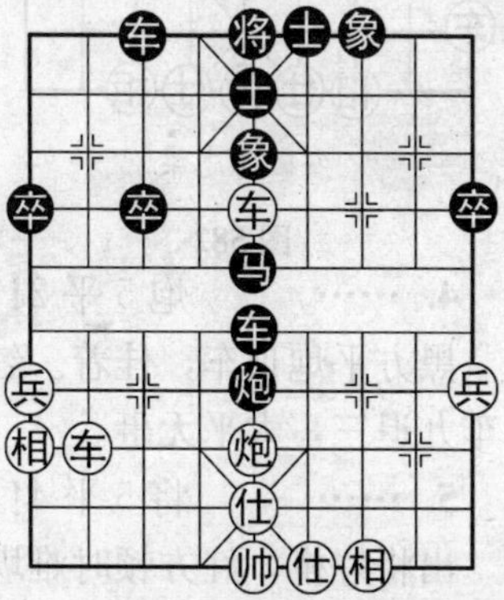

安徽高华

图 581

大子云集中路，形成顶格直线，奇也。

9. 车八进一　车 3 平 4　　**10.** 车八平五　车 5 进 1

11. 炮五进三　车 4 进 6

联车吊车炮。红方车炮无法动，黑胜。

图 582，出自 1987 年全国个人赛，由中炮横车对反宫马形成。红方多一兵略为见好，走子：

1. 相三进五　炮 3 退 1　　**2.** 兵一进一　车 4 进 5

3. 仕六进五　炮 3 平 5（图 583）

对抢先手，形成中路满格直线，有趣。

4. 车九进二　……

高车牵制，意在进取，但无实际意义。改走他着，基本是和棋。

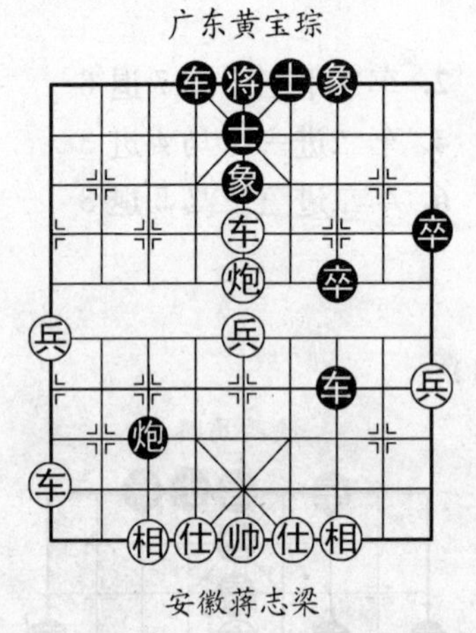

图 582

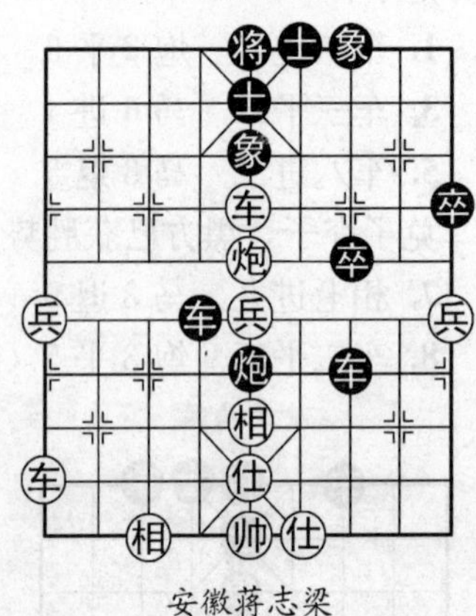

图 583

4. ……　　炮 5 平 2!　　**5.** 相七进九? ……

黑方平炮顶车，佳着。红方飞相随手，一步不慎损全局。应改走车九退三，太平无事。

5. ……　　将 5 平 4!

出将好棋，红方顿时难堪。

6. 车九平八　……

弃车杀炮，因黑有炮 2 进 3 凶招。

6. ……　　车 7 平 2　　**7.** 车五平一　车 4 平 5

8. 车一平六　将 4 平 5

红方丢相，黑有卒，黑胜。

图 584，弈自 2003 年第 2 届“嘉周杯”象棋特级大师冠军赛，由五六炮对反宫马走成。红方走子：

1. 车九平八　炮 6 平 5　　**2.** 兵五进一　卒 3 进 1

3. 炮六退一　炮 1 平 3　　**4.** 马三进五（图 585）　……

红攻黑守，双方纠缠，出现中路顶格直线，有趣。

4. ……　　车 3 平 4　　**5.** 仕五进六　炮 5 进 2

红方撑仕轰车，佳着。黑方一车换双，无奈。如改走车 4 平 1，车八进六，车 1 退 2（如车 1 进 3，炮六平七），马五进七，车 1

平 3，炮六平七，红优。又如改走车 4 进 1，马五进七，车 4 平 3，炮五平七！炮 5 进 3，炮六平五，红方夺车胜。

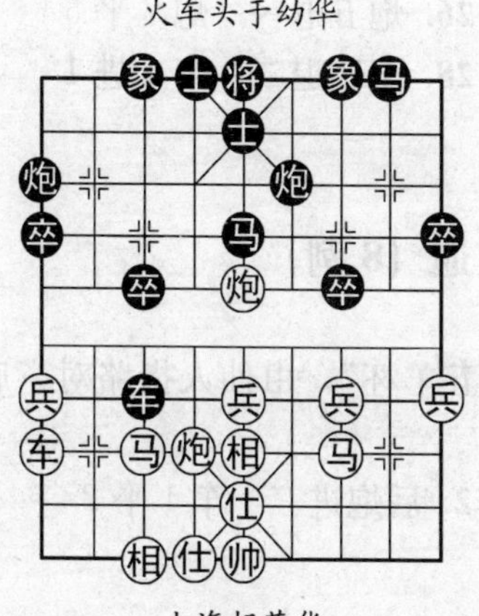

图 584

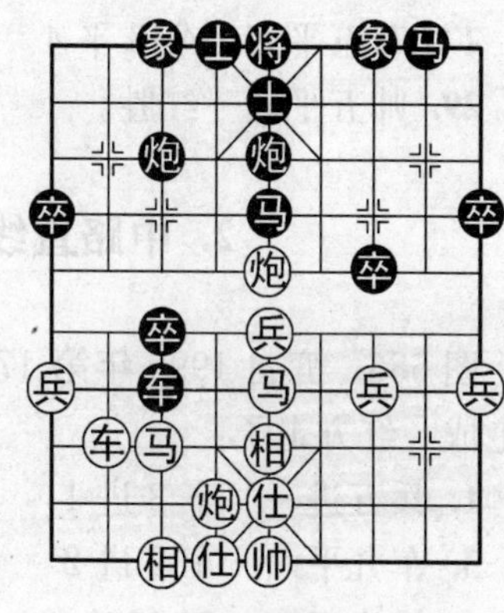

图 585

6. 炮六进二 炮 5 进 2 **7.** 仕六退五 炮 3 进 5

8. 兵五进一 马 5 进 3 **9.** 炮六平八 卒 3 平 2

10. 炮八平七 马 3 进 5 **11.** 车八平七 象 7 进 5

有车斗无车，红方优势无疑问。黑如改走马 5 进 3，车七进一，炮 5 退 1（如炮 5 平 9，车七进六，炮 9 平 1，车七退六，炮 1 平 2，兵五平四，象 7 进 5，车七平五，红方胜势），车七进六，卒 1 进 1，车七退二，卒 2 进 1，车七平二，马 8 进 9，车二平三，红方胜势。

12. 炮七平六 炮 5 退 2 **13.** 车七进四 马 8 进 6

14. 车七平一 ……

车炮斗炮双马，红方扫卒控制，胜势在握。

14. …… 卒 2 平 3 **15.** 炮六平四 马 5 进 6

16. 帅五平四 马 6 进 8 **17.** 帅四平五 士 5 退 6

18. 车一退二 卒 3 进 1 **19.** 车一平五 炮 5 平 2

20. 炮四平五 士 6 进 5 **21.** 车五平四 马 6 进 5

22. 车四进二 炮 2 进 2 **23.** 炮五进二 炮 2 平 7

24. 车四平二　马 8 退 9　　25. 车二平五　……

运动中夺马，胜定。下面了却战事。

25. ……　马 9 退 7　　26. 炮五退一　炮 7 平 5

27. 车五平四　卒 3 平 4　　28. 车四退二　卒 1 进 1

29. 帅五平四　红胜。

2. 中路直线二次通（8 例）

图 586，弈自 1996 年第 17 届“五羊杯”，由仙人指路对卒底炮走成。红方走子：

1. 兵五进一　卒 3 进 1　　2. 后炮进三　车 1 平 2

3. 车九平六　车 2 进 2

4. 后炮平五（图 587）　……

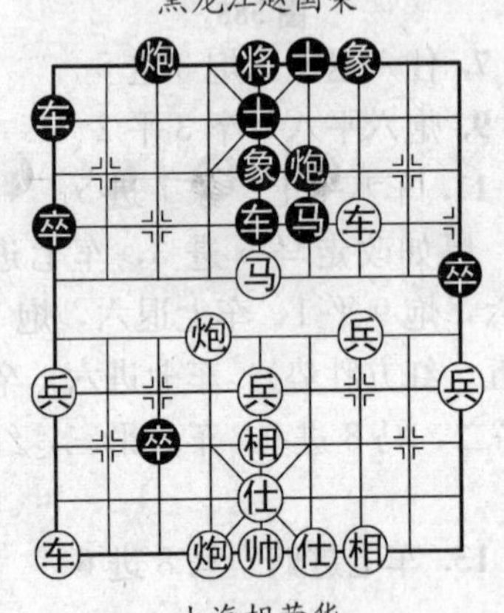

图 586

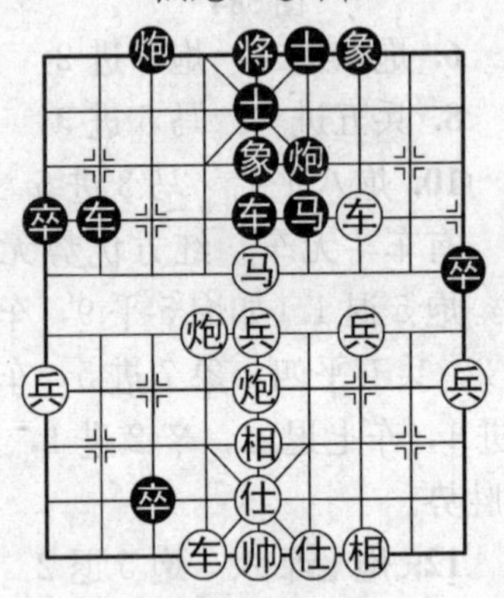

图 587

平中炮，形成中路顶格直线，好看。

4. ……　炮 3 进 4　　5. 兵三进一　车 2 进 5

6. 车六进三　炮 3 平 4　　7. 炮六平七　卒 3 平 4

8. 仕五退六　卒 4 进 1　　9. 车六退三　炮 4 平 7

10. 车六进三　炮 7 平 6

11. 仕四进五（图 588）　……

补仕后，第 2 次出现中路满格直线，奇也。至此，红方占有优势。

黑龙江赵国荣

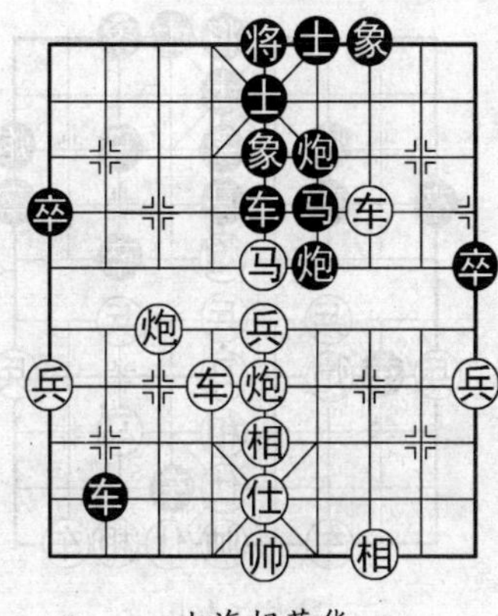

上海胡荣华

图 588

11. ……　　　前炮进 2

12. 车六退三　车 5 平 2

13. 炮七进二　前炮平 8

14. 车三平二　炮 8 退 2

15. 车六进六　前车进 1

16. 仕五退六　后车进 3?

17. 马五进四!　士 5 进 6

18. 炮七平四　炮 8 平 3

19. 炮四平五　士 6 退 5

20. 车二退一　后车平 3　　**21.** 车六平七　红胜。

图 589，选自 1998 年“红牛杯”象棋特级大师电视超霸赛，由仙人指路对卒底炮演成。红攻黑守，红方走子：

广东许银川

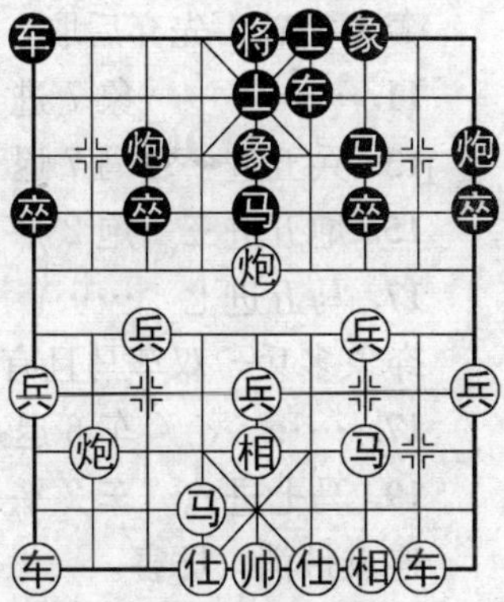

黑龙江赵国荣

图 589

1. 兵五进一　车 6 进 5

2. 马六进五　车 1 平 2

3. 炮八平七　车 2 进 6

4. 车九平七　卒 7 进 1?

挺卒失先，宜先走车 2 平 4 占肋，然后再考虑挺卒，局面稳固。

5. 炮七进一!　车 6 进 2

6. 仕六进五（图 590）　……

抬炮打车阻隔，补仕固中再挡，好棋，红方由此控制局势。至此，形成中路顶格直线，战火纷飞，甚是好看。

6. ……　　　卒 7 进 1　　**7.** 马五进三　马 5 进 7

8. 车二进六　后马进 5　　**9.** 炮七平五（图 591）　……

第 2 次出现中路直线，奇趣。

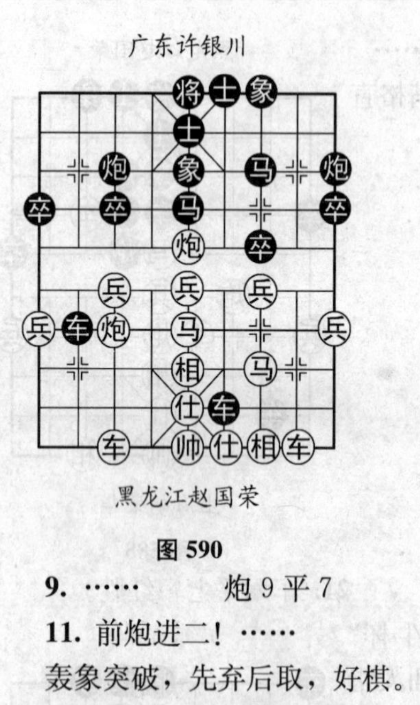

图 590

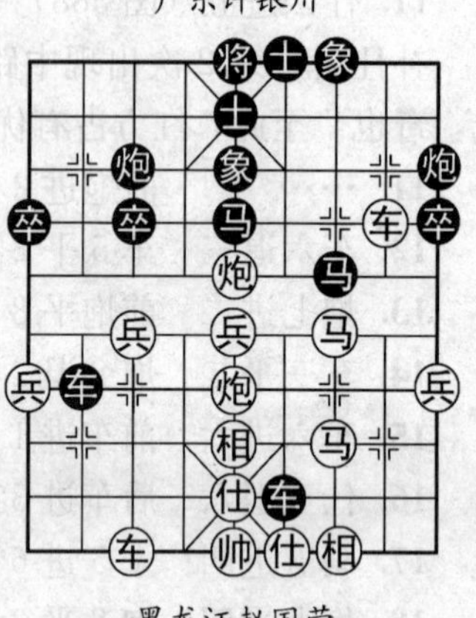

图 591

9. ……　炮 9 平 7　**10.** 车二平三　炮 3 平 2

11. 前炮进二！……

轰象突破，先弃后取，好棋。

11. ……　象 7 进 5　**12.** 兵五进一　炮 2 进 1

13. 兵五进一　马 7 退 5　**14.** 前马进五　炮 7 进 5

15. 炮五进三　炮 2 平 5　**16.** 车三平五　车 2 退 4

17. 马五进七　……

夺象多兵，双车马且有攻势，红方胜券在握。

17. ……　车 6 退 6　**18.** 车七平六　卒 9 进 1

19. 马七进六　车 2 平 3　**20.** 车五平九　……

连攻带消，厉害。

20. ……　车 3 退 2　**21.** 马六退八　车 3 进 2

22. 车九进三　象 5 退 3　**23.** 马八进七　……

再劫象，红胜。余略。

图 592，出自 2005 年全国象甲联赛，由仙人指路对卒底炮形成。红方走子：

1. 炮八平六　马 2 进 1　**2.** 炮五平四　炮 8 平 7

3. 相三进五　马 8 进 9　**4.** 兵三进一　马 9 进 7

5. 兵三进一　马 7 进 5　　　　**6.** 车七平五（图 593）……

河北阎文清

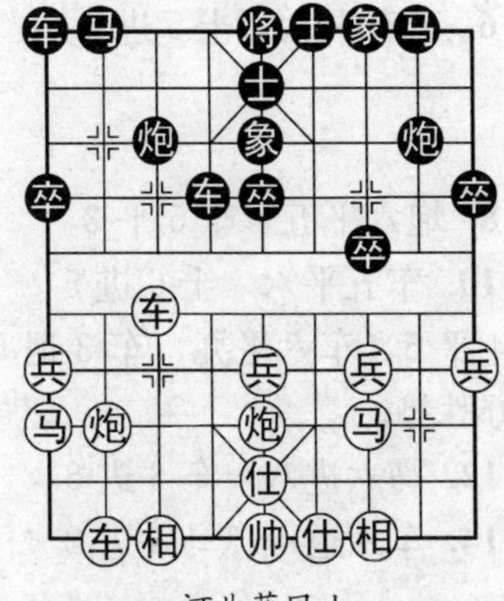

河北蒋凤山

图 592

河北阎文清

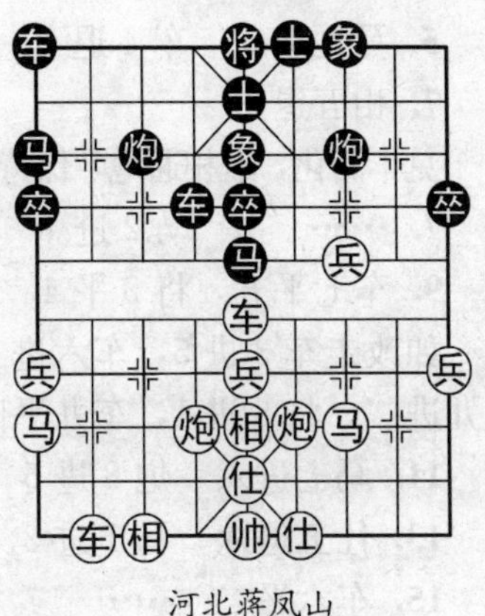

河北蒋凤山

图 593

交叉争夺，形成中路顶格直线，有趣。

6. ……　　　象 5 进 7　　　　**7.** 炮四进四　车 4 退 3

8. 马三进四　炮 3 平 5（图 594）

河北阎文清

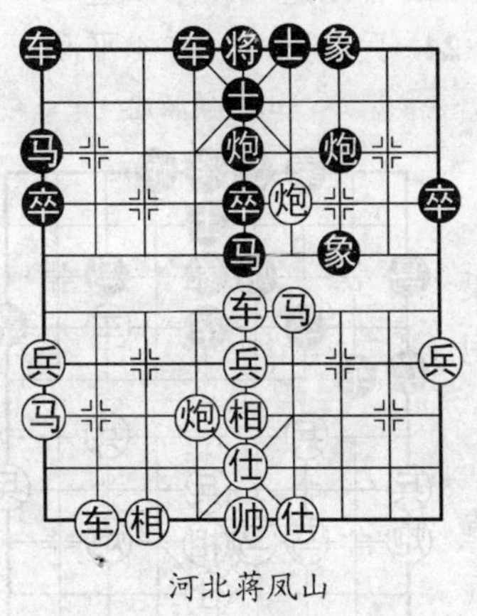

河北蒋凤山

图 594

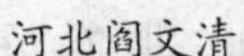

河北阎文清

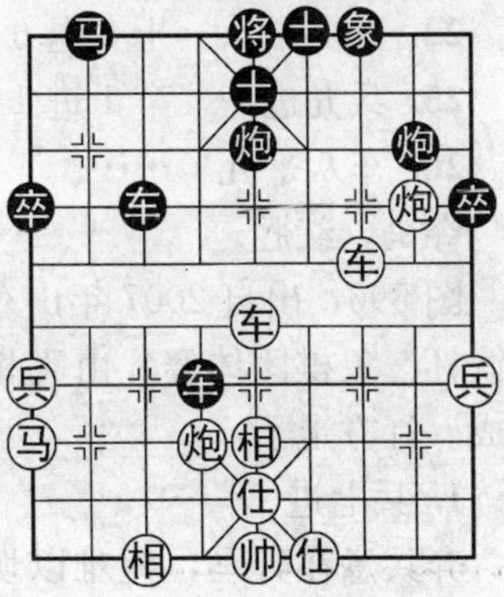

河北蒋凤山

图 595

第 2 次形成中路顶格直线，令人称奇也。

图 595 是双方续弈至 31 回合时局面。红方抢攻突击：

1. 车三进四　炮 5 进 5　2. 相七进五　车 3 平 8
3. 车三退二　炮 8 退 1　4. 车五平七　车 8 平 5
5. 马九退七　车 4 退 4　6. 车三平六　士 5 进 4
7. 相五退三　……

兑车简化，退相通炮，保持攻势。

7. ……　马 2 进 1　8. 炮六平五　车 5 平 3
9. 车七平五　将 5 平 4　10. 车五平六　士 6 进 5

如改走车 3 进 5，车六进三，将 4 平 5，车六平九，车 3 退 5，车九进二，将 5 进 1，车九平四，红方胜势。

11. 马七进六　炮 8 进 5　12. 马六进八　车 3 进 6
13. 仕五退六　马 1 进 3　14. 车六退一　马 3 进 2
15. 车六平二　……

再兑子，红方以优势进入残局。

15. ……　车 3 退 6　16. 炮五平六　车 3 平 4
17. 车二进六　将 4 进 1　18. 仕四进五　车 4 进 3
19. 车二退四　车 4 退 2　20. 车二退一　马 2 退 3
21. 车二进二　马 3 进 1　22. 车二退一　车 4 进 2
23. 车二平八　士 5 退 6　24. 兵九进一　将 4 平 5
25. 兵九进一　卒 1 进 1
26. 车八平九　……

夺马，红胜。

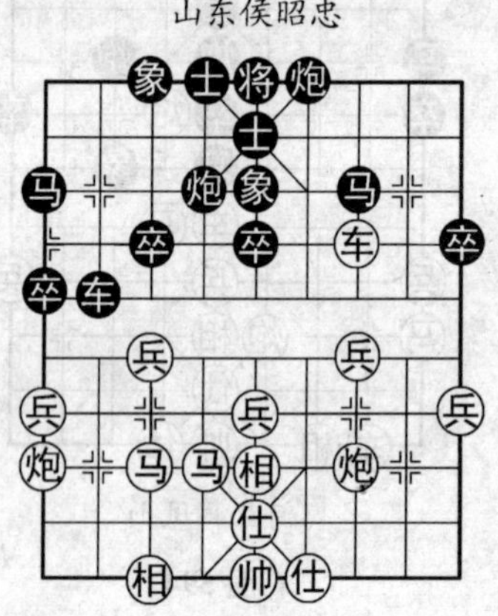

图 596

图 596，出自 2007 年山东“群康冷饮杯”象棋团体赛，由飞相对中炮形成。红方走子：

1. 兵七进一　……

弃兵意在奔马，但难以切入，造成损失。可改走马七进六，红方先手。

1. ……　车 2 平 3
2. 马六进五　车 3 平 5（图 597）

车马对峙，形成中路顶格直线，趣景也。

3. 兵三进一　炮 6 平 7

再弃三兵，似乎没有必要。可改走马七进八。黑方轰车吃兵，顺水推舟。

4. 车三平四　炮 7 进 4　　**5.** 车四平三　马 7 退 6

6. 马七进六　马 6 进 8　　**7.** 车三平五　车 5 退 1

8. 马六进五　炮 7 平 5（图 598）

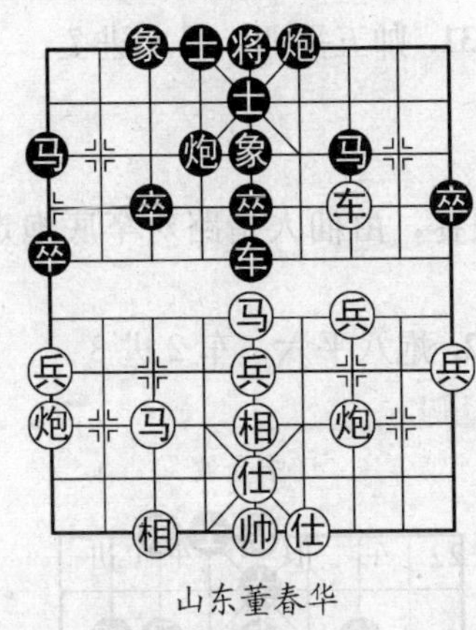

图 597

山东侯昭忠

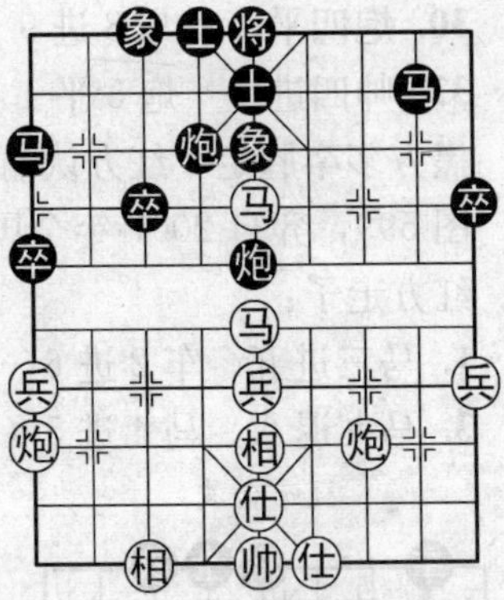

山东董春华

图 598

中路直线之景维持 6 个回合之久。双方兑车后进入无车棋较量，现在又出现第 2 次中路顶格直线，奇妙也。

9. 后马退三　马 1 进 2　　**10.** 兵五进一　炮 5 平 3

11. 马五退七　卒 3 进 1　　**12.** 马三进四　马 2 进 3

13. 兵五进一　炮 4 平 2　　**14.** 马四进二　……

跃马过急，应炮九平八先挡一下，红势占先。

14. ……　　马 8 进 7　　**15.** 马二进三　将 5 平 6

16. 兵五平四　……

横兵丢相，无奈，否则丢兵。

16. ……　　炮 2 进 7　　**17.** 仕五退六　马 3 进 5

18. 炮三平四　马 7 进 6　　**19.** 炮九平六　炮 2 退 8

20. 马三退一　马 5 退 4　　**21.** 马一退三　炮 2 进 4

22. 仕四进五　将 6 平 5　　**23.** 马三进一　……

如马三退四兑马，炮 2 平 6，红方残相，黑方兵种好而占优。

23. ……　　炮 2 退 4　　**24.** 炮四退一　马 6 退 8

25. 马一退三　马 4 退 6

红兵一丢，输局随之而来。

26. 炮四进一　炮 2 进 2　　**27.** 马三退五　炮 2 平 5

28. 炮六进三　马 6 退 7　　**29.** 炮六平二　马 7 进 8

30. 炮四平一　马 8 进 9　　**31.** 帅五平四　马 9 进 7

32. 帅四进一　炮 5 平 1

黑方多卒胜定，红方认输。

图 599，弈自 2007 年全国象甲联赛，由仙人指路对卒底炮走成。红方走子：

1. 马三进五　车 2 进 6　　**2.** 炮八平六　车 2 进 3

3. 马九退八　马 4 进 5（图 600）

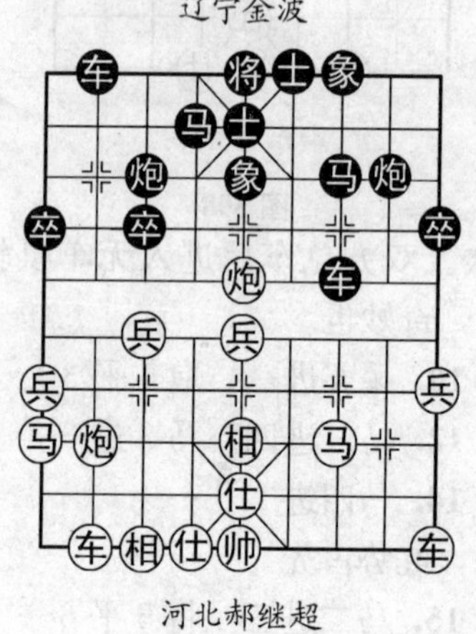

图 599

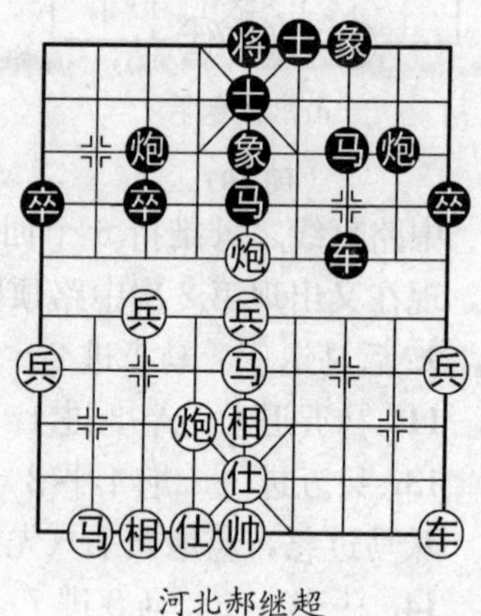

图 600

双方环绕中心阵地展开争夺，红炮镇中路、多中兵而占优。中路 10 子组成顶格直线，趣而壮观。

4. 炮六进三　车 7 进 2　　**5.** 车一平二　炮 8 平 9

6. 炮六退二 车 7 进 2 **7.** 炮六进三 炮 9 进 4

8. 马五进三 ……

中直线保持 4 个回合之久。现在中马跃出登河滩，虎视八方。

8. …… 车 7 退 2

9. 马八进七 卒 3 进 1

10. 马三进四 炮 3 退 1

11. 兵七进一！ 车 7 平 4

12. 兵七进一 车 4 平 3

13. 马七进五（图 601） ……

马跃中路，再次形成 10 子顶格直线，妙。

辽宁金波

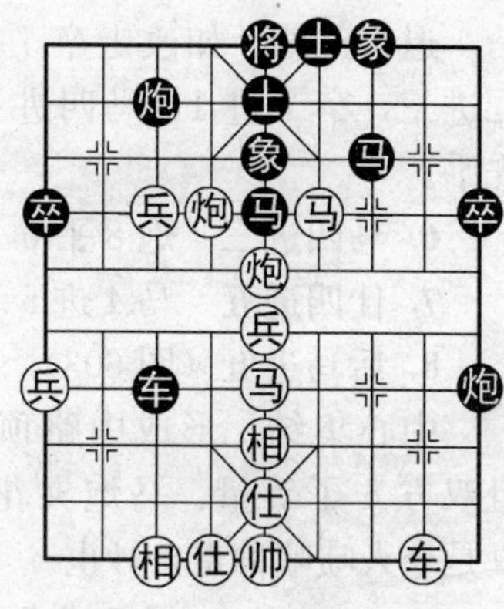

河北郝继超

图 601

13. …… 车 3 退 3

如误走车 3 进 3？马四进三！炮 3 平 7，相五退七，红方夺车胜。

14. 炮六退四 炮 9 平 1 **15.** 马五进三 车 3 进 3

16. 马三进二 车 3 平 6 **17.** 车二平四 车 6 进 3

18. 仕五退四 炮 1 平 7 **19.** 炮六进四！ ……

炮轧象腰蹩马，佳着。

19. …… 卒 9 进 1 **20.** 炮五平三 马 7 退 9

21. 马二进一 炮 3 平 9 **22.** 兵五进一 炮 9 进 2

23. 仕四进五 士 5 进 6 **24.** 兵五进一 炮 9 平 5

25. 炮三平五 ……

兑子夺子，红方多子胜定。下略。

图 602，选自 2006 年全国象甲联赛，由仙人指路对卒底炮形成。红方走子：

1. 兵五进一 车 4 进 4 **2.** 炮八进四 马 8 进 7

3. 车一平四 炮 8 进 3

红车走肋似乎不及车一平二较有针对性。黑炮骑河抢先，佳着。

4. 车四平二　卒 7 进 1

5. 马六进四　车 4 退 3

退车正着。如改走卒 7 进 1，车二进三，卒 7 进 1，马四进三，红方先手。

6. 马四进三　炮 8 平 5

7. 仕四进五　马 4 进 5

8. 后马进五（图 603）　……

中心集结，形成中路顶格直线，且双方 5 子等量、马炮夹花、对称，真是令人啧啧称奇，妙也。

8. ……　马 5 进 7

9. 车二进五　后马进 5（图 604）

江苏李群

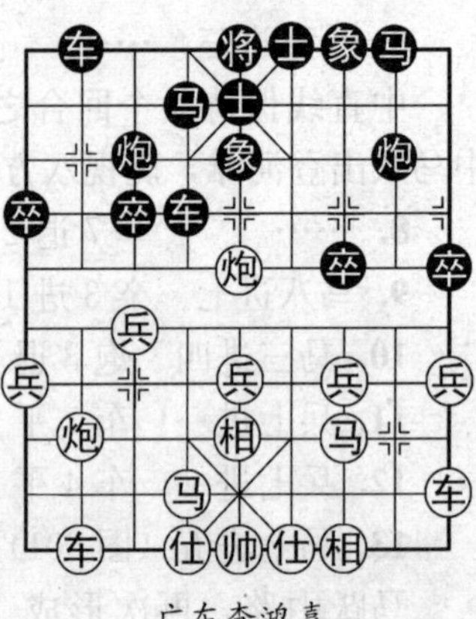

广东李鸿嘉

图 602

江苏李群

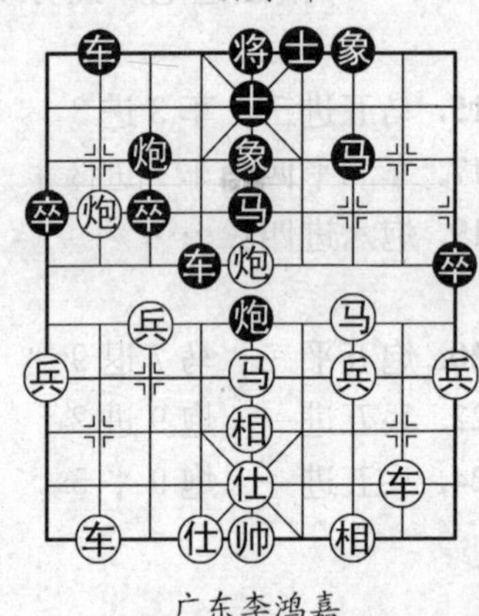

广东李鸿嘉

图 603

江苏李群

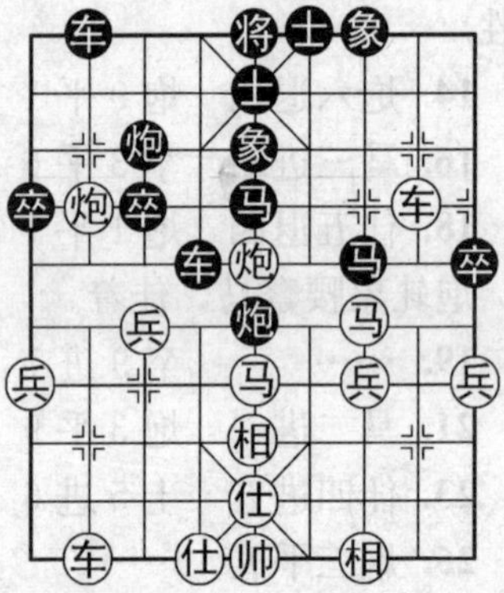

广东李鸿嘉

图 604

连环马移动调整，第 2 次出现中路顶格直线，且保持前图的奇迹，真是妙不可言，奇哉。

10. 车二平四　车 4 进 2　　**11.** 帅五平四　将 5 平 4

12. 炮五平四　车 4 退 2　　**13.** 炮八进二　象 5 退 3

14. 炮四平一　炮 3 平 6　　**15.** 帅四平五　车 4 进 2

16. 车八进五 卒 3 进 1 **17.** 车八进一 卒 3 进 1
18. 车四退一 马 5 进 6 **19.** 车四平六 车 4 退 2
20. 炮一平六 将 4 平 5 **21.** 炮六平五 马 6 退 5
22. 马五进七 炮 6 进 1 **23.** 车八退四 象 3 进 5
24. 炮八退二 马 5 进 3 **25.** 炮八平六 车 2 进 7
26. 马七退八 ……

一阵激战，兑去双车，双方斗无车棋，红方净多双兵占优。以后残局获胜，着法从略。

图 605，出自 2006 年全国象甲联赛，由五六炮对屏风马右炮封车走成。双方大部队集结，红方出手：

1. 炮五平六 车 4 平 3 **2.** 马七进五 炮 9 平 6
3. 兵一进一 车 8 退 3 **4.** 车八进二 炮 6 进 1
5. 车八进一 炮 3 平 5
6. 车七平五（图 606） ……

北京蒋川

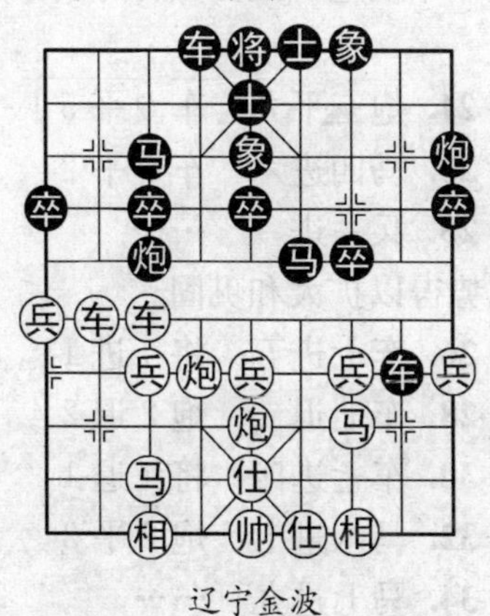

辽宁金波

图 605

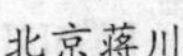

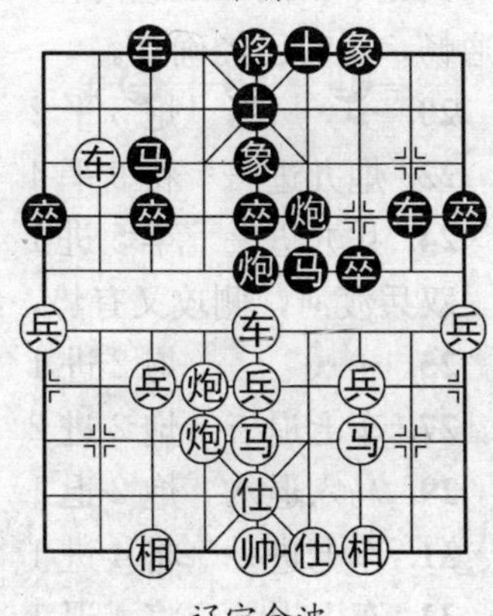

辽宁金波

图 606

双方 32 个兵力全部集结对峙，形成“一字长蛇阵”，中路出现顶格直线，奇也。

6. …… 卒 3 进 1 **7.** 车八退三 炮 6 退 1
8. 前炮进三 车 8 进 3 **9.** 前炮平一 车 3 平 4

10. 兵七进一　马 6 进 7　　**11.** 马五进三　……

兑马透松，中直线保持 5 个回合之久，实属不易之壮观。

11. ……　车 8 平 7

12. 相七进五（图 607）　……

再次出现中路顶格直线，罕见也。

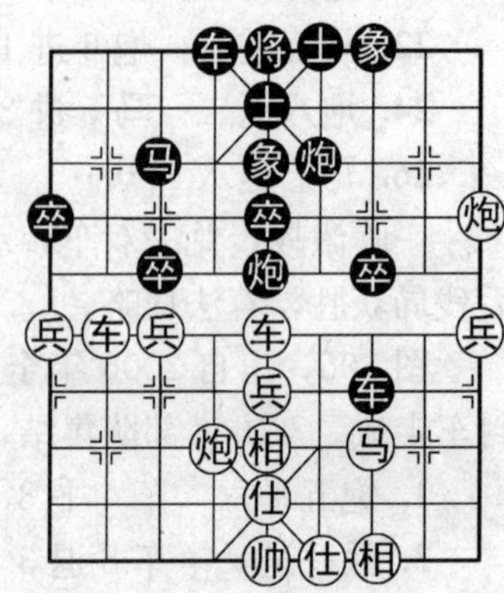

图 607

12. ……　卒 3 进 1

13. 车八平七　炮 5 平 3

14. 车五平六　车 4 进 5

15. 车七平六　炮 6 平 7

16. 炮六平七　炮 3 平 6

17. 车六平七　炮 6 退 2

18. 炮一平三　车 7 平 6

19. 炮七进五　炮 6 平 3

20. 马三进四　……

大兑子，局面迅速简化。车马炮斗车双炮，红方兵种好，子力又通畅，优势已经确立。

20. ……　炮 3 平 2　　**21.** 炮三平九　车 6 平 5

22. 炮九进三　将 5 平 4　　**23.** 马四进六　车 5 平 2

24. 兵九进一　卒 5 进 1　　**25.** 兵一进一　……

双兵渡河，侧攻又有势，红方优势得以扩大和巩固。

25. ……　炮 2 进 1　　**26.** 车七进五　将 4 进 1

27. 车七退三　炮 2 进 2　　**28.** 车七退二　炮 2 退 2

29. 马六退八　炮 2 退 1　　**30.** 车七进四　将 4 退 1

31. 车七进一　将 4 进 1　　**32.** 马八进七　炮 2 平 3

33. 车七退一　将 4 退 1　　**34.** 马七进九　……

马进边陲，凶。如改走马七退五，车 2 进 3，仕五退六，车 2 平 4，帅五进一，车 4 平 6。虽然红方仍占优势，但双仕被劫，有后顾之忧。

34. ……　车 2 进 3　　**35.** 仕五退六　炮 3 进 7

打帅兑子，得到喘息，别无他法。

36. 相五退七　炮7平1　　**37.** 车七进一　将4进1

38. 车七退二　炮1平2

39. 兵九进一（图608）　……

北京蒋川

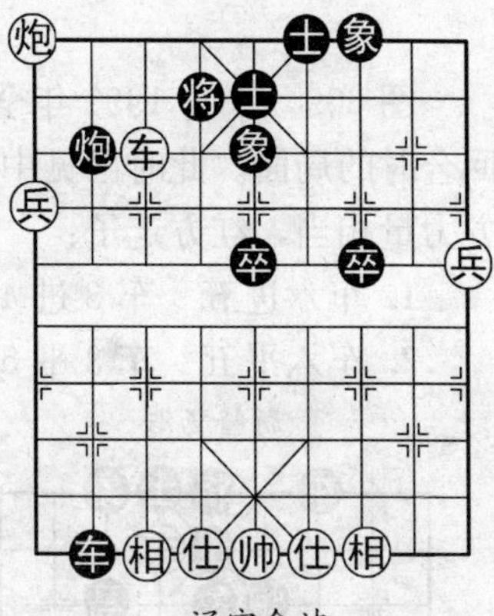

辽宁金波

图608

双方进入残局。车炮双兵仕相全对车炮双卒士象全，量虽同但质有异。红方侧攻有势，不可同日而语。下面推进向前。

39. ……　　车2退3

40. 仕四进五　炮2进3

41. 车七进一　将4退1

42. 车七进一　将4进1

43. 车七退五　卒5进1

44. 兵九进一　……

黑方弃中卒意在改善内线，用心良苦。红方冲兵不予理会，凶。如车七平五，炮2退1，兵一进一，将4退1，局势有所缓和。

44. ……　　炮2退1　　**45.** 车七进四　将4退1

46. 兵九平八！……

弃兵抢攻，好棋。

46. ……　　炮2平9　　**47.** 兵八进一！车2平1

48. 车七进一　将4进1　　**49.** 兵八平七　将4进1

50. 车七平八　车1退4　　**51.** 炮九平四！象5退3

52. 炮四平五！车1平3　　**53.** 车八退三　士5进6

54. 车八平六　将4平5　　**55.** 兵七平六　车3进3

56. 炮五平六！士6退5　　**57.** 车六平五　将5平6

58. 兵六平五　炮9进2　　**59.** 相三进五　炮9平5

60. 车五平四　将6平5　　**61.** 帅五平四　车3平4

62. 兵五平六！……

车炮兵紧攻，一气呵成杀局，红胜。

3. 中路直线三次通（3 例）

图 609，来自 1991 年全国个人赛，由仙人指路对中炮局至 22 回合时的局面。此时已见中路满格直线，红黑各占 5 子，有趣。双方力量相当，红方走子：

1. 车六进五　车 3 进 4

2. 车六平五　车 3 平 5（图 610）

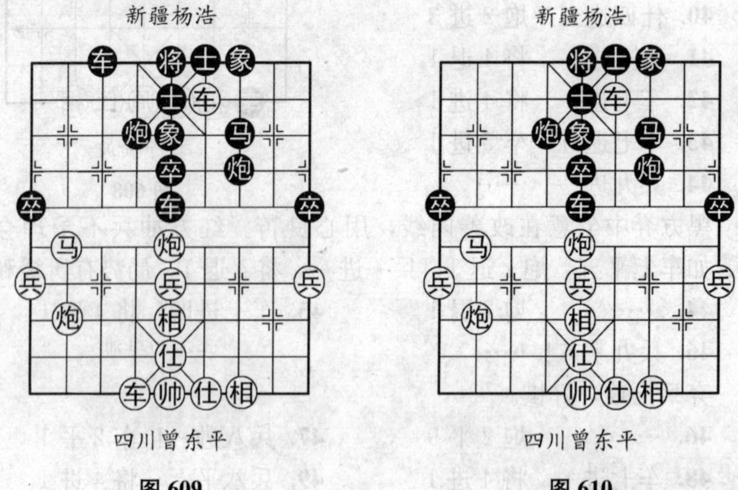

图 609　　图 610

兑车简化，枰面上少了两个车，却再次维持中路满格直线，有趣。

3. 炮八平六　炮 4 退 1　　**4.** 车四退二　炮 4 进 2

5. 车四进二　炮 7 进 3　　**6.** 车四退五　炮 7 平 5

7. 车四平五（图 611）　马 7 进 6

黑方先弃后取，抢中兵兑炮，中路列队子力有所变动，但垂直线竟能得以第 3 次出现，令人惊叹而称奇。

8. 车五平八　车 5 进 1　　**9.** 马八进七　车 5 进 1

10. 车八进二　马 6 进 8　　**11.** 相五进三　马 8 退 7

12. 马七进六　炮 4 退 1　　**13.** 相三进五　车 5 平 1

14. 炮六进四　车 1 进 3　　**15.** 炮六退六　马 7 进 5

16. 仕五进四　马 5 进 4

17. 仕四进五　马 4 退 3?

退马软着。可改走卒 5 进 1，黑方多卒占先，且有发展潜力。

18. 相五进七！卒 1 进 1

19. 车八进四　士 5 退 4

20. 马六退八！……

兑马透松，机灵。此后黑方虽多一过河卒，无以致胜，终于握手言和。着法从略。

新疆杨浩

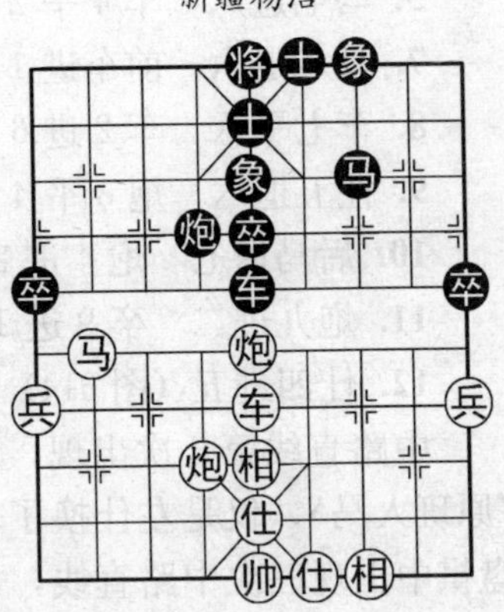

四川曾东平

图 611

图 612，选自 2002 年全国团体赛，由仙人指路对卒底炮走成。枰上已现中路顶格直线，有趣。对峙之中，黑方走子：

1. ……　卒 3 进 1　**2.** 兵七进一　象 5 进 3

3. 炮四进一　车 4 进 2

4. 马六退八　象 3 退 5（图 613）

上海葛维蒲

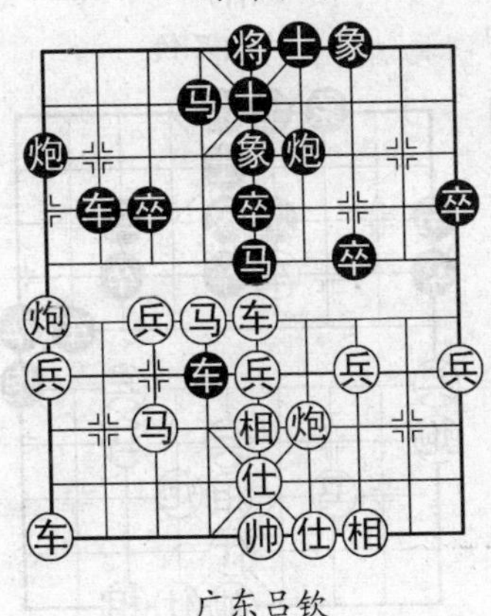

广东吕钦

图 612

上海葛维蒲

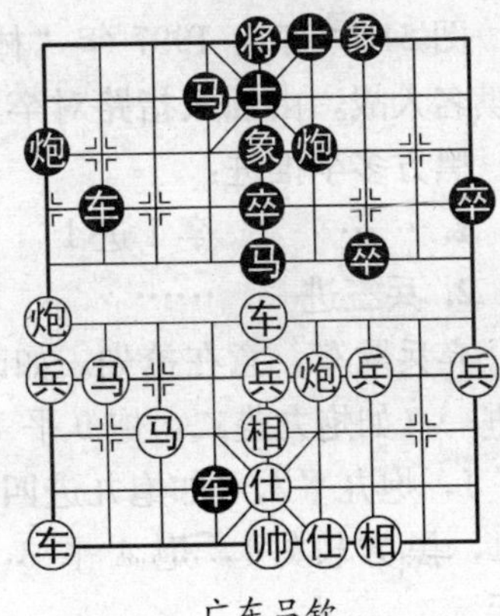

广东吕钦

图 613

此际第 2 次出现中路全线列队，且子力原封照旧，甚是有趣，妙。

5. 马七进六　车4平2　　**6.** 车九平七　炮1平3

7. 马八退六　前车进1

8. 车七平八　车2进6

9. 仕五退六　炮3平4

10. 后马退七　炮4进2

11. 炮九进二　卒9进1

12. 仕四进五（图614）　……

中路直线第3次出现，而且仍是“原班人马”，仅是左仕换了右仕！一盘棋中出现三次中路直线，可谓珍贵奇局也。

上海葛维蒲

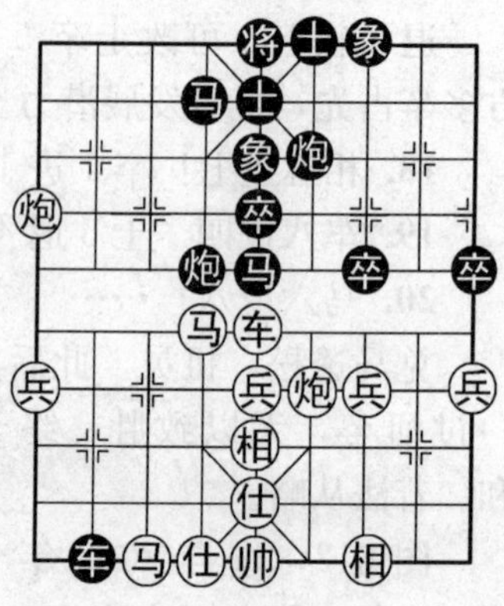

广东吕钦

图614

12. ……　　　马4进2

13. 马六退七　车2退5

14. 兵九进一　马2进3　　**15.** 炮九退一　炮4进2

16. 炮四进二　马3进5　　**17.** 炮四平八　……

纠缠至此，进入无车棋较量，局势大致相当。以后再战28个回合，终于握手言和。

图615，弈自1997年“林河杯”象棋名人战，由仙人指路对卒底炮而成。黑方多卒推进：

广东吕钦

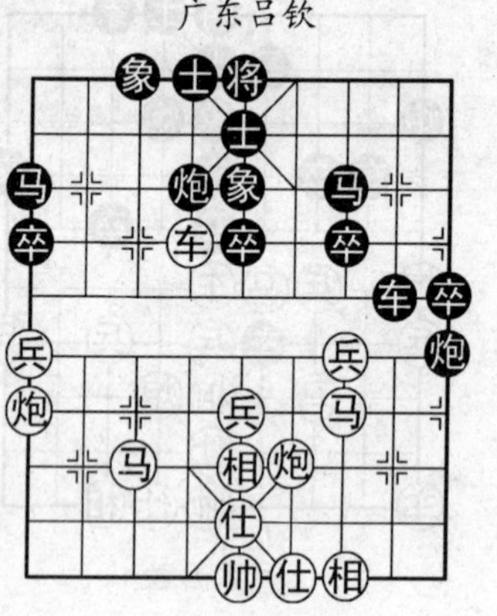

火车头于幼华

图615

1. ……　　　卒1进1

2. 兵三进一　……

弃兵欺车，意在抢先。如改走兵九进一（如炮九进二，炮9平1），车8平1，炮九平六（如炮九进四，象3进1，黑方较好），炮4平3，黑方先手。

2. ……　　　车8平7

3. 马三进五　车7平5（图616）

相互牵扯，形成中路直线一线通，有趣。

4. 兵九进一　车 5 平 1

5. 炮四平三　车 1 平 5（图 617）

广东吕钦

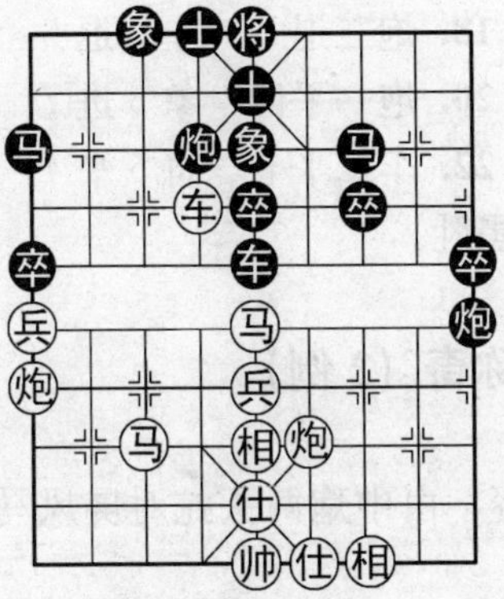

火车头于幼华

图 616

广东吕钦

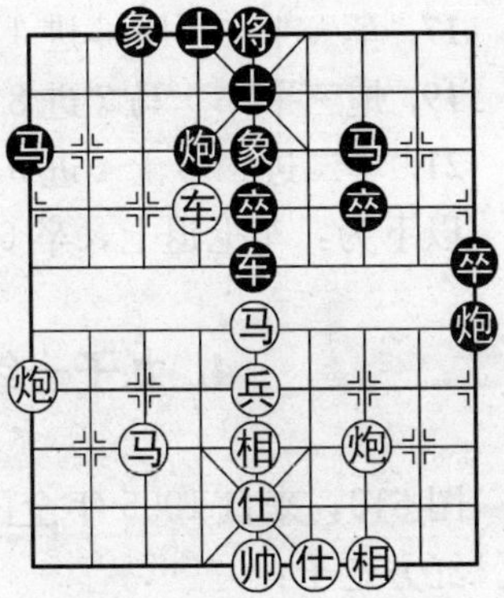

火车头于幼华

图 617

第 2 次形成中路一线通，堪可称奇也。

6. 车六平九　卒 7 进 1　　**7.** 马五退七　……

如改走炮九进四，象 3 进 1，车九进一，马 7 进 6，黑方占优。

7. ……　卒 7 进 1!

8. 兵五进一　……

如相五进三，车 5 平 3，炮三进一，马 7 进 6，炮三平一，马 6 进 4，黑优。

8. ……　炮 9 平 5

9. 后马进五（图 618）　……

至图 618，第 3 次出现中路一线通，“一局三通”，真是奇景，妙哉。黑方净多三个卒，优势明显。

广东吕钦

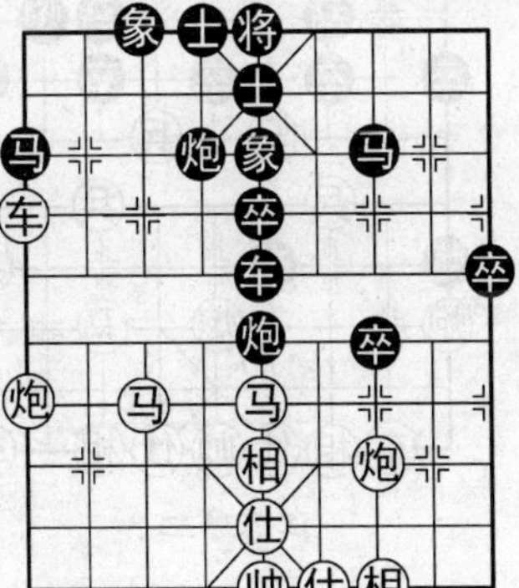

火车头于幼华

图 618

9. ……　卒 7 平 6

10. 马七进五　车 5 进 1

11. 马五进七　炮 4 进 4　　**12.** 马七进八　车 5 平 4

13. 炮九进四　象 3 进 1　　　14. 车九进一　炮 4 平 5

平炮镇中，双肋车卒，黑方优势已扩大。下面入局。

15. 车九退二　马 7 进 9　　　16. 车九平一　马 9 进 7

17. 车一平二　卒 6 进 1　　　18. 炮三退一　士 5 退 6

19. 炮三平一　马 7 进 8　　　20. 炮一平四　象 5 进 7!

21. 车二进二　士 4 进 5　　　22. 车二平七　将 5 平 4!

以下为：车七退七，卒 6 进 1，黑胜。

4. 九子一线直格称奇（2 例）

图 619，来自 1995 年全国团体赛，由中炮两头蛇对屏风马形成。红方走子：

1. 马六进四　车 4 平 6　　　2. 马四进三　将 5 平 6

3. 仕四进五　车 8 进 1　　　4. 炮五平四　炮 8 进 4!

5. 兵四平三　车 6 平 7（图 620）

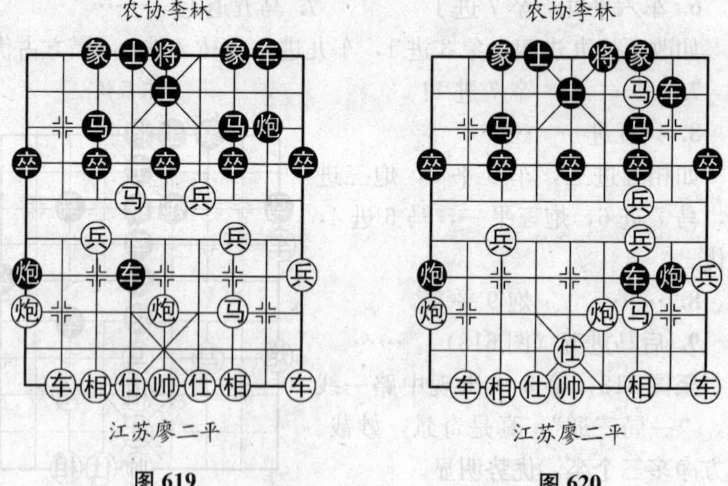

图 619　　　图 620

此时但见三、7 路直线 10 格上布满 9 个子，几乎满员，这在实战中极为罕见，可称奇局也。而且线中三兵（卒）相吻，更添“浪漫情趣”。

6. 前兵平四　车7平6　　**7.** 车八进七　车8平7
8. 车八平七　象7进5　　**9.** 相三进五　将6平5
10. 车七平八　……

如改走车七退一，卒1进1，炮九进三，炮1平5，黑优。

10. ……　车7平8　　**11.** 车一平二　炮1退2
12. 车八退二　车8退1　　**13.** 炮九进四？……

贪卒，自拆担子炮，失着。宜改走炮四退二。

13. ……　炮1进1　　**14.** 兵四进一　……

冲兵致使黑炮轰兵左调，自增压力。可改走兵三进一，卒7进1，兵四平三，车6平7，马三退一，炮8进2，炮四进四，相互对峙。

14. ……　炮1平7　　**15.** 兵四平三　炮7平5
16. 炮九退四　车6平7　　**17.** 马三退一　……

退马不及炮四退一。

17. ……　炮8进1　　**18.** 车二平三　车7平6
19. 炮四退二　……

宜走车三进四。

19. ……　炮8平1　　**20.** 兵三进一　炮1进2
21. 马一进三　……

黑方沉底炮抢攻，由此得势。红如改走车八退五，炮1平3，车八平七，车8进8，黑方占优。

21. ……　车6进1　　**22.** 车八退三　车8进8
23. 车八退二　炮1平3　　**24.** 车八平七　车6平5

双车炮杀势，黑胜。

图621，选自1986年全国个人赛，由顺炮缓开车对直车走成。现在轮到红方走子：

1. 车二进六　炮8退1　　**2.** 车二平三　车9进1
3. 车三退一　车2进4　　**4.** 马三进二　炮8平7
5. 马二进三　车9平8　　**6.** 炮一平三　炮5平6
7. 马七进六　车2平7（图622）

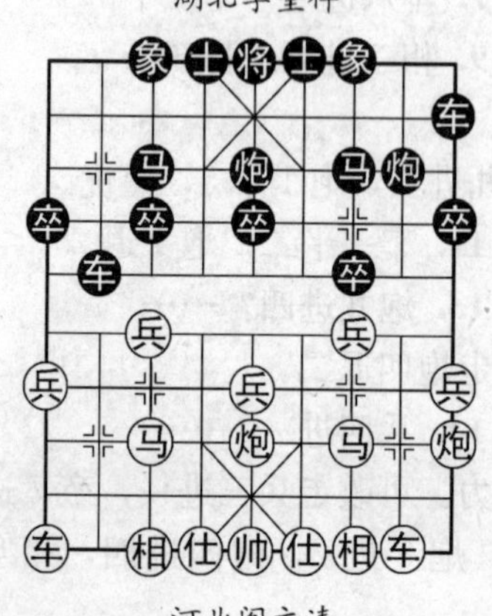

图 621

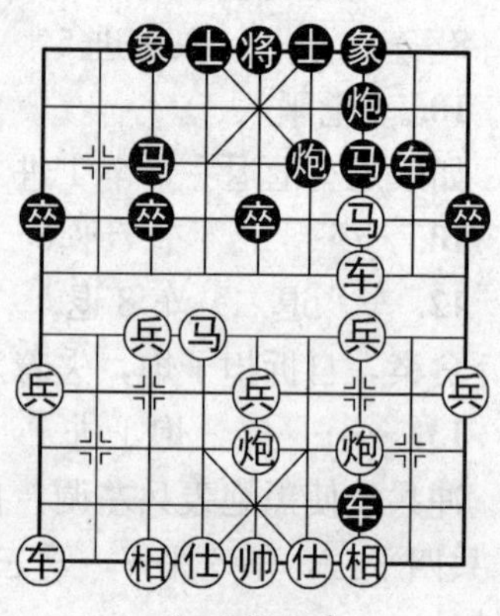

图 622

侧线竞争，子力云集，三、7 路直线 9 子同线，奇妙也。

8. 马六进五　士 6 进 5　　**9.** 马五进七　车 7 退 1

10. 车三平六　象 7 进 5　　**11.** 马三进五　炮 7 进 4!

红方踏象弃子抢攻，黑方炮击攻相，反击重势，好棋。

12. 相三进一　炮 7 平 8!　　**13.** 相一退三　炮 8 进 4!

14. 车九进一　车 7 进 2

底线车炮抢攻，先发制人，争得时间和速度。

15. 车九平六　车 7 退 1　　**16.** 仕四进五　炮 6 平 3

17. 马五进三　将 5 平 6　　**18.** 炮五平四　车 7 进 1

19. 仕五退四　炮 3 平 5!　　**20.** 前车平五　……

如马三退五，象 3 进 5，黑方多子胜势。

20. ……　车 7 退 5　　**21.** 仕四进五　车 7 平 5

22. 车六进三　将 6 进 1　　**23.** 车六平四　炮 5 平 6

子力相差悬殊，红方无力再打，认输。

5. 兵林 8 子　横线有趣（5 例）

图 623，出自 2003 年全国个人赛，由起马对挺卒局而成。红方走子：

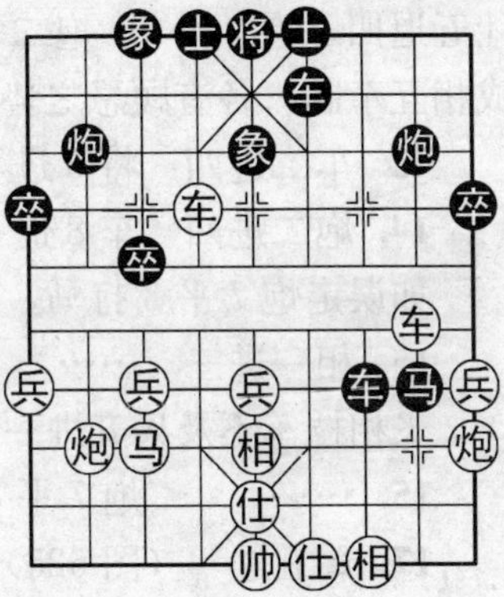

黑龙江聂铁文

广东吕钦

图 623

1. 炮一平二　……

平炮挡马，稍嫌呆板。可改走炮八退一，保留边炮活动空间，局面比较灵活。

1. ……　　　车 6 进 7

2. 炮八退一　炮 8 平 7

3. 相三进一　车 6 退 2

4. 炮八进二（图 624）　……

高炮兵林，阻击黑方进攻，形成兵林 8 子同横线，差一格即满格，也是罕见也。

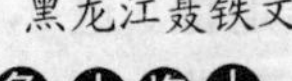
黑龙江聂铁文

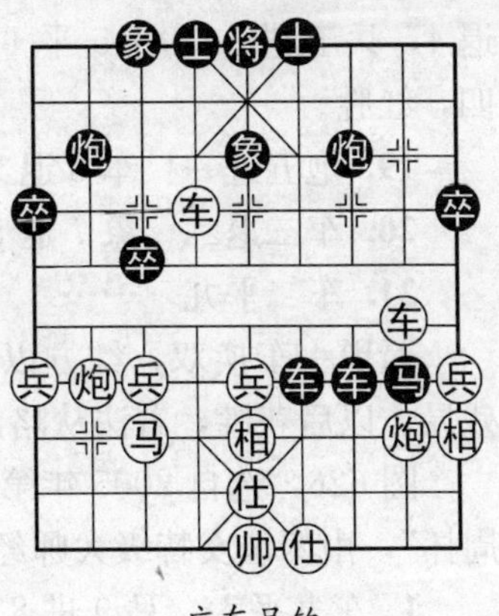

广东吕钦

图 624

4. ……　　　车 7 进 1

5. 兵七进一　车 6 进 2

6. 车二退一　车 7 平 5

7. 车六退四　……

黑方弃子抢攻，强行切入，由此引起激战。红方退车强兑，意在简化并保持得子之利，但“得子失先”并不如意。可改走马七进六，车 6 平 8（如车 5 平 2，红炮二平六，有攻势），车二平三，车 5 平 8，马六进四，炮 7 平 6，兵七进一，红优。

7. ……　　　车 5 平 4

8. 仕五进六　卒 3 进 1

9. 兵五进一　车 6 平 8

10. 炮八进三　炮 7 进 5

破劫中相，黑卒过河，炮击打双，黑方取得对抗之势。

11. 炮八平五　象 5 进 7?

飞象腾空头，易受攻击，自找麻烦，不当。应改走士 4 进 5，仕四进五，车 8 进 1（正着，如炮 7 平 3 贪马，红炮二平三腾挪），仕五退四，炮 7 平 9，炮二平三，车 8 平 7，炮三平四，炮 9 进 2。成相互牵制，各有顾忌之势。

12. 车二进四　将 5 进 1　**13.** 车二进一　将 5 退 1

14. 炮二进四　车 8 退 3

如误走炮 7 平 3 打马，炮五退一，红胜。

15. 相一进三　……

飞相挡车不及兵五进一干脆有力。

15. ……　炮 7 平 8　**16.** 车二退一　将 5 进 1

17. 兵五进一（图 625）　炮 8 平 3?

贪马，败着。前功尽弃。应改走炮 2 进 1，可以有作为。

18. 车二进一　将 5 退 1

如改走将 5 进 1，炮五平七！炮 3 退 4，兵五进一，将 5 平 6，兵五平四，红胜。

19. 炮五进一！车 8 退 2

20. 车二退二　象 7 退 5

21. 车二平九　……

逼黑一车换双，红方以优势进入残局。以后获胜，着法从略。

黑龙江聂铁文

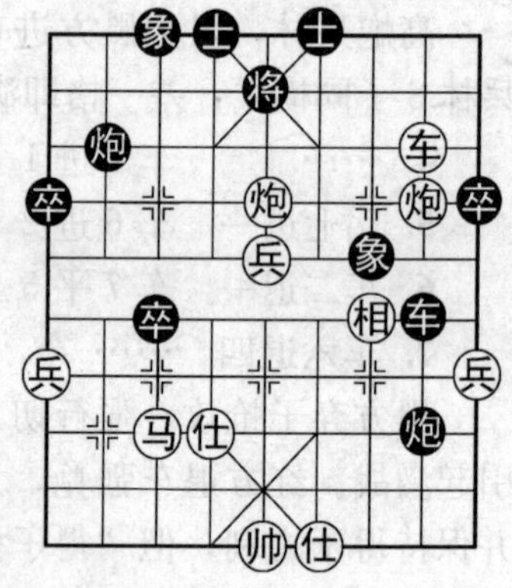

广东吕钦

图 625

图 626，选自 2005 年第 4 届“嘉周杯”，由两位女特级大师经仙人指路对卒底炮而成。红方走子：

1. 车九平六　马 9 进 8

2. 炮六平五　马 8 进 6　**3.** 马三退一　马 5 进 4

4. 炮四进一　前车进 1（图 627）

局面在纠缠中推进。横格 8 子连线，兵林称奇，好看。

江苏张国凤

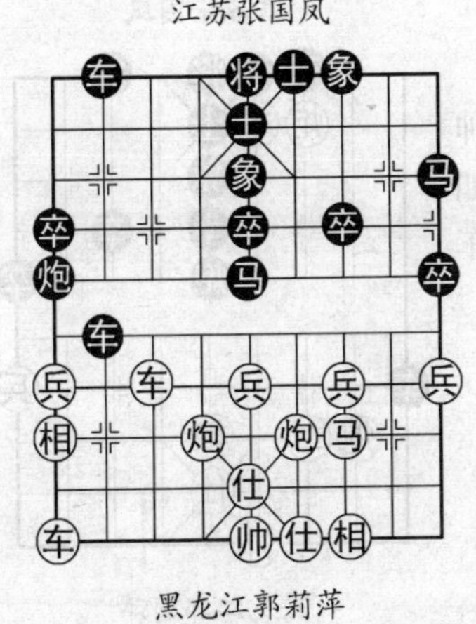

黑龙江郭莉萍

图 626

江苏张国凤

黑龙江郭莉萍

图 627

5. 车七退一　马 4 进 5

弃马杀仕抢攻。虽然着眼进取，但风险也伴随而至。改走前车进 3 较为稳健。

6. 仕四进五　前车平 5

7. 炮四退三　车 5 平 7

8. 车六进四　马 6 进 4

9. 炮五平六　车 2 进 8

10. 相三进五　马 4 退 2

11. 车七进五　马 2 进 1

12. 车六进四　……

车侵象腰，转守为攻。

12. ……　车 2 退 8

13. 炮六平八　士 5 退 4

14. 车七退五　车 2 进 6

15. 炮四进六！……

炮进卒林抢攻，好棋。

15. ……　士 6 进 5

16. 炮四平九　炮 1 平 5

17. 炮九进三　车 2 退 6

18. 炮九退七　……

攻中再夺马，红方多子已呈优势。

18. ……　车 7 进 2

19. 马一进三　车 7 退 1

20. 帅五平六　车 7 退 1

21. 炮八进六！车 7 平 1

22. 炮九平八　车 2 平 1

23. 前炮平七　后车平 3（图 628）

24. 炮七平五！ 车1进3

25. 帅六进一　车3平1

红方兑子献马调离黑车，继而出帅炮轰中士，狠狠一击，由此入局。黑如改走车3进7，炮八进七，车3退7，车六进一，将5进1，车六退一，红胜。

26. 炮五退二　象5进3

27. 车七进三　前车退1

28. 帅六退一　前车平5

29. 相五退七　车5平6

30. 车七平五　将5平6

31. 车五平六　车6进1

32. 炮五退六　红胜。

江苏张国凤

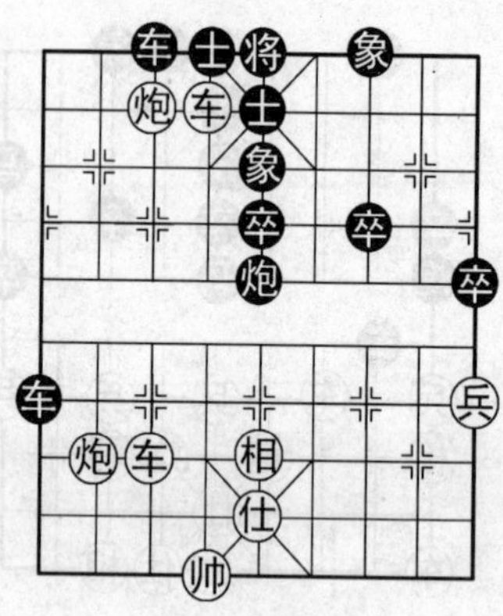

黑龙江郭莉萍

图 628

图629，出自1955年华东华中象棋名手交流赛，由中炮过河车对屏风马左马盘河走成。红方走子：

1. 车四进二　炮8进2　　2. 车四退四　卒8进1

3. 马三退一　车4进1

4. 马一进二　炮2进4（图630）

上海屠景明

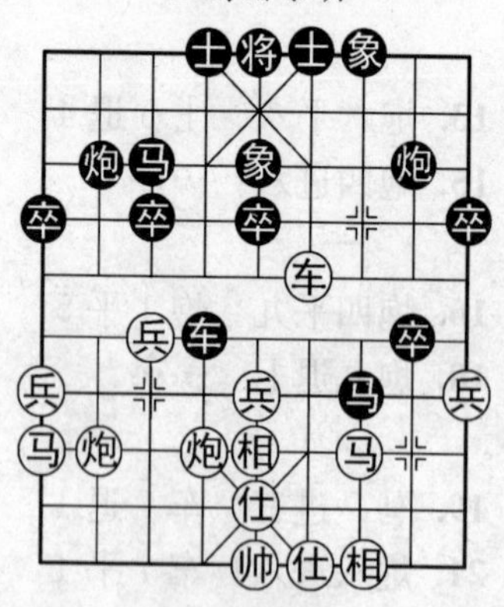

湖北李义庭

图 629

上海屠景明

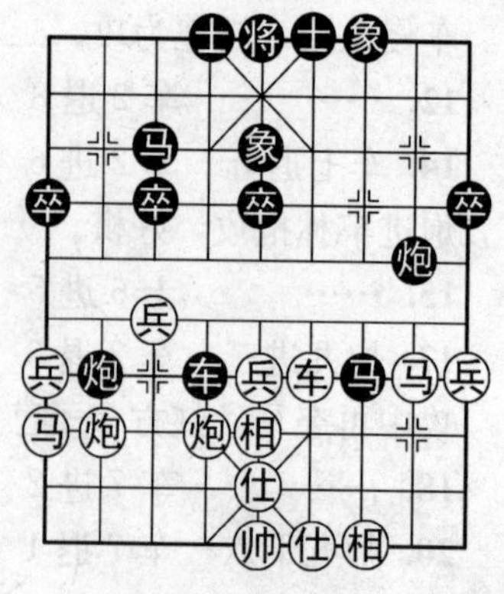

湖北李义庭

图 630

兵林争夺，“群英集至”，8 子横格一线可谓称奇，趣也。

5. 车四平三　车 4 进 1　　**6.** 仕五进六　炮 2 平 7

大兑子，局面趋缓，双方进入无车残局。

7. 炮八平七　马 3 退 5　　**8.** 炮七进四　马 5 进 7

9. 兵九进一　炮 8 进 1!　　**10.** 仕六退五　卒 9 进 1

11. 炮七平八　马 7 进 6　　**12.** 兵五进一　士 4 进 5

13. 炮八退一　马 6 退 4　　**14.** 炮八平六　马 4 退 2

15. 马二退三　炮 7 进 1!　　**16.** 马九退七　炮 8 平 3

17. 马七进六　炮 3 平 4　　**18.** 马三进一　炮 7 平 8

19. 马六退四　马 2 进 3　　**20.** 兵九进一　卒 1 进 1

21. 炮六平九　马 3 进 2　　**22.** 炮九平六!　士 5 进 6

23. 马四进二　卒 9 进 1　　**24.** 兵一进一　马 2 进 3

25. 帅五平六　马 3 退 4　　**26.** 帅六平五　炮 4 平 9

势均力敌，和棋。

图 631，来自 1966 年全国个人决赛，由对兵（卒）局形成。红方走子：

1. 仕四进五　马 6 进 7

2. 车一平二　炮 8 进 4

斗散手，黑方进炮封车，改走炮 8 平 7 亦可。

3. 炮六进一

炮 6 进 3（图 632）

三炮占兵林，形成兵林横格 8 子一条线，堪称奇景。

4. 炮六进三　马 7 进 6

5. 兵九进一　卒 5 进 1

6. 马三退一　马 2 进 3

7. 兵七进一　马 3 进 4

8. 兵七进一　马 4 进 5

跃马，放兵夺兵，展开竞争。

湖北李义庭

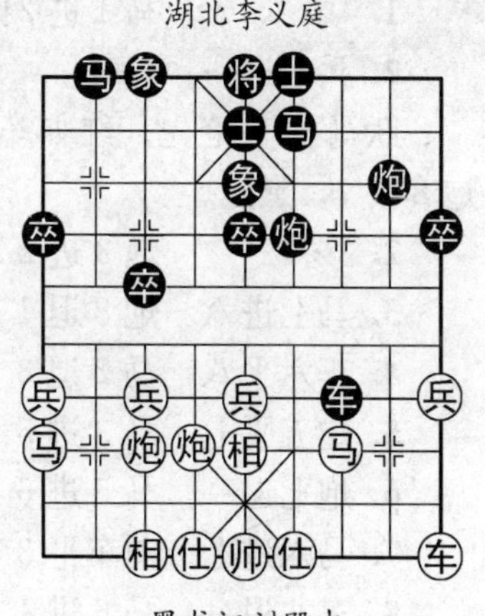

黑龙江刘殿中

图 631

9. 炮七退一　马 5 进 3

10. 炮六平七　马 3 退 5

11. 后炮进二　象 5 进 3

吃兵嫌缓，可改走卒 5 进 1 比较有力。

12. 后炮平四　炮 8 平 6

13. 车二进四　马 6 退 7?

退马失算，应走卒 5 进 1。

14. 炮七平五！象 3 退 5

15. 炮五退三　炮 6 平 9

16. 车二平三！车 7 退 1

17. 相五进三　……

湖北李义庭

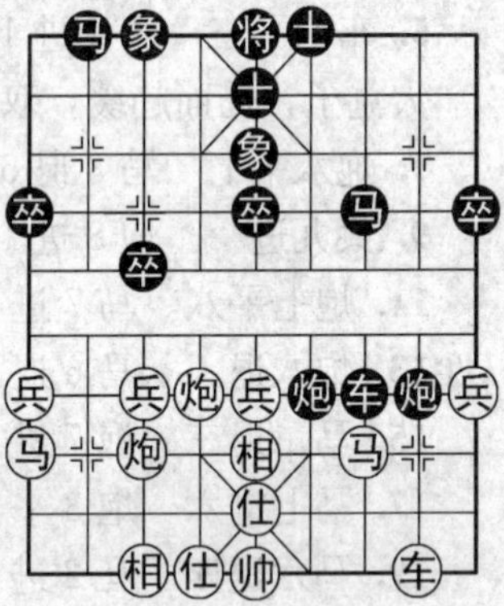

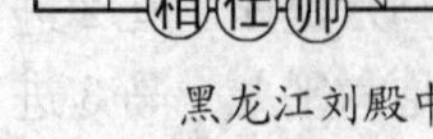

黑龙江刘殿中

图 632

兑子夺子，红方多子胜势。以后在残局中获胜，着法从略。

图 633，出自 1987 年全国团体赛，由仙人指路对卒底炮演成。黑方防守反击：

1. ……　　马 1 进 2！

2. 兵七进一　……

跃马捉车抢先。红如车六退一，炮 8 平 7，黑先。

2. ……　　炮 3 进 2

3. 马七进六　炮 8 退 1

4. 车六平八　马 2 退 3

5. 炮五平七　马 3 进 5

6. 炮七退一　马 5 进 6

7. 马六进七　前车平 3

8. 车八退一　马 6 进 4（图 634）

陕西牛钟林

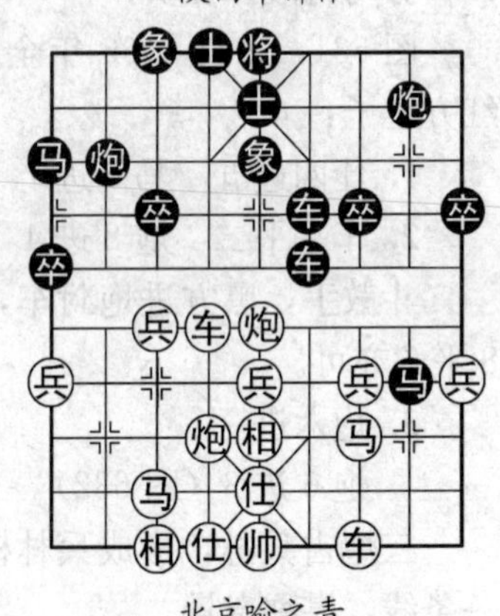

北京喻之青

图 633

双马齐窥卧槽，形成兵林 8 子云集，有趣。

9. 相七进九　炮 8 平 7

10. 兵三进一　车 6 进 5

11. 炮七退三　马 8 进 7
12. 车八平六　炮 7 平 8

黑方弃马抢攻，放手一搏。

13. 马三进二　车 3 平 6
14. 车三进一　前车平 7
15. 炮七进一　车 7 退 2
16. 马二退三　车 7 平 8
17. 炮七进二　车 8 退 2

攻中夺车，黑方在子力对比上取得优势。以后激战残局而胜，着法从略。

陕西牛钟林

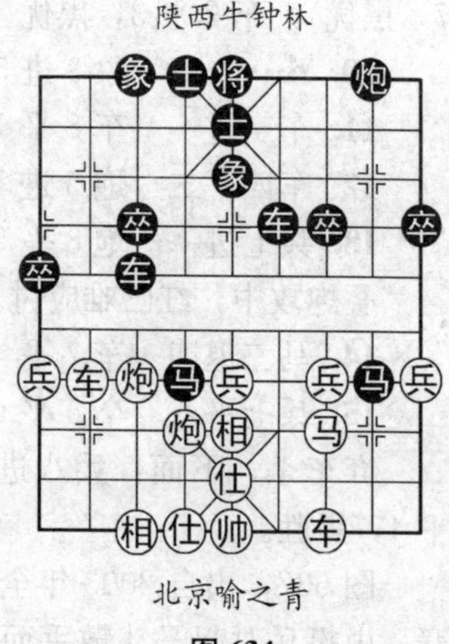

北京喻之青

图 634

6. 卒林 8 子　横线有趣（6 例）

图 635，弈自 2004 年全国象甲联赛，由飞相对挺卒局走成。黑方走子：

浙江赵鑫鑫

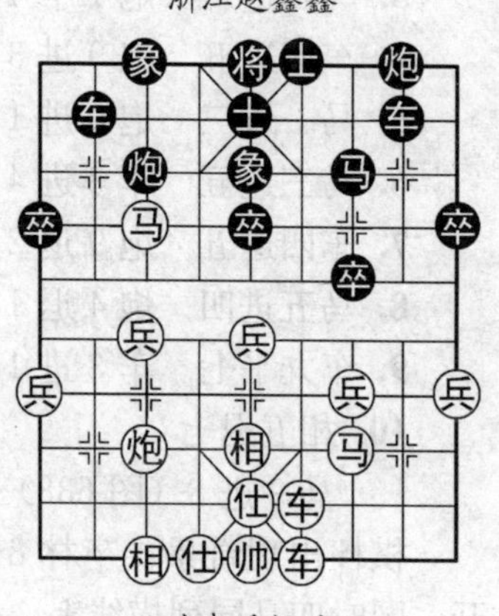

甘肃潘振波

图 635

1. ……　　　车 2 进 6
2. 炮七平六　车 2 退 4
3. 炮六平七　车 8 进 5
4. 前车进二　炮 8 进 3
5. 前车进三　炮 3 平 4
6. 兵五进一　炮 4 进 1（图 636）

黑方双车双炮左右反击，抢攻得势。卒林 8 子，横格称奇，趣也。

7. 前车退三　卒 5 进 1
8. 前车进三　炮 4 平 5
9. 前车平三　卒 5 进 1
10. 马七进五　……

如改走车三进一，炮 8 平 3，炮七进四（如炮七平六，车 8 平

7，黑优），车 2 平 3，黑优。

10. ……　　　象 3 进 5

11. 车三进一　车 8 平 7

12. 车四平二　炮 5 进 1

13. 兵七进一　炮 8 平 5

叠炮攻中，红已难应付。

14. 马三退四　车 7 平 4

15. 兵七平八　卒 5 平 6!

弃车杀，下面：兵八进一，将 5 平 4，黑胜。

浙江赵鑫鑫

甘肃潘振波

图 636

图 637，出自 2003 年全国象甲联赛，由挺兵对起马斗散手而成。红方走子：

1. 马六进四　马 7 退 9

2. 兵一进一　车 2 进 5

3. 马四进六　炮 1 平 4

4. 车四进五　炮 9 进 3

5. 马一进三　炮 9 进 1

6. 马三进五　车 3 进 4

7. 车四退五　炮 9 退 2

8. 马五进四　炮 4 退 1

9. 车九平七　车 3 进 1

10. 相五退七

马 9 进 8（图 638）

河北蒋凤山

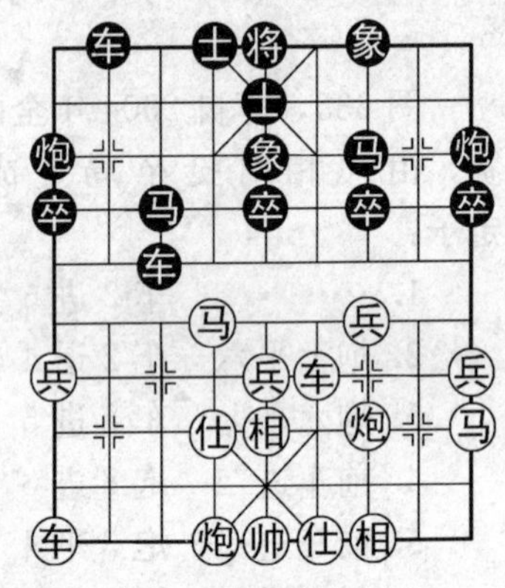

上海胡荣华

图 637

棋枰出现奇景：卒林 8 子一字排开，同时四马同列横线上，一奇二趣，妙哉。

11. 兵五进一　马 3 进 4　　**12.** 马六进七　车 2 平 3

13. 相七进五　车 3 退 4　　**14.** 炮六进四　马 8 退 7

15. 马四进三　炮 4 平 7

一下子兑掉 4 个马，局面迅速“浓缩”而简化。局势重新趋于平衡，以后战和，着法从略。

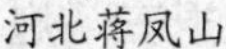
河北蒋凤山

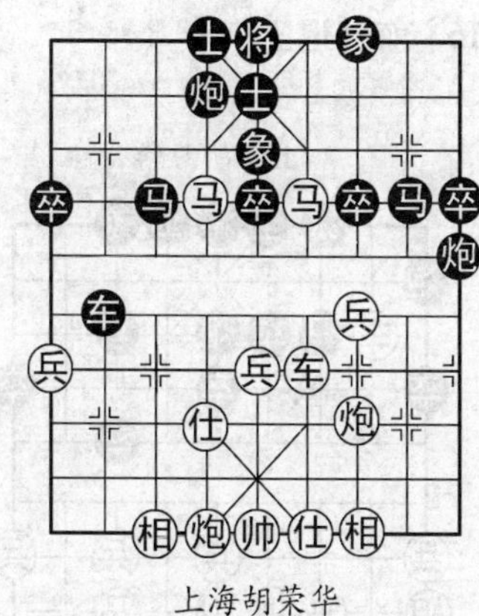

上海胡荣华

图 638

安徽赵寅

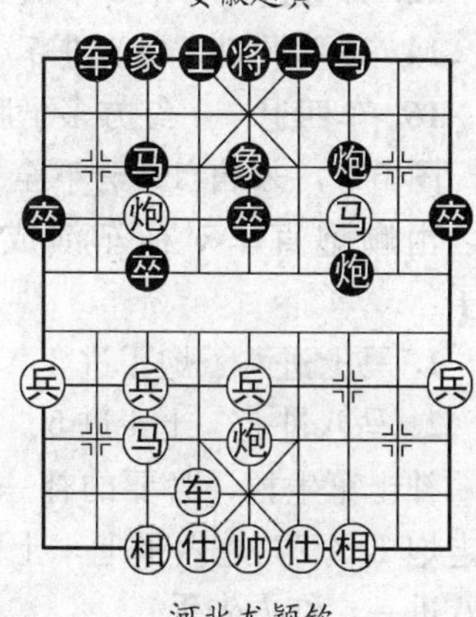

河北尤颖钦

图 639

图 639，来自 2005 年“城大建材杯”，由五八炮对屏风马形成。两位巾帼交手，红方组织进攻：

1. 兵五进一　车 2 进 3　　**2.** 车六进五　士 4 进 5

3. 兵五进一　马 7 进 6

控制卒林，从中路发起进攻。黑如卒 5 进 1，马七进五，卒 5 进 1，炮五进二，红方有强烈攻势。

4. 兵五平四　前炮平 8

5. 马三退四　炮 8 退 1

6. 兵四进一（图 640）　……

安徽赵寅

河北尤颖钦

图 640

大军压境，卒林 8 子云集，罕见，堪可欣赏。

6. ……　马 6 退 7

7. 马七进五　马 7 进 8

8. 马五进四　炮 8 进 6

9. 兵四平五　马 8 进 7

跃马弃炮以求一搏，无奈。如逃炮，兵五进一，黑也难抵挡。

10. 前马进三　马 7 进 5　**11.** 车六退三　马 5 进 6
12. 帅五进一　车 2 平 3　**13.** 马四退三　炮 8 退 1
14. 车六平四　马 3 进 5　**15.** 前马退五　车 3 平 5
16. 车四退一　红方多子胜。

图 641，来自 1995 年全国个人赛，由顺炮直车对横车演成。红方走子：

上海胡荣华

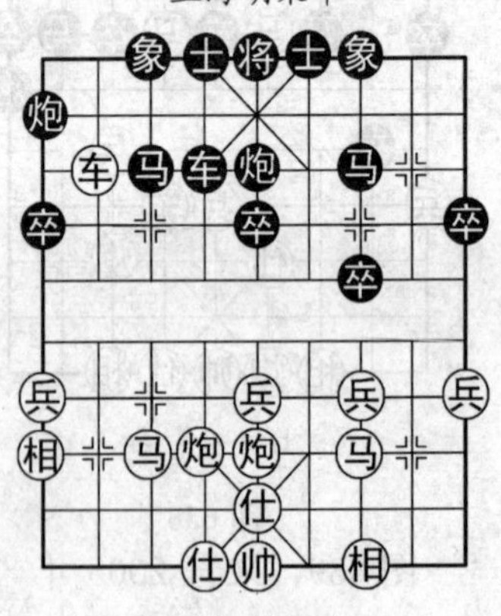

江苏童本平

图 641

1. 马七进八　炮 1 进 5

2. 马八进七　士 4 进 5

补士车生根，必要的补一手。如改走炮 1 平 7，炮六平七，士 4 进 5，车八进一，红方先手。

3. 车八退四　炮 1 退 2

4. 车八平七　炮 1 平 6

5. 车七进一　马 7 进 8

6. 兵三进一　卒 7 进 1

7. 车七平三　车 4 进 1

8. 马七退六　炮 6 平 4

9. 马六进四　车 4 平 3

10. 马四进二　马 8 退 6

11. 车三进二

炮 4 退 1（图 642）

上海胡荣华

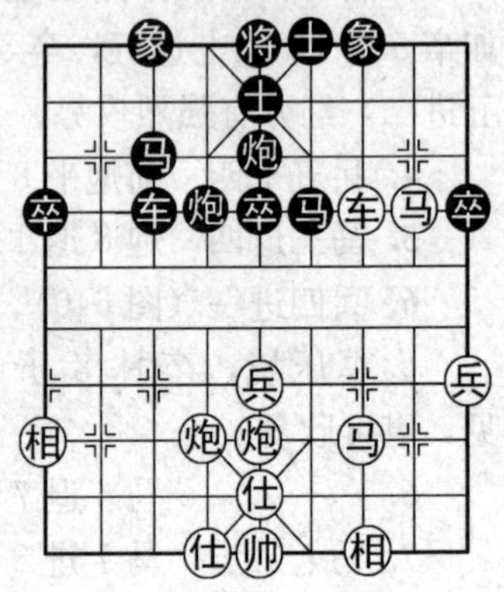

江苏童本平

图 642

卒林集结 8 子，横格称奇，有趣。

12. 马三进四　炮 5 进 4

13. 马四进二　车 3 进 4

14. 车三退三　……

退车捉炮，化解得当。如帅五平四，车 3 退 3，马二进四，车 3 平 6，帅四平五，炮 4 平 6，红方无便宜。

14. ……　车 3 平 4

15. 车三平五　车 4 平 5　**16.** 相三进五　马 6 进 8

一车换双，局面趋向缓和。以后双方在残局走和，着法从略。

图 643，选自 1993 年全国团体赛，由飞相局对起马局走成。红方走子：

江苏刘玉忠

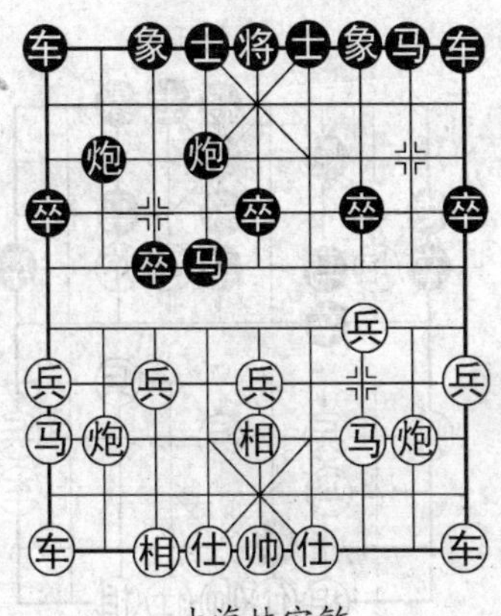

上海林宏敏

图 643

1. 炮二进三　马 4 进 3

2. 炮八进四　马 3 进 2

如马 3 进 1，车九进二，红方占先。

3. 仕四进五　马 8 进 7

4. 炮八平七！车 9 平 8

5. 车一平二　车 1 平 2

6. 车九进一　炮 2 平 1

7. 炮二退四　马 2 退 1

8. 炮二进五　……

赶马通车，进炮封车，卒林取势，佳着。

8. ……　车 2 进 7

9. 车九平六　炮 4 平 2

10. 车六进五

车 2 退 4（图 644）

8 子云集卒林，可谓横格称奇，趣景。

江苏刘玉忠

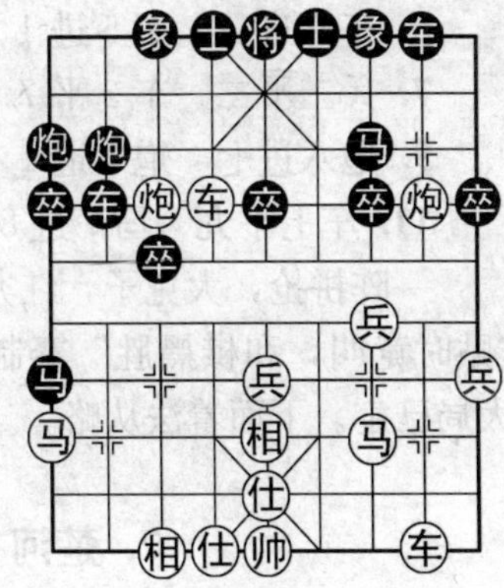

上海林宏敏

图 644

11. 马九进七　卒 3 进 1

12. 马七进五　马 1 退 2

13. 炮七退一！车 2 平 4

14. 马五进六　……

兑车捉双，红方夺子胜。

图 645，选自 2007 年全国象甲联赛，由中炮进三兵对三步虎走成。攻防对峙，红方走子：

1. 兵三进一　车 4 平 6　　**2.** 车一平六　……

弃马抢攻，但损失亦大，没有取得足够补偿，容易走向反面。

改走马四退三比较稳健，红方仍持先手。

2. ……　　车 6 退 5　　**3.** 车六进四（图 646）　……

北京靳玉砚

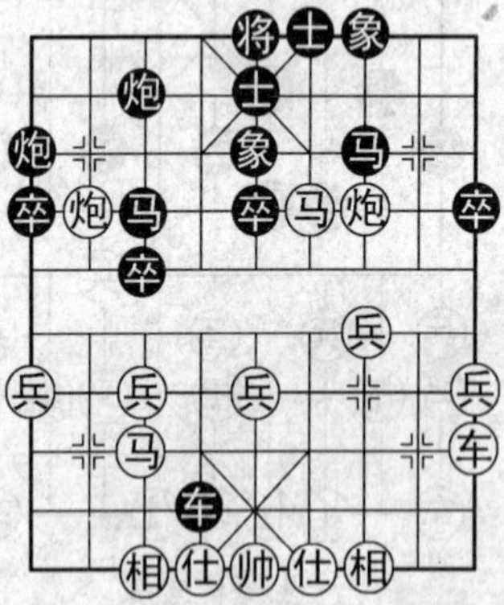

辽宁金波

图 645

北京靳玉砚

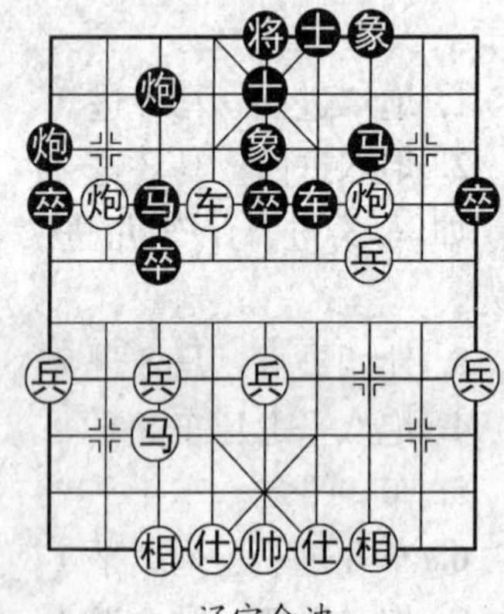

辽宁金波

图 646

进车，卒林 8 子同列，横格称奇。

3. ……　　马 3 退 2　　**4.** 相七进五　象 7 进 9

5. 车六进二　卒 5 进 1　　**6.** 炮八退五　车 6 平 3

7. 兵三平二　车 3 平 7　　**8.** 车六平七　车 7 平 2

9. 炮八进七　炮 1 退 1　　**10.** 炮八退一　车 2 退 1

11. 车七平九　马 7 进 8

一阵拼抢，大兑子，红方夺回一子，局面趋向平稳、均衡。在“贴时竞叫，和棋黑胜”赛制下，红棋此时胜无可能，和棋也输，大局已定。下面着法从略。

7. 楚河 8 子　横线有趣

图 647，出自 2003 年全国个人赛，由仙人指路对卒底炮形成。红方走子：

1. 兵五进一　车 2 进 6　　**2.** 仕四进五　卒 3 进 1

3. 相五进七　炮 8 进 4　　**4.** 相七进五　炮 8 平 1

5. 炮二进二　炮 3 平 1　　**6.** 兵一进一　卒 1 进 1

7. 仕五进四　卒 1 进 1（图 648）

广东庄玉庭

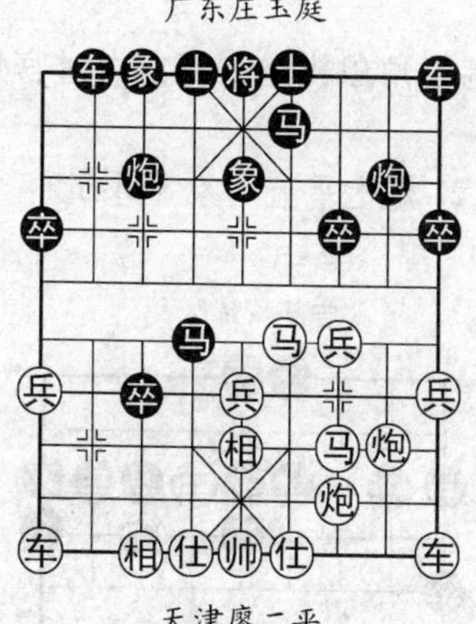

天津廖二平

图 647

广东庄玉庭

天津廖二平

图 648

双方腹地较劲，黑方双卒渡河，优势确立。现在屯兵楚河，河沿 8 子横线相连，实是罕见之奇观，妙。

8. 仕六进五　卒 1 平 2　　**9.** 车九平六　卒 2 平 3

10. 相五进七　马 4 退 3　　**11.** 炮三退一　马 3 进 1

12. 车六进五　马 1 进 3

连破双相，扩大优势。

13. 车一平二　后炮进 3　　**14.** 兵五进一　卒 3 进 1

15. 马四退五　马 3 进 5　　**16.** 马五退七　车 2 平 3

17. 马七进五　马 5 退 4　　**18.** 马五进七　马 4 进 3

兑子夺子，黑方胜势。

19. 炮二平九　马 3 退 1　　**20.** 车二进三　炮 1 平 3

21. 炮三平四　马 6 进 4　　**22.** 兵五平六　马 4 进 2

23. 马三进四　炮 3 退 1　　**24.** 兵六进一　炮 3 平 7

25. 马四进三　车 9 平 7　　**26.** 马三退五　炮 7 进 4

27. 炮四进一　士 4 进 5　　**28.** 兵六平七　车 7 进 8

黑方胜定，余略。

8. 内线8子　横线有趣（3例）

图649，弈自1985年新、马、港三角象棋邀请赛，由过宫炮对中炮走成。现在轮到红方走子：

1. 炮七进二　士5进4　**2.** 炮七平五　象3进5

3. 车四进三　车8退4（图650）

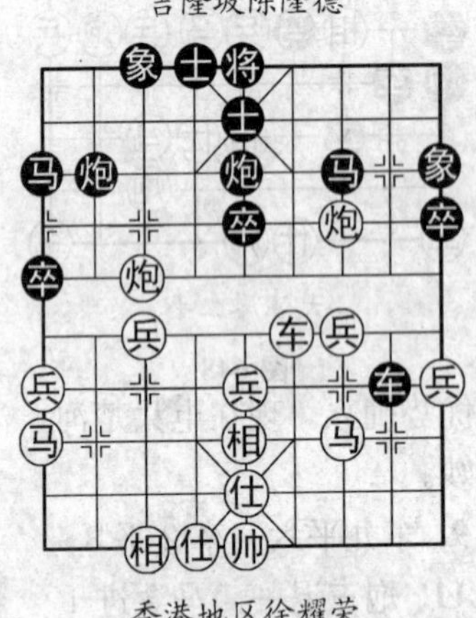

图649

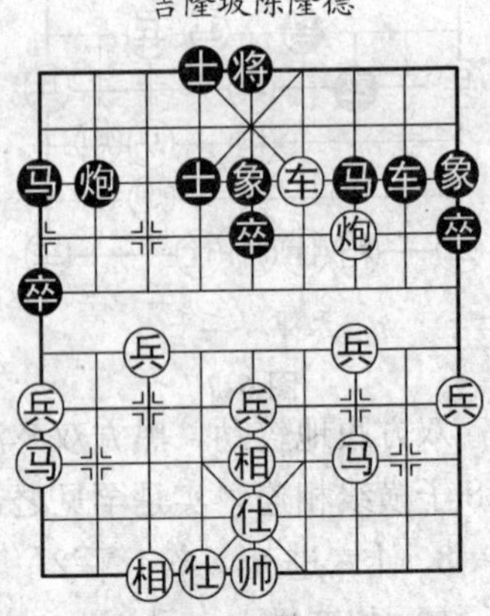

图650

兑子争斗，内域抢先。至图650，内三线横格8子一线，罕见之趣象也。

4. 兵七进一　士4退5　**5.** 车四退二　车8进1

6. 兵三进一　车8进4　**7.** 马九进七　象9进7

8. 马三进四　车8退4　**9.** 车四平六　车8进2

10. 车六退一　象5进3　**11.** 马七进六　马1进2

河口争势，双方势均力敌。

12. 车六平七　象3退5　**13.** 炮三平四　车8退2

14. 炮四平三　卒5进1　**15.** 马六进八　马7进5

16. 马八退六　马5进3　**17.** 炮三平五　将5平6

18. 炮五平六　车8平4　**19.** 车七进一　马2进1

兑子简化，局面在平稳中推进。

20. 车七平九 马1进3 **21.** 车九平八 炮2平1
22. 马六退七 炮1进7 **23.** 车八平九 炮1平2
24. 车九平五 将6平5 **25.** 车五平八 炮2平1
26. 马七进六 车4平8 **27.** 马六进八 车8平6
28. 马八进七 将5平6 **29.** 马四进二 车6进5
30. 马二进三 将6进1 **31.** 车八平四 车6退4
32. 马三退四 ……

再兑车，和棋。

图651，选自1993年全国团体赛，由斗顺炮形成。红方抢攻：

1. 炮九进四！车1平2
2. 炮九平八！车2平3
3. 炮八平三！……

边炮三轰，连抢两卒，迅速打开局面，好棋。

3. …… 象7进9
4. 车九平八 车4进5
5. 车二进三 士4进5

如改走车4平3，车二平三，车3进1（如马7退5，车三平四，车3进1，炮三平二，红方有杀势），车三退一，炮5进4，马三进五，炮2平7，马五退七，士4进5，马七进六。红方多子胜定。

6. 炮五平四 卒5进1 **7.** 相三进五 车4退3
8. 马三进二 车3平4 **9.** 仕四进五 前车平6
10. 兵三进一！象9进7 **11.** 炮四平一！……

弃兵，抢攻佳着。

11. …… 士5进6
12. 车二退一 象7退9（图652）

黑方内线横格8子，堪称奇景，有趣。

宁夏张世新

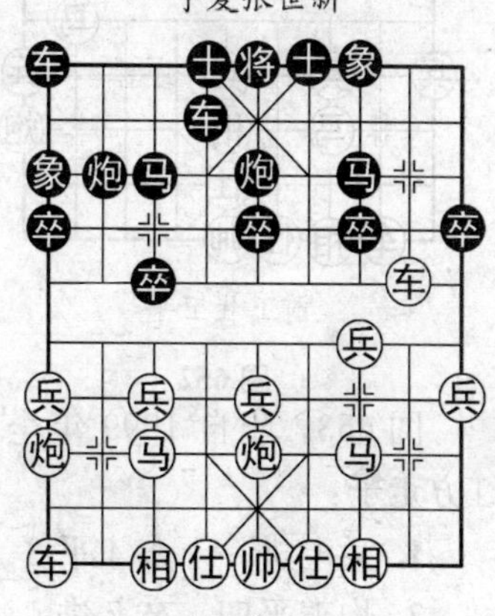

前卫崔卫平

图651

13. 炮一平三　车 4 进 5　　14. 后炮进五　卒 5 进 1
15. 前炮平五　炮 2 平 5　　16. 炮三进一　炮 5 平 7
17. 车二平三　卒 5 进 1　　18. 马二退三　……

一阵拼抢，红方兑子夺子，多子胜势。

宁夏张世新

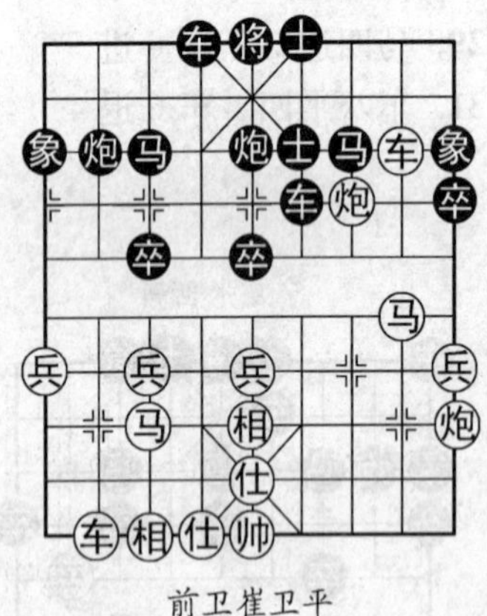

前卫崔卫平

图 652

解放军刘征

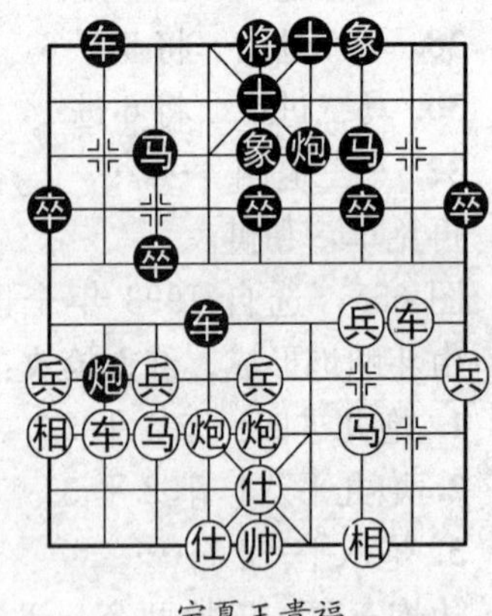

宁夏王贵福

图 653

图 653，出自 1999 年全国团体赛，由五六炮对反宫马演成。红方走子：

1. 兵七进一　车 4 平 3
2. 炮五平四　卒 7 进 1
3. 相三进五　卒 7 进 1
4. 车二退二（图 654）　……

出现惊人的趣景：红方双车、双马、双炮、双相 8 大子齐齐横列内线，且左右对称，全是“清一色”，真是罕见。

4. ……　　　车 3 进 1
5. 炮四进一　车 3 进 1
6. 车八平七　炮 2 平 6

一车换双，黑方抢得攻势。

解放军刘征

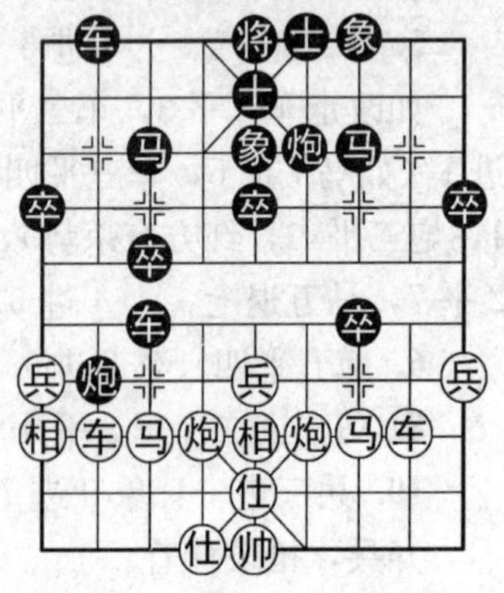

宁夏王贵福

图 654

7. 兵五进一　车 2 进 6　　**8.** 兵五进一　卒 7 进 1
9. 车二进四　卒 7 进 1　　**10.** 车二平三　卒 5 进 1
11. 车三进一　卒 7 平 6　　**12.** 车三退四　……

如仕五进四，前炮平 5，仕四退五，马 3 进 5，车三退四，马 5 进 7，黑优。

12. ……　卒 6 平 5　　**13.** 炮六进四　前卒进 1
14. 仕六进五　前炮平 5　　**15.** 仕五退六　卒 5 进 1
16. 车七进三　车 2 退 3!　　**17.** 车三进三　马 3 进 5!
18. 车七退一　卒 5 平 4!　　**19.** 车七退一　马 5 进 6!
20. 车三平四　卒 4 进 1!　　**21.** 车七退二　马 6 进 5

一气呵成杀局，黑胜。

9. 底线 8 子　横线有趣（3 例）

图 655，选自 1993 年全国团体赛，由中炮横车七路马对屏风马走成。双方各攻一翼，红方抢先：

安徽胡永立

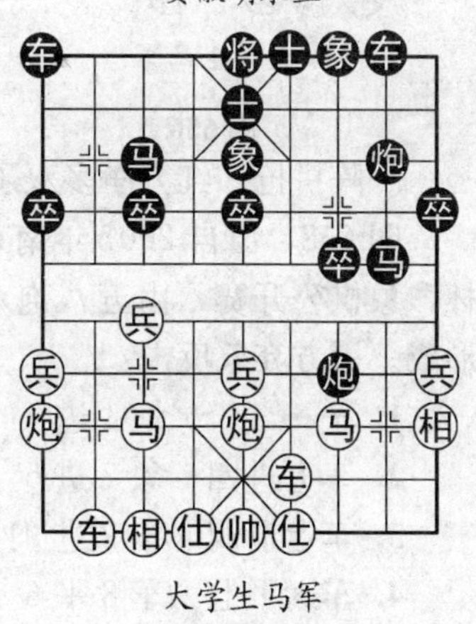

大学生马军

图 655

1. 马七进六　车 1 平 4
2. 马六进七　炮 7 平 8
3. 车四进七！象 5 退 3
4. 仕四进五　马 8 进 7
5. 炮九进四！马 7 进 5

边炮轰出，先声夺人。黑如改走马 3 进 1，炮五进四，后炮平 5，帅五平四，象 7 进 9，炮五平九。红方大优。

6. 炮九进三！……

底线钉车，好棋。

6. ……　马 5 进 7
7. 帅五平四　马 3 退 2（图 656）

退马挡炮护车，底线出现8子排列，横格称奇，妙哉。

8. 车八进九　后炮平6　**9.** 炮九平七　车4进9

10. 仕五退六　炮8平6　**11.** 车四退一　车8进9

12. 帅四进一　士5进6　**13.** 炮七平四　将5进1

14. 炮四退六（图657）　……

安徽胡永立

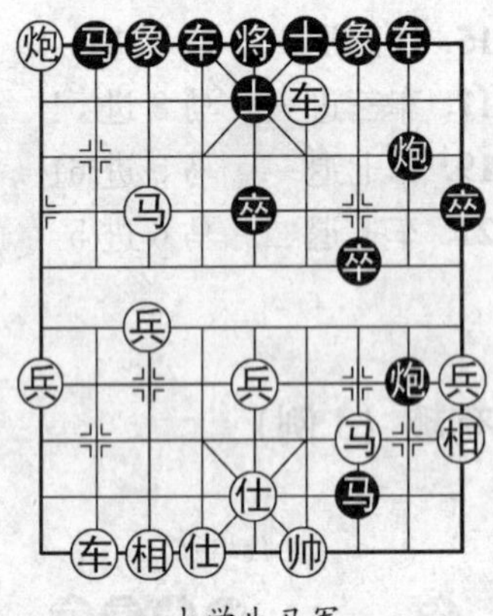

大学生马军

图656

安徽胡永立

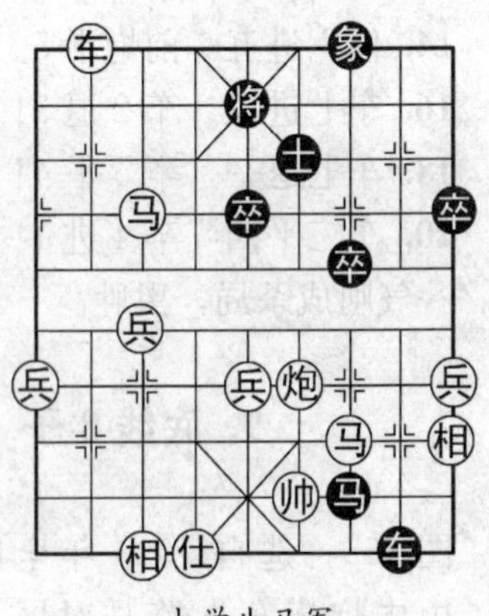

大学生马军

图657

一阵拼抢，红方净多双子，胜定。

图658，出自2007年南京“弈杰杯”象棋公开赛，由五八炮对屏风马形成。黑方弃象反击：

1. ……　炮1进3!

2. 车七进四　象7进5

3. 车七退四　车2进9!

4. 车六平七　车8平6

5. 炮五平七　车6平4

6. 马六退五　马3退1

7. 马一进二　炮9进3

8. 马二进四　象5退3

9. 马四进六　士5进4

湖北刘宗泽

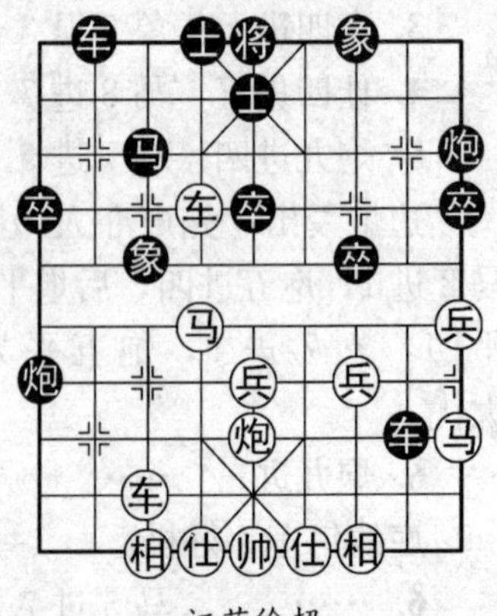

江苏徐超

图658

10. 马六退七　车 4 退 2　　　　**11.** 马七退九　士 4 进 5

12. 马九退八　炮 9 进 4（图 659）

黑方集中力量，攻击红方底线，底线 8 子同列，横路称奇。至此，红方无法招架。如前车平九（或前车平五），车 4 平 3。如马八进九，卒 1 进 1，都是黑方胜势。故红认输。

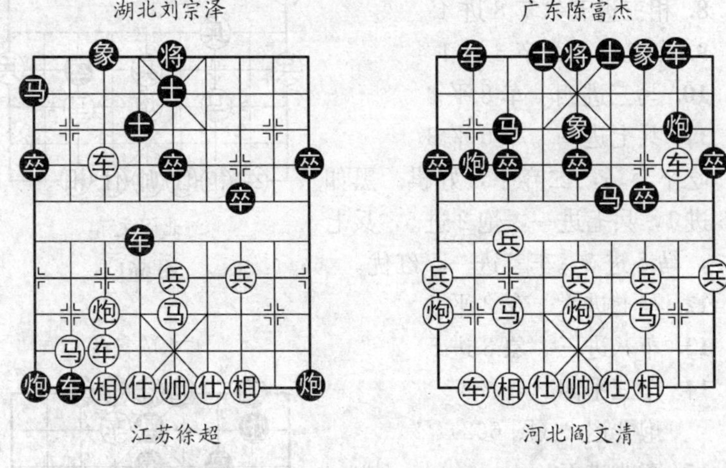

图 659　　　　**图 660**

图 660，弈自 2007 年全国象甲联赛，由中炮过河车对屏风马左马盘河走成。红方五九炮进攻：

1. 炮九进四　卒 7 进 1

边炮轰卒切入。黑如马 3 进 1，车八进六，车 2 进 3，炮五进四，士 6 进 5，炮五平八，红方多兵占先。

2. 车二退一　马 6 退 7

如改走卒 7 进 1，马三退五，马 6 退 7，车二平九，马 3 进 1，车九进一，炮 2 进 5，车九平七，红方占优。

3. 车二平九　卒 7 进 1

4. 炮九进三　象 5 退 3（图 661）

弃马底炮抢攻，佳着。

黑如改走卒 7 进 1，车八进六，车 2 平 3，车八平七，红优。至此，黑方底线出现 8 子横格一条线，令人啧啧称奇。

广东陈富杰

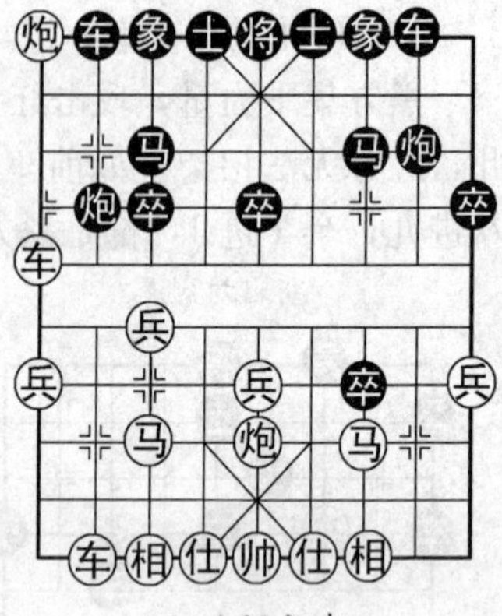

河北阎文清

图 661

5. 车九平三　马 7 退 5

6. 车三退二　炮 8 进 5

如车 2 平 1 兑子，车八进六，红优。

7. 炮九退五　炮 8 平 5

8. 相三进五　车 8 进 4

9. 车三进五　卒 3 进 1

10. 马三进四　车 8 平 6

11. 兵七进一　车 6 平 3

吃卒弃马，二弃手，好棋。黑如车 6 进 1，兵七进一，炮 2 进 5，兵七进一，马 5 进 3，车三进一，红优。

12. 马七进六　车 3 平 5

13. 车八进三　象 3 进 5

14. 车三平四

炮 2 退 2（图 662）

广东陈富杰

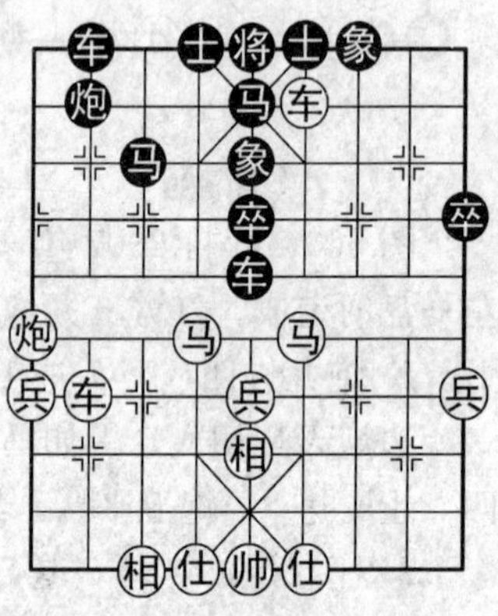

河北阎文清

图 662

15. 车八进五！……

弃车杀炮抢攻，三弃手，妙。

15. ……　车 2 进 1

16. 马四进三　马 3 进 1

17. 马三退五　卒 5 进 1

18. 兵五进一　马 5 进 3

19. 车四平八　马 1 退 2

20. 兵五进一　……

先弃后取再兑车，形成马炮攻双马残局。红方净多双兵，兵种好，胜势。下面着法从略。

10. 神龙腾空起　天堑变通途（2 例）

图 663，来自 1999 年全国团体赛，由飞相局对士角炮走成。红方走子：

广东邓颂宏

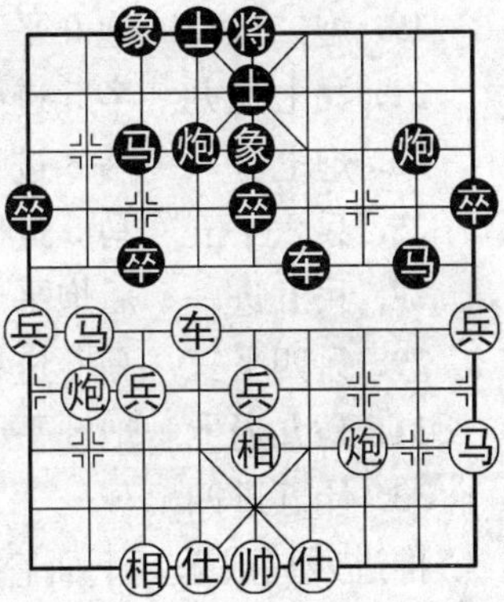

浙江胡容儿

图 663

1. 马一进二　车 6 进 1

兑车斗无车棋，河口争先，佳着。

2. 车六平四　马 8 进 6

3. 兵五进一？炮 4 进 3

挺中兵嫌浮，宜走炮三进二比较稳当。黑炮骑河遥控，好棋。

4. 炮三进二

卒 3 进 1！（图 664）

冲卒欺马，妙，由此夺势。至此，河沿阵地出现满格横线之趣景，犹如“一桥飞架南北，天堑变通途”之巍巍壮观，令人惊叹。棋艺真美妙。

广东邓颂宏

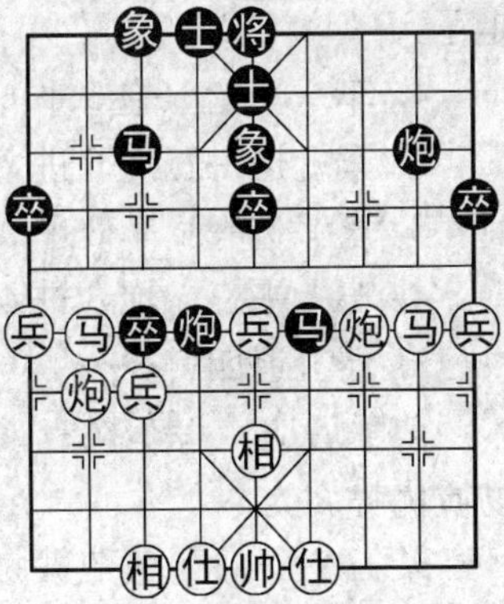

浙江胡容儿

图 664

5. 马八进七　炮 4 平 1

6. 兵七进一　马 6 进 5！

兑子夺相，着法明快。

7. 相七进五　炮 1 平 5

8. 仕四进五　炮 5 平 8

9. 炮三进三　后炮进 1

10. 炮三退一　前炮进 1

11. 炮八平三　前炮平 9

12. 帅五平四　卒 1 进 1

13. 后炮平二　……

如改走马七退九，马 3 进 4，马九进八，马 4 进 6，马八退六，士5进4，相五进三，炮8进6，黑方有攻势。

13. …… 卒1进1 14. 炮二进一 卒1进1
15. 炮二进一 士5进6 16. 仕五进六 炮8退2
17. 炮三进二 卒1平2 18. 仕六进五 卒2平3
19. 炮二进二 炮9平8 20. 兵七进一 前炮退3
21. 马七退九 卒5进1 22. 炮三平七 卒3平4
23. 炮七平八 马3进5 24. 兵七平六 卒5进1
25. 兵六平五 马5进7 26. 炮二平三 马7进6
27. 兵五进一 后炮平5 28. 兵五平四 炮5平6
29. 兵四平三 马6进4 30. 仕五进四 炮8进1
31. 马九退七 炮8平6 32. 仕四退五 卒5平6
33. 仕五进四 ……

推进残局成杀。下面着法为：卒6进1，马七退六，卒6进1，帅四平五，卒4进1，相五退三，卒6进1，炮八退七，后炮平5，帅五平六，炮6平4，黑胜。

图665，选自2003年全国个人赛，由顺炮缓开车对横车演成。红方走子：

浙江唐建华

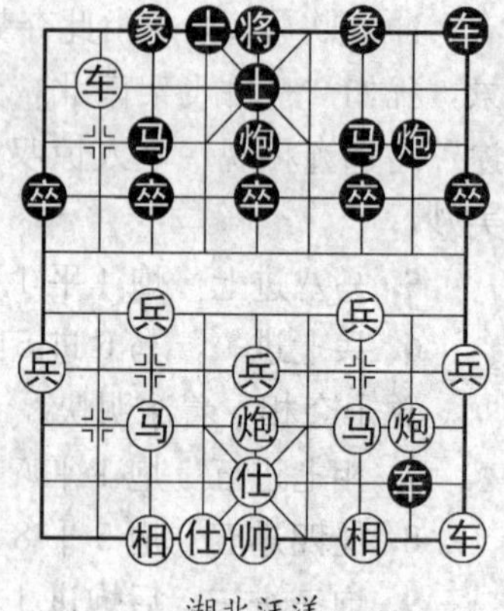

湖北汪洋

图665

1. 车八平七 炮5平6
2. 车七退一！炮6进7
3. 车一进一！车8平9
4. 车七平三 炮8进4
5. 仕五退四 ……

前呼后应，一车换三，由此取得物质优势。

5. …… 象7进5
6. 马三进四 后车平6 7. 车三平二 炮8平7
8. 马四进六 车9平4 9. 马六进八 车6进3
10. 仕四进五 车4退5
11. 炮二进四（图666） ……

争夺拼抢，卒林 9 子排满，成横格一条线，真是“神龙腾起飞天堑”，奇迹再现，出此趣观，实属罕见，不可多得的棋枰之珍品也。

浙江唐建华

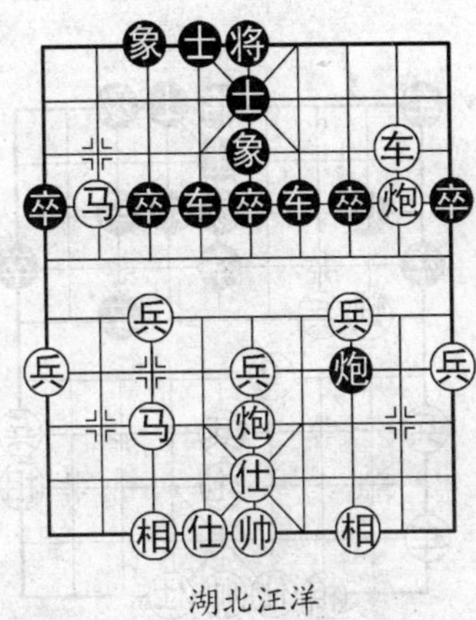

湖北汪洋

图 666

11. …… 车 6 退 1
12. 车二进二 车 6 退 2
13. 车二退一 卒 3 进 1
14. 马八进七 车 4 退 2
15. 前马退八 车 4 平 2
16. 马八进六 车 2 平 4
17. 马六退八 卒 3 进 1
18. 炮二平五 卒 3 进 1
19. 马七退八 车 6 进 6 **20.** 车二进一 ……

下面：车 6 退 6，车二退二，车 6 进 6，车二平五，将 5 平 6，后炮平四，红胜。

11. 斜线出奇景（10 例）

图 667，弈自 1984 年全国团体赛，由顺炮横车对直车形成。红方走子：

1. 马六进五 炮 6 进 1 **2.** 车九平四 马 7 进 5

抢中卒，出肋车，红方发动进攻。黑如改走炮 6 平 8，马五进三，炮 2 平 7，车四平二，红方占优。

3. 炮五进四 炮 6 平 8 **4.** 车四平二 炮 8 平 6
5. 炮八平三 车 1 平 3 **6.** 车二平八 炮 2 平 4
7. 车八进四 炮 6 进 1 **8.** 车八退一 将 5 平 4
9. 炮五平六 ……

攻中多兵，红方确立优势。现在平炮打将，形成“斜线 5 子通”，有趣。

9. …… 炮 4 平 3 **10.** 炮三平二 炮 3 进 7

11. 帅五进一　炮 6 退 3（图 668）

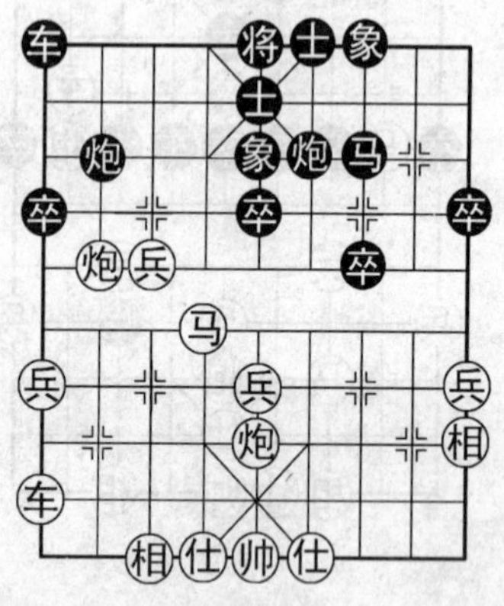

图 667

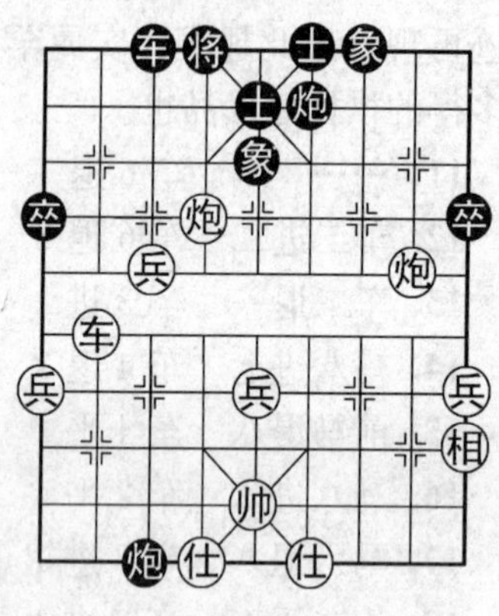

图 668

退炮，形成“斜线顶格 7 子通”，罕见之奇景，妙也。

12. 炮二平六　将 4 平 5　　**13.** 后炮平五　炮 6 进 2

升炮，又回复“斜线 5 子通”景象，好看。

14. 炮六平一　炮 6 平 5　　**15.** 兵七进一　车 3 平 4

16. 兵七平六　炮 5 进 3　　**17.** 炮一平九　车 4 平 3

18. 兵六进一　炮 3 退 6

19. 兵六进一　炮 3 平 7

20. 车八平六　……

下面出帅，红胜。

图 669，来自 2004 年全国象甲联赛，由中炮巡河炮对三步虎走成。现在轮到黑方走子：

1. ……　　车 9 平 6

2. 车四进三？……

兑车嫌软。应改走炮三平五，马 7 进 5，炮五进四，象 3 进 5，车四平三，车 2 退 1，炮五退一，红优。

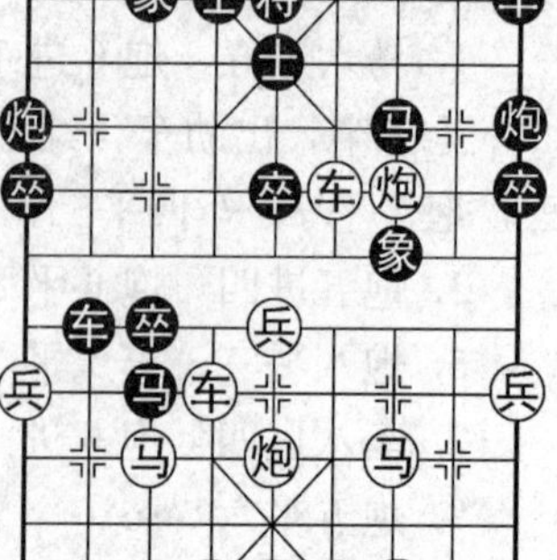

图 669

2. …… 将 5 平 6

3. 炮三平四？……

平炮有落空不实之感，可走马三进二比较实际。

3. …… 车 2 退 1

4. 炮四退五（图 670） ……

退炮，形成中块左侧地带顶格斜线 7 子通之趣景，好看。

4. …… 将 6 平 5

5. 马三进四？……

跃马嫌急，中兵受损。宜改走炮四平七。

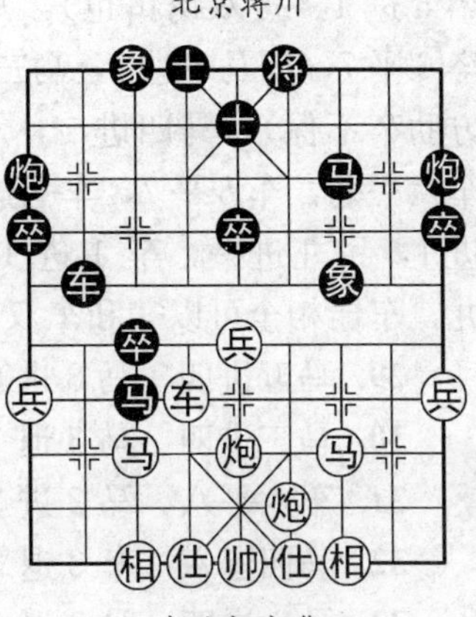

图 670

5. …… 炮 1 平 5　6. 仕四进五 炮 5 进 3

7. 马七进五 炮 9 进 4　8. 马五退三 炮 9 退 2

9. 帅五平四 象 7 退 5　10. 炮五平七 ……

一阵拼抢，黑方迅速形成多卒之优势。至此，红方移动中炮，斜线 7 子通维持长达 6 个回合之久，稀奇也。

10. …… 炮 9 平 6　11. 炮七进二 马 3 进 2

12. 炮四进四 马 7 进 6　13. 相三进五 卒 9 进 1

14. 车六平二 卒 9 进 1　15. 炮七退二 卒 9 平 8

16. 车二平五 卒 5 进 1　17. 炮七平九 卒 1 进 1

18. 马三进一 车 2 平 3　19. 车五平六 马 2 退 3

20. 炮九平七 炮 5 平 3　21. 炮七进二 车 3 进 1

22. 马四进二 车 3 退 2　23. 马二进一 马 6 退 8

24. 后马退三 象 5 退 7　25. 马一退二 卒 8 平 9

26. 帅四平五 卒 5 进 1

车双马对搏，黑方双卒渡河，优势自不待言。

27. 马二退三 卒 5 平 6

28. 后马进五（图 671） 象 3 进 5

放马卖个破绽，诱着。黑方飞象识破机关，老练。如不察急走卒6进1（捉双诱饵也），马五进四，卒6平7（如马8进6，马三进四，黑方肋卒不保），马四进二，车3平8，车六平七，车8平7，车七进一，卒9进1，兵九进一，卒1进1，车七平九，车仕相全可以守和车双卒。

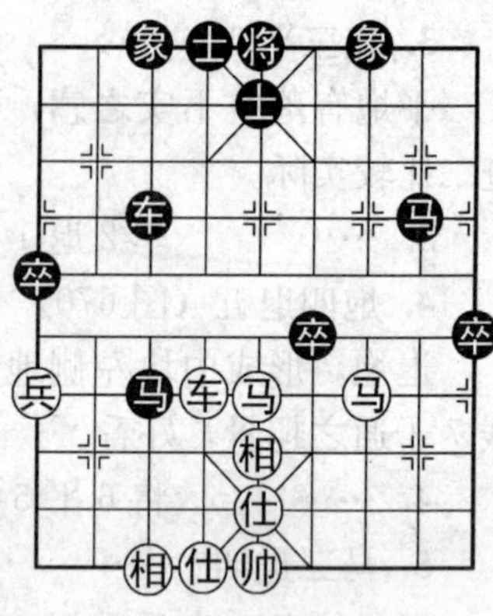

图 671

29. 马五进四　马8进6
30. 马三进四　马3退2
31. 车六平八　马2进3
32. 马四退六　车3退2
33. 马六进四　马3退5
34. 车八进二　车3进2
35. 车八平九　马5退3　**36.** 车九平八　马3进4
37. 车八平六　马4进3　**38.** 车六退四　车3进3
39. 兵九进一　卒9进1

兑马后，红方虽然夺得边卒，从力量对比上看，黑方似乎就多一个卒，但子力位置和结构都非常好，其残局优势很明显。

40. 仕五退四　卒9平8　**41.** 仕六进五　士5进4
42. 帅五平六　士4进5　**43.** 车六进一　卒8平7
44. 马四退六　卒6平5

双卒向前靠。以后经过一番苦战，黑方终于取得胜利，着法从略。

图672，出自1982年全国个人赛，由中炮进七兵对三步虎转半途列炮而成。双方斗无车残局，红方已多子占优，推进：

1. 马六进四　卒9进1　**2.** 马四进二　卒9平8
3. 兵九平八　炮9平4（图673）

出现醒目的7子顶格斜线一线通，奇也，甚是有趣。

4. 马二进三　将5平4　**5.** 炮五平六　象5进7
6. 马三退四　将4平5　**7.** 兵七进一！……

冲兵好棋。黑如卒3进1，马四进三，将5平4，炮九平六，红胜。

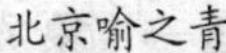

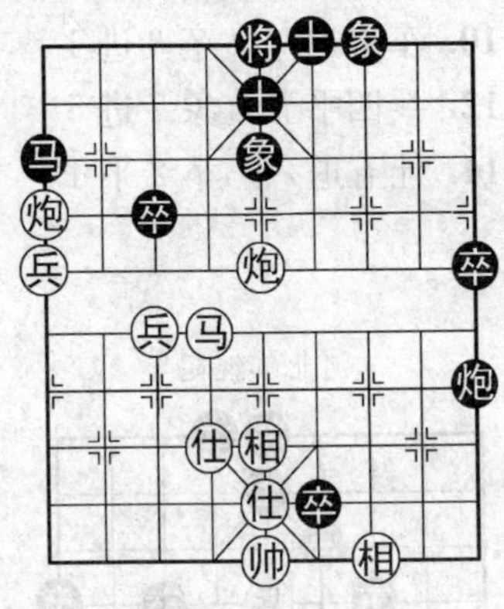

图 672

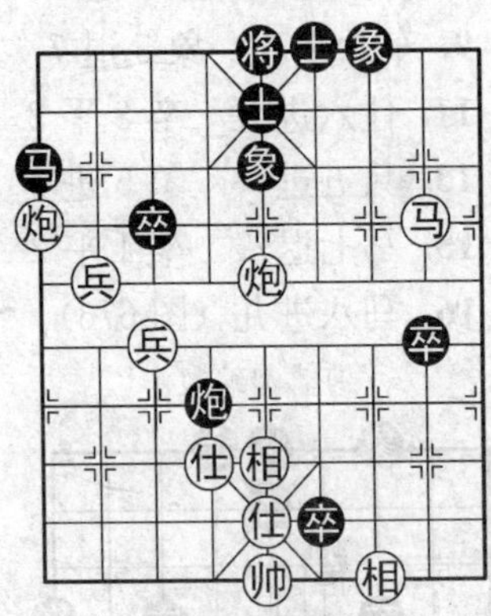

图 673

7. …… 士 5 进 6 **8.** 马四进二 象 7 进 5

9. 炮六平五 将 5 平 4 **10.** 兵七平六 ……

双兵过河敌一子。双方力量相差悬殊，黑难应付。

10. …… 炮 4 平 1 **11.** 炮九退二 士 6 退 5

12. 炮九平六 将 4 平 5 **13.** 马二退三 ……

红胜。

图 674，选自 2007 年山东“日照贵和大厦杯”象棋大奖赛，由五七炮进三兵对屏风马演成。红方多兵、仕相完整而占优。现在推进：

1. 车八退四 车 3 进 1

2. 兵九进一（图 675） ……

退车、挺兵，形成 4 个黑子、两个红子组成的顶格斜线，有趣。

2. …… 卒 3 进 1

3. 兵九进一 卒 3 进 1

4. 车八平六 象 3 进 5

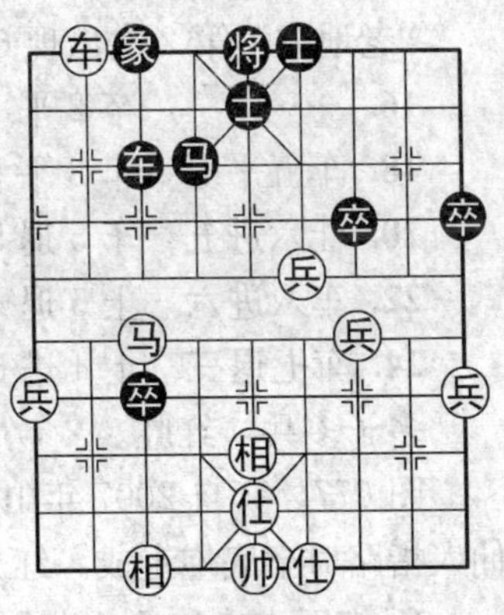

图 674

5. 兵九平八　象 5 退 7　　**6.** 兵一进一　象 7 进 9
7. 仕五退六　象 9 退 7　　**8.** 车六退一　象 7 进 5
9. 车六平五　象 5 退 7　　**10.** 车五退一　卒 3 进 1
11. 仕六进五　卒 3 平 2　　**12.** 兵四平五　象 7 进 5
13. 兵五进一　象 5 进 3　　**14.** 仕五退六　卒 2 平 1
15. 马七退八　卒 1 平 2
16. 马八进九（图 676）　……

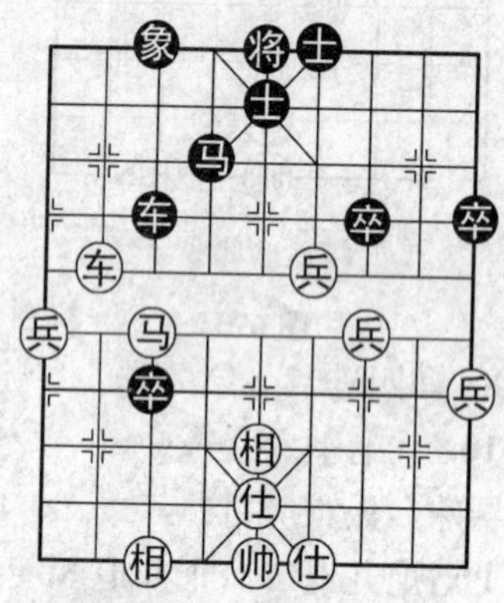

图 675

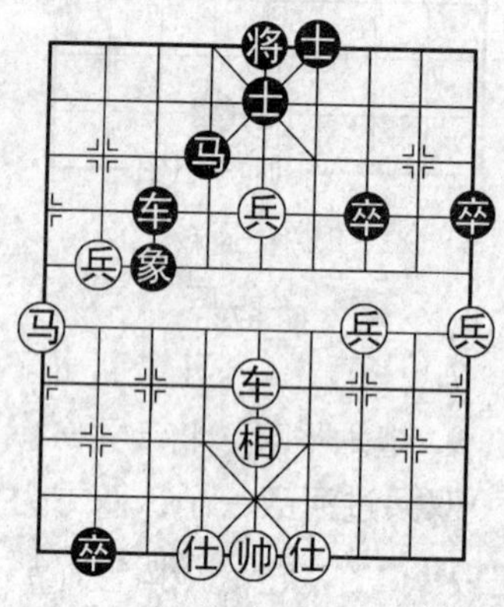

图 676

"老地方"第 2 次出现 6 子顶格斜线，奇妙也。

16. ……　　卒 2 平 1　　**17.** 兵八平七　马 4 进 3
18. 车五平七　车 3 平 5　　**19.** 马九进七　车 5 进 4
20. 仕六进五　车 5 退 5　　**21.** 车七平八　车 5 平 3
22. 车八进六　士 5 退 4　　**23.** 车八平七　车 3 平 5
24. 车七退三　士 4 进 5　　**25.** 车七平三　……

多子多兵，红胜。

图 677，弈自 2007 年山西省首届"宇宏杯"象棋大奖赛，由仙人指路对卒底炮走成。红方抢先：

1. 炮五进二！象 7 进 5　　**2.** 兵五进一　车 4 平 5
3. 兵五进一　……

兑子破象，取得实惠，撕开黑方防线。

3. ……　　车5退2
4. 马八进七　车5平4
5. 马三进四　炮8平6
6. 马七进八　炮3平4
7. 炮六平九　车4进2
8. 马四退三　车4退2
9. 车二进三　象5退7
10. 车二平五　卒7进1
11. 炮九进四　车4进1
12. 马八进七　车4平2
13. 炮九退二（图678）　……

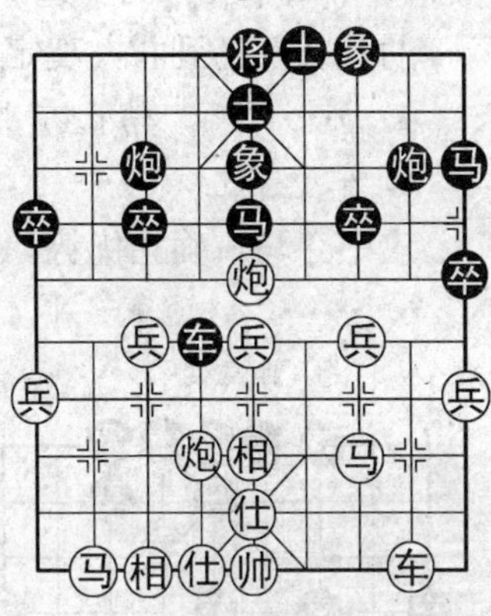

图677

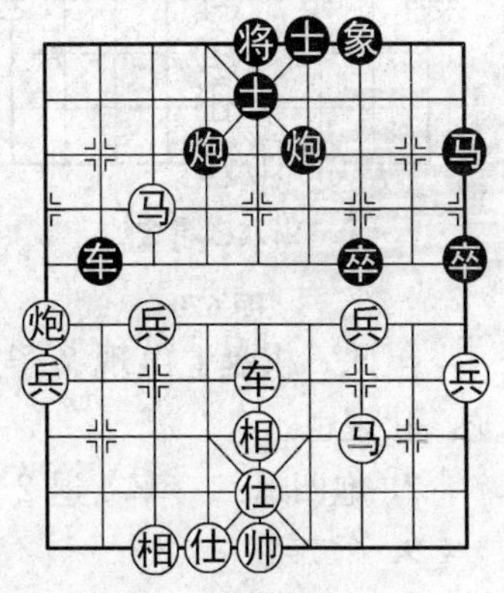

图678

侧翼抢攻，连夺两卒，红方优势迅速扩大。此时形成左侧顶格6子斜线的奇妙趣象。

13. ……　　卒7进1
14. 炮九平三　马9进8
15. 车五进二　车2平5
16. 马七退五　……

兑车简化，以多兵优势进入无车残局。

16. ……　　炮6平9
17. 马五进三　炮4平7
18. 炮三进三　马8退7　19. 前马退一　炮9退1
20. 马一进三　……

净多三兵，红胜。

图679，出自2007年全国象甲联赛，由对兵（卒）局走成。红方防守反击：

1. 炮六进三！马5进6　2. 炮六平四！士4进5

3. 车四平三　马 7 进 9　　**4.** 炮四退二　……

肋炮从左巧到右，奠定夺子之势，妙。

4. ……　　马 6 进 8　　**5.** 车三退二　车 3 进 2

6. 车三平二　……

攻中夺马，确立优势。

6. ……　　车 3 平 4（图 680）

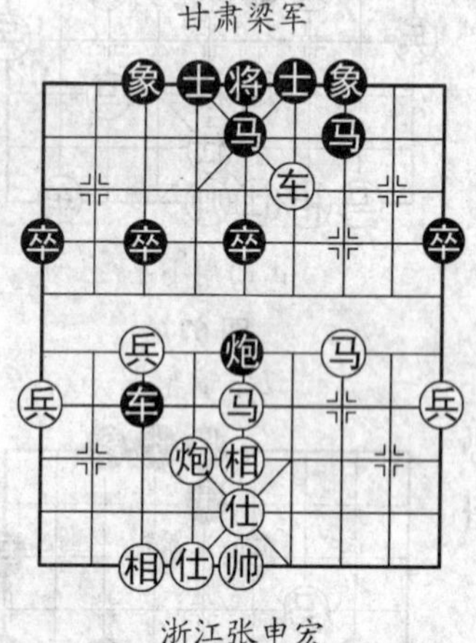

图 679

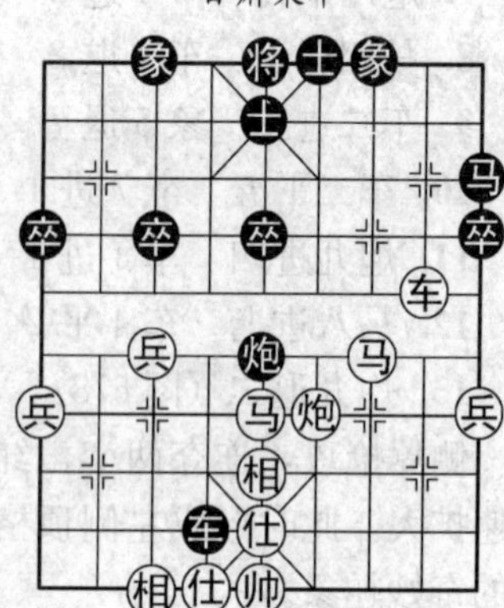

图 680

至此，棋盘上出现 7 子（5 红 2 黑）顶格斜线，犹如临江大龙，壮观也。

7. 炮四退二　车 4 退 2　　**8.** 车二进一　卒 5 进 1

9. 车二退一　……

中卒不保，黑方大势已去，认输。

图 681，来自 2007 年全国象甲联赛，由中炮巡河炮对屏风马走成。双方对峙，红方走子：

1. 车八进二　炮 7 平 9　　**2.** 马五进三　炮 2 进 4

3. 马三进四　炮 9 平 6（图 682）

棋盘上出现 7 子（5 黑 2 红）组成的顶格斜线之奇景，妙。

4. 帅五退一　炮 6 进 1　　**5.** 马四退三　车 3 平 7

6. 车三退一　象 5 进 7　　**7.** 仕六进五　卒 8 平 9

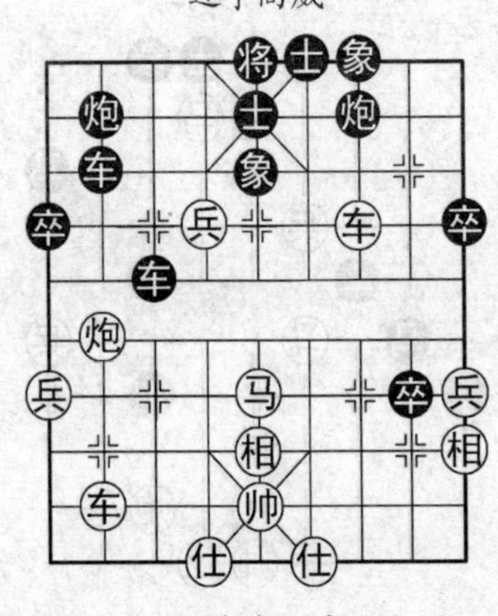

图 681

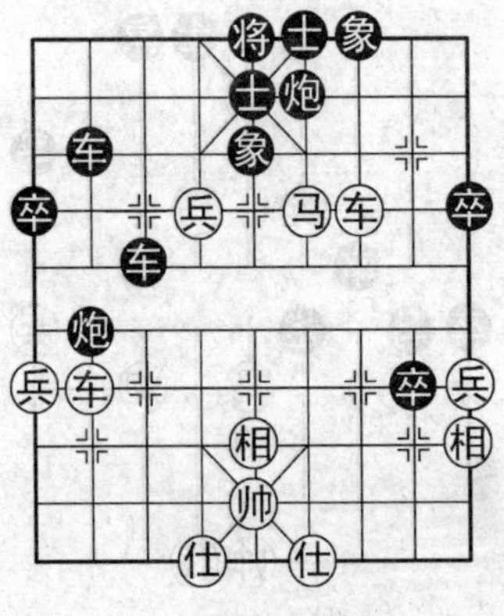

图 682

8. 相一退三　象 7 进 5　　**9.** 马三进五　炮 6 平 7

10. 马五退七　炮 2 退 1　　**11.** 车八平一　卒 9 进 1

一阵拼抢，黑方取得多子优势。

12. 兵六平七　炮 2 平 3　　**13.** 车一平五　车 2 进 3

14. 相三进一　卒 1 进 1　　**15.** 兵七平六　卒 1 进 1

16. 兵九进一　车 2 平 1　　**17.** 车五进二　炮 3 退 3

18. 仕五退六　车 1 退 2　　**19.** 车五平八　卒 9 进 1

20. 马七进八　炮 7 退 1　　**21.** 车八退二　卒 9 进 1

因为赛制规定“红和黑胜”，所以黑方挺卒尽快促成和棋。改走炮 3 平 4，黑方可取胜势。

22. 马八进七　炮 7 平 3　　**23.** 车八平一　……

和棋，但判黑胜。

图 683，选自 2007 年全国象甲联赛，由仙人指路对卒底炮形成。斗无车棋，黑方多卒多象已经反先。红方走子：

1. 炮三退二　卒 1 进 1　　**2.** 马五进四　炮 4 进 1

3. 前马进二　炮 4 平 6　　**4.** 马四退六　炮 6 平 7

5. 马二进四（图 684）　……

此时出现了 5 黑 2 红组成的 7 子顶格斜线，可谓靓丽风景线。

上海孙勇征

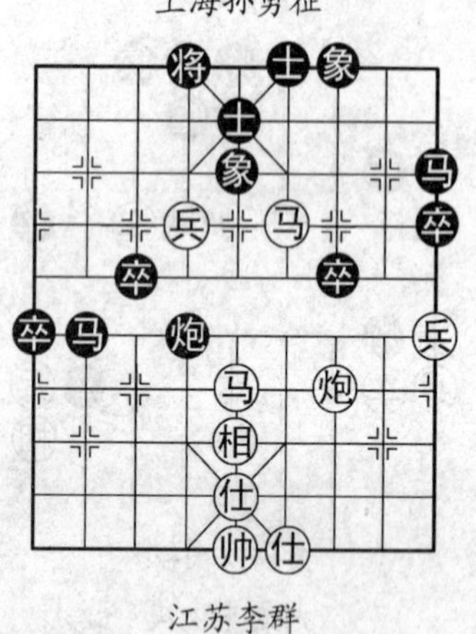

江苏李群

图 683

上海孙勇征

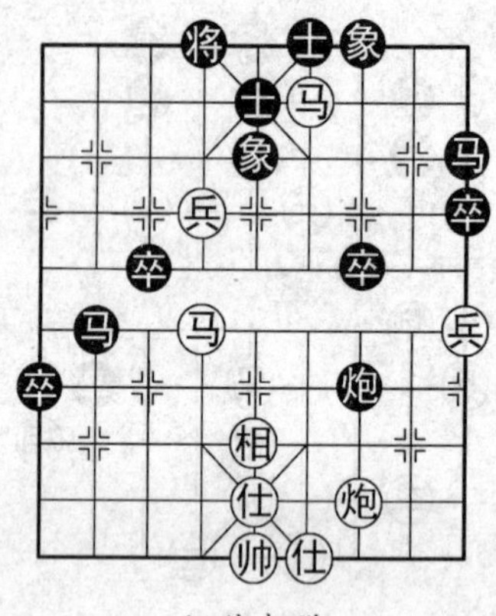

江苏李群

图 684

5. ……　　马 2 进 4

6. 马六进四　马 4 退 6

7. 后马进五　马 6 进 5

互踩相（象），开打搏斗，黑方仍掌优势。

图 685，是双方续弈至 65 回合时的情景，黑方过河 3 个卒，与炮双马已成合围之势。下面入局：

上海孙勇征

江苏李群

图 685

1. ……　　马 5 进 7

2. 炮五平四　炮 4 平 5

3. 帅五平六　马 7 退 5

4. 炮四进一　马 5 进 4

5. 炮四平九　卒 3 进 1

6. 马八进六　将 6 平 5

7. 马六退七　炮 5 退 1

8. 马七进八　卒 3 进 1

以下为：帅六进一（如帅六平五，马 4 进 3），马 4 进 5，帅六进一，卒 2 进 1，黑胜。

图 686，选自 1987 年全国团体赛，由中炮巡河车对屏风马走成。红方残相少兵，但子力活跃，走子：

1. 马六进四　士 5 退 4　　**2.** 炮七进二　车 2 平 4

3. 炮三进五　马 3 退 2　　**4.** 车二进一　车 4 平 6

5. 马四进六　马 2 进 4　　**6.** 炮三退三　马 7 进 9

7. 车二进一　马 4 进 6

8. 炮七平八　马 9 退 7（图 687）

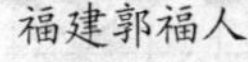

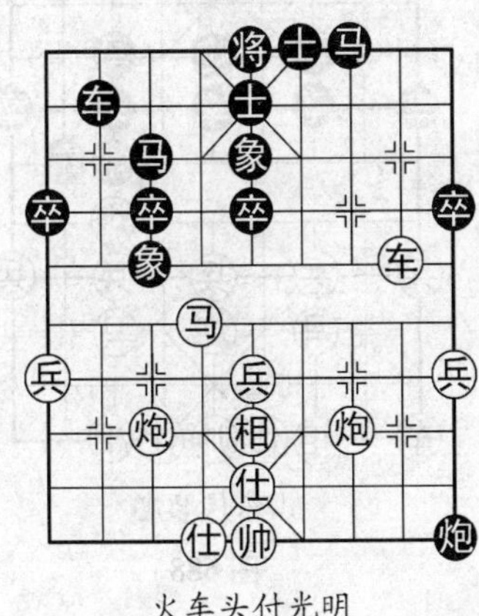

火车头付光明

图 686

福建郭福人

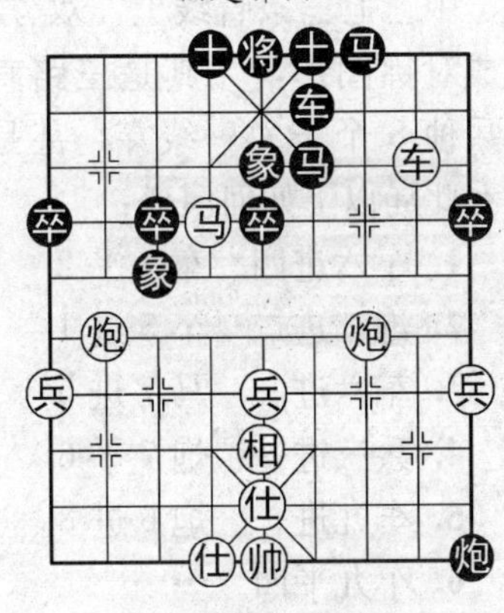

火车头付光明

图 687

红攻黑守，双方咬得很紧。4 黑 3 红 7 子形成顶格斜线通，有趣又罕见。

9. 车二平三　车 6 平 8　　**10.** 炮三进五　象 5 退 7

11. 车三平四　车 8 进 8　　**12.** 仕五退四　车 8 退 4

如车 8 退 7，仕四进五，车 8 平 6，马六进七，将 5 进 1，炮八进四，红胜。

13. 仕四进五　士 4 进 5　　**14.** 车四退五　车 8 平 2

大兑子，局面迅速简化，趋向平稳。

15. 车四平一　炮 9 平 8　　**16.** 车一平二　炮 8 平 9

17. 车二进四　将 5 平 4　　**18.** 车二平五　车 2 平 8

19. 帅五平四　车 8 进 4　　**20.** 帅四进一　车 8 退 7

大体均势，已成和局架势，下面着法从略。

12. 子力对称三条线

图 688，出自 1995 年全国团体赛，由顺炮横车对直车走成。观图，三、中、七三条直线上，双方的攻子形成对称图形，尤其是三路直线，4 个兵种 8 个子力一线穿，甚是有趣。且看此局以下如何演变：

黑龙江赵国荣

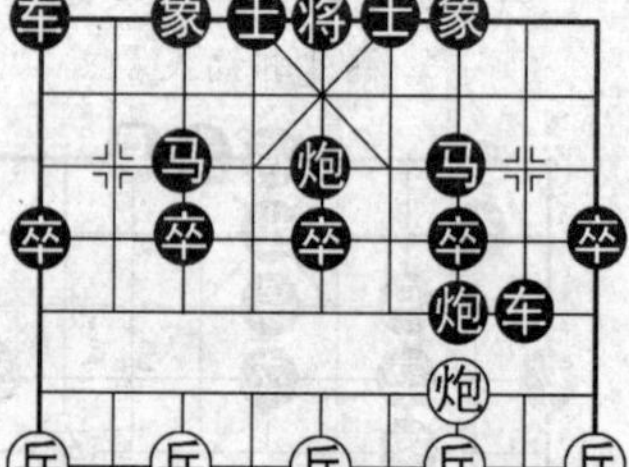

山东侯昭忠

图 688

1. 车六进四　车 1 平 2
2. 炮三进二　卒 5 进 1
3. 车六进一　马 7 进 5
4. 兵三进一　炮 7 平 6
5. 车九进一　炮 6 进 3
6. 车九平四　……

开车，先弃后取。

6. ……　炮 6 平 3　**7.** 马三退五　炮 3 平 2
8. 车四进五　士 6 进 5　**9.** 车六平七？ ……

吃卒失算，应炮三平五夺马，保持均衡。

9. ……　车 8 退 1！

吊炮保子，机灵。

10. 炮五进三　炮 2 进 2
11. 兵五进一　车 2 进 8
12. 马五进四　车 2 平 6

车炮深入闹九宫，红方危机已悄悄而来。

13. 炮五进二　象 7 进 5
14. 兵五进一　马 5 进 3
15. 马四退六　……

黑龙江赵国荣

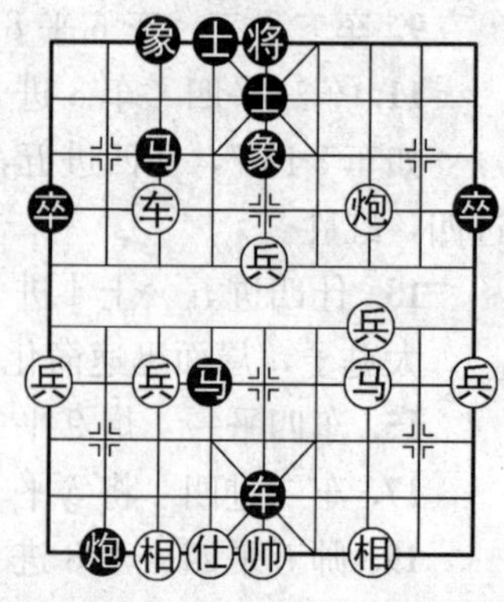

山东侯昭忠

图 689

退马无奈，否则黑方前马进 2，速胜。

15. ……　　　　车 6 平 4　　　　**16.** 仕四进五　车 8 进 5!

17. 车四退五　车 8 平 6　　　　**18.** 马六退四　前马进 4

19. 马四进三　车 4 平 5（图 689）

杀势已临。下面：帅五平四，马 4 进 3，车七平八，炮 2 平 4，车八平六，炮 4 平 7，相七进五，车 5 进 1，帅四进一，后马进 2，黑胜。“红帅命绝”而五兵仍俱存，奇也。

13. 象棋盘上的“五子通”(5 例)

五子棋只要走成五子通一线就算赢棋，不论是直、横或斜线。五子一线，在象棋实战中亦时有发生。虽与胜负无关，然亦有趣可观。

图 690，选自 1989 年“金角杯”国际特级大师邀请赛，由五七炮对屏风马走成。红方走子：

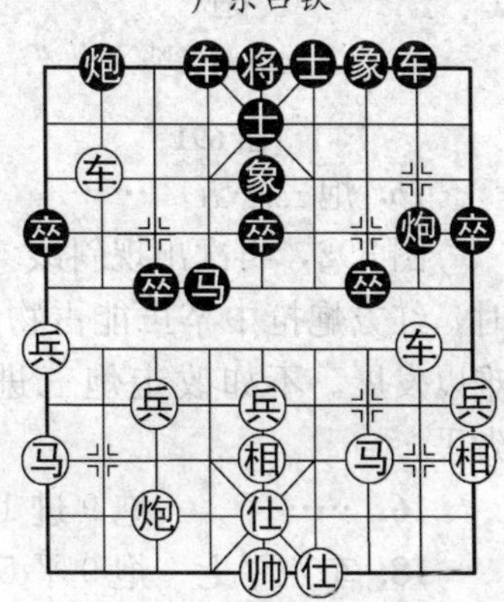

图 690

1. 仕五进六　马 4 退 6

2. 仕四进五　车 8 进 2

3. 炮七平六　车 4 平 3

4. 马三进四（图 691）　……

双方走完第 1 回合后，棋盘上出现第 1 次斜线 5 子通，现在又同时出现 2 条斜线 5 子通，而且交叉相连，甚是有趣。

4. ……　　　　卒 9 进 1　　　　**5.** 马四进三　马 6 退 7

6. 仕五退六　车 8 平 6　　　　**7.** 炮六平三　炮 8 退 1

8. 车八退一　车 3 平 4　　　　**9.** 仕六进五　炮 8 进 1

10. 车八进二　炮 8 退 1　　　　**11.** 马三退一　炮 8 平 7

12. 马一进三　马 7 进 9　　　　**13.** 车八退二　马 9 进 7

14. 炮三进五　炮 7 平 9

15. 相一退三　车 6 进 1（图 692）

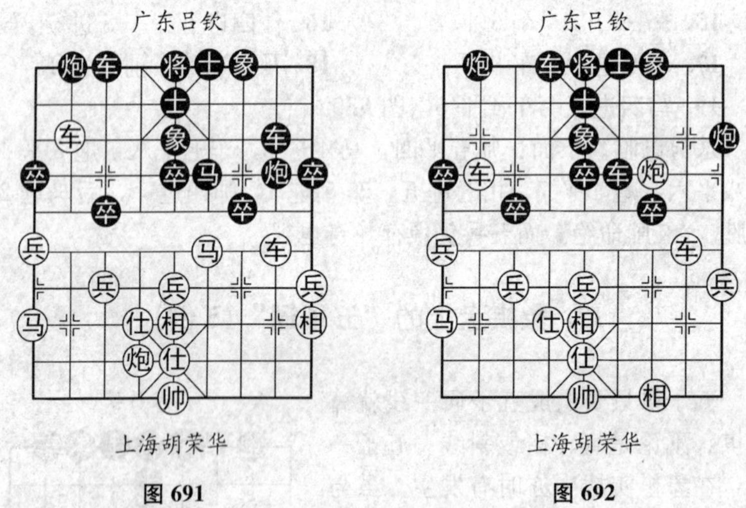

图 691　　**图 692**

16. 炮三平五　……

图 692，再次出现斜线 5 子通，可谓“一局四通”，奇也。此时，红方炮抢中卒虽能占物质上的小便宜，但大子被牵制，局势难以发展。不如改走炮三进二，以后可考虑从底线进攻，红占先手。

16. ……　炮 9 进 1　**17.** 车二平五　炮 2 平 3
18. 车八平七　炮 9 平 5　**19.** 车五进二　车 6 平 5
20. 车七平五　……

大兑子，局面迅速简化。红方虽多一兵，但难以取胜。

20. ……　车 4 进 6　**21.** 马九进八　车 4 退 1

退车捉马正着。如车 4 平 3 贪兵，马八进六，车 3 平 4，马六进四，士 5 进 6，兵一进一。红方占优，且前景看好。

22. 车五退二　车 4 退 2　**23.** 兵七进一　卒 3 进 1
24. 车五平七　炮 3 平 1

两难进取，双方议和。

图 693，来自 1990 年全国个人赛，由中炮过河车对屏风马左马盘河演成。双方斗无车棋，红方多兵但子散阵浮，黑方反击：

1. …… 炮7平2

2. 马一进三 炮5退2

3. 炮一平九 ……

多兵抢卒，舍马无奈。如改走马八进九，炮2平3，帅五平四，炮3进7，帅四进一，马4进5，黑方速胜。

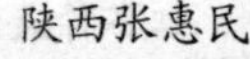

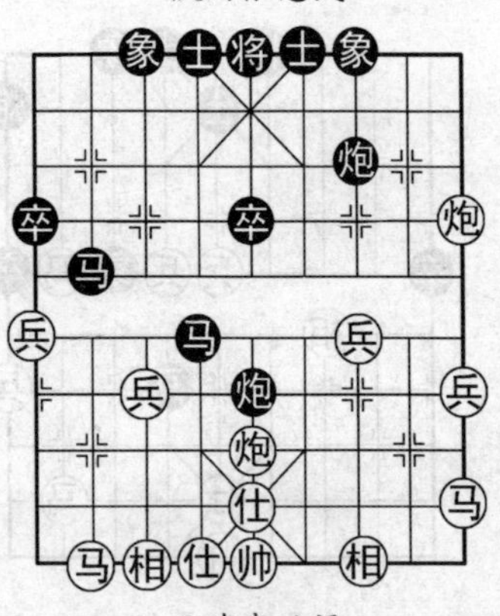

天津袁洪梁

图693

3. …… 炮2进7

4. 兵七进一 马2进3

5. 马三进四 象7进5

6. 炮九平八 马3退1

7. 炮八退三 炮5进1

8. 炮八平五（图694） ……

观图，棋盘中央同时显现两个“5子通”：马双兵与马炮形成横线“5子通”，双炮仕帅与黑炮形成直线“5子通”，而且两线纵横交叉，有趣得很。

陕西张惠民

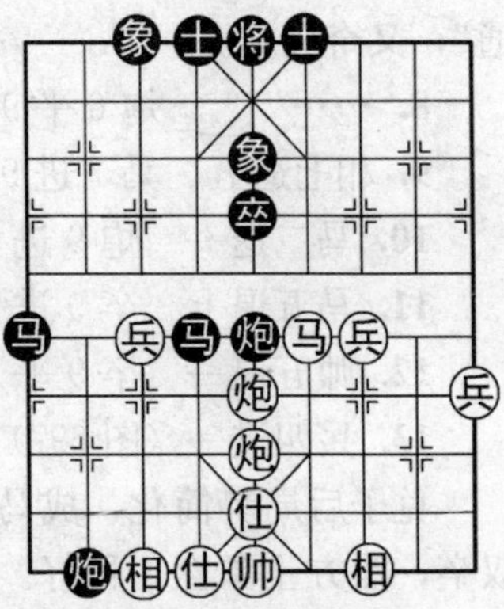

天津袁洪梁

图694

8. …… 炮5进2

9. 相三进五 卒5进1

多子且有攻势，黑胜。

图695，出自2002年“明珠星钟杯”，由仙人指路对卒底炮走成的残局。双马三兵单仕相对马炮双卒士象全，棋势相仿。此时，在河口阵地马双兵与象卒已构成横线“5子通”，有趣。现在轮到红方走子：

1. 前马进三 马6进7　　2. 帅五平四 炮9平7

3. 马二进三 象7进5　　4. 仕五进四 炮7平6

5. 帅四进一 马7进9　　6. 马三进五 马9退8

7. 帅四平五 马8退7　　8. 马三退二（图696）……

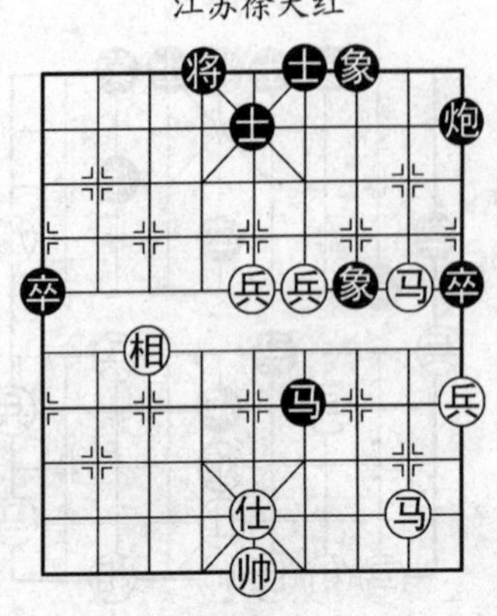

图 695

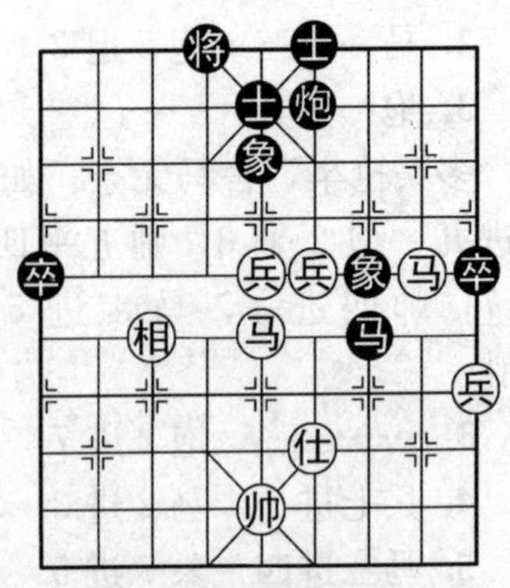

图 696

一番交手变阵，河口阵地又出现与图 695 时相同的横线“5 子通”，又奇又趣。

8. …… 炮 6 平 9
9. 相七退五 马 7 进 9
10. 马二退一 炮 9 进 5
11. 马五退七 卒 9 进 1
12. 帅五退一 卒 9 平 8
13. 兵四进一（图 697） ……

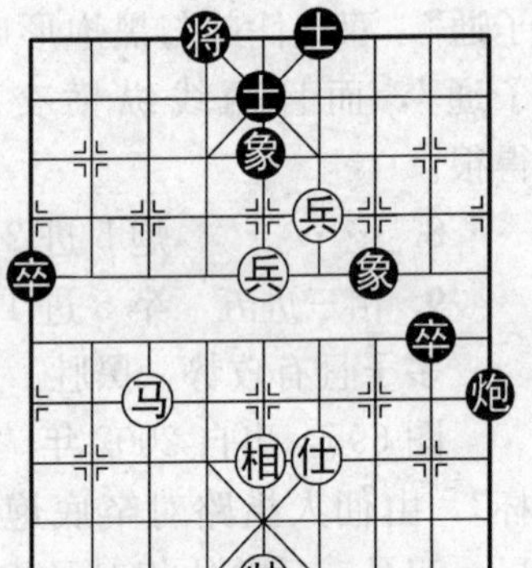

图 697

兑子后局势简化，成马双兵斗炮双卒，黑方士象全，稍好。红兵与炮卒双象构筑成斜线“5 子通”，妙。

13. …… 卒 8 进 1
14. 马七进五 象 7 退 9
15. 兵五进一 象 9 退 7
16. 兵五平六 卒 1 进 1
17. 兵四平五 卒 1 平 2
18. 帅五平六 炮 9 退 2
19. 相五进三 卒 2 平 3
20. 马五退六 卒 3 平 4
21. 马六进四 炮 9 平 4
22. 帅六平五 卒 4 平 5

23. 马四进五（图 698） ……

马兵与卒士象又构成直线“5 子通”，奇哉。一盘棋前后出现 4 次 5 子通，奇迹也。以后双方续战 38 个回合，终于握手言和。

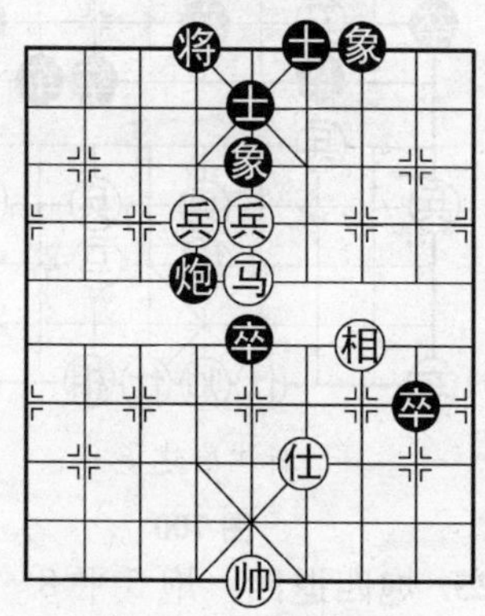

图 698

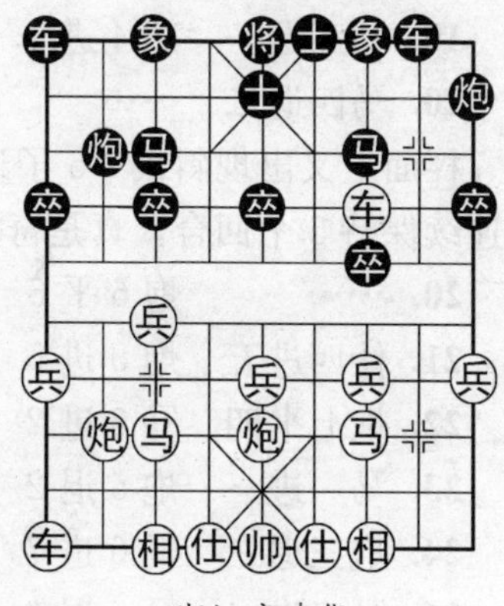

图 699

图 699，弈自 2003 年全国团体赛，由中炮过河车对屏风马平炮兑车走成。红方走子：

1. 马七进六　炮 9 平 7

平炮轰车，第 1 次出现直线“5 子通”。

2. 车三平四　车 8 进 5　　**3.** 炮八进二　象 3 进 5

4. 炮五平六　炮 2 进 1　　**5.** 相七进五　卒 3 进 1

6. 马六进七　车 8 退 1　　**7.** 车四进二　炮 2 退 2

8. 炮六进六　车 1 平 4　　**9.** 炮六平七　……

平炮避捉，第 2 次出现直线“5 子通”。

9. ……　　　　炮 7 平 9

10. 炮八进三　车 4 进 1（图 700）

此时出现纵横两条线，同时交叉“5 子通”，趣也。

11. 马七进五　卒 7 进 1　　**12.** 兵三进一　车 8 平 6

13. 车四退三　马 7 进 6　　**14.** 马五进三　将 5 平 4

15. 炮七退三　士 5 进 6　　**16.** 前马退四　炮 9 平 6

双方争斗，肋道出现直线“5 子通”，奇。

17. 炮八平四　马 6 进 4

18. 炮四平三　马 4 进 6

19. 马三退一　车 4 进 1

20. 马四退二　……

枰面上又出现斜线“5 子通”，而且连续保持 5 个回合，真是奇妙。

20. ……　　　炮 6 平 5

21. 仕四进五　炮 5 进 5

22. 炮七平四　马 3 进 2

23. 马一进三　炮 5 退 2

24. 炮三退二　马 6 进 7

内蒙古李富生

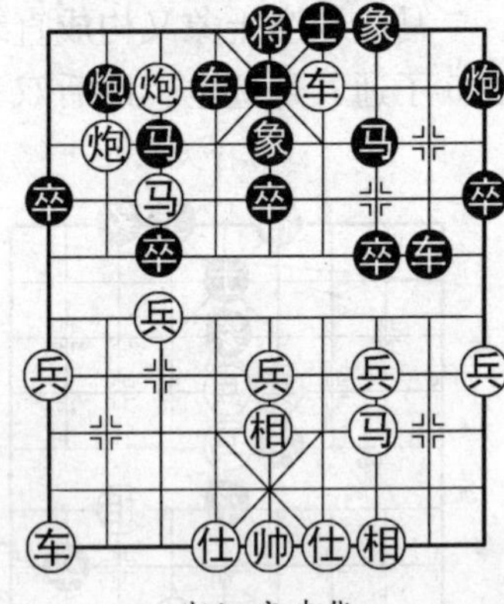

浙江唐建华

图 700

25. 炮四退四　炮 5 平 8

26. 马三进二　马 7 退 6（图 701）

黑方攻中夺子，局面上又出现斜线“5 子通”。一局 7 次“5 子通”，妙不可言。

内蒙古李富生

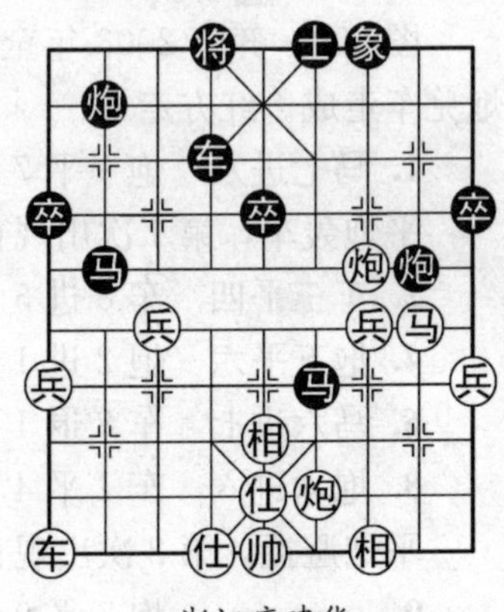

浙江唐建华

图 701

27. 兵七进一　马 2 进 3

28. 车九平八　……

主力姗姗来迟。此时刚刚启动，岂能不败?

28. ……　　　炮 8 平 3

29. 车八进八　马 3 进 5

30. 车八进一　将 4 进 1

31. 车八平七　炮 3 平 5

32. 马二进三　车 4 进 7

黑胜。

图 702，选自 2003 年第 8 届象棋世界锦标赛，由五六炮对反宫马形成。红方走子：

1. 车九平八　车 2 平 3

兑车抢先。黑如兑车，红方子力开扬而占先。现在压马，保持对攻。

2. 炮六退一　炮1退1

3. 炮六平七（图703）　……

内线轰车发力。七路直线“5子通”，揭开实质性的较量。

新加坡黄俊铭

越南邓雄越

图702

3. ……　　车3平4

4. 马七进八　车4进2

5. 炮七进五　车4退4

6. 马八退七　象3进1

7. 兵五进一　马7退6

8. 马三进五　车4退1

9. 车八进四（图704）　……

新加坡黄俊铭

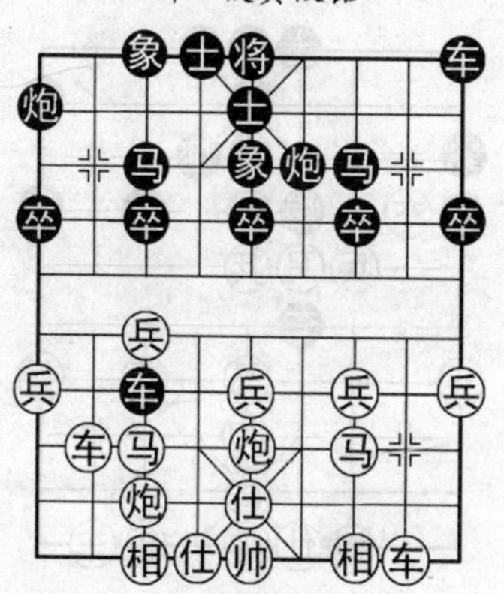

越南邓雄越

图703

新加坡黄俊铭

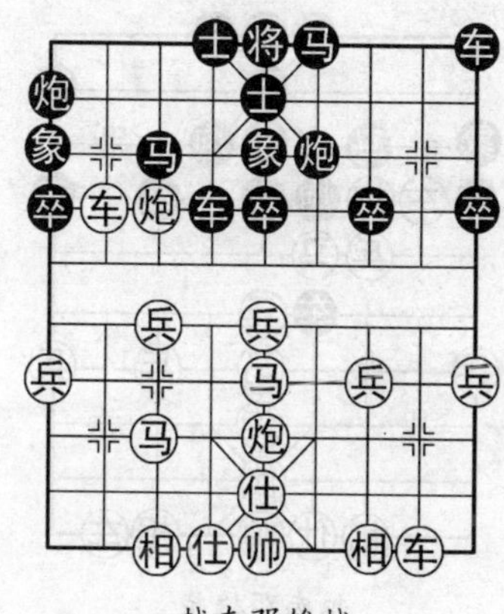

越南邓雄越

图704

左路加压，中路出击，红方走得紧凑。红方中路、黑方卒林同时出现直、横两条“5子一线通”，有趣。

9. ……　　车9进1

10. 兵七进一　炮1平4

走肋炮不如车9平8兑车，以求透松压力。

11. 马七进八

车 4 进 2（图 705）

跃马、升车，在保持中路红方 5 子直线通情况下，先后连续出现两次斜线“5 子通”，好看。

12. 马八进六

炮 4 进 2（图 706）

在卒林再度出现横线“5 子通”的同时，直线、中直线“5 子通”继续存在，“三线同通”，奇趣之极。热闹得很。

13. 炮七平五　马 3 进 5

14. 兵五进一（图 707）　……

新加坡黄俊铭

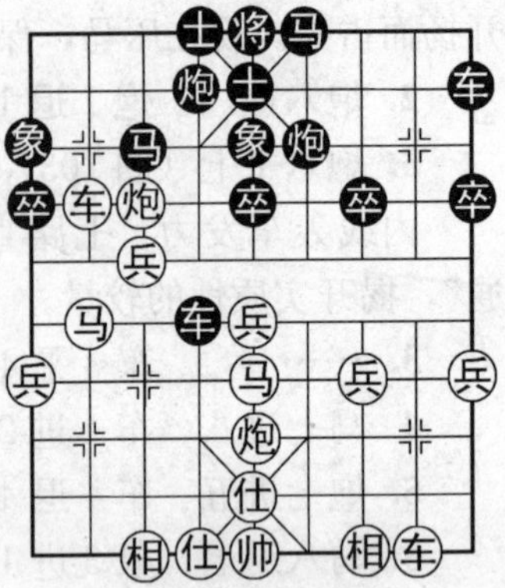

越南邓雄越

图 705

新加坡黄俊铭

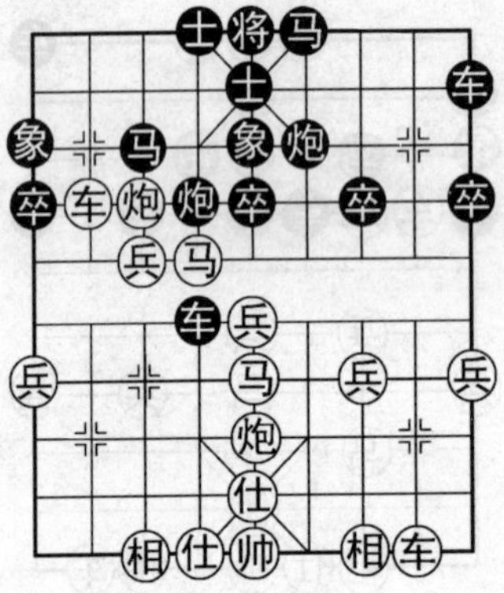

越南邓雄越

图 706

新加坡黄俊铭

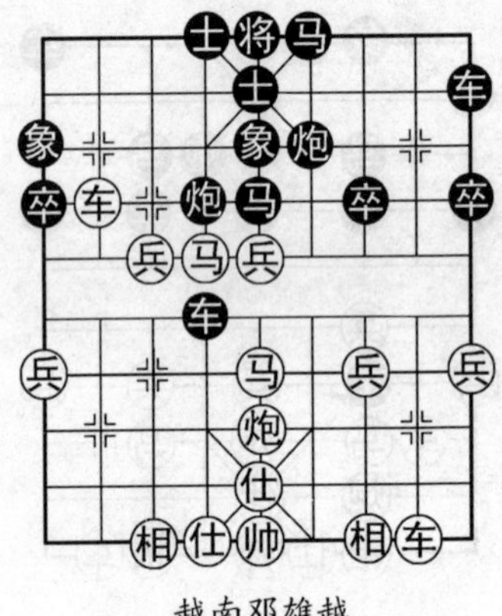

越南邓雄越

图 707

在斜线保持“5 子通”的同时，黑方一侧中路直线“5 子通”；而红方一侧的“直线 5 子通”已保留 8 个回合之久，罕见也。真是棋形多变化，美妙。

14. ……　　马 5 进 7　　**15.** 兵三进一　马 7 进 5

16. 车八平六　象 1 进 3　　**17.** 车六平四　车 4 退 1

18. 车四进一　车 4 进 2

如士 5 进 6，兵五平六，红方大优。

19. 车四退四　马 5 进 3　**20.** 车四平二　车 9 平 6

21. 炮五平四　车 6 平 8　**22.** 前车进五　马 6 进 8

23. 马五进四　马 8 退 6　**24.** 马四进二　车 4 平 6

25. 车二进三　……

欺车夺马，奠定胜势。

25. ……　车 6 退 4　**26.** 车二平七　车 6 平 8

27. 炮四进四　马 6 进 8　**28.** 马二退一　车 8 进 3

29. 马一进二　已成杀势，红胜。

（二）五花八门　楚楚动人

1. 车马未动已赢棋 (3 例)

图 708，选自 1984 年第 2 届“避暑山庄杯”，由中炮过河车对屏风马形成。红方中心有势，出手：

1. 兵六进一！……

弃车、弃炮、冲兵，猛攻疾进，凶。

1. ……　车 2 进 7

如改走马 8 退 6，马六进四，炮 7 进 8，兵六平五，马 4 进 5，马四进六，将 5 平 4，炮五平六，马 5 进 4，马六进八，将 4 平 5，炮八进七，象 3 进 5，马八进六，象 5 退 3，马六退七，象 3 进 5，马七进九，红方胜势。

湖北莫伟明

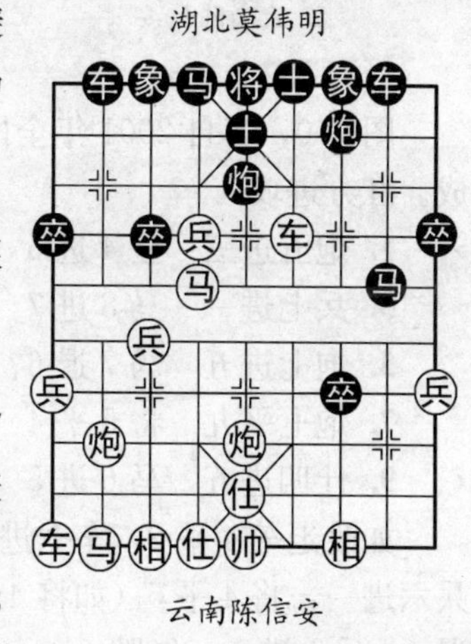

云南陈信安

图 708

2. 车四进二！炮 7 平 8　　**3.** 兵六进一！车 2 退 5

小兵直捣黄龙，杀机四伏。黑如改走炮 5 进 2，马六进七，红方速胜。

4. 帅五平四！马 8 退 7　　**5.** 车四进一！马 7 退 6

6. 兵六平五（图 709）……

小兵镇中逼杀老将，红胜。黑方双马左右贴身却无法救驾，有趣。全局结束，红方左侧车马一步未动却已赢棋，妙。

湖北莫伟明

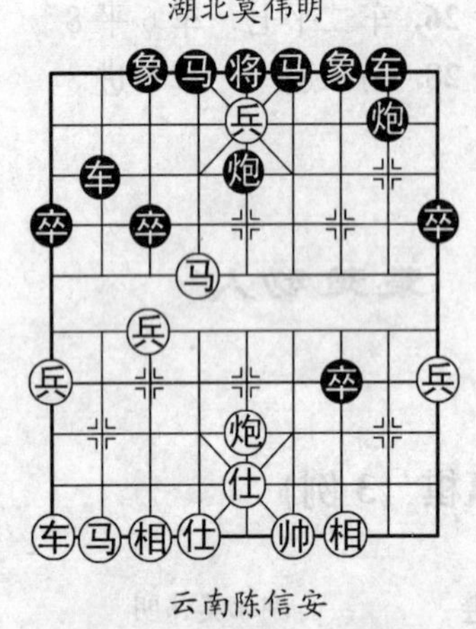

云南陈信安

图 709

南方棋院李鸿嘉

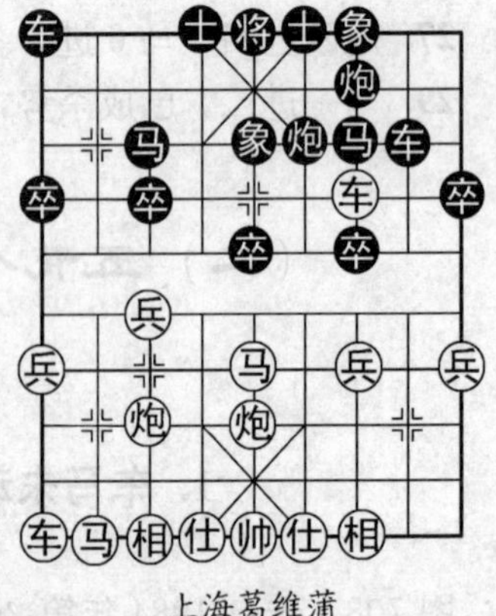

上海葛维蒲

图 710

图 710，弈自 2001 年全国个人赛，由中炮进七兵对反宫马走成。红方进攻：

1. 炮五进三　士 4 进 5　　**2.** 车三平七　马 7 进 8

3. 兵七进一　马 8 进 7　　**4.** 兵七平六　车 1 平 4

5. 炮七进五　马 7 退 6?　　**6.** 炮七进二！车 4 进 2

7. 炮七平九　将 5 平 4　　**8.** 兵六进一　炮 7 进 8

9. 仕四进五　马 6 进 5

如改走车 4 平 2，车七进三，将 4 进 1，炮五平六，士 5 进 4，兵六进一，将 4 平 5（如将 4 进 1，车七平六杀），车七退一，将 5 退 1，兵六进一，红胜。

10. 兵六进一　炮 6 平 4

11. 炮五平八（图 711）　……

红方多子有势，黑方认输。至此，红方左翼车马尚原地未动便已赢棋，妙哉。

南方棋院李鸿嘉

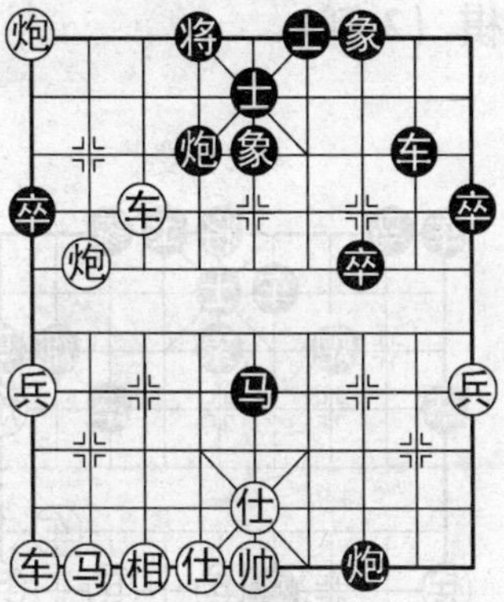

上海葛维蒲

图 711

江苏童本平

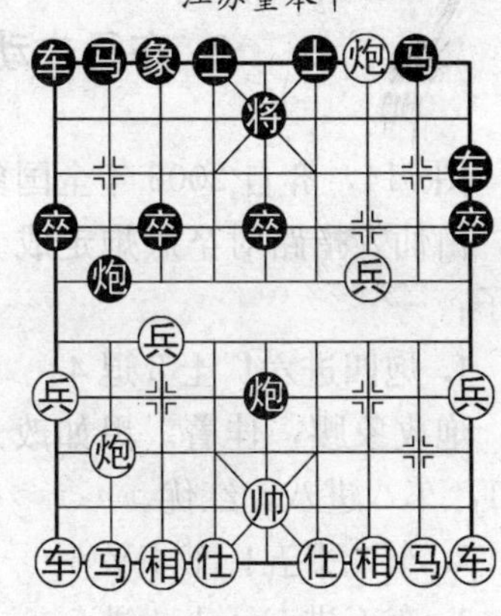

浙江于幼华

图 712

图 712，出自 1992 年苏、浙友谊赛，由对兵（卒）局演成。双方短兵相接，成对攻态势。现在轮到红方走子：

1. 马二进三　炮 2 平 5

2. 帅五平六　车 9 平 4

3. 炮八平六　车 4 平 2

如改走前炮退 1，红车一平二有攻势。

4. 仕六进五　前炮平 4

5. 炮六平五　车 2 进 6

6. 帅六退一　炮 4 平 2

7. 车一平二　马 8 进 7

8. 车二进八　将 5 进 1

9. 马三进四（图 713）　……

江苏童本平

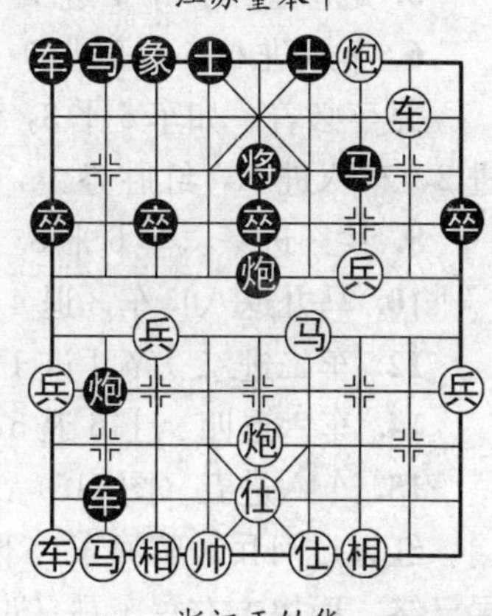

浙江于幼华

图 713

至此，黑方认输。下面着法为：

炮 2 平 7，马四进六，将 5 平 4（如将 5 平 6，兵三进一），炮五进二，随即炮五平六马后炮杀，红胜。双方两对同侧车马都未启动，局却已终结，堪称罕见之奇局。且双方车马炮 12 个大子一个未损，全部 32 个子力有一半未曾动过，真是奇上加奇，妙不可言。

2. 车马未动已输棋（2 例）

图 714，弈自 2006 年全国象甲联赛，由仙人指路对卒底炮走成。红方走子：

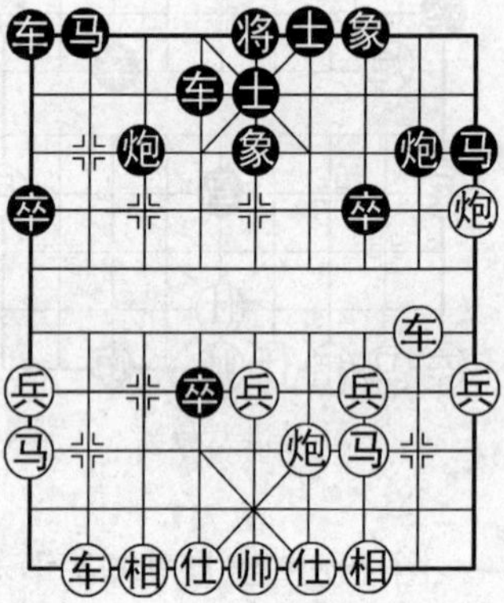

1. 炮四进六！ 士 5 退 4

炮攻象腰，佳着。黑如改走车 4 进 1，车八进八，红优。

2. 车二平五！ 车 4 平 6

3. 车五进三　士 4 进 5

4. 车五平二　……

破象兑炮，撕开缺口，扩势而行。

4. ……　　　车 6 进 6

5. 炮一退二！ 卒 7 进 1

湖北党斐

重庆洪智

图 714

6. 车八进八　士 5 进 6　　**7.** 车二退五　卒 7 进 1

弃卒必着。如车 6 平 3，炮一平九，炮 3 平 1，炮九进三，车 1 进 2，车八进一，红胜势。

8. 兵三进一　车 6 平 3　　**9.** 相三进五　卒 4 进 1

10. 马九退八！ 车 3 退 4　　**11.** 兵三进一　卒 1 进 1

12. 车二进二　卒 4 进 1　　**13.** 车二平六　卒 4 进 1

14. 车六退四　士 6 退 5

15. 车六进五（图 715）　……

红方过河兵，骑河车，下一手立中炮即刻取胜局，黑方认输。局已终，而黑方右翼车马一步未动，岂能不输？奇也。

图 716，来自 2007 年全国个人赛，由仙人指路对卒底炮形成。红方抢攻：

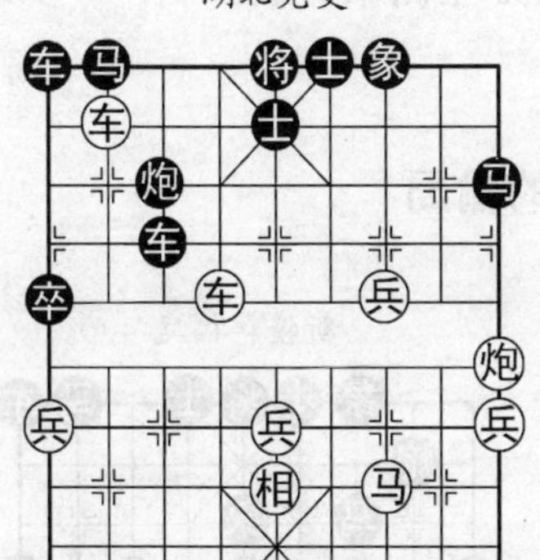

图 715

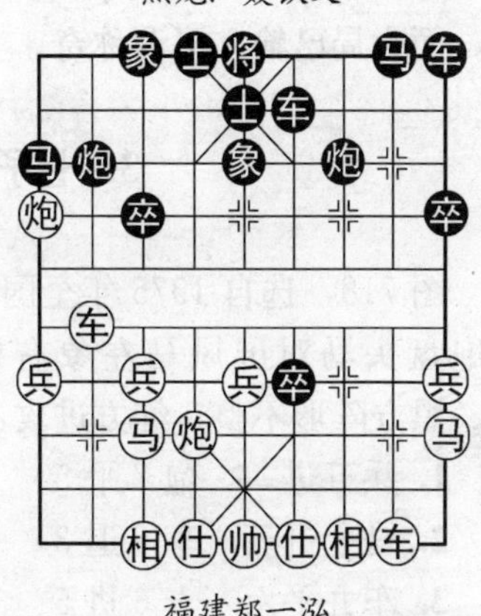

图 716

1. 炮六进六！……

肋炮攻车侵象腰，展开侧攻，佳着。

1. …… 车 6 进 3
2. 车二进八！……

进车压马，左右呼应，好棋。

2. …… 车 6 平 4
3. 炮六平九 车 4 进 3
4. 马七退九 车 4 平 7
5. 相七进五 卒 6 平 5
6. 马一退二 车 7 退 3
7. 仕四进五 炮 2 进 2
8. 前炮平六 ……

再侵象腰，调转方向，因时而变。

8. …… 炮 2 平 5
9. 车八平五 卒 5 进 1
10. 相三进五 象 5 退 7
11. 炮六退二 炮 7 平 2
12. 炮六平二 炮 2 平 5
13. 炮二平五 马 1 退 3
14. 马二进三 卒 3 进 1
15. 车五平四（图 717） ……

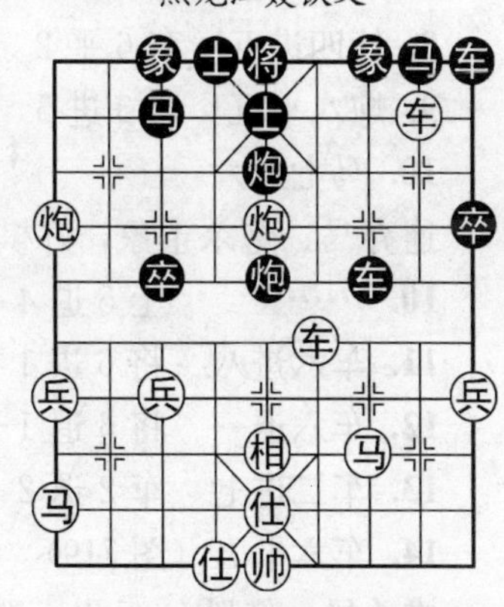

图 717

弃马车占肋，下一手出帅胜。黑方左侧车马被压制，一步未动，而大局已输，可谓称奇。

3. 七子未动的输局

图 718，选自 1975 年全国赛，由中炮盘头马对屏风马左象右横车走成。黑方阵形不整，红方进攻：

1. 兵五进一　炮 7 平 5

2. 马七进五　车 6 退 3

3. 车九平六　士 6 进 5

如改走卒 5 进 1，车六进七，红方有攻势。

4. 兵五平四　车 6 退 1

5. 炮八进四　车 6 退 1

6. 马五进六　车 6 进 3

7. 马六进七　……

红方抢攻夺子，黑方已难应付。

7. ……　将 5 平 6

8. 仕四进五　车 6 平 2

9. 炮八平五！象 3 进 5

10. 马七进六　……

连弃马、炮杀士象，好棋。

10. ……　士 5 退 4

11. 车六进八　将 6 进 1

12. 车六退一　将 6 退 1

13. 车二进七　车 2 退 2

14. 车六平五（图 719）　……

成杀局，红胜。至此，黑方左侧车马，卒林 5 子一步未动，在实战中

新疆蒋福庭

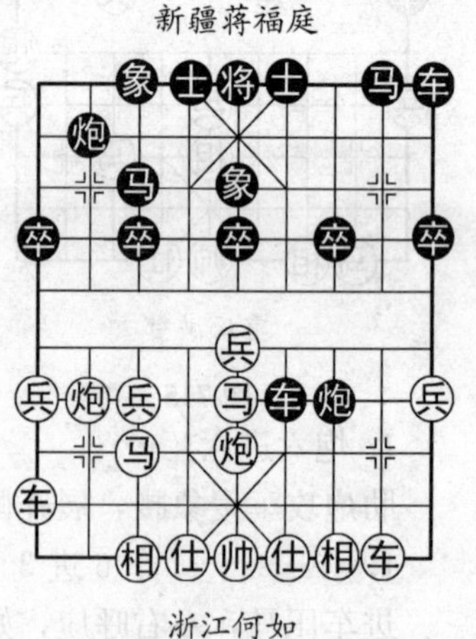

浙江何如

图 718

新疆蒋福庭

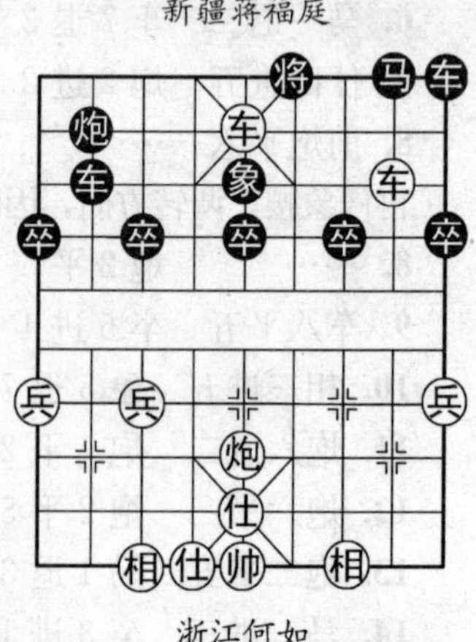

浙江何如

图 719

实为罕见，令人惊叹。

4. 车马炮“长留”卒林（2 例）

图 720，弈自 1990 年全国个人赛，由仙人指路对卒底炮走成。红方运子进逼：

1. 马六进八！ ……

马入卧槽，车马炮进占卒林，遥控全局。

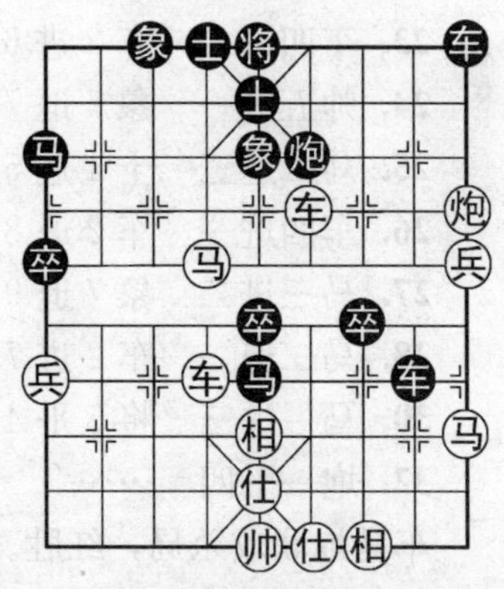

图 720

1. …… 车 9 平 8

2. 车四平五 卒 7 平 6

3. 炮一平三 后车进 3

4. 兵九进一 卒 1 进 1

5. 马八退九 前车平 9

6. 车六进二 马 5 进 3

7. 兵一平二 车 8 平 9

8. 马九进八 ……

车马炮占据卒林 4 个回合后，红马兑兵暂离，现再进卧槽，又成 3 子占卒林之势。

8. …… 前车平 2 **9.** 车五平六 车 2 退 2

10. 后车平八 马 1 进 2 **11.** 车六平四 将 5 平 6

12. 马一进三 车 9 进 3 **13.** 兵二平三 车 9 平 8

14. 马三进二 车 8 平 4 **15.** 马二进三 将 6 平 5

16. 车四退一（图 721） ……

红方车马炮占据卒林长达 12 个回合之久，甚是有趣。现在退车捉马“一剑封喉”。

16. …… 车 4 退 3

献马退车无奈。如改走马 2 进 3，炮三平五，后马进 1，马八进七，车 4 退 5，仕五进六，马 1 进 3，帅五进一，车 4 平 3，车四进二，红胜。

广东汤卓光

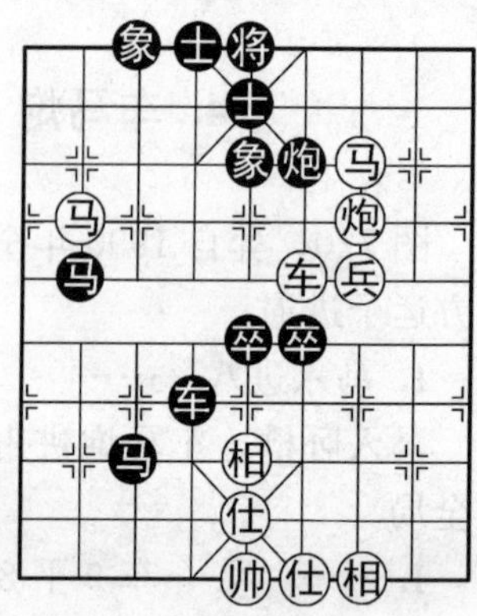

湖北李智屏

图 721

17. 车四平八　车 4 平 3
18. 炮三平一　象 5 进 7
19. 炮一进三　象 3 进 5
20. 仕五进六　马 3 退 4
21. 马三进二　士 5 退 6
22. 车八平四　车 3 平 2

如误走士 4 进 5，马二退四杀。

23. 车四进二　车 2 进 6
24. 帅五进一　象 5 退 7
25. 马二退三　士 4 进 5
26. 车四进一　车 2 退 8
27. 马三进二　象 7 退 9
28. 马二退一　车 2 进 7
29. 帅五退一　马 4 进 2
30. 马一进三　将 5 平 4
31. 车四平五　车 2 平 9
32. 炮一平四　……

车马炮联攻杀局，红胜。

林业曾启泉

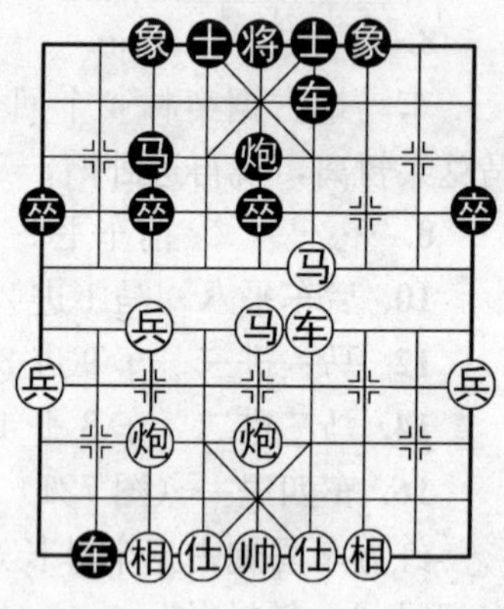

江西朱贵宝

图 722

图 722，出自 1995 年全国团体赛，由五七炮对屏风马演成。两军互相牵制，此时由红方走子：

1. 马五进六　炮 5 进 5
2. 相三进五　车 2 退 8
3. 兵七进一　卒 3 进 1
4. 炮七进五　车 2 平 4
5. 车四平五　车 6 进 3
6. 车五进二　士 4 进 5
7. 炮七平二　车 4 进 1
8. 炮二退三　车 6 平 4
9. 炮二进二（图 723）　……

车马炮就此一线留卒林，至局终一直不离，长达 20 个回合，堪可称奇也。请看以后变化：

9. …… 卒1进1 **10.** 仕六进五 前车平9
11. 车五平三 车9进2 **12.** 车三平四 卒9进1
13. 炮二平三 车9平4 **14.** 炮三平一 前车退1
15. 车四平三 象7进9 **16.** 炮一平二 象3进5
17. 车三平四 象5退7 **18.** 车四平三 卒9进1
19. 仕五退六 卒9平8 **20.** 仕四进五 卒8进1
21. 炮二平一 卒8进1 **22.** 炮一平二 卒8进1
23. 炮二平一 卒8平7 **24.** 仕五退四 卒7平6
25. 仕六进五 将5平4 **26.** 车三平四 前车进1
27. 炮一平二 卒3进1（图724）

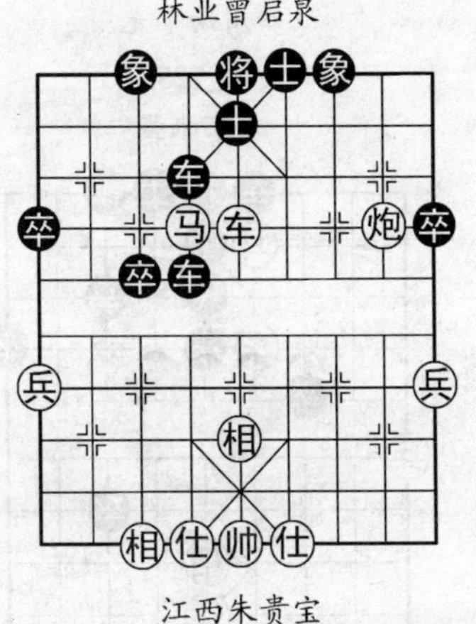

图723

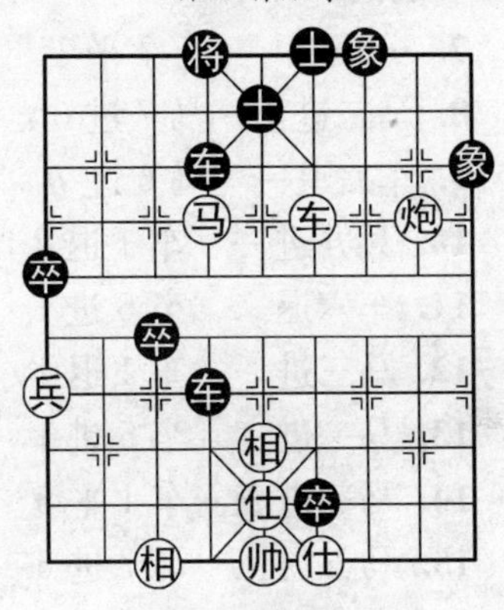

图724

至此，红方车马炮仍停留在卒林，而黑方在行军中则双卒逼近，已经胜定。

5. 车马炮“长留”肋道

图725，弈自2003年全国个人赛，由五七炮进三兵对屏风马走成。红方走子：

1. 炮七退一 炮4进1

黑方以双换车，物质上要占便宜，黑持优势。

2. 车三退一　象 5 进 7

3. 马七进六　车 2 平 4

4. 车九平六　车 6 平 9

5. 马一进三　车 9 平 7

6. 马三退二　象 7 退 5

7. 炮七平六（图 726）　……

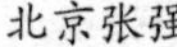

北京张强

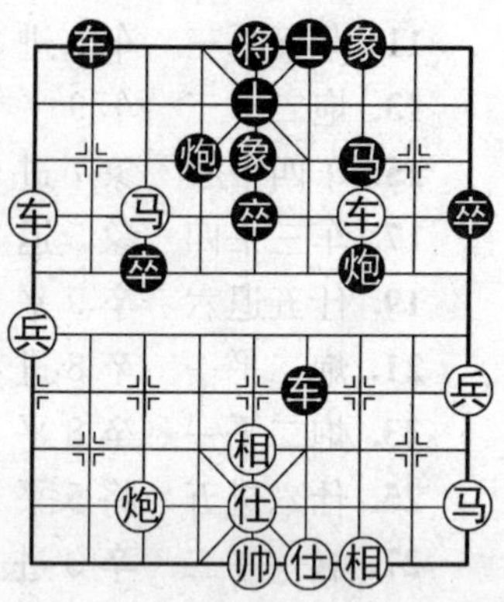

四川汤卓光

图 725

交换以后，黑方多卒又有双车存在，优势不言而喻。红方车马炮直线停留在肋道，无奈。

7. ……　车 7 平 1

8. 马二进三　马 7 进 6

9. 车六退一　马 6 进 7

10. 兵九进一　车 1 退 2

11. 车六退二　卒 5 进 1

12. 马三进一　车 1 退 1

13. 马一进三　卒 5 进 1

14. 马三进五　车 1 平 5

15. 马五退三　马 7 进 6

16. 车六退一　车 5 平 2

17. 马三进五　车 4 平 1

18. 相五退七　马 6 退 5

19. 车六平一　……

北京张强

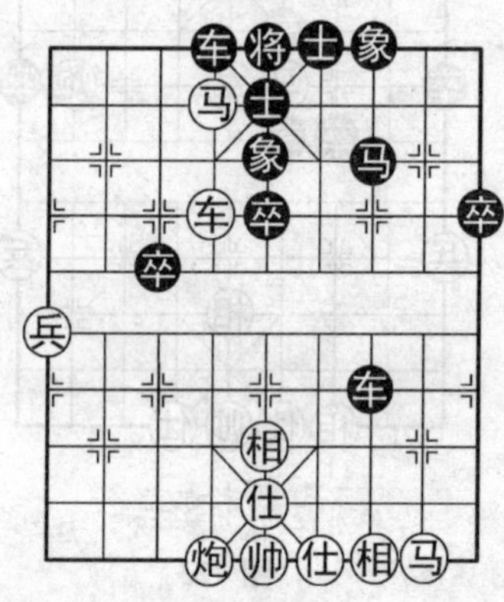

四川汤卓光

图 726

车马炮停留在一根肋道长达 13 个回合，再移动其子，这在实战中甚为少见，有趣。

19. ……　车 1 进 1　　**20.** 马五进七　卒 3 进 1

21. 车一进四　车 1 平 4　　**22.** 马七进五　车 4 进 8

23. 帅五平六　马 5 进 3　　**24.** 帅六进一　车 2 进 5

黑方夺子胜。

6. 车炮禁车炮

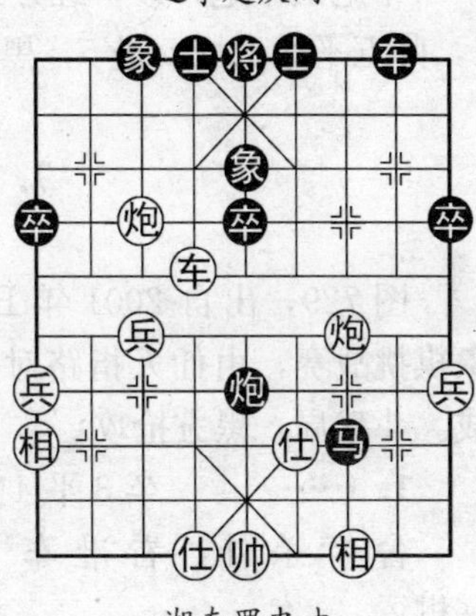

图 727

图 727，选自 1990 年全国个人赛，由中炮进七兵对半途列炮演成。黑方有势反击：

1. …… 马 7 退 6
2. 车六退一 马 6 进 5
3. 仕六进五 车 8 进 9!

车马炮三子联攻，迅速切入九宫。

4. 帅五平六 车 8 平 7
5. 帅六进一 炮 5 平 8
6. 车六平五 炮 8 进 2
7. 炮三退三 车 7 退 1

马攻任务已经完成，此时交换恰到好处。以后红方仕相破残，黑方有优势。

8. 车五退二 卒 5 进 1 **9.** 炮七平五 士 6 进 5
10. 帅六退一 车 7 进 1
11. 仕五退四 车 7 平 6
12. 帅六进一 将 5 平 6
13. 车五进三 车 6 退 1
14. 帅六退一 车 6 退 1
15. 车五退二 炮 8 退 6!

车炮对车炮。红方孤相，难敌黑方攻势。

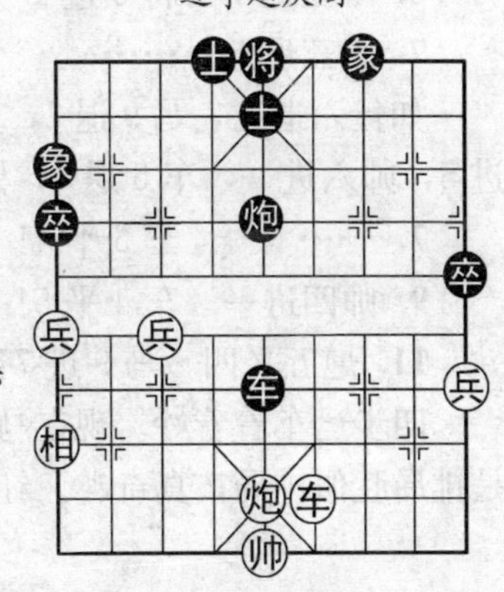

图 728

16. 帅六平五 车 6 退 4
17. 炮五退一 象 5 退 7!
18. 车五平三 车 6 平 5
19. 车三平四 将 6 平 5

20. 炮五退四　炮 8 平 5　　**21.** 车四退二　象 3 进 1

22. 兵九进一　卒 9 进 1　　**23.** 相九退七　车 5 进 3

24. 相七进九　炮 5 进 1（图 728）

车炮困车炮，妙，红方无法动弹。下面为：相九退七，士 5 进 4，帅五平六，炮 5 进 5，黑胜。

7. 车马禁车炮

图 729，出自 2001 年 BGN 世界象棋挑战赛，由仙人指路对卒底炮形成。斗残局，黑方抢攻：

1. ……　　卒 3 平 4!

舍卒杀仕，看准车马有势，好棋。

河北刘殿中

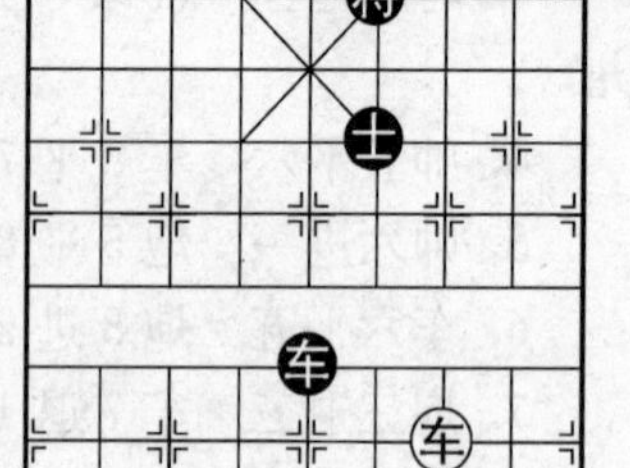

北京张强

图 729

2. 仕五进六　将 6 平 5!

3. 炮六进一　车 5 平 6

4. 炮六平四　车 6 进 2!

5. 车三进六　将 5 进 1

6. 车三退一　将 5 进 1

7. 车三退七　……

如仕六退五，马 9 退 7，帅四平五，车 6 平 5，帅五平六，马 7 进 5，帅六进一，车 5 退 1，黑方胜势。

7. ……　　车 6 平 4!　　**8.** 炮四平五　车 4 进 2

9. 帅四进一　车 4 平 5!　　**10.** 帅四进一　车 5 平 6!

11. 炮五平四　马 9 进 7!（图 730）

四步运车着着妙。现在马劫底相，一锤定音。车马禁车炮，不是排局胜似排局，真奇趣。红方仅剩三子而无法动弹，黑胜。

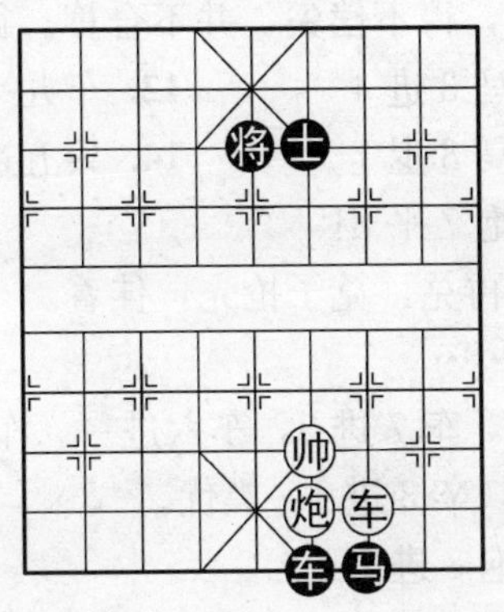

图 730

8. 10 步擒炮 得不偿失

图 731，来自 1990 年第 3 届象棋棋王赛，由五九炮过河车对屏风马平炮兑车走成。红方走子：

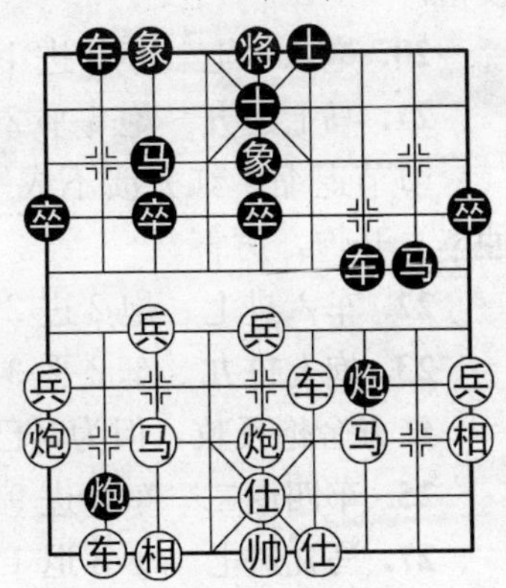

图 731

1. 炮九平八？……

平炮盖炮，意在“关门捉炮”，但以后耗步太多，造成得子失先不可取的后果。应改走车四平五，从中路进攻，红可占先手。

1. …… 炮 2 平 3

2. 相七进九 卒 3 进 1

3. 车八进一 炮 3 进 1

4. 车八平九 炮 3 平 2

5. 炮八退一 炮 2 平 3 **6.** 炮八退一 炮 3 退 1

7. 炮八平七 炮 3 平 2 **8.** 炮七平八 炮 2 平 3

9. 炮八进二 炮 3 退 3 **10.** 相九进七 卒 3 进 1

10 步擒炮，红方谋子可说是煞费苦心，也非常有趣，富有戏剧性。但让黑卒压河，得不偿失，并不合算。得子失先非上策也。

11. 炮八退二　马 3 进 4　　**12.** 车九平六　马 4 进 3

13. 炮五进四　马 8 退 7　　**14.** 兵五进一　马 7 进 5

15. 兵五进一　炮 7 平 8!

兑子简化，闪炮再兑，兑子抢先，佳着。

16. 马三退二　……

如改走车四平二，车 7 进 3，车六进一，车 7 退 3，车二平六，马 3 进 1，炮八平七，卒 3 进 1，黑优。

16. ……　　炮 8 进 2

17. 车四退二　炮 8 退 1

18. 车四进三　炮 8 平 5

19. 帅五平六（图 732）

马 3 进 1!

中炮打帅，马入边陲，黑方由此反击。

20. 炮八平七　卒 3 进 1!

21. 马七退九　炮 5 平 2!

节节退缩，红方溃不成军。黑方冲卒、开炮，厉害。

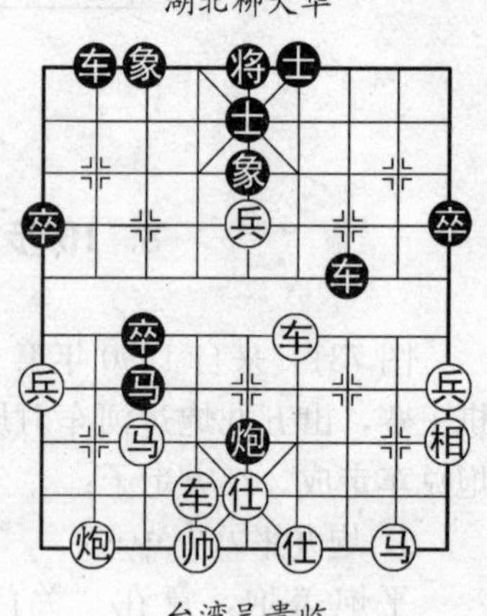

图 732

22. 车六进七　炮 2 进 2

23. 炮七进九　车 2 平 3　　**24.** 兵五进一　卒 3 平 2

红方舍炮反攻，但为时已晚。黑方闪卒叫杀，下面入局。

25. 车四退二　车 3 进 9　　**26.** 帅六进一　马 1 退 3

27. 马九进七　车 3 退 1　　**28.** 帅六退一　车 7 平 4

29. 车六退三　马 3 退 4　　**30.** 兵五进一　士 6 进 5

以下为：车四进三（如马七进六，车 3 进 1，帅六进一，车 3 退 4，黑方捉双夺马胜），车 3 进 1，帅六进一，车 3 退 2，车四平六，炮 2 平 8。黑方夺马，车炮卒杀局胜。

9. 连吃 4 卒的棋局

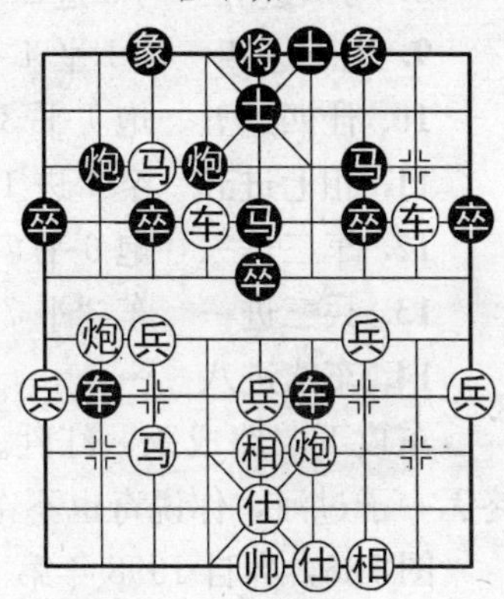

图 733

图 733，选自 1992 年全国个人赛，由斗顺炮走成。双方全部兵力都已出动，呈犬牙交错之势。红方子力结构好，出手：

1. 车二平三　象 3 进 5
2. 车六平七！炮 2 平 1
3. 前马退九！卒 5 进 1
4. 兵五进一　……

在 32 个子力全都在盘的情况下，红方猛力发劲，一口气连吃 4 个卒子，于力量对比上顿现优势，实为少见，令人称奇。

4. ……　炮 1 进 4　　**5.** 马九进八　炮 4 平 3
6. 马七进九　车 2 进 3　　**7.** 仕五退六　车 6 平 1
8. 兵五进一　车 2 退 4　　**9.** 马八退九　车 2 退 1
10. 马九进七　马 5 退 3　　**11.** 车七进一　马 7 退 8
12. 兵七进一　……

大兑了，局面迅速简化，现又冲兵破象，佳着。红方多兵，已握胜券。下面余着从略。

10. 无子过河的输局（2 例）

图 734，弈自 1984 年全国女子个人赛，由中炮对单提马形成。实战中，子力总是向前推进，去争夺，去较量，而子力不过河则甚为少见。且看红方遇“怪状”，如何对待：

1. 马七进六　卒 9 进 1　　**2.** 炮八平六　车 4 平 2
3. 兵七进一　车 2 平 3　　**4.** 车九平八　马 9 进 8

上海黄耀钰

四川林野

图 734

5. 车二平三　炮 2 平 1
6. 车三进二　象 3 进 5
7. 兵三进一　炮 8 平 6
8. 马六进五　马 3 进 5
9. 炮五进四　车 1 平 4
10. 仕四进五　炮 1 平 3
11. 相七进五　卒 1 进 1
12. 车三进三　炮 6 平 7
13. 兵三进一　车 3 平 7
14. 车八进八　……

车攻下二路成杀，红胜。黑方始终无一子过河，你说奇也不奇？

图 735，弈自 1998 年第 10 届“银荔杯”（女子组），由起马对挺卒演成。红方走子：

江苏黄薇

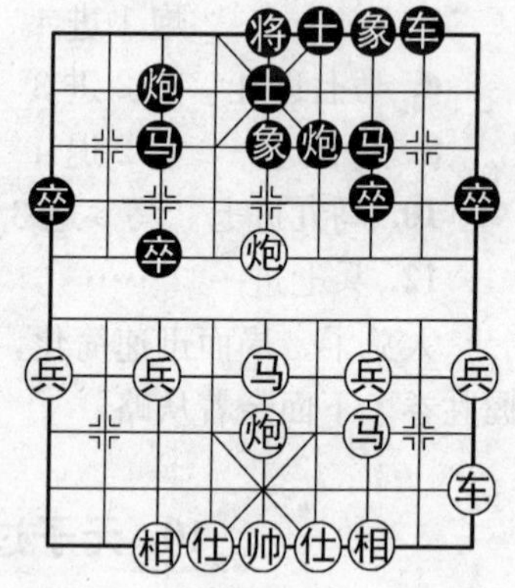

河北胡明

图 735

1. 车一平四　将 5 平 4
2. 车四进五　车 8 进 4
3. 马五进四　车 8 退 2
4. 车四平三　马 7 退 8
5. 马三进五　……

车攻马跃，抢道占位，全线扑出，形成锐利攻势。

5. ……　　炮 3 平 4
6. 仕六进五　马 8 进 9
7. 车三平六　士 5 进 4
8. 车六平七　士 4 退 5
9. 后炮平六　将 4 平 5

红方左右进逼，直指九宫。黑如改走炮 4 平 3，马五进六，将 4 平 5，车七平八，炮 3 退 1，马六进五，象 7 进 5，马四进五，红胜。

10. 马四进二　炮 4 进 1　　11. 马五进四　……

大军压境。下面：车 8 退 1，炮六平二，炮 6 平 8，车七进一，红胜。全局弈完，黑方竟无一子过河，又是一幅奇景。

11. 子力前进却输棋（2 例）

作战子力不前，自是不利。而有时勇往直前，却也是不利。

图 736，来自 1994 年全国个人赛，由仙人指路对卒底炮走成。现在轮到红方走子。令人称奇的是，红方子力自始至终向前推进，不曾后退一步，而结果却是输。

北京殷广顺

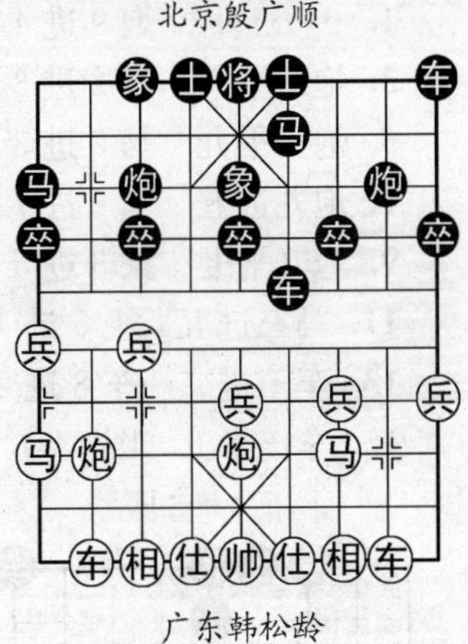

广东韩松龄

图 736

1. 马九进八　炮 3 进 3
2. 马八进九　车 9 平 8
3. 车二进四　炮 3 进 1
4. 兵五进一　车 6 进 2
5. 车八进一　士 6 进 5
6. 兵三进一　卒 3 进 1
7. 炮八进六　马 1 退 3
8. 炮五平六　卒 3 进 1
9. 炮六进六　炮 8 进 2
10. 相三进五　炮 8 平 4
11. 炮六平四　车 8 进 5
12. 马三进二　车 6 退 5
13. 马二进三　车 6 进 5
14. 车八平二　炮 3 平 5
15. 相五进七　马 3 进 2
16. 车二进八　士 5 退 6
17. 炮八平一　马 2 进 3
18. 炮一进一　炮 5 平 9
19. 相七进五　马 3 进 4
20. 帅五进一
炮 9 退 6（图 737）

北京殷广顺

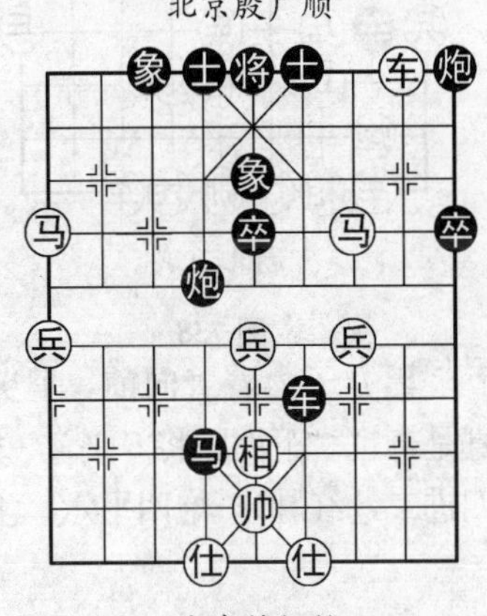

广东韩松龄

图 737

下面：车二平一，车 6 平 8，相五退三，车 8 进 2，帅五进一，马 4 退 5，黑胜。

图 738，选自 1995 年全国个人赛，由飞相局对士角炮走成。黑方奋力进军：

1. …… 炮 9 进 4　**2.** 兵三进一　车 9 平 8
3. 炮八平六　车 2 进 3　**4.** 马七退八　马 3 进 2
5. 炮六平九　马 2 进 3　**6.** 马八进七　炮 4 进 6
7. 炮九进五　车 8 进 7　**8.** 仕四进五　象 5 进 7
9. 炮九平七　象 3 进 5　**10.** 车三进五　马 3 进 5
11. 马三进五　士 5 进 4　**12.** 马五进三　将 5 进 1
13. 车三进二　车 8 进 2　**14.** 仕五退四　马 5 进 6
15. 车三平五（图 739）　……

河北郭永振

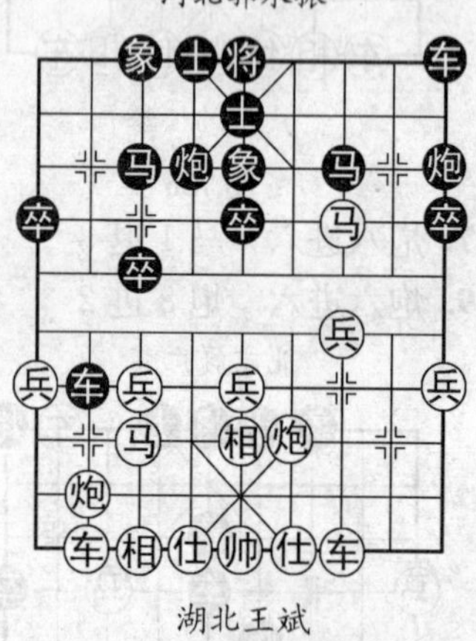

湖北王斌

图 738

河北郭永振

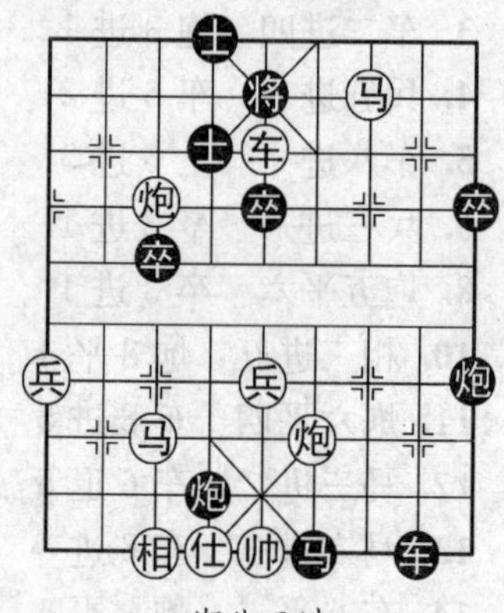

湖北王斌

图 739

黑方子力着着向前，但劳而无功，“吃力不讨好”，反倒输棋，真是奇也。下面：将 5 平 4（如将 5 平 6，马三退四，炮 9 平 6，马四进二，红胜），炮四平六，士 4 退 5，炮七平六，红胜。

12. 一子过河就赢棋（3 例）

棋战制胜，一般总须通过子力的反复推进和厮杀才能取得。而这里介绍的 3 盘对局，却是一方仅一子过河即操胜券，堪称奇异趣局。

1. 炮二平五　马 8 进 7　　**2.** 兵三进一　卒 3 进 1
3. 马二进三　炮 8 退 1　　**4.** 车一平二　车 9 进 1
5. 马八进九　马 2 进 3　　**6.** 车九进一　象 3 进 5
7. 车二进七　马 7 退 5　　**8.** 马三进四　马 5 退 3
9. 马四进三　炮 8 平 4　　**10.** 兵五进一　士 4 进 5
11. 兵五进一　卒 1 进 1　　**12.** 兵五进一　马 3 进 5
13. 车二退四　车 1 进 3　　**14.** 炮八平六　车 9 平 7
15. 炮五平三　车 7 进 1　　**16.** 车九平五？象 5 进 7！
17. 兵三进一　马 5 进 7
18. 车二平五　车 1 平 6
19. 后车平八　炮 4 进 2
20. 炮六平五　炮 4 平 7
21. 炮三进四　车 7 进 1
22. 车八进四　炮 2 平 5
23. 车八平七　马 3 进 4
24. 炮五进五　象 7 进 5
25. 车七平九？
马 7 进 6（图 740）

上海胡荣华

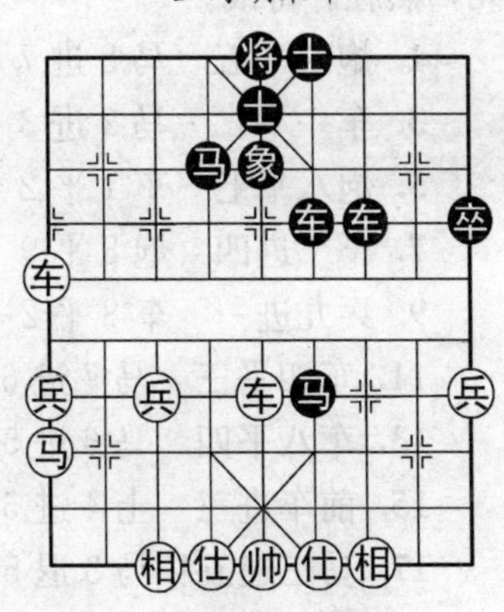

辽宁孟立国

图 740

黑方仅此一马跳过河即取胜局，妙。红方 5 个守子、3 个兵一步未动，妙中有奇，趣也。

1. 炮二平五　马 8 进 7　　**2.** 马二进三　车 9 平 8
3. 车一平二　炮 8 进 4

全局中黑方仅此一炮过河。

4. 兵三进一　炮2平5　5. 炮八平六　卒3进1
6. 马八进九　马2进3　7. 炮六进五　炮5退1
8. 车九进一　马3进4　9. 车九平四　车1进2
10. 车四进六？炮5进1
11. 炮五进四？士4进5
12. 炮六退一？炮8退3！
13. 炮五退一　炮8平4
14. 车二进九　马7退8
15. 车四退一　车1平4
16. 仕四进五　马8进7
17. 车四平三　炮5进1
18. 车三退一
象7进9（图741）

北京喻之青

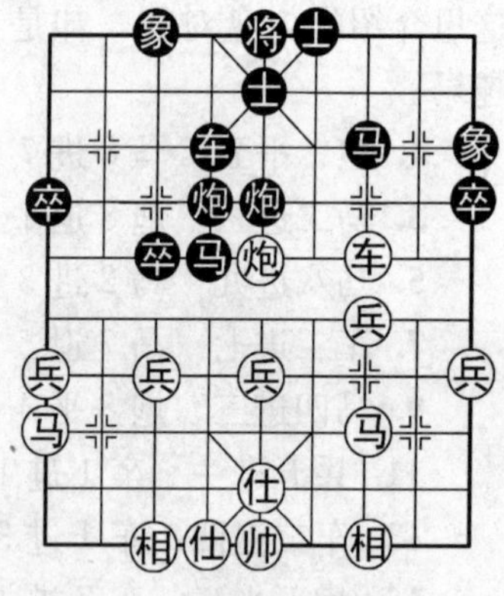

浙江付万国

图741

至此，红方五兵俱在，但车已死，黑胜。奇哉。

1. 炮二平五　马8进7　2. 马二进三　车9平8
3. 车一平二　马2进3　4. 马八进九　卒7进1
5. 炮八平七　车1平2　6. 车九平八　炮2进4
7. 车二进四　炮8平9　8. 车二平四　车8进1
9. 兵九进一　车8平2　10. 兵三进一　卒7进1
11. 车四平三　马7进6　12. 车八进一　象7进5
13. 车八平四　马6进5　14. 车三平四　炮9平6？
15. 前车进三　士4进5　16. 前车进一　马5进3
17. 马三退五！马3退5　18. 炮五平二　将5平4
19. 后车进三　前车进3　20. 后车平六　马5退4
21. 马九进八！（图742）　红胜。

红方肋车仅过河走了两步便告胜利，实在难得，堪可称奇。红方5个守子又始终未动一步，奇中有趣也。

吉林胡庆阳

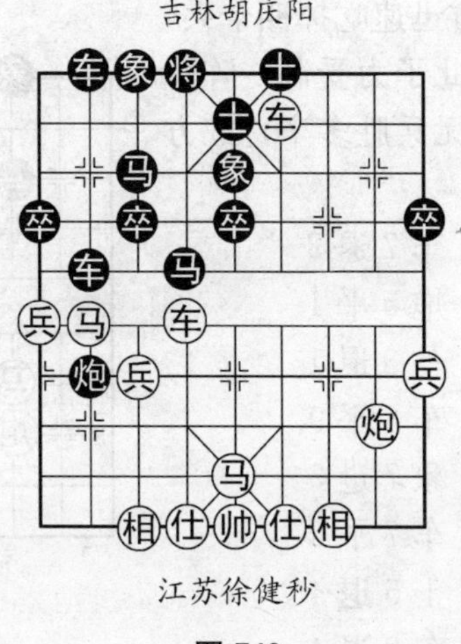

江苏徐健秒

图 742

13. 扫兵过多反受累

兵（卒）是棋战的重要物质基础。一般情况下，抢兵（卒）应是越多越好，但在特定局势中，却有扫兵过多反受累的例子。

图 743，出自 1974 年全国赛，由中炮进三兵对屏风马而成。黑方走子抢兵：

广东蔡福如

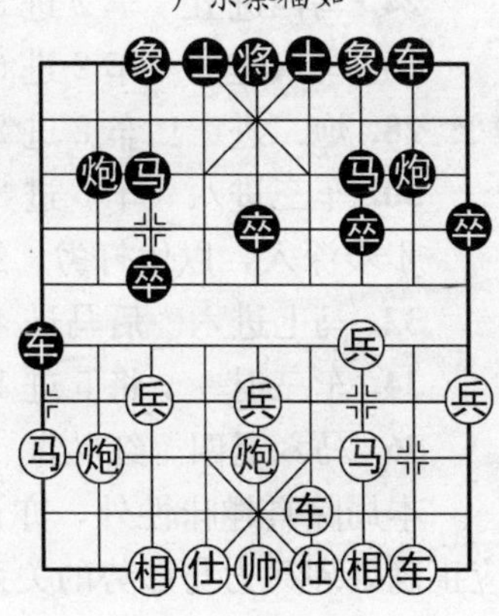

辽宁郭长顺

图 743

1. ……　　　车 1 平 7
2. 马三进四　炮 2 进 4
3. 兵七进一　卒 3 进 1
4. 炮八平七　士 4 进 5
5. 车二进六　炮 2 平 9
6. 炮五平三　卒 3 进 1
7. 仕六进五　车 7 进 1
8. 马九进七　炮 9 平 5
9. 仕六进五　炮 5 退 2（图 744）

8个回合，黑方迅速吃掉四个兵，净多三卒，但亦因此子力受制，阵形不佳，带来后患。无兵胜多卒，红方抢攻：

广东蔡福如

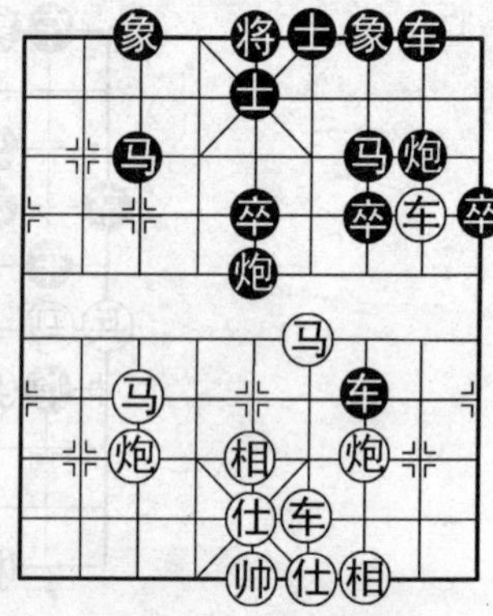

辽宁郭长顺

图 744

10. 车二退三！ 车7退2
11. 马七进九！ 炮5平1
12. 车二平七！ 马3退1
13. 炮三平二！ 车8平9
14. 炮七进七！ 象7进5
15. 炮七平八　车7平2
16. 车七进六　士5退4
17. 车七退四　车2退4
18. 车七平九　车9进1　**19.** 马四进三　马1进3
20. 车四平三　车9平4　**21.** 马九退八　车4进1
22. 马三退四　象5退7　**23.** 车九平三　马7退5
24. 马四进五　车2进3　**25.** 车五退七　车4平5
26. 马八进七　车2进6　**27.** 仕五退六　车2退5
28. 炮二进三！ 车2进2　**29.** 前车平五！ 马5退3
30. 车三进八　车5进2　**31.** 后马进五　车2平8

步步深入，以优打劣，红方迅速形成胜势，下面入局。

32. 马七进六　后马进4　**33.** 马五进六　将5进1
34. 车三退一　将5进1　**35.** 车三退一　将5退1
36. 马六退四　红胜。

本局除具趣味性外，亦论证了“子”要服从“势”这一棋理：应正确处理兵力与形势的关系，多子损势不可取。

14. 子力有进无退的棋局（5例）

双方交战，走子总是或左或右，有进有退，纵横交叉。如果子力行至终局只是有进（或横）而无退，则可称奇了。

图745，选自1988年第一届象棋棋王赛，由对相（象）局斗散手而成。红方走子：

黑龙江赵国荣

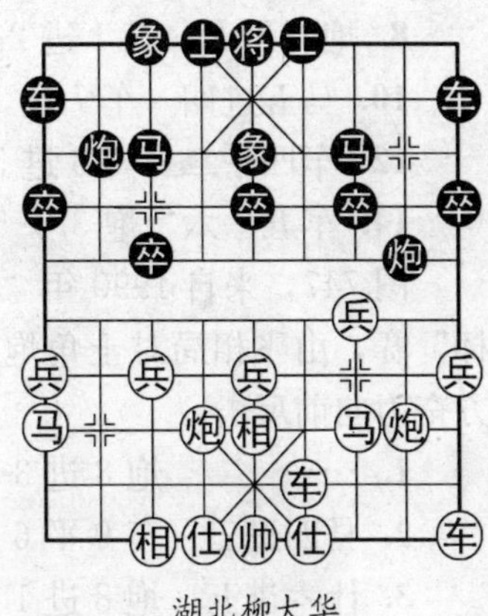

湖北柳大华

图 745

1. 仕四进五　车1平6
2. 车一平四　车6进7

四车相见，兑子简化。

3. 车四进一　马3进4
4. 兵九进一　士6进5
5. 兵五进一　车9退1
6. 车四进二　卒7进1
7. 兵三进一　象5进7
8. 炮六平八　车9平6
9. 车四进六　士5退6

再兑车，双方斗无车棋。

10. 炮八进三　象3进5　　11. 炮八平六　炮8平4
12. 马九进八　炮2进2　　13. 马八进六　炮2平4
14. 炮二进四　卒1进1　　15. 兵九进一　炮4平1
16. 兵七进一　卒3进1
17. 相五进七　……

红方从开局至终局，子力一直向前而无后退。结果成和。

以下两例，皆是一方子力“勇往直前”，直逼到对方认输。

图746，弈自1983年全国女子个人赛，由斗顺炮走成。请看红方运子：

上海黄耀钰

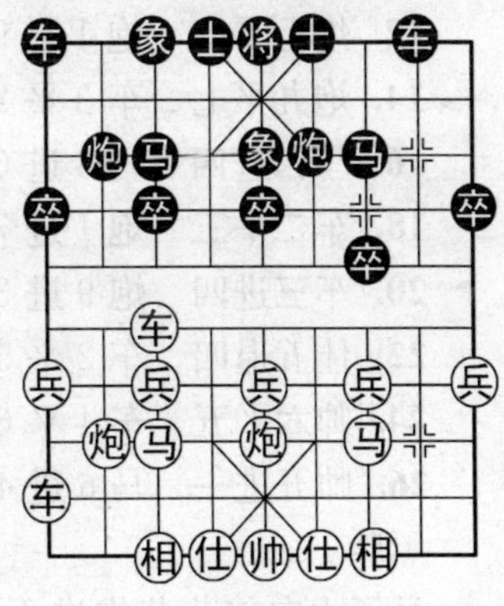

广东黄子君

图 746

1. 车七进二　士6进5
2. 车九平四　炮2退1
3. 兵五进一　炮2平3
4. 车七平八　车8进6　　5. 兵五进一　卒5进1

6. 马七进五　车 8 平 7　　7. 炮五进三　炮 6 进 4
8. 炮八平七　车 1 进 2　　9. 车八平三　马 7 退 9
10. 马五进四　车 7 进 1　　11. 车四进二　车 7 平 3
12. 车四平二　马 3 进 5　　13. 车三平五　士 5 退 6
14. 车五平六　炮 3 平 5　　15. 车二平六　红胜。

图 747，来自 1990 年“合作银行杯”赛，由飞相局对士角炮形成。黑方奋力向前反击：

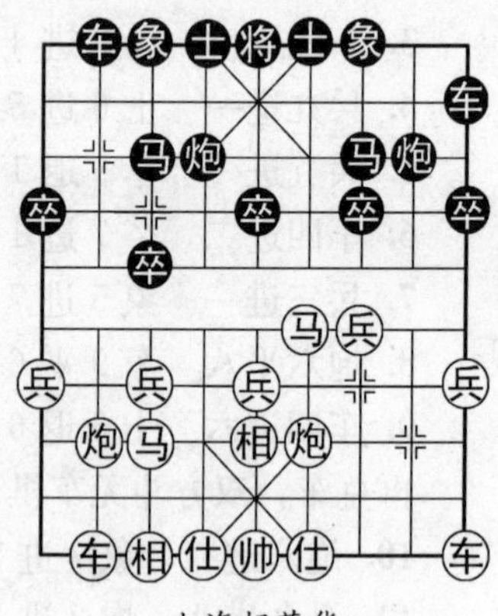

图 747

1. ……　　炮 8 进 3
2. 马四进三　车 9 平 6
3. 仕六进五　炮 8 进 1
4. 兵三进一　车 2 进 6
5. 炮八平九　车 2 进 3
6. 马七退八　马 3 进 4
7. 马八进七　车 6 进 5
8. 车一平二　马 4 进 5
9. 炮九进四　马 5 进 3
10. 炮四平七　车 6 平 3　　11. 兵三平四　炮 8 平 1
12. 炮七平六　炮 1 平 9　　13. 兵四进一　士 4 进 5
14. 炮九平七　车 3 平 2　　15. 马三退二　马 7 进 8
16. 马二进四　马 8 进 6　　17. 兵四平五　炮 4 平 1
18. 车二平三　炮 1 进 7　　19. 炮六退二　炮 1 平 4
20. 车三进四　炮 9 进 3　　21. 相五退三　炮 4 平 6
22. 仕五退四　车 2 平 5　　23. 帅五平六　车 5 平 4
24. 帅六平五　车 4 平 6　　25. 马四进二　车 6 进 3
26. 帅五进一　马 6 进 4　　27. 帅五平六　车 6 平 4
黑胜。

虽子力向前节节推进不曾后退，却以输棋而告终，则更称奇了，以下一例便是。

图 748，出自 1978 年全国团体赛，由对兵（卒）局演成。现

在轮到黑方走子：

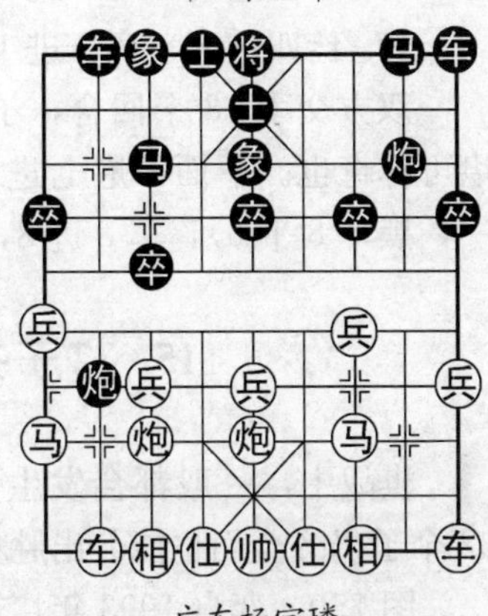

浙江于幼华

广东杨官璘

图 748

1. …… 卒 7 进 1
2. 兵三进一 马 8 进 6
3. 炮五退一 车 9 平 7
4. 相三进五 车 7 进 4
5. 车一平二 炮 2 进 2
6. 车二进四 车 2 进 7
7. 炮五平三 车 7 平 6
8. 炮七退一 车 2 平 1
9. 车八进一 车 1 平 3
10. 炮七平四 炮 8 平 6
11. 马三进四 车 6 平 7
12. 炮四进六 士 5 进 6
13. 车二进四 车 7 平 6
14. 车二平四 车 6 进 1
15. 炮三进一 ……

抬炮打车，伏车八平二双车杀局，红胜。子力坚持不后撤的黑方最终仍不得不签城下之盟。

图 749，选自 1988 年全国团体赛，由中炮横车七路马对屏风马形成。红方走子：

黑龙江李洪滨

北京喻之青

图 749

1. 马七进六 车 1 进 1
2. 车九进一 炮 2 进 4
3. 相三进一 炮 2 平 7
4. 马六进七 炮 7 平 8
5. 马三进四 卒 7 进 1
6. 马四进六 马 7 进 6
7. 车九平四 马 6 进 7
8. 车四进六 士 6 进 5
9. 马六进七 车 1 平 3
10. 炮五进四 前炮平 5
11. 炮八平二 炮 8 平 9
12. 车四平一 车 3 进 1
13. 炮二平七 马 7 进 5
14. 车一平五 炮 5 进 2

15. 帅五进一　马 5 进 3　　**16.** 帅五平四　卒 7 进 1
17. 仕四进五　卒 7 进 1　　**18.** 仕五进六　车 3 进 1

双方交手 18 个回合，子力都向前（或横向移动）而无后退，堪可称奇也。下面：炮七进四，卒 7 平 6，帅四平五（如帅四进一，黑车 8 平 6），车 8 进 8，黑胜。

15. 32 子齐全的棋局（2 例）

棋战中，一般都会发生兑子、吃子。若一局棋下完，枰面上 32 个子仍齐全而也能分出胜负，则极为罕见。这里介绍两例。

图 750，弈自 1993 年广东省少年女子象棋赛，由中炮过河车对屏风马平炮兑车走成。红方续走：

1. 马七进六　士 4 进 5　　**2.** 炮八平六　车 1 平 2
3. 车九平八　炮 2 进 6　　**4.** 马六进四　车 2 进 4
5. 马四进六　车 2 退 3　　**6.** 炮六进一　炮 9 退 1
7. 车三平四　车 2 退 1　　**8.** 车四进二　炮 2 退 7
9. 马六进七　将 5 平 4　　**10.** 炮五平六（图 751）

广东张利媚

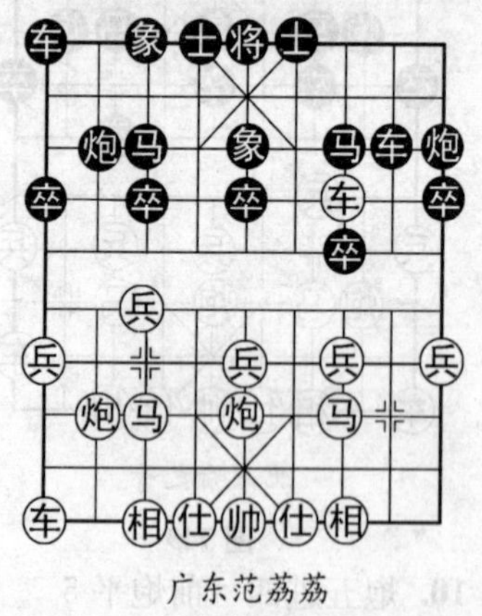

广东范荔荔

图 750

广东张利媚

广东范荔荔

图 751

红胜。此时盘面上 32 子齐全，奇也。

图 752，弈自 2004 年全国象棋个人赛，由五六炮进三步对屏风马演成。红方走子：

1. 兵五进一　象 3 进 5　　2. 车二进三　士 4 进 5
3. 车二平六　车 1 进 3　　4. 车九进一　炮 8 平 6
5. 车九平四　车 8 进 4　　6. 炮六平七　马 3 进 2
7. 车六进五　炮 2 平 4　　8. 炮七退一　车 1 平 4
9. 马三进五　炮 6 退 2　　10. 车四进五　车 8 平 4
11. 马五退七（图 753）？

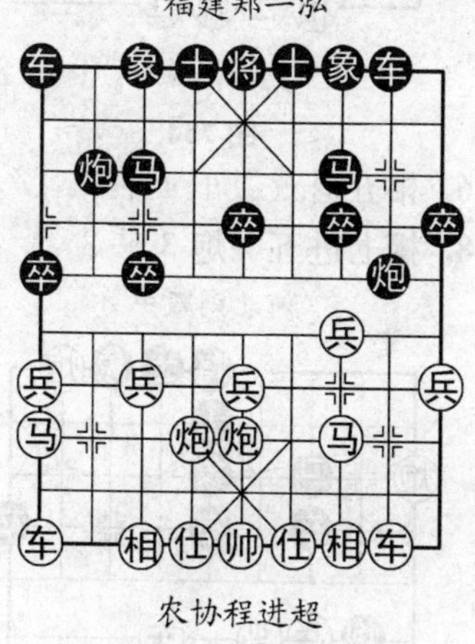

图 752

福建郑一泓

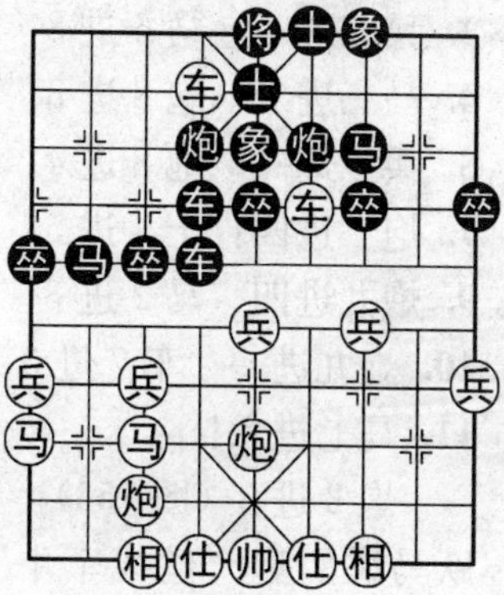

农协程进超

图 753

至此，全局结束战斗，双方 32 个子力全在棋盘上，未有丝毫损耗，可谓称奇。但红方退马出现大漏着，致使黑可前车进 5 即取胜局。全国赛“煎出”如此“大败汤”，不能不说是奇局的一种遗憾也。红应改走仕四进五，前车进 2，马五退三，马 2 进 3。黑方先手，但战程还长得很呢。

16. 两度“丝线牵牛”的对局

“丝线牵牛”是指象棋牵制战术中炮栓车马（或其他兵种），被

“套住”的一方往往会陷入被动。一般在高水平的对局中较少出现，而在一局棋中两度出现则属奇观。

图 754，选自 1995 年河北、台湾象棋对抗赛，由起马对挺卒走成。现在轮到黑方走子：

1. ……　　　马 7 进 6
2. 炮二进三　卒 7 进 1

跃马弃卒，与“丝线牵牛”对抗，双方展开河口争夺。

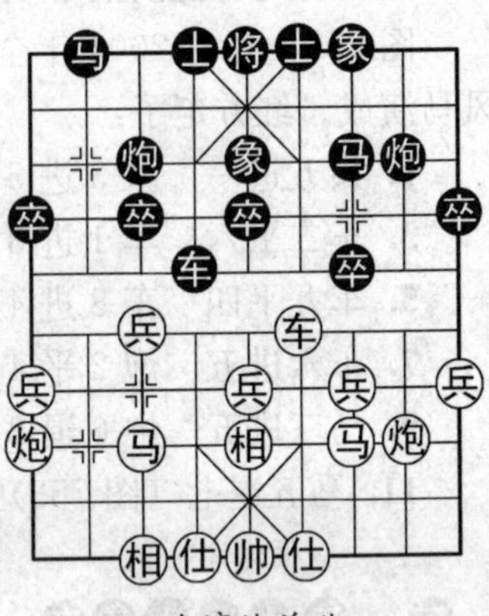

图 754

3. 兵三进一　马 6 进 8
4. 马三进二　炮 8 进 3
5. 兵三进一　炮 8 进 4
6. 相五退三　车 4 平 7
7. 炮二进四！ 士 4 进 5
8. 相七进五　炮 3 平 2
9. 炮九进四　马 2 进 3
10. 炮九进一　车 7 进 3
11. 马七进六！
炮 2 进 3（图 755）

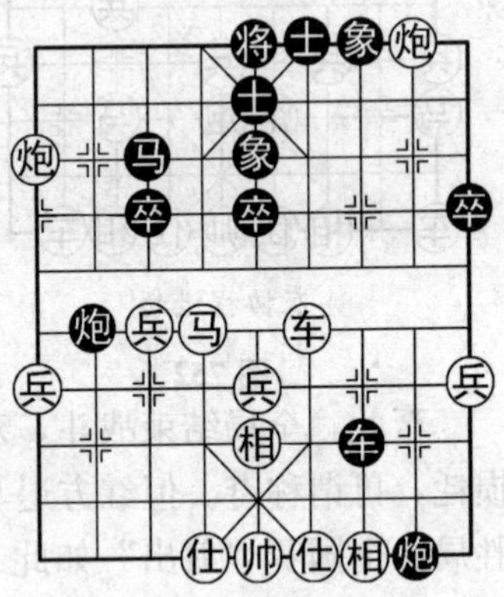

图 755

跃马诱黑炮“丝线牵牛”，再次出现河口争夺场面。但黑方损失中象，造成受攻之势。如改走炮 2 进 7 打帅，然后退马，局势相对稳健。

12. 炮九平五　士 5 进 6
13. 仕六进五　卒 3 进 1
14. 车四进三　……

弃马杀士抢攻，好棋。

14. ……　　　炮 2 平 4
15. 兵七进一　车 7 平 5
16. 车四进二　将 5 进 1
17. 车四平五　将 5 平 6
18. 车五平三　炮 4 退 4
19. 炮二退一　炮 4 平 8
20. 车三退一　将 6 退 1
21. 车三平二　炮 8 平 9

22. 车二退八 车 5 平 3 **23.** 车二平一 车 3 退 3
24. 车一进二 ……

一番拼抢兑换，局面简化。黑方少士象、少卒，红方胜势。

17. 依样画葫芦

对阵交手，双方理应根据自己的构思各自行事。倘若在高水平对手中，见有依着样子画葫芦、步步跟从对方走棋的对局，便颇可称奇也。这里介绍 1975 年 6 省市邀请赛上出现的一例趣局。

1. 相三进五 象 3 进 5 **2.** 马八进九 马 8 进 9
3. 马二进三 马 2 进 3 **4.** 仕四进五 士 4 进 5
5. 炮八平六 炮 8 平 6 **6.** 车九平八 车 9 平 8
7. 车八进七 车 8 进 7
8. 车一平四 车 1 平 4
9. 兵九进一 卒 9 进 1
10. 马九进八 马 9 进 8
11. 马八进九 马 8 进 9
12. 马九进七 马 9 进 7
13. 车四平三
车 4 平 3（图 756）

上海于红木

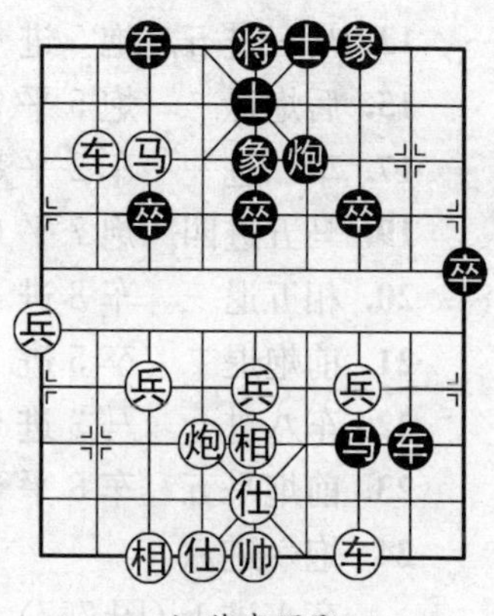

江苏李国勋

图 756

13 个回合，红方怎么走，黑方亦跟着走，双方着法一模一样，形成对称阵形，有奇有趣，令人捧腹。下面：车三进二，车 8 平 7，炮六平三，车 3 进 2，车八平七，炮 6 平 3，双方以同样手段交换，和棋。

18. 同名同姓同台斗

象棋爱好者众，于是难免会发现棋手中有姓名相同者。而当这两人被安排到同台对阵时，自会格外引人注目。

1997 年全国团体赛在上海松江举行。男子甲组第 2 轮，湖北遇江苏，两个同名同姓的王斌同台比赛。笔者与许纯钦先生在现场见到此景时，不由相视而笑。且看他俩如何交手：

1. 炮二平五　马 2 进 3　**2.** 马二进三　卒 7 进 1
3. 车一平二　炮 8 平 6　**4.** 兵七进一　马 8 进 7
5. 炮八平六　车 1 进 1　**6.** 马八进七　车 1 平 4
7. 炮六进二　炮 2 进 4　**8.** 炮五平六　车 4 平 2
9. 车九平八　车 9 进 1　**10.** 相三进五　马 7 进 6
11. 车二进七！炮 6 平 5　**12.** 车二平四　马 6 进 5
13. 马三进五　炮 5 进 4　**14.** 仕六进五　象 3 进 5
15. 后炮退二　炮 5 平 9　**16.** 车四平二　车 9 平 8?
17. 车二进一　车 2 平 8　**18.** 马七进五！炮 2 平 7
19. 马五进四　炮 7 平 6
20. 相五退三　车 8 进 4
21. 前炮退二　卒 5 进 1
22. 车八进七　马 3 进 5
23. 前炮平五　车 8 平 5
24. 炮六进六
卒 1 进 1（图 757）
25. 马四进五！象 7 进 5
26. 车八平五　士 6 进 5
27. 车五退一　车 5 平 4
28. 车五平一　炮 9 平 1
29. 车一进三　炮 6 退 6
30. 炮六平五　士 5 进 6

江苏王斌

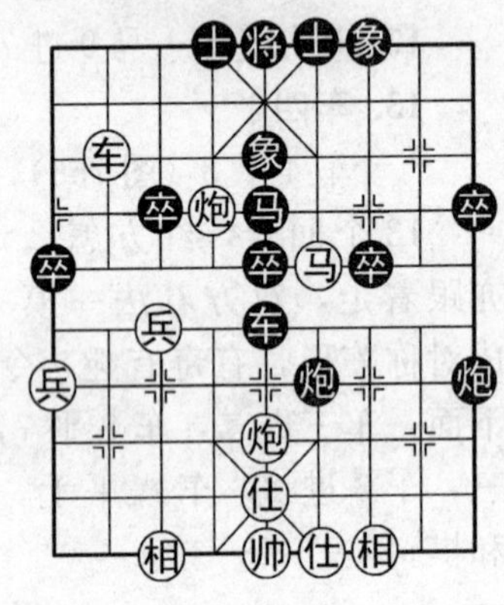

湖北王斌

图 757

31. 车一退六　炮 1 进 3

32. 相七进九 卒5进1 33. 前炮平一 士6退5
34. 车一平二 炮6进2 35. 车二进六 炮6退2
36. 炮一进三 卒5进1 37. 炮五平八 ……

红方多子胜。有趣。

19. 身残痴棋 卓尔不凡（2例）

象棋有广泛的社会基础，受到广大群众的喜爱，包括残疾人。广州有一位残疾高手，名叫郑锦荣，双手一足因病残疾。与人对弈，只能用仅完好的一只"脚谈"，受到众人的称赞。郑曾参加过广州市甲组联赛，获得过冠军，另外还夺得过有象棋大师参加的"保险杯"赛冠军，在棋坛传为美谈。下面介绍其一则对局。

中炮过河车对屏风马左马盘河

1. 炮二平五 马8进7 2. 马二进三 车9平8
3. 车一平二 卒7进1 4. 车二进六 马2进3
5. 兵七进一 马7进6 6. 炮八进三 ……

中炮过河车对屏风马，红方快炮骑河攻左马盘河，在对局中时而可见。一般都走马八进七启动左翼。

6. …… 炮2进1 7. 车二退二 卒7进1
8. 车二平三 炮8平5 9. 马八进七 车8进8
10. 车九进一 ……

兑车抢先，适时的佳着。

10. …… 车8平1 11. 马七退九 马6进5
12. 马三进五 炮5进4 13. 仕四进五 象3进5
14. 马九进七（图758） 炮5平9?

贪兵离中，造成底象被劫，防线受损，失着。应改走炮5退2。

15. 车三进五 车1进1 16. 车三退二 炮2退1
17. 马七进六 炮9进3

18. 仕五退四　炮 9 退 5

19. 炮八平四　……

挡炮，抢占要塞，好棋。

19. ……　　　车 1 平 6

20. 仕四进五　士 6 进 5

21. 炮五进五　炮 2 平 5

22. 车三平五　……

兑子杀象，红方以优势进入残局。

22. ……　　　炮 9 进 1

23. 车五平七　炮 9 平 5

24. 仕五进四　车 6 进 3

广东吴宗滋

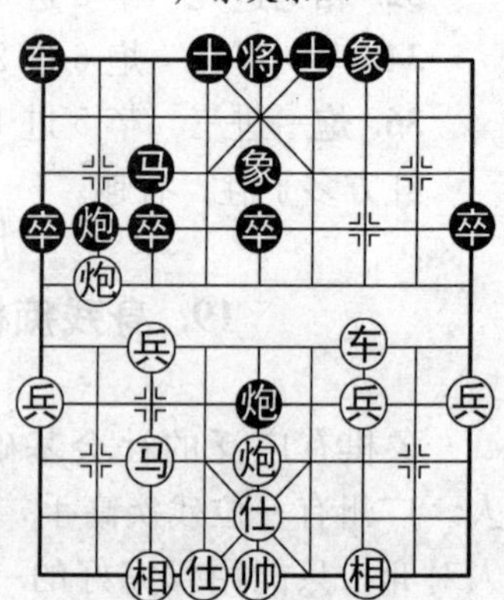

广东郑锦荣

图 758

25. 马六进五　车 6 进 3　**26.** 车七退一　车 6 平 7

27. 马五退七　炮 5 退 3　**28.** 车七平一　将 5 平 6

29. 车一平四　将 6 平 5　**30.** 车四平三　将 5 平 6

31. 车三进一　车 7 平 5　**32.** 仕六进五　车 5 退 3

33. 相三进五　炮 5 平 6　**34.** 车三进二　将 6 进 1

35. 兵三进一　炮 6 平 3　**36.** 车三退三　卒 1 进 1

37. 兵三进一　车 5 平 4　**38.** 车三平四　士 5 进 6

39. 马七进九　炮 3 平 2　**40.** 兵三进一　士 4 进 5

41. 兵七进一　炮 2 进 7　**42.** 相七进九　车 4 进 2

43. 马九进七　车 4 平 1

44. 车四平八　捉炮伏杀，红胜。

上海有一位排局高手，名叫黄大昌，因病致残，是一位生活在轮椅上的残疾人。他钻研棋艺，锲而不舍，自 20 世纪 60 年代起，先后在各种报刊上发表上千排局创作，还出版了 10 余种排局专著，颇有贡献。图 759 是他发表在《香江象棋》第 16 期上的一则棋局，名为“三子联吟”，介绍如下（红先胜）：

1. 兵六平五　将 5 平 6　**2.** 后兵平四　将 6 平 5

3. 兵四进一　将 5 平 6　**4.** 马六退五　将 6 平 5

5. 兵七平六　将5退1
6. 车八进四　将5退1
7. 马五进四　将5平6
8. 炮一平四　后卒平6
9. 马四进二　将6平5
10. 车八进一　将5进1
11. 兵六进一　将5平4
12. 马二进四　将4平5
13. 马四退三　将5平4
14. 马三退五　将4平5
15. 炮四平五　卒4平5
16. 马五进七　将5平6

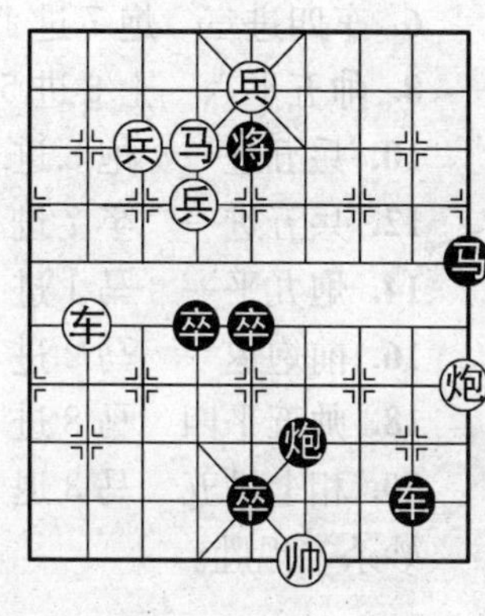

图 759

17. 马七进六　将6退1　　**18.** 马六退八　将6进1
19. 马八退六　将6进1　　**20.** 车八平四　红胜。

20. 柳大华的盲棋表演

柳大华，我国著名象棋高手，曾两次荣获全国冠军及其他多项比赛优胜名次，为特级大师、特级国际大师。柳大华记忆力特强，擅下盲棋，曾创下同时下19盘盲棋的“吉尼斯”纪录，有“东方电脑”之美誉，在棋坛上传为美谈。

图760，是柳大华1992年7月在山东烟台体育馆1对8的盲棋表演赛中的一盘，由仙人指路对卒底炮走成。黑方反击：

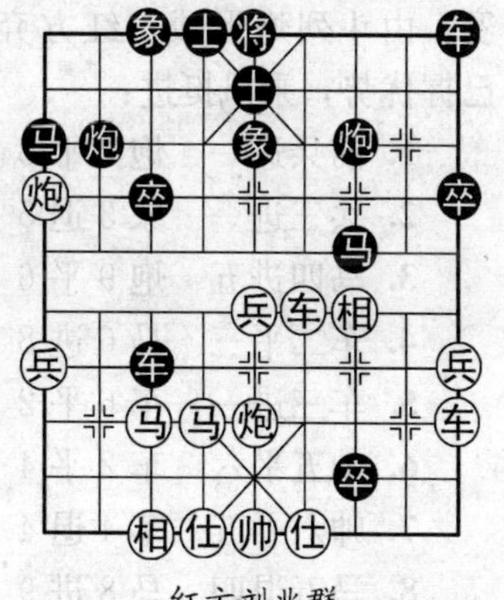

图 760

1. ……　　炮2进5
2. 仕六进五　炮2平4　　**3.** 仕五进六　车9平6

4. 车一平四　炮 7 进 3　　5. 前车进五　士 5 退 6
6. 车四进三　炮 7 进 1　　7. 仕四进五　炮 7 平 5
8. 帅五平六　士 6 进 5　　9. 兵五进一　炮 5 平 8
10. 兵五进一　炮 8 进 3　　11. 帅六平五　马 7 进 8
12. 兵五进一　卒 7 进 1　　13. 仕五退四　象 3 进 5
14. 炮九平一　马 1 进 2　　15. 炮一平五　象 3 平 5
16. 前炮退一　马 2 进 3　　17. 帅五进一　炮 8 退 1
18. 帅五平四　马 8 进 7　　19. 帅四进一　车 5 进 1
20. 相七进五　马 3 退 5

妙杀，黑胜。

（三）杀势奇景　引人入胜

1. 兵子肃立难动弹

图 761，出自 1992 年全国个人赛，由斗列炮形成。红方弃子抢攻，已握优势，乘风挺进：

辽宁赵庆阁

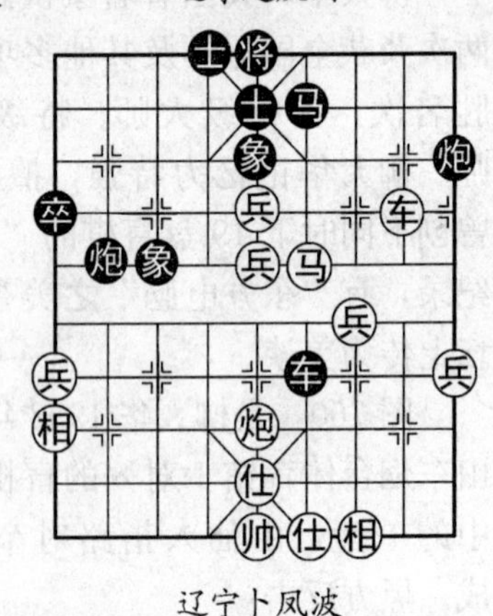

辽宁卜凤波

图 761

1. 前兵进一　炮 2 平 5
2. 兵三进一　象 3 退 5
3. 马四进五　炮 9 平 6
4. 车二平三　马 6 进 8
5. 车三进一　车 6 平 2
6. 帅五平六　车 2 平 4
7. 帅六平五　车 4 退 4
8. 马五退四　马 8 进 9
9. 兵三平二　马 9 进 8
10. 车三进二　炮 6 退 2

11. 车三退六　马 8 进 9

12. 马四进二　车 4 平 8

13. 相三进一　炮 6 进 3

14. 车三进六　炮 6 退 3

15. 炮五进二（图 762）　……

至此，黑方各子均受牵制，不能动弹：动马自是送吃；如动车，红进马打将杀；如动炮，则红炮顶进；而如动卒，则红亦动边兵。黑必困毙，奇哉妙也。

辽宁赵庆阁

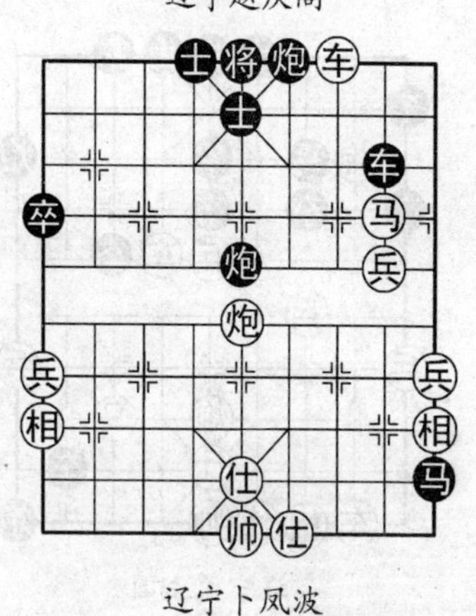

辽宁卜凤波

图 762

2. “四面楚歌”遭攻杀

图 763，来自 1960 年全国个人赛，由中炮过河车对屏风马平炮兑车演成。实战中，一面、二面遭攻杀自是常见，三面遭攻却就奇了，而“四面楚歌”则更为罕见。眼下对攻，红方先发制人：

1. 帅五平四　后炮退 2　　**2.** 炮八平五！车 1 平 8

3. 兵五进一　前炮退 2　　**4.** 后炮进二　前车平 7

5. 兵五平六　马 3 进 5　　**6.** 前炮平九　马 5 退 4

7. 炮九进二　马 4 退 2　　**8.** 车四进四　将 5 进 1

弃车攻杀，势不可当。黑如改走后炮平 6，兵六平五，车 8 平 5，车八进八，红胜。

9. 车八进八　马 2 进 4　　**10.** 兵六平五　象 7 进 5

11. 车四平五（图 764）　……

上下左右，四面叫杀，围攻而胜。堪可称奇也。

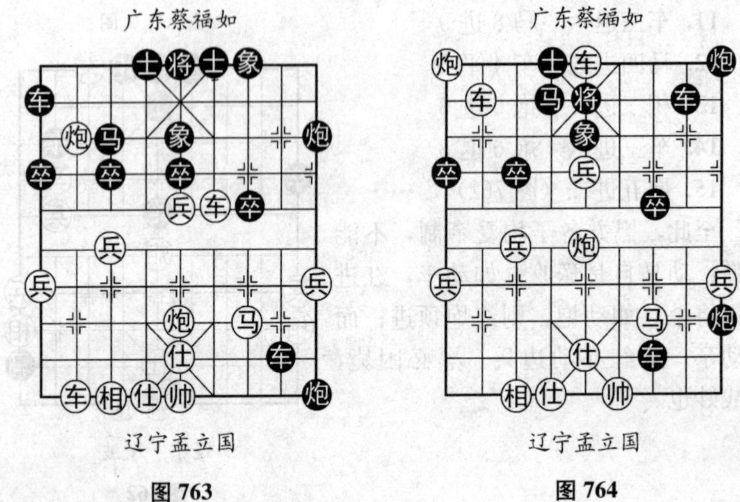

广东蔡福如　　广东蔡福如

辽宁孟立国　　辽宁孟立国

图 763　　图 764

3. 车炮占将位　双马巧擒车

四川陈鱼

上海林宏敏

图 765

图 765，弈自 1995 年全国个人赛，由五七炮对屏风马走成。无车对有车，红方进军：

1. 炮五进五　车 5 退 6

炮占将座，车篡将位，车炮同时“越位”，堪可称奇也。黑如不吃炮而改走车 5 平 7，也是胜势。

2. 马四进三　将 6 平 5

3. 马二退四　马 3 进 5

亦可改走象 3 进 5。

4. 仕五进四　象 3 进 5（图 766）

双马巧擒将位车。红方最终因子少而输棋，但也为棋坛留下了一则趣局，精神财富也。

四川陈鱼

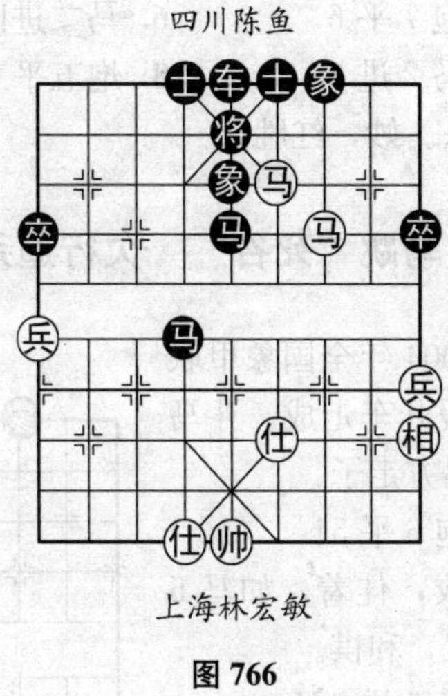

上海林宏敏

图 766

4. 献马送车巧绝杀

图 767，弈自 1983 年全国个人赛。红方占有攻势，推进入局：

1. 炮五退二　车 3 平 5　　**2.** 炮六平五　马 7 退 5

3. 兵六平五　车 5 进 2　　**4.** 马六进四　车 5 退 2

广东蔡福如

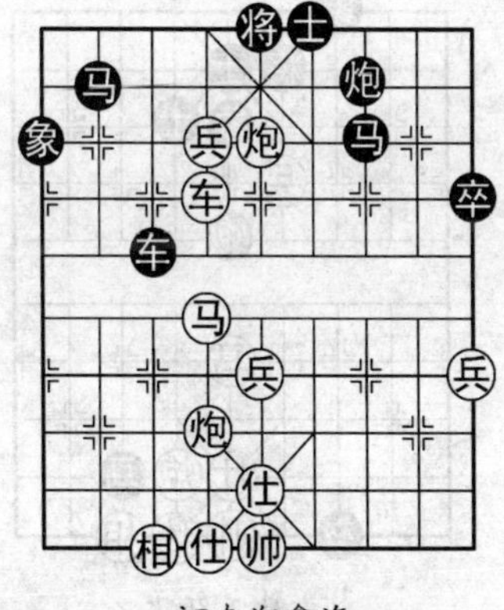

河南郑鑫海

图 767

广东蔡福如

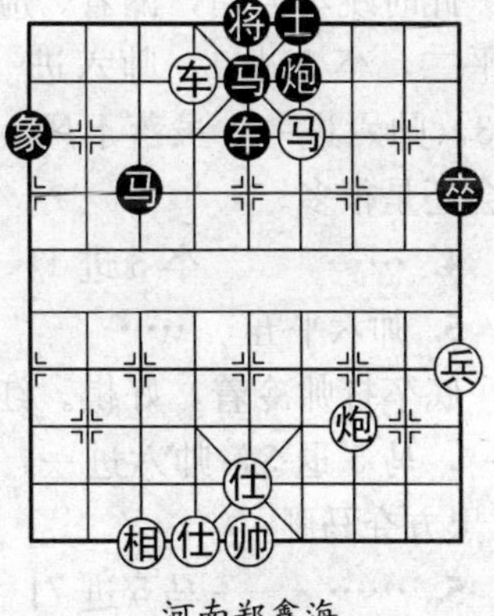

河南郑鑫海

图 768

5. 马四进二　炮7平6　**6.** 马二进四　车5退2

7. 车六进二　马2进3　**8.** 炮五平三（图768）　……

献车送马巧绝杀。妙，红胜。

5. 马跳"死谷"　欠行逼杀

图769，选自2004年全国象甲联赛，由顺炮直车对缓开车走成。斗马炮兵（卒）残局，黑方走子：

1. ……　　　炮6平5!

架中炮发动进攻，佳着。如马5退4吃兵，炮四退三，和棋。

2. 帅五平六　马5进3

3. 炮四退三　……

可改走马三进五，卒3平4，帅六平五，马3退5，马五进三，马5进4，炮四平五，黑方无法攻进。

3. ……　　　马3进5

4. 马三进五？……

此时跳马大错，漏着。应改走炮四平二，卒3进1，帅六进一，马5退3，帅六进一，虽落下风，但求和机会还是很多。

4. ……　　　卒3进1!

5. 帅六平五　……

底卒打帅冷着，好棋。红如帅六进一，马5退3，帅六进一，马3退5，黑方夺马胜。

5. ……　　　马5进7!

妙！除兵之外，红方全部子力不

河北庄玉庭

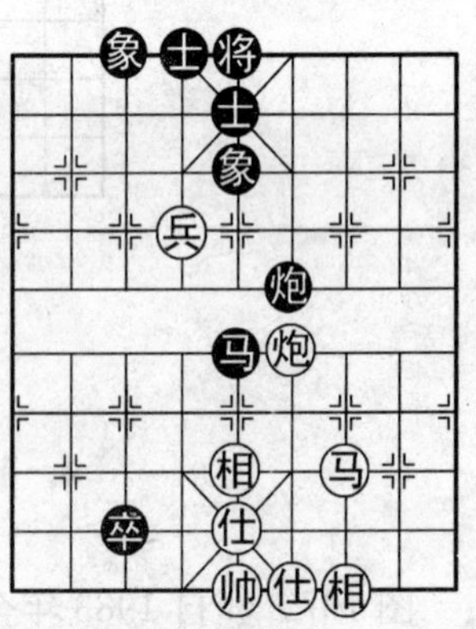

吉林王跃飞

图769

河北庄玉庭

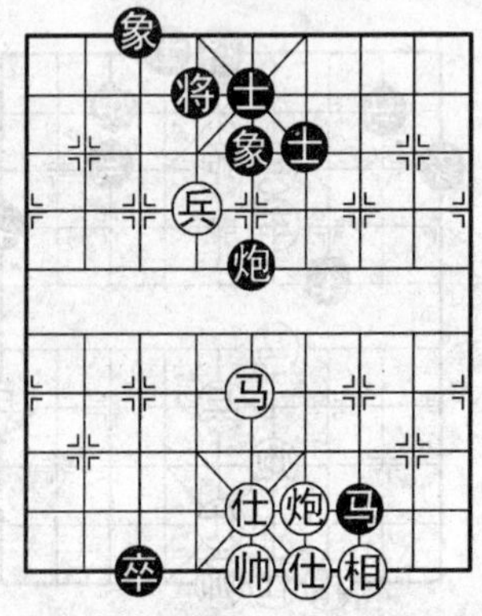

吉林王跃飞

图770

能动弹。下面控兵而行：兵六平七，士 5 进 6，兵七平六，士 4 进 5，兵六平七，将 5 平 4！兵七平六，将 4 进 1！图 770。至此，红方全部子力被困，无法动弹，“欠行”而被逼杀，奇妙有趣也。

6. 无车攻杀 巧手逼毙

图 771，出自 2004 年“威凯房地产杯”全国象棋精英赛，由仕角炮对挺卒而成的无车棋。黑方抢先反击：

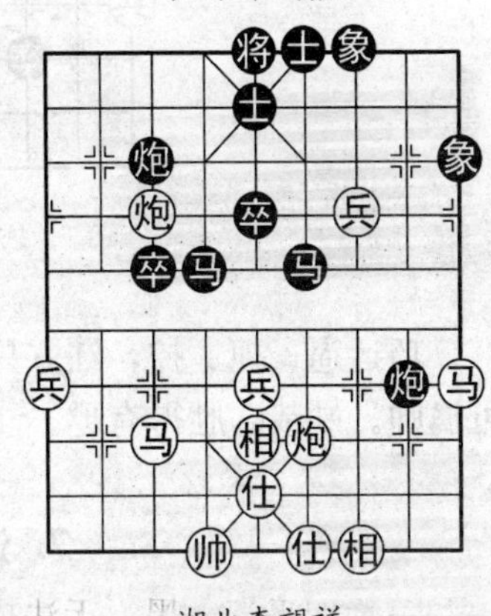

图 771

1. …… 马 6 退 5！
2. 炮七平九 卒 3 进 1！
3. 兵三平四 卒 3 进 1
4. 马七退八 马 4 进 2
5. 兵四平五 马 5 进 3
6. 炮九退二 炮 3 平 2
7. 前兵平六 马 3 退 1
8. 马八进六 卒 3 进 1
9. 炮四进一 马 1 进 2
10. 马六进七 ……

以捉推攻，以攻推进，黑方右侧发力，占得优势。红如走兵六平五，前马退 4，仕五进六，卒 3 平 4，马六进四，炮 8 平 5，马一进三，马 4 进 6，黑方胜势。

10. …… 后马退 4
11. 马七进五 马 4 进 6
12. 马一进二 炮 8 平 5
13. 炮四进一 马 2 进 4
14. 马五进四 炮 5 退 3
15. 炮四退三 炮 2 平 4
16. 帅六平五 马 6 进 4
17. 马二退四 前马退 6
18. 炮九平四 马 4 进 5

兑子劫相，扩大优势。

19. 前炮平五 将 5 平 4
20. 炮五退一 炮 4 平 5
21. 马四退三 马 5 进 7（图 772）

广东李鸿嘉

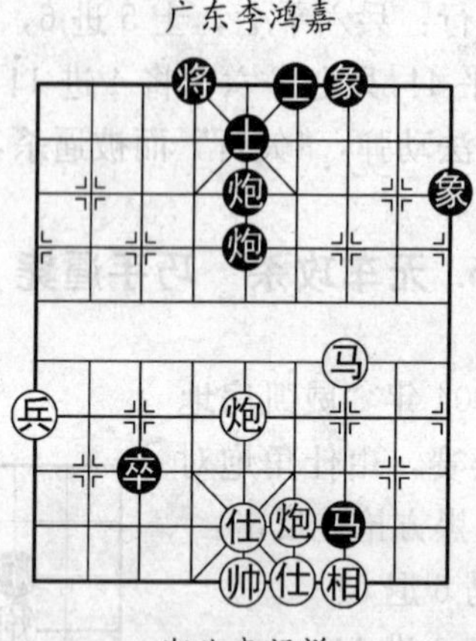

湖北李望祥

图 772

巧运逼、扼、控，红方只有兵相可走闲着，而黑卒直下三步即可擒帅。妙哉，胜得有趣。

7. 进攻三部曲

图 773，弈自 1985 年“敦煌杯”，由五七炮对右单提马走成。黑方多卒，反击：

河北刘殿中

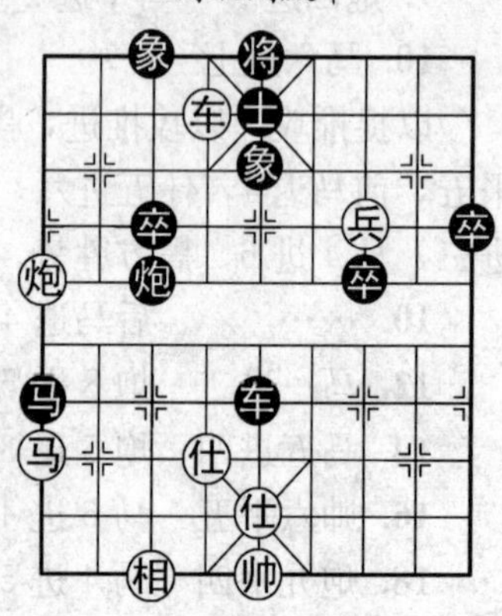

广东蔡福如

图 773

1. …… 炮 3 平 5

2. 炮九进四 象 3 进 1

3. 车六退三 炮 5 进 1

4. 车六退一 马 1 进 3

5. 马九进七 炮 5 进 3!

车马炮联攻，进而弃炮轰仕，撕开缺口，这乃是进攻首部曲，好棋。

6. 仕六退五 车 5 进 2

7. 帅五平四 马 3 退 5

8. 车六退二 车 5 平 3

9. 马七退五 车 3 平 5

10. 马五进三 马 5 进 4 **11.** 马三退四 士 5 进 4!

车马攻车马，红方虽多子，但只有招架而无还手之力。黑方撑士准备请将助攻，老练。

12. 马四进五 车 5 退 2 **13.** 车六退一 象 5 进 3!

兑马、亮将，进入车卒攻杀残局，这乃是进攻二部曲。

14. 炮九平八 卒 7 进 1 **15.** 炮八退七 卒 7 进 1

16. 车六平七 车 5 进 3! **17.** 帅四进一 卒 7 进 1

18. 炮八退二 卒 7 进 1 **19.** 帅四进一 车 5 退 3

车卒攻杀入局，唱响进攻三部曲，极富节奏感，黑胜。

8. 一剑封喉

图 774，选自 1984 年第 2 届“避暑山庄杯”，由中炮对半途列炮走成。红方突闪“绝命剑”：

1. 车八进六！……

弃车妙杀，一剑封喉。下面：马 3 退 2（如士 5 退 4，马二进三，将 5 进 1，车八退一，车 4 退 2，马三退四，红方夺车胜），马二进三，将 5 平 4，马七进八！将 4 进 1，炮九进一！红胜。

江苏言穆江

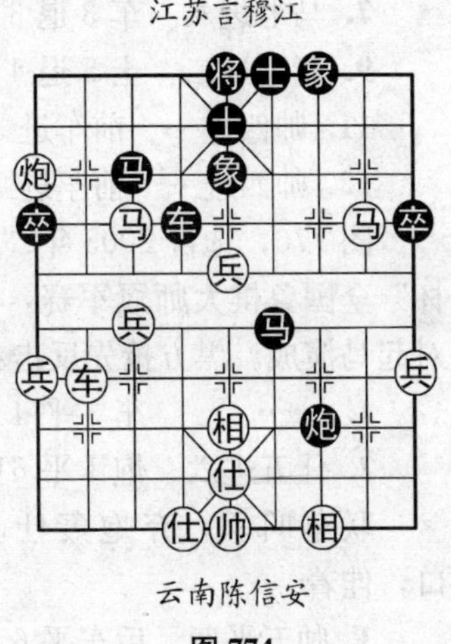

云南陈信安

图 774

9. 三度弃子演妙局（2 例）

图 775，出自 1980 年全国团体赛，由五八炮对反宫马形成。黑方防守反击：

1. …… 炮 7 平 8!

开炮弃马抢攻，好棋。

2. 车八平三　炮 8 进 8

3. 相五退三　炮 2 进 7!

双炮左右开弓，直扑九宫，凶狠。

4. 车三平二　炮 8 平 6!

再弃炮轰仕，佳着。

5. 帅五平四　炮 2 进 1!

6. 仕五退六　……

底炮打帅，三度弃子，漂亮。红如马七退八，前车平 5，黑胜。

安徽蒋志梁

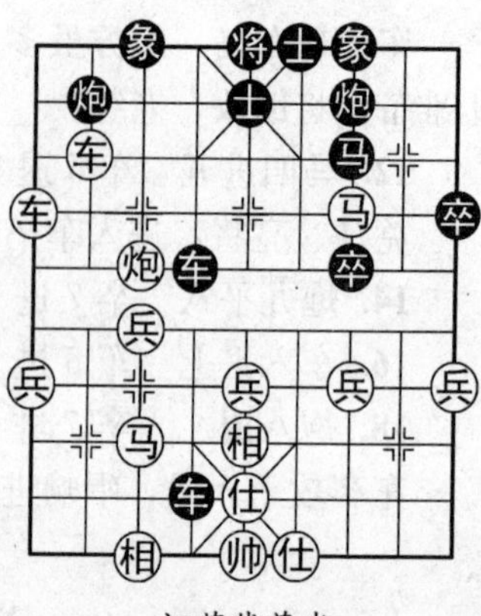

江苏戴荣光

图 775

6. ……　　前车平 3

7. 马七进六　车 3 退 3　　**8.** 车二平七　车 3 平 4

9. 车七进二　士 5 退 4　　**10.** 车九平五　士 6 进 5

11. 帅四进一　前车进 3

12. 帅四进一　前车进 1　双车炮杀局，黑胜。

图 776，选自 2005 年“城大建材杯”全国象棋大师冠军赛，由飞相局对起马演成。黑方抢先反击：

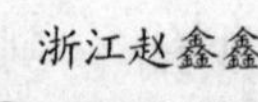

浙江赵鑫鑫

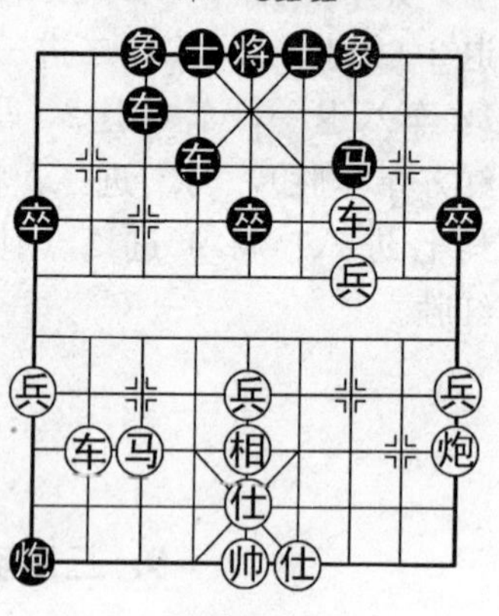

北京张强

图 776

1. ……　　车 3 平 4

2. 仕五进六　炮 1 平 6!

联车叫杀，弃炮轰仕，撕开缺口，佳着。

3. 帅五平四　后车平 6

4. 兵三平四　……

弃兵活炮，如帅四平五，车 6 进 6，红炮尴尬。

4. ……　　车 6 进 3

5. 帅四平五　车 6 进 3　　**6.** 炮一平三　车 4 进 5

杀仕再献马，凶狠；双车扑杀，以少攻多。

7. 车三进一 车 6 平 5 **8.** 帅五平四 车 5 进 1

9. 车三平四 士 6 进 5 **10.** 车四退六 车 5 退 2

11. 炮三退一 车 4 平 8

红方虽多二子，但仕相全无。黑方双车紧攻，红方防不胜防。

12. 炮三平二 车 5 平 7 **13.** 帅四平五 车 7 进 3

14. 车四退一 ……

如改走帅五进一，车 7 平 3，红难应付。

14. …… 车 7 退 1 **15.** 车四平二 象 7 进 5

飞象停顿，休闲的等着。不慌不忙，胸有成竹。

16. 车八平九 车 8 平 5 **17.** 帅五平四 车 5 平 4

18. 兵一进一 车 7 平 5 **19.** 炮二平四 将 5 平 6

出将助攻，一锤定音。

20. 车二进九 将 6 进 1 **21.** 车二退八 车 4 平 7

弃车绝杀，妙，黑胜。一车力挫双车马炮，可称奇迹。

10. 四度弃子演妙局（2 例）

图 777，弈自 1987 年全国团体赛，由中炮进七兵对反宫马演成。红方走子：

1. 马五进六！……

踏车弃马抢攻，吹响进军号角，佳着。

1. …… 车 3 进 1

2. 车二平七！……

压马舍炮，连弃续发，凶。

2. …… 炮 2 平 3

如车 3 平 2，马六进八，黑方无法招架。

3. 车七进一！……

银鹰任建静

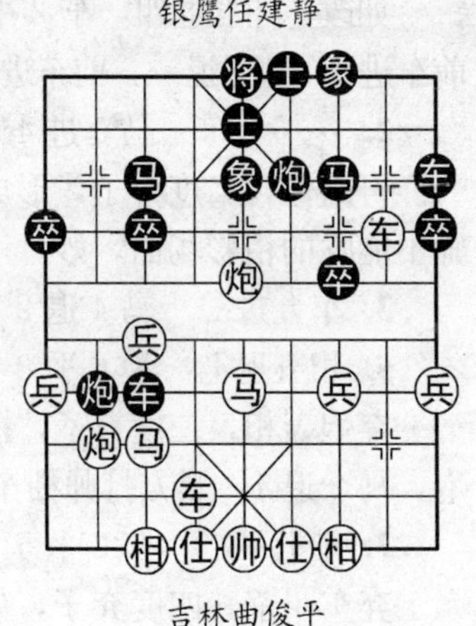

吉林曲俊平

图 777

弃车杀马，三弃手，妙。

3. ……　　炮3退4　　**4.** 马六进八！炮3平4

马入卧槽，厉害。黑如炮6退1，马八进六，将5平4，炮五平六杀；如炮3平2，炮八进五，下一手也是杀。

5. 车六进六！……

再弃车，四弃手，连发狠招，精彩。

5. ……　　车3退2　　**6.** 车六平九！车3平5

7. 仕六进五　将5平4

如改走车5退1，车九进二，士5退4，马八进七，将5进1，炮八进六，红胜。

8. 炮五平六　车5平4　　**9.** 车九平六　将4平5

10. 马八进七　红胜。

图778，出自2008年第6届"威凯房地产杯"全国象棋排位赛，由对兵（卒）局走成。黑方侧攻反击：

1. ……　　炮2平6！

弃炮轰仕，石破天惊，好棋。

2. 仕五退六　……

如改走仕五退四，车2平6！仕四进五，马3进5！帅五进一，前车进4，帅五退一，前车进1，帅五进一，后车进8，黑胜。

2. ……　　马3进4！（图779）

再踏仕，二度弃子，形成马炮双献子，且紧靠红帅左右，而红帅不能吃的精彩场面，妙。

3. 车九进二　马4退2　　**4.** 车九平七　炮6退3

5. 相五退七　炮6平3　　**6.** 炮三平一　炮3进3！

弃炮轰相，三度弃子，摧枯拉朽，锐不可当。红若车七退二吃炮，马2退4，黑方打帅抽车胜。

7. 车七平二　车2平5　　**8.** 炮五退二　车6进9！

弃车叫杀，四度弃子，妙极。红如帅五平四吃车，马2进4，炮五退二，车5进5，帅四进一，车5退2，杀。

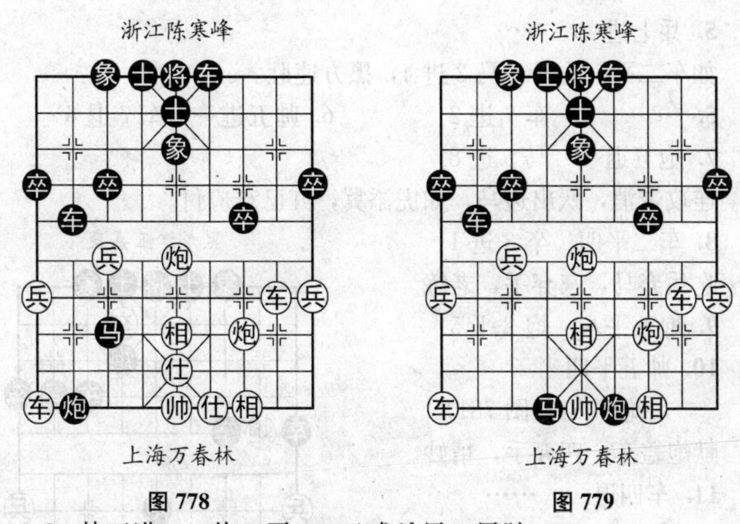

图 778　　图 779

9. 帅五进一　炮 3 平 1　已成杀局，黑胜。

11. 五度弃子演妙局（2 例）

图 780，选自 1958 年全国赛，由顺炮直车对横车形成。黑方对攻反击：

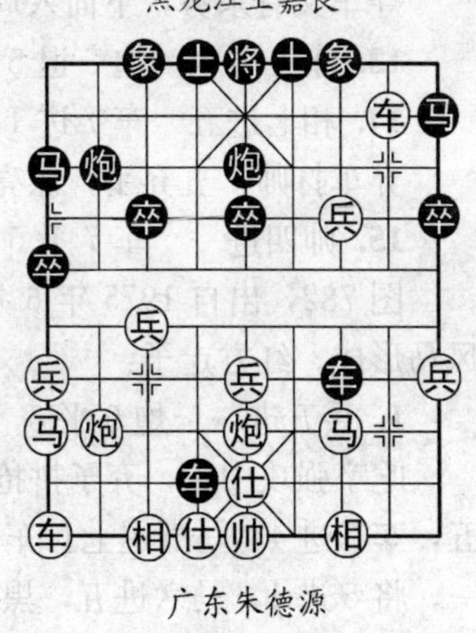

图 780

1. ……　　马 1 进 2!

献马再弃炮，妙手抢攻，好棋。

2. 炮八平六　……

如改走炮八进五，车 7 进 1，车二平一（如炮五进四，黑炮 5 进 4 杀），车 7 进 2，仕五退四，炮 5 进 4，炮五进四，马 2 退 3，炮五退二，车 7 退 1，黑胜。

2. ……　　车 4 退 1!

弃车杀炮，二弃手，凶。

3. 炮五进四　炮 5 进 4　**4.** 仕五进六　车 7 进 1

5. 兵七进一　……

如车二平一吃马，马 2 进 4，黑方速胜。

5. ……　　车 7 进 2　　**6.** 帅五进一　车 7 退 6

7. 炮五退一　马 9 进 8

连攻带消，跃出边马，如虎添翼，红已难应付。

8. 车二平四　卒 3 进 1！

吃兵弃马，三弃手，老练。

9. 炮五平八　炮 2 平 5

10. 帅五平四

后炮平 6！（图 781）

献炮盖车，四弃手，精妙。

11. 车四退一　……

用车吃炮，无奈。如帅四平五，车 7 平 5，黑胜。

11. ……　　车 7 进 5

12. 帅四退一　马 8 退 6

夺车又有杀势，下面入局。

13. 车九平八　炮 5 退 5

14. 相七进五　车 7 进 1！

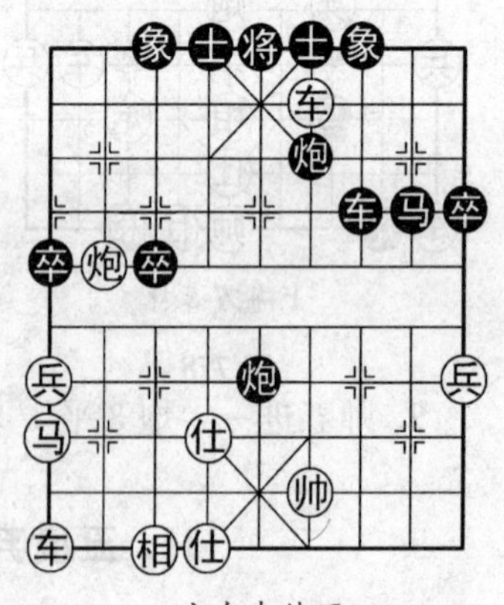

图 781

弃车打帅，五弃手，漂亮。红如相五退三，炮 5 平 6 杀！

15. 帅四进一　车 7 平 5　黑胜。

图 782，出自 1975 年 6 省市象棋友谊赛，由中炮巡河炮对屏风马形成。红方走子：

1. 兵五进一！炮 9 平 5

吃卒强攻中路，弃子拼抢，好棋。黑如改走炮 2 平 5，马三进五，车 2 进 4，马五退七！车 2 退 3，兵五进一，士 4 进 5，兵五进一，将 5 进 1，马六进五，黑势崩溃。又如改走车 2 平 3，兵五进一，士 4 进 5，兵五进一，将 5 进 1，马三进五，红胜。

2. 兵五进一！炮 5 进 6

吃象二弃手，黑如改走炮 2 平 5，仕四进五，车 2 进 4，兵五进一，士 4 进 5，马三进五，一车换双，红方攻势凌厉，黑方难以应付。

3. 相三进五　炮 2 平 5

4. 马三进五　……

吃炮弃车，三弃手，紧凑。

4. ……　车 2 进 4

5. 兵五平四　马 7 退 8

6. 马六进四！……

弃兵跃马，四弃手，凶。

6. ……　车 8 平 6

7. 马四进六　车 6 进 4

8. 炮七平五！车 6 退 5

江苏季本涵

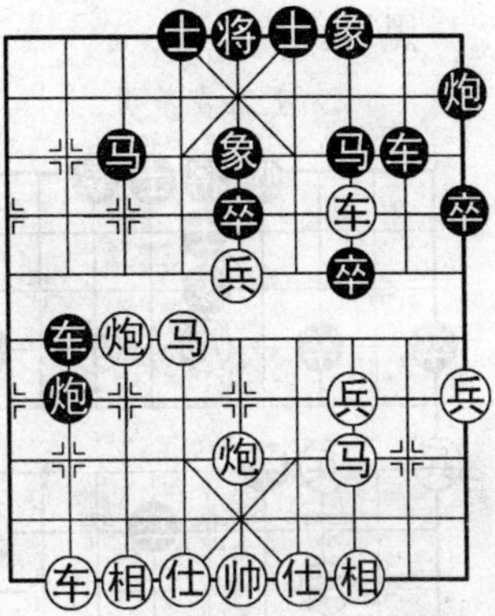

上海胡荣华

图 782

架空心炮弃马，五弃手，厉害。黑如改走车 6 平 5，马六进七，将 5 进 1，车三进二，红胜。

9. 马五进七　车 2 退 8　　10. 仕六进五　象 7 进 9

11. 车三平五　士 6 进 5　　12. 车五平二　士 5 退 6

13. 车二进三　……

攻中夺马，奠定胜局。

13. ……　马 3 进 2　　14. 马七进五　士 4 进 5

15. 马六退八　……

下面：车 2 进 3，马五进三，打将夺车，红胜。

12. 临门一脚（杀局欣赏）（20 例）

图 783，弈自 2005 年全国团体赛，由中炮横车七路马对屏风马走成。黑方肋道反击，猛攻入局：

1. ……　炮 4 进 9！　　2. 仕四进五　将 5 平 4！

3. 炮五平九　卒 6 平 5　　4. 兵九进一　炮 4 平 7！

5. 车三退六　卒 5 进 1！　　6. 车三进六　卒 5 进 1！

7. 帅五进一　车 2 退 1　　8. 帅五进一　车 4 平 5

9. 帅五平四　车 5 进 3

黑胜。

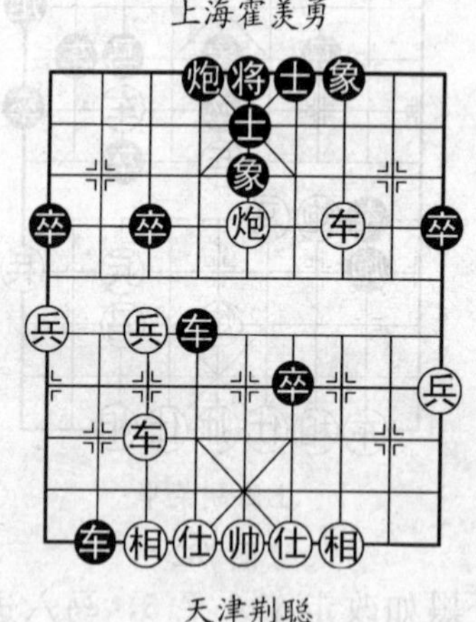

图 783

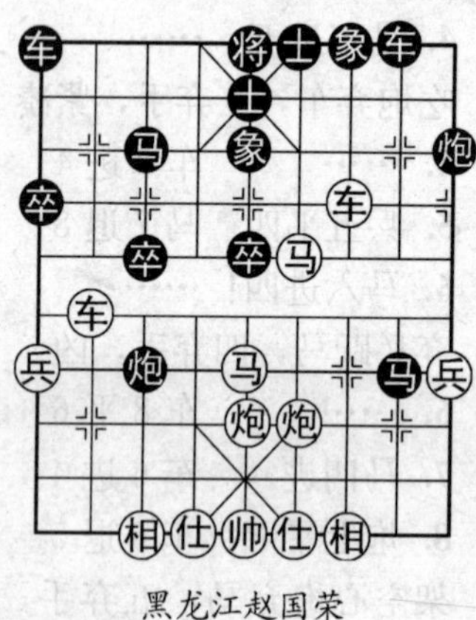

图 784

图 784，来自 2001 年 BGN 世界象棋挑战赛，由中炮过河车对屏风马两头蛇走成。红方抢攻：

1. 炮四进七！……

弃炮轰士，一举突破，好棋。

1. ……　　　士 5 退 6　　　**2.** 炮五进三　士 6 进 5

3. 车八平二！……

欺车赶车，刁。

3. ……　　　马 8 进 6　　　**4.** 马五退四　车 8 平 9

5. 前马进二！将 5 平 4

马入卧槽叫杀。黑如改走炮 9 平 8，车三进三！车 9 平 7，马二进四，将 5 平 4（如将 5 平 6，红炮五平四），车二平四，红胜。

6. 车三平六　士 5 进 4　　　**7.** 马二进四！象 5 退 3

8. 车二进四！……

进车妙杀。下面：车 1 进 1（如象 7 进 5，红车六进一），炮五平六！马 3 进 4，车二平九，红胜。

图 785，选自 1985 年"敦煌杯"，由中炮盘头马对反宫马演

成。在双车兵“包围”之下，黑马冲出“重围”，反击：

1. …… 马6进7！

2. 车五退一 马7进5！

3. 车五平六 马5进4！

马放南山，闯宫踏帅，一骑绝尘！红如仕五进六，前车进3，帅五进一，后车进3，黑胜。

4. 帅五平六 卒3进1！

冲卒弃马绝杀，妙。黑方车卒杀局胜。

上海胡荣华

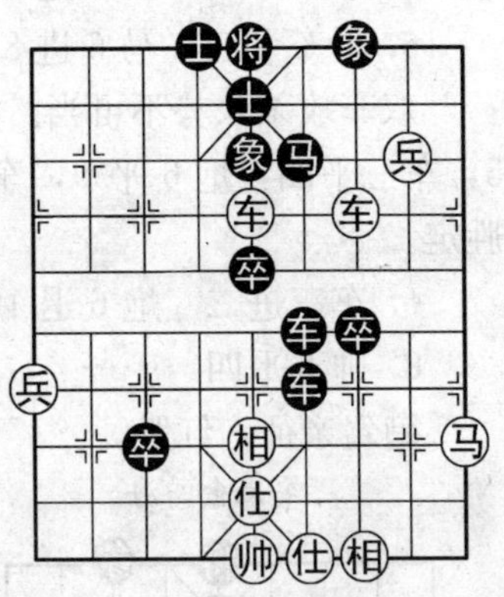

甘肃左永祥

图785

图786，来自2005年全国个人赛，由顺炮直车对横车形成。红方得势出手：

1. 车四平八！炮2平1

2. 车八进三！炮1进4

3. 车八平六！炮1平5

红车三步侧攻侵象腰，凶狠。找准切入点，漂亮。黑如改走象5退7，马七退八（马七进五亦可），象7进5，马八进九，红方大优。

4. 炮五进四！马3进5

炮轰中卒，一锤定音。黑如士6进5，马七进五踏象胜。

5. 马七进五！……

踏象双要杀，红胜。

上海林宏敏

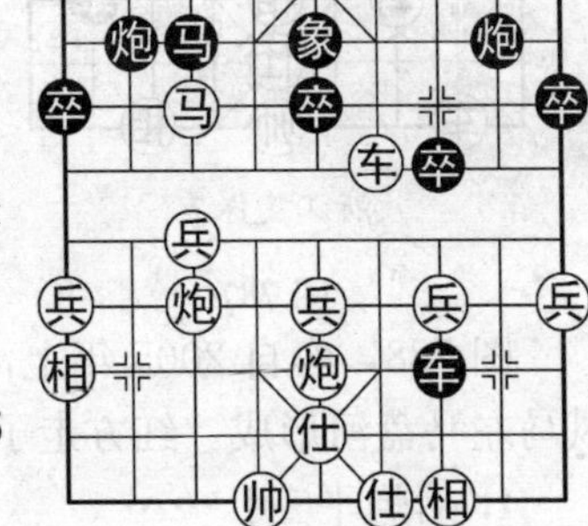

重庆洪智

图786

图787，出自2005年“波尔轴承杯”象棋公开赛，由中炮过河车对屏风马左马盘河走成。红方进攻：

1. 炮四进一！……

献炮通关，弃子抢攻，妙。

1. …… 炮2平6 **2.** 车八进九 士5退4

3. 车三平六！将 5 进 1　　**4.** 前车平六　车 1 退 2

5. 后车平三　马 6 进 8

双车攻杀，势不可当。黑如改走车 8 退 6，车三进二，炮 6 进 5，车三平四，炮 6 平 9，车四进一，炮 9 进 1，仕五退四，红方胜定。

6. 车三进二　炮 6 退 1　　**7.** 车六平四　炮 6 平 9

8. 帅五平四　……

御驾亲征，红胜。

安徽金四海

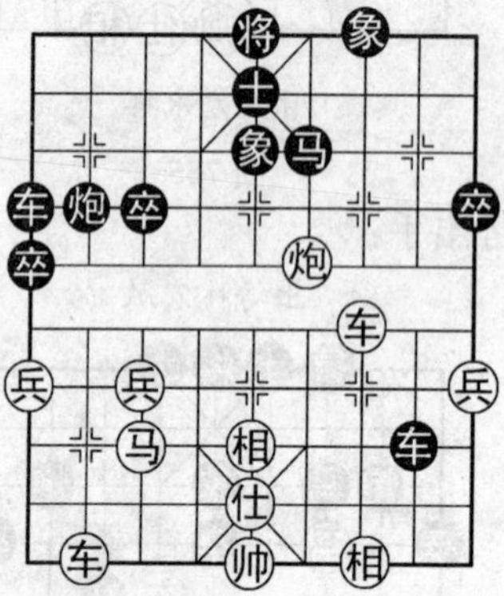

浙江艾保宏

图 787

上海谢靖

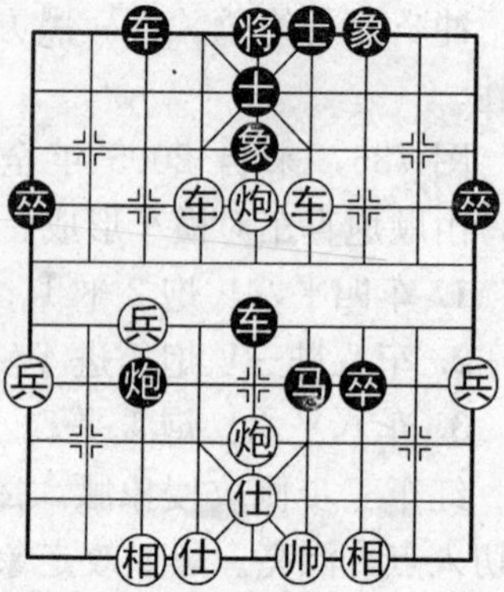

上海邬正伟

图 788

图 788，弈自 2005 年上海市象棋锦标赛，由中炮过河车对屏风马左马盘河形成。红方走子：

1. 后炮平三！……

卒口献炮，兑子抢攻，有虎口拔牙之妙。

1. ……　象 7 进 9

如卒 7 进 1，车四退三，车 5 退 2，车六平五，车 3 进 5，相三进五，车 3 退 1，车五平九，红方胜势。

2. 炮三平二！车 5 平 8　　**3.** 炮二平五！象 9 退 7

如改走车 8 平 5，车四进二，象 9 退 7。次序变动，但与实战同。

4. 车四进二 车8平5

5. 后炮平三！……

再度献炮，运子见妙。

5. …… 象7进9

6. 相七进九 炮3平5

7. 炮五平二！卒7进1

如改走车5平8，炮三平五，车3进2，兵七进一，红方大优。

8. 炮二进三 象9退7

9. 车六进二 红胜。

图789，选自1980年全国个人决赛，由中炮横车对反宫马形成。斗车炮兵（卒）残局，红方抢先：

1. 相五进三！车7退2

2. 车五平六！将4平5

3. 炮二进三！车7退5

4. 车六平八！卒4平5

5. 炮二退八！车7进8

6. 车八退四！车7退2

7. 车八进八 士5退4

8. 车八退九 ……

红方夺炮胜。

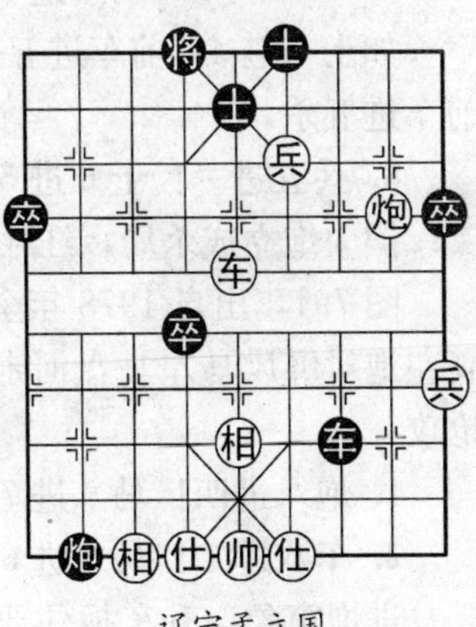

图 789

图790，来自2006年“威凯房地产杯”，由中炮过河车对屏风马平炮兑车演成。红方出手：

1. 前马进五！……

弃马踏象，敲开九宫大门，佳着。

1. …… 象7进5

2. 马六进七！车1退2

3. 兵五进一！……

踏卒赶车，冲兵杀象，势不

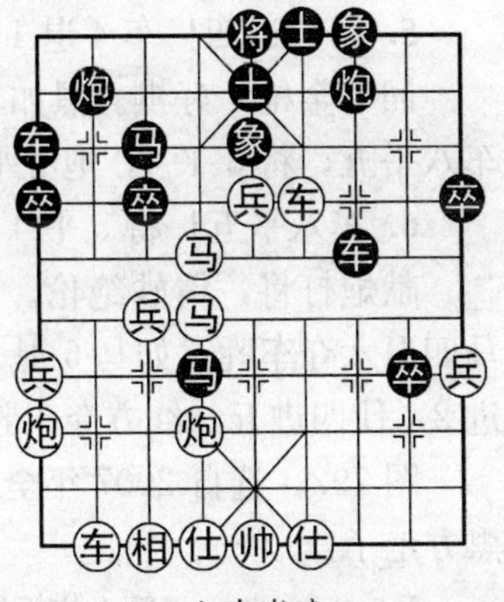

图 790

可当。

3. ……　　炮 2 进 6　　**4.** 车八进一　马 4 进 6

5. 车八平四　车 1 平 4　　**6.** 炮六进五！……

进炮宫角挡车，解捉还捉，妙。

6. ……　　马 6 退 5　　**7.** 前车退二　炮 2 退 2

如士 5 进 4，前车进五杀；如马 5 退 4，兵五进一，士 6 进 5，前车进五杀。

8. 兵五进一！士 6 进 5　　**9.** 炮九平五！……

摆中炮立成杀局，红胜。

图 791，出自 1978 年全国赛，由高左炮对屏风马左马盘河走成。红方抢攻：

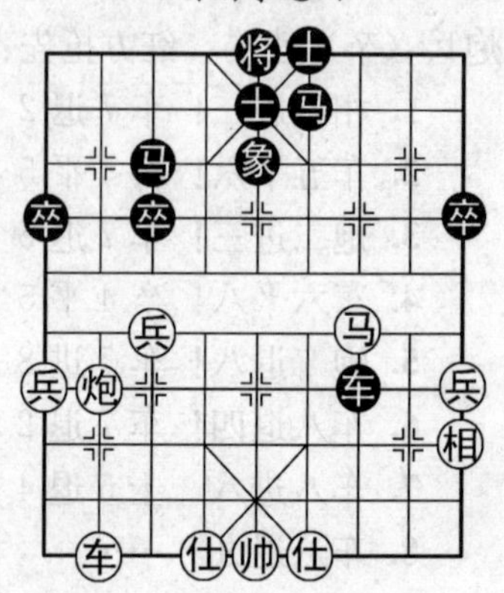

图 791

1. 炮八进四！马 6 进 7

2. 车八进二！马 7 进 6

进炮窥象，升车扼住要道，为冲刺作准备。黑如马 3 进 5，炮八平九，红方有攻势。

3. 炮八平五　士 5 进 6

4. 炮五退六！车 7 平 4

5. 马三退四！车 4 退 1

回马金枪，好棋。黑如车 4 平 6，车八平五，将 5 平 4，炮五平四，红方夺子胜。

6. 车八平五！将 5 平 4　　**7.** 炮五平六！……

献炮打将，精妙绝伦。黑如车 4 进 3，车五进七！将 4 进 1，马四退六夺车胜。如马 6 退 4，车五进二（如车五进三亦胜）！车 4 进 2，仕四进五，红方夺车胜。

图 792，选自 2007 年全国团体赛，由仙人指路对卒底炮走成。黑方走子：

1. ……　　车 4 进 5！　　**2.** 仕五退六　马 7 进 9

3. 兵一进一　车 3 平 4！　　**4.** 仕六进五　……

双车催杀，利剑刺胸。红如改走马九进七，前车进 1，帅五进一，后车平 9，黑方胜势。

湖南范思远

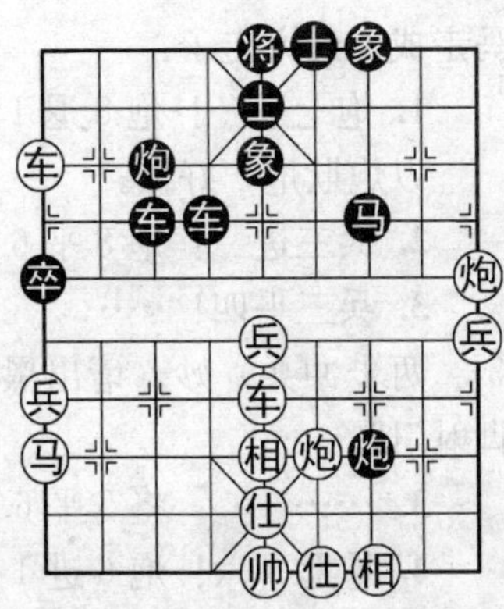

云南王向明

图 792

4. …… 炮 3 进 7!

5. 仕五进六 后车平 2

6. 车五平六 炮 3 平 1

7. 车九进二 象 5 退 3!

退象妙，双车炮绝杀无解；红方双车虽有杀势，但无一步杀，黑胜。

图 793，出自 2007 年第 6 届“嘉周杯”，由两位女子特级大师经中炮对半途列炮而成。红方走子：

1. 马三进四! 车 3 进 1 **2.** 帅五进一 士 6 进 5

3. 车八进五! 将 5 平 6

4. 马四进二 ……

攻中夺子，“顺手牵马”。

4. …… 将 6 进 1

5. 前炮退一 士 5 进 6

6. 车八退一 将 6 退 1

7. 车八平三! ……

调车右攻，凶。

7. …… 象 7 进 9

8. 车三平六! ……

再杀右肋，左右开弓，巾帼不让须眉。

云南赵冠芳

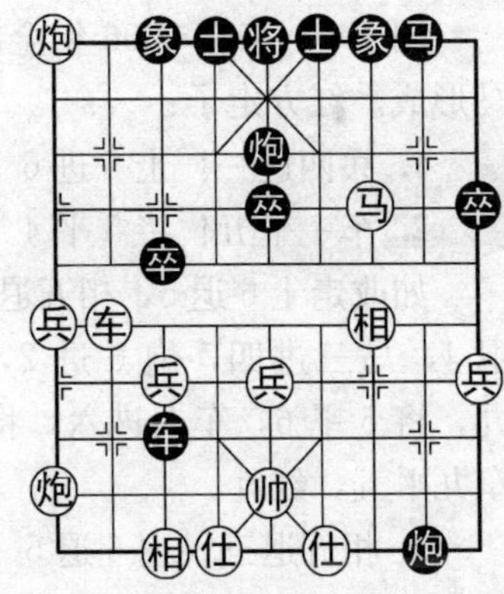

江苏张国凤

图 793

8. …… 将 6 平 5 **9.** 前炮进一 士 6 退 5

10. 马二退三 炮 5 平 6 **11.** 车六平七 车 3 退 2

12. 马三退四 ……

下面：将 5 平 6，车七平五；如士 5 进 4，车七进一，将 5 平 6，车七退四，都是红胜。

图 794，来自 2006 年全国象甲联赛，由五七炮进三兵对屏风马走成。红方走子：

辽宁金波

黑龙江赵国荣

图 794

1. 炮七进一！炮 8 退 1

以炮欺炮，好棋。

2. 兵三进一！炮 8 平 6

3. 兵三平四！……

两步冲兵，妙。请出黑将，“抬脚射门”。

3. ……　　将 5 平 6

4. 炮七平六！炮 6 进 1

5. 车二进九　将 6 进 1

6. 车二退一　将 6 退 1

7. 炮六进六！……

轰士成双车炮杀局，红胜。

图 795，来自 2006 年全国象甲联赛，由五七炮进三兵对屏风马形成。红方走子：

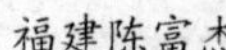

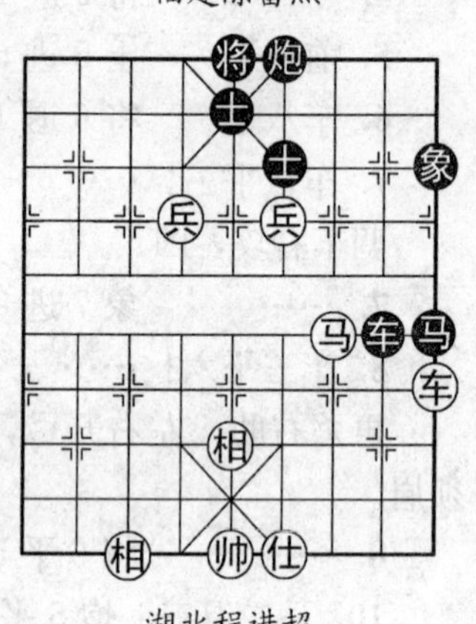

湖北程进超

图 795

1. 兵四进一！士 5 进 6

2. 车一平五！将 5 平 4

如改走士 6 退 5，相五退三，车 8 退 4，马三进四，炮 6 进 2，车五平九，将 5 平 6，车九进六，将 6 进 1，车九平五，红胜。

3. 相五退三　士 6 退 5

4. 车五进五　车 8 退 3

5. 马三进四　……

下面：车 8 平 6，兵六进一，炮 6 进 1，车五进一，红胜。

图 796，选自 1955 年象棋地区交流赛，由中炮巡河炮对屏风马演成。红方入局：

1. 马四进六！士 5 进 6　　**2.** 兵三进一！士 4 进 5

3. 兵三平四！象 3 进 5 **4.** 兵四平五！

红胜。

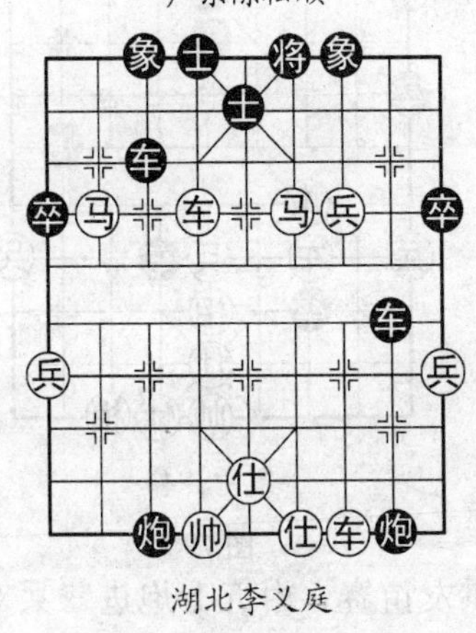

图 796

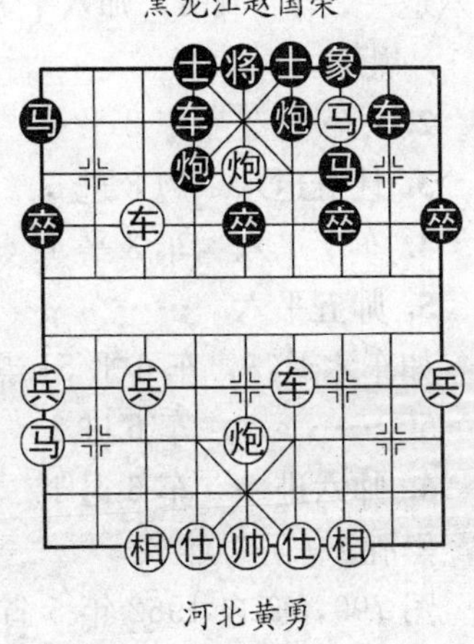

图 797

图 797，弈自 1985 年“天龙杯”，由顺炮直车对缓开车演成。红方走子：

1. 前炮进一！炮 4 平 5

炮塞宫心，妙极。黑如士 4 进 5，车四进五，将 5 平 4，炮五平六，红方胜势。

2. 车四进五 士 4 进 5 **3.** 炮五进五 将 5 平 4

4. 仕六进五 卒 1 进 1

如改走车 4 进 1，炮五平四，黑方也难逃一败。

5. 炮五平八 ……

下面：车 4 平 2，车七进三，将 4 进 1，车七退二，马 7 进 8，车四退三，红胜。又如车 4 进 1，炮八进二，车 4 平 3（如马 1 进 3，红炮七退二），车七平六，车 3 平 4，车六进一，士 5 进 4，车四进一，将 4 进 1，炮八退一，红方胜定。

图 798，选自 2005 年第 17 届“棋友杯”，由仙人指路对卒底炮形成。黑方反击：

1. …… 车 2 进 9！ **2.** 相五退七 ……

如仕五退六，车2平4！帅五平六，车6进3，帅六进一，车6退1，帅六退一，卒3平4，帅六平五，卒4进1，黑胜。

天津刘德钟

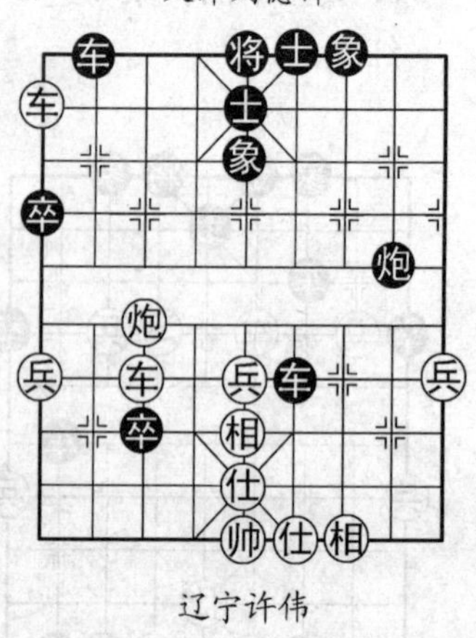

辽宁许伟

图798

2. ……　　车2平3
3. 仕五退六　炮8进5
4. 车七平六　车3平4！
5. 帅五平六　……

如车六退三，车6平5！黑胜。

5. ……　　车6进3
6. 帅六进一　车6退1

黑胜。

图799，弈自1962年5省市象棋友谊赛，由五七炮进三兵对屏风马走成。黑方防守反击：

1. ……　　车5进1！
2. 车三平二　车5平3！
3. 仕五退六　车3进2
4. 仕四进五　象5进7！

飞象挡车绝杀，精妙绝伦。下面：帅五平四，前车平4！帅四进一，后车平6，仕五进四，车6进1，帅四进一，车4平6，黑胜。

湖北李义庭

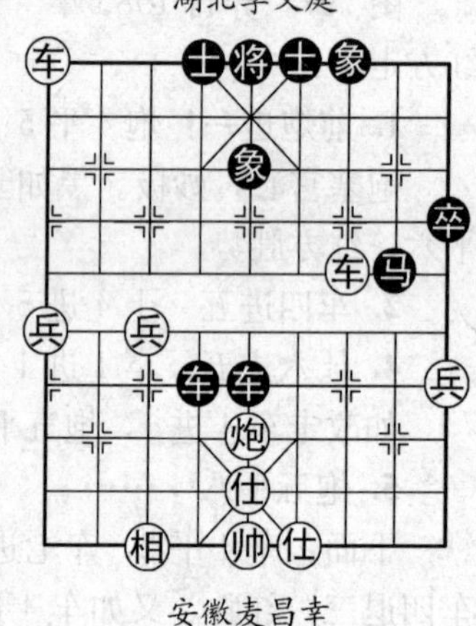

安徽麦昌幸

图799

图800，来自1957年穗港象棋名手友谊赛，由中炮巡河炮对屏风马演成。黑方巧手反击：

1. ……　　炮8进3！

弃车出炮，抢攻佳着。

2. 车二进三　炮7平8！

轰车抢道，妙。

3. 车二平一　前炮进3
4. 仕四进五　……

如改走相一退三，后炮平 7，炮五平四，炮 7 进 4，帅五进一，车 1 平 3，黑胜。

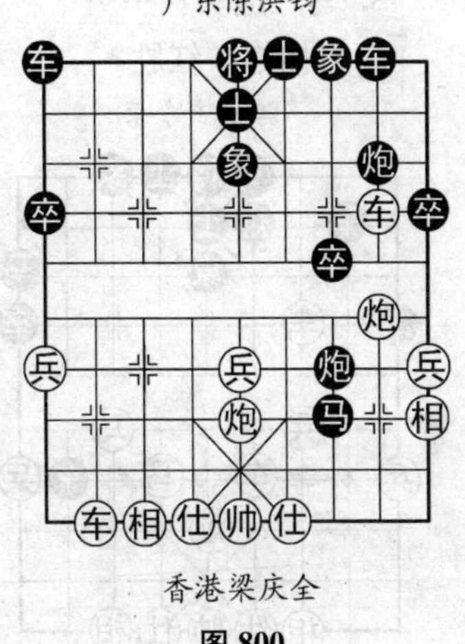

图 800

4. …… 前炮平 9

5. 仕五进四 马 7 进 8

6. 相一退三 车 1 平 3

右车一出，一鸣惊人，红难抵挡。

7. 帅五平四 马 8 退 7

8. 帅四进一 炮 8 平 6

9. 仕四退五 炮 6 退 3

10. 车一退一 车 3 进 3

四子联攻，紧杀入局。

11. 车八进九 士 5 退 4 **12.** 车一平四 车 3 平 6

13. 仕五进四 车 6 平 8 黑胜。

图 801，出自 2005 年“灌南汤沟杯”，由中炮过河车对屏风马平炮兑车走成。红方有势发力：

1. 马四进五！车 8 退 5 **2.** 车七进三！车 8 平 7

3. 马五进七！车 2 平 1 **4.** 车六平八！炮 4 进 2

5. 车七平六！将 5 平 4 **6.** 车八进六 红胜。

图 802，弈自 2005 年全国象甲联赛，由中炮巡河炮对屏风马形成。斗无车棋，红方抢攻：

1. 马一进二 炮 7 平 8

2. 后马进四！炮 8 平 7

捉炮腾挪，欺马伏杀，妙。黑如马 7 进 6，炮三进七！士 6 进 5，炮一进一，红胜。

3. 马四进三！……

兑马抢攻，佳着。算准有棋。

3. …… 炮 7 退 5

4. 马二进三！将 5 进 1

5. 马三退一！……

打将抽炮，红胜。

江苏陆峥嵘

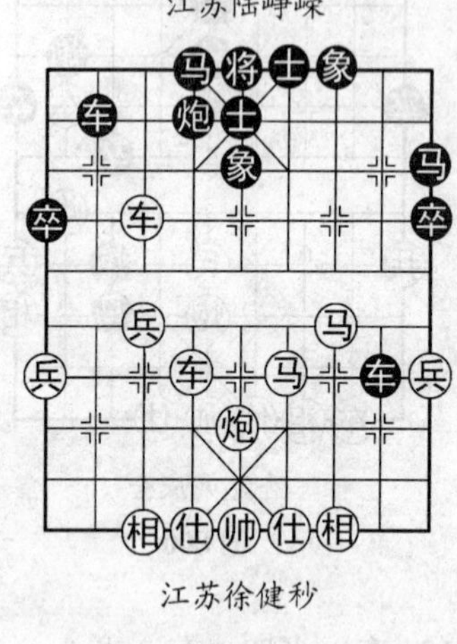

江苏徐健秒

图 801

河北庄玉庭

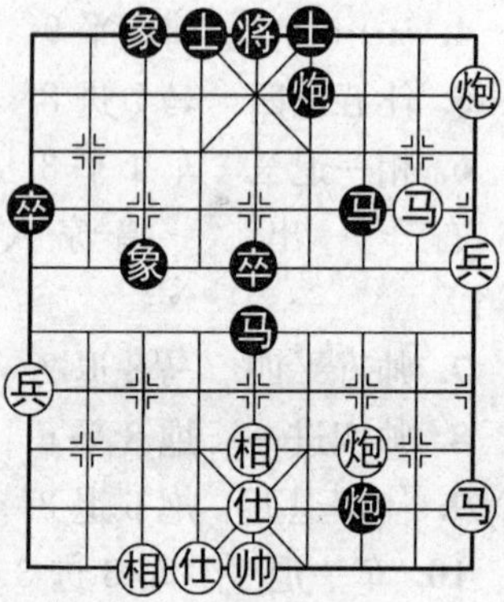

河北张江

图 802

（四）美丽图形　巧夺天工

1. 四红一黑　胜似梅花（9 例）

图 803，弈自 1984 年全国团体赛，由中炮过河车对屏风马两头蛇走成。红方走子：

1. 炮五平六　车 3 进 6！

红方平炮不及马四进五踏卒兑子。黑方强兑车，有车对无车，佳着，由此确立优势。

2. 炮六进二　车 3 平 4　　　**3.** 马四退六　马 2 进 4

4. 马五进七　马 4 进 2　　　**5.** 相三进五　车 7 平 4

6. 马七进八　……

如马六进八，车 4 平 3，马七退八，马 2 进 4，帅五进一，车 3

进 4，黑胜。

6. ……　　马 2 进 4　　7. 帅五进一　车 4 平 1

8. 炮八平七　车 1 进 2　　9. 帅五平六（图 804）……

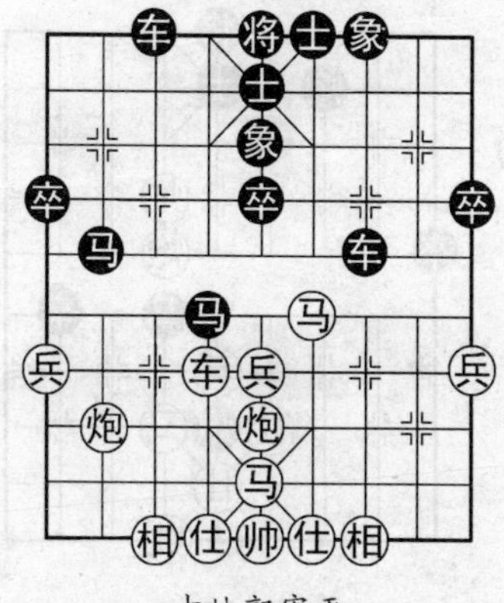

图 803

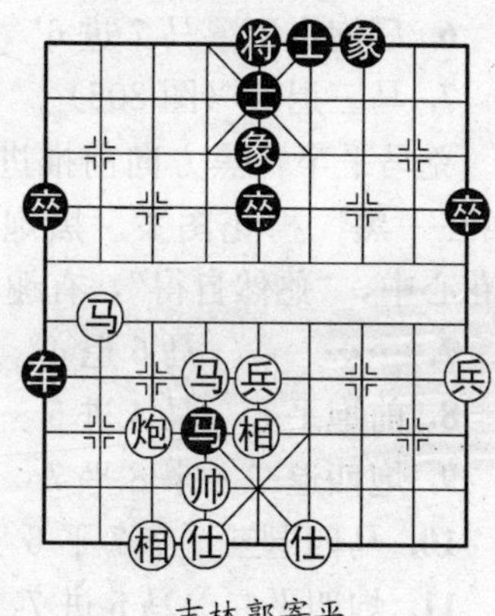

图 804

欲擒故纵，黑方先弃后取，走得好。至此，形成“四红一点黑”，犹如梅花图案。马死疆场之趣景，妙哉。

9. ……　　卒 1 进 1

10. 仕六进五　卒 1 进 1

11. 仕五进六　车 1 平 3

12. 马八进六　车 3 平 4

13. 马六退四　车 4 平 3

14. 炮七平八　车 3 进 3

15. 炮八进四　车 3 平 6

16. 马四进五　车 6 退 3

破仕相，车卒胜定，红方认输。

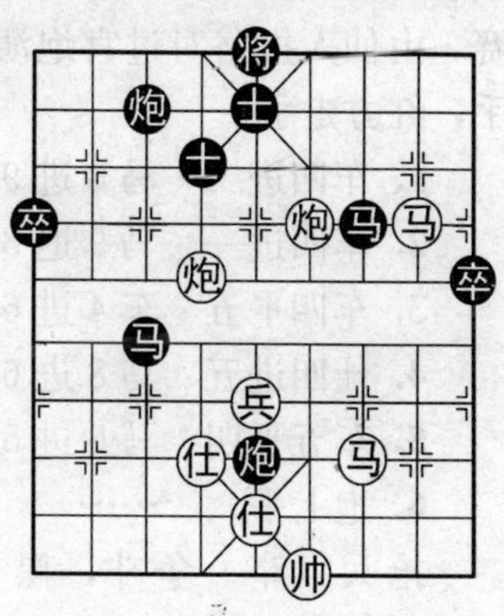

图 805

图 805，选自 2003 年“磐安杯”全国象棋大师冠军赛，由中炮进七兵对三步虎走成。斗无车棋，黑方走子：

1. ……　　卒 1 进 1　　2. 炮六平四　马 3 退 4

3. 后炮退四　马 4 进 6　　**4.** 马二退三　卒 9 进 1

双马双炮双仕（士）对阵，黑方双边卒优于红方单中兵。现在卒子过河，有威胁。

5. 后马进四　卒 9 平 8

6. 后炮进四　马 7 进 6

7. 马三退四（图 806）　……

兑马平卒，黑方向前推进，形成“四红一黑”梅花图案。黑炮躺在中宫花心中，“悠然自得”，有趣。

湖北李望祥

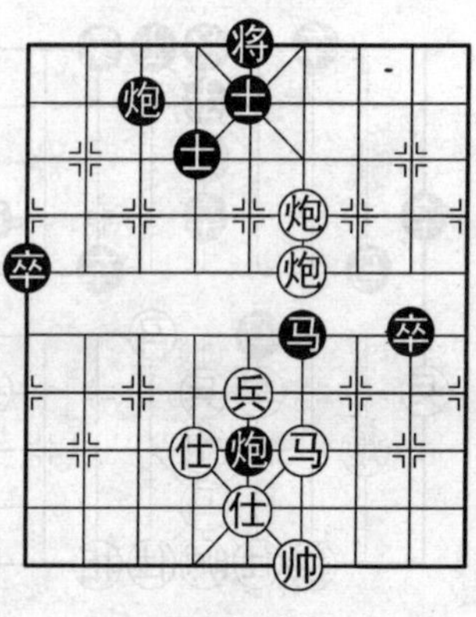

河北张江

图 806

7. ……　　　马 6 退 4

8. 前炮平七　马 4 进 5

9. 炮四退二　卒 8 平 7

10. 马四退三　卒 7 平 6

11. 炮四平二　马 5 进 7

12. 帅四进一　炮 5 退 4

13. 仕五进四　卒 6 进 1

大势已去，红方认输。

图 807，来自 1983 年全国个人赛，由仙人指路对过宫炮演成。斗散手，红方走子：

上海徐天利

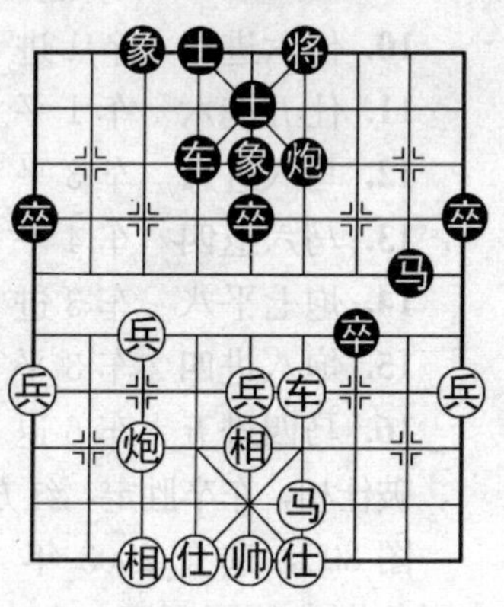

江苏戴荣光

图 807

1. 车四进二　马 8 进 9

2. 车四进一　马 9 退 8

3. 车四平五　车 4 进 6

4. 仕四进五　马 8 进 6

5. 车五平四　马 6 进 5

6. 炮七平六　……

抢兵（卒）争斗，黑方奔马踏相。红方控肋应对，各不相让。

6. ……　　　将 6 平 5

7. 车四退四（图 808）　炮 6 进 6

红方围马于中，形成“四红一黑”包围圈，有趣。黑方兑子活马，必着。

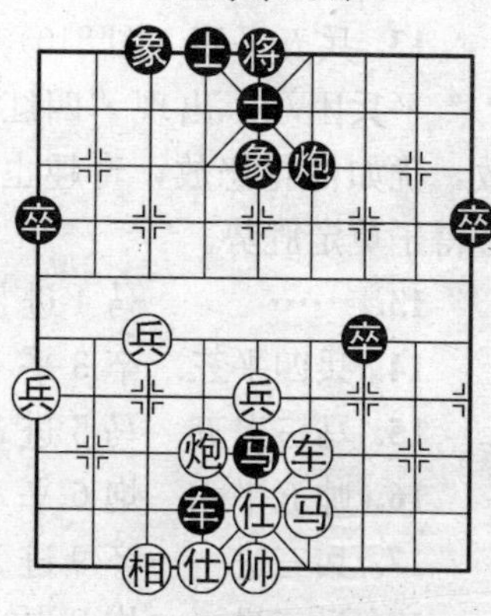

图 808

8. 车四退一　马 5 退 7

9. 车四进五　车 4 平 3

10. 相七进五　卒 7 平 8

11. 炮六进四　车 3 退 2

退车正着。如马 7 进 5 贪相，车四退四，车 3 退 1（如马 5 退 3，炮六平七），帅五平四，下一手平中炮，红胜。

12. 炮六平五　车 3 平 5

13. 车四平一　将 5 平 6

14. 车一平四　将 6 平 5

15. 帅五平四　马 7 退 6

再兑子，烟消云散，和棋。

图 809，出自 2005 年“威凯房地产杯”全国排名赛，由五七炮进三兵对屏风马（本局是加赛快棋）走成。红方走子：

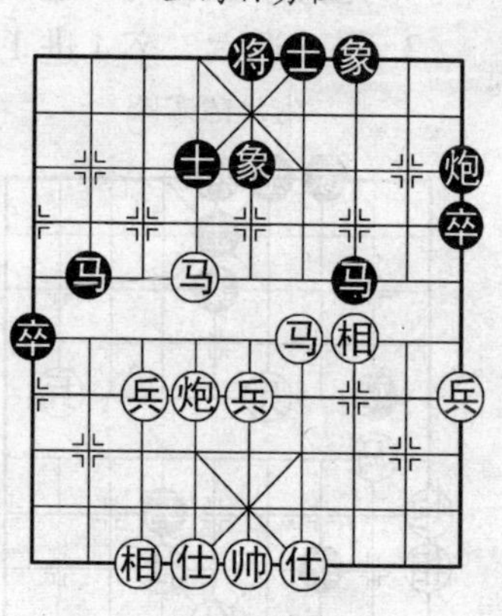

图 809

1. 马四进三　炮 9 平 7

2. 炮六退一　士 6 进 5

3. 炮六平二　象 5 退 3

4. 炮二进二　卒 1 进 1

5. 兵七进一　象 7 进 5

6. 兵五进一　……

斗无车棋，马炮运动，双兵齐进，红方持优势而控制局面。

6. ……　　马 2 进 4

7. 相七进五　炮 7 平 6

8. 马六进四　卒 1 平 2

9. 仕六进五　卒 2 平 3

10. 兵五进一　马 4 进 6

11. 炮二进一　马 6 退 4

12. 马四退六　炮 6 进 4
13. 兵五平四（图 810）　……

平兵困马，出现"四红一黑"景致，犹如梅花怒放，奇趣也。至此红方得子奠定胜势。

13. ……　马 4 进 5
14. 兵四平三　卒 3 平 4
15. 马三退五　马 5 进 3
16. 帅五平六　炮 6 平 8
17. 兵三进一　卒 9 进 1
18. 兵三进一　炮 8 退 1
19. 马六进八　卒 4 平 3
20. 马八进七　红胜。

上海孙勇征

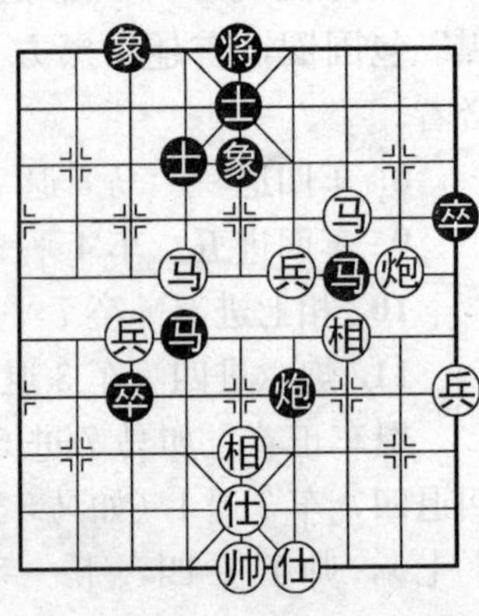

浙江赵鑫鑫

图 810

图 811，来自 2005 年全国象甲联赛，由仙人指路对中炮走成。双方斗无车残棋，红方多兵，兵种好占优而推进：

1. 炮九平五　马 2 进 4　2. 炮五进一　卒 3 平 4
3. 马八退六　卒 4 进 1　4. 相九进七（图 812）　……

浙江陈寒峰

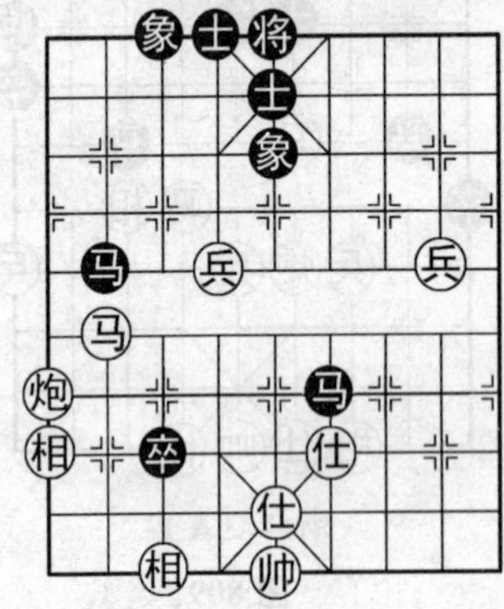

河北庄玉庭

图 811

浙江陈寒峰

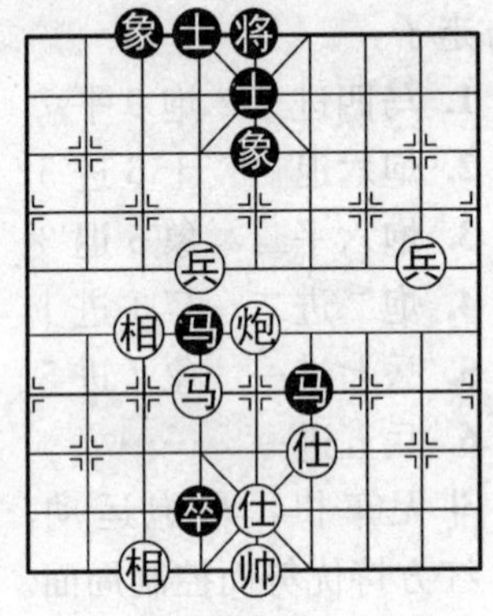

河北庄玉庭

图 812

"四红一点黑"，犹如梅花开，有趣。

4. …… 将5平6 **5.** 兵二进一 马6进8

6. 兵二平三 马8进9 **7.** 兵三进一 马9退7

8. 帅五平四 马7退8 **9.** 兵三进一 士5进4

10. 仕五进六 士4进5 **11.** 相七进九 象3进1

12. 马六进八 ……

"四红一黑"，花开长达8个回合，奇也。

12. …… 象1进3 **13.** 马八进七 马8退7

14. 炮五平三 马4进6 **15.** 仕四退五 将6平5

16. 马七进八 马7进5 **17.** 兵三平四 马5退6

18. 炮三进二！前马退8

如改走后马进4贪兵，炮三平五！下面马八退六绝杀。

19. 炮三平二 马8退6 **20.** 炮二平三 前马进8

21. 炮三平二 马6退8 **22.** 炮二平五！……

弃兵抢攻，好棋。

22. …… 后马退6 **23.** 马八退六 将5平6

24. 炮五进二 马8进7 **25.** 帅四进一 ……

破双士，红方马炮兵胜定。

图813，弈自1993年粤沪象棋对抗赛，由仙人指路对卒底炮形成。在看似平淡的局面中，红方利用各子占位优越，出手：

1. 炮三退一 车1平3 **2.** 炮六平三！……

双炮联动，弃相攻击黑方左翼，选准攻击点，好棋。

2. …… 车3进9 **3.** 仕五退六 炮8退4

4. 马三退四！马7进6 **5.** 车二进六 ……

攻中夺子，奠定胜势。

5. …… 车3退3 **6.** 车二退五 车3平6

7. 仕四进五 马6进5 **8.** 兵五进一 马4进2

9. 车二平八 马5进6

10. 帅五平四（图814） ……

马只能往"死里跳"，有趣。红方出帅擒马，形成"四红一黑"

趣景，妙。

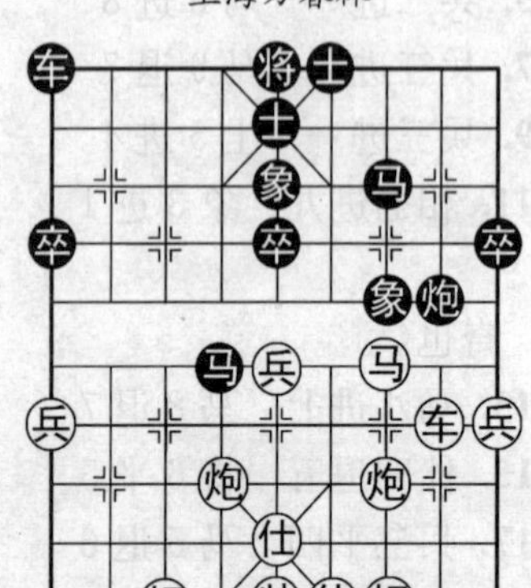

图 813

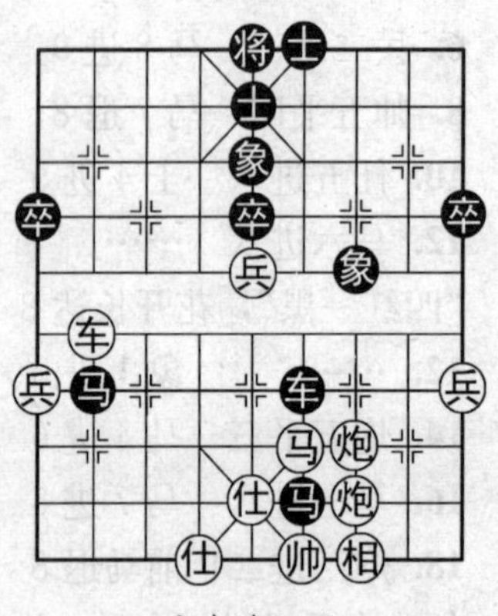

图 814

10. ……　　车 6 平 9　　**11.** 前炮平二　车 9 平 7

12. 炮二进七　象 5 退 7　　**13.** 车八退一！车 7 进 2

14. 兵五进一　车 7 平 9　　**15.** 马四进二　……

捉车吃马，红胜。

图 815，选自 1984 年第 2 届“避暑山庄杯”，由中炮进三兵对屏风马演成。红方多兵，黑方侧攻对峙；红方走子：

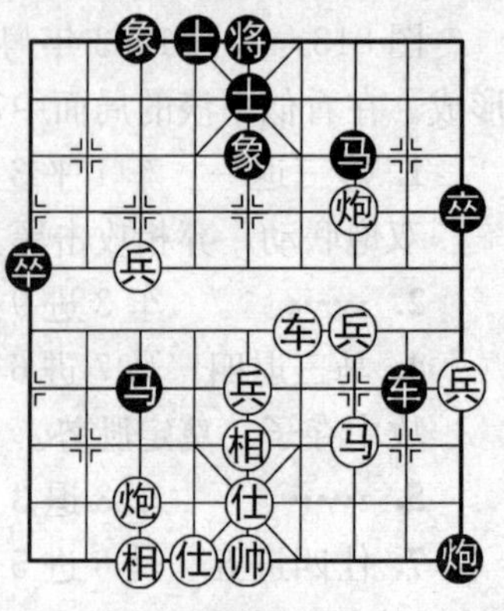

图 815

1. 车四退三　马 3 进 4

退车准备化解黑方攻势，黑马进相腰阻挡。如车 8 进 3，车四退一，红优。

2. 仕五进六　车 8 退 2

3. 兵七平六　马 7 进 5

如车 8 平 4 吃兵，车四平六，红方多子胜势。

4. 帅五进一（图 816）……

天津马凤友

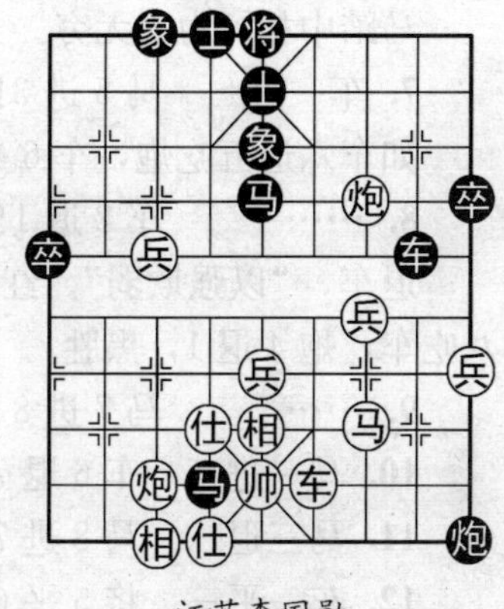

江苏李国勋

图 816

高帅关马，形成“四红一点黑”，好看又有趣。

4. …… 车 8 平 4

5. 车四进五 马 5 进 4

6. 帅五平六 ……

乘势夺子，奠定胜势。

6. …… 马 4 进 2

7. 炮七进三 马 2 进 4

8. 帅六平五 车 4 平 8

9. 炮七平五 车 8 进 4

10. 车四退五 车 8 退 4

11. 车四平一 炮 9 平 8

12. 马三退四 炮 8 平 4 **13.** 车一平二 ……

硬兑车，红方多子胜定。以下着法从略。

天津刘智

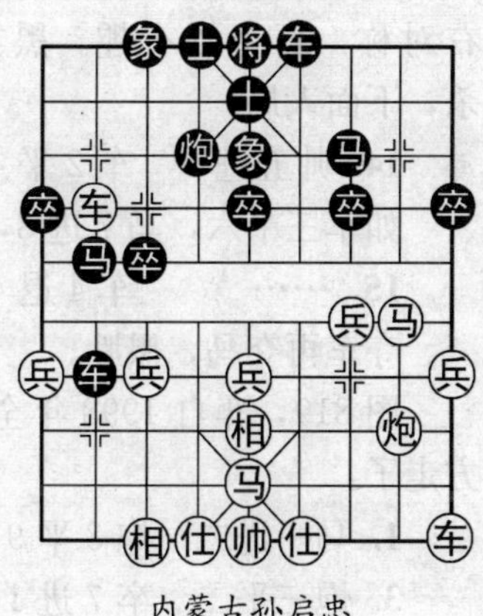

内蒙古孙启忠

图 817

图 817，出自 2007 年全国团体赛，由飞相对士角炮斗散手而成。黑方走子：

1. …… 车 6 进 8!

2. 马二进三 ……

车侵相腰，发起反击，佳着。红如马五进七，车 6 退 1，车一平二，炮 4 进 6，黑方有攻势。

2. …… 炮 4 进 6!

进炮再攻相腰，前呼后应，又凶又刁。

3. 炮二进三 卒 5 进 1

4. 炮二退二 车 2 进 2 **5.** 马三进一 马 2 进 3

6. 车八平六 ……

如改走车八退五，马 3 进 2，炮二退一，炮 4 退 1! 炮二进四，炮 4 平 1! 马五进七，马 2 退 4，黑胜。

6. ……　　　　马 3 进 5!

马踏中相，力大无穷。

7. 车一进一　马 5 进 3!　　　8. 车六退四　……

如车六退五吃炮，车 6 平 9，黑方夺车胜。

8. ……　　　　车 2 退 1!　　　9. 车一进一　……

天津刘智

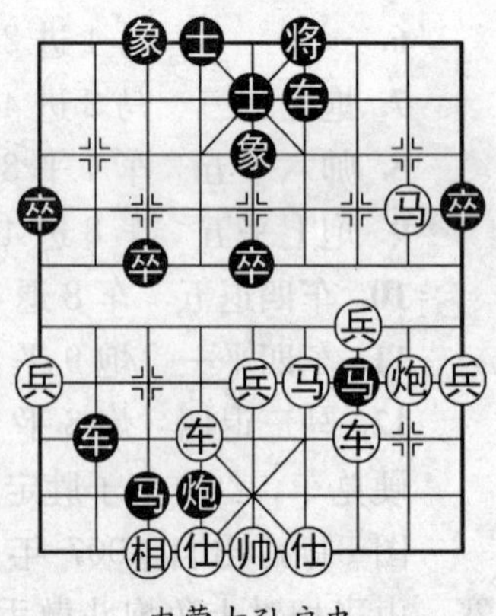

内蒙古孙启忠

图 818

退车，“以强欺弱”。红如车六平八吃车，炮 4 退 1，黑胜。

9. ……　　　　马 7 进 8

10. 马一进三　车 6 退 7

11. 马三退二　马 8 进 7

12. 车一平三　将 5 平 6!

13. 马五进四（图 818）

炮 4 平 9!

由“四红一黑”扩大为“六红一黑”。六个红子包围一匹黑马，且左右对称，真奇妙有趣。黑方开炮攻杀，下面入局。

14. 帅五进一　车 2 平 4　　　15. 车三进一　……

如车三平六，马 7 进 8，马四退三，车 6 进 7，黑胜。

15. ……　　　　车 4 退 4

夺车再夺马，黑胜。

图 819，弈自 1998 年全国团体赛，由对兵（卒）局走成。红方走子：

1. 马一进二　炮 8 平 9　　　2. 车二平一　炮 9 平 8

3. 炮三平二　卒 7 进 1　　　4. 车六平三　马 7 进 6

5. 仕四进五　卒 3 进 1　　　6. 车一进三（图 820）……

黑炮被红方六子包围，形成“六红一点黑”的有趣图景，真是红花丛中紫罗兰，独占花魁，可见象棋的百变魅力也。

6. ……　　　　炮 8 平 5　　　7. 炮二进七　炮 5 平 9

8. 马二进三　卒 3 进 1

上海顾嘉华

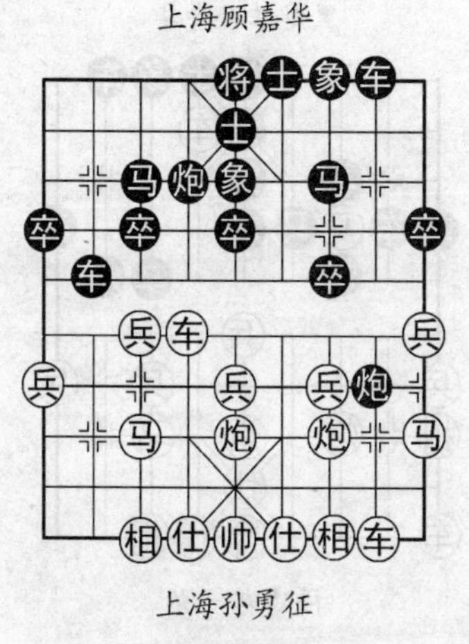

上海孙勇征

图 819

上海顾嘉华

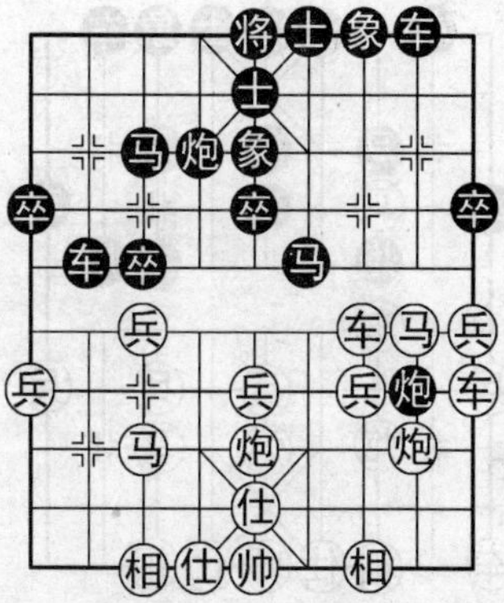

上海孙勇征

图 820

踏马即刻形成强大攻势。黑即使马 3 进 4，马三进五，马 4 退 5，车三进五，将 5 平 4，车三退四，将 4 进 1，车三平四，红亦胜势。

9. 马三进五　马 6 退 7　　　**10.** 马五进三　将 5 平 4

11. 车三进三　红胜。

2. 四黑一红　牡丹怒放 (7 例)

图 821，弈自 1991 年全国团体赛，由中炮横车七路马对屏风马走成。红方走子：

1. 车七平四　车 2 进 2　　　**2.** 车四进四　马 7 进 6

3. 兵五进一　马 6 退 4　　　**4.** 相七进九　士 4 进 5

5. 仕六进五　车 2 进 1（图 822）

红方左中右三条线同时发动进攻，将局势向前推进。至此棋盘上出现“四黑一点红”的黑牡丹景象，甚为有趣。同时卒林和黑方一边同时有两条（横、斜线）“5 子通”，更添趣意，棋艺真奇妙。

6. 车九平六　炮 3 平 4　　　**7.** 兵五进一　车 2 平 3

8. 炮七进五　车 3 退 1　　　**9.** 兵五平六　……

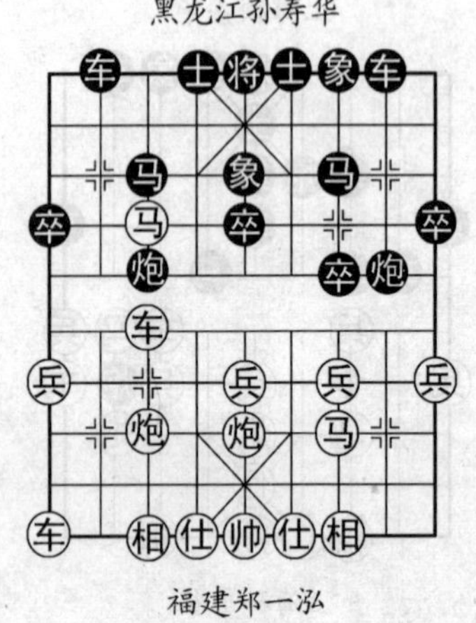

图 821

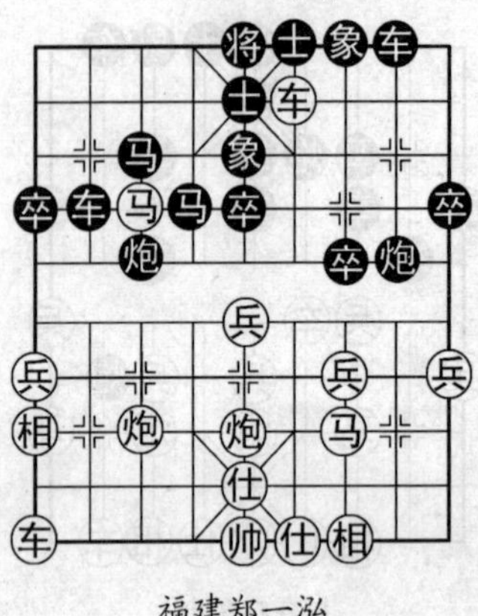

图 822

红方兑子抢攻，简化局势后占有优势。

9. …… 马 4 进 2　**10.** 马三进五　炮 8 进 5

11. 马五进四　炮 8 平 9　**12.** 炮五进五　……

黑方在底线企图一搏，但速度跟不上。红方中炮轰象，先发制人。

12. …… 士 5 进 6　**13.** 相九退七　车 3 进 6

14. 兵六平七！车 8 进 9　**15.** 相七进五　车 8 退 1

16. 相五进七！车 8 平 6　**17.** 马四进六　……

下面：车 3 平 5，炮五退六，士 6 进 5，马六进七，红胜。

图 823，选自 1988 年第 3 届“天龙杯”，由五八炮对屏风马形成。红方走子：

1. 马三进四　车 8 平 7　**2.** 马四进六　……

如改走相三进一，车 1 平 4，红方无戏。

2. …… 车 7 进 5！　**3.** 马六进五　……

如改走相三进一，车 7 进 2；如炮五进四，车 1 平 4，马六进五，车 4 进 2，都是黑优。

3. …… 车 1 平 3！

双车扼住 3、7 路，红马虽踏象，但无路可走。

4. 炮四进二　炮 2 平 4

5. 炮四平一　炮 8 平 6（图 824）

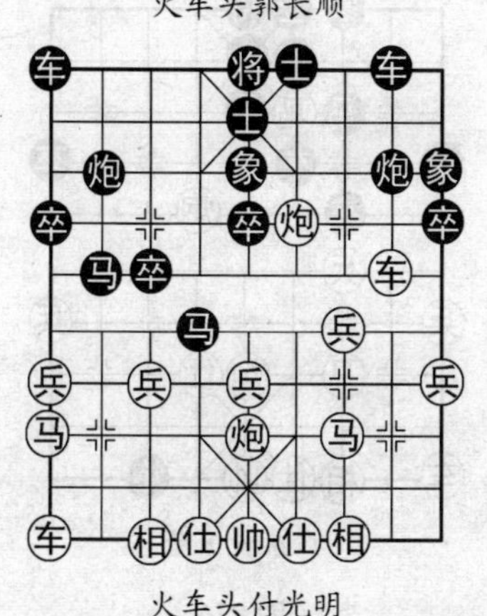

图 823

火车头郭长顺

火车头付光明

图 824

双炮夹马于九宫，形成“四黑一点红”趣景，且维持长达 10 个回合至终局，真是罕见也。

6. 车九进一　车 7 退 4　　**7.** 炮一平二　车 3 进 2

8. 炮二进一　象 9 退 7　　**9.** 兵七进一　马 2 进 1

10. 兵七进一　车 7 进 8　　**11.** 车九平八　马 4 进 6

12. 车二平四　马 6 进 7　　**13.** 车八平四　马 1 退 3

14. 马九进七　马 3 进 5　　**15.** 马七进五　卒 5 进 1

黑方必夺子而胜。

图 825，选自 1990 年全国女子个人赛，由顺炮横车对直车演成。面对黑炮轰车，红方抢中路，先声夺人：

1. 马四进五！炮 7 进 4　　**2.** 马五退七　士 6 进 5

3. 马七退五　炮 7 进 4　　**4.** 仕四进五　车 1 平 2

5. 兵七进一　马 7 进 6　　**6.** 马五进四　卒 3 进 1

7. 兵五进一！车 2 进 3　　**8.** 兵五进一！马 6 进 8

9. 兵五平四　象 7 进 5　　**10.** 炮三平四　炮 1 退 1

11. 仕五进四！马 8 退 6　　**12.** 马四进六！炮 1 平 4

13. 炮四进四　车 2 平 4（图 826）

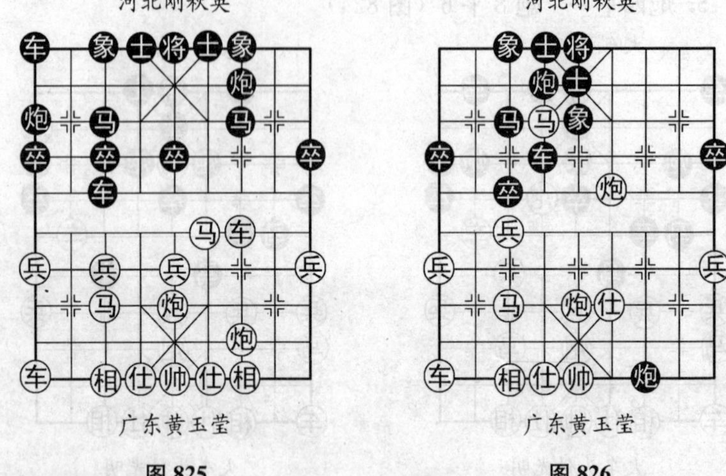

图 825　　**图 826**

14. 兵七进一　……

红方从中路突破，运动取势，走得漂亮。至此，四黑一点红，形似“牡丹”，俏丽有趣。红兵渡河，奠定优势。

14. ……　　　炮 7 退 6

如改走车 4 退 1，兵七进一；如将 5 平 6，车九进一，都是红优。

15. 车九进一　炮 7 平 5　　　**16.** 炮五进五　士 5 进 4

17. 炮五平七　……

劫象夺马，红方多子胜定。余着从略。

图 827，来自 1990 年全国团体赛，由中炮横车盘头马对屏风马走成。黑方多卒，反击进军：

1. ……　　　炮 8 进 7　　　**2.** 炮八进七　车 4 进 7

3. 炮八平九　……

平炮以求对攻，别无选择。如改走车一进一，炮 6 进 7，红难应付。

3. ……　　　车 4 平 5　　　**4.** 车一平五　……

如改走仕六进五，将 5 平 4，马四进三，车 8 进 3，黑方胜势。

4. …… 车 5 进 1
5. 仕六进五 将 5 平 4
6. 车八进九 将 4 进 1
7. 车八退三 车 8 进 5
8. 车八平六 士 5 进 4
9. 车六平九 士 6 进 5
10. 车九平八 车 8 平 4
11. 炮九退三 炮 8 退 4
12. 炮九平一 炮 8 平 5
13. 仕五进六 士 5 退 6
14. 炮一进二 车 4 进 2
15. 车八进二 将 4 退 1
16. 车八进一 将 4 进 1
17. 车八平四 炮 5 平 6
18. 车四退一 车 4 退 5
19. 车四平二 将 4 进 1
20. 车二平五

后炮进 1（图.828）

上海万春林

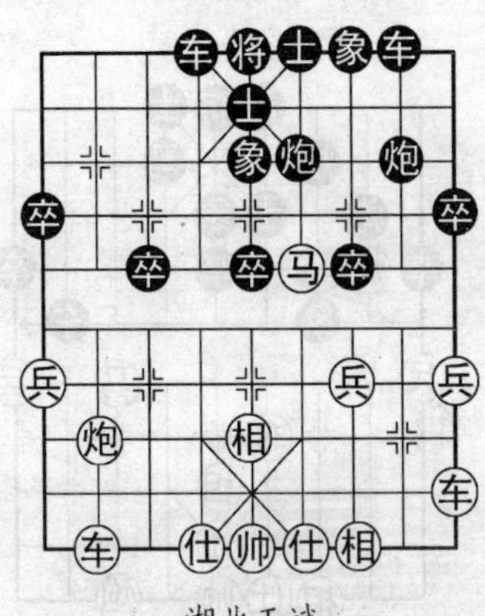

湖北王斌

图 827

上海万春林

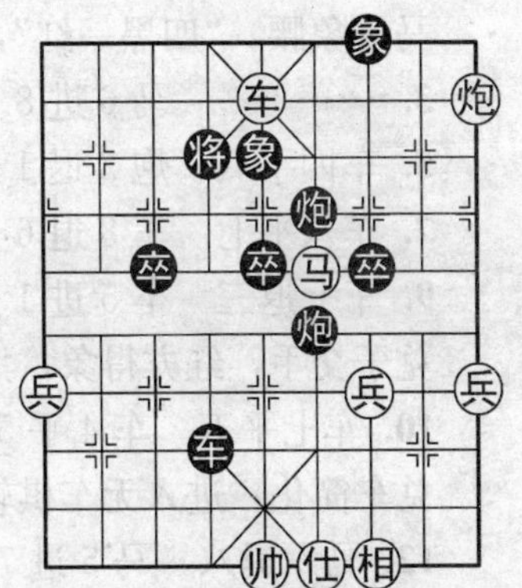

湖北王斌

图 828

黑方双炮双卒团团围住红马，形成四黑一点红图案，甚是好看，奇也。

21. 仕四进五 车 4 退 1
22. 炮一平四 后炮平 5！
23. 车五退一 将 4 退 1
24. 帅五平四 车 4 平 6　　25. 帅四平五 炮 6 平 5
26. 相三进五 车 6 退 2 ……

攻中夺马，过程精巧，运子颇见功力。黑方胜定，余着从略。

图 829，出自 2003 年全国象甲联赛，由对兵（卒）局斗散手而成。红方走子：

1. 车六平四 士 6 进 5　　2. 炮三平四 车 8 进 5

3. 马七进六（图 830）　……

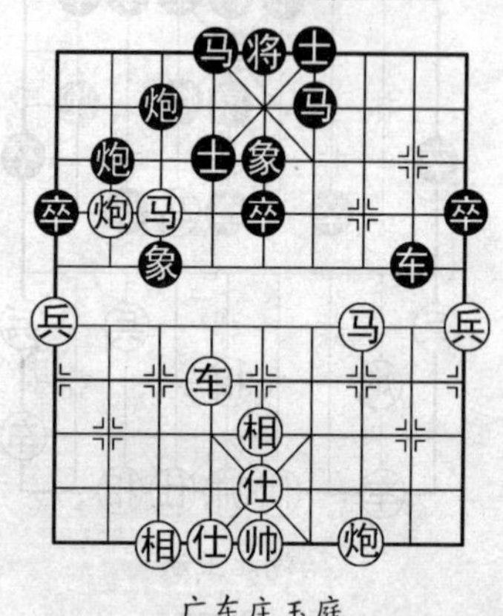

图 829

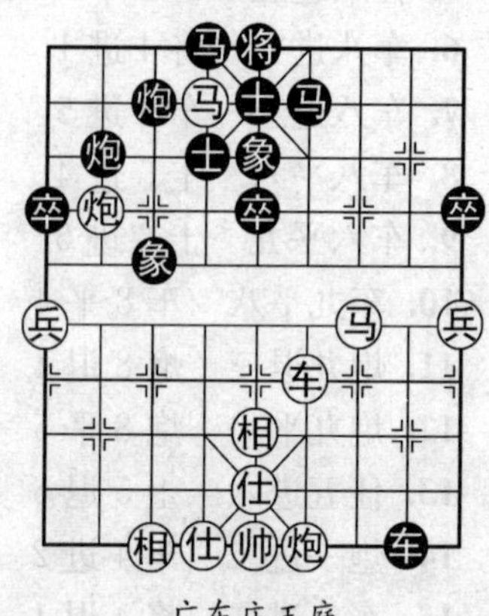

图 830

马跳象腰，“四黑一红”，趣景顿现，好看。

3. ……　马 6 进 8　**4.** 炮八平六　马 8 进 7
5. 车四平八　炮 2 退 1　**6.** 车八进三　卒 5 进 1
7. 车八平七　车 8 退 6　**8.** 车七进二　车 8 平 4
9. 车七退三　卒 5 进 1

兑子交手，红方得象，黑方过卒，双方各得其所。

10. 车七平五　车 4 平 5　**11.** 车五进一　马 7 退 5

兑车简化，进入无车棋较量。

12. 马六退八　马 5 进 7　**13.** 兵一进一　卒 9 进 1
14. 马三进一　炮 2 平 1　**15.** 兵九进一　炮 1 进 3
16. 马八退九　卒 1 进 1　**17.** 相五进三　……

形成马炮仕相全对双马双卒单缺象。黑方多卒，但在红方顽强防守下，黑难突破，终成和局，着法从略。

图 831，选自 2007 年全国象甲联赛，由仙人指路对飞象局走成的无车残局。黑方多子破相，占优推进：

1. ……　炮 4 退 1　**2.** 兵七进一　士 5 进 4!
3. 马六退七　炮 4 平 9!

赶马炮步腾挪，佳着。

4. 兵七平六　士 4 进 5　　**5.** 兵九进一　炮 9 进 4

6. 马七进八　炮 9 平 8　　**7.** 兵九进一　炮 8 退 1

8. 兵九进一　炮 1 退 5　　**9.** 兵六进一　……

兵换双士企图一搏，但难撼黑方优势。

9. ……　士 5 进 4　　**10.** 马八进六　将 5 平 6

11. 兵九平八　炮 1 平 6　　**12.** 兵八平七　炮 6 退 1

13. 马六进八　炮 8 退 1（图 832）

浙江于幼华

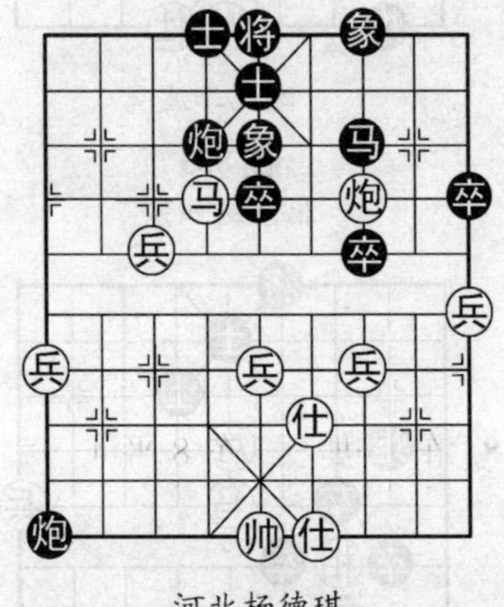

河北杨德琪

图 831

浙江于幼华

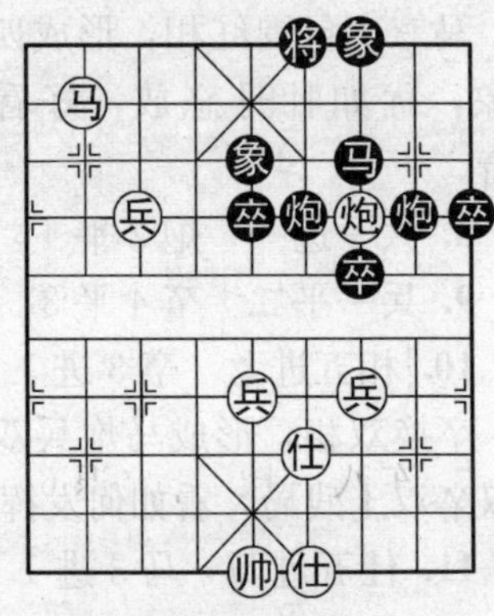

河北杨德琪

图 832

黑方 6 子对称将红马围住，花开并蒂莲，有趣。真是花间弄影，妙在其中。

14. 兵七进一　马 7 退 5

15. 兵七平六　炮 8 退 2!　　**16.** 炮三平五　炮 8 平 2

17. 炮五进二　炮 6 退 1

兑子抢局，下面：兵六进一，炮 2 平 5，兵六平五。以后黑方可消灭一个兵而过两个卒，炮双卒必胜双仕双兵残局，红方认输。

图 833，弈自 1993 年全国团体赛，由飞相局对过宫炮走成。双方斗马炮残局，红方少兵，黑方残象，各有千秋。红方走子：

1. 马五进三　卒 6 平 5

2. 马三进一　将 6 平 5

3. 炮一退三　……

攻中夺边卒，加大对攻力量。

3. ……　　卒 5 平 4

4. 炮一平五　将 5 平 4

5. 马一退三　卒 1 进 1

6. 马三退五　炮 2 退 6

7. 兵一进一

卒 1 平 2（图 834）

北京臧如意

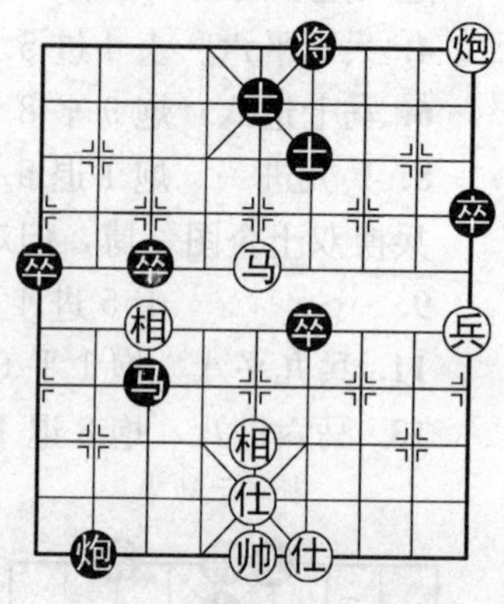

湖北李波

图 833

马三卒包围红相，形成四黑一红趣象，犹如牡丹怒放，好看，令人叫奇。

北京臧如意

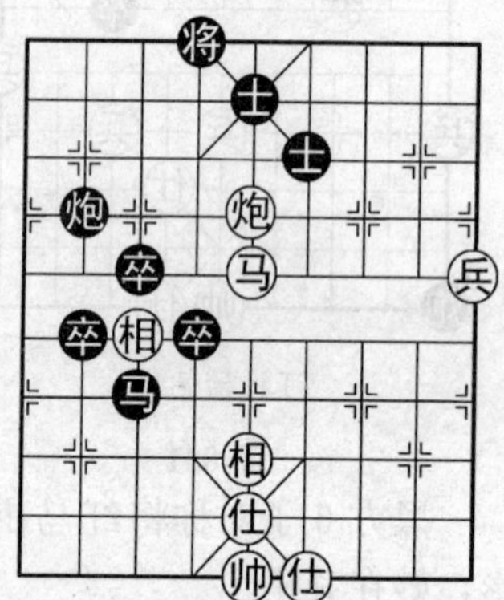

湖北李波

图 834

8. 兵一进一　炮 2 平 4

9. 兵一平二　卒 4 平 3

10. 相五进七　卒 3 进 1

卒换双相，形成马炮兵双仕斗马炮双卒双士残局，看如何发挥了。

11. 仕五进四　马 3 进 1

12. 仕四进五　卒 3 进 1

13. 兵二平三　卒 2 进 1

冲卒太急，应改走炮 4 进 1，挡马为好。

14. 马五进七　马 1 进 3

15. 帅五平四　马 3 退 4

16. 马三平四　马 4 退 3　　17. 炮五进一　炮 4 退 1

18. 马七进八　将 4 进 1　　19. 马八退七　炮 4 平 3

挡马不及将 4 退 1 保持不变而显灵活（红方不可长将）。

20. 兵四平五　马 3 进 4　　21. 兵五平六　马 4 退 6

22. 炮五退三　将 4 退 1　　23. 兵六进一　卒 2 进 1

24. 马七退六　卒 3 进 1　　25. 马六进八　炮 3 进 2

26. 马八进七　将 4 进 1
27. 炮五平六　炮 3 平 4
28. 兵六平五　炮 4 平 5
29. 兵五平六（图 835）
士 5 进 4?

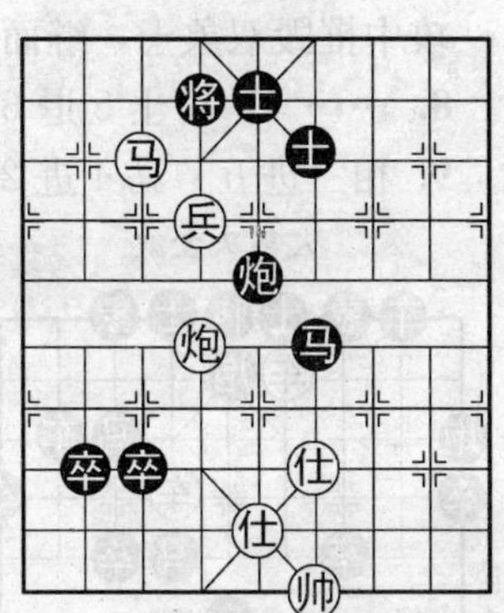

图 835

红方马炮兵联攻，抢先领跑。至图 835，黑方撑士劣着，反助红方入局机会。应改走炮 5 平 4 不变待变，黑方多卒，留有机会。

30. 兵六进一！……

劫士推进，机不可失，时不我待。黑方不能吃兵，否则马 7 退 6 杀。

30. ……　将 4 平 5　31. 炮六平五　将 5 平 6
32. 马七进六　炮 5 退 4　33. 兵六平五　马 6 进 7
34. 帅四平五　士 6 退 5　35. 炮五进四！……

再破士，红方胜定。

35. ……　卒 3 进 1　36. 炮五平九　卒 3 平 4
37. 马六退八　将 6 退 1　38. 兵五进一　卒 4 平 5
39. 仕四退五　炮 5 进 8　40. 兵五平四　将 6 平 5
41. 马八退六　将 5 平 4　42. 兵四平五　红胜。

3. 凌空飞雁（4 例）

图 836，弈自 1999 年全国团体赛，由五六炮过河车对屏风马走成。环绕中路展开争夺，红方出招：

1. 前炮平六！……

卸炮胁士，见缝插针，佳着。

1. ……　炮 5 进 7　2. 炮六进七！车 2 进 7
3. 马七退五　士 6 进 5　4. 炮六平三　炮 1 平 5
5. 炮三平七　车 2 退 7　6. 炮七退二　马 6 进 4

7. 炮七平三　车 8 平 7　　**8.** 车四进二　……

攻中摧毁双象士，继而兑子，双车挟士，优势在握。

8. ……　士 5 退 6

9. 相三进五　马 4 进 2（图 837）

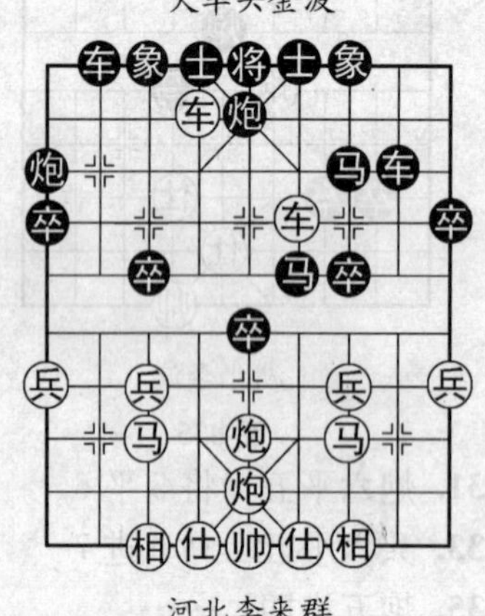

图 836

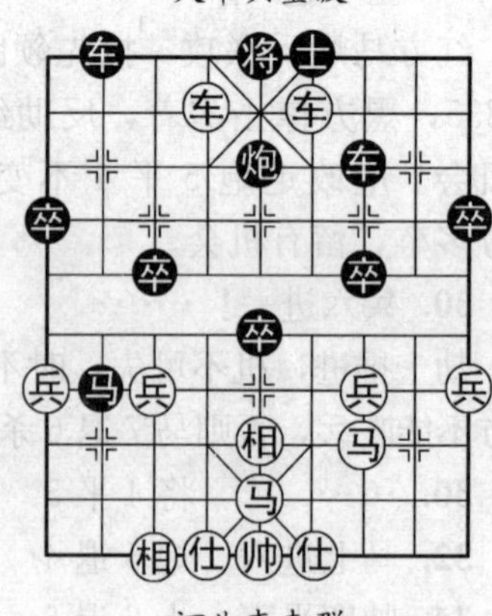

图 837

至此，5 个卒子人字形对称列队，盘踞棋盘中央，犹如大雁凌空，而且此景持续 11 个回合之久，真是夺异壮观，妙极。

10. 马五进七　车 7 平 8　　**11.** 仕四进五　炮 5 平 4

12. 帅五平四　炮 4 平 6　　**13.** 车六退七　士 6 进 5

14. 马七退九　……

退车、兑马，简化掌控，老练。

14. ……　马 2 进 1　　**15.** 车六平九　车 8 进 5

16. 车九平六　炮 6 平 4　　**17.** 车六进五！炮 4 退 2

18. 车六进二　士 5 退 6　　**19.** 车四退三　士 6 进 5

20. 车四平五　车 8 退 6　　**21.** 车五退一　……

连攻带消。至此，“凌空大雁折翅而亡”。

21. ……　车 2 进 6　　**22.** 帅四平五　车 2 平 3

23. 车六退二　车 3 平 7　　**24.** 马三退四　车 7 平 1

25. 兵一进一　车 8 平 9　　**26.** 马四进三　卒 9 进 1

27. 马三进二　卒7进1　**28.** 马二进三　卒9进1
29. 马三进五　……
放卒窜马，成双车马攻杀之势。
29. ……　卒9平8　**30.** 仕五退四　卒7进1
31. 仕六进五　卒1进1　**32.** 车六平七　卒8进1
33. 车七进三　车1平4　**34.** 车五平三　车9平6
35. 车三进五　士5退6　**36.** 车七退四　炮4进1
37. 马五进七　将5平4　**38.** 车三退三　炮4平5
39. 马七退五　车4退4　**40.** 车三平八　将4进1
41. 车八进二！……
弃车杀，红胜。

图838，来自2001年“九天杯”第5届全国象棋大师冠军赛，由中炮进三兵对半途列炮走成。红方多兵，前沿车马有势，抢先进攻：

江苏廖二平

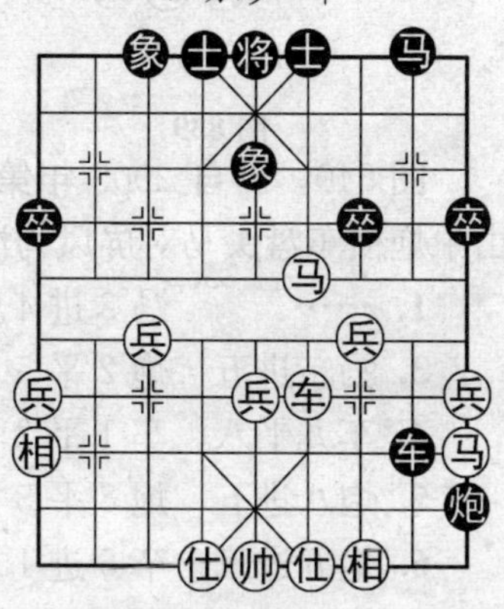

湖北李雪松

图838

1. 马四进六　士4进5
2. 马六进七　将5平4
3. 兵五进一　车8平4
4. 仕六进五　车4退5
5. 兵五进一（图839）　……
冲中兵，增加前线攻击力，形成五兵居中对称列队，气势磅礴，“凌空飞雁”又一佳景，好看！
5. ……　车4平3　**6.** 马七进九　马8进9
7. 兵五进一　卒9进1　**8.** 车四平六　将4平5
9. 马一进三　马9进8　**10.** 马三进五　炮9平6
11. 车六平四　炮6平7　**12.** 兵五平六　……
兵侵象腰，中马虎视，厉害。
12. ……　象3进1　**13.** 车四平二　马8退7
14. 马五进四　象5退3　**15.** 兵六平七！……

横兵欺车，立成杀局，红胜。全局弈完，五兵犹是齐全，“雁队无损”，妙也。

江苏廖二平

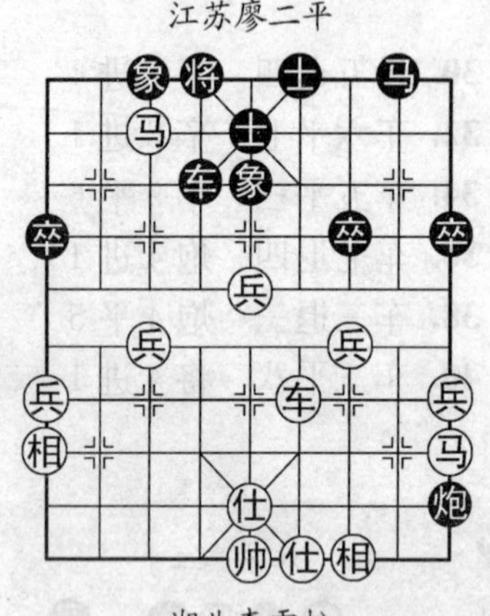

湖北李雪松

图 839

北京付光明

江苏朱瑞尧

图 840

图 840，出自 2005 年第 2 届中国“灌南汤沟杯”象棋大赛，由中炮横车盘头马对屏风马演成。黑方防守反击：

1. ……　马 3 进 4　　2. 兵五进一　马 4 进 5

3. 马三进五　炮 2 平 5

4. 车九平八　车 1 平 2

5. 炮八进五　炮 8 平 5

6. 炮五进三　卒 5 进 1

7. 炮八平三　车 2 进 8

8. 车六平八　车 8 进 3

大兑子，局面迅速简化，黑方中路镇马，卒多子畅，已反先。

9. 车八平六　卒 5 进 1（图 841）

挺中卒，捉住红马，形成 5 卒对称盘踞棋盘中央，犹如凌空飞雁，气势雄壮，好看。

北京付光明

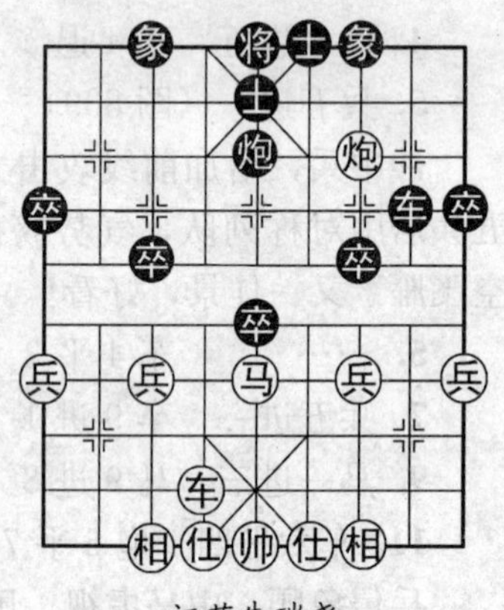

江苏朱瑞尧

图 841

10. 仕六进五　卒 5 进 1　　11. 车六进三　车 8 平 2

12. 相七进五　车2进6　**13.** 车六退四　车2退3
14. 炮三退一　车2平3　**15.** 兵九进一　车3平4
16. 炮三平二　车4进3　**17.** 帅五平六　卒5平6

再兑车，黑方多卒已呈胜势。大雁凌空保持9个回合，奇妙也。

18. 炮二退一　象3进1　**19.** 炮二退三　卒6平7
20. 炮二平一　象1退3　**21.** 炮一进四　炮5平1
22. 兵一进一　炮1进3

黑方多卒胜定，下略。

图842，弈自2007年全国象甲联赛，由仙人指路对卒底炮走成。红方弃马杀象抢攻：

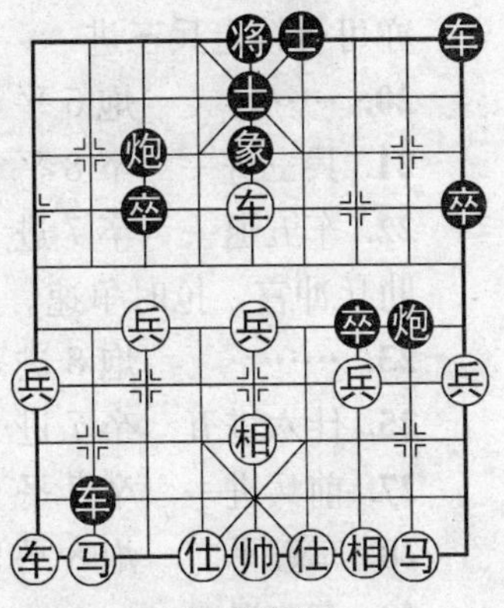

图842

1. 车五进一　炮3平2
2. 马八进六　车2平4
3. 车五平八　车4平8
4. 车八平五　……

抢攻占中路，多兵。红方虽少子，但优势不言而喻。

4. ……　炮8进4
5. 仕六进五　车8退5
6. 兵三进一　车9平8
7. 车九平八　前车平4　**8.** 兵五进一（图843）　……

红方五兵齐全，对称盘踞在棋盘中心而向两翼展开，犹如“凌空飞雁”遨游天空，气势雄壮，好看又有趣，妙哉。

8. ……　车8进6　**9.** 兵五进一　车4进3
10. 兵九进一　车4平2　**11.** 车八进三　车8平2

兑车后，局面简化而进入残局。车多兵攻车炮，红方继续保持优势。

12. 兵五平六　车2平9　**13.** 兵九进一　车9平1
14. 兵九平八　车1平2　**15.** 车五退二　炮8退3
16. 仕五退六　炮8平5　**17.** 相五退七　……

江苏徐超

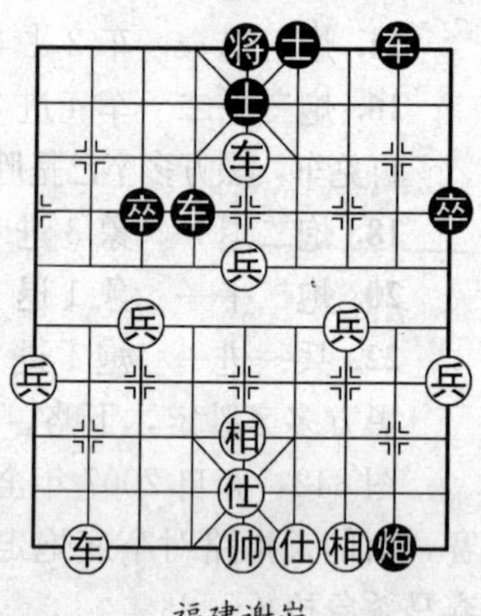

福建谢岿

图 843

退相露帅，黑方车炮无作为，红帅又可起到控制和助攻作用。

17. ……　　　卒 9 进 1

18. 兵八进一　卒 9 进 1

19. 兵八平七　……

吃卒，成车四兵仕相全对车炮卒双士，红方优势而推进。

19. ……　　　卒 9 平 8

20. 相三进一　……

亦可直接走兵三进一。

20. ……　　　炮 5 平 8

21. 兵三进一　卒 8 平 7

22. 车五退一　卒 7 进 1

23. 兵六进一　……

肋兵冲宫，抢时争速。

23. ……　　　炮 8 进 3

24. 相一退三　车 2 平 6

25. 仕六进五　卒 7 进 1

26. 兵六进一　卒 7 进 1

27. 前兵进一　卒 7 平 6

28. 车五平二　炮 8 平 9

29. 车二退二　……

兵、卒赛跑，红方车扼要道，不怕车炮卒联攻。

29. ……　　　车 6 平 7

30. 仕五退六！车 7 平 5

31. 车二平五！……

强兑车，兵多势众。

31. ……　　　车 5 进 1

32. 相七进五　炮 9 退 8

33. 前兵进一（图 844）　……

四兵必胜炮卒双士，黑方认输。

江苏徐超

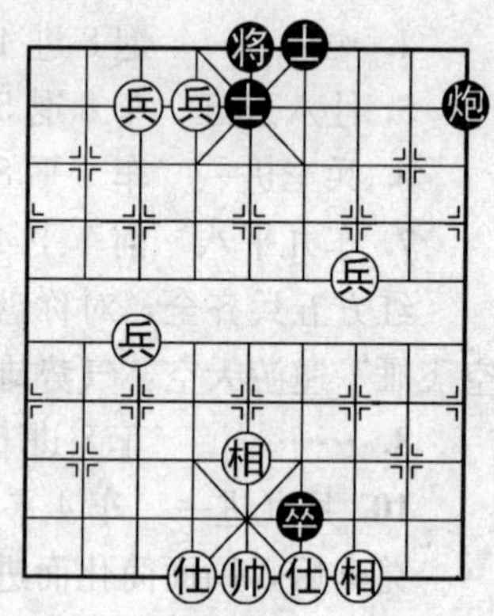

福建谢岿

图 844

4. 明月当空照

图 845，选自 1989 年全国个人赛，由斗顺炮形成。双方对峙，红方走子：

1. 车六进三　卒 5 进 1　　2. 仕四进五　炮 4 平 9
3. 兵五进一　马 7 退 5　　4. 马二退四　马 4 退 2
5. 马四进五（图 846）　……

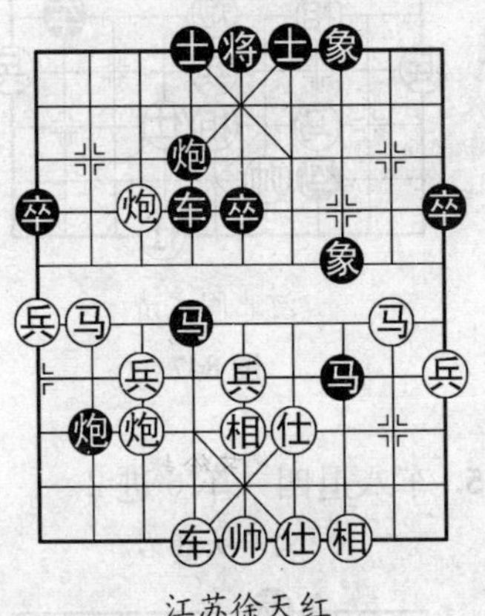

图 845

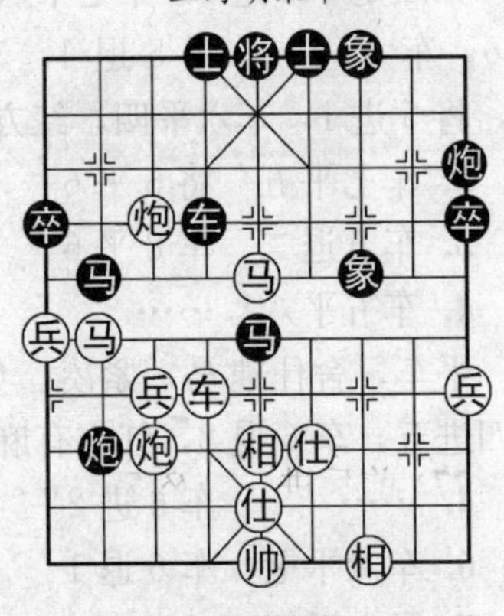

图 846

至此，在棋盘左侧河沿，红方车炮兵双马与黑方车双马形成一个圆形，犹如“一轮明月当空照”，真是奇妙得可爱也。

5. ……　车 4 进 3　　6. 马八退六　炮 9 进 4
7. 马六进七　炮 9 进 3　　8. 仕五退四　马 5 退 3
9. 马五进四　将 5 进 1　　10. 马四退六　将 5 平 6
11. 后炮进三　炮 9 退 5　　12. 前炮平一　炮 9 平 3
13. 马六退八　……

马炮双兵对双炮卒，以后激战成和，从略。

5. “⊥”形图案（2 例）

图 847，来自 1991 年全国个人赛，由仙人指路对起马局走成。双方对攻，黑方残士象、少卒，红方乘势而进：

火车头崔岩

河北阎文清

图 847

1. 车七进一　炮 4 退 2

如改走卒 5 进 1，车七平六，卒 5 平 6，车六进一，将 5 退 1，车六进一，将 5 进 1，车六平四，红方胜势。

2. 车七平五　将 5 平 6

3. 车五退二　车 8 平 6

4. 车五平八！……

平车，舍仕逮马，紧凑。如改走仕四进五，车 6 退 2，红方有麻烦。

4. ……　　车 6 进 2

5. 车八退四　车 6 进 2

6. 车八平七　车 6 退 1

7. 马七退五　……

夺马，红方多子多兵，胜势。

7. ……　　士 6 进 5

8. 车七进二（图 848）……

棋枰中央，红方炮兵相马帅与黑车形成“⊥”形图案，对称得有趣，妙。

火车头崔岩

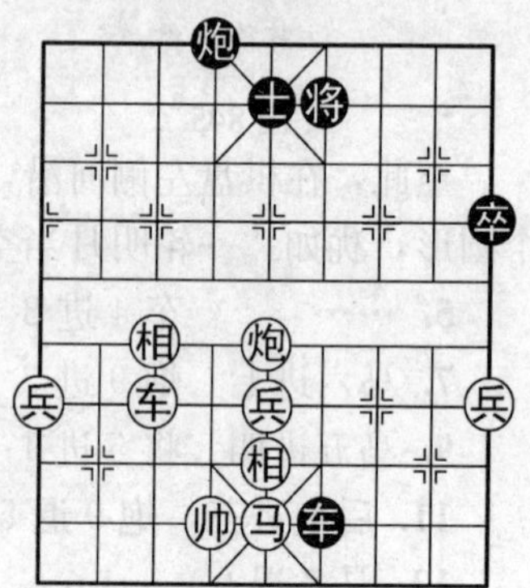

河北阎文清

图 848

8. ……　　士 5 进 4

9. 炮五平六　炮 4 进 5

10. 兵五进一　将 6 退 1

11. 车七平三　将 6 平 5

12. 车三进六　将 5 进 1

13. 车三退三　炮 4 进 1

14. 车三退三　炮 4 平 6　　**15.** 兵五进一　炮 6 退 6

16. 车三进五　将 5 退 1　　**17.** 兵五进一　车 6 平 9

18. 帅六退一！……

舍炮弃马，车兵入局，凶。

18. ……　　车 9 平 5　　**19.** 兵五进一　车 5 平 8

20. 兵五平六　车 8 退 6　　**21.** 兵六进一　红胜。

图 849，选自 1995 年全国女子个人赛，由飞相局对士角炮走成。斗散手，较量无车棋，红方走子：

1. 马四进六　炮 5 退 2　　**2.** 马二退一　马 3 进 4

3. 炮八平六　马 4 退 5　　**4.** 炮六平七　马 5 退 3

5. 炮七进三　炮 6 进 2（图 850）

江苏张国凤

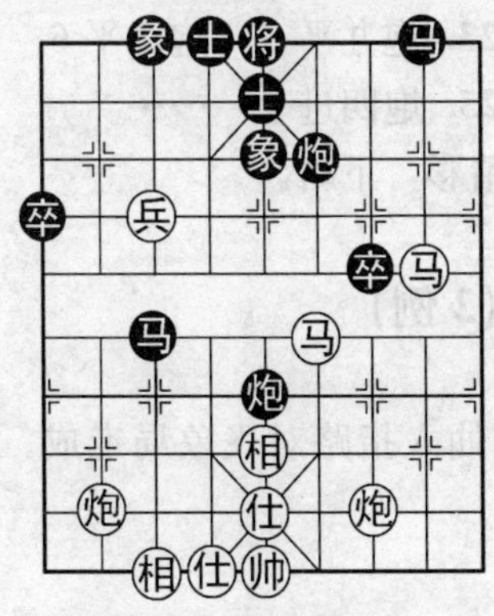

河北胡明

图 849

江苏张国凤

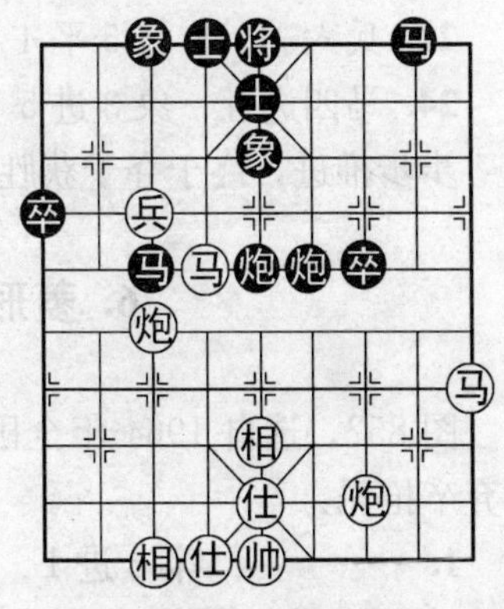

河北胡明

图 850

马炮兵与双炮马卒在楚河上横列一“⊥”形图案，美哉，奇也。

6. 马六退七　卒 1 进 1　　**7.** 炮三平四　卒 1 进 1

8. 炮七平一　马 8 进 9　　**9.** 马一退三　卒 1 进 1

10. 马三进二　炮 6 退 4

同样退，宜走炮 6 退 3。

11. 马七进六　卒 1 平 2　　**12.** 兵七平六　马 3 进 4?

进马构不成威胁，徒劳。可走士 5 进 6 兑炮，黑势不差。

13. 马六进八！炮 6 进 1

14. 炮一退一

马 4 退 3?（图 851）

退马软手。可走卒 7 进 1 对攻。现红方看准战机出手：

江苏张国凤

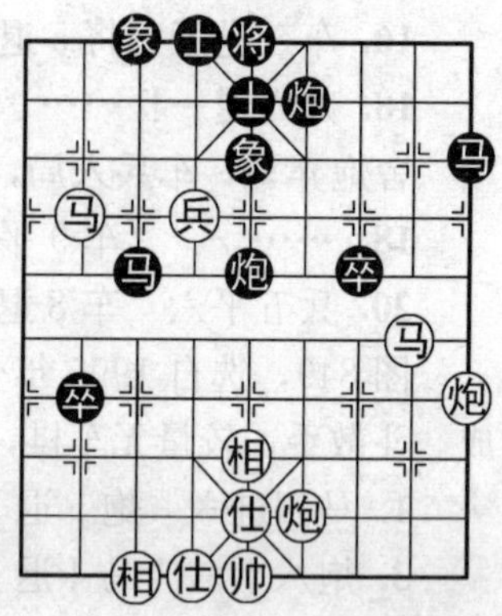

河北胡明

图 851

15. 炮一平四！炮 6 平 7

16. 前炮进五！士 5 进 6

17. 前炮平九！马 3 退 2

18. 兵六进一　炮 7 平 2

19. 马八退七　炮 5 退 1

20. 兵六进一！马 2 进 3

21. 马二进四！马 9 退 7

22. 兵六进一！将 5 平 4　**23.** 炮九平三　炮 2 平 6

24. 马四进五　象 3 进 5　**25.** 炮四进七　……

步步推进，终于夺子获胜，走得精彩，下略。

6. 菱形图案（2 例）

图 852，选自 1964 年全国赛，由仙人指路对飞象局走成。黑方弃卒抢先：

1. ……　卒 3 进 1

2. 兵七进一　炮 8 进 3

3. 兵三进一　卒 7 进 1（图 853）

至此，红方车马双炮双兵与黑方炮卒共 8 个子形成一个菱形图案，甚是奇妙有趣。

4. 兵七进一　卒 5 进 1　**5.** 兵七进一　卒 5 进 1

6. 马四退三　……

强冲中卒，好棋。红如改走兵五进一，炮 8 平 5，兵七进一，车 2 进 6。黑方弃马抢攻，红方难堪。

6. ……　炮 8 平 7　**7.** 车三平六　马 3 进 5

上海胡荣华

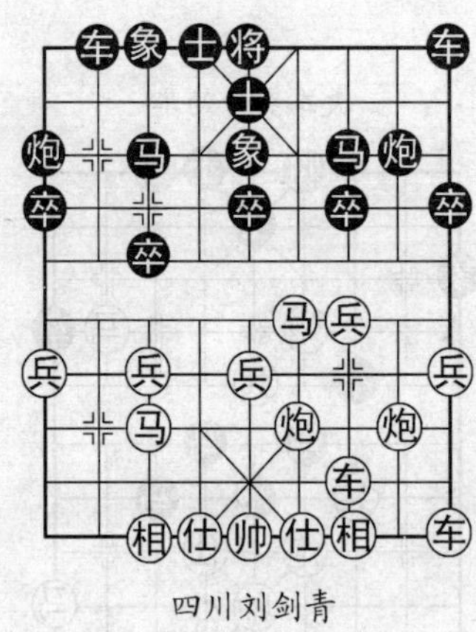

四川刘剑青

图 852

上海胡荣华

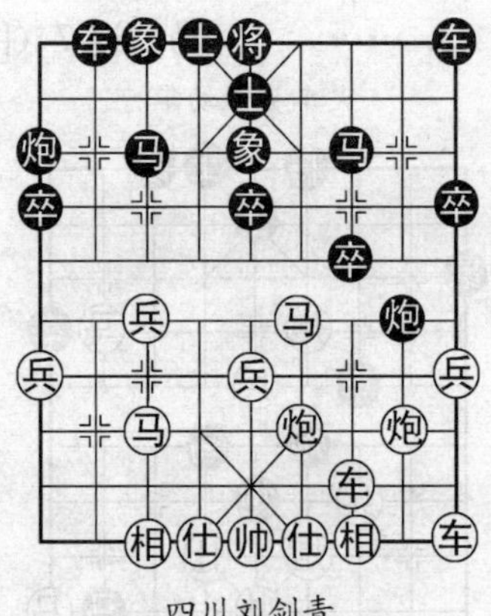

四川刘剑青

图 853

8. 兵七平六　马 5 进 6

10. 炮四平五　车 9 平 8

12. 兵六进一　车 2 进 2

14. 车六进五　卒 6 进 1

9. 马三进四　卒 5 平 6

11. 炮二平五　车 8 进 6

13. 兵六进一　卒 6 进 1

黑方取得优势，以后获胜。着法从略。

下一例，则出现了更为精巧的连环图形。

图 854，弈自 1995 年全国个人赛，由斗列炮走成。双方斗无车棋，红方走子：

1. 兵四平五　炮 5 进 1

2. 炮四平六　炮 1 平 4

3. 帅五进一（图 855）　……

至此，奇迹出现：红方渡河炮兵与黑方双炮马卒形成一个长方形；红方“河内”的炮兵仕帅与黑方双炮又成一个长方形，且这两个长方形又互为关联；而图中 10 子又成“3、4、3”对称形，你说奇不奇？真是棋艺多奥

火车头于幼华

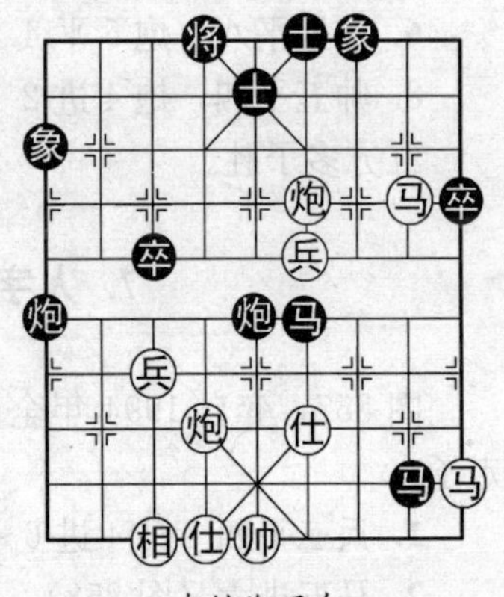

农协郑乃东

图 854

妙！不仅如此，且请继续往下看：

3. ……　　　　马 8 退 7（图 856）

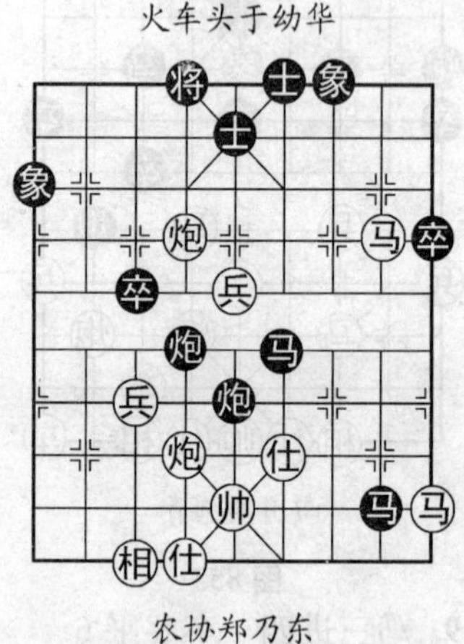

图 855

火车头于幼华

农协郑乃东

图 856

至此，又出现另一奇观：红方炮兵仕与黑方双炮双马卒形成一个"加长方形"，而周围 11 个子又形成大小 7 只互为连环的"菱形"，横看竖看，还可以找出一个三角形和一个大方块，犹如象棋"万花筒"，真是妙不可言。

4. 帅五退一　马 6 进 5　　**5.** 仕六进五　马 7 进 9

6. 前炮平八　炮 5 平 4　　**7.** 相七进五　马 9 进 7

8. 帅五平四　炮 4 进 2　　**9.** 仕五进六　……

红方多子胜。

7. 人字形图案（2 例）

图 857，弈自 1994 年全国个人赛，由起马对挺卒而成。红方走子：

1. 兵三平四　马 4 进 6

2. 马五进六（图 858）　……

图 858，两条斜线呈"人字形"图案，稀奇有趣。

广东宗永生

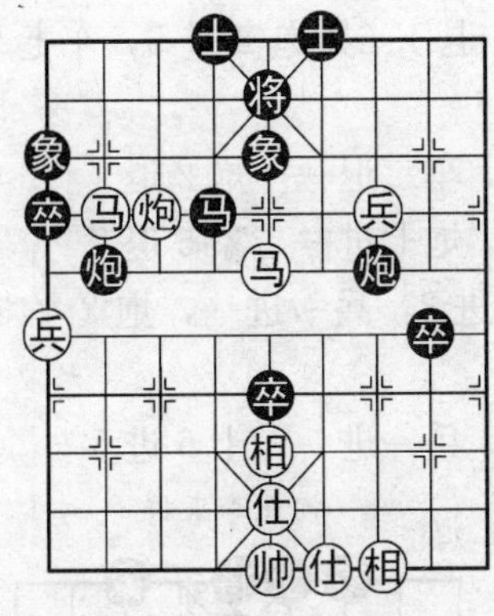

北京张强

图 857

广东宗永生

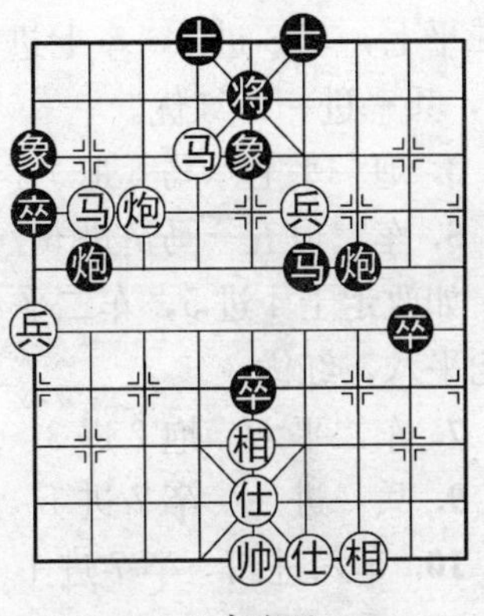

北京张强

图 858

2. …… 炮 7 退 3　**3.** 兵四进一　炮 7 进 2

4. 炮七进二　马 6 退 4　**5.** 兵四平五！ ……

弃兵杀象抢攻，佳着。

5. …… 将 5 进 1　**6.** 炮七退一　将 5 退 1

7. 马六退四　将 5 平 4　**8.** 炮七退六！ 马 4 退 6

9. 马八退六！ 炮 2 退 2　**10.** 马六退五　士 4 进 5

11. 马五进四！ 将 4 退 1

12. 后马退二　……

炮双马进攻有板有眼，先后将两个过河卒消灭，红方由此确立优势。以后残局获胜，着法从略。

河北李来群

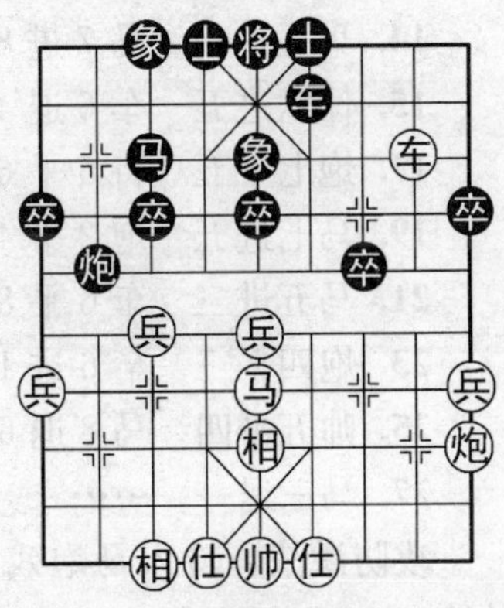

广东吕钦

图 859

图 859，出自 1983 年全国团体赛，由中炮横车七路马对屏风马右炮巡河走成。车马炮交手，在看似平淡的局面中，红方发起侧攻：

1. 炮一进四　车 6 进 5

2. 马五退七　马 3 退 5

如改走车 6 平 3，炮一进三，象 5

退7（如士6进5，车二进二，士5退6，车二退六，黑方丢车），车二平七，车3进1，车七进二，车3退1（如炮2进5，车七平八），兵一进一，红优。

3. 炮一平七　马5退7　　**4.** 车二退一　炮2退1

5. 车二退五　马7进6　　**6.** 炮七进一　象5退7

如改走士4进5，车二平八，炮2进3，兵一进一，炮2平3，炮七平八，红优。

7. 车二平六　炮2进3　　**8.** 兵一进一　士6进5

9. 兵一进一　卒7进1

10. 车六进四　卒7进1

11. 兵一平二

卒7进1（图860）

河北李来群

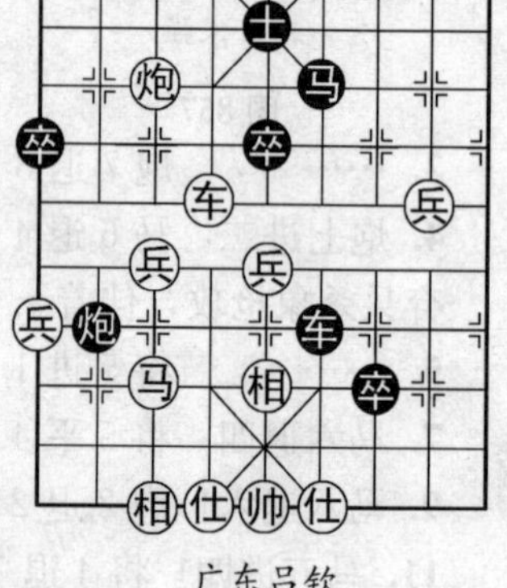

广东吕钦

图860

此际在棋枰中央地区，由红方车双兵与黑方车马炮双卒构成人字形图案，堪称奇景，妙。

12. 兵二平三　卒5进1

13. 兵三进一　马6进7

如改走卒5进1，兵三进一，黑方丢马。

14. 兵五进一　马7进8

15. 仕六进五　车6退4　　**16.** 炮七退一　炮2退4

17. 炮七平五　将5平6　　**18.** 炮五平四　将6平5

19. 马七进五　炮2平4　　**20.** 仕五进六　卒7平6

21. 马五进三　车6平8　　**22.** 兵三平二　车8平9

23. 炮四平三　卒6进1　　**24.** 车六退二　卒6进1

25. 帅五平四　马8退6　　**26.** 车六平一　车9进4

27. 马三退一　……

攻防激战，转入马炮残局，红方净多三兵，胜定。下面着法从略。

8. 十字架图形（2 例）

图 861，出自 1992 年全国个人赛，由中炮过河车对屏风马横车走成。车马炮斗双车，红方少兵、子位差，勉力抗衡：

化工李定成

广东陈军

图 861

1. 车二平三　卒 7 平 6

红如改走炮五平三，卒 1 进 1，马九退七，卒 4 进 1，马七退九，卒 4 进 1，黑胜势。黑卒靠九宫，杀势近矣。

2. 仕五进四　车 6 进 3

3. 仕四进五

车 6 退 2（图 862）

退车“闷炮”，棋盘中央，出现十字架图形，有趣。

化工李定成

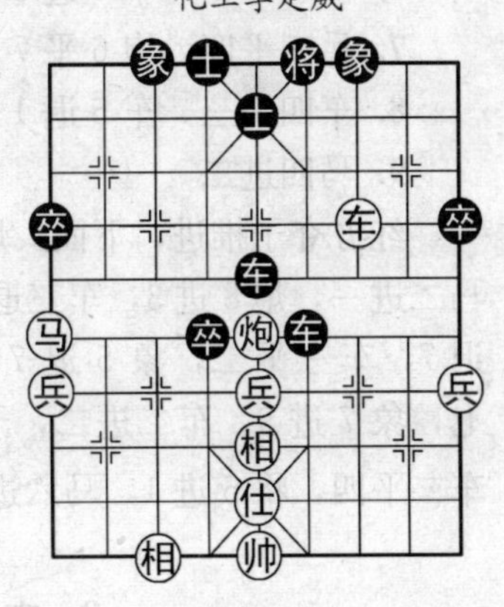

广东陈军

图 862

4. 车三平九　卒 4 平 5

5. 兵五进一　车 5 平 8

6. 车九平三　象 3 进 5

7. 马九进八　卒 9 进 1

8. 马八退七　车 8 进 5

9. 相五退三　车 8 退 3

10. 马七进六　车 6 进 3

11. 车三退四　车 8 平 5

12. 相七进五　车 5 平 1

双车攻杀，红方认负。

图 863，来自 1995 年全国女子个人赛，由仙人指路对卒底炮走成。红方走子：

1. 车七平八　车 2 平 3

兑车抢先，黑如改走车 2 进 2，马六进八，马 6 进 8（如马 6 退 4，马八进九，炮 1 进 3，兵一进一，红优），兵一进一，红先。

2. 兵五进一　卒 5 进 1?

兑卒失着，应走马 6 退 7 避一手。

3. 兵五进一　车 3 平 5

4. 车八进三！炮 1 进 3

5. 车八平四！炮 1 平 6

如改走马 6 进 8，车四平二，红有攻势。

6. 兵三进一（图 864）　……

湖北陈淑兰

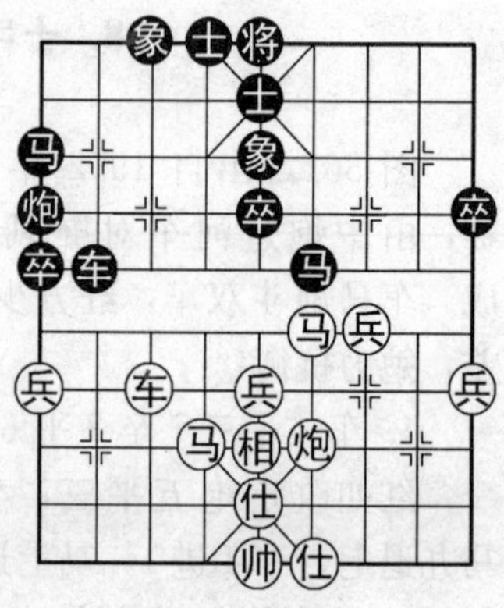

江苏黄薇

图 863

湖北陈淑兰

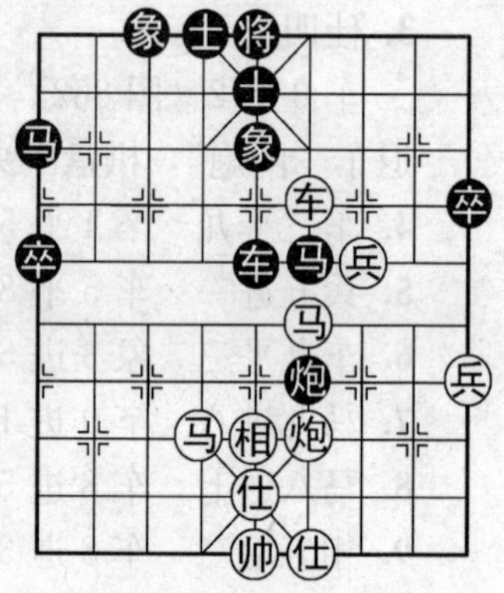

江苏黄薇

图 864

至此，双方车马炮交错列队，再加上红方三路过河兵，形成一座十字架，堪称奇观，妙也。

6. ……　　　车 5 进 3

7. 兵三平四　炮 6 平 7

8. 车四平三　车 5 退 1

9. 马四进二　……

红方夺子推进，下面：炮 7 平 8，马二进一，炮 8 进 3，车三退六，炮 8 退 7，车三平二，象 5 退 7，车二进七，象 7 进 9，车二进二，士 5 退 6，车二平四，将 5 进 1，马六进七，车 5 退 3，兵四平五，红胜。

9. 中西合璧两图形

图 865，出自 1999 年全国个人赛，由中炮双直过河车对屏风马平炮兑车演成。黑方反击：

1. ……　　　　炮 3 进 5
2. 马七退五　卒 3 进 1
3. 车六退一　马 2 进 4
4. 炮九平六　士 6 进 5
5. 炮六进一　车 2 进 7
6. 兵五进一　象 7 进 5
7. 兵三进一　车 2 平 4
8. 炮五进一（图 866）　……

火车头于幼华

河北李来群

图 865

图 866，惊现“寿龟”图形，由车双炮兵与车马炮卒 8 个子组成。令人欣喜，棋艺有善也。

8. ……　　　　炮 3 进 2
9. 车二平三　车 8 平 7
10. 炮五平二（图 867）　……

火车头于幼华

河北李来群

图 866

火车头于幼华

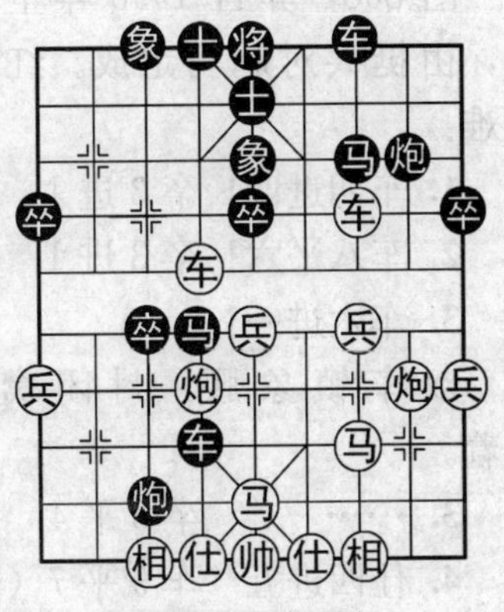

河北李来群

图 867

车炮兵与车马卒 6 个子又构成了十字架图形，妙！一盘棋出现两种图形，中西合璧，有趣而又罕见也。

10. ……　　　　车 7 平 6　　　11. 车三进一　炮 8 退 2
12. 炮二平五　车 6 进 3　　　13. 兵五进一　炮 8 平 6

14. 炮五进三　炮 3 平 1　**15.** 车三进二　车 6 平 5！
16. 车三平四　将 5 平 6　**17.** 兵五进一　炮 1 进 1
18. 马五进七　车 4 平 3　**19.** 马三进四　马 4 进 6

经过激烈拼抢，黑方车马炮卒组成有效攻势，现在马入卧槽，攻杀入局。

20. 车六平四　将 6 平 5　**21.** 马四进六　马 6 进 7
22. 车四退四　车 3 进 1　**23.** 马六退五　炮 1 退 1
24. 仕四进五　车 3 进 1　**25.** 仕五进六　……

下面着法为：车 3 退 1，仕六进五，炮 1 进 1，仕五退四，车 3 进 1，帅五进一，炮 1 退 1，帅五进一，车 3 退 1，仕六退五，车 3 退 2，黑胜。

10. 金字塔图形

图 868，弈自 1996 年全国团体赛，由挺兵对起马走成。红方先手发难：

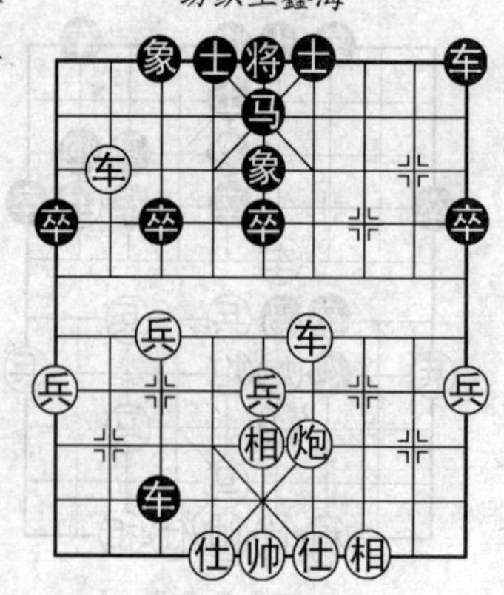

图 868

1. 车四进四！卒 3 进 1
2. 车八平六！卒 3 进 1
3. 车六进一！……

双车镇象腰，封闭窝心马，佳着。

3. ……　卒 3 平 4
4. 仕四进五　车 9 平 7（图 869）

至此，在对手底盘惊现“金字塔”图形，由双车与车马卒双象双士将 10 个子堆积而成。塔底宽实、塔尖挺拔、塔身对称，颇为壮观，甚有气势，美哉。

5. 炮四进三　象 3 进 1

如改走车 3 退 4（如卒 5 进 1，炮四进一，黑有麻烦），炮四平六，红有攻势。

6. 兵一进一　车 3 退 5

7. 炮四平六　车 3 退 3

8. 兵九进一　……

先后挺边兵，“休闲”，“悠着点来”。

8. ……　　象 5 进 3

9. 炮六平二　车 3 进 3

10. 炮二退四　卒 5 进 1

11. 车六退四　……

阵势既已调整，现在吃卒，算准优势在握。

纺织王鑫海

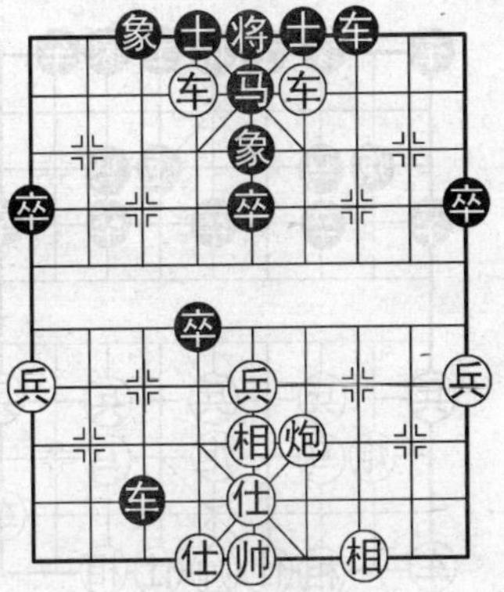

黑龙江赵国荣

图 869

11. ……　　车 3 平 6　　**12.** 车四退二　马 5 进 6

13. 车六进二　马 6 进 8　　**14.** 车六平一　马 8 进 7

15. 炮二进三　马 7 进 6　　**16.** 炮二平三　马 6 退 5

17. 炮三平八　士 6 进 5　　**18.** 车一退一　马 5 进 3

19. 炮八进五　象 1 退 3　　**20.** 车一平五　象 3 退 1

21. 车五进二　……

吃象带卒，红方胜定，黑方认输。

11. 对称的攻击机

图 870，选自 1986 年“青春宝杯”象棋大师邀请赛，由中炮横车对反宫马演成。红方走子：

1. 车九进一　炮 2 平 1　　**2.** 兵五进一　车 1 平 2

3. 炮八退一　士 4 进 5　　**4.** 炮八平五（图 871）　……

红方双横车、双中炮、双正马、冲中兵，形成左右对称图形，犹如搏击长空之“攻击机”，煞是好看。罕见之阵式，出趣又奇妙。

4. ……　　卒 7 进 1　　**5.** 车一平四　车 2 进 4

6. 兵五进一　炮 6 平 5　　**7.** 马三进五　卒 5 进 1

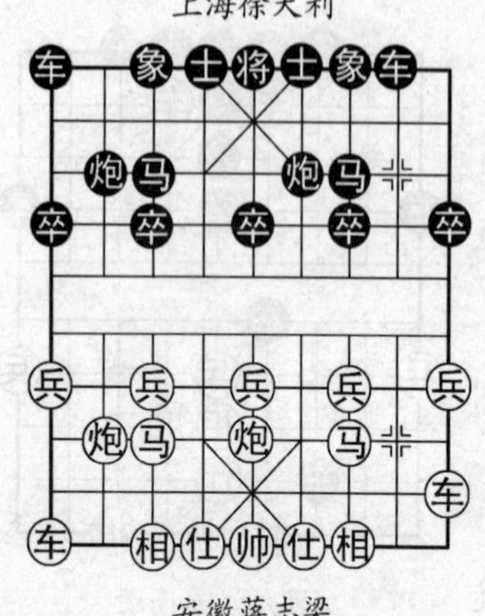

图 870

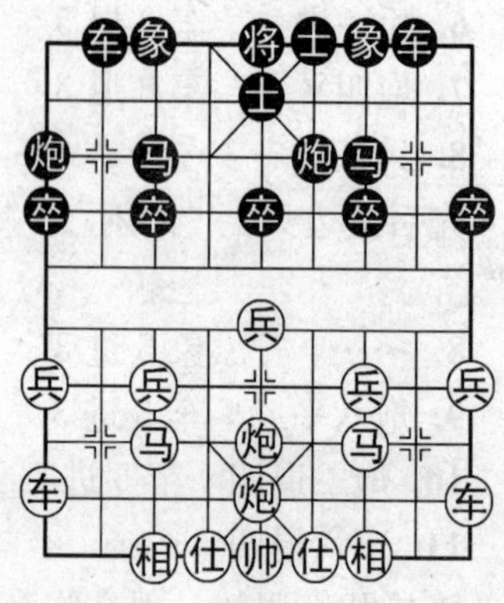

图 871

8. 车四进五　卒 5 进 1　　**9.** 前炮进二　马 7 进 5
10. 前炮进三　炮 1 平 5　　**11.** 车九平六　车 8 进 7
12. 车六进五　车 2 进 2　　**13.** 相七进五　卒 3 进 1
14. 兵三进一　车 2 平 3　　**15.** 兵三进一　车 8 退 2
16. 马五进四　……

中路争夺，跃马抢攻，先弃后取，好棋。

16. ……　车 3 进 1　　**17.** 兵三进一！车 8 退 3
18. 炮五进五　马 3 进 5　　**19.** 车四平五　车 3 退 1
20. 车六平七　象 3 进 1　　**21.** 车七平九　炮 5 平 2
22. 兵三进一！车 8 进 4　　**23.** 车九进一　炮 2 进 7
24. 相五退七！车 3 平 1

如改走车 8 平 4，车九进二，车 4 退 6，车九平六，将 5 平 4，车五平六，将 4 平 5，车六平八，红胜。

25. 车九退四　车 8 平 1　　**26.** 车五平八　红胜。

12. 连体双 5 筒图案

图 872，选自 1984 年全国团体赛，由仙人指路对卒底炮走成。红方走子：

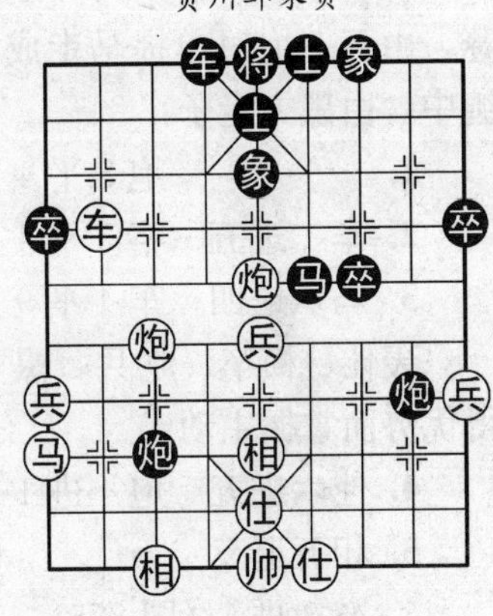

贵州邹家贤

河南郑鑫海

图 872

1. 车八退三 炮 8 平 4

2. 兵九进一（图 873） ……

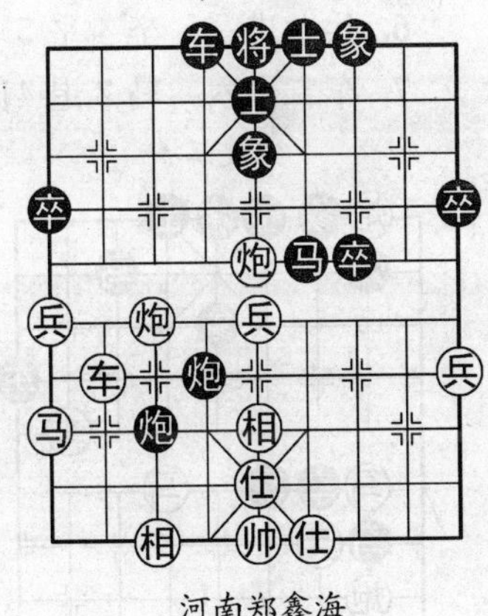

贵州邹家贤

河南郑鑫海

图 873

棋盘上出现两只连体双 5 筒麻将牌图案，且由各 3 子组成的 6 条平行线所搭建，甚是有趣奇妙。

2. …… 马 6 进 7

3. 炮七进五！……

兑子抢攻，好棋。

3. …… 车 4 平 3

4. 车八平六 马 7 退 5

5. 车六进一 马 5 进 7

6. 帅五平六 炮 3 退 3

7. 马九进七 马 7 退 6

8. 马七进八 马 6 进 5

9. 车六退一 马 5 退 4

弃马兑炮无奈，否则红马八进九有杀势。

10. 车六进二 炮 3 平 5

11. 车六平五 车 3 进 3

12. 车五平六

多子有兵，红胜。

13. 等腰三角形

图 874，弈自 2007 年全国象甲联赛，由五七炮对单提马走成。互相纠缠中，由黑方走子：

1. ……　　　　炮 8 平 4

2. 车二进五　卒 5 平 4

3. 马六退四　车 4 平 9

轰仕、横卒、吃兵，黑方迅速取得优势而掌握主动。

4. 仕六进五　炮 4 进 1

5. 相五退三

卒 3 进 1（图 875）

棋盘上出现由马炮兵和马双卒 6 子组成的等腰三角形，有趣。

6. 兵七进一　卒 4 平 5

7. 车二平六　马 2 退 4！（图 876）

福建汪洋

上海孙勇征

图 874

福建汪洋

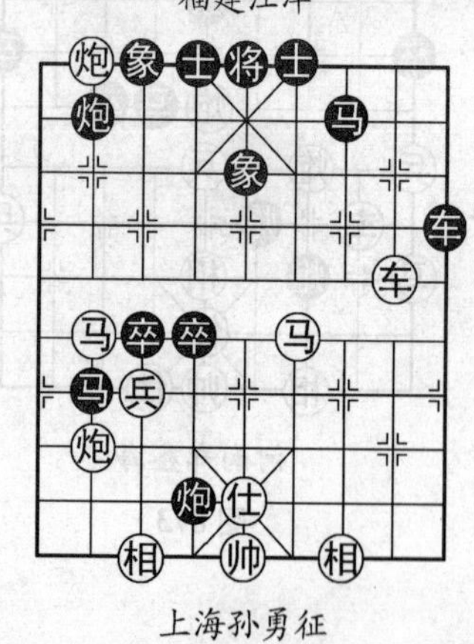

上海孙勇征

图 875

福建汪洋

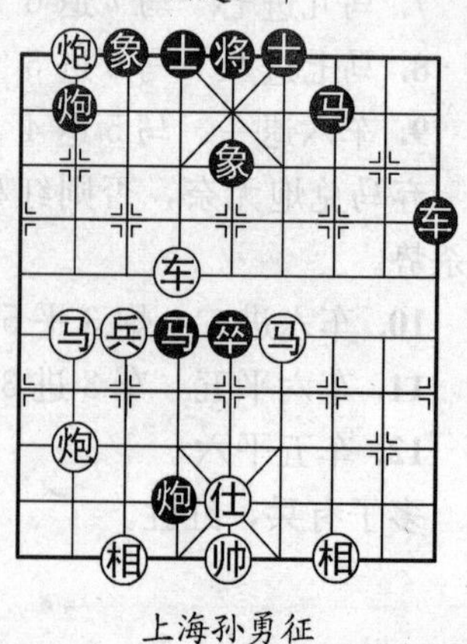

上海孙勇征

图 876

退马轰车好棋。至此河沿上出现三马兵卒组成的 5 子横线通，好看。

8. 后炮平六　士 6 进 5　　**9.** 马四退二　炮 4 平 1
10. 车六平九　炮 1 平 2　　**11.** 马二退四　前炮进 1
12. 相七进五　车 9 平 5　　**13.** 车九平六　前炮平 1
14. 帅五平六　马 4 进 3　　**15.** 马八退七　炮 2 进 8
16. 帅六进一　车 5 平 2　　**17.** 炮六进七　车 2 进 5
18. 帅六进一　炮 2 退 9　　**19.** 炮六平八　车 2 退 8

一阵拼抢开打，兑子简化而进入残局。车马炮攻车双马，红帅上宫顶，黑方优势不言而喻。

20. 马四进五　车 2 进 7　　**21.** 帅六退一　车 2 平 3
22. 马五进六　炮 1 退 7　　**23.** 马六进七　将 5 平 6

黑方多子胜。

14. 大三角形图案

图 877，出自 1991 年全国女子团体赛，由飞相局对中炮演成。红方走子：

1. 兵三进一　卒 7 进 1
2. 马二进三　卒 3 进 1
3. 兵七进一　车 3 进 3
4. 马三进二！……

马入卧槽抢攻，佳着。

4. ……　　炮 5 平 6

如改走炮 4 退 1，炮八退五！车 3 平 8，炮八平七，炮 4 平 3，马二进三！将 5 平 6，炮七进七，马 1 退 3，车八进四，红方胜势。

四川林野

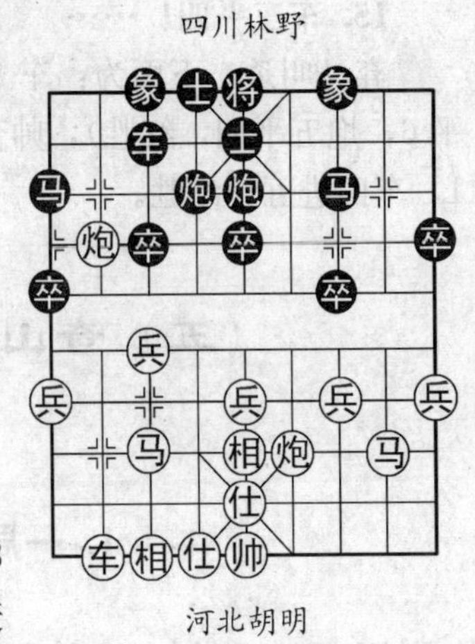

河北胡明

图 877

5. 车八进四（图 878）……

至此，在中心偏左地带由 3 红 3 黑 6 子组成等腰大三角形图案，奇趣。

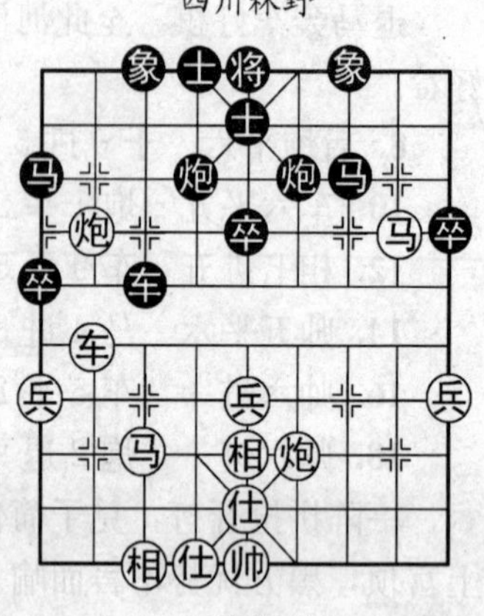

图 878

5. ……　　　马 7 进 6

6. 马二进三　将 5 平 6

7. 炮四进五　士 5 进 6

8. 车八平四　……

兑子简化，红方保持高压和攻势。

8. ……　　　马 6 退 5

9. 马七进六　车 3 平 7

10. 马三退二　车 7 退 2

11. 马六进五　……

车炮双马联攻，黑方已难抵挡。

11. ……　　　车 7 平 8　　**12.** 车四平三　象 7 进 9

13. 马五进三　将 6 平 5　　**14.** 炮八平五　士 6 退 5

15. 车三平四！……

弃马叫杀。下面为：车 8 平 7（如炮 4 平 7，马二进四，将 5 平 6，炮五平四，红胜），帅五平四，车 7 退 2，马二进三！车 7 进 1，车四进五，红胜。

（五）奇山异水　奇中有奇

1. 一局二奇（10 例）

图 879，选自 1985 年全国女子团体赛，由中炮七路马对屏风马双炮过河走成。红方走子：

1. 炮七平六　车 4 平 3　　**2.** 兵六平五　……

平炮轰车，横兵抢先，形成中路直线5子一线通。

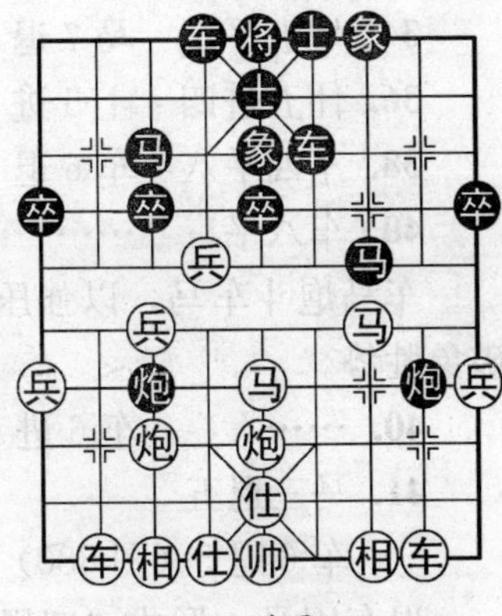

图879

2. …… 车6进3
3. 兵五平四 炮8平6
4. 相三进一 炮6退2
5. 马五进四 车6退1
6. 车二进三 ……

捉炮、兑子夺子，形成斜线5子一线通，奇。

6. …… 炮3平6
7. 炮五平四！ 炮6平9
8. 车二平一 车6进1
9. 相七进五 卒5进1
10. 车八进三 卒5进1
11. 车一平四 ……

强兑车简化局面，保持多子优势。

11. …… 车6进1
12. 车八平四 马3进5
13. 车四进三 马5进6
14. 相一退三 卒3进1
15. 炮六平七 卒1进1
16. 炮四平二 车3平4
17. 兵七进一 象5进3
18. 炮二进二 车4进5

河沿争势，形成横线5子通，妙。

19. 马三退四 马7进6
20. 炮二平三 象3退5
21. 车四退一 卒9进1
22. 炮七进二 ……

双炮夹卒，又是横线5子通，好看。

22. …… 卒9进1
23. 炮七平五 卒9平8

横卒，再次形成横线5子通，前后一共出现5次5子一线通，真是罕见，有趣。

24. 车四退一 卒8平7
25. 车四平三 卒1进1
26. 兵九进一 车4平1
27. 车三平四 车1平4
28. 帅五平四 将5平4
29. 马四进二 车4进1
30. 马二进一 马6进7
31. 车四退三 马7退6

32. 马一退三　车 4 退 1　**33.** 马三进四　马 6 退 7
34. 炮五平三　马 7 退 5　**35.** 马四进三　车 4 平 6
36. 仕五进四　士 5 进 4　**37.** 帅四平五　士 6 进 5
38. 车四平八　车 6 退 4　**39.** 车八进八　将 4 进 1
40. 车八平三　……

车马炮斗车马，以强压弱，现在破象胜势。

40. ……　车 6 进 6

41. 马三退五

车 6 退 5（图 880）

退车困马，形成“四黑一红”奇景，妙。

42. 炮三退三　车 6 进 6

如车 6 平 5，炮三平六，马 5 进 4，车三退五，红方胜定。

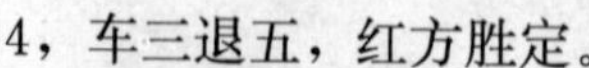

湖北陈淑兰

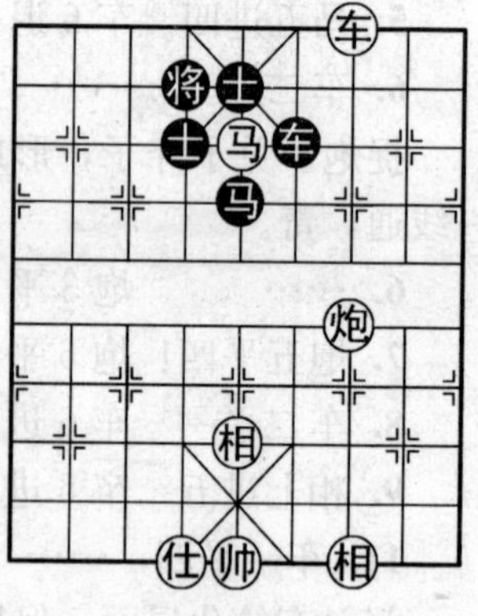

上海单霞丽

图 880

43. 炮三进七　士 5 退 4
44. 炮三平二　车 6 退 6　**45.** 马五进六！将 4 平 5
46. 车三退六　将 5 退 1　**47.** 车三平五　车 6 进 1
48. 马六退五　车 6 平 9　**49.** 马五进三　将 5 平 4
50. 车五平七　士 4 退 5　**51.** 车七进六　将 4 进 1
52. 车七退一　红胜。

图 881，来自 1984 年香港团体赛，由中炮对左炮封车而成。红方走子：

1. 炮八进二　炮 2 平 3　**2.** 兵三进一　卒 3 进 1

四兵（卒）相见，两对“相吻”，局势骤然紧张起来，却又是枰场中的一道风景线也。

3. 相七进九　炮 8 平 1　**4.** 车二进九　炮 1 进 3

兑车炮入底线锁马。红方左马未曾启动即被“点穴”，有趣。

5. 车二平三　象 3 进 5

6. 车三退一　士 4 进 5

7. 炮八进三 马7进6

8. 兵三进一 ……

一对兵卒“相吻”6个回合，就将对方“消灭”，“感情不深?”

8. …… 马2进4

9. 兵三平四 马4进2

10. 马三进四 车1平4

11. 仕四进五 炮3退1

12. 车三退六 炮3平2

13. 炮五平八 马2进1

14. 炮八平六 车4进5

15. 马四进二（图882）

卒3进1

香港地区蔡锡

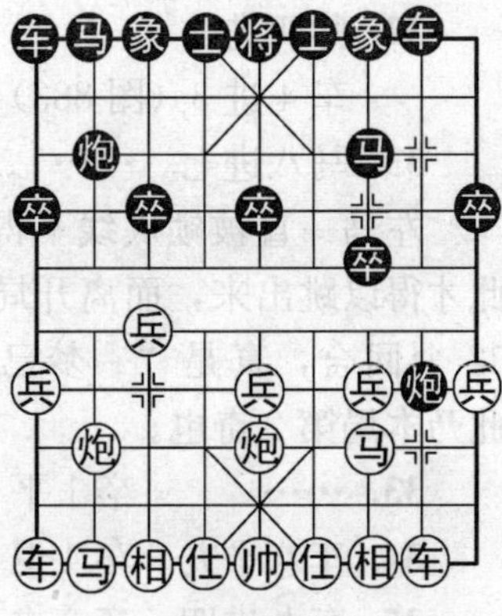

香港地区卢标

图881

香港地区蔡锡

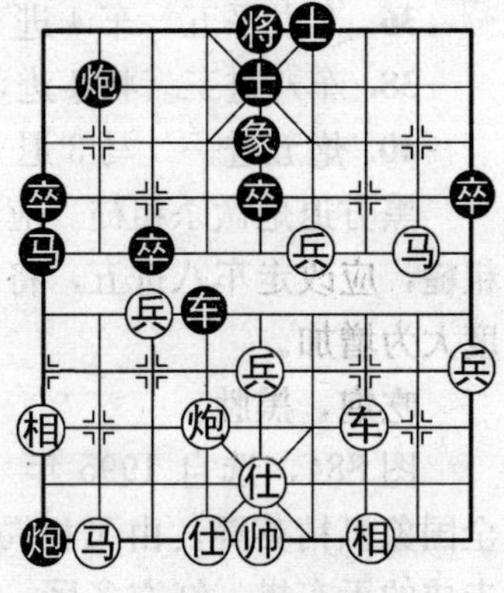

香港地区卢标

图882

兵卒“长吻”达14回合，才把对方“踢开”，较之前面一对，可谓“感情深厚”，此乃本局第一奇也。

16. 马二进一 卒3进1

17. 马一进三 炮2平7

18. 车三进六 马1进2

19. 帅五平四 车4平6

20. 炮六平四 马2进3

21. 帅四进一 车6平8

22. 车三退七 炮1退1

23. 帅四退一 车8平6

24. 车三进一 车6退1

25. 炮四退一 炮1进1

26. 车三平八 卒1进1

27. 相九进七 卒1进1

28. 相七退五 卒1进1

边卒长驱直入，与先期兵林卒平行横列，已胜一个大子的实力，红方处境困难矣。

29. 相五进七 车6进2

30. 仕五进四 车6平5

31. 炮四平五　车 5 平 4

32. 帅四进一

车 4 进 3（图 883）

33. 马八进七　……

左马一直被锁底线不得动弹，至此才得以跳出来，而离开局已经长达 32 个回合，真是“一梦已隔三秋”，此乃本局第 2 奇也。

33. ……　　　卒 1 平 2

34. 车八平九　车 4 退 9

35. 车九进四　卒 3 进 1

马刚跳出即被蚕食，结局“悲惨”也。

香港地区蔡锡

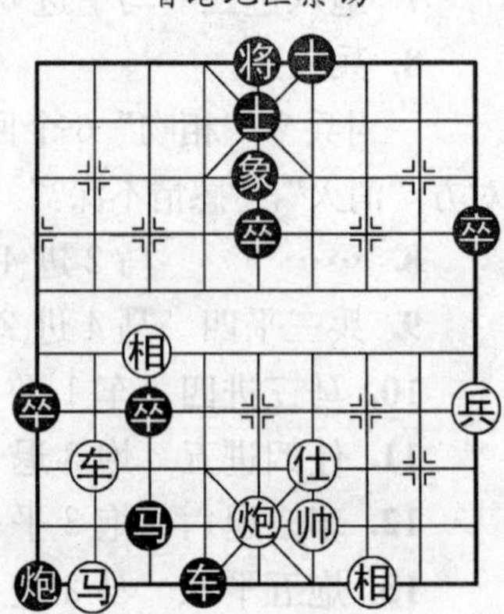

香港地区卢标

图 883

36. 车九平五　车 4 进 7　**37.** 车五平八　将 5 平 4

38. 车八进三　将 4 进 1　**39.** 车八退六　炮 1 退 2

40. 炮五进一　马 3 退 5

黑方退炮做杀粗糙。应改走炮 1 退 6，黑方胜定。红方抬炮更粗糙，应改走车八进五，将 4 退 1，相七退九吃炮，红方取胜的难度大为增加。

吃炮，黑胜。

图 884，选自 1995 年“民百杯”全国象棋精英赛，由飞相局对士角炮走成的无车棋。红方多兵，推进：

1. 兵五进一　象 3 进 1

2. 兵五进一　象 7 退 9

3. 炮七进一　炮 9 平 1

4. 炮七进二　炮 1 进 4

5. 炮七平九　炮 4 平 2

6. 马七进八　炮 1 退 5

7. 兵五进一　炮 2 进 1（图 885）

北京张强

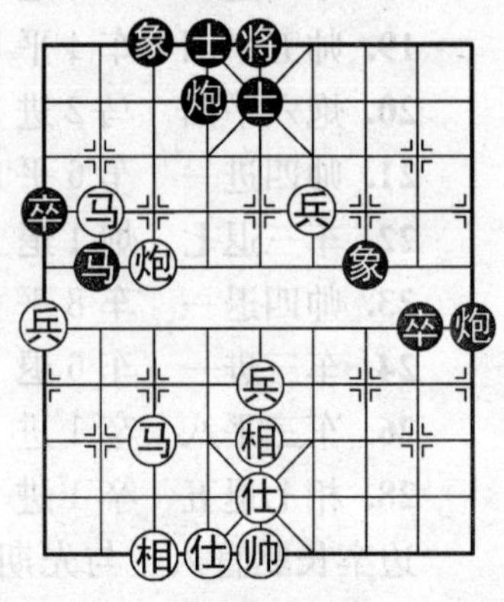

湖北柳大华

图 884

双方全部大子集中在两条侧边线上，形成平行四边形。妙，真是巧夺天工。

北京张强

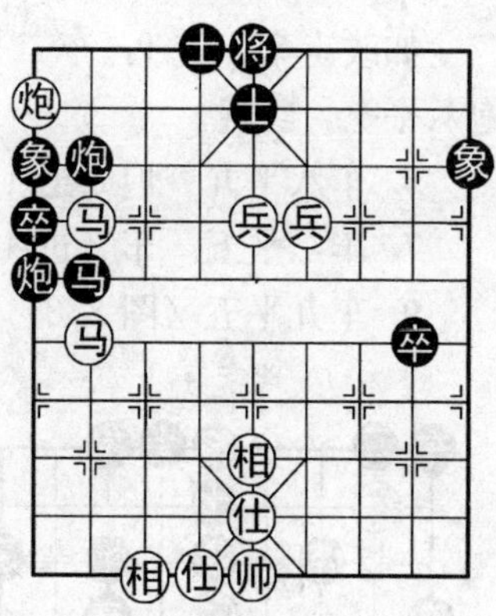

湖北柳大华

图 885

8. 炮九平八　象 9 退 7

9. 兵四平三　马 2 进 4

10. 后马进六　马 4 退 6

11. 兵五平四　炮 1 平 3

12. 兵三进一　炮 3 退 1

13. 兵三进一　……

红兵疾冲抢攻，由此确立优势。

13. ……　士 5 进 4

14. 炮八平四　马 6 进 4

15. 兵四平五

马 4 退 2（图 886）

“五黑一点红”，犹如盛开的紫罗兰，好看、有趣。

北京张强

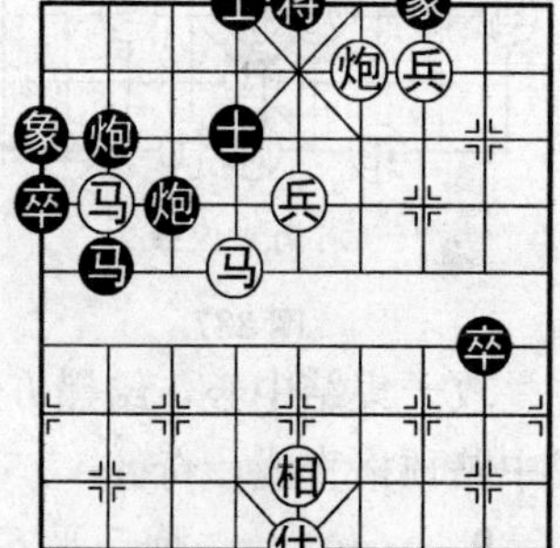

湖北柳大华

图 886

16. 兵三进一　将 5 进 1

17. 炮四退五　马 2 进 4

18. 炮四平五　将 5 平 6

19. 兵五平六　炮 3 退 1

20. 炮五进一　士 4 退 5

21. 炮五平四　马 4 进 6

22. 兵六进一！炮 3 进 2

23. 马六进四　士 5 进 6

24. 兵六进一　……

“五鼠闹东京”，红胜。

图 887，弈自 2007 年全国象甲联赛，由仙人指路对卒底炮走成。红方走子：

1. 兵三进一　车 4 退 4　　**2.** 车八退二　车 4 进 3

3. 兵五进一！马 2 进 1　　**4.** 车二进三！……

退车扼卒林，先后冲双兵，右车占兵林，红方 4 步棋走得好，从左中右三路控制局面。

4. ……　　　车1平2

如改走卒1进1，车二平八，马9进8，马三进五，车4平3，炮六平七，红优。

5. 车八平九　炮3退1　　**6.** 炮五退一　车4进1

7. 车二平五　车2进4　　**8.** 马三进四　炮3平1

9. 车九平五（图888）　……

北京蒋川

河南武俊强

图887

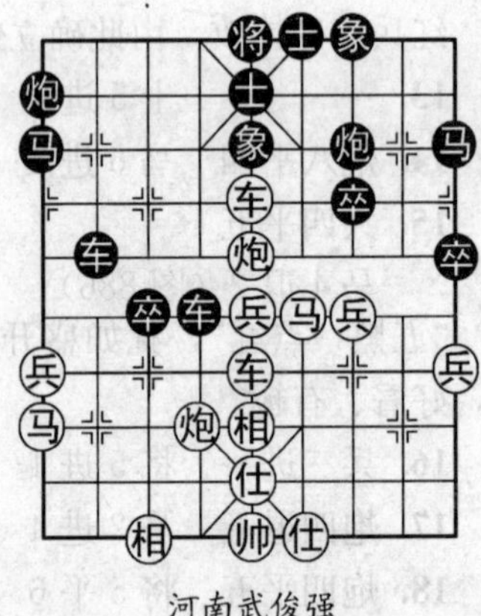
北京蒋川

河南武俊强

图888

攻子集结中心，给黑方形成巨大压力。“7红3黑”10个子形成中路顶格直线，奇。

9. ……　　　炮7平6　　**10.** 马九退七　车2进4

11. 马七进八　车4退1　　**12.** 炮六退二　卒3平2

13. 马八退六　车2平4　　**14.** 前车平八　后车平2

15. 车五平七　炮1平4　　**16.** 车八平六　炮4退1

17. 车七退二（图889）　……

一阵拼抢，红方紧扣不放，始终保持高压态势。现红方退车欺车伏杀，形成“8红1点黑”，花间弄影，实在有趣。一局二奇，尽显风骚。

17. ……　　　车2平5

弃车杀炮无奈，如车 4 平 3，车六进三杀。

18. 车七平六　车 5 平 6
19. 马四退三　马 1 进 2
20. 前车退三　卒 2 平 3
21. 后车平八　卒 3 平 4
22. 车六平八　马 2 退 4
23. 前车平五　卒 4 平 5
24. 马六进五　马 4 进 5
25. 车五进一　马 9 进 8
26. 车五退一　……

北京蒋川

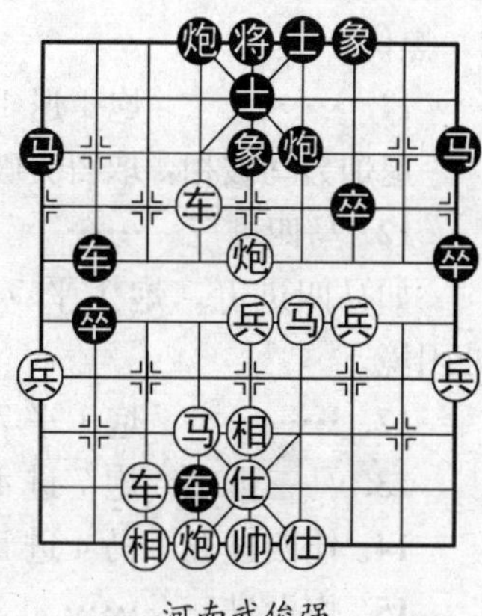

河南武俊强

图 889

几经交换，局面简化。红方多子、多兵，奠定胜势。下面着法从略。

图 890，来自 1958 年全国赛，由五七炮进七兵对屏风马形成。红方走子：

1. 车九平四　卒 7 进 1
2. 兵七进一　象 5 进 3
3. 兵五进一　士 4 进 5
4. 炮七进一　炮 7 平 1
5. 炮五进一（图 891）　……

湖北李义庭

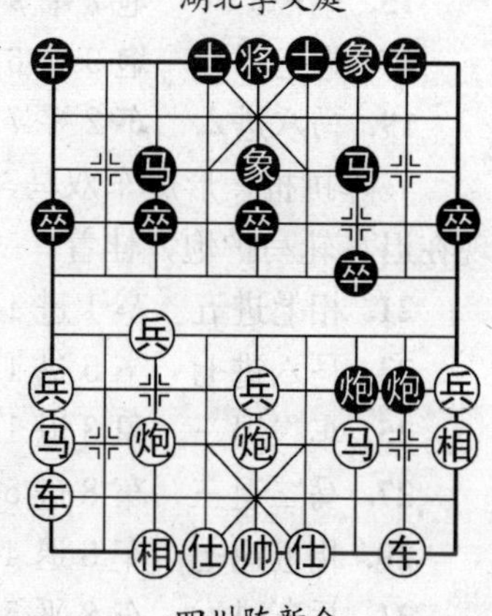

四川陈新全

图 890

攻守相争，开打不让。四炮兵林同列相见，互射对望，奇而有趣。

5. ……　车 1 平 4
6. 炮五平九　炮 8 平 1
7. 车二进九　马 7 退 8　**8.** 相一进三　车 4 进 6

兑子简化，黑方多卒而优。

9. 车四平二　马 8 进 9　**10.** 车二进六　马 3 退 4
11. 马三进四　……

跃马寻找出路，以求发展。如改走相三退五，车 4 平 7，炮七退一，象3退5，兵一进一，马4进2，黑优。

11. ……　　炮1退1!

退炮轰马破相，取得突破机会。

12. 马四进三　……

如马四进五，炮1平7，红方仍处困境。

12. ……　　炮1平7

13. 马三进二　炮7进4

14. 仕四进五　马4进5

15. 炮七进三　……

如车二平一，车4平8，车一平三，炮7平9，红方受攻。

湖北李义庭

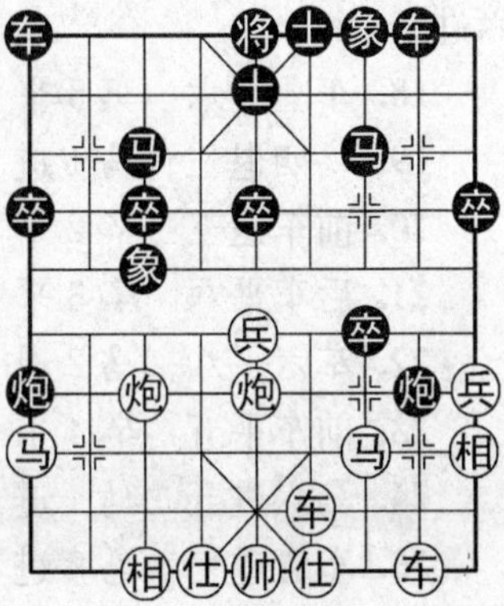

四川陈新全

图 891

15. ……　　炮7平9　**16.** 马九进八　车4平2

17. 炮七平一　炮9退6　**18.** 车二平一　炮9平8

19. 马八进六　车2平7　**20.** 车一平二　马5退7!

一阵拼抢，形成车双马斗车马炮，黑方多象、兵种好，占优。现在退马轧马护炮，佳着。

21. 相七进五　卒1进1　**22.** 兵一进一　车7退2

23. 马六进七　卒5进1　**24.** 马七退五　炮8平6

25. 车二退三　象3退1　**26.** 车二平四　车7平8

27. 马二退三　车8进5　**28.** 仕五退四　车8退2

29. 相五退七　车8退4　**30.** 马五进四　车8进3

31. 兵五进一　车8平5　**32.** 仕四进五　车5退2

33. 兵一进一　车5退2

34. 车四平二　车5平6（图892）

困马于象腰，“四黑一点红”，有趣。

35. 车二进四　炮6平5　**36.** 仕五进六　马7进6

37. 车二退一　马6进5　**38.** 仕六进五　马5进3

39. 相七进五　车6平8

40. 马四退二　马 3 进 5（图 893）

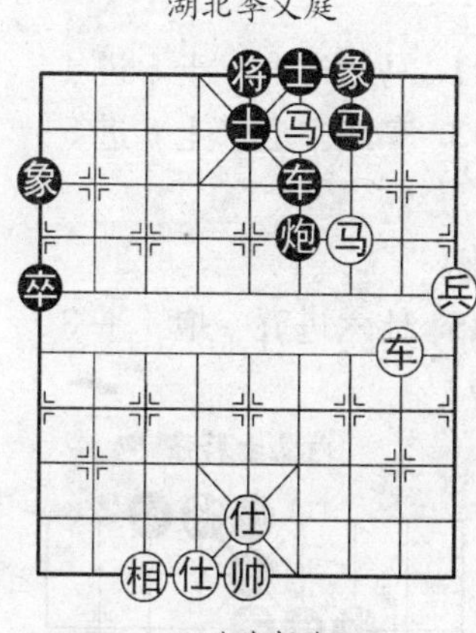

图 892

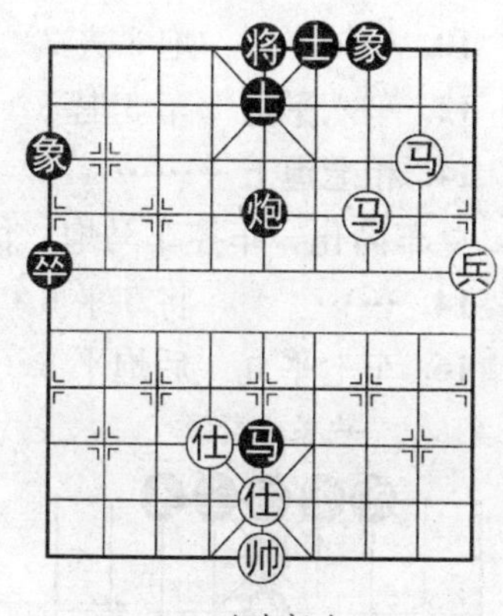

图 893

兑车后进入无车残局。马炮卒士象全对双马兵双仕，黑方胜势。

图 894，选自 2006 年北京“景山杯”象棋大奖赛，由仙人指路对卒底炮演成。红方抢先：

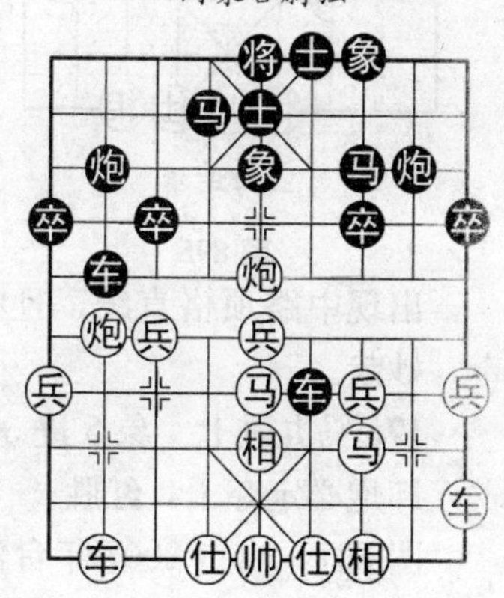

图 894

1. 兵七进一　车 2 平 3

2. 炮八平六　马 7 进 5

3. 车一平六　炮 8 退 1

4. 相五进七　……

弃兵摆脱牵制，抢占肋道发力，继而飞相“蹩”车，走得好。

4. ……　炮 2 平 4

5. 炮六进四　炮 8 平 4

6. 车八进九　后炮退 1

7. 车六进五　车 6 退 3

8. 马三退五　后炮平 3

9. 后马进七　炮 4 退 2

10. 车八退三（图 895）　……

中路对峙，红方抢先争势。卒林横线 8 子云集，堪称奇景，趣也。

10. ……　　炮 3 进 2　　**11.** 马七退九　士 5 进 4

12. 车六平七　车 3 退 1　　**13.** 车八平七　士 6 进 5

14. 相七退五　……

兑车简化，车控车马炮，优势领跑。

14. ……　　将 5 平 6　　**15.** 仕六进五　炮 4 平 3

16. 车七平九　后炮平 5（图 896）

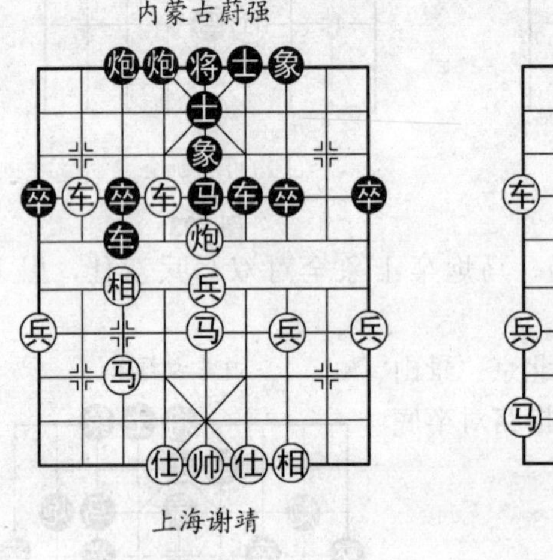

图 895

内蒙古蔚强

上海谢靖

图 896

出现中路顶格直线，且将在外、炮代将，有趣之极。一局二奇，妙哉。

17. 马九进七　象 5 进 3　　**18.** 炮五平二　……

卸炮必定夺子，红胜。

图 897，出自 2007 年台湾“佛乘杯”棋王段位赛，由仙人指路对起马走成。红方走子：

1. 马七退六　车 6 平 4　　**2.** 车二平四　士 6 进 5

3. 马二进三（图 898）　……

至此，红方双车双相马与黑方马卒一字排开，形成斜插棋盘中心地带的一条通透斜线，自然织成，令人叫绝，妙。

台湾地区刘国华

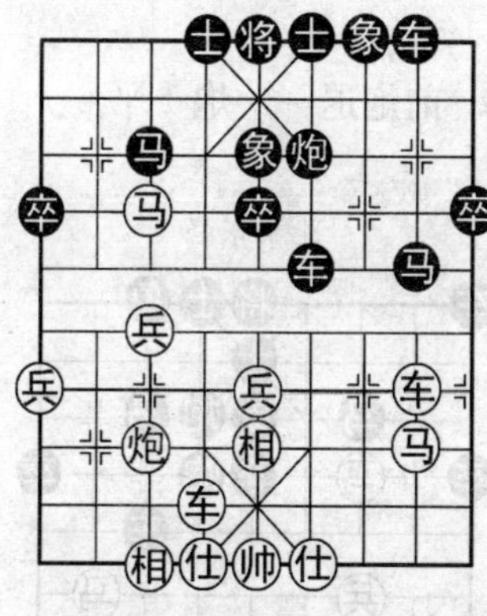

台湾地区陈振国

图 897

台湾地区刘国华

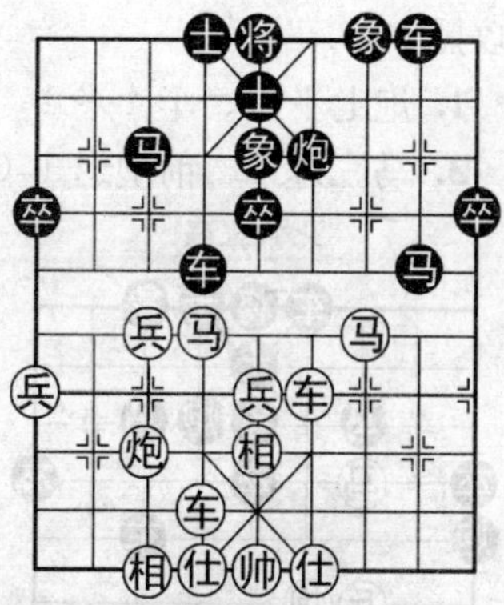

台湾地区陈振国

图 898

3. ……　　　马 8 退 7

4. 车四进五　车 8 进 4

5. 炮七平六　车 4 平 2

6. 车四进二　车 8 平 7

7. 车六平二　马 3 进 4

8. 车四退四　车 2 进 2

9. 兵七进一　车 2 平 4

10. 炮六平八　车 4 退 1

11. 兵七平六　车 7 平 4

兑子简化，局面保持均衡状态。

12. 仕四进五　前车平 2

13. 炮八平六　马 7 进 6

14. 车四平一　车 2 进 1

15. 车一进四　马 6 进 5

16. 车二进二　车 4 进 2

17. 车一退三（图 899）　……

台湾地区刘国华

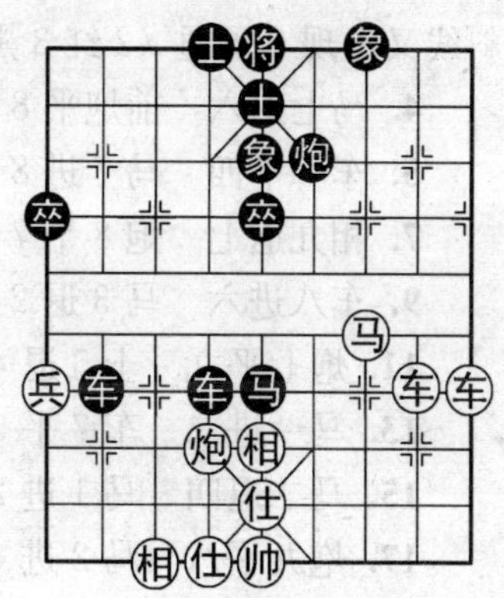

台湾地区陈振国

图 899

棋图上又出现四车同列兵林的奇趣景象。双马相互牵扯其中，好看。

17. ……　　　车 4 进 1

下面：车二平五（如仕五进六，马 5 退 7，车二平八，马 7 进 9，车八平一，和棋），车 2 平 5，仕五进六，车 5 平 9，马三退一，和棋。

图 900，来自 2007 年全国象甲联赛，由五七炮对反宫马走成。红攻黑守：

1. 炮七平六　车 4 平 1　　**2.** 前炮退一　炮 1 平 6

3. 马三进二　前炮退 1（图 901）

北京张强

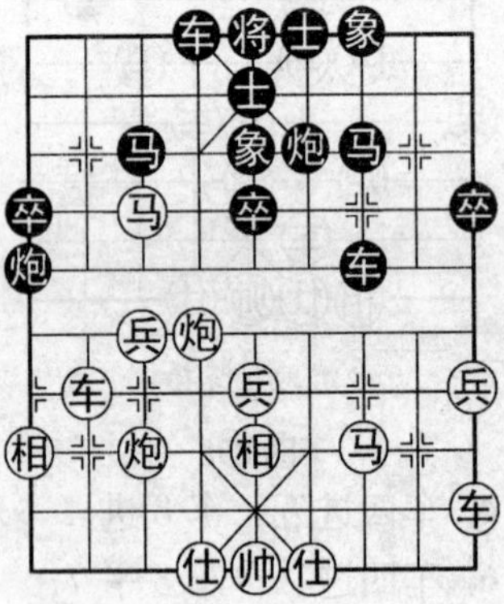

辽宁金松

图 900

北京张强

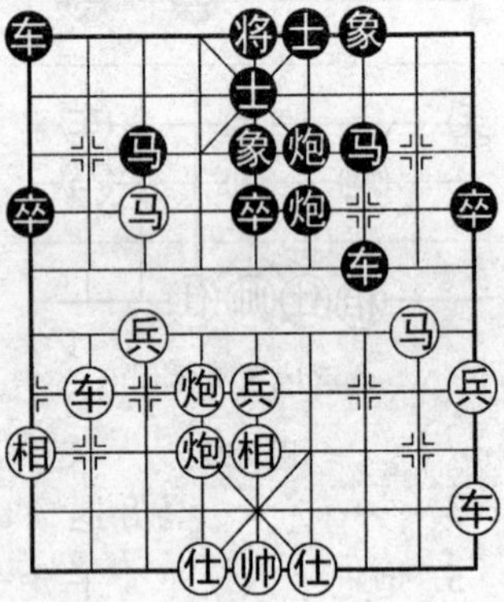

辽宁金松

图 901

四门炮，红黑各 2 门对称等位占肋道，遥相而望，奇趣。同时斜线又出现 5 子通（2 红 3 黑），更增趣味。

4. 马七退六　前炮平 8

5. 车一平四　马 7 进 8　　**6.** 马二退三　马 8 进 7

7. 相九退七　炮 8 平 7　　**8.** 前炮平七　车 1 平 2

9. 车八进六　马 3 退 2　　**10.** 车四平八　马 2 进 1

11. 炮七平九　士 5 退 4　　**12.** 马三退一　马 7 退 8

13. 马一进二　车 7 平 5　　**14.** 炮六进一　卒 1 进 1

15. 马二退四　马 1 进 2　　**16.** 马四进三　马 8 进 6

17. 炮九平八　马 2 进 4

纠缠中，黑方捉双夺子，奠定优势。

18. 炮八进六　士 4 进 5　　**19.** 炮八平九　士 5 进 4

20. 车八进八　将 5 进 1　　**21.** 车八退一　将 5 退 1

22. 炮六平八　卒 1 进 1　　**23.** 车八进一　将 5 进 1

24. 车八平四 车5平2 **25.** 车四退二 马6进4

26. 炮八平七 前马进3

对打中，黑方送回一子，但赢得卧槽攻势，反守为攻而占主动。

27. 帅五进一 车2进4 **28.** 帅五平四 马3退5

29. 仕四进五 马5退3

攻中夺炮，再次奠定优势。

30. 车四进一 将5退1 **31.** 车四进一 将5进1

32. 马三进四 将5平4 **33.** 车四退一 将4退1

34. 兵七进一 马4进3 **35.** 帅四退一 前马进4!

36. 兵七进一 ……

弃马抢攻，凶。红如仕五退六吃马，马3进4，帅四平五（如仕六进五，马4退5，黑优），马4退6，帅五平四，马6进8，帅四平五，车2平6，黑优。

36. …… 马3退4

37. 兵七平六 ……

如仕五退六，马4进5，黑方有攻势。

37. …… 炮7退1

38. 马四退二 炮7平6

39. 车四进一（图902） ……

至此，棋盘上出现由5黑1红6个子组成的"等腰三角形"，奇妙。

北京张强

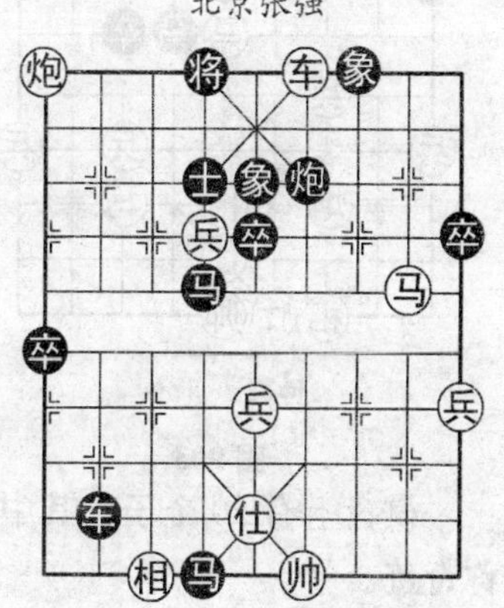

辽宁金松

图 902

39. …… 将4进1

40. 车四退二 车2平5

41. 兵六进一 将4进1

42. 车四退二 后马进5 **43.** 车四退三 车5平6

兑车简化，老练。

44. 车四退一 马4退6 **45.** 炮九平五 马6退4

46. 相七进五 马5进7 **47.** 帅四进一 象5进7

48. 兵一进一　卒5进1　　**49.** 马二退三　卒5进1

50. 炮五平六　将4平5

双马双卒已成杀局，黑胜。

图903，选自1987年全国团体赛，由五六炮对反宫马走成。双方斗无车棋，黑方走子：

1. ……　马6进7　　**2.** 马三进五　炮1进4

3. 马五进六　炮1平9

黑方马炮联动，连抢三个兵，以多卒而占物质优势。

4. 马六进八　马7退5

5. 炮七平八　炮9平5（图904）

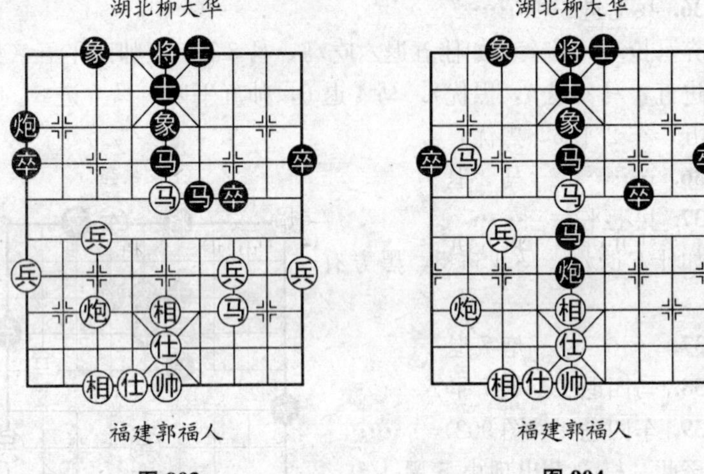

图903　　**图904**

棋盘上有20个子，其中10个子集中在中路形成满格直线，可称奇迹。

6. 马八进七　将5平4　　**7.** 炮八进七　将4进1

8. 马五进七　后马退3　　**9.** 炮八退六　马5退4

10. 炮八平六　……

双马轧双马，黑方防守反击。红方平炮打将，弃马抢攻，以此一搏。如改走前马进九，炮5退3，兵七进一，马4进5，黑优。

10. ……　马4退3　　**11.** 马七进五　炮5退3

12. 兵七进一？……

冲兵，太凶嫌过，“过易折”，不当。应马五进七夺回弃子，尚可周旋。

12. ……　　后马进 1　　**13.** 兵七平六　士 5 进 4
14. 兵六进一　将 4 平 5　　**15.** 马五进三　炮 5 退 1
16. 马三退四　炮 5 平 6　　**17.** 兵六进一　马 3 进 2
18. 炮六平四　马 2 退 4　　**19.** 炮四平二　卒 1 进 1
20. 炮二进六　马 1 进 2　　**21.** 炮二平七　马 2 进 3
22. 炮七退四　马 3 退 5　　**23.** 炮七平五　卒 1 进 1

红方马炮兵竭力进攻，但难突破黑方防线。虽破士象，但黑方有惊无险。现在卒渡河、马连环，已成反击之势。

24. 马四退六　卒 1 进 1　　**25.** 马六进八　炮 6 退 1
26. 炮五平六　马 4 进 2　　**27.** 炮六退二　马 5 退 6
28. 仕五进四　炮 6 平 8　　**29.** 炮六退二　炮 8 进 2
30. 兵六进一　将 5 平 6　　**31.** 马八进九　马 6 进 4
32. 炮六平四　炮 8 平 6　　**33.** 仕四退五　炮 6 平 5
34. 马九进七　将 6 进 1　　**35.** 马七退六　将 6 平 5
36. 马六退五　马 2 进 4　　**37.** 帅五平四　前马退 6
38. 仕五进四　马 6 进 7
39. 炮四平六　马 7 进 8
40. 炮六平三　卒 1 平 2
41. 仕六进五　卒 2 平 3
42. 帅四平五　将 5 平 4
43. 兵六平七
卒 3 进 1（图 905）

残局拼抢，在黑方狙击下，红方势竭力尽，以下已难抵抗黑方多子多卒的攻势，认输。至此黑将除了底线 6 路宫底 1 格之外，绕宫转了一圈，可谓是枰场激烈交战中的一道靓丽风

湖北柳大华

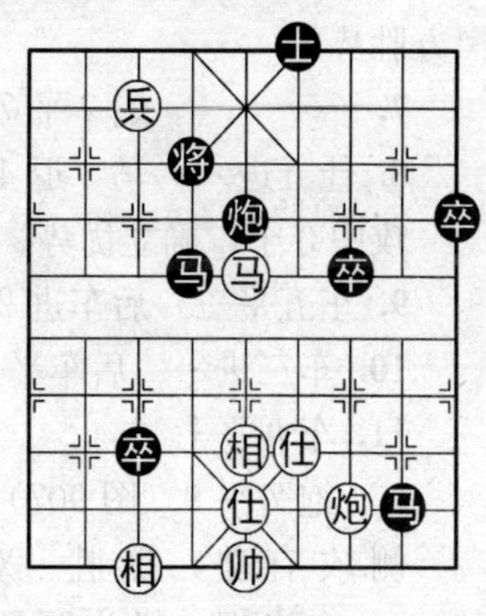

福建郭福人

图 905

景线，奇趣也。

图 906，出自 1988 年第 3 届“天龙杯”，由挺兵对起马形成。红方走子：

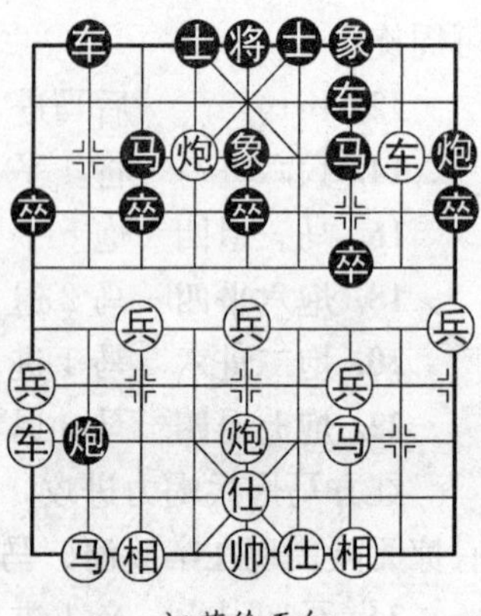

图 906

1. 炮五进一？……

抬炮避捉，随手，露出破绽。应改走马三进五。

1. …… 车 7 平 4！

平车捉炮，切入软肋，好棋。

2. 炮六平三 ……

如炮六退七，马 7 进 6，黑方占优。

2. …… 炮 9 平 7

3. 车二平三 车 4 进 7！

车攻相腰，又凶又刁。

4. 炮五平四 车 4 平 2 **5.** 炮四进五 前车进 1

6. 车三平五 士 4 进 5 **7.** 相三进五 ……

如车五平七，车 2 平 3，仕五退六，车 3 退 2，车九退二，车 3 平 7，黑方胜势。

7. …… 炮 2 平 7

8. 仕五进六 马 3 退 4

攻中夺子，确立优势。

9. 车五平三 后车进 2

10. 车三进一 后车平 8

11. 车九平七

炮 7 平 9（图 907）

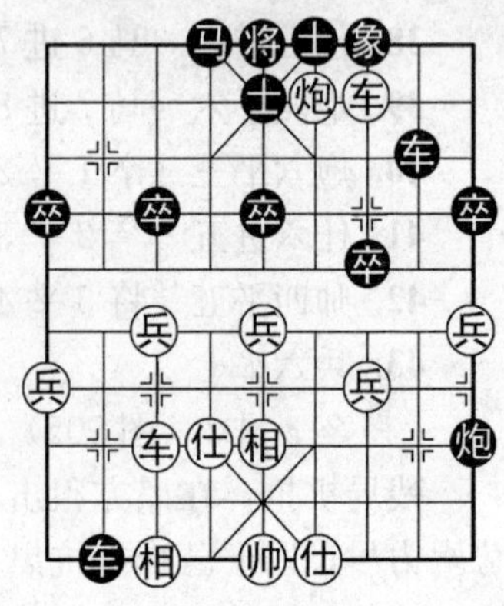

图 907

侧攻有势，黑胜。双方五兵（卒）一个未损，极为罕见，此乃一奇。加上红方左马一步未动就被吃掉，此乃二奇，可称趣局也。

2. 一局三奇（6例）

图908，弈自1994年“嘉丰房地产杯”全国象棋王位赛，由仙人指路对卒底炮形成。红方走子：

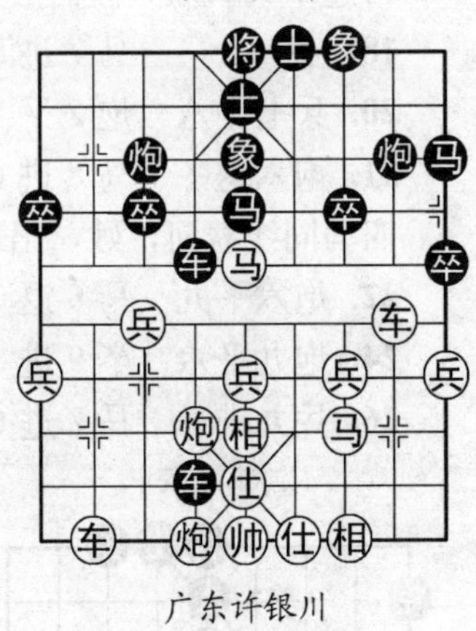

图908

1. 车八进九！ 车4退4

打将引车，抢道占位，佳着。黑如士5退4，前炮进七，双炮打双车，红方胜势。

2. 车八退六　炮8平7
3. 兵三进一　车4进4
4. 兵五进一　炮7平6
5. 车二退一　卒1进1
6. 前炮平七　前车平1
7. 炮七进四　炮3平4

妙手兑车，好棋。

8. 车二平六！……

8. ……　　　车1平4
9. 车六退二　车4进4
10. 炮六进七　车4退6
11. 炮七平九　车4平2
12. 车八进四　炮6平2
13. 炮九平六　……

逼黑再兑车，进入无车棋较量。抽丝剥茧，红方取得多兵优势。子位又好，黑已难“翻身”。

13. ……　　　炮2进3
14. 兵七进一　卒7进1
15. 马三进五（图909）　……

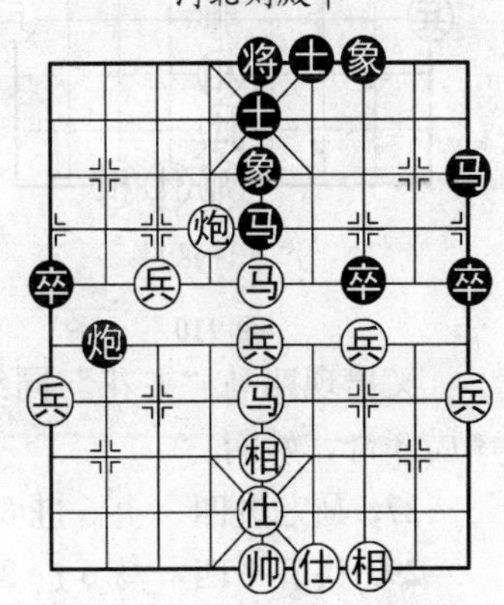

图909

红方徐徐推进，从细微处着手。至此，形成中路顶格直线，同时又出现左侧斜线5子通，此乃本局第1奇。

15. ……　卒7进1　**16.** 后马退七　炮2退4

17. 马五退三　马5进7　**18.** 兵五进一　……

再过中兵。双兵渡河敌一子，黑只能招架了。

18. ……　马7进5　**19.** 马七进六　马9进8

20. 兵七平八　炮2平1

21. 炮六退一　马8进6（图910）

四马同线立河，妙，出现第2奇景，有趣。

22. 炮六平九　马6退7　**23.** 炮九进一　马5进7

24. 炮九平六　卒9进1　**25.** 兵一进一　前马退9

26. 兵九进一　马7进6（图911）

河北刘殿中

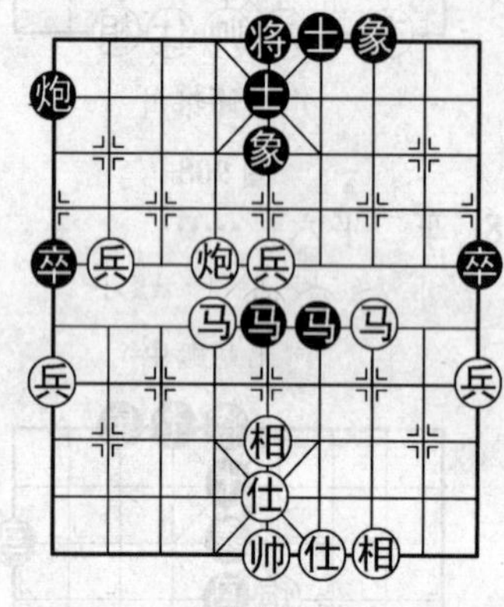

广东许银川

图910

河北刘殿中

广东许银川

图911

又出现四马“夹花”同线列楚河，真是“打打杀杀也有情”，一局3奇，妙啊。

27. 马三进四　士5进6　**28.** 马四进六　将5进1

29. 兵五平四　马6进8　**30.** 炮六平五　将5平4

31. 前马进八　马8进7　**32.** 帅五平六　马9进7

33. 仕五进六　象5进7　**34.** 炮五平三　后马进6

35. 仕四进五　象7退9　**36.** 马六进五　象7进5

37. 马八退七 将 4 进 1 **38.** 马五退四 马 6 退 5

39. 马四退六 ……

下面：马 7 退 6，炮三平四，红胜。

图 912，弈自 1993 年全国团体赛，由中炮对单提马走成。红方占优推进：

1. 马七进五 炮 8 进 1

2. 仕四进五 马 3 进 5（图 913）

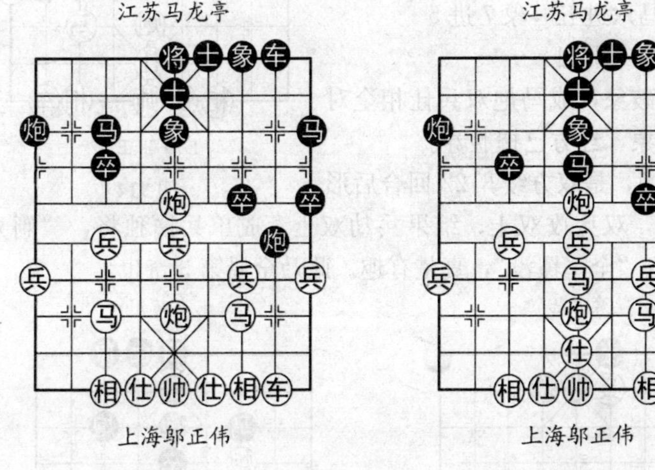

图 912 图 913

子力中心集结，攻防交叉，形成中路顶格直线，此为本局第 1 奇。

3. 兵九进一 炮 1 平 2 **4.** 兵九进一 炮 2 进 3

5. 兵九平八 马 9 进 7 **6.** 兵三进一 卒 7 进 1

7. 马五进三 马 5 进 7（图 914）

四马三、7 路直线同列，此乃本局第 2 奇。

8. 后马进五 炮 2 平 5 **9.** 前炮平四 炮 5 进 2

10. 相三进五 后马退 9 **11.** 炮四平一 马 9 进 7

12. 炮一进三 车 8 进 1 **13.** 炮一进一 前马进 5

14. 炮一退五 马 5 退 7 **15.** 车二进二 炮 8 退 2

16. 兵八进一 卒 3 进 1

17. 兵七进一　炮 8 平 3

18. 车二进六　后马退 8

兑车后进入无车棋较量，红方净多双兵，占优而拓展。

19. 炮一平二　马 8 进 6

20. 马五进六　马 6 进 8

21. 炮二进一　马 8 进 6

22. 马六进五　象 7 进 5

23. 炮二平四　……

兑子破象，成马炮双兵仕相全对马炮单缺象，红方已握胜券。

江苏马龙亭

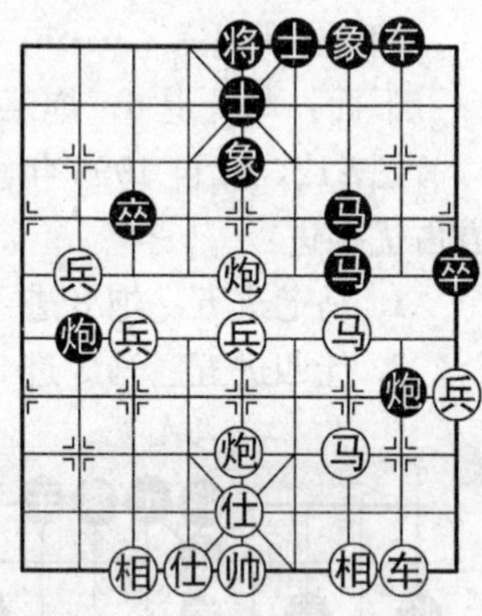

上海邬正伟

图 914

图 915，是双方续弈 22 回合后形成的残局，双兵攻双士，结果兵劫双士，成单兵擒独将，“剃光头”，黑方“全军覆没”，真是有趣。此乃全局第 3 奇也。

江苏马龙亭

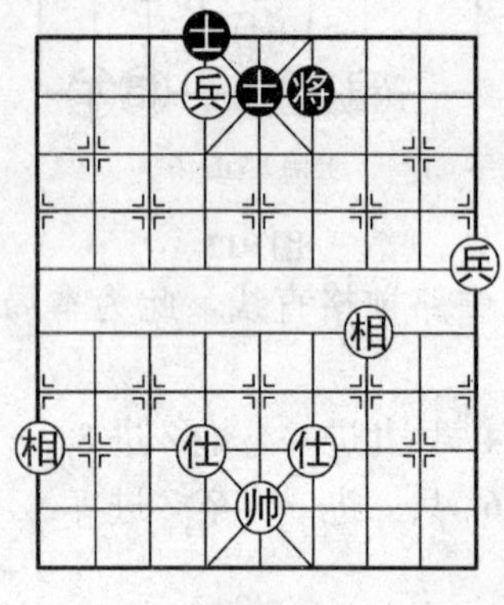

上海邬正伟

图 915

北京蒋川

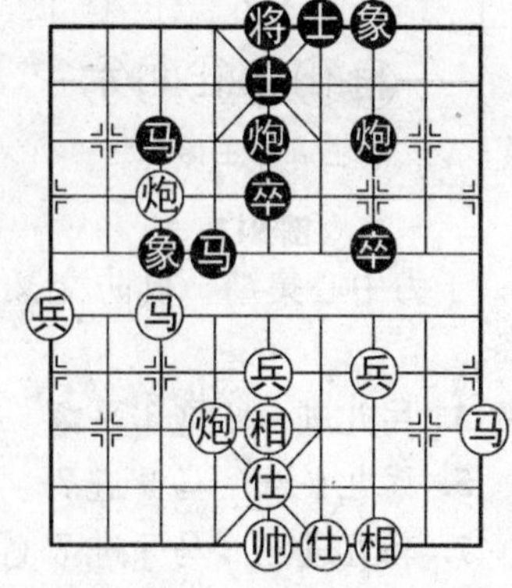

辽宁卜凤波

图 916

图 916，选自 2007 年全国象甲联赛，由仕角炮对过宫炮斗散手而成。双方斗无车棋，红方走子：

1. 马一进二　马 4 进 5　　　**2.** 马七退五　炮 5 进 4

3. 马二进四　……

抢兵兑子，局面得到简化，力量虽然趋于平衡，但红方子位好，占有先手。

3. …… 炮7平5　4. 马四进六 后炮平6
5. 兵九进一 炮5退2　6. 兵九进一 炮5平4
7. 兵九平八 卒5进1
8. 相五进七 炮4进2（图917）

红兵深入，在棋盘上出现由6子（4红2黑）组成的“十字架”图形，奇。

9. 炮六平九 炮4平1　10. 炮九平六 炮6退1
11. 相七退五（图918） ……

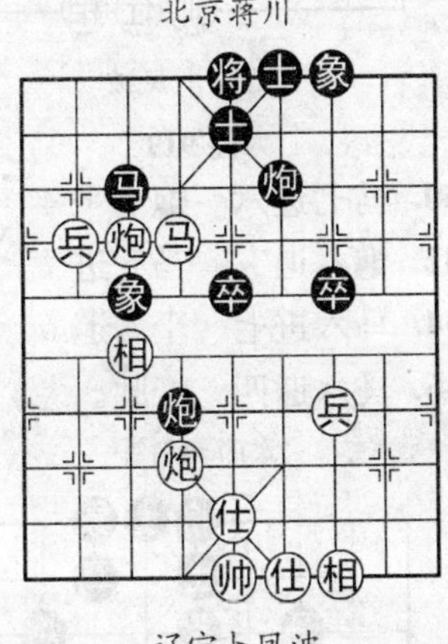

图917

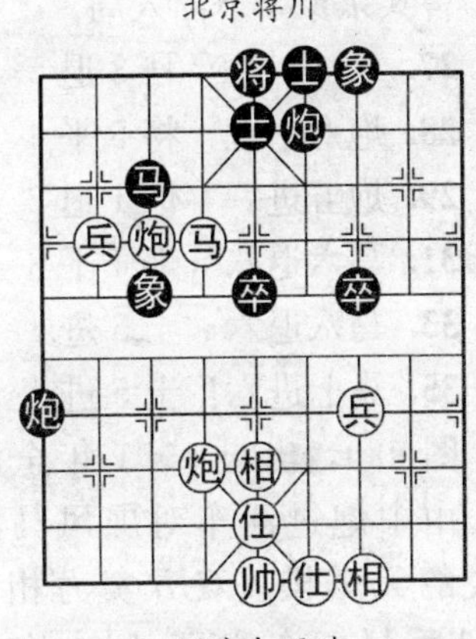

图918

退相，“十字架”图形顷刻演变成5子组成的“梅花”图案，棋艺真奇妙。

11. …… 炮1退5　12. 炮六平九 炮1进3
13. 炮九进二 炮6平8　14. 炮九平二 马3退1
15. 兵八平九 马1进3　16. 兵九平八 马3退4
17. 兵八进一 炮1退1　18. 炮七进二！炮1退2
19. 炮七进一 马4进5　20. 炮二平八 ……

马兵双炮联手形成侧攻之势，黑已难防守。

20. ……　　　炮1进2　**21.** 炮八进五　将5平4

22. 兵八平七　炮1平2

23. 炮七退四　马5进3

24. 马六退七　象7进5

25. 炮七平六　炮2平1

26. 兵七平六（图919）　……

北京蒋川

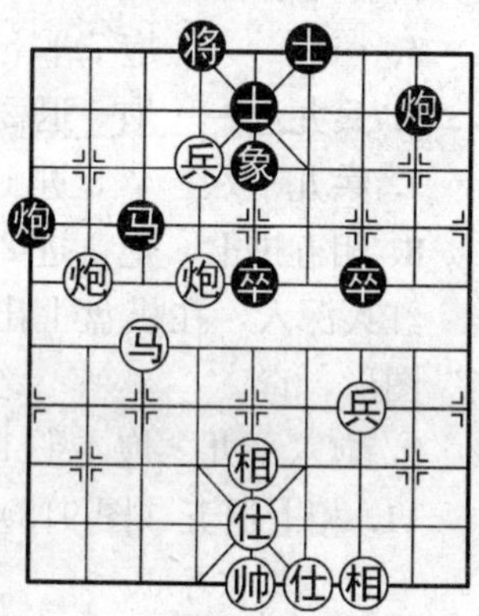

辽宁卜凤波

图 919

破象进攻推进，现在横兵入宫打将，形成斜线5子通，三出奇景也。

26. ……　　　将4平5

27. 兵六平五　……

舍兵杀象，下面入局。

27. ……　　　马3退5

28. 炮八平五　将5平4

29. 炮五进一　炮1退2　**30.** 马七进六　炮1平4

31. 马六退八　炮4平3　**32.** 炮六退二　马5进7

33. 马八退六　士5进4　**34.** 马六进七　士4退5

35. 马七进六！士5进4　**36.** 马六退四　红胜。

图920，出自1991年全国个人赛，由中炮过河车对屏风马两头蛇走成的无车棋。双方实力相等，但量同质异，红方子力结构好，现进攻：

云南郑新年

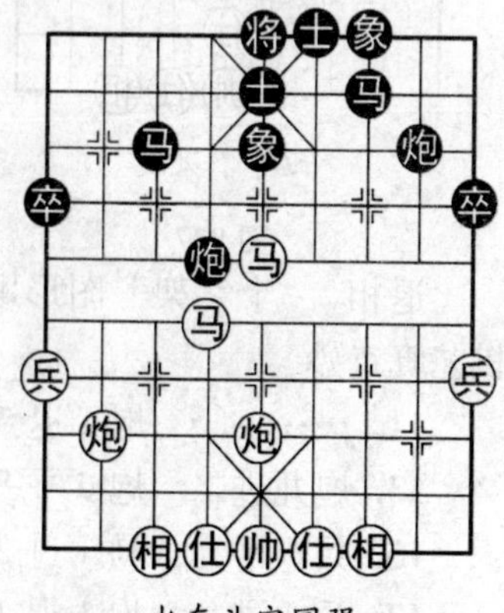

火车头宋国强

图 920

1. 炮八进四　马7进6

2. 炮八平一　炮8进3

3. 仕四进五　炮8平5

4. 炮一平二　炮4平3

5. 马六进七　马6进4（图921）

四马连环，此乃第1奇，好看。

6. 帅五平四　马4进3

7. 马五退七（图922）　……

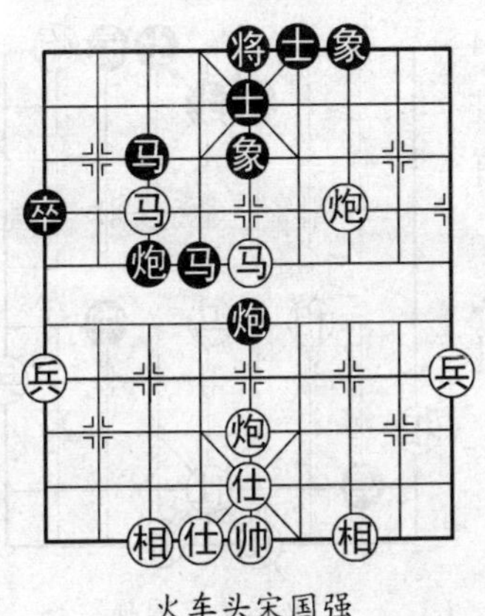

图 921

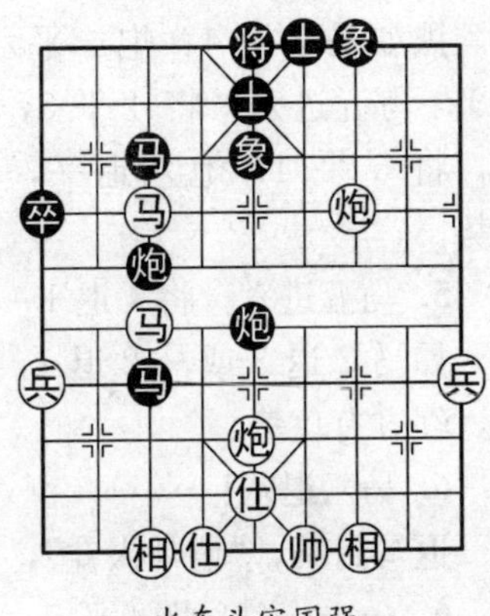

图 922

一炮上下牵四马、四马同直线，又是直线 5 子通，此乃第 2 奇也。

7. ……　　　前马进 5　　**8.** 相三进五　马 3 进 5
9. 后马进五　炮 3 进 2　　**10.** 马七退六　马 5 进 7
11. 马五退三　炮 3 平 6　　**12.** 马六进七　炮 5 退 2
13. 马七退五　炮 6 退 1　　**14.** 炮三平九　……

攻中扫卒，净多双兵，红方确立优势。双方续战 15 回合之后，形成图 923 所示残局。马炮兵对马炮，黑方又残一象，红方优势推进：

1. 炮七平二　将 5 平 4

如改走马 2 退 3，炮二进三，象 5 退 7，马三进二，红优。

2. 炮二进三　将 4 进 1

3. 马三退五！象 5 退 7（图 924）

黑如马 2 退 1，炮二退六，红方有攻势。红方针对黑马位差，设"瓮"捕捉。

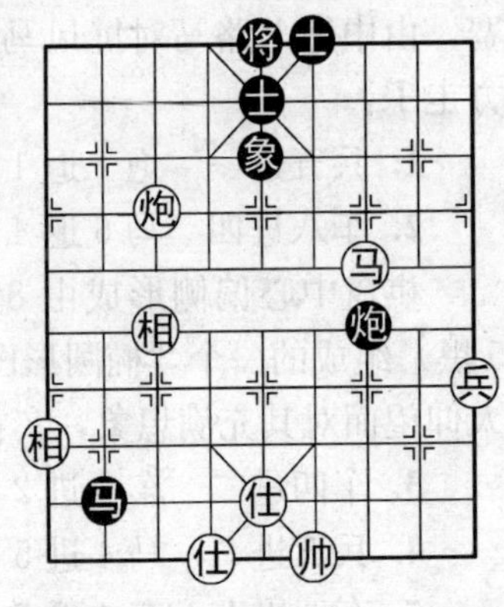

图 923

4. 炮二退七！ 炮7进2

黑如马2退1，炮二平六，将4退1，马五进六，将4平5，马六进七，将5平4，炮六退一，红方有攻势。

5. 马五进六　将4退1

如马2退3或马2退1，炮二进一，红方有攻势。

6. 马六退八！……

退马封马，"请马入瓮"，妙。

云南郑新年

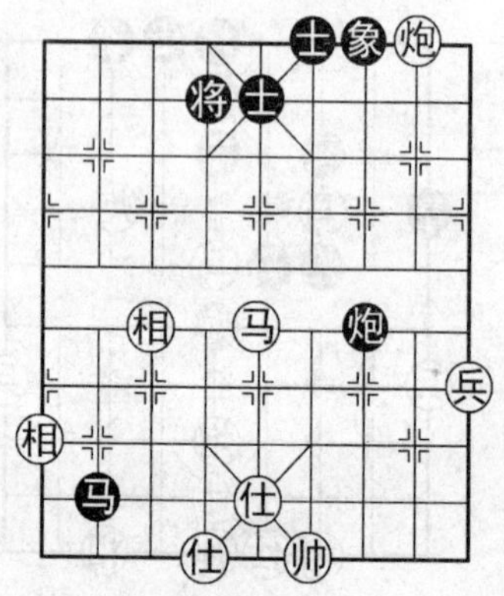

火车头宋国强

图 924

6. ……　　将4平5

7. 炮二退一　炮7进1

8. 相七退五　士5进4

9. 相五进三！象7进5

10. 兵一进一　象5进3

11. 兵一进一　士6进5

12. 炮二进五！士5进6

13. 炮二平八　炮7平8

14. 帅四进一　……

红方夺马胜。"瓮中捉马"，这是第3奇。一局三奇，妙在其中，值得玩味。

图925，弈自2007年全国象甲联赛，由中炮七路马对屏风马走成。红方走子：

1. 兵五进一　炮1退1

2. 车八进四　马6退4（图926）

棋盘中心偏侧形成由8子（3红5黑）组成的一个"椭圆形图案"，令人仰望而对其充满想象，实在奇妙。

河北景学义

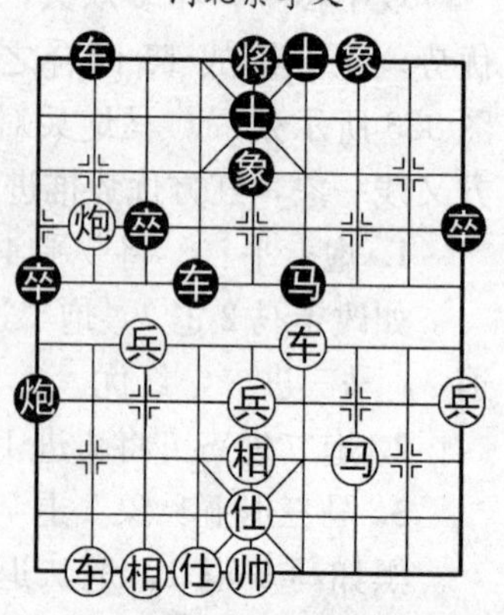

黑龙江张晓平

图 925

3. 车四进二　车4进2

4. 兵五进一　马4进5

5. 车四平七　车4平7

6. 马三退四　炮1进1

7. 车七平一　马 5 退 7　　**8.** 车一平三　马 7 进 6

9. 车三退三　炮 1 平 7　　**10.** 马四进二　炮 7 退 5

11. 兵五平六　马 6 进 7

12. 帅五平四　炮 7 平 6（图 927）

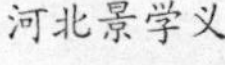

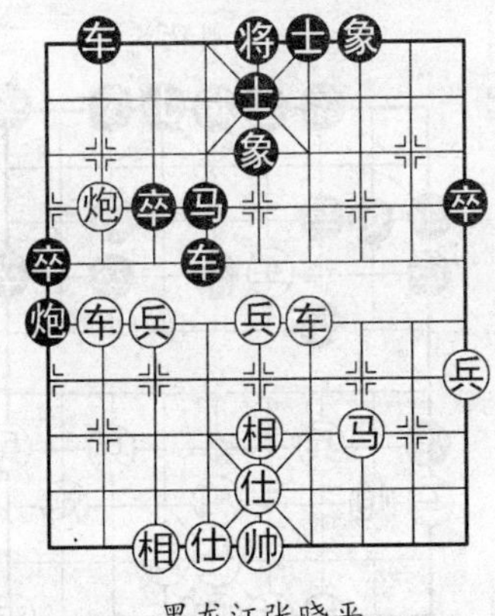

图 926

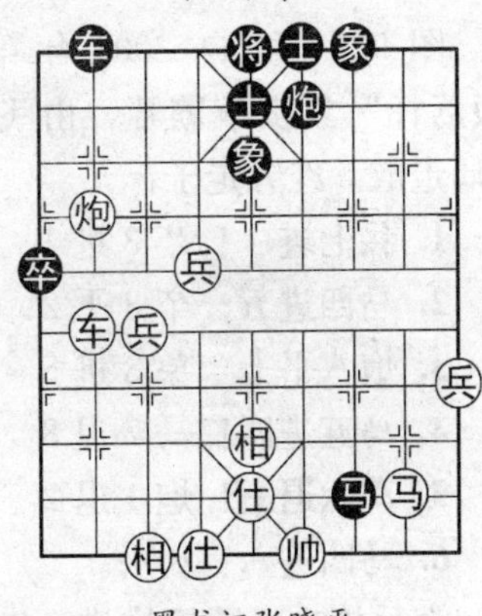

图 927

兑车后局面有所简化。拼抢过程中，红方多兵占优。至此，黑方内线 6 个子自成一个“等腰三角形”，出现本局第 2 奇，有趣。

13. 车八退一　卒 1 进 1

14. 车八平三　车 2 进 3

15. 车三退二　车 2 平 8

兑炮局面进一步简化而进入残局。红方净多两兵，胜势也。

图 928，是双方续走 24 回合后的棋势。棋局又出现本局第 3 奇，红方内线 5 红 1 黑 6 个子组成的“等腰三角形”，趣也。下面红方车马兵入局：马三进四，将 5 平 6，马四进五！车 6 平 8，车五平三，车 8 退 5，马五退七，炮 6 平 3，相七进九，车 8 进 2，

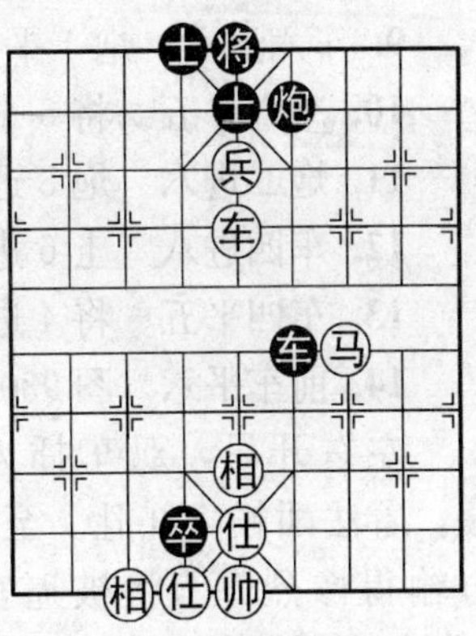

图 928

车三平四，将6平5，帅五平四，车8进7，帅四进一，车8退9，车四进二，炮3退1，兵五进一，红胜。

3. 一局四奇（4例）

图929，弈自2004年第15届“银荔杯”象棋争霸赛，由飞相对起马局走成。红方走子：

1. 兵七进一！卒3进1

2. 马四进五　卒3平2

3. 炮八平七　象3进5

4. 马五进四！马7退8

5. 车六退三！炮1退2

6. 马四进六！……

弃兵抢攻，腾挪推进，走得雄浑有力，漂亮。

6. ……　　炮2退1

7. 马六进七　将5进1

8. 车一平四　马8进7

9. 车六进六　炮1平3

10. 车六平五　将5平4

11. 炮二进六　炮3退3

12. 车四进八　士6进5

13. 车四平五　将4进1

14. 前车平六（图930）　……

左右开弓，双车插入，疾攻成杀，着法酣畅，红胜。至图930，黑方输得惨烈：①将被逼宫顶，悬崖“蒙难”，②左车一步未动，③双车双马双炮一子未损，④5个卒子一个不

河北刚秋英

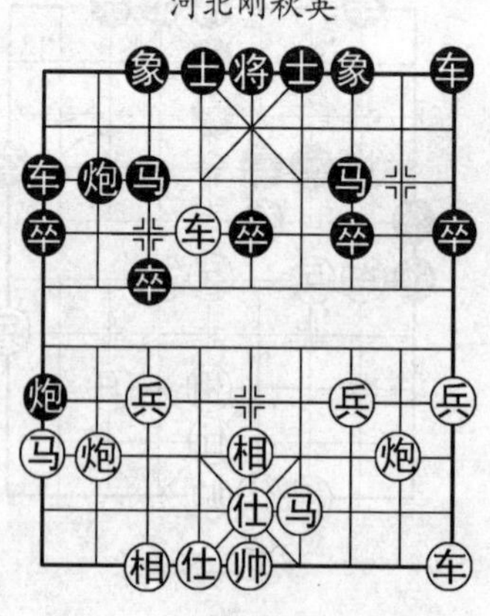

河北胡明

图929

河北刚秋英

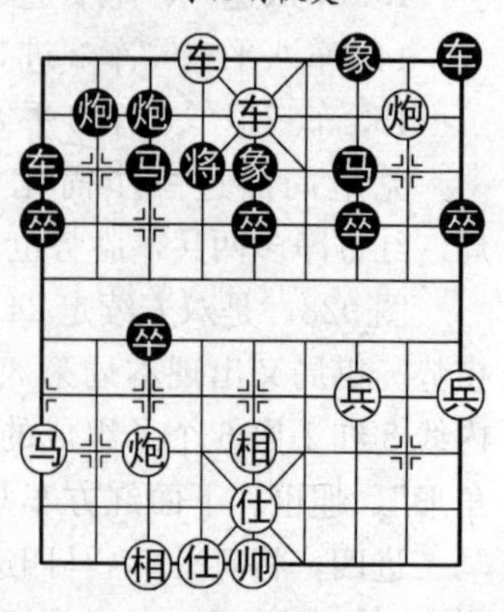

河北胡明

图930

少。却难救九宫之危，一局4奇，你说有趣吗？

图931，选自2003年第2届“嘉周杯”象棋特级大师冠军赛（女子组），由中炮进三兵对半途列炮演成。红方走子：

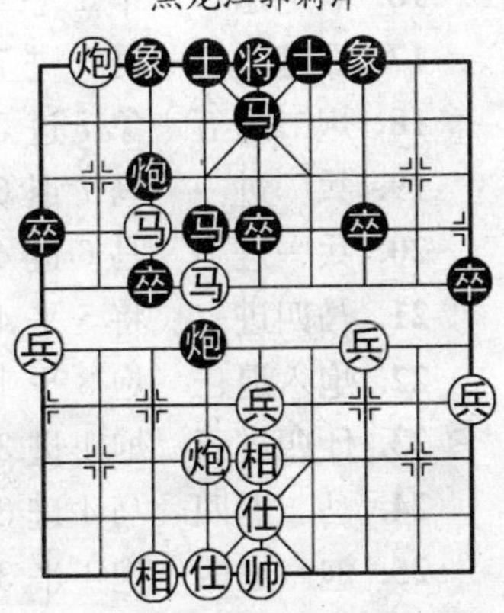

图931

1. 马六退四　炮4平2

2. 炮六进七　马5进7

3. 马四进三　……

肋炮轰士意在突破，何故中途停止了呢？踏卒不如炮六平四再轰士有力。

3. ……　炮2退4

4. 兵三进一　……

仍可考虑炮六平四轰士。

4. ……　炮2平3

5. 相七进九　后炮进2

6. 炮六退二　象3进5

7. 炮八退三　象5进7

8. 炮八平六（图932）　……

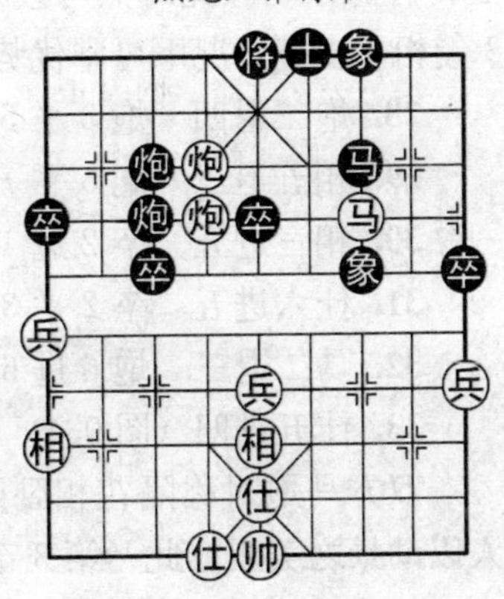

图932

兑子后，局面趋向缓和。红方虽得士，但黑方多卒，大致均势。至此，双方四个炮紧偎相拥，抱成一团方形，令人叫绝，这是第1奇。

8. ……　后炮平1

9. 马三退一　卒1进1

10. 相九退七

炮1平3（图933）

散而再聚，四炮又紧抱成形，有趣。这是第2奇。

11. 仕五退四　士6进5　　**12.** 前炮进一　卒1进1

13. 马一退三　马7进6　　**14.** 后炮退一　后炮平7

15. 马三退四　马6进5
16. 后炮退一　卒1平2
17. 后炮平二　马5进7
18. 炮二进五　象7进5
19. 兵一进一　马7退6
20. 兵一进一　马6进4
21. 马四进二　将5平4
22. 炮六退三　炮3平1
23. 仕四进五　炮1进3
24. 马二退四　马4进3
25. 炮六退四　炮1平3
26. 仕五进六　将4平5
27. 马四进二　炮7平6

黑龙江郭莉萍

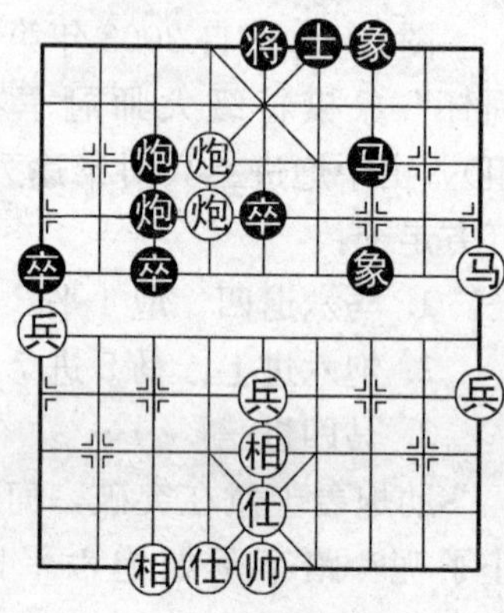

黑龙江王琳娜

图 933

斗无车棋，双方纠缠推进，红方走得有嫌松动。此时黑可改走炮3进3轰相，多卒情况下可掌优势。

28. 炮二退四　炮3平5
29. 相五退三　炮5平7
30. 相三进五　卒2进1
31. 仕六进五　卒2平3
32. 马二退三　炮6进6
33. 仕五进四（图934）　……

黑龙江郭莉萍

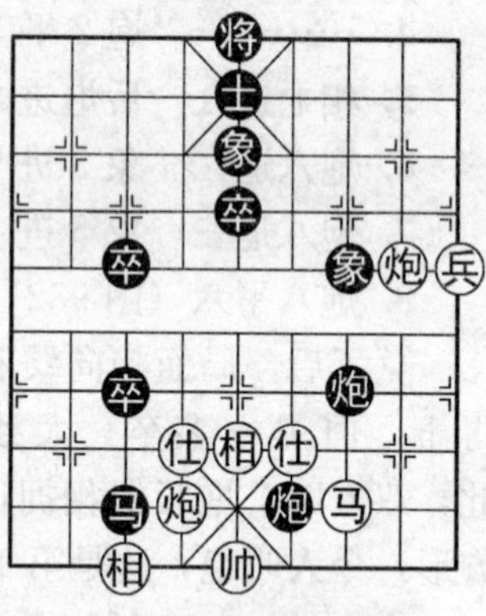

黑龙江王琳娜

图 934

双方马炮对称隔花相卧同肋，给人以动景之美观，此乃第3奇。

33. ……　前卒进1
34. 帅五平四　前卒平4
35. 炮六平五（图935）　……

“四红一黑”，光彩夺目，这乃是第4奇。

35. ……　炮7平6
36. 炮二退三　后炮退2
37. 炮五进五　前炮平4
38. 帅四平五　马3退4

时限已紧，双方又交战一阵，终无建树而成和局。着法从略。

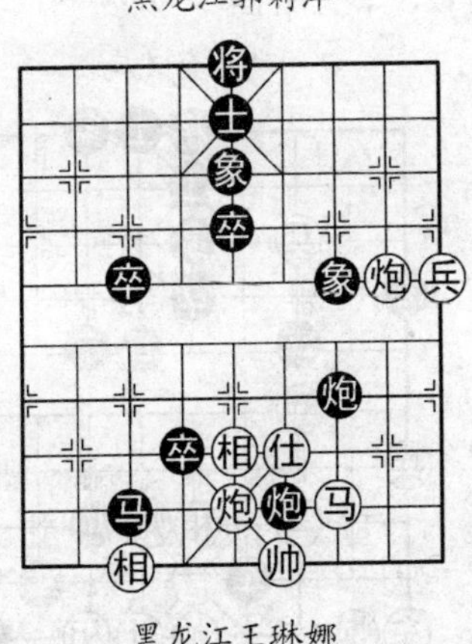

图 935

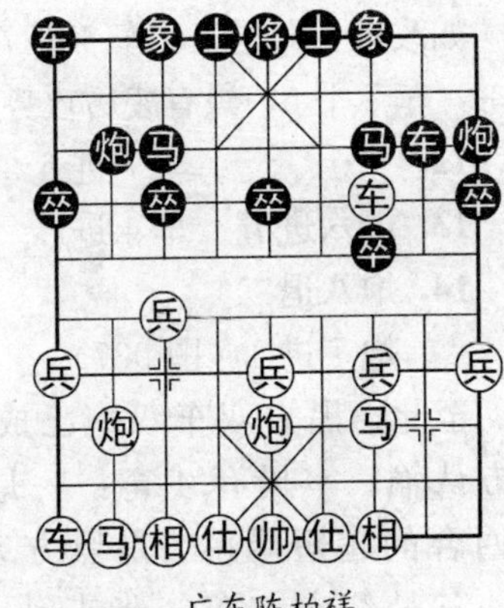

图 936

图 936，弈自 1966 年全国个人决赛，由中炮过河车对屏风马高车保马 6 个回合后形成。红方走子：

1. 兵五进一 ……

急冲中兵影响左翼大子启动。不如马八进七或炮八平七。

1. …… 象 3 进 5 **2.** 兵五进一 ……

连冲中兵，使子力启动失衡。应马八进七。

2. …… 炮 2 进 1! **3.** 兵五平六 ……

如改走车三平四，士 4 进 5，马三进五，卒 3 进 1，车四进二，卒 5 进 1，炮五进三，炮 2 平 5，马八进七，马 3 进 4，黑方占优。

3. …… 士 4 进 5 **4.** 马三进五 卒 3 进 1

5. 兵六进一 车 1 平 4 **6.** 兵六平七 炮 2 进 3

红兵连冲 5 步，严重影响大子出动。黑方弃马进炮反击，佳着。

7. 马八进七 ……

如兵七进一，炮 9 进 4，马五进四，炮 9 进 3。黑方弃子抢攻底线，红难应付。

7. …… 车 4 进 6 **8.** 前兵进一 炮 9 进 4!

9. 马五进四　炮 9 进 3!　**10.** 炮五平四　车 8 进 6!

11. 相七进五　炮 2 平 7　**12.** 车三平四　……

如改走马四退三，车 4 平 7，车三进一，车 8 平 6，黑有凌厉攻势。

12. ……　马 7 进 6

13. 仕六进五　车 4 进 2

14. 炮八退二

炮 7 进 1（图 937）

至此，黑方双车双炮已成杀局，红方认输。本局有 4 奇：一是仅 20 个回合的超短局，二是黑方 5 卒全在，三是红方左车一步未动，四是七、3 路上兵卒"相吻"至死不渝，有趣。

湖北李义庭

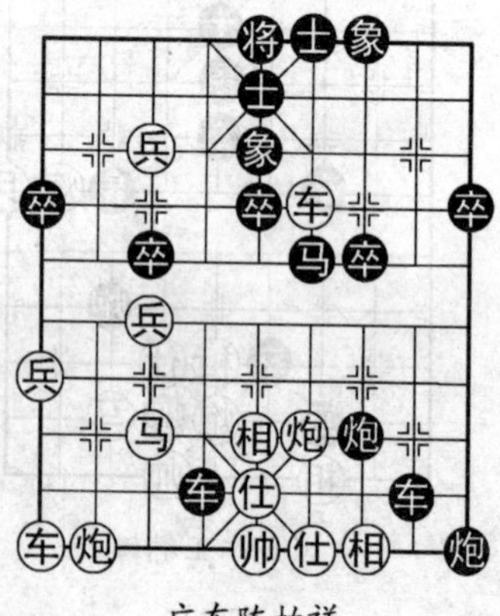

广东陈柏祥

图 937

图 938，选自 1963 年春节访问比赛，由高左炮对屏风马走成。红方走子：

1. 炮三平二　车 2 进 3?

红方平炮即刻有攻势。黑方左马刚刚"成活"，而右马又往里跳，失着。应改走马 7 退 8，炮二平四，车 6 平 5，马三进二，炮 4 进 1，炮四进二，炮 4 平 6，车三平四，象 7 退 9，车四平一，象 9 退 7，红虽占先，但局势趋于平稳。

2. 炮二进五　炮 7 退 2

3. 车三平五　车 6 退 2

4. 相五进三（图 939）　……

江苏惠颂祥

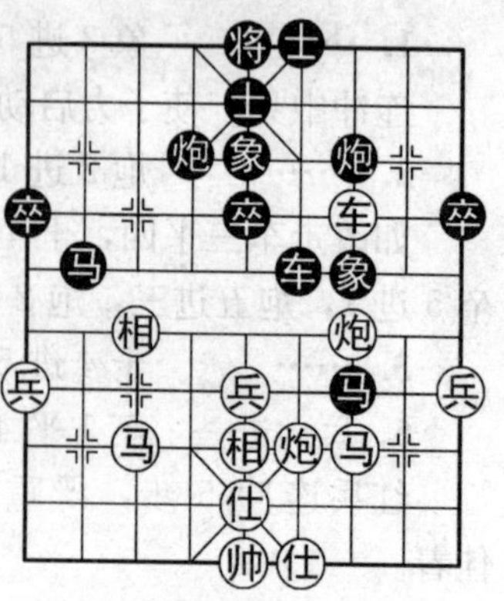

江苏陈永发

图 938

飞相妙，双马托盘，双高相困双马，对称线上出奇景，趣也，这是本局第 1 奇。

4. ……　车 6 平 8　**5.** 炮二平一　炮 7 平 8

6. 车五平八　车 8 平 9　　**7.** 炮一退三　炮 8 平 7

如改走炮 8 进 8，炮一平七，炮 8 平 7，相三退一，红方夺马胜。

8. 炮一平三　车 9 平 6　　**9.** 炮四进四　卒 1 进 1

10. 炮四平七　象 5 进 3（图 940）

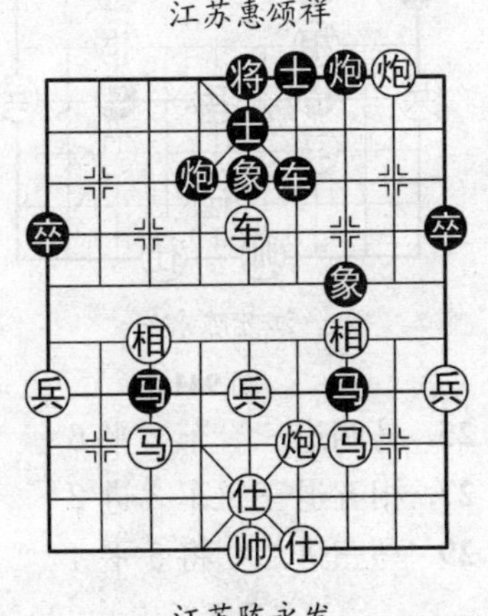

图 939

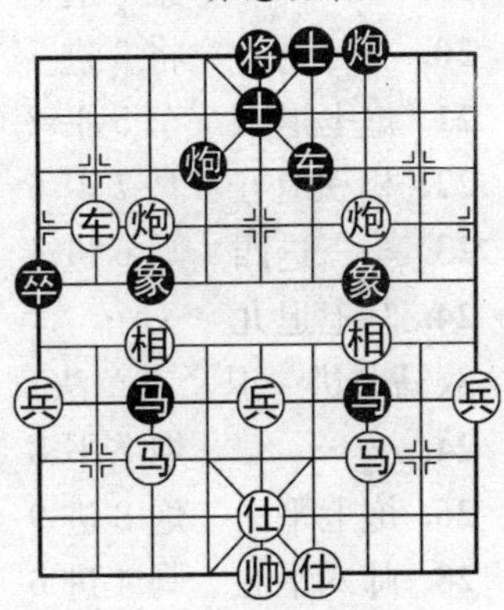

图 940

此时又出现第 2 次奇景：三、七线上，5 子同量同形同直线，对称平行，而且延伸到黑方九宫肋道的车炮，12 个子形成一口大“钟”，正中有兵站立把守，真是妙不可言，极为罕见，有趣得可爱。

11. 炮三平五　车 6 平 5　　**12.** 炮七进一！……

进炮攻车，刁。

12. ……　　炮 4 退 1　　**13.** 帅五平六　炮 4 平 2

14. 车八进二　车 5 进 1　　**15.** 车八进一　士 5 退 4

16. 炮七进二　将 5 进 1

如改走士 4 进 5，炮七平四，士 5 退 4，车八平六，将 5 进 1，炮四退六，炮 7 进 5，炮四平七，炮 7 进 2，炮七平三。红方多子多兵得势，胜。

17. 车八退一　将 5 进 1　　**18.** 车八退一　将 5 退 1

19. 车八平三（图 941）　……

红方双炮有所变动，原来 5 子图形变成 4 子同量同形同线对称，而且保持 8 个回合之久，真是奇中有奇，趣中有趣。此乃第 3 奇。

江苏惠颂祥

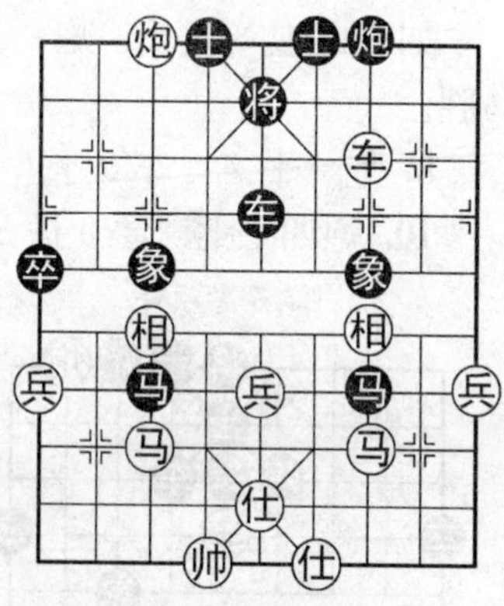

江苏陈永发

图 941

19. ……　　　象 7 退 9

20. 车三进一　将 5 进 1

21. 炮七退二　车 5 平 2

22. 相三退五　马 7 退 6

23. 马三进四　马 6 进 4

24. 马七退九　……

双马一进一退，有章法，好。

24. ……　　　炮 7 平 8

25. 马四进三　车 2 平 6

26. 炮七平一　炮 8 进 9

27. 相五退三　车 3 进 2

28. 帅六平五　马 4 进 6

29. 马三进二　将 5 平 4

30. 马九进八

士 4 进 5（图 942）

江苏惠颂祥

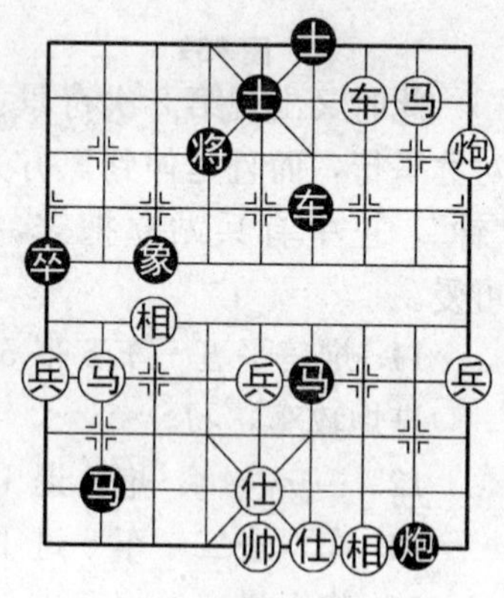

江苏陈永发

图 942

31. 马八进七　车 6 平 3

32. 车三退二！……

献马送车，妙，黑方一个也不能吃。

32. ……　　　将 4 退 1

33. 车三平六　士 5 进 4

车靠车打将，再献马送车，精妙！黑方还是不能吃。如车 3 平 4，马七进八，将 4 进 1，马二退四，炮 8 退 7，马四退五，双将杀，红胜。

34. 马七进五　……

下面：将 4 平 5（如将 4 退 1，车六进一，将 4 平 5，马二退四，将 5 进 1，车六进一，红胜），马五进三，将 5 退 1（如将 5 平

4，车六进一杀。如将 5 平 6，炮一进一杀），炮一进二，士 6 进 5，马三进四，红胜。双献妙杀，这乃是第 4 奇。真是妙不可言，趣不胜收也。

4. 一局五奇（2 例）

图 943，出自 1975 年象棋省市交流赛，由中炮过河车对屏风马左马盘河走完 6 个回合后的局面。红方走子：

1. 车九进一　卒 7 进 1?　　2. 车二平三　炮 8 平 7
3. 车三进一　炮 2 平 7　　4. 车三平四　前炮进 5
5. 炮八平三　炮 7 进 6　　6. 车九平六　车 8 进 2
7. 兵七进一　车 1 平 2　　8. 马九进七　炮 7 平 8
9. 马七进五　炮 8 退 4　　10. 车六平二　车 2 进 1
11. 马五进三　车 8 退 2
12. 车二进五（图 944）　……

安徽高华

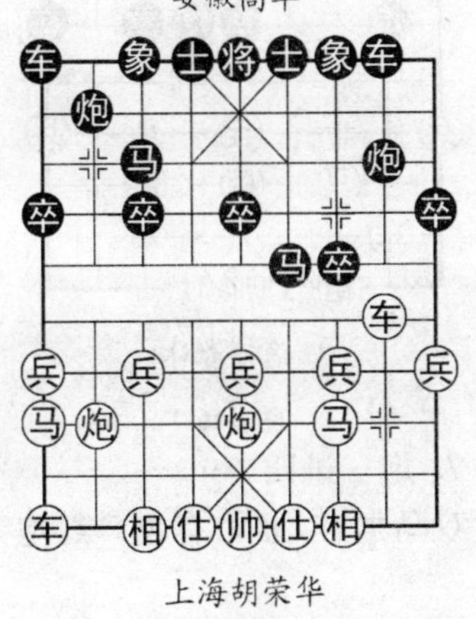

上海胡荣华

图 943

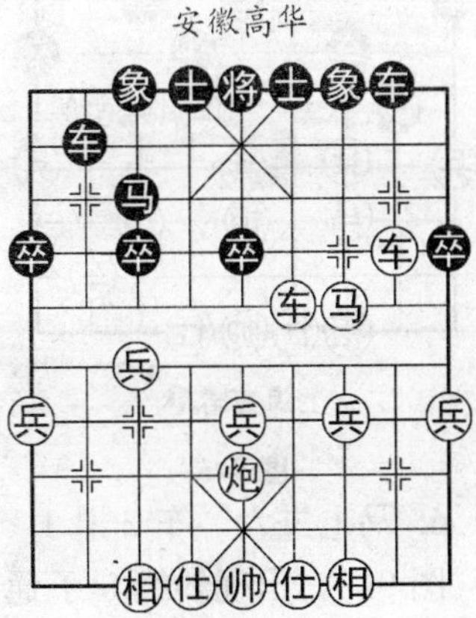

安徽高华

上海胡荣华

图 944

乘机杀炮，下面为：车 8 进 3，马三进四，车 2 平 6，马四退二，车 6 进 3，马二退四。多子多兵，红胜。全局结束，本局有 5 奇：①男女棋手对垒，在当时很稀罕，特别是挑战当时“第一高手”，更是出奇。②全局只有 17.5 个回合，可谓超短局。③红方仕相帅未动过。④黑方士象将未动过。⑤红方五兵齐全。

图 945，来自 2007 年全国象甲联赛，由中炮巡河炮对屏风马演成。红方抢先：

1. 兵三进一！……

弃兵抢先，好棋。

1. ……　　　象 5 进 7

如改走卒 7 进 1，炮二进五，红方有攻势。

2. 车二平八　炮 2 退 1　　　**3.** 兵七进一　卒 3 进 1

4. 炮二平七　马 5 进 4

5. 炮七进二　卒 5 进 1（图 946）

福建郑一泓

上海万春林

图 945

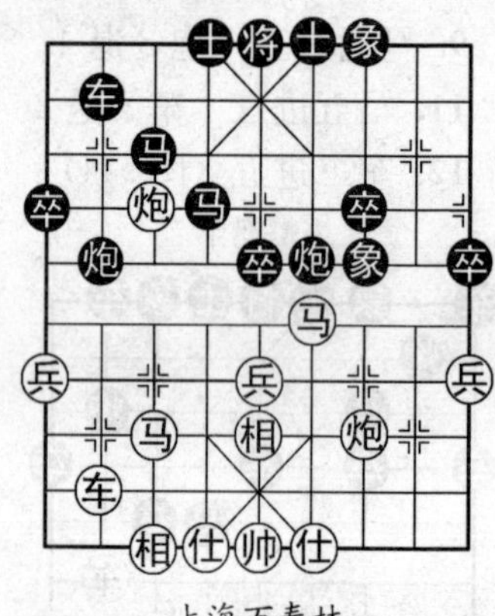

福建郑一泓

上海万春林

图 946

6. 马七进六　车 2 退 1　　　**7.** 炮三进四　……

图 946，出现斜线 5 子通（车卒双马加红马），有趣。红炮轰卒，全线控制局势而占优。

7. ……　　　炮 2 平 3　　　**8.** 车八进八　马 3 退 2

9. 马六进五　炮 6 退 1（图 947）

兑车后，双方进入无车棋争斗。至此，在黑方卒林又出现横线 5 子通（红马双炮加黑马炮）；同时以上 5 子再加上河沿炮卒象又形成一个对称图形，犹如书法工具“搁笔架”，想象中，你说奇不奇？

10. 马四退六　炮 3 进 2

11. 马六进五　炮 3 平 9

12. 炮七退一　象 7 进 5

另有两种着法：①象 7 退 9，后马退三，红方捉双夺炮。②象 7 进 9，后马退三，炮 9 平 1，炮七平五，士 6 进 5，马五进六，红方夺马胜势。

13. 炮七平三　马 2 进 4

14. 后炮平二　后马进 5

15. 炮三平五（图 948）　……

福建郑一泓

上海万春林

图 947

再兑子，双方进入残局角逐。棋盘中心出现由 5 子组成的“梅花”图案，堪可称奇。

15. ……　　士 6 进 5

中路又出现了直线 5 子通。

16. 马五退三　炮 6 平 9

17. 炮二平五（图 949）　马 4 退 3

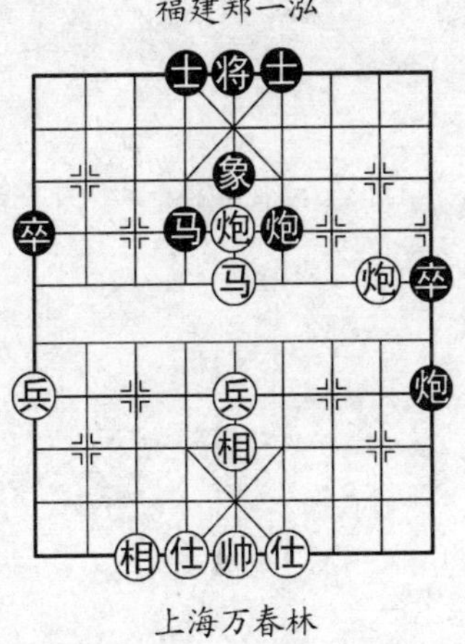

图 948

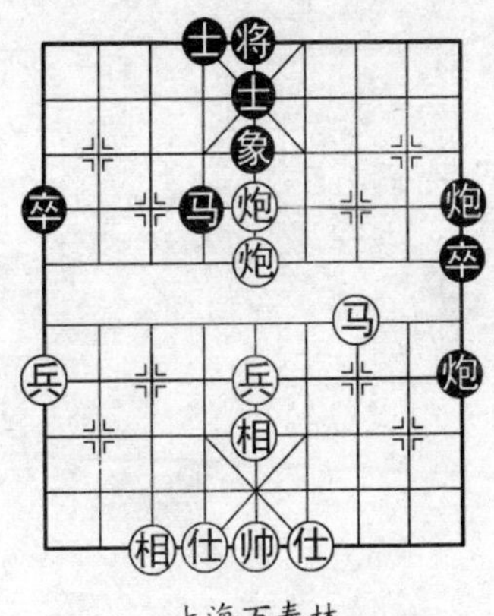

图 949

图 949，再次出现中路直线 5 子通，真是“奇”迹不断。

18. 仕四进五　前炮平 1　　**19.** 帅五平四　炮 9 退 2

20. 后炮平八　马 3 进 1　　**21.** 马三进二　炮 9 平 6

22. 炮八进三！……

马双炮抢攻入局，下面：炮 6 进 2，马二进三，炮 6 退 2，炮八平四，将 5 平 6，炮四退三，红胜。